國家圖書館出版品預行編目資料

新譯荀子讀本／王忠林注譯;張孝裕注音.－－二版五刷.－－臺北市：三民，2022
面；　公分.－－(古籍今注新譯叢書)

ISBN 978-957-14-4903-6（平裝）
1.荀子 2.注釋

121.271　　96018104

古籍今注新譯叢書

新譯荀子讀本

注譯者　王忠林
注音者　張孝裕

發行人　劉振強
出版者　三民書局股份有限公司
地　址　臺北市復興北路 386 號 (復北門市)
臺北市重慶南路一段 61 號 (重南門市)
電　話　(02)25006600
網　址　三民網路書店 https://www.sanmin.com.tw

出版日期　初版一刷 1972 年 7 月
二版一刷 2009 年 2 月
二版五刷 2022 年 7 月
書籍編號　S030210
ISBN　978-957-14-4903-6

三民書局

刊印古籍今注新譯叢書緣起

劉振強

人類歷史發展，每至偏執一端，往而不返的關頭，總有一股新興的反本運動繼起，要求回顧過往的源頭，從中汲取新生的創造力量。孔子所謂的述而不作，溫故知新，以及西方文藝復興所強調的再生精神，都體現了創造源頭這股日新不竭的力量。古典之所以重要，古籍之所以不可不讀，正在這層尋本與啟示的意義上。處於現代世界而倡言讀古書，並不是迷信傳統，更不是故步自封；而是當我們愈懂得聆聽來自根源的聲音，我們就愈懂得如何向歷史追問，也就愈能夠清醒正對當世的苦厄。要擴大心量，冥契古今心靈，會通宇宙精神，不能不由學會讀古書這一層根本的工夫做起。

基於這樣的想法，本局自草創以來，即懷著注譯傳統重要典籍的理想，由第一部的四書做起，希望藉由文字障礙的掃除，幫助有心的讀者，打開禁錮於古老話語中的豐沛寶藏。我們工作的原則是「兼取諸家，直注明解」。一方面熔鑄眾說，擇善而從；一方面也力求明白可喻，達到學術普及化的要求。叢書自陸續出刊以來，頗受各界的喜愛，使我們得到很大的鼓勵，也有信心繼續推廣這項工作。隨著海峽兩岸的交流，我們注譯的成員，也由臺灣各大學的教授，擴及大陸各有專長的學者。陣容的充實，使我們有更多的資源，整理更多樣化的古籍。兼採經、史、子、集四部的要典，重拾對通才器識的重視，將是我們進一步工作的目標。

古籍的注譯，固然是一件繁難的工作，但其實也只是整個工作的開端而已，最後的完成與意義的賦予，全賴讀者的閱讀與自得自證。我們期望這項工作能有助於為世界文化的未來匯流，注入一股源頭活水；也希望各界博雅君子不吝指正，讓我們的步伐能夠更堅穩地走下去。

序

荀子與孟子同為儒家之正宗，惜以漢儒揚孟而抑荀，致使荀書棄置數百年，竟無人為之箋注以廣流傳。延及中唐，乃有楊倞為之注釋，然以宋明兩代，揚孟抑荀之風尤熾於前，故荀書仍不能光曄輝耀，盛為流布。迄清之世，注家漸多，王先謙更捃摭諸論，彙為集解，至此，講論荀學者日益盛多，而荀書之校補注釋，亦粲然可觀。以今觀之，先哲之宏詞奧旨，實有闡明發揚之必要。然以其書年代久遠，譌誤脫繆，既所難免，而奧旨艱辭，更難索解；雖有前賢校勘注釋，其意既多紛歧，而辭語亦繁冗難解。為求廣布，乃不揣疎淺，兼采諸家之注釋，取舍折衷，附以己意，以求淺明易解；更為語譯，期使學者對篇章有整體之了晤。本書文字及句讀依王先謙集解本，其中文字之校勘、句讀之改移，斟酌於前賢諸家，標注以說明之。注釋則以楊注及王先謙集解為本，所採各家之說計有楊倞（簡稱楊注）、盧文弨（簡稱盧）、謝墉（簡稱謝）、汪中、王念孫、劉台拱、郝懿行（簡稱郝）、洪頤煊（簡稱洪）、顧廣圻（簡稱顧）、陳奐、郭嵩燾（簡稱郭）、俞樾（簡稱俞）、孫詒讓（簡稱孫）、王引之、王先謙、郭慶藩、陶鴻慶（簡稱陶）、劉師培、高亨（簡稱高）、楊樹達、劉念親、鍾泰（簡稱鍾）、于省吾（簡稱于）、方孝博、王叔岷先生、梁啟雄、物茂卿、久保愛、豬飼彥博等。是編之印行，旨在便於省覽，至其粗陋疏繆，尚祈博雅方家，予以匡正。

民國六十年夏王忠林謹序

編按：本書初版印行於民國六十一年，因內容紮實嚴謹，廣受士林學子與廣大讀者採用，歷年來不斷加印銷行。早期限於物質條件，排版字體較小，且活版字體經多次印刷後，已漸模糊，不利閱讀。為嘉惠讀者，本局於民國九十年乃不惜花費以電腦重加排版印行。現本局投入無數人力物力自行研創之中文電腦排版字體已臻完成，字形更加美觀穩重；為讓讀者獲得更好的閱讀效果，適值本書再版之際，乃再次不計成本，採用最新字體，以較大字號重加排印，同時改正舊版少數誤植，以更完善面貌呈現給讀者。特此說明。

新譯荀子讀本　目次

導讀

壹、荀子的生平

荀子的生平事蹟，最早的記載是《史記・孟子荀卿列傳》和劉向《孫卿新書序錄》，現在分別引述於下：

《史記・孟子荀卿列傳》：「荀卿，趙人。年五十始來游學於齊。騶衍、田駢之屬皆已死，齊襄王時，而荀卿最為老師。齊尚修列大夫之缺，而荀卿三為祭酒焉。齊人或讒荀卿，荀卿乃適楚，而春申君以為蘭陵令。春申君死，而荀卿廢，因家蘭陵。李斯曾為弟子，已而相秦。荀卿嫉濁世之政，亡國亂君相屬，不遂大道，而營於巫祝，信禨祥，鄙儒小拘如莊周等，又滑稽亂俗，於是推儒墨道德之行事，興壞序列，著數萬言而卒。因葬蘭陵。」

劉向《孫卿新書序錄》：「孫卿，趙人，名況。方齊宣王、威王之時，聚天下賢士於稷下，尊寵之。若鄒衍、田駢、淳于髡之屬甚眾，號曰列大夫，皆世所稱，咸作書刺世。是時，孫卿有秀才，年五十始來游學。諸子之事，皆以為非先王之法也。孫卿善為《詩》、《禮》、《易》、《春秋》。至齊襄王時，孫卿最為老師，齊尚脩列大夫之缺，而孫卿三為祭酒焉。齊人或讒孫卿，孫卿乃適楚，楚相春申君以為蘭陵令。人或謂春申君曰，湯以七十里，文王以百里，孫卿賢者也，今與之百里地，楚其危乎！春申君謝之，孫卿去之趙。後客或謂春申君曰，伊尹去夏入殷，殷王而夏亡；管仲去魯入齊，魯弱而齊強；故賢者所在，君尊國安。今孫卿，天下賢人，所去之國，其不安乎！春申君使人聘孫卿，孫卿遺春申君書，刺楚國，因為歌賦以遺春申君，春申君恨，復固謝孫卿，孫卿乃行，復為蘭陵令。春申君死，而孫卿廢，因家蘭陵。李斯曾為弟子，已而相秦。及韓非號韓子，又浮丘伯，皆受業為名儒。孫卿之應聘於諸侯，見秦昭王，昭王方喜戰伐，而孫卿以三王之法說之。及秦相應侯，皆不能用也。至趙，與孫臏議兵趙孝成王前，孫臏為變詐之兵，孫卿以王兵難之，不能對也。卒不能用。……孫卿後孟子百餘年，……孫卿卒不用於世，老於蘭陵。」

劉向《序錄》較《史記》為詳，其中大異者，《序錄》言荀卿兩度至楚為蘭陵令，而《史記》言祇一次。關於荀卿的生平，因《史記》和劉向《序錄》所記都不夠詳細，後人雖多有考證，但人人言殊，無法得一確論。現在僅就幾項重要事項考述於下。

(一)姓名的考證

荀卿的姓名，在《史記》裏，〈荀卿列傳〉及〈李斯列傳〉、〈春申君列傳〉都稱為荀卿。

《韓非子》、《戰國策》則稱為孫卿或孫子。另外，劉向的《序錄》，韓嬰的《韓詩外傳》，桓寬的《鹽鐵論》，班固的《漢書》，也都稱為孫卿。《荀子》本書，祇〈彊國篇〉「荀卿子說齊相」稱荀卿，其他見於〈彊國篇〉、〈議兵篇〉、〈儒效篇〉的，都稱作孫卿。關於「荀」「孫」不同的記載，前人曾有三種解說：

(1)避諱稱孫說：司馬貞《史記索隱》、顏師古《漢書注》，都以為避漢宣帝諱「詢」，故改「荀」稱「孫」。不過後人駁斥這種說法的很多。

(2)音同語易說：謝墉《荀子箋釋・序》謂「荀」音同「孫」，語遂移易。顧炎武《日知錄・漢書注條》也認為是「語音之轉」。近人陳垣《史諱舉例》也主張這一說。

(3)兩氏並稱說：胡元儀《郇卿別傳考異》說，郇卿蓋周郇伯之苗裔，郇伯為公孫之後，或以孫為氏。又說郇孫皆是氏，戰國之末，宗法廢絕，姓氏混一，故人有兩姓並稱者，實皆古之氏。

楊筠如《荀子研究》以為稱孫是在後的，並推論凡是稱孫卿、孫子的都不足信，因此就連《荀子》書中的〈儒效〉、〈彊國〉、〈議兵〉三篇也認為不是真書。

以上三說，第一說，謝墉已駁之甚詳，他認為，宣帝諱「詢」，漢代並不諱嫌名，如後漢李恂、荀淑、荀爽、荀悅、荀彧，俱書本字（見《荀子箋釋・序》）。第三說，蔣伯潛氏駁斥之，謂古有姓有氏，氏皆自姓中分出。如荀氏為郇伯之後，以國為氏，而郇伯為文王之子，則亦自姬姓中分出者。後世姓與氏之分別不明，今人所謂姓，大多皆氏，胡氏兩姓並稱之說實誤。又林寶《元和姓纂》以為荀姓出於郇侯，後日去邑乃為荀，胡元儀駁斥之，胡氏以為荀乃黃帝之後，與郇伯之郇不同。至於第二說，音同語易之論，解說似較合理。荀，《廣韻》「相倫切」，心母，諄韻；孫，《廣韻》「思渾切」，心母，魂韻。諄韻與魂韻在古音是鄰部。以古音來說，荀孫相近，所以可以通用。蔣伯潛氏也贊同此說。

劉向《序錄》稱荀卿名況，《史記索隱》也說名況，並說時人相尊而號為卿。胡元儀以為世人所以稱荀況為荀卿，是因為卿本是爵名，荀子在齊三為祭酒，視為列大夫之長，所以可以稱為卿。荀子又為趙上卿，也可稱為卿。胡氏以為齊人、趙人稱荀子為郇卿，是尊之之辭。又劉向說蘭陵人喜字為卿是法於孫卿，則蘭陵弟子稱郇卿，是美之之辭。蔣伯潛氏則駁斥胡氏之說，以為稱人曰卿，乃戰國時之風尚，當從《史記索隱》之說（詳見蔣氏《諸子通考》上編第六章）。今按稱卿當有尊之之意，其說可信。

(二)游歷的考證

(1)游齊

《史記》和劉向《序錄》都說荀子年五十始來游學於齊，應劭《風俗通義・窮通篇》則說年十五始來游學。晁公武《郡齋讀書志》又以為《史記》所云年五十為年十五之譌。而注中《荀子通論》又據《顏氏家訓・勉學篇》所記荀卿年五十始來游學，以為之推所見《史記》

古本如此，未可遽以《史記》為譌。

近人劉師培氏說：「《史記》、《風俗通義》及本篇（指劉向《序錄》）均云『始來游學』，審其辭義，蓋以荀卿為晚學，即《顏氏家訓》所云『荀卿年五十始來游學，猶為碩儒也』。若五十果作十五，則與始來游學之文辭氣弗符，乃通義刻本之誤也。」（見梁啟雄《荀子傳徵引》）。胡適氏說：「不知本文說的『年五十始來游學』，這個『始』字含有來遲了的意思。若是年十五，決不必用『始』字了。」（《中國古代哲學史》第十一篇第一章）。羅根澤說：「《史記》、劉向《序錄》都說是五十，唯有東漢末年應劭才在他的《風俗通義・窮通篇》裏說是十五。考古有兩條信條，一、愈古的材料愈有價值。二、證據愈多愈可信任。準此而言，我們應當信《史記》和《序錄》，不應當信《風俗通義》。」（《諸子考索・荀卿游歷考》）。蔣伯潛亦以為年五十始游學於齊（見《諸子通考》上編第六章）。

胡元儀以為「年十五是也」（見《郇卿別傳・考異二十二事》）。梁啟超說：「史文五十當為十五之譌，荀卿及見李斯相秦，則當齊湣襄間萬不能年已五十。」（《諸子考釋・史記中所述諸子及諸子書最錄考釋》）。錢穆氏也以為「荀卿之齊為十五之年」（見《先秦諸子繫年考辨・荀卿年十五之齊考》）。游國恩也說：「荀卿年十五始來游學於齊。按十五，司馬遷及劉向都作五十，惟應劭《風俗通義・窮通篇》不誤。」（《努力周報・讀書雜志》）。王叔岷先生云：「惟據〈儒林列傳〉：『於（齊）威王、宣王之際，孟子、荀卿之列，咸遵夫子之業而潤色之，以學顯於當世。』（又見《漢書》）劉向〈孫卿書錄〉亦云：『方齊威王、宣王之時，聚天下賢士於稷下，……是時，孫卿有秀才，年五十，始來游學。』（《風俗通．窮通篇》本之）則荀卿遊齊，固不在閔王之時，或更在閔王中葉後矣。荀卿遊齊既在威、宣之世，則『年五十』自當從《風俗通》作『年十五』。不得輕以為刻本之誤也。《史記》此文蓋本作『年十五』，後人泥於『始來』二字之辭氣，而妄乙為『年五十』耳。竊以為始非方始之始，始猶已也，〈魏世家〉：『事始已行，不可更矣！』『始已』複語，始亦已也。與此同例。（六朝詩文尚往往以始為已，此義前人未發。）此言荀卿『年十五，已來游學於齊。』謂其來游學之早也。《郡齋讀書志》引劉向〈孫卿書錄〉作『年十五』（《玉海》三一未引孫卿書，劉氏失檢。）與《風俗通》合，是也。其作『年五十』，蓋宋以後人據誤本《史記》妄乙之耳。」（〈史記孟子荀卿列傳斠補〉，見《孔孟學報》十三期）以〈儒林傳〉對證，則「年十五」之說似可採信。

至於游齊的年代，胡適以為《史記》「齊襄王時」四字當連上文，讀作「騶衍田駢之屬皆已死齊襄王時」，於是游學在齊，就不是在齊襄王時稷下諸先生正盛之時，胡氏以為大概在齊襄王之後，西元前二六五年至二六〇年間（見《中國古代哲學史》第十一篇第一章）。羅根澤以為當齊王建初年（西元前二六四年為齊王建元年）（見《諸子考索．荀卿游歷考》）。蔣伯潛也以為當齊王建初年（見《諸子通考》上編第六章）。王叔岷先生以為在齊宣王之世。如假定為宣王末年（宣王十九年為西元前三〇一年），其時十五歲，則荀子生年即為宣王五年（西元前三一五年），對其生平事蹟亦無何牾逆之處。

(2)游楚

荀子游楚，也有兩種說法，一是據《史記》本傳，荀子由齊入楚為蘭陵令祇有一次。另一說是據劉向《序錄》，荀子兩次至楚。一次是由齊入楚，為蘭陵令，因受讒，乃離楚赴趙，後春申君使人來聘，又行入楚，復為蘭陵令。

後世各家考證，也分別有兩種主張。主張前一說的，像汪中認為，荀子自為蘭陵令，至春申君之死，凡十八年，其間未嘗離楚適趙（見《荀子通論》）。梁啟超也認為荀子至楚祇有一次，並據《史記・春申君列傳》，楚考烈王元年，以黃歇為相，封為春申君。春申君相楚八年，以荀卿為蘭陵令。春申君相楚二十五年，考烈王卒，李園使人刺殺春申君，其時荀子尚在（見《諸子考釋・史記中所述諸子及諸子書最錄考釋》）。按楚考烈王八年，也就是齊王建十年，西元前二五五年。楚考烈王二十五年，也就是西元前二三八年。胡適以為游楚為蘭陵令，當在西元前二五〇年至二三八年（見《中國古代哲學史》第十一篇第一章）。姜尚賢也以為荀子至楚為蘭陵令在楚考烈王八年，而荀子卒年在考烈王二十五年之後。以上幾家對荀子游楚為蘭陵令的考證，都是根據《史記》，其結論大致相同。

羅根澤根據劉向《序錄》，以為荀子前後二次至楚為蘭陵令。第一次是由齊適楚，在考烈王八年，後由楚適趙，與臨武君議兵於趙孝成王前，由趙再返楚，復為蘭陵令，其時間則至遲是趙孝成王卒年（西元前二四五年）（見《諸子考索・荀卿游歷考》）。羅氏的考證，關於荀子初至楚國的時間，以及終於楚國的時間（西元前二三八年以後，詳見下文），與以上諸家相同，祇不過他認為荀子留楚的中間，曾一度赴趙。

錢穆根據桓寬《鹽鐵論・論儒篇》，認為荀子至楚當在齊湣王末年（十五、十六年間，西元前二八六—二八五年），下距黃歇為春申君尚二十餘年，於是斷定《史記》敘春申君以荀卿為蘭陵令之說不可信（見《先秦諸子繫年考辨・荀卿自齊適楚考及春申君封荀卿為蘭陵令辨》）。錢氏以為《史記》有誤，劉向之言難憑，而相信桓寬之言，其說也難令人信服。

我們如假定荀子十五游齊是在齊宣王末年（西元前三〇一年），游楚在齊王建十年（西元前二五五年），那麼荀子在楚做蘭陵令直到春申君死時（楚考烈王二十五年，西元前二三八年），荀子大約七十七歲，這種說法也很合乎情理。

其他有關荀卿游趙、游秦、游燕等，《史記》既未記載，劉向所記也多有舛誤，各家考證人人言殊，所以這裏不再探討。

㈢生卒年代的考證

關於荀卿的生卒年代，因為《史記》和劉向《序錄》都沒有明確的記載，而後世各家考證又各有出入，所以沒有辦法求得正確的年代。現在我們先看各家考證的結果：

梁啟超：荀子生年假定為西元前三〇七年，卒年為二一三年。假定為九十五歲（〈荀卿之年代及行歷〉）。

梁啟雄：荀子生年假定為西元前三三六年，卒年為二一三年。假定為一百二十歲（〈荀子行歷繫年表〉）。

胡　適：荀卿年五十游齊，約在西元前二六五至二六〇年，生年約為西元前三一五至三一〇年，二三〇年左右死於蘭陵（《中國古代哲學史》第十一篇第一章）。

游國恩：荀子生年為西元前三一四年，卒年為二一七年。享年九十八歲（〈荀卿考〉）。

陳元德：荀子生於西曆紀元前三一〇年左右，卒於西曆紀元前二一三年（《中國古代哲學史》）。

錢　穆：荀子生年為西元前三四〇年，卒年為二四五年以前（〈荀卿考〉）。

羅根澤：約於西元前三一二年生於趙，西元前二三八年尚健在，已七十四、五歲。以後再活幾年乃至十幾年，則已是八九十歲的壽者了。按西元前二三八年再十年為二二八年（《諸子考索・荀卿游歷考》）。

蔣伯潛：年五十始游齊，當齊王建初年，上推五十年為赧王二年，西元前三一三年。據桓寬《鹽鐵論・毀學篇》，李斯相秦時荀卿尚在，李斯相秦之年，當在春申君死後十八年，秦始皇二十六年，西元前二一九年，荀子壽在九十五以上（《諸子通考》上編第六章）。

姜尚賢：荀子假定生於西元前三三六年，卒於西元前二三六年左右，享年約為百歲。

由以上各家的考證來看，關於荀子的生年，游、陳、羅、蔣諸氏認為在西元前三一〇至三一四年之間，梁啟超認為生於西元前三〇七年，梁啟雄、錢氏、姜氏則認為生於西元前三三六至三四〇年之間。主張生於西元前三三六年以前的人，大多認為荀卿曾游燕見過燕王噲，因燕王噲讓位給子之是在五年左右（西元前三一六年），這時荀子至少要有二十歲左右，才能游燕見噲。另一派主張生於西元前三一四年以後的，大多認為荀卿未見過燕王噲，如羅根澤在〈荀卿游歷考〉中就有「荀卿能和子之同時嗎」一節，詳加辯正。

我們在前考證荀卿游齊的時候，認為是在齊宣王末年，也就是西元前三〇一年左右，上推十五年，則荀子生年當為西元前三一五年左右。這和游、陳、羅、蔣諸氏的考證相近。

至於荀子的卒年，梁啟超、梁啟雄、游、陳、蔣氏等認為在西元前二一三年至二一九年左右。他們所根據的，就是《鹽鐵論・毀學篇》所記，李斯相秦時荀卿尚在，所以荀子卒年當在這時（西元前二一九年）以後。錢、羅、姜氏則認為《鹽鐵論》之說不可據，李斯相秦時荀卿已不在，於是斷定卒年為二二八至二四五年之間。

如以荀子生年為西元前三一五年來推求，至春申君被殺時西元前二三八年，荀子已七十七歲，再假以十年，則荀子為八十七歲，其卒年當在西元前二二八年左右。這樣說法似乎還近於情理，而《鹽鐵論》的記載我們就不採納了。

貳、《荀子》書的考證

《漢書・藝文志》儒家類著錄《孫卿子》三十三篇，宋王應麟考證說當作三十二篇（見王氏《漢書藝文志考證》)。《漢志》賦家又有孫卿賦十篇。漢劉向《校書序錄》稱，所校讎中孫卿書凡三百二十二篇，以相校除復重二百九十篇，定著三十二篇（見王先謙《荀子集解》卷二十附錄）。唐楊倞分易卷第，更名為《荀子》，為之做注。

今本《荀子》三十二篇，其中有「賦篇」，包括賦五篇、詩二篇。《漢志》既著錄《荀子》三十二篇，另又著錄賦十篇，則原本《荀子》三十二篇之中可能沒有賦，而漢代《荀子》賦尚存十篇，今本《荀子》中卻又祇收五篇，所以今本《荀子》未必是漢時的舊面目了。胡適先生說今本乃係後人雜湊而成的，胡氏更說：「如〈大略〉、〈宥坐〉、〈子道〉、〈法行〉等，全是東拉西扯拿來湊數的。還有許多篇的分段全無道理，如〈非相篇〉的後兩章，全與『非相』無干；又如〈天論篇〉的末段，也和『天論』無干。又有許多篇，如今都在《大戴》、《小戴》的書中（如〈禮論〉、〈樂論〉、〈勸學〉諸篇），或在《韓詩外傳》之中，究竟不知是誰鈔誰。大概〈天論〉、〈解蔽〉、〈正名〉、〈性惡〉四篇全是荀卿的精華所在，其餘的二十餘篇，即使真不是他的，也無關緊要了。」（見《中國古代哲學史》第十一篇第一章）胡氏雖然沒有詳細舉證，但已確切說明今本《荀子》乃係後人雜湊的。

楊筠如氏《荀子研究》書中，在第二節「關於《荀子》本書的考證」，也對《荀子》書的篇章字句可疑之處提出許多考證，舉證較為詳細。

楊氏首先提出前人對《荀子》書的態度，以為從楊倞以來，已經發生疑竇，不過他們不敢懷疑《荀子》書是雜纂而成，於是祇得竭力彌縫，將一部分的名義歸給荀卿的弟子。如〈大略篇〉目下，楊注認此篇係弟子雜錄荀卿之語；〈宥坐篇〉目下，楊注認此以下皆荀卿及弟子所引記傳雜事；〈堯問篇〉末，楊注以為自「為說者」以下，荀卿弟子之辭。楊筠如氏又以〈堯問篇〉中直稱荀卿，認為不是荀卿弟子之辭，是後代人的口吻，似是楊倞所加。其實以上所舉幾篇內容蕪雜，有與荀子學說無關者，的確值得懷疑。

另外也有前人認為傳寫錯誤的，如〈君子篇〉下，楊注認為此篇多論人君之事，「君子」當為「天子」，恐傳寫有誤。楊筠如氏則懷疑〈君子篇〉是〈君道篇〉的錯簡，而〈君子篇〉的原文，已經錯入〈不苟篇〉，因〈不苟篇〉每段都以「君子」兩字起首。按今本《荀子》〈君子篇〉文字很少，所論都是天子之事，所以兩位楊氏的懷疑都有些道理。楊筠如氏又提出〈臣道篇〉「得眾動天」（按係〈致士篇〉）四句下，王先謙引郝懿行說，此四句一韻，文如箴銘，而與上下頗不相蒙，疑或它篇之誤脫。這種懷疑也有道理。〈成相篇〉楊筠如氏懷疑原篇已亡，後人拿漢代成相雜辭來補充的，但這種說法並沒有確切證據，而很多人都認為是荀卿藉當時民間流行的一種文學形式，來發抒他的感憤和說出他的政治主張。由〈成相篇〉的內容來看，不能說與《荀子》完全無關，所以不能確論是漢代的東西。另外盧文弨在〈王制〉、〈非相〉等篇中，也提出有殘脫之處或有錯簡，王先謙也在〈樂論篇〉「序官」一段下注說，序官應是篇名。以上各家所提出的疑問，都有些根據，很值得我們深入探究。

楊筠如氏又從體裁的差異、思想的矛盾、篇章的雜亂，以及其他的旁證四方面，考證《荀子》書有許多後人偽作竄雜的材料。其中有的論據比較堅強，有的也還值得商榷（詳見楊氏

《荀子研究》第二節）。

還有一個問題，就是《荀子》和大小戴《禮記》、《韓詩外傳》有許多文辭相同或相近的地方，舊說多認為《禮記》、《韓詩外傳》取自《荀子》，而楊筠如氏卻認為是《禮記》、《詩傳》混入《荀子》，其理由，楊氏說，因《荀子》一書的篇次和內容都由劉向一手整理，時代已經在戴聖、韓嬰之後。楊氏更說，開始混合《荀子》和《禮記》、《詩傳》的可能是孟喜，雖然也舉了一些論證，但都不能算是直接確切的證據（詳見楊氏《荀子研究》第二節）。至於劉向因整理《荀子》，就被懷疑可能把《禮記》、《詩傳》混入《荀子》書，也沒有確切的證據。而以時代來論，荀子在戴聖、韓嬰之前，還是保持舊說比較好些。

今本《荀子》，的確有些篇章字句有問題，但是我們在沒有獲得確切證據之前，不能一筆抹殺，完全捨棄不治，大致像〈正名〉、〈解蔽〉、〈富國〉、〈天論〉、〈性惡〉、〈正論〉、〈禮論〉等篇，大家公認疑問很少的，而這幾篇又是荀子學說的精華所在，我們應該多加鑽研採納。至於大家所共同懷疑而問題較多的幾篇，不妨小心引用，以免誤入歧途。

參、荀子學說要旨

一、天論

荀子的天論，一方面想破除當時一般人對天的誤識和迷信，另方面要建立起對天的正確觀念。

(一)破除對天的誤識

在破除對天的誤識方面，荀子的態度非常積極，他說：「星隊木鳴，國人皆恐。曰：是何也？曰：無何也，是天地之變，陰陽之化，物之罕至者也。怪之可也，而畏之非也。夫日月之有蝕，風雨之不時，怪星之黨見，是無世而不常有之。上明而政平，則是雖竝世起，無傷也。上闇而政險，則是雖無一至者，無益也。夫星之隊，木之鳴，是天地之變，陰陽之化，物之罕至者也；怪之可也，而畏之非也。」(〈天論〉)

星的隕墜，木的鳴響，是比較罕見的現象，於是人生畏懼，以為祆凶，天將降災患。荀子認為這不但不是天的意志，更和人的禍福無關。荀子又說：「治亂天邪？曰：日月星辰瑞麻，是禹桀之所同也；禹以治，桀以亂；治亂非天也。時邪？曰：繁啟蕃長於春夏，畜積收臧於秋冬，是又禹桀之所同也；禹以治，桀以亂；治亂非時也。地邪？曰：得地則生，失地則死，是又禹桀之所同也；禹以治，桀以亂，治亂非地也。」(〈天論〉)

荀子認為治亂和天地四時沒有必然的關聯，禹和桀所處的天地四時相同，但是禹能平治天下，而桀則使天下喪亂。天地自然的變化既不關涉人事，人也無法完全操縱天地自然。荀子說：「雩而雨，何也？曰：無何也，猶不雩而雨也。日月食而救之，天旱而雩，卜筮然後

決大事，非以為得求也，以文之也。故君子以為文，而百姓以為神。以為文則吉，以為神則凶也。」（〈天論〉）

天的陰雨，日月之蝕，都是自然現象，人力無法改變，所以迷信雩而雨或救日月之蝕，都是應該破除的。

㈡建立天的基本觀念

荀子在〈天論〉中對天的基本觀念，約有下述兩種：

第一，天是永恆不變的自然體——荀子承認天的本體是一種永恆不變的自然體，他的運行是依照自然的規律進行。荀子說：「天行有常，不為堯存，不為桀亡。應之以治則吉，應之以亂則凶。」（〈天論〉）

這裏特別指出天行有常，不會為人事變動而改易。荀子又說：「列星隨旋，日月遞炤，四時代御，陰陽大化，風雨博施，萬物各得其和以生，各得其養以成，不見其事而見其功，夫是之謂神。皆知其所以成，莫知其無形，夫是之謂天。」（〈天論〉）

列星隨旋，日月遞炤，四時代御，風雨博施，也都是遵循永恆不易的自然規律，發揮其功用。荀子又說：「天不為人之惡寒也輟冬，地不為人之惡遼遠也輟廣，君子不為小人之匈匈也輟行。天有常道矣，地有常數矣，君子有常體矣。君子道其常，而小人計其功。」（〈天論〉）

天遵循自然規律運行不已，不為人的好惡而改其常行。天地都有其常道，而這種常道是永恆不變的。

第二，天是一種沒有意志的物質體——荀子既承認天是永久不變的自然體，那麼天當然是一種物質，既沒有意志，也不能降禍福。荀子說：「天能生物，不能辨物；地能載人，不能治人也。」（〈禮論〉）

天地既不能辨治萬物，也不能治人，天地都是沒有意志的一種物質。荀子又說：「彊本而節用，則天不能貧；養備而動時，則天不能病；脩道而不貳，則天不能禍。故水旱不能使之飢，寒暑不能使之疾，祆怪不能使之凶。」（〈天論〉）

人事的一切都在人為，是與天毫無關係的。

荀子對天的這種基本觀念和道家很相近，可說是直接受了道家的影響。老子說：「天長地久，天地所以能長且久者，以其不自生，故能長生。」（《老子》第六章）莊子也說：「天地固有常矣。」（〈天道篇〉）老子和莊子都認為天是永恆不變的自然體，這和荀子是一致的。老子又說：「天地不仁，以萬物為芻狗。」（《老子》第五章）這是說天地麻木不仁。莊子又說：「天無私覆，地無私載，天地豈私貧我哉！」（〈大宗師〉）也認為天不能私與禍福。又說：「天其運乎？地其處乎？日月其爭於所乎？孰主張是？孰綱維是？孰居無事，推而行是？意者其有機緘而不得已耶？意者其轉運而不能自止邪？」（〈天運篇〉）這更將天地看作機器，當然是認為天是沒意志的物質，這也和荀子的看法一致。

(三)明於天人之分

荀子認為人應該明瞭天人之分，天有天職，人有人職，人不能與天爭職，只有順天之自然，盡人事以參天功。荀子說：「不為而成，不求而得，夫是之謂天職。如是者，雖深，其人不加慮焉；雖大，不加能焉；雖精，不加察焉；夫是之謂與天爭職。天有其時，地有其財，人有其治，夫是之謂能參。舍其所以參，而願其所參，則惑矣。」（〈天論〉）

人盡其治事之功，就是所謂能參；如果人捨棄自己所能參的，而期慕於天，那就失其本份了。荀子又說：「故大巧在所不為，大智在所不慮。所志於天者，已其見象之可以期者矣；所志於地者，已其見宜之可以息者矣；所志於四時者，已其見數之可以事者矣；所志於陰陽者，已其見知之可以治者矣。官人守天，而自為守道也。」（〈天論〉）

人對天地四時以及陰陽，祇要明瞭其自然現象而加以適應與運用就可以了。荀子又說：「天職既立，天功既成，形具而神生，好惡喜怒哀樂臧焉，夫是之謂天情。耳目鼻口形能各有接而不相能也，夫是之謂天官。心居中虛，以治五官，夫是之謂天君。財非其類以養其類，夫是之謂天養。順其類者謂之福，逆其類者謂之禍，夫是之謂天政。暗其天君，亂其天官，棄其天養，逆其天政，背其天情，以喪天功，夫是之謂大凶。聖人清其天君，正其天官，備其天養，順其天政，養其天情，以全其天功。如是，則知其所為，知其所不為矣。則天地官而萬物役矣。其行曲治，其養曲適，其生不傷，夫是之謂知天。」（〈天論〉）

聖人能知其所為，知其所不為，所以可以官天地而役萬物，這才是真正的知天。荀子又說：「明於天人之分，則可謂至人矣。」（〈天論〉）人如能真正明於天人之分，就不會與天爭職，努力於人所能參的，這樣才可進一步去制天和用天。

(四)制天與用天

人對天的性質既然有了澈底的認識，就不必再對天有一種迷信的期慕，荀子說：「若夫志意脩，德行厚，知慮明，生於今而志乎古，則是其在我者也。故君子敬其在己者，而不慕其在天者；小人錯其在己者，而慕其在天者。君子敬其在己者，而不慕其在天者，是以日進也；小人錯其在己者，而慕其在天者，是以日退也。故君子之所以日進，與小人之所以日退，一也。君子小人之所以相縣者在此耳。」（〈天論〉）

君子能敬慎己身所該做的，不去期慕於天，所以能夠日進；小人把自己該做的措置一邊，只期慕於天，所以日退；可見小人是不明瞭天人之分的。君子不但敬其在己而不期慕於天，更進而積極的去制天和用天，荀子說：「大天而思之，孰與物畜而制之；從天而頌之，孰與制天命而用之；望時而待之，孰與應時而使之。因物而多之，孰與騁能而化之；思物而物之，孰與理物而勿失之也。願於物之所以生，孰與有物之所以成。故錯人而思天，則失萬物之情。」（〈天論〉）

荀子這種制天用天的思想，較之道家的崇拜自然，實在更為積極，更有進取精神。

二、性惡

中國先儒正式講到人性的問題，最早就是孔子，孔子說：「性相近也，習相遠也。」（《論語・陽貨》）又說：「唯上智與下愚不移。」（同上）孔子祇說人的本性相近，因後天習染而相遠，並沒有說出人的本性是善是惡。到了孟子，纔明確的主張性善。除了孟子以外，據《孟子・告子》中公都子所說，還有下列三派：

第一，告子曰：性無善無不善也。

第二，性可以為善，可以為不善。

第三，有性善，有性不善。

再據王充《論衡・本性》，更有一派：

第四，性有善有惡。

以上幾派，對荀子性惡說最有影響的，可能還是告子。告子說：「性猶湍水也，決諸東方則東流，決諸西方則西流。人性之無分於善不善也，猶水之無分於東西也。」（《孟子・告子》）告子雖謂性無分於善不善，而實際他是反對性善說的，這一點可能給荀子很大的影響。譬如告子所說的「生之謂性」（《孟子・告子》），也就是荀子說的「生之所以然者謂之性。」（〈正名篇〉）告子說的「食色性也」（《孟子・告子》），就是荀子說的「生而有耳目之欲，有好聲色焉。」（〈性惡篇〉）再進一步看，告子說：「性猶杞柳也，義猶桮棬也。以人性為仁義，猶以杞柳為桮棬。」（《孟子・告子》）這裏已明白說出仁義不是人的本性。荀子也說：「凡禮義者，生於聖人之偽，非故生於人之性也。」（〈性惡篇〉）由以上看來，荀子的性惡說，受告子的影響是很大的。

(一)荀子對性與惡的解說

荀子對性的解說稱：「生之所以然者謂之性。性之和所生，精合感應，不事而自然謂之性。性之好惡喜怒哀樂謂之情。情然而心為之擇謂之慮。心慮而能為之動謂之偽。慮積焉，能習焉，而後成謂之偽。」（〈正名〉）

在性的定義中，荀子所置重的有兩點。一為「精合感應」，即言人心遇到外來的刺激，便表示一種主觀的反應。二為「生之所以然」與「不事而自然」，是表示生來所固具不待人為而後始然的意思。性之異於知與能者，在於能做好惡喜怒哀樂等主觀的反應。性中涵有欲的作用，而不涵有慮的作用。荀子所說的性不但是與生俱來的，而且是人人相同的。荀子說：「凡人有所一同。飢而欲食，寒而欲煖，勞而欲息，好利而惡害，是人之所生而有也，是無待而然者也，是禹桀之所同也。」（〈榮辱〉）又說：「故聖人之所以同於眾而不異於眾者，性也。」（〈性惡〉）

君子與小人其性相同，聖人與眾人其性相同，性是大家相同的，不因人而異的。人性沒有相異，也是性惡論應有的主張。

我們再看荀子所謂惡，究竟具有何種意義？荀子說：「凡古今天下之所謂善者，正理平治也；所謂惡者，偏險悖亂也。是善惡之分也已。」（〈性惡〉）

荀子此一善惡的定義著重在治亂二字，凡正理平治的，則稱之為善；凡偏險悖亂的，稱之為惡。荀子又說：「禮義之謂治，非禮義之謂亂也。」（〈不苟〉）

禮義足以致治，非禮義足以致亂，進一步推論，凡合於禮義的便是善，不合於禮義的便是惡。荀子以正理平治為善，以偏險悖亂為惡，正理平治與偏險悖亂，都是屬於行為的結果，所以荀子善惡的定義是偏就行為結果立論的。

㈡性惡的論證

荀子的性惡論，是由正反兩方面來立論，以求增強其論證的力量。我們先看他正面的論證。荀子說：「今人之性，生而有好利焉，順是，故爭奪生而辭讓亡焉；生而有疾惡焉，順是，故殘賊生而忠信亡焉；生而有耳目之欲，有好聲色焉，順是，故淫亂生而禮義文理亡焉。然則從人之性，順人之情，必出於爭奪，合於犯分亂理而歸於暴。」（〈性惡〉）又說：「今之人，化師法，積文學，道禮義者，為君子；縱性情，安恣睢，而違禮義者，為小人。用此觀之，然則人之性惡明矣，其善者僞也。」（〈性惡〉）

這兩段話是荀子性惡論證的主要部分。荀子以為「從人之性，順人之情，必出於爭奪」，以人的行為之惡來反映人性之惡。至於從人之性順人之情，為什麼必出於爭奪，那就是因為人之性生而有好利焉，生而有疾惡焉，生而有耳目之欲的緣故。荀子把欲視作性的主要部分，他說：「人生而有欲，欲而不得，則不能無求；求而無度量分界，則不能不爭；爭則亂，亂則窮。」（〈禮論〉）人的欲求既無度量分界，則必致爭亂而困窮。

荀子又說：「直木不待檃栝而直者，其性直也；枸木必將待檃栝烝矯然後直者，以其性不直也。今人之性惡，必將待聖王之治，禮義之化，然後皆出於治，合於善也。用此觀之，然則人之性惡明矣。」（〈性惡〉）

直木本來是直的，不待檃栝烝矯而自然直；枸木本來不直，必待檃栝烝矯而後變直；同樣道理，人性本來不善，必待聖王之治、禮義之化而後始合於善。那麼人性也衹能稱之為惡，不能稱之為善。荀子更進一步設譬來解說人性的非善，他說：「問者曰：禮義積偽者是人之性，故聖人能生之也。應之曰：是不然。夫陶人埏埴而生瓦，然則瓦埴豈陶人之性也哉！工人斲木而生器，然則器木豈工人之性也哉！夫聖人之於禮義也，辟則陶埏而生之也。然則禮義積偽者，豈人之本性也哉！」（〈性惡〉）

荀子在這裏強調禮義不是出於本性，而是生於聖人之偽，可見本性不是善的。

其次我們再看荀子的反面論證，他說：「凡人之欲為善者，為性惡也。夫薄願厚，惡願美，狹願廣，貧願富，賤願貴。苟無之中者，必求於外；故富而不願財，貴而不願埶；苟有之中者，必不及於外。用此觀之，人之欲為善者，為性惡也。今人之性固無禮義，故彊學而求有之也；性不知禮義，故思慮而求知之也。然則生而已，則人無禮義，不知禮義。人無禮

義則亂，不知禮義則悖。然則生而已，則悖亂在已。用此觀之，人之性惡明矣。」（〈性惡〉）

荀子以「苟無之中者，必求於外」和「苟有之中者，必不及於外」兩語，來論證人本來沒有善，如果本已有善，就不必再向外求善了。又說：「今誠以人之性固正理平治邪！則有惡用聖王，惡用禮義哉？雖有聖王禮義，將曷加於正理平治也哉？今不然，人之性惡，故古者聖人以人之性惡，以為偏險而不正，悖亂而不治，故為之立君上之埶以臨之，明禮義以化之，起法正以治之，重刑罰以禁之，使天下皆出於治合於善也。是聖王之治而禮義之化也。今當試去君上之埶，無禮義之化，去法正之治，無刑罰之禁，倚而觀天下之民人之相與也；若是，則夫彊者害弱而奪之，眾者暴寡而譁之，天下之悖亂而相亡不待頃矣。用此觀之，然則人之性惡明矣，其善者偽也。」（〈性惡〉）又說：「故性善，則去聖王息禮義矣；性惡，則與聖王貴禮義矣。故檃栝之生，為枸木也；繩墨之起，為不直也；立君上，明禮義，為性惡也。用此觀之，然則人之性惡明矣。」（〈性惡〉）

荀子認為，如果人本來性善，就不需要聖王，也不需要禮義；人本來是正理平治的，再有聖王禮義也毫無用處。但是現在我們不能沒有聖王禮義，如果沒有聖王禮義，天下一定是悖亂相亡，由此可見，人性是惡的。

㈢善的由來

荀子既認為人性本惡，然而世間的善究由何而來，一言以蔽之，「其善者偽也。」他說：

「不可學不可事而之在人者，謂之性；可學而能可事而成之在人者，謂之偽。是性偽之分也。」（〈性惡〉）

性偽之分，就在於性不可學不可事而在人者，偽是可學而能可事而成之在人者。荀子又說：「若夫目好色，耳好聲，口好味，心好利，骨體膚理好愉佚，是皆生於人之情性者也，感而自然，不待事而後生之者也。夫感而不能然，必且待事而後然者，謂之生於偽。是性偽之所生，其不同之徵也。」（〈性惡〉）

感而自然，不待事而後生的，是性；感而不能然，必待事而後然的，是偽。這裏荀子已將性與偽的分別清楚說明。進一步荀子又說：「性者，本始材朴也；偽者，文理隆盛也。無性，則偽之無所加；無偽，則性不能自美。」（〈禮論〉）又說：「性也者，吾所不能為也，然而可化也。情也者，非吾所有也，然而可為也。注錯習俗，所以化性也。」（〈儒效〉）

人性本惡，但可以化，也就是經過偽的工夫，性就可以變成美善。荀子又說：「故聖人之所以同於眾，其不異於眾者，性也；所以異而過眾者，偽也。」（〈性惡〉）又說：「堯禹者，非生而具者也，夫起於變故，成乎修修之為（俞樾：「修之」二字衍），待盡而後備者也。」（〈榮辱〉）

聖人之性與眾人同，聖人之所以不同於眾人的在於偽，堯禹非生而為聖，完全在於後天的修為。人的禮義辭讓以至法度，都是由於後天的積偽，所以荀子又說：「故必將有師法之化，禮義之道，然後出於辭讓，合於文理，而歸於治。」（〈性惡〉）又說：「故聖人化性而起偽，偽起而生禮義，禮義生而制法度，然則禮義法度者，是聖人之所生也。」（〈性惡〉）由此可見，積偽對化性的重要了。

性既可化，但是否所有的人都能化，而沒有例外，荀子說：「堯舜者，至天下之善教化者也，南面而聽天下，生民之屬莫不振動從服以化順之；然而朱象獨不化，是非堯舜之過，朱象之罪也。堯舜者，天下之至英也；朱象者，天下之嵬，一時之瑣也。今世俗之為說者，不怪朱象而非堯舜，豈不過甚矣哉！夫是之謂嵬說。堯舜者，天下之善化者也，不能使嵬瑣化。」（〈正論〉）

堯舜是天下最善於教化的人，而竟不能化嵬瑣的朱象，荀子似乎已承認人之性也有不可化的。荀子又說：「聖可積而致，然而皆不可積，何也？曰：可以而不可使也。故小人可以為君子，而不肯為君子；君子可以為小人，而不肯為小人。小人君子者，未嘗不可以相為也，然而不相為者，可以而不可使也。故塗之人可以為禹，則然；塗之人能為禹，未必然也。雖不能為禹，無害可以為禹。」（〈性惡〉）

塗之人可以為禹，但不一定能為禹，不過並不影響可以為禹的可能性。人是否能成為聖人，其主要關鍵還在於偽，所以荀子說：「性偽合，然後聖人之名一，天下之功於是就也。」（〈禮論〉）又說：「故聖人也者，人之所積也。」（〈儒效〉）由此可見，人的善行，完全由積偽而來。

三、心理學

㈠人的特色

荀子之重視心理，主要是為了建立人文科學上的理論，所以在闡述其心理學說時，首先應該敘述有關人的特色的意見。人的特色，也就是人之所以與其他動物不同的特點。人與其他動物的分別，不僅是由於形體上的不同，而且是由於心理上的差異。荀子說：「人之所以為人者，何已也？曰：以其有辨也。……然則人之所以為人者，非特以二足而無毛也，以其有辨也。今夫狌狌形笑亦二足而毛矣，然而君子啜其羹，食其胾。故人之所以為人者，非特以其二足而無毛也，以其有辨也。夫禽獸有父子，而無父子之親；有牝牡，而無男女之別。故人道莫不有辨。辨莫不於禮，禮莫大於聖王。」（〈非相〉）又說：「水火有氣而無生，草木有生而無知，禽獸有知而無義；人有氣有生有知，亦且有義，故最為天下貴也。力不若牛，走不若馬，而牛馬為用，何也？曰：人能群，彼不能群也。人何以能群？曰：分。分何以能行？曰：以義。」（〈王制〉）

荀子以為人的特色，在於「有辨」、「有義」與「能群」。而「有辨」與「有義」又是相通的，可以合而為一。荀子認為禽獸所不辨的是親疏男女的分別。荀子又說「辨莫大於分」，辨的最大功用就在於分別。而分與辨必須有所據，荀子又說「分莫大於禮」、「分何以能行？

曰義」，分必須合於禮義。而能群也依賴於辨，依賴於禮義。所以荀子對人的特色，實際就是標明了辨分與能群。

(二)心理成分的分類

荀子對心理成分的分析，其主要名詞有下列數種：

(1)性：荀子說：「凡性者，天之就也，不可學，不可事。……不可學，不可事，而在人者，謂之性。」（〈性惡〉）又說：「生之所以然者謂之性，性之和所生，精合感應，不事而自然，謂之性。」（〈正名〉）

荀子對性的定義，置重的有兩點，一為「精合感應」，即言人心遇到外來的刺激，便表示一種主觀的反應；一為「生之所以然」與「不事而自然」，即表示生來所固具，不待人為而後始然。

(2)情：荀子說：「性之好惡喜怒哀樂謂之情。」（〈正名〉）又說：「性者，天之就也；情者，性之質也。」（〈正名〉）

人遇到外來刺激，即主觀作好惡喜怒哀樂等反應，這就叫做情。性與情的分別，性是能作好惡喜怒哀樂等反應的狀態，情是好惡喜怒哀樂等的現實活動。荀子雖然把性和情分別下以定義，實際卻常將性情合說，如「縱性情而不足問學」（〈儒效〉），如此則性與情又似乎沒有什麼分別。

(3)慮：荀子說：「情然而心為之擇謂之慮。」(〈正名〉)「情然」，即遇到可欲的刺激而發生愛好的反應，「心為之擇」，即心對刺激的評估而決定取捨。慮是屬於理智方面的，所以荀子也常稱之為「知慮」或「思慮」，如「夫故其知慮足以治之。」(〈富國〉)，「思慮通明」(〈哀公〉)。

(4)偽：荀子說：「心慮而能為之動謂之偽。慮積焉，能習焉，而後成謂之偽。」(〈正名〉)心在「情然」之上加以選擇與決定，然後由「能」為之發動，以成現實的行為，謂之為偽。實際也就是人為。「慮積焉」，就是經過無數次的選擇與決定；「能習焉」，就是經過無數次的實行，如此逐漸所養成的，也稱之為偽。這種偽實際就是人為所養成的結果。前者所說的偽指作用而言，後者所說的偽指結果而言，兩者是並行而不悖的。

(5)知：荀子說：「所以知之在人者謂之知。知有所合謂之智。」(〈正名〉)「所以知之在人者謂之知」，是指知的作用而言，可說是本能的知。「知有所合謂之智」，是指知的結果而言，可說是知識的智。

(6)能：荀子說：「所以能之在人者謂之能。能有所合謂之能。」(〈正名〉)前者也是就能的作用而言，可說是本能的能。後者也是就能的結果而言，可說是才能的能。

(7)欲：荀子說：「欲者情之應也。」(〈正名〉)又說：「故雖為守門，欲不可去，性之具也。」(〈正名〉)

荀子把欲歸屬於情性，也是與生俱來，既無法除掉，祇好養欲節求，所以荀子又說：「欲不可去，求可節也。」（〈正名〉）

(8)心：荀子說：「心也者，道之工宰也。」（〈正名〉）又說：「心者，形之君也，而神明之主也，出令而無所受令。」（〈解蔽〉）

心是形體的主宰，是號令的中樞，心有節制情欲的能力，所以它是道之工宰。於此可見心的重要。

由以上荀子關於各名詞的解說，可以看出，荀子是以性、知、能為心理作用的三個成分。情即是性，欲屬於情，也歸於性。慮是知慮，歸於知。偽是「情然」之上加以知慮的選擇，而後由「能」為之發動，所以是性、知、能三者所合成的。這裏祇有性、知、能三者，既不是出自他種成分所合成，又不能互相歸屬，所以性、知、能三者應是心理作用的成分。

(三)心的知覺作用

荀子認為心有思考、判斷與選擇等能力，然而心何以有如此之能力？荀子說：「心有徵知，徵知，則緣耳而知聲可也；緣目而知形可也。然而徵知必將待天官之當簿其類，然後可也。」（〈正名〉）楊倞注：「徵，召也，言心能召萬物而知之。」又云：「簿，簿書也。當簿，謂如各主當其簿書，不雜亂也。」梁啟超說：「當猶正也。薄，接觸也。謂正與其類接觸也。」（見梁啟雄《荀子柬釋》）這也就是說心欲召外物而知之，可以藉五官以知之。如欲知道的是聲，可以藉耳官以知之；欲知道的是形體，可以藉目官以知之。不過當心欲有所召而知之的時候，必待天官當簿其類，也就是五官各主其事，不相雜亂。

再進一步，荀子更探討心何以能知，荀子說：「人何以知道？曰心。心何以知？曰虛壹而靜。人生而有知，知而有志，志也者臧也，然而有所謂虛。不以所已臧害所將受，謂之虛。心生而有知，知而有異，異也者，同時兼知之；同時兼知之，兩也。然而有所謂一；不以夫一害此一，謂之壹。心臥則夢，偷則自行，使之則謀。故心未嘗不動也，然而有所謂靜；不以夢劇亂知，謂之靜。」（〈解蔽〉）

荀子認為心之所以能知，因其虛壹而靜。心是受藏一切感覺的，心藏了這個感覺，還可以藏另外一個，也就是心已收藏的舊經驗，不會妨害再吸收新知識，新舊可以互相結合，而成為有系統的知識，這就是所謂「虛」。人的天官能夠比類分別，人的心也能比類分別，因其能比類分別，所以不致有互易互悖的現象，亦即「不以夫一害此一」，這就是所謂「壹」。夢想、煩劇等都足以亂知，所以荀子又強調「不以夢劇亂知」，使心能專心接物，這就是所謂「靜」。

荀子又說：「虛壹而靜，謂之大清明，萬物莫形而不見，莫見而不論，莫論而失位。坐於室而見四海，處於今而論久遠，疏觀萬物而知其情，參稽治亂而通其度，經緯天地而材官萬物，制割大理，而宇宙裏矣。」（〈解蔽〉）

人心如能虛壹而靜，則可稱之為大清明，心在大清明的狀態之下，則萬物莫形而不見，莫見而不論，莫論而失位，人即可經緯天地材官萬物制割大理，宇宙萬物都顯照在我心中了。

荀子又以水來譬喻，他說：「故人心譬如槃水，正錯而勿動，則湛濁在下，而清明在上，則足以見鬚眉而察理矣。微風過之，湛濁動乎下，清明亂於上，則不可以得大形之正也。心亦如是矣，故導之以理，養之以清，物莫之傾，則足以定是非決嫌疑矣。小物引之，則其正外易，其心內傾，則不足以決麤理矣。」（〈解蔽〉）

人心如槃水，必須正錯勿動，保持清明，那麼就足以定是非決嫌疑了。

不過因為外界的影響，或情欲的蒙蔽，常會使人心中疑慮不定，而產生錯覺。荀子說：「凡觀物有疑，心中不定，則外物不清，則未可定然否也。」（〈解蔽〉）

心中不定，對外物認識也就不清，於是也就無法定其然否。

荀子又說：「冥冥而行者，見寢石以為伏虎也，見植林以為後人（俞樾：疑「後人」為「立人」之誤）也，冥冥蔽其明也。醉者越百步之溝，以為蹞步之澮也；俯首而出城門，以為小閨也；酒亂其神也。厭目而視者，視一以為兩；掩耳而聽者，聽漠漠而以為哅哅；埶亂其官也。故從山上望牛者若羊，而求羊者不下牽也，遠蔽其大也。從山下望木者，十仞之木若箸，而求箸者不上折也，高蔽其長也。水動而景搖，人不以定美惡，水埶玄也。瞽者仰視不見星，人不以定有無，用精惑也。」（〈解蔽〉）又說：「夏首之南有人焉，曰涓蜀梁，其為人也，愚而善畏。明月而宵行，俯見其影，以為伏鬼也；卬視其髮，以為立魅也；背而走，比至其家，失氣而死，豈不哀哉！凡人之有鬼也，必以其感忽之間疑玄之時正之，此人之所

以無有而有無之時也。」（〈解蔽〉）

荀子舉出錯覺所以形成的幾個原因，冥冥蔽其明，勢亂其官，遠蔽其大，高蔽其長，這四種是物理上的原因；酒亂其神，是生理上的原因；愚而善畏，可說是感情上的原因。這些心理上的原因，都足以造成錯覺，所以荀子特別強調虛壹而靜，保持心的大清明，不要受錯覺影響而誤認事實。

四、名學

㈠名的功用

荀子很重視正名，認為名的功用很大，他說：「今聖王沒，名守慢，奇辭起，名實亂，是非之形不明，則雖守法之吏，誦數之儒，亦皆亂也。若有王者起，必將有循於舊名，有作於新名，然則所為有名，與所緣以同異，與制名之樞要，不可不察也。」（〈正名〉）

這裏提出「所為有名」，就是在闡發制名的目的。同時荀子指出，因聖王沒，名守慢，奇辭起，名實亂，所以王者興起，必須有循於舊名，同時也有作於新名。可見名的功用，就在於防止名實淆亂。

荀子又說：「異形離心交喻，異物名實玄紐，貴賤不明，同異不別；如是，則志必有不喻之患，而事必有困廢之禍。故知者為之分別制名以指實，上以明貴賤，下以辨同異。貴賤

明，同異別；如是，則志無不喻之患，事無困廢之禍，此所為有名也。」（〈正名〉）

荀子所說的「指實」，就是名可以代表事物的意思；所說的名，相當於邏輯上所說的概念或名言。不過荀子把名看得特別重，除了要表達概念或名言之外，還要「上以明貴賤，下以辨同異」。貴賤是否能明，同異是否有別，更能影響志的喻否，以及事的困廢，這樣名的任務就更加重了。

荀子又說：「故王者之制名，名定而實辨，道行而志通，則慎率民而一焉。故析辭擅作名以亂正名，使民疑惑，人多辨訟，則謂之大姦；其罪猶為符節度量之罪也。故其民莫敢託為奇辭以亂正名，故其民愨；愨則易使；易使則公。其民莫敢託奇辭以亂正名；故壹於道法而謹於循令矣。如是，則其迹長矣。迹長功成，治之極也，是謹於守名約之功也。」（〈正名〉）

人民不敢託奇辭以亂正名，就會壹於道法而謹於循令，於是迹長功成，天下大治，更可見名的功用之大。

(二)制名的樞要

關於制名的準則，荀子說：「後王之成名，刑名從商，爵名從周，文名從禮。散名之加於萬物者，則從諸夏之成俗曲期，遠方異俗之鄉，則因之而為通。」（〈正名〉）這說明了後王的成名，因循於舊名的準則。至於制定新名，應該憑據什麼準則，荀子說：「然則何緣以同異？曰：緣天官。凡同類同情者，其天官之意物也同；故比方之疑似而通。是所以共其約名以相期也。形體色理以目異，聲音清濁調竽奇聲以耳異，甘苦鹹淡辛酸奇味以口異，香臭芬鬱腥臊洒酸奇臭以鼻異，疾養滄熱滑鈹輕重以形體異，說故喜怒哀樂愛惡欲以心異。心有徵知，徵知，則緣耳而知聲可也，緣目而知形可也，然而徵知必待天官之當簿其類然後可也。五官簿之而不知，心徵之而無說，則人莫不然謂之不知，此所緣而以同異也。」(〈正名〉)

這裏所說的同異，自形體色理以至喜怒哀樂，都是偏就事實方面立說的。由天官辨清了對象的同異，便隨著所認知的同異，來分別制名。

荀子又說：「然後隨而命之：同則同之，異則異之；單足以喻則單；單不足以喻則兼；單與兼無所相避則共；雖共，不為害矣。知異實者之異名也，故使異實者莫不異名也，不可亂也，猶使異（當作同）實者莫不同名也。故萬物雖眾，有時而欲徧舉之，故謂之物。物也者，大共名也。推而共之，共則有共，至於無共然後止。有時而欲徧（當作偏）舉之，故謂之鳥獸。鳥獸也者，大別名也。推而別之，別則有別，至於無別然後止。……物有同狀而異所者，有異狀而同所者，可別也。狀同而為異所者，雖可合，謂之二實。狀變而實無別而為異者，謂之化；有化而無別，謂之一實。此事之所以稽實定數也。此制名之樞要也。後王之成名，不可不察也。」(〈正名〉)

「同則同之，異則異之」，是制名樞要中的根本原則。凡屬異實，莫不令其異名；凡屬同實，莫不令其同名；這樣纔不會使名實淆亂。再進一步，荀子提出名的種類，單是單名，如馬。兼是兼名，如白馬。一個字足以指出事物的全部意義，就用單名；一個字不足以盡所指事物的全部意義，就結合兩個以上的字用兼名。此外，荀子又提出共名與別名，如白馬是別名，馬是白馬的共名，獸又是馬的共名，再推而上之，物是大共名，直到無共而後止。反之，別名也是別而有別，直推至無別而後止。荀子又說到一實和二實，同所者為一實，異所者為二實，至於形狀之同異變化是沒影響的。如山羊是一實，綿羊是一實，但同屬羊類，同用羊名，所以二實不必異名。反之，蠶化為蛹，蛹化為蛾，形狀雖有變異，其所不異，以數言之，猶是一實，但依其蛻化階段，不妨命有三個不同的名稱，所以一實不必同名。

(三)亂名的三惑

荀子認為世人用名，往往有不遵從標準的，因違反標準而造成過失的有三種，荀子稱之為三惑。他說：「見侮不辱，聖人不愛己，殺盜非殺人也。此惑於用名以亂名者也。驗之所以為有名而觀其孰行，則能禁之矣。山淵平，情欲寡，芻豢不加甘，大鐘不加樂，此惑於用實以亂名者也。驗之所緣無（王引之：「無」字後人所增）以同異而觀其孰調，則能禁之矣。非而謁，楹有牛，馬非馬也，此惑於用名以亂實者也。驗之以名約，以其所受，悖其所辭，則能禁之矣。凡邪說辟言之離正道而擅作者，無不類於三惑者矣。」（〈正名〉）

第一惑，是「惑於用名以亂名」，因違反「所為有名」而激起的過失。荀子所舉三例中，第一例「見侮不辱」，是宋銒所主張的，荀子批評其過失說：「子宋子曰：明見侮之不辱，使人不鬬。人皆以見侮為辱，故鬬也。知見侮之為不辱，則不鬬矣。應之曰：然則亦以人之情為不惡侮乎？曰：惡而不辱也。曰：若是則必不得所求焉。凡人之鬭也，必以其惡之為說，非以其辱之為故也。今俳優侏儒狎徒詈侮而不鬭者，是豈鉅知見侮之不辱哉！然而不鬭者，不惡故也。今人或入其央瀆，竊其豬彘，則援劍戟而逐之，不避死傷，是豈以喪豬為辱也哉！然而不憚鬭者，惡之故也。……夫今子宋子不能解人之惡侮，而務說人以勿辱也，豈不過甚矣哉！金舌弊口，猶將無益也。」（〈正論〉）

宋子認為鬭與不鬭，在於辱與不辱；而荀子卻認為在於惡與不惡；兩家意見之不同，完全在於鬭爭起因的認識不同。荀子認為宋子誤認起因，宋子的過失是違反了「所為有名」。而禁止之道，荀子認為在於「驗之所以為有名」。

第二例「聖人不愛己」，楊倞注謂未聞其說，姑置不論。

第三例「殺盜非殺人也」，是《墨子》書中的說法。墨子說：「盜人，人也。多盜非多人也，無盜非無人也。奚以明之？惡多盜非惡多人也，欲無盜非欲無人也，世相與共是之。若若是，則雖盜人人也，愛盜非愛人也；不愛盜非不愛人也。殺盜非殺人也。」（《墨子・小取》）

人和盜具有攝屬的關係，人是共名，盜是別名。盜是人類中的一部分，殺了一個盜，就是殺了人類中的一員，所以殺盜就是殺人。墨子說殺盜非殺人，把盜和人視為異實，漠視人和盜的攝屬關係，致使「名實玄紐」，「驗之所以為有名」，定可見其誤謬而禁止之。

第二惑，是「惑於用實以亂名」，因違反「所緣以同異」而激起的過失。荀子舉了四個例，第一例「山淵平」，就是惠施的「山與澤平」（見《莊子・天下》）。惠子以宇宙空間至大，如人由高空俯視，山和淵的高低差異可說極微，當然也可說「山與淵平」。不過荀子認為，以人的眼官知覺來說，人所看到的，山和淵總是高下不平的，所以「山與淵平」的說法，是違反「所緣以同異」的。

第二例「情欲寡」，也是宋鈃的主張，荀子評論說：「子宋子曰：人之情，欲寡；而皆以己之情為欲多，是過也。故率其群徒，辨其談說，明其譬稱，將使人知情之欲寡也。應之曰：然則亦以人之情為欲，目不欲綦色，耳不欲綦聲，口不欲綦味，鼻不欲綦臭，形不欲綦佚，此五綦者，亦以人之情為不欲乎？曰：人之情欲是已。曰：若是則說必不行矣。以人之情為欲此五綦者而不欲多，譬之是猶以人之情為欲富貴而不欲貨也，好美而惡西施也。古之人為之不然：以人之情為欲多而不欲寡，故賞以富厚，而罰以殺損也，是百王之所同也。故上賢祿天下，次賢祿一國，下賢祿田邑，愿慤之民完衣食。今子宋子以是之情為欲寡而不欲多也，然則先王以人之所不欲者賞，而以人之所欲者罰邪？亂莫大焉。」（〈正論〉）

宋子的主張，人情是欲寡不欲多，一般認為人情為貪得無厭是錯誤的。荀子則認為人情是欲多不欲寡，貪得無厭，自古為政的人，就是看準了這一點，所以以富厚賞人，以殺損罰人，行之久遠，收到很好的效果。荀子以為宋子的過失是昧於分別，不合事實，所以是「惑於用實」，如能「驗之所緣以同異」，就可以防止。

第三例「芻豢不加甘」，第四例「大鐘不加樂」，我們用味覺聽覺都可以辨別出來，這種說法是錯誤的，也是違反了「所緣以同異」。

第三惑，是「惑於用名以亂實」，因違反「制名之樞要」而激起的過失。荀子所舉例中，「非而謁，楹有牛」，意義不明，姑置不論。「馬非馬也」一例，楊倞注謂即是公孫龍白馬之說。公孫龍說：「馬者所以命形也，白者所以命色也，命色者非命形也，故曰白馬非馬。」（《公孫龍子．白馬論》）

公孫龍以為馬是形體的名稱，白是顏色的名稱，形體顏色是互不相同的兩件事，所以形體與顏色的名，各具互不相關的意義。依此推論，遂斷言白馬非馬。其實公孫龍的立論，祇偏重於分析，而輕忽了綜合；祇看到形與色之可以分，忽略了形與色之可以合；但見白馬與馬之有異，不見白馬與馬之有同。馬是單名，白馬是兼名；馬是白馬的共名，白馬是馬的別名；馬中涵攝著白馬，白馬隸屬於馬，故凡得以白馬稱呼的事物，也可以馬稱呼之。今言白馬非馬，忽視了馬與白馬之間的攝屬關係。荀子認為公孫龍違反了名約，人既已約定稱馬為馬，則馬字祇能用以呼馬，現在公孫龍說馬不是馬，就是違反了名約，所以荀子稱之為「惑於用名以亂實」。

五、辯說學

(一)辯說的任務

荀子非常重視辯說，他說：「君子必辯。凡人莫不好言其所善，而君子為甚焉。」（〈非相〉）君子必須要辯，辯是君子所應盡的責任，所以荀子又說：「法先王，順禮義，黨學者，然而不好言，不樂言，則必非誠士也。故君子之於言也，志好之，行安之，樂言之。故君子必辯。」（〈非相〉）不好言不樂言必非誠士，君子必樂言必辯。

君子為何必須要辯，荀子認為社會是非不明，姦言邪說充斥，大為影響治道，所以君子必加辯說以求澄清。荀子說：「今聖王沒，天下亂，姦言起，君子無埶以臨之，無刑以禁之，故辯說也。」（〈正名〉）又說：「是非不亂，則國家治。」（〈王制〉）這也可見辯說的任務之一，就是要制止姦言，彰明是非，以求國家安治。

辯說的另外一個任務，荀子認為就是心之象道，他說：「辨說也者，心之象道也。心也者，道之工宰也。道也者，治之經理也。心合於道，說合於心，辭合於說。」（〈正名〉）辯說的任務在於象道，就是象效其道，也就是符合於道。「心合於道，說合於心」，也就是使心符合於道，而辯說又符合於心，這也就是象道。

荀子更提出辯說的另一項任務，他說：「辨則盡故。」（〈正名〉）故是緣故，也就是理由。盡故也就是詳盡說出理由。尤其對於道的正邪，不但指出其正邪，更要說明正之所以為正，邪之所以為邪的理由。

除掉符合辯說任務的辯言之外，荀子認為就不必言甚或不當言了。他說：「君子疑則不言。」（〈大略〉）未能確知其是非者君子不言。又說：「言而非仁之中也，則其言不若其默也，其辯不若其吶也。」（〈非相〉）又說：「言而當，知也；默而當，亦知也。故知默猶知言也。」（〈非十二子〉）言不能中於仁義，就是不當，言而不當，還不如默而不言。又說：「無用之辯，不急之察，棄而不治。」（〈天論〉）無用之辯，也可以不治。又說：「言必當理，事必當務，是然後君子之所長也。凡事行，必有益於理者立之，無益於理者廢之，夫是之謂中事。凡知說，有益於理者為之，無益於理者舍之，夫是之謂中說。行事失中，謂之姦事。知說失中，謂之姦道。姦事姦道，治世之所棄，而亂世之所從服也。」（〈儒效〉）辯說無益於理的，就是姦道，為治世所棄。荀子又說：「若夫非分是非，非治曲直，非辨治亂，非治人道，雖能之無益於人，不能無損於人。案彊鉗而利口，厚顏而忍詬，無正而恣睢，妄辨而幾利，不好辭讓，不敬禮節，而好相推擠，此亂世姦人之說也。」（〈解蔽〉）非分是非，非治曲直，非辨治亂，非治人道，雖能之無益於人，這種辯說只是怪說奇辭，當然可以不治。

荀子所說的辯說任務，一是制止姦言邪說，彰明是非，二是象道。消極制止了姦言邪說，積極要象道，這兩項都是在完成辯說的目的。第三項任務盡故，主要功用則在於增進辯說的功效。

㈡辯說的態度

關於辯說的態度，荀子的主張，可分消極與積極兩方面。我們先看積極的態度，荀子說：「以仁心說，以學心聽，以公心辨。不動乎眾人之非譽，不治觀者之耳目，不賂貴者之權埶，

不利傳辟者之辭。故能處道而不貳，詘而不奪，利而不流，貴公正而賤鄙爭，是士君子之辨說也。」（〈正名〉）

以仁心說，在於以愛心勸說聽者接受善言；以學心聽，在於虛心接受別人正確的意見；以公心辯，在於公平持理，避免主觀。至於不動乎眾人之非譽以下幾句，所言都是要辯說者持正理堅持到底，不動搖立場。

荀子又說：「談說之術，矜莊以莅之，端誠以處之，堅彊以持之，分別以喻之，譬稱以明之，欣驩芬薌以送之，寶之珍之，貴之神之。如是則說常無不受，雖不說人，人莫不貴。」（〈非相〉）

矜莊、端誠、堅彊以及欣驩芬薌，都是辯說者所該持的態度；分別以喻之，譬稱以明之，是指辯說所當用的方法。

在消極態度方面，荀子的主張有三項，一是不爭，二是不期勝，三是不苟察。我們先看荀子的主張不爭，他說：「君子……辯而不爭。」（〈不苟〉）又說：「有爭氣者，勿與辯也。」（〈勸學〉）又說：「辯而不說者，爭也。」（〈榮辱〉）爭氣者感情衝動，不能運用理智，無法辨明是非，說不出真正道理，這種辯說是沒有結論的，當然是可以不必進行。

次看荀子的主張不期勝，他說：「不恤是非，不論曲直，以期勝人為意，是役夫之知也。……不恤是非然不然之情，以期勝人為意，是下勇也。」（〈性惡〉）

不論是非曲直而專意求勝，這根本就失去辯說的目的，所以荀子斥之為役夫之智，貶之為下勇。

再次看荀子的主張不苟察，他說：「君子……說不貴苟察，……惟其當之為貴。……山淵平，天地比，齊秦襲，入乎耳，出乎口，鉤有須，卵有毛，是說之難持者也，而惠施、鄧析能之。然而君子不貴者，非禮義之中也。」（〈不苟〉）

如惠施之流，其言雖察，但是既非合於禮義，無益於世用，君子是不重視的。

(三)辯說的性質

荀子所說的辯說，究竟具有怎樣的性質，荀子說：「辨說也者，不異實名以喻動靜之道也。……辨則盡故。」（〈正名〉）「辨則盡故」，既說明了辯說的任務，也表示著辯說的結構與性質。「不異實名」，就是說辯說中所用的名不可違背約定俗成的通行意義。「以喻動靜之道」，指出辯說所有的內容，其內容就是動靜之道，動靜之道，指的是世間的一切事理。辯說之道就在於闡明一切事理。辯說在於闡明事理，所以必須有所主張；辯說必須盡故，所以又必須提示所以如此主張的理由。辯說之中，有主張，又有理由，所以必不單是一個判斷，而應是一個論證，論證即是推理，所以荀子所說的辯說相當於今日所說的推理。然則於邏輯諸種推理之中，究屬何種？我們再看荀子的話，他說：「故以人度人，以情度情，以類度類，以說度功，以道觀盡，古今一度也。」（〈非相〉）

以人度人等所說的度，就是推理，這種推理，以此一事物推知彼一事物，是屬於類比推理。

荀子又說：「以類行雜，以一行萬。」（〈王制〉）「以淺持博，以古持今，以一持萬。」（〈儒效〉）「欲觀千歲，則數今日。欲知億萬，則審一二。欲知上世，則審周道。欲知周道，則審其人所貴君子。故曰，以近知遠，以一知萬，以微知明，此之謂也。」（〈非相〉）「故千萬人之情，一人之情也。」（〈不苟〉）

「以類行雜，以一行萬」，「以一持萬」，「以一知萬」，都是以普遍推知特殊，屬於演繹推理。「欲知億萬，則審一二」，「故千萬人之情，一人之情也」，都是以特殊推知普遍，屬於歸納推理。荀子論及推理，其可解作類比推理，與可解作演繹推理或歸納推理者，多夾雜論述，所以荀子對這三種推理似未有充分認識，不過荀子已論及推理，則是毫無疑義的。

六、禮治

㈠禮的範圍及功能

荀子一面主張人性本惡，一面主張用禮來矯治人的情性，所以無論在個人的修養以及社會國家的治理，都特別重視禮治。荀子所說的禮，涵攝的範圍特別大，上自治國安邦，下至個人立身處世，以至日常生活的細節，無所不包。禮不但是人行為的準則，同時也是思想言論的準繩；不但是處理社會現象的準繩，同時也是應付自然現象的準繩。現在我們看荀子的議論，荀子說：「農分田而耕，賈分貨而販，百工分事而勸，士大夫分職而聽，建國諸侯之君分土而守，三公總方而議，則天子共己而已。出若入若，天下莫不平均，莫不治辨，是百王之所同也，而禮法之大分也。」（〈王霸〉）農分田而耕，以至三公總方而議，都是屬於政治上的制度，而荀子認為是禮之大分。

又說：「禮者，法之大分，類之綱紀也。」（〈勸學〉）「禮義生而制法度。」（〈性惡〉）依荀子所說，則制度法律也屬於禮。

「上不隆禮則兵弱。」（〈富國〉）治兵之道也屬於禮。

「足國之道，節用裕民，而善臧其餘。節用以禮，裕民以政。」（〈富國〉）足國裕民是經濟方面的事，荀子也歸屬於禮。

「故古之人為之不然，其取人有道，其用人有法。取人之道，參之以禮。」（〈君道〉）人君任用人才的方法也歸之於禮。

再進一步，荀子認為禮是治國的規範，強國的根本，他說：「禮者，治辨之極也，彊國之本也，威行之道也，功名之總也，王公由之所以得天下也，不由所以隕社稷也。」（〈議兵〉）「隆禮貴義者其國治，簡禮賤義者其國亂。」（〈議兵〉）「國無禮則不正。」（〈王霸〉）由此可見，國家的治亂，完全取決於禮的有無。

我們再看個人方面，荀子說：「食飲衣服，居處動靜，由禮則和節，不由禮則觸陷生疾。容貌態度，進退趨行，由禮則雅，不由禮則夷固僻違，庸眾而野。」（〈修身〉）食飲衣服，居處動靜，都要依於禮。

「凡治氣養心之術，莫徑由禮。」（〈修身〉）「故人莫貴乎生，莫樂乎生，所以養生安樂者，莫大乎禮。」（〈彊國〉）治氣養心，養生安樂，也要依乎禮。

「禮者，所以正身也。」（〈修身〉）「故禮及身而行修。」（〈致士〉）禮是個人立身處世的規範，禮也是正身之具。

禮不但是人行為的規範，同時也是思想言論的規範，荀子說：「凡用血氣志意知慮，由禮則治通，不由禮則勃亂提僈。」（〈修身〉）「說不貴苟察，……然而君子不貴者，非禮義之中也。」（〈不苟〉）志意知慮要由禮，辯說也要合乎禮。

再進一步，禮擴展到自然現象，荀子說：「天地以合，日月以明，四時以序，星辰以行，江河以流，萬物以昌，……萬物變而不亂，貳之則喪也，禮豈不至矣哉！」（〈禮論〉）天地、日月、四時、星辰、江河以至萬物的存在及變化，莫不與禮有關。

荀子又說：「故人無禮則不生，事無禮則不成，國家無禮則不寧。」（〈修身〉）無論個人、事業以及國家，都不能沒有禮。所以荀子總括一句說：「禮者，人道之極也。」（〈禮論〉）由此可見禮的功能之大。

㈡禮治的作用

依荀子的說法，禮除了本身的功能之外，還具有分、養與節三種作用。

⑴分辨與和一

分辨是禮的一種很重要的作用，其功能足以止亂致治。荀子說：「埶位齊，而欲惡同，物不能贍，則必爭，爭則必亂，亂則窮矣。先王惡其亂也，故制禮義以分之，使有貧富貴賤之等，足以相兼臨者，是養天下之本也。」（〈王制〉）人皆有欲，而物不能贍，則必發生爭亂，為止爭息亂，必制禮義以分之，可見禮義有分的作用。又說：「故先王案為之制禮義以分之，使有貴賤之等，長幼之差，知愚能不能之分，皆使人載其事，而各得其宜。」（〈榮辱〉）禮的作用，是要分貴賤、長幼、知愚等差別，然後使人載其事，各得其宜。可見國家社會都不能不用禮來加以分別。

荀子又說：「人之生不能無群，群而無分則爭，爭則亂，亂則窮矣。故無分者，人之大害也。」（〈富國〉）無分是人之大害，可見人不能無分。

人必須有分，但是分也必須有所依據，荀子說：「分何以能行？曰，義。故義以分則和，和則一，一則多力，多力則彊，彊則勝物，故宮室可得而居也。故序四時，裁萬物，兼利天下，無它故焉，得之分義也。」（〈王制〉）能依義以求分，纔能分別得宜；分別得宜，人無怨望；社會人群和樂齊一，團結有力；於是就可以控制自然，生活富裕了。分有這樣的功用，所以荀子特別重視。荀子說：「有分者，天下之本利也。」（〈富國〉）又說：「救患除禍，則莫若明分使群矣。」（〈富國〉）於此可見分的重要。

(2)養欲與給求

分義雖能使人和一，但是單憑分義，還不能達到致治的目的，必須再輔之以養欲給求，才能克盡全功。荀子說：「故禮者養也。」（〈禮論〉）這說明了禮具有養的作用。又說：「禮起於何也？曰：人生而有欲。欲而不得，則不能無求；求而無度量分界，則不能不爭；爭則亂；亂則窮。先王惡其亂也，故制禮義以分之，以養人之欲，給人之求，使欲必不窮乎物，物必不屈於欲，兩者相持而長，是禮之所起也。」（〈禮論〉）人生而有欲，欲求不足，則必起爭亂，所以先王要養人之欲，給人之求，使欲不窮乎物，物不屈於欲，這樣就不會有爭亂了。欲屬於性，是與生俱來的，同時也是眾人所同的，荀子說：「凡人有所一同，飢而欲食，寒而欲煖，勞而欲息，好利而惡害，是人之所生而有也，是無待而然者也，是禹桀之所同也。」（〈榮辱〉）人人有欲，賢愚相同，如欲望甚易滿足，也就不會有爭亂，事實並不如此，荀子說：「欲惡同物，欲多而物寡，寡則必爭矣。」（〈富國〉）客觀的事實，是欲多而物寡，於是就不能無爭，為了止亂息爭，最好的辦法就是養欲給求。

荀子又說：「凡語治而待去欲者，無以道欲，而困於有欲者也。凡語治而待寡欲者，無以節欲，而困於多欲者也。……欲者，情之應也。以所欲為可得而求之，情之所必不免也。」（〈正名〉）又說：「雖堯舜不能去民之欲利。」（〈大略〉）欲雖是不好的，但欲屬於性，與生俱來，無法予以消除。既無法消除，祇有設法加以誘導。所以荀子說：「古之人為之不然，以人之情為欲多而不欲寡，故賞以富厚，而罰以殺損也。」（〈正論〉）人皆欲多不欲寡，所以人君就利用這種心理，賞以富厚，罰以殺損，以鼓勵人向善，警惕人趨惡。至於如何導欲與節欲，荀子說：「故欲過之而動不及，心止之也。心之所可中理，則欲雖多，奚傷於治？欲不及而動過之，心使之也。心之所可失理，則欲雖寡，奚止於亂？故治亂在於心之所可，亡於情之所欲。……欲雖不可盡，可以近盡也。欲雖不可去，求為可節也。所欲雖不可盡，求者猶近盡。欲雖不可去，所求不得，慮者欲節求也。道者，進則近盡，退則節求，天下莫之若也。」（〈正名〉）欲過之，可以由心來止之；欲不及，可以由心來使之；如此，可以使欲合於理所應求，這就是「道欲」。所以祇要引導得當，有欲多欲是無傷於治的。

(3)節情與制文

禮除了分與養兩種作用以外，還有一種節的作用。荀子說：「故先王聖人安為之立中制節，一使足以成文理，則舍之矣。」（〈禮論〉）這雖是荀子論三年之喪時說的，但節的作用不限於喪禮，其他的禮也有具「立中制節」的作用。荀子又說：「夫義者，內節於人而外節於萬物者也，上安於主而下調於民者也；內外上下節者，義之情也。」（〈彊國〉）又說：「禮者，節之準也。」（〈致士〉）禮是節之準，而義可以「內節於人，外節於萬物」，與禮具有同樣的作用。

節究竟具有何種作用，荀子說：「三年之喪何也？曰：稱情而立文，因以飾群別親疏貴賤之節而不可益損也，故曰，無適不易之術也。」（〈禮論〉）稱情而立文，就是節的總原則。荀子又說：「禮者，斷長續短，損有餘，益不足，達愛敬之文，而滋成行義之美者也。」（〈禮論〉）又說：「兩情者，人生固有端焉。若夫斷之繼之，博之淺之，益之損之，類之盡之，盛之美之，使本末終始莫不順比，足以為萬世則，則是禮也。」（〈禮論〉）「斷長續短，損有餘，益不足」，「若夫斷之繼之，博之淺之，益之損之，……」正是禮的節的作用。長者斷之，有餘者損之，正是限禁其長，限禁其有餘；短者續之，不足者益之，正是限禁其短，限禁其不足；所以這正是表示節的限禁作用。

禮「稱情而立文」，所以禮中應當有情有文，情是蘊藏於內的，文是表現於外的。不過荀子所重的是情或是文，抑或兩者並重？荀子說：「故至備，情文俱盡；其次，情文代勝；其下復情以歸大一也。」（〈禮論〉）又說：「禮者，以財物為用，以貴賤為文，以多少為異，以隆殺為要。文理繁，情用省，是禮之隆也；文理省，情用繁，是禮之殺也；文理情用相為內外表裏，竝行而雜，是禮之中流也。故君子上致其隆，下盡其殺，中處其中。」（〈禮論〉）

荀子把禮分為三級，「情文俱盡」，為禮之至備；「文理情用相為內外表裏，竝行而雜」，為禮之中流；這是禮的最高級。「其次情文代勝」，情勝於文，或文勝於情，是次級的禮。「其下復情以歸大一也」，情盡而文至簡，這是禮的下級。荀子把情文俱盡列為禮的最高級，但是在二者不可兼備時，重情還是重文？荀子以「情文代勝」同視為次級的禮，情與文似無高低之分。但是「其下復情以歸大一」，僅以復情為下級的禮，對情的重視有甚於文。可是荀子又以「文理繁，情用省」，為禮之隆，以「文理省，情用繁」為禮之殺，則又似重文甚於重情了。在原則上來說，荀子是情文並重的。

禮之所以有文，就是用來表現內心的情感，所以喪祭的文飾，主要是用以律人，不是真用以事鬼神。荀子說：「禮有三本：天地者，生之本也；先祖者，類之本也；君師者，治之本也。……故禮上事天，下事地，尊先祖而隆君師，是禮之三本也。……所以別貴始，貴始，得之本也。」（〈禮論〉）又說：「祭者，志意思慕之情也，忠信愛敬之至矣，禮節文貌之盛矣，苟非聖人，莫之能知也。聖人明知之，士君子安行之，官人以為守，百姓以成俗。其在君子，以為人道也；其在百姓，以為鬼事也。」（〈禮論〉）事天地、先祖、君師，所以表達貴始之意，祭祀所以表達思慕之情，這些都是人道，不是鬼事，是用以律人，不是用以事鬼。瞭解了禮的作用，就會知道禮的重要了。

七、尊君

荀子主張尊君，他說：「君者，國之隆也；父者，家之隆也。隆一而治，二而亂。」（〈致士〉）荀子這樣的尊重君權，其終極目的，不外是在他的禮治主張下，用以「明貴賤，別同異」。不過荀子的主張卻不同於法家的專制，他認為君主不但是國家政治的主持者，同時也是道德法守的典範，他說：「無土則民不安居，無人則土不守，無道法則人不至，無君子則道不舉。故土之與人也，道之與法也，國家之本作也；君子也者，道法之總要也。」（〈致士〉）

君主與土地、人民、法制同樣是構成國家要素之一，君主總攬國家大政，自然要有至尊的地位。

荀子所尊的君主，不是徒具虛位或祇有權勢的庸君，而是一個無美不備的聖王，他說：「故天子唯其人。天下者，至重也，非至彊莫之能任；至大也，非至辨莫之能分；至眾也，非至明莫之能和；此三至者，非聖人莫之能盡。故非聖人莫之能王。聖人備道全美者也，是縣天下之權稱也。」（〈正論〉）做為人君，必須是至彊、至辨、至明的聖人。君主不但在政治上能治理國家，造福人民；同時在道德上，也要做為人民的典範。荀子說：「君者，民之原也；原清則流清，原濁則流濁。」（〈君道〉）又說：「君者，儀也；民者，景也；儀正而景正。」（〈君道〉）君主的思想言行，都要做為人民的表率，以盡君主的職責教化人民。反之，如果君主不具備聖王的條件，那也得不到人民的擁戴。荀子說：「君者，舟也；庶人者，水也；水則載舟，水則覆舟。」（〈王制〉）這說明了人民可能擁戴君主，但是也可能覆亡君主，這就要看君主本身所具備的條件以及他平日的作為來決定了。

㈠善群

荀子說：「君者，善群也。」（〈王制〉）又說：「君者何也？曰能群也。」（〈君道〉）人類群居在一起，必須有群居之道，才能和諧相處；為人君者，必須深知善群之道，也纔能領導人民。關於善群之道，荀子提出四項，他說：「能群也者，何也？曰：善生養人者也，善班治人者也，善顯設人者也，善藩飾人者也。善生養人者人親之，善班治人者人安之，善顯設人者人樂之，善藩飾人者人榮之。四統者俱，而天下歸之。夫是之謂能群。」（〈君道〉）

荀子把善群的四項，稱之為四統，能行四統，則天下歸之，便可以為君。

第一統，「善生養人者也」，就是為人君者，必善於生養人民。荀子解釋生養之道說：「省工賈，眾農夫，禁盜賊，除姦邪，是所以生養之也。」（〈君道〉）省工賈，眾農夫，是針對當時的農業社會而發，減少剝削增加生產，可使人民豐衣足食。禁盜賊，除姦邪，是給予人民安全保護。

此外，荀子在其他各篇中，也常說到有關生養的事。荀子說：「天之生民，非為君也；天之立君，以為民也。」（〈大略〉）這首先說明天立人君，就是為了替人民服務的。又說：「聰明君子者，善服人者也。人服而埶從之，人不服而埶去之。故王者已於服人矣。」（〈王霸〉）人君為政之道，首在服人得民。

至於如何養民，荀子說：「王者之等賦政事，財萬物，所以養民也。」（〈王制〉）王者等賦施政，裁用萬物，就是為了養民。荀子又說：「利足以生民，皆使衣食百用出入相揜，必時臧餘，謂之稱數。」（〈富國〉）人君必使百姓衣食足饒而有餘。又說：「選賢良，舉篤敬，興孝弟，收孤寡，補貧窮。如是，則庶人安政矣。」（〈王制〉）收孤寡，補貧窮，是對少數生活能力或生活情況差的人，特別加以照顧。

除了照顧人民的生活之外，還要注意教化，荀子說：「不富無以養民情，不教無以理民性。」（〈大略〉）「教之」和「富之」是同樣重要的。又說：「遁逃反側之民，職而教之，須而待之。」（〈王制〉）人性本惡，人君必須施以教化以求化善。

總之，人君對百姓，必須多方加以愛護與照顧，纔能得到百姓的擁戴。荀子說：「上莫不致愛其下，而制之以禮。上之於下，如保赤子。」（〈王霸〉）又說：「故君人者愛民而安。」（〈君道〉）人君對人民能愛如赤子，則人民對君主也必忠誠擁戴，國家自然安定了。

第二統，「善班治人者也」，就是為人君者，要善於設官分職。荀子解釋班治之道說：「天子三公，諸侯一相，大夫擅官，士保職，莫不法度而公，是所以班治也。」（〈君道〉）由此可見荀子所謂班治，就是設官分職，襄助處理國家政事的意思。荀子說：「守時力民，進事長功，和齊百姓，使人不偷，是將率之事也；……若夫兼而覆之，兼而愛之，兼而制之，歲雖凶敗水旱，使百姓無凍餒之患，則是聖君賢相之事也。」（〈富國〉）又說：「故政事亂，則冢宰之罪也；國家失俗，則辟公之過也；天下不一，諸侯俗反，則天王非其人也。」（〈王制〉）設官分職以後，各有專司，每個部門必須負起應盡的責任，否則就要負失職之責。

第三統，「善顯設人者也」，是指的用人之道。荀子說：「譎德而定次，量能而授官，皆使人載其事而各得其宜。上賢使之為三公，次賢使之為諸侯，下賢使之為士大夫。是所以顯設之也。」（〈君道〉）荀子所論的用人之道，主要就在於「譎德而定次，量能而授官。」荀子又說：「若夫譎德而定次，量能而授官，使賢不肖皆得其位，能不能皆得其官。」（〈儒效〉）賢與不肖，能與不能，都各得適當的官位，對人才的運用可說發揮了最高效用。荀子又說：

「人主之患，不在言不言用賢，而在乎不誠必用賢。」（〈致士〉）人主不能誠意用賢，必使政亂國危，是人主的大患。賢能要拔擢錄用，而罷不能的也要盡量辨識而廢除，以免尸位素餐，妨礙賢者進身。荀子說：「賢能不待次而舉，罷不能不待須而廢。」（〈王制〉）又說：「雖王公士大夫之子孫，不能屬於禮義，則歸之於庶人；雖庶人之子孫也，積文學，正身行，能屬於禮義，則歸之卿相士大夫。」（〈王制〉）照荀子的看法，雖然在封建制度的當時，取人仍應依據個人的才德，不能只憑門閥的餘蔭。

總之，為人君者，若想使國家平治，地位鞏固，非重視人才不可，所以荀子說：「故君人者，愛民而安，好士而榮，兩者無一焉而亡。」（〈君道〉）愛民與好士，同樣是人君治政的急務。

第四統，「善藩飾人者也」，講的是制祿之道。荀子說：「修冠弁衣裳，黼黻文章，琱琢刻鏤，皆有等差，是所以藩飾之也。」（〈君道〉）既量度德能而授官，更要按其能力和職責，給予合理的榮遇。荀子又說：「……誅而不賞，則勤勵之民不勸；誅賞而不類，則下疑俗儉而百姓不一。故先王明禮義以壹之，致忠信以愛之，尚賢使能以次之，爵服慶賞以申重之。」（〈富國〉）祇有誅罰而不予慶賞，不能勸勵吏民，所以明君必須以爵服慶賞來激勵士民，加重其為國盡力的觀念。賞罰並用，纔能收到激勵警惕的效果。荀子又說：「勉之以慶賞，懲之以刑罰。」（〈王制〉）又說：「賞不行，則賢者不可得而進也；罰不行，則不肖者不可得而退也。」（〈富國〉）罰能行，不肖者斥退；賞能行，賢者得進；所以賞罰是幫助人君運用人才，也是治國所不可或缺的。

㈡崇德愛民

為人君者，本身必須崇脩盛德，對待人民，必須加以愛護。荀子說：「請問為國？曰，聞脩身，未嘗聞為國也。君者儀也，民者景也，儀正而景正。」（〈君道〉）人君為萬民的典範，所以必須己身先正纔能正百姓。荀子又說：「故上者，下之本也。上宣明則下治辨矣，上端誠則下原慤矣，上公正則下易直矣。」（〈正論〉）人君有善德，則百姓也必德明行脩。又說：「臨事接民，而以義變應，寬裕而多容，恭敬以先之，政之始也；然後中和察斷以輔之，政之隆也；然後進退誅賞之，政之終也。」（〈致士〉）行政之始，必須寬裕多容，恭敬愛民。又說：「上莫不致愛其下而制之以禮，上之於下，如保赤子。」（〈王霸〉）上之愛下，如保赤子，可謂愛護備至了。

人君能愛利其民，人民自然也對君主擁戴，然後才肯為國效力。荀子說：「不利而利之，不如利而後利之之利也；不愛而用之，不如愛而後用之之功也；利而後利之，不如利而不利者之利也；愛而後用之，不如愛而不用者之功也。利而不利也，愛而不用也者，取天下者也；利而後利之，愛而後用之者，保社稷者也；不利而利之，不愛而用之者，危國家者也。」（〈富國〉）人君必先造福利於人民，然後纔能取人民之利以為國；必先加愛於人民，然後纔能使人民為國用。荀子又說：「故有社稷者，而不能愛民，不能利民，而求民之親愛己，不可得也；民不親不愛，而求其為己用為己死，不可得也；民不為己用不為己死，而求兵之勁城之固，不可得也；危削滅亡之情舉積此矣，而求安樂，是狂生者也。」（〈君道〉）人君不能愛民利民，則人民也不為國用不為國死，國家自然要衰敗危亡。

㈢禪讓與放伐

荀子認為國君必須具有聖德，纔能居有其位，因此他認為堯舜的傳位，並不是禪讓，而是以聖傳聖。因為一個聖王死後，如果其子賢聖，便可相繼為王；如果其子不肖，而三公賢聖，則天下歸於三公。荀子說：「世俗之為說者曰：堯舜擅讓。是不然：天子者，執位至尊，無敵於天下，夫有誰與讓矣！道德純備，智惠甚明，南面而聽天下，生民之屬，莫不振動從服以化順之，天下無隱士，無遺善，同焉者是也，異焉者非也，夫有惡擅天下矣！曰：死而擅之。是又不然：聖王在上，決德而定次，量能而授官，皆使民載其事而各得其宜；不能以義制利，不能以偽飾性，則兼以為民。聖王已沒，天下無聖，則固莫足以擅天下矣。天下有聖，而在後子者，則天下不離；朝不易位，國不更制，天下厭然與鄉無以異也；以堯繼堯，夫又何變之有矣！聖王不在後子，而在三公，則天下如歸，猶復而振之矣，天下厭然與鄉無以異也；以堯繼堯，夫又何變之有矣！唯其徙朝改制為難。故天子生則天下一隆，致順而治，論德而定次，死則能任天下者必有之矣。夫禮義之分盡矣，擅讓惡用矣哉！」（〈正論〉）荀子這種主張，和孟子的「天與賢則與賢，天與子則與子」的看法，可說是非常相近。

另外，如遇到暴君，荀子則主張用激烈手段放伐。荀子說：「世俗之為說者曰：桀紂有天下，湯武簒而奪之。是不然：以桀紂為常有天下之籍則然，親有天下之籍則不然，天下謂在桀紂則不然。……聖王之子也，有天下之後也，埶籍之所在也，天下之宗室也，然而不材不中，內則百姓疾之，外則諸侯叛之，近者境內不一，遙者諸侯不聽，令不行於境內，甚者諸侯侵削之，攻伐之；若是，則雖未亡，吾謂之無天下矣。聖王沒，有埶籍者罷不足以縣天下，天下無君；諸侯有能德明威積，海內之民莫不願得以為君師；然而暴國獨侈安能誅之，必不傷害無罪之民，誅暴國之君若誅獨夫；若是，則可謂能用天下矣。能用天下之謂王。湯武非取天下也，脩其道，行其義，興天下之同利，除天下之同害，而天下歸之也。桀紂非去天下也，反禹湯之德，亂禮義之分，禽獸之行，積其凶，全其惡，而天下去之也。天下歸之之謂王，天下去之之謂亡。故桀紂無天下，而湯武不弒君，由此效之也。」（〈正論〉）荀子認為湯武有聖德，天下歸之；桀紂禽獸行，天下去之；湯武之誅桀紂，非是弒君，祇是誅獨夫。這和孟子的「聞誅一夫紂矣，未聞弒君也」的觀點完全相同。

八、富國

在經濟方面，荀子主張富國裕民，他說：「不富無以養民情。」（〈大略〉）又說：「故王者富民，霸者富士，僅存之國富大夫，亡國富筐篋，實府庫。」（〈王制〉）荀子認為，沒有財富，不能生養人民，所以足國富民，也是人君治政的重要項目。

荀子又說：「足國之道，節用裕民，而善臧其餘。節用以禮，裕民以政。彼裕民，故多餘。裕民則民富，民富則田肥以易，田肥以易，則出實百倍。上以法取焉，而下以禮節用之，餘若丘山，不時焚燒，無所臧之，夫君子奚患無餘？故知節用裕民，則必有仁義聖良之名，而且有富厚丘山之積矣。此無它故焉，生於節用裕民也。不知節用裕民則民貧，民貧則田瘠以穢，田瘠以穢則出實不半，上雖好取侵奪，猶將寡獲也。而或以無禮節用之，則必有貪利糾譑之名，而且有空虛窮乏之實矣。此無它故焉，不知節用裕民也。」（〈富國〉）

荀子的富國之道，在於節用和裕民兩方面。節用又有兩方面，一是「上以法取」、「節用以禮」，指的是政府的節用；一是「下以禮節用之」，指的是人民的節用。節用要依禮而行，即該節省的節省，該花用的花用，既不奢侈浪費，也不吝鄙儉陋。裕民以政，是要政府施行各種行政措施，來使人民富裕。

荀子又說：「故田野縣鄙者，財之本也；垣窌倉廩者，財之末也。百姓時和，事業得敘者，貨之源也。等府庫者，貨之流也。故明主必謹養其和，節其流，開其源，而時斟酌焉。」（〈富國〉）開其源，指的是裕民之道；節其流，指的是節用之道；也同樣是著重在節用裕民兩方面。

(一)節用

荀子認為政府要盡量節省開支，減少人民稅賦，纔能裕民足國。他說：「下貧則上貧，下富則上富。」（〈富國〉）這也就是藏富於民的意思。又說：「士大夫眾則國貧，……無制數度量則國貧。」（〈富國〉）士大夫眾是指政府冗員太多，浪費國帑。無制數度量，是指政府開支沒有控制。這都是政府的浪費。政府如不浪費，則取之於民的也自然可以減輕。荀子說：「輕田野之稅，平關市之征，省商賈之數，罕興力役，無奪農時，如是則國富矣。夫是之謂以政裕民。」（〈富國〉）又說：「關市幾而不征，質律禁而不偏；如是，則商賈莫不敦愨而無詐矣。百工將時斬伐，佻其期日，而利其巧任；如是，則百工莫不忠信而不楛矣。縣鄙將輕田野之稅，省刀布之斂，罕舉力役，無奪農時；如是，則農夫莫不朴力而寡能矣。」（〈王霸〉）政府減輕稅賦，則商賈安，百工忠信，農夫力作，於是人民富裕，人民富裕，政府也自然不患不足了。這也可見政府如能節用，自然可收裕民的效果。荀子又說：「田野什一，關市幾而不征，山林澤梁，以時禁發而不稅，相地而衰政，理道之遠近而致貢，通流財物粟米，無有滯留，使相歸移也；四海之內若一家。」（〈王制〉）一方面是輕賦寡斂，一方面是開發財源，互通有無，然後纔可使普天之下人皆富裕。

反觀當時，人君多行苛征暴斂，以致民竭國貧，近於危亡，所以荀子說：「今之世則不然，厚刀布之斂，以奪之財；重田野之稅，以奪之食；苛關市之征，以難其事。不然而已矣：有掎挈伺詐，權謀傾覆，以相顛倒，以靡敝之，百姓曉然皆知其汙漫暴亂而將大危亡也，是以臣或弒其君，下或殺其上，粥其城，倍其節，而不死其事者，無它故焉，人主自取之也。」（〈富國〉）苛征暴斂的結果，臣弒其君，下殺其上，這都是人君所自取的。又說：「故田野荒而倉廩實，百姓虛而府庫滿，夫是之謂國蹷。伐其根，竭其原，而并之其末，然而主相不知惡也，則其傾覆滅亡可立而待也。」（〈富國〉） 窮竭人民的財富，來填實府庫，這是伐根竭源的辦法，也終必使國家傾覆滅亡的。

荀子雖重視節用，但並不主張過分的節用，以致有傷國家體制，或有礙於政令的推行，因此荀子反對墨子的那種過於儉鄙的節用。他說：「我以墨子之非樂也，則使天下亂；墨子之節用也，則使天下貧。」（〈富國〉） 又說：「墨子之言，昭昭然為天下憂不足。夫不足，非天下之公患也，特墨子之私憂過計也。今是土之生五穀也，人善治之，則畝數盆，一歲而再獲之；然後瓜桃棗李一本數以盆鼓，然後葷菜百疏以澤量，然後六畜禽獸一而剸車，黿鼉魚鱉鰌鱣以時別一而成群，然後飛鳥鳧雁若烟海，然後昆蟲萬物生其間；可以相食養者不可勝數也。夫天地之生萬物也，固有餘足以食人矣；麻葛繭絲鳥獸之羽毛齒革也，固有餘足以衣人矣。」（〈富國〉） 墨子憂慮物產不足養人，所以要盡量節儉，荀子以為墨子是「私憂過計」，荀子認為祇要人類善於運用，自然界的物產是足以養人的。

㈡裕民

荀子的裕民之道，是要政府以行政措施來推行的。他說：「量地而立國，計利而畜民，度人力而授事；使民必勝事，事必出利，利足以生民，皆使衣食百用出入相揜，必有藏餘，謂之稱數。故自天子通於庶人，事無大小多少，由是推之。故曰朝無幸位，民無幸生，此之謂也。」（〈富國〉）量地而立國，計利而畜民，度人力而授事，這就是政府要策劃，如何利用土地、資源以及人力，來求富國裕民。

荀子又說：「故養長時，則六畜育；殺生時，則草木殖；政令時，則百姓一，賢良服。聖王之制也。草木榮華滋碩之時，則斧斤不入山林，不夭其生，不絕其長也；黿鼉魚鱉鰌鱣孕別之時，罔罟毒藥不入澤，不夭其生，不絕其長也；春耕夏耘，秋收冬藏，四者不失時，故五穀不絕，而百姓有餘食也；汙池淵沼川澤，謹其時禁，故魚鱉優多而百姓有餘用也；斬伐養長不失其時，故山林不童而百姓有餘材也。聖王之用也，上察於天，下錯於地，塞備天地之間，加施萬物之上。」（〈王制〉）這一段所舉的，都是政府要施令推行繁滋生產之道，以求養民。

荀子又說：「北海則有走馬吠犬焉，然而中國得而畜使之；南海則有羽翮齒革曾青丹干焉，然而中國得而財之；東海則有紫紶魚鹽焉，然而中國得而衣食之；西海則有皮革文旄焉，然而中國得而用之。故澤人足乎木，山人足乎魚，農夫不斲削不陶冶而足械用，工賈不耕田而足菽粟。故虎豹為猛矣，然君子剝而用之。故天之所覆，地之所載，莫不盡其美，致其用，上以飾賢良，下以養百姓而安樂之。」（〈王制〉）君主不但要倡興開發資源，增加生產，同時還要推動分工合作，互相溝通有無，然後「上以飾賢良，下以養百姓而安樂之」，這也就是所謂以政裕民。

九、治人與治法

(一)治人與治法之比較

荀子很重視法，所以也很重視治法；但是以治法與治人相比較，則治人更為荀子所重視。荀子說：「法者，治之端也；君子者，法之原也。」(〈君道〉)荀子把法視為治之端，可見對法非常重視，但是法卻由君子所創，所以君子是法之原，這又可見君子比法尤為重要。荀子又說：「故土之與人也，道之與法也者，國家之本作也。」(〈致士〉)又說：「無國而不有治法，無國而不有亂法。」(〈王霸〉)這都是荀子重視法的言論。荀子又說：「有治人，無治法。」(〈君道〉)由這一句來看，治法與治人相較，簡直就不重要了。荀子又說：「君子者，法之原也；故有君子，則法雖省，足以偏矣；無君子，則法雖具，失先後之施，不能應事之變，足以亂矣。……君子者，治之原也。」(〈君道〉)法是君子所制作，所以君子是法之原；也就是先有了治人，然後纔能有治法。

法不但需要君子來制作，同時還需要君子來施用，纔能發揮功用。荀子說：「禹之法猶存，而夏不世王。故法不能獨立，類不能自行。得其人則存，失其人則亡。」(〈君道〉)法不能獨立，類不能自行，必須得其人纔能施用得宜。又說：「合符節，別契券者，所以為信也；上好權謀，則臣下百吏誕詐之人乘是而後欺。探籌投鉤者，所以為公也；上好曲私，則臣下百吏乘是而後偏。衡石稱縣者，所以為平也；上好傾覆，則臣下百吏乘是而後險。斗斛敦槩者，所以為嘖也；上好貪利，則臣下百吏乘是而後豐取刻與以無度取於民。」（〈君道〉）符節契券、探籌投鉤、衡石稱縣以及斗斛敦槩，本所以為信、為公、為平、為嘖的，都是一種治法，然而上不得君子，則在下之百吏，反藉此以搜括詐取，成其偏險之行。所以荀子又說：「故有良法而亂者有之矣，有君子而亂者，自古及今，未嘗聞也。」（〈王制〉）祇有良法，而施用不得其人，照樣會造成天下紛亂。反之，如有君子，既可制作治法，又能善加施用，自然會使天下安治。

㈡治人的標準

具備怎樣的標準，纔足以稱為治人。我們根據荀子所論及的人主和卿相所應具備的條件，大致可以推求出來。荀子說：「志意致修，德音致厚，智慮致明，是天子之所以取天下也。政令法，舉措時，聽斷公，上則能順天子之命，下則能保百姓，是諸侯之所以取國家也。」（〈榮辱〉）上面所舉天子、諸侯所具備的條件，可以合乎治人的標準。又說：「知隆禮義之為尊君也，知好士之為美名也，知愛民之為安國也，知有常法之為一俗也，知尚賢使能之為長功也，知務本禁末之為多材也，知無與下爭小利之為便於事也，知明制度權物稱用之為不泥也，是卿相輔佐之材也。」（〈君道〉）這是論述卿相輔佐所該具備的才德，也是合乎治人的條件的。荀子又說：「其為人上也廣大矣。志意定乎內，禮節脩乎朝，法則度量正乎官，忠信愛利形乎下。」（〈儒效〉）又說：「夫故其知慮足以治之，其仁厚足以安之，其德音足以化之。」（〈富國〉）又說：「故知而不仁不可，仁而不知不可；既知且仁，是人主之寶也，而王霸之佐也。」（〈君道〉）這也是論述治政之人所該具備的各種德性。

荀子又說：「若夫兼而覆之，兼而愛之，兼而制之，歲雖凶敗水旱，使百姓無凍餒之患，則是聖君賢相之事也。」（〈富國〉）這是說聖君賢相所該做到的事，也就是治人所要做到的事。

我們總括荀子所論人君和卿相輔佐所當具備的才德，重點有三方面，一是志意，是要看人君或卿相有否遠大的抱負，對國家人民能否盡到最大的責任；二是德音，是要看人君或卿相是否具備聖德，足以化成天下；三是智慧，是要看人君或卿相是否具有最高的智慮，足以治理國政，應付萬變。這些既是人君或卿相所當具備的條件，也就是治人所當具備的標準。

十、法後王

㈠法先王之弊

荀子在政治方面的主張，與孔孟的學說大致相同，惟有法後王一點，是荀子獨特的見解。荀子何以摒棄先王，而要法後王？其實荀子並不完全拒絕法先王，譬如他說：「不聞先王之遺言，不知學問之大也。」（〈勸學〉）又說：「凡言不合先王，不順禮義，謂之姦言。」（〈非相〉）又說：「儒者法先王，隆禮義。」（〈儒效〉）可見荀子有時還是讚賞先王的，尤其對先王所行的禮義，更是讚不絕口。

那麼荀子所反對的是什麼呢？我們看他的議論，他說：「略法先王而不知其統，……是則子思、孟軻之罪也。」（〈非十二子〉）又說：「略法先王而足亂世術，繆學雜舉，不知法後王而一制度，不知隆禮義而殺《詩》《書》。……呼先王以欺愚者而求食焉，……是俗儒者也。法後王，一制度，隆禮義而殺《詩》《書》，……是雅儒者也。」（〈儒效〉）荀子所反對的是「略法先王而不知其統」，是「略法先王而足亂世術」，因為那些人，並沒有真正瞭解先王的可貴之處，也沒有把握到先王的王政體系，所以不但不能治世，反足以亂世。

荀子認為不能法先王，另外還有一個理由，他說：「夫妄人曰，古今異情，其所以治亂者異道，而眾人惑焉。彼眾人者，愚而無說，陋而無度者也。其所見焉猶可欺也，而況於千世之傳也。妄人者，門庭之間猶可誣欺也，而況於千世之上乎！聖人何以不可欺？曰，聖人者，以己度者也。故以人度人，以情度情，以類度類，以說度功，以道觀盡，古今一度也。類不悖，雖久同理，故鄉乎邪曲而不迷，觀乎雜物而不惑，以此度之，五帝之外無傳人，非無賢人也，久故也。五帝之中無傳政，非無善政也，久故也。禹湯有傳政而不若周之察也，非無善政也，久故也。傳者久則論略，近則論詳；略則舉大，詳則舉小。愚者聞其略而不知其詳，聞其細而不知其大也，是以文久而滅，節族久而絕。」（〈非相〉）荀子以為，先王之中，固有聖君，亦有善政，但當時的法度政事縱有傳述於後世的，因為時代久遠，已是略而不詳，不足為法了。

(二)法後王之道

先王既無可法，祇好取法後王，這是法後王的消極理由，另外還有法後王的積極理由。荀子說：「欲觀聖王之跡，則於其粲然者矣，後王是也。後王者，天下之君也。舍後王而道上古，譬之是猶舍己之君而事人之君也。」(〈非相〉)又說：「百王之道，後王是也。君子審後王之道，而論於百王之前，若端拜而議。推禮義之統，分是非之分，總天下之要，治海內之眾，若使一人。」(〈不苟〉)這兩條所說，是法後王的積極理由。荀子以為「欲觀聖王之跡，則於其粲然者矣，後王是也」，歷代聖王累積的善美法度，都在後王的法中，後代的法度是前代度精華的匯集，所以是粲然而備的。而我們捨掉更完備的後王之法不用，去法殘遺不全的先王之法，那豈不是愚蠢的行為！荀子更積極的說：「言道德之求，不二後王。道過三代謂之蕩，法二後王謂之不雅。」(〈儒效〉)又說：「百家之說，不及後王，則不聽也。」(〈儒效〉)荀子以為道不二後王，不及後王之說，則不足聽，可見其法後王的態度的堅決。

荀子又說：「古為蔽，今為蔽，凡萬物異則莫不相蔽，此心術之患也。……無古無今，兼陳萬物而中縣衡焉。」(〈解蔽〉)荀子把「古為蔽」列為蔽塞的一種，認為解蔽之道，要無古無今，祇選擇善美可行的，而後王之法既是較完美的，當然應該法後王。

勸學篇

君子曰：學不可以已。青，取之於藍❶，而青於藍；冰，水為之，而寒於水。木直中繩，輮❷以為輪，其曲中規，雖有槁暴❸，不復挺❹者，輮使之然也。故木受繩則直，金就礪❺則利，君子博學而日參省❻乎己，則知❼明而行無過矣。故不登高山，不知天之高也；不臨深谿，不知地之厚也；不聞先王之遺言，不知學問之大也。干越❽夷貉之子，生而同聲，長而異俗，教使之然也。《詩》曰❾：「嗟爾❿君子，無恆安息⓫。靖共⓬爾位，好是正直。神之聽之⓭，介爾景福⓮。」神莫大於化道，福莫長於無禍。

吾嘗終日而思矣，不如須臾之所學也。吾嘗跂⓯而望矣，不如登高之博見也。登高而招，臂非加長也，而見者遠；順風而呼，聲非加疾⓰

也，而聞者彰⑰。假⑱輿馬者，非利足⑲也，而致千里；假舟檝者，非能⑳水也，而絕江河㉑。君子生非異也，善假於物也。

南方有鳥焉，名曰「蒙鳩」㉒，以羽為巢，而編之以髮，繫之葦苕㉓。風至苕折，卵破子死。巢非不完也，所繫者然也。西方有木焉，名曰「射干」㉔，莖長四寸，生於高山之上，而臨百仞之淵。木莖非能長也，所立者然也。蓬生麻中，不扶而直；白沙在涅，與之俱黑㉕。蘭槐之根是為芷㉖，其漸之滫㉗，君子不近，庶人不服㉘。其質非不美也，所漸者然也。故君子居必擇鄉，遊必就士，所以防邪僻而近中正也。

物類之起，必有所始；榮辱之來，必象其德。肉腐出蟲，魚枯生蠹。怠慢忘身，禍災乃作。強自取柱，柔自取束㉙。邪穢在身，怨之所構。施薪若一，火就燥也；平地若一，水就溼也。草木疇生㉚，禽獸群焉，物各從其類也。是故質的㉛張而弓矢至焉，林木茂而斧斤至焉，樹成蔭而眾鳥息焉，醯酸而蚋聚焉㉜。故言有召禍也，行有招辱也，君子慎其所立乎！

積土成山，風雨興焉；積水成淵，蛟龍生焉；積善成德，而神明[33]自得，聖心備焉。故不積蹞[34]步，無以至千里；不積小流，無以成江海。騏驥一躍，不能十步；駑馬十駕[35]，功在不舍[36]。鍥[37]而舍之，朽木不折；鍥而不舍，金石可鏤。螾[38]無爪牙之利，筋骨之強，上食埃土，下飲黃泉，用心一也。蟹六跪而二螯[39]，非蛇蟺[40]之穴，無可寄託者，用心躁也。是故無冥冥[41]之志者，無昭昭之明；無惛惛[42]之事者，無赫赫[43]之功。行衢道者不至[44]，事兩君者不容。目不能兩視而明，耳不能兩聽而聰。螣蛇[45]無足而飛，梧鼠五技[46]而窮。《詩》曰：「尸鳩在桑，其子七兮。淑人君子，其儀一兮。其儀一兮，心如結兮。」[47]故君子結於一也。

昔者瓠巴鼓瑟[48]，而流魚[49]出聽；伯牙鼓琴[50]，而六馬仰秣[51]。故聲無小而不聞，行無隱而不形[52]。玉在山而草木潤，淵生珠而崖不枯。為善不積邪？安有不聞者乎！

學惡乎始？惡乎終？曰：其數則始乎誦經，終乎讀禮[53]；其義則始乎為士，終乎為聖人[54]。真積力久則入[55]，學至乎沒而後止也。故學數有終，若其義則不可須臾舍也。為之，人也；舍之，禽獸也。故《書》者，政事之紀也[56]；《詩》者，中聲之所止也[57]；禮者，法之大分，類之綱紀也[58]。故學至乎禮而止矣。夫是之謂道德之極。禮之敬文[59]也，樂之中和[60]也，《詩》《書》之博[61]也，《春秋》之微[62]也，在天地之間者畢矣。

君子之學也，入乎耳，箸[63]乎心，布乎四體，形乎動靜。端而言，蝡而動[64]，一[65]可以為法則。小人之學也，入乎耳，出乎口。口耳之間則四寸耳[66]，曷足以美七尺之軀哉！古之學者為己，今之學者為人。君子之學也以美其身，小人之學也以為禽犢[67]。故不問而告謂之傲[68]，問一而告二謂之囋[69]。傲、非也，囋、非也；君子如嚮[70]矣。

學莫便乎近其人[71]，《禮》《樂》法而不說[72]，《詩》《書》故而不切[73]，

《春秋》約而不速[74]。方其人之習[75]君子之說，則尊以徧矣，周於世矣[76]！故曰：學莫便乎近其人。學之經[77]莫速乎好其人，隆禮[78]次之。上不能好其人，下不能隆禮，安特將學雜識志順《詩》《書》而已耳[79]！則末世窮年，不免為陋儒而已！將原先王，本仁義，則禮正其經緯蹊徑[80]也。若挈裘領，詘五指而頓之，順者不可勝數也[81]。不道禮憲[82]，以《詩》《書》為之，譬之猶以指測河也，以戈舂黍也，以錐飡壺[83]也，不可以得之矣。故隆禮，雖未明，法士也；不隆禮，雖察辯，散儒[84]也。

問楛[85]者勿告也，告楛者勿問也，說楛者勿聽也，有爭氣者勿與辯也。故必由其道至然後接之，非其道則避之。故禮恭而後可與言道之方，辭順而後可與言道之理，色從而後可與言道之致[86]。故未可與言而言謂之傲，可與言而不言謂之隱，不觀氣色而言謂之瞽。故君子不傲、不隱、不瞽，謹順其身[87]。《詩》曰：「匪交匪舒，天子所予。」[88]此之謂也。

百發失一，不足謂善射；千里蹞步不至，不足謂善御；倫類不通，仁義不一[89]，不足謂善學。學也者，固學一之也。一出焉，一入焉，涂[90]巷之人也。其善者少，不善者多，桀紂盜跖[91]也。全之盡之[92]，然後學者也。君子知夫[93]不全不粹之不足以為美也，故誦數以貫之[94]，思索以通之，為其人以處之[95]，除其害者以持養之。使目非是[96]無欲見也，使耳非是無欲聞也，使口非是無欲言也，使心非是無欲慮也。及至其致好之[97]也，目好之五色，耳好之五聲，口好之五味，心利之有天下。是故權利不能傾也，群眾不能移也，天下不能蕩也。生乎由是，死乎由是，夫是之謂德操[98]。德操然後能定，能定然後能應[99]。能定能應，夫是之謂成人[100]。天見其明，地見其光[101]，君子貴其全也。

【注釋】❶藍　染青色用的草。引申為藍顏色。❷輮　借為煣，用火蒸薰使木彎曲叫煣。❸雖有槁暴　有，借為又。槁，枯。暴，乾。❹挺　直。❺礪　本作厲，或作厲，磨刀石。❻參省　三度省察。❼知　借為智。❽干越　猶言吳越。干，又作邗，古國名，後併於吳，所以吳一稱干。❾詩曰　所引為《詩經・小雅・小明》第六章。❿嗟爾　嗟，歎辭。爾，第二人稱代名詞。⓫無恆安息　不要常時安逸休息。⓬靖共　靖，審謹。共，和恭通。⓭神之聽之　神，慎謹。聽，聽從。⓮介爾景福　這句意思是：增大你的厚福。介、景，都是大的意思。⑮跂　借為企，舉踵而望。⑯疾　壯大。《爾雅・釋言》：「疾，壯也。」⑰彰　明著；清楚。⑱假　藉著。⑲利足　腳步利便。⑳能　善於。能水，謂善於游水。㉑絕江河　橫渡江河。㉒蒙鳩　鷦鷯。《方言》：「鷦鷯，自關而西謂之桑飛，或謂之蔑雀。或曰一名蒙鳩。」㉓苕　借為艻，葦花。《說文》：「艻，葦花。」㉔射干　藥草名，一名烏扇。花白，莖長，如射人的執竿。見《本草綱目》。㉕白沙在涅與之俱黑　此八字今本奪去，王念孫據《尚書・洪範》正義引荀卿書補。涅，黑土在水中者。《說文》：「涅，黑土在水中者也。」㉖蘭槐之根是為芷　蘭槐，香草，其根稱為芷。芷，正體作茝。㉗其漸之滫　漸，漬染。滫，臭米泔。《說文》：「滫，久泔也。」㉘服　佩戴。㉙強自取柱柔自取束　強則可與外物支拒，柔則自行束曲。柱，借為拄，支拄的意思。見劉師培注。㉚疇生　類聚而生。疇，和儔同。㉛質的　質，古人射箭所用的靶子，又稱射侯。的，靶子正中的目標，又稱正鵠。㉜醯酸而蜹聚焉　醋有酸味蚊子就會聚來。醯，醋。蜹，蚊類。㉝神明　心的睿智。㉞蹞　和跬同，正字作趌，半步。《說文》：「趌，半步也。」㉟十駕　十天的路程。見《集解》引劉台拱說。㊱舍　借為捨，下同。㊲鍥　借為絜，刻的意思。《說文》：「絜，刻也。」㊳螾　和蚓同，蚯蚓。㊴蟹六跪而二螯　蟹本有八足二螯。跪，指蟹足。螯，蟹首上如鉞形之物。盧：「此正文及注『六』字，疑皆『八』字之訛。」㊵虵蟺　虵，即蛇字。蟺，借為鱓，又作鱔。㊶冥冥　專默精誠之意。㊷惛惛　和冥冥意思相同。㊸赫赫　顯盛。《廣雅・釋訓》：「赫赫，明也。」㊹行衢道者不至　言同時要行兩道的不會有所到達。衢道，兩道。㊺螣蛇　龍類。《爾雅・釋魚》：「螣，螣蛇。」注：「龍類也。能興雲霧而遊其中。」㊻梧鼠五技　梧鼠，當為鼫鼠，能五技而不精。《說文》：「鼫，五技鼠也。能飛不能過屋，能緣不能窮木，能游不能渡谷，能穴不能掩身，能走不能先人，此之謂五技。」㊼詩曰句　所引為《詩經・曹風・鳲鳩》第一章。《詩經毛傳》：「尸鳩，鴶鞠也。尸鳩之養七子，旦從上而下，暮從下而上，平均如一。」淑，借為俶，善的意思。《說文》：「俶，善也。」結，束結。㊽瓠巴鼓瑟　瓠巴，古代善鼓瑟之人，不知其時代。鼓，奏。㊾流魚　當依《大戴禮記》作「沉魚」。㊿伯牙鼓琴　伯牙，古代善鼓琴之人，不知其時代。(51)六馬仰秣　六馬，天子路車所駕之馬。仰秣，仰首食穀，且聽琴聲。秣，又作餘，《說文》：「餘，食馬穀也。」(52)行無隱而不形　言其行為無論多麼隱蔽，沒有不現其形跡的。形，現形。(53)其數則始乎誦經終乎讀禮　數，術藝，指學科技藝。經，謂《詩》《書》等經書。禮，典禮之類。(54)其義則始乎為士二句　為學的意義，在於修身，使成為士、君子或聖人。(55)真積力久則入　真，誠。積，累積。力，力行。入，入於所學的門徑。(56)書者政事之紀也　《書經》是記載政事的。紀，和記同。(57)詩者中聲之所止也　詩與樂合，樂章要節聲音，使合乎中，不使流淫。(58)禮者三句　禮，是典法的大分，統類的綱紀。分，根本。類，指依法推類的律條。(59)禮之敬文　敬，指周旋揖讓等的恭謹。文，指車服等級等的文飾。(60)樂之中和　音樂注重中正和諧。和諧，本作龢龤。(61)詩書之博　《詩》記風俗、人情、物產等，《書》記政事、歷史等；內容包籠廣博。(62)春秋之微　《春秋》寓褒貶，微妙幽隱。微，借為敚，《說文》：「敚，見其耑也。」(63)箸　借為貯，居積之意。《說文》：「貯，積也。」(64)端而言二句　端，借為喘，謂出息。喘而言，即一出氣講話。蝡，微動。蝡而動，即一有舉動。(65)一　皆的意思。(66)口耳之間則四寸耳　此言小人之學，耳入口出，不能發揮作用。(67)禽犢　古時用為餽獻之物。古人拜見某人，必攜與其身分相稱之禮物，稱之為贄，這些禮物非禽即畜。《禮記．曲禮》：「凡贄，卿羔，大夫雁，士雉，庶人鶩。」這裏的意思是：小人之學，是用來做為求名利進身的工具。(68)傲　借為躁，急躁之意。俞：「《論語．季氏篇》：『言未及之而言謂之躁。』《釋文》云：『魯讀躁為傲。』《荀子》此文蓋本《魯論》，傲及躁之叚字。」(69)囋　多言繁碎。郝：「囋者，嘈囋，謂語聲緐碎也。」章太炎《新方言》：「杭州謂多言無節謂囋。」(70)嚮　和響同。言君子答問，如響應聲，不躁也不囋。(71)近其人　謂接近賢者而師事之。(72)禮樂法而不說　《禮》《樂》有大法而不委曲詳加解說。(73)詩書故而不切　《詩》《書》祇記古時故事，不能切合後世的人事。(74)春秋約而不速　《春秋》文義隱約，褒貶難明，不能使人速曉其意。(75)方其人之習　方，和「仿」、「倣」通，模倣。之，和「而」字通。(76)則尊以徧矣周於世矣　言其能模倣君子而習聞其說，就可以養成尊貴的人格，普徧的知識，而周於世事了。(77)經　借為徑，途徑。(78)隆禮　尊高禮，崇尚禮。(79)安特將學雜識志順詩書而已耳　此文有誤，王引之：「此文本作『安特將學雜志，順《詩》《書》而已耳。』志，即古識字也。」順，借為訓，說教。《說文》：「訓，說教也。」安特，語詞。則但。(80)經緯蹊徑　縱橫的徑路。(81)若挈裘領三句　挈，懸持。《說文》：「挈，縣持也。」詘，和屈同。言如同懸持皮裘之領，屈手指來抖頓，皮毛自然都順了。(82)不道禮憲　道，由。言做事不由禮法。(83)以錐飡壺　用錐代替箸來在壺裏取食。飡，盧校作飧，《說文》：「飧，餔也。」(84)散儒　指不成材的儒者。(85)問楛　楛，不好。問楛，問得不好。(86)色從而後可與言道之致　色從，顏色從順。致，極致。(87)謹順其身　劉師培依外傳校作「言謹順其序」。上文數句皆言談之事，不是修身之事，劉校為妥。(88)詩曰句　所引為《詩經．小雅．采菽》第三章。《詩經》作「彼交匪紓」。交，借為絞，急切。紓，舒緩。(89)倫類不通仁義不一　倫，理。類，法。不一，不能貫一。(90)涂　和塗同，借為途。(91)盜跖　古大盜名。《史記．伯夷列傳》正義按：「蹠者，黃帝時大盜之名，以柳下惠弟為天下大盜，故世放古，號之盜蹠。」蹠和跖同。(92)全之盡之　全，完善。盡，悉備。(93)夫彼的意思。(94)貫之　謂將所學的學識術藝貫通起來。(95)為其人以處之　以古人為榜樣，設身處地來做。(96)非是是，此，指全粹之學。非是，除非此「全粹之學」。(97)之　和「於」字通用，下四句中「之」字同。(98)德操　指有德而能操持。(99)能定然後能應　自身能定，然後能應外物。(100)成人　有成就之人。(101)天見其明地見其光　天能見日月星的光明。地則不當言見其光，劉台拱：「光，廣古通用。」言地能見其廣大。見，和現同，表現。

【語　譯】君子說：為學是不可以停止的。好比青顏色，是由藍顏色提取出來的，卻比藍顏色更加青深；冰，是由水凝固而成的，卻比水更加寒冷。樹木的直度本是合於繩墨的，如果把它蒸薰使彎曲成為車輪，它的曲度已經合於圓規，雖然又再使它枯乾，也不會再挺直，這就是因為蒸薰彎曲的工夫使它如此。所以木料經過繩墨量度就會直，金屬器物經過磨刀石一磨就會鋒利，君子人如能廣博求學，又能每天三省其身，就會智慧清明，所行沒有過失。所以說，不登高峻的大山，不知道天有多高；不臨近深濬的谿谷，不知道地有多厚；不聽聞先代聖王的遺言，不知道學問有多博大。干越夷貉四個不同國度的小孩子，生下來啼聲相同，長大起來生活習俗卻完全不同，這就是教化使之如此。《詩經》說：「你這位在位的君子人啊！不要常時安逸休息，要審謹敬恭你的職位，喜愛那些正直的人，慎謹從事，多多聽從，自然就會增大你的福祿。」最神聖的莫過於和道相化，最大的福祿莫高於沒有禍事。

我曾經整天地去深思，但是卻不如片刻的學習更有收益。我曾經蹺著腳遠望，但是卻不如登上高處更能看得廣闊。登上高處來招手，手臂並沒有加長，而能看到的卻更遠；順著風向呼叫，聲音並沒有加壯，而聽聞的卻更清楚。藉車馬而行路的，並不是腳步利便，而卻能夠遠行千里；藉舟船而行的人，並不是善於游水，而卻能橫渡江河。君子人生性並非異於常人，而是由於他善於假藉外物的輔助。

南方有一種鳥，名叫蒙鳩，牠用羽毛來做巢，用頭髮編連起來，繫在葦端，大風吹來，葦端折斷，鳥卵摔破，小鳥跌死。牠所做的巢並不是不完好，而是因為牠所繫的地方才會如此。西方有一種樹木，名叫射干，樹莖祇有四寸長，生長在高山之上，面臨八十丈的深淵，這樹莖並不能有多長，而是因為它所樹立的地方才使它顯得那麼高。蓬草生在高挺的麻叢中，不必扶持自會很直；白沙混在黑泥土裏，和黑泥土一起變成濁黑。蘭槐香草的根叫做芷，如果把它浸漬在臭米汁裏，那在位的君子不會再接近它，一般常人也不會再佩戴它。它的本質並非不香美，而是因為它所浸漬的才會如此。所以君子人居家必要選擇好的鄉里，交遊必要接近有德之士，這就是為了防備邪僻之人，而去接近中正的人。

事物的發起，必定有它的本始；榮辱的到來，必定取象他的德行。肉腐敗才會生出蟲，魚枯爛才會生出蠹。怠慢自棄，災禍才會興起。剛強自會和外界事物支拒，柔弱就要自行屈曲。邪惡汙穢在身，就會成為怨尤所結聚。所加薪柴是同樣的，而火燒向乾燥的地方；平坦的地勢是同樣的，而水流向濕的地方。草木類聚叢生，禽獸就會群聚而來，各種東西都是追從它的同類的。所以箭靶一張掛，弓箭就來到；林木茂盛，斧斤就來到；樹木茂密成蔭，群鳥就來停息；醋味發酸，蚊蚋就來聚集。所以說，言談會召來禍患，行為會招來侮辱，君子必定要謹慎他的立身。

積土成了大山，自然就會興起風雨；聚水成了深淵，自然就會生出蛟龍；積善行養成美德，睿智自然獲得，聖明之心於是也就齊備了。所以不由半步積累起來，不能達到千里；不匯聚小的水流，不能成為江海。良馬騏驥一躍，也不能跳出十步；劣馬駕車十天有很遠的路程，牠的成就在於不停息。雕刻而時停息，就是腐朽的木頭也不能刻斷；雕刻一直不停，就是金石也可鏤成。蚯蚓雖沒有犀利的爪牙，強勁的筋骨，但是牠可以向上鑽食泥土，向下吸飲黃泉，就是因為牠用心專一。螃蟹有八隻腳兩隻螯，但是沒有蛇鱔的洞穴，就無處藏身，就是因為牠用心急躁。所以如果沒有專精的志向，就沒有昭然的明察；沒有誠默的行事，就沒有顯盛的功績。同時要走兩條路，永遠不能到達目的地；同時要事奉兩個君主，是不會被君主所容的。眼睛不能同時看兩種東西而看得清晰，耳朵不能同時聽兩種聲音而聽得清楚。螣蛇沒有腳而能飛，鼫鼠雖有五技卻反困窮。《詩經》裏說：「布穀鳥築巢在桑樹上，撫育七隻小鳥，早上從上面餵到下面，晚上又從下面餵回上面，用心平均專一。善人君子，行事態度也應該像這樣平均專一；行事態度能平均專一，心就會像束結一樣堅固。」所以君子要固結在平均專一上面啊！

古時瓠巴一彈瑟，潛在水底的魚就游上來聽；伯牙一彈琴，駕車的六馬就仰起頭來吃草料。

所以聲音無論多麼小，沒有不被聽到的；行為無論多麼隱蔽，沒有不現形跡的。玉藏在山石裏，草木會生得非常肥潤；珠藏在淵水裏，崖岸都不會枯涸。就怕行善不多積累，哪有不遠聞的。

為學之道，從哪裏開始，到哪裏終止？答說：修習術藝從讀《詩》《書》等經書開始，到修習禮為止；為學的意義，從修為成一個士開始，到修成聖人為止。能真誠力行久而久之，自然可以進入門徑，為學是長久的事，一直到死才能停止。所以說，學習的術藝有完了的時候，至於為學的意義是要終身追求不可以片刻捨棄的。能夠把握住去做就是人，捨棄掉的就是禽獸。所以《書經》，是記載政事的；《詩經》是節制聲音而使中和的；禮是法的根本，是律條的綱紀。所以學到了禮就是終極了。這也就是道德的終極。禮的講求恭敬節文，樂的講求中和，《詩經》《書經》內容的廣博，《春秋》的微妙幽隱，在天地之間的一切事理可說都已齊備了。

君子的求學，由耳朵聽進去，就積貯在心裏，然後再分布在全身，表現在日常動止裏。一開口講話，一有舉動，都可以成為典則。小人的求學，由耳朵聽進去，隨著就由嘴裏講出來，口耳之間僅有四寸的距離，學問沒發揮作用就捨去，怎麼能美化人的七尺之軀呢！古時的學者求學是為自己修身，現今的學者求學是為顯耀於人。君子人求學問是為美化自己，小人求學問是為了做為追求名利的工具。所以不待別人發問就去告說，這叫做急躁；問一件而要告說兩件，這叫做繁碎多言。急躁不對，繁碎多言也不對；君子的答問，要像響之應聲，多少要配合得恰當。

為學之道沒有比接近賢人更為利便，《禮》《樂》雖有大法，而沒有委曲詳加解說；《詩》《書》祇記古時故事，而不能切合後世的人事；《春秋》文義隱約，不能使人快速知曉含義。所以祇有倣效賢人，習聞他的學說，就可以養成尊貴的人格，普偏的知識，而也可以周知世事了。所以說，為學之道沒有比接近賢人更為利便。為學的途徑沒有比喜愛賢人更為快速，崇尚禮是其次的。假如不能如上一等的喜愛賢人，又不能如次一等的崇尚禮，但祇是學些雜記之書百家之說，拿著《詩》《書》來說解談論，照這樣下去，就是終其一生，也不免做一個固陋的讀書人而已。要追溯先王的本原，窮究仁義的根本，那麼禮正是入道的縱橫徑路。就如同手提皮裘的領子，屈著五指一抖，整個皮裘的毛就沒有不順的了。做事如果不由禮法，而以《詩》《書》來空談，就如同以手指來測量河水的深淺，用戈來舂黍，用錐來在盛食的壺裏取食，是不能達到目的的。所以能崇尚禮，即使是不夠明察，也可算是好禮之士；不崇尚禮，雖然是明察辯捷，也是不成材的散儒。

拿不合禮義的壞事來詢問的不要告訴他，告說不合禮義的壞事的不必問他，談論不合禮義的壞事的不要去聽他，喜歡意氣之爭的不要和他辯論。所以必須是由正道而來的才接近他，不合正道的要規避他。所以禮貌恭謹的，才可同他談向道的方法；言辭遜順的，才可同他談道的原理；顏色從順的，才可同他談道的極致。所以不可以同他談的而和他去談，叫做急躁；可以同他談的而不和他談，叫做藏隱；不看別人氣色就去同他談話，叫做眼盲。所以君子人不急躁、不藏隱、也不眼盲，說話一定謹守次序。《詩經》裏說：「不急切，不舒緩，就會受天子的賜予。」說的就是這種道理。

發百箭而有一箭不中，不足稱為善射；行千里而差半步不能到達，不足稱為善駕車；理法不通，仁義不貫一，不足稱為善學。學的道理，就是要學貫一。思想一出一入，混然不能貫一，祇算是途巷的俗人。善行少，不善多，就是桀、紂、盜跖一類的惡人。能夠盡善盡美，然後才真正稱得上是學了。君子知道不完善、不純粹不足為美，所以誦習術藝貫穿起來，思索探討明通起來，再就古人的典範來設身處地去體驗，除去有害的，再加以扶持保養。使眼睛不是這全粹之學就不想看，使耳朵不是這全粹之學就不想聽，使口不是這全粹之學就不想說，使心不是這全粹之學就不想思慮。直到好學樂道到達極致的時候，就像眼的喜看五色，耳的喜聽五聲，口的喜嚐五味，心的貪利有天下。這樣一來，權利不能使他傾覆，群眾不能使他移易，天下也不能使他動盪。生遵循著它，死也遵循著它，這就叫做有德而又能操持。有德而又能操持，然後就能堅定；能堅定，然後就能應乎外物。能堅定能應乎外物，這就叫做大成之人。所以天表現它的光明，地表現它的廣大，君子最貴乎全粹。

修身篇

見善，修然必以自存也❶；見不善，愀然必以自省也❷。善在身，介然必以自好也❸；不善在身，菑然必以自惡也❹。故非我而當者，吾師也；是我而當者，吾友也；諂諛我者，吾賊也。故君子隆師而親友以致❺惡其賊。好善無厭，受諫而能誡，雖欲無進，得乎哉！小人反是：致亂而惡人之非己也；致不肖而欲人之賢己也；心如虎狼，行如禽獸，而又惡人之賊己也；諂諛者親，諫爭者疏；修正為笑，至忠為賊❻；雖欲無滅亡，得乎哉！《詩》曰：「噏噏呰呰，亦孔之哀。謀之其臧，則具是違；謀之不臧，則具是依。」❼此之謂也。

扁善❽之度，以治氣養生，則後彭祖❾；以修身自名❿，則配堯禹。宜於時⓫通，利以處窮，禮信是也。凡用血氣、志意、知慮，由禮則治通，不由禮則勃亂提僈⑫；食飲、衣服、居處、動靜，由禮則和節，不由禮則觸陷生疾；容貌、態度、進退、趨行，由禮則雅，不由禮則夷固僻違⑬庸眾而野。故人無禮則不生，事無禮則不成，國家無禮則不寧。《詩》曰：「禮儀卒度，笑語卒獲。」⑭此之謂也。

以善先⑮人者謂之教，以善和人者謂之順，以不善先人者謂之諂，以不善和人者謂之諛。是是非非謂之知，非是是非謂之愚。傷良曰讒，害良曰賊。是謂是非謂非曰直。竊貨曰盜，匿行曰詐，易言曰誕。趣舍無定謂之無常，保利棄義謂之至賊。多聞曰博，少聞曰淺。多見曰閑⑯，少見曰陋。難進曰偍⑰，易忘曰漏。少而理曰治，多而亂曰秏⑱。

治氣養心之術，血氣剛強，則柔之以調和；知慮漸深，則一之以易良⑲；勇膽猛戾，則輔之以道順⑳；齊給便利，則節之以動止㉑；狹隘褊小，則廓之以廣大；卑濕重遲貪利，則抗之以高志㉒；庸眾駑散，則刦之以師友㉓；怠慢僄棄，則炤之以禍災㉔；愚款端愨，則合之以禮樂，通之以思索㉕。凡治氣養心之術，莫徑㉖由禮，莫要得師，莫神一好㉗。夫是之謂治氣養心之術也。

志意修則驕富貴，道義重則輕王公；內省而外物輕矣。傳曰㉘：「君子役物，小人役於物。」此之謂矣。身勞而心安，為之；利少而義多，為之；事亂君而通，不如事窮君而順焉。故良農不為水旱不耕，良賈不為折閱㉙不市，士君子不為貧窮怠乎道。

體恭敬而心忠信，術禮義而情愛人㉚；橫㉛行天下，雖困四夷，人莫不貴。勞苦之事則爭先，饒樂之事則能讓，端愨誠信，拘守而詳；橫行天下，雖困四夷，人莫不任。體倨固而心執詐㉜，術順墨而精雜汙㉝；橫行天下，雖達四方，人莫不賤。勞苦之事則偷儒轉脫㉞，饒樂之事則佞兌而不曲㉟，辟違而不愨，程役而不錄㊱，橫行天下，雖達四方，人莫不棄。

行而供冀，非漬淖也㊲；行而俯項，非擊戾也㊳；偶視㊴而先俯，非恐懼也。然夫士欲獨修其身，不以得罪於比俗之人也。

夫驥一日而千里，駑馬十駕則亦及之矣。將以窮無窮、逐無極與？其折骨絕筋終身不可以相及也；將有所止之，則千里雖遠，亦或遲、或速、或先、或後，胡為乎其不可以相及也！不識步㊵道者，將以窮無窮、逐無極與？意㊶亦有所止之與？夫「堅白㊷」「同異㊸」「有厚無厚㊹」之察，非不察也，然而君子不辯，止之也。倚魁之行㊺，非不難也，然而君子不行，止之也。故學曰㊻：「遲㊼彼止而待我，我行而就之，則亦或遲、或速、或先、或後，胡為乎其不可以同至也！」故蹞步而不休，跛鼈千里；累土而不輟，丘山崇㊽成。厭其源，開其瀆㊾，江河可竭。一進一退，一左一右，六驥不致。彼人之才性之相縣也，豈若跛鼈之與六驥足哉！然而跛鼈致之，六驥不致，是無他故焉，或為之或不為爾！道雖邇，不行不至；事雖小，不為不成。其為人也，多暇日者，其出入㊿不遠矣。

好法而行，士也；篤志而體51，君子也；齊52明而不竭，聖人也。人無法則倀倀53然，有法而無志其義則渠渠54然，依乎法而又深其類然後溫溫然55。

禮者所以正身也，師者所以正禮也；無禮何以正身，無師安知禮之為是也。禮然而然，則是情安禮也；師云而云，則是知若56師也。情安禮，知若師，則是聖人也。故非禮，是無法也；非師，是無師也。不是師法，而好自用，譬之是猶以盲辨色，以聾辨聲也；舍亂妄無為也57。故學也者，禮法也；夫師以身為正儀，而貴自安者也。《詩》云：「不識不知，順帝之則。」58此之謂也。

端愨順弟，則可謂善少者矣；加好學遜敏焉，則有鈞無上59，可以為君子矣。偷儒憚事60，無廉恥而嗜乎飲食，則可謂惡少者矣；加惕悍61而不順，險賊而不弟焉，則可謂不詳62少者矣，雖陷刑戮可也。

老老63而壯者歸焉，不窮窮而通者積焉64，行乎冥冥65而施乎無報而賢不肖一焉；人有此三行，雖有大過，天其不遂乎66。

君子之求利也略，其遠害也早，其避辱也懼，其行道理也勇。君子貧窮而志廣，富貴而體恭，安燕67而血氣不惰，勞勌68而容貌不枯，怒不過奪，喜不過予69。君子貧窮而志廣，隆70仁也；富貴而體恭，殺埶71也；安燕而血氣不惰，柬72理也；勞勌而容貌不枯，好交73也；怒不過奪，喜不過予，是法勝私也74。《書》曰：「無有作好，遵王之道。無有作惡，遵王之路。」75此言君子之能以公義勝私欲也。

【注釋】❶見善修然必以自存也　修然，整飭的樣子。存，察。《爾雅・釋詁》：「存，省，察也。」❷見不善愀然必以自省也　愀然，憂懼的樣子。省，反省。❸善在身介然必以自好也　介然，堅固的樣子。自好，自樂其善。❹不善在身菑然必以自惡也　菑然，渾濁的樣子。自惡，自己厭惡。❺致　極的意思。下文「致亂」、「致不肖」義同。❻修正為笑至忠為賊　修正之人反為小人所笑，至忠的人反為小人所賊害。❼詩曰句　所引為《詩經・小雅・小旻》第二章。《毛詩》「呰」作「訿」，「噏」作「潝」。《朱傳》：「潝潝，和也。訿訿，相詆也。」孔，甚。臧，善。具，和俱同。❽扁善　即徧善。王念孫：「扁，讀為徧。徧善者，無往而不善也。」❾彭祖　相傳為上古顓頊玄孫，名鏗，堯時封於大彭，善導引行氣，至殷末已七百多歲，後不知所終。❿修身自名　謂修身以自求名聞。⓫時　處的意思。王引之：「時，亦處也。」⓬勃亂提僈　勃，和悖同。提，借為媞，舒緩的意思。《說文》：「媞，諦也。」《爾雅・釋訓》：「媞媞，安也。」僈，怠慢。

⑬夷固僻違　倨傲邪僻之意。王引之：「夷固，猶夷倨也。夷固僻違，猶言倨傲僻違。」僻違，皆邪之意。

⑭詩曰句　所引為《詩經・小雅・楚茨》第三章。卒，盡。度，法度。獲，得。

⑮先　導的意思。《周禮・夏官・大司馬》：「右秉鉞以先。」注：「先，猶道也。」

⑯閑　和嫻同，嫻習。《爾雅・釋詁》：「閑，習也。」

⑰偍　和媞同，舒緩。

⑱秏　借為眊，昏亂。《說文》：「眊，目無精也。」目無精則視之昏眊，引申為亂。

⑲知慮漸深則一之以易良　漸，和潛通。漸深，即沉深。易良，平易忠直。

⑳道順　即導訓。俞：「順，當讀為訓。道順即導訓也。」

㉑齊給便利則節之以動止　齊給便利，指太捷速。動止，舉動。因恐太陵遽，所以要節制使安徐。

㉒卑濕重遲貪利則抗之以高志　卑濕，謂志意卑下。濕，借為隰，《說文》：「隰，阪下濕也。」下濕引申為卑下。抗，高舉。

㉓庸眾駑散則刦之以師友　言用師友化去其舊性。散，指不拘檢。刦，奪去。

㉔怠慢僄弃則炤之以禍災　僄，輕。炤，和照同，借為昭，曉諭之意。于：「照，應讀為昭。昭，曉也。」

㉕通之以思索　俞據《韓詩外傳》以為當刪去此句。

㉖徑　捷徑。

㉗一好　言所好專一。王念孫：「一好，謂所好不二也。」

㉘傳曰　楊注：「凡言傳曰，皆舊所傳聞之言也。」

㉙折閱　謂計數歲月所得而有折損。

㉚人　王引之：「人，讀為仁。」

㉛橫　借為廣。王引之：「橫，讀為廣。」

㉜體倨固而心執詐　倨，倨傲。固，鄙固。執詐，當為埶詐，埶和詐義相近。王引之：「執詐當為埶詐。」

㉝術順墨而精雜汙　劉師培以為「順」字舊作「慎」，「慎」為「脊」之譌字，「脊」即「瘠」之省。〈禮論篇〉云：「送死不忠厚不敬文謂之瘠。」又云：「刻死而附生謂之墨。」見梁《柬釋》引。精，情的誤字。

㉞偷儒轉脫　儒，柔弱。《說文》：「儒，柔也。」偷儒，偷惰柔弱。轉脫，宛轉苟脫。

㉟佞兌而不曲　佞悅於人而不委曲。兌，借為悅。

㊱程役而不錄　言逞欲而不檢束。程，當作逞。役，借為欲。錄，檢束。劉師培：「程，當作逞，程役即逞欲，役欲雙聲。逞欲者，猶言快意也。」

㊲行而供冀非漬淖也　言行路恭謹翼敬，不是因為有泥淖沾浸而遠避。供，恭。冀，當為翼，敬的意思。漬，沾浸。

㊳行而俯項非擊戾也　言行路俯彎頸項，不是懼其有所抵觸。擊戾，謂有所抵觸。

㊴偶視　對視。

㊵步　行的意思。

㊶意　和

抑同，抑或的意思。㊷堅白　即離堅白，為公孫龍之說。㊸同異　惠施的理論。《莊子・天下篇》：「大同而與小同異，此之謂小同異。萬物畢同畢異，此之謂大同異。」㊹有厚無厚　也是惠施的理論。〈天下篇〉：「無厚不可積也。」㊺倚魁之行　倚，和奇通。魁，借為嵬，高的意思。奇嵬之行，即奇異高蹈之行。㊻學曰　楊注：「謂為學者傳此言也。」㊼遲　待的意思。㊽崇　借為終。㊾厭其源開其瀆　厭，借為擫、壓。《說文》：「壓，一指按也。」瀆，水竇。㊿出入　當為出人，言超出他人。王念孫：「出入，當為出人。」(51)篤志而體　體，借為履，言厚固其志以履道。王念孫：「體，讀為履。」(52)齊　智慮敏速。(53)偍偍　無所適的樣子。(54)渠渠　借為瞿瞿，無所守的樣子。(55)深其類然後溫溫然　深其類，謂深知統類。溫溫，有潤澤的樣子。(56)若　順從。(57)舍亂妄無為也　捨去亂妄無所作為。(58)詩云句　所引為《詩經・大雅・皇矣》第七章。引此詩以喻師法暗合天道，如文王雖未知，然已順天的法則了。(59)有鈞無上　謂但有和它齊等的，沒有更在其上的。(60)偷儒憚事　指偷惰柔弱畏怕勞苦的人。(61)惕悍　惕，和蕩同，謂放蕩兇悍。(62)詳　當為祥，善的意思。(63)老老　尊敬老年人。(64)不窮窮而通者積焉　不窮迫貧乏不肖的人，則通達之人就會聚集來。積，聚集。(65)冥冥　冥默之中，不為人知。(66)雖有大過天其不遂乎　過，當為禍。遂，成。俞：「過，當為禍。」(67)燕　借為宴。《說文》：「宴，安也。」(68)勌　本作券，俗作倦，勞的意思。《說文》：「券，勞也。」(69)予　賜的意思。(70)隆　崇高；尊大。(71)殺埶　減省其勢。(72)柬　當作嫻，嫻習。(73)交　當為文。王念孫：「交當為文。」(74)是法勝私也　言依法而滅私。(75)書曰句　所引為《尚書・洪範》之辭。

【語　譯】看到善行，必定要整飭地自己來省察，看自己是否有這種善行；看到不善，必定要憂懼地自己來反省，看自己是否有這種不善。如有善行在身，必定要堅固地自行愛惜；如有不善在身，必定要防沾汙的自行厭棄。所以批評我錯處恰當的，就是我的老師；議論我是處恰當的，就是我的朋友；諂諛我的，就是我的仇賊。君子人要尊崇老師，親近朋友，而極其厭惡仇賊。能夠好善而不厭倦，接受勸諫而能警誡，雖然想要沒有進步，也是不可能的。小人正相反，自己極其昏亂，而卻討厭別人批評自己；自己極其不肖，而卻期望別人說自己賢良；心像虎狼，行為像禽獸，卻又討厭別人說自己賊亂；諂諛自己的就去親近，同自己爭諫的就疏遠；修正的人反被他譏笑，最忠的人反被他賊害；這樣，雖然想要不敗亡，也是不可能的。《詩經》裏說：「小人就相和，修正的就相詆，真是很大的悲哀。謀畫好的，全都違背它；謀畫不好的，全都依從它。」說的就是這種道理。

無往而不善的道理，就是用禮來治氣養生，雖然壽命會遜於彭祖；但用禮來修身以自求名聞，卻可以匹配堯禹。所以適宜處於通達之時，也利於處在窮困之時的，就是禮信。大凡用血氣志意智慮，順著禮去做就順治通達，不順禮去做就悖亂怠慢；食飲衣服居處動靜，順著禮就和適，不順禮就遭遇陷阻發生毛病；容貌態度進退趨走，順著禮就會嫻雅，不順禮就會倨傲僻違凡庸而粗野。所以人沒有禮就不能生存，事情沒有禮就不會成功，國家沒有禮就不能安寧。《詩經》裏說：「禮節威儀全合乎法度，笑談全都得宜。」說的就是這種道理。

用善來誘導人的叫做教，用善來附和人的叫做順，用不善來誘導人的叫做諂，用不善來附和人的叫做諛。能辨明是為是非為非的叫做智，以非為是以是作非的叫做愚。毀傷善良的叫做讒，嫉害善良的叫做賊。是就說是非就說非叫做直。偷竊財貨的叫做盜，藏匿真行的叫做詐，輕易胡言的叫做誕。趨捨不定的叫做無常，保利棄義的叫做至賊。多聞的叫做淵博，少聞的叫做浮淺。多見的叫做閑習，少見的叫做寡陋。難上進的叫做舒緩，容易忘記的叫做漏遺。簡要而有條理的叫做明治，繁多而雜亂的叫做秏亂。

治氣養心的方法，血氣剛強的，就用調和來柔服；智慮沉深的，就用平易忠直來斂節；勇猛暴戾的，就用導訓來輔佐；捷速利敏的，就用安徐的舉動來節制；氣量狹隘褊小的，就用廣大來開廓；卑下遲緩而又貪利的，就用高志來發舉；凡庸駑劣散漫的，就用賢師良友來奪移舊習；怠慢輕忽自棄的，就用災禍來曉示；愚誠端實的，就用禮樂來和調，用思索來貫通。凡治氣養心的方法，沒有比由禮入手更為捷速，沒有比得到賢師更為重要，沒有比所好專一更為神明。這就是治氣養心的方法。

志意修美，就可以驕慢富貴；崇重道義，就可以輕藐王公；內心自省明察，自然可以輕視外物了。傳聞有說：「君子役使外物，小人被外物所役使。」說的就是這種道理。做一件事，身體勞苦而心卻安泰，應該去做；私利極少而道義卻大，應該去做；事奉暴亂之君而通達，不如事奉窮困之君而順行其道。所以好的農夫不會因為水旱就不耕種，好的商人不會因為計算所得有折損就不交易，士君子不會因為貧窮而怠於向道。

如果體容恭敬而內心忠信，法行禮義而情屬愛仁；廣行天下，雖然窮困於四夷，沒有人不尊重他的。勞苦的事爭先去做，富樂的事遜讓別人，端實誠信，謹守詳審，廣行天下，雖然窮困於四夷，沒有人不信任他的。如果體容倨傲鄙陋而內心姦詐，法行瘠墨而情屬雜汙，廣行天下，雖然顯達四方，沒有人不鄙賤他的。勞苦的事偷惰畏避宛轉苟脫，富樂的事佞媚取悅直求而不委曲，邪僻而不誠實，快意逞欲而不加檢束，廣行天下，雖然顯達於四方，沒有人不厭棄他的。

行路恭謹翼敬，並不是怕浸染到泥淖；行路俯下頸項，並不是怕有所觸抵；兩人對視而先低下頭，並不是有所恐懼。士君子所以如此恭敬，乃欲自修其身，並不是恐怕得罪流俗之人。

騏驥一天可以走千里，劣馬十天所行也可以追及。如果窮跟無窮的路、追逐無邊的目的地，那就是走得折骨斷筋終生也不能追及；如果是有止境終點的，就是千里那麼遠，走起來或者有慢有快有先有後，但誰說不可以追及呢？不知道行路的人，是要窮跟無窮的路、追逐無邊的目的地呢？抑或是有所終止的呢？像「堅白」、「同異」、「有厚無厚」這種辯說的明察，並不是不夠明察，可是君子所以不去辯爭，是自己要停止的。奇嵬難能之行，並不是不夠難，可是君子所以不去做，也是自己要停止的。所以為學的人曾有傳言說：「走在前的人停止來等我，我走上去追趕，那麼雖然也有慢快先後，但是誰說不能同樣到達目的地呢？」所以半步半步地走個不停，就是跛鼈也可以行走千里；累積土砂不停，就是丘山也終會堆成。壓塞水源，開了水竇，大江大河的水也可以流盡。一個前進，一個後退，一個向左，一個向右，六匹良馬駕車而步調不齊終不能到達。人的才性的相懸距，哪裏會像跛鼈同六驥一樣？但是跛鼈可以到達，而六驥不能到達，這沒有其他緣故，祇是做與不做的分別罷了。路雖近，不走不會到達；事雖小，不做不會完成。一個人為學而多是閒暇偷惰，那麼他出人頭地也不會太多。

愛好禮法而能行的，這是士人；堅固志向而履道的，這是君子；智慮明敏而不窮竭的，這是聖人。人沒有禮法，就會倀倀然無所適；有禮法而不識它的意義，就會瞿瞿然無所守；能依循禮法而又深知統類，然後才會溫溫然而潤澤。

禮法是用來正身的，老師是所以正禮法的；沒有禮法用什麼來正身，沒有老師怎麼知道禮法是對的。禮當如此就如此，這是情性安於禮法；老師說什麼就說什麼，這是知道順從老師。情性安於禮法，知道順從老師，這就是聖人。所以以禮為非的，是狂妄無法；以老師為非的，是目中沒有老師。不遵師法，而喜自用的，就好比瞎子來辨別顏色，聾子來辨別聲音，除掉亂妄是沒有別的的。所以為學，就是要學禮法；老師以自身為我們的端正儀範，而我們最要緊的是要情性自安於禮法。《詩經》裏說：「文王雖然不識不知，但已能順著上天的法則。」說的就是這種道理。

端正誠實，遜順敬悌，可稱得上是善良的少年；再加上好學謙遜敏達，就可以達到只有與自己齊等而沒有更在己上的境地，可以稱得上君子了。偷惰畏事，沒有廉恥而又喜愛吃喝，可以稱得上是惡劣少年；再加上放蕩兇悍而不遜順，險賊而不敬悌，可以稱做不祥的少年了，雖使之受刑罰誅戮也是應該的。

能夠敬重老者，少壯的人就會來歸服；能夠不窮究才能窮盡的人，強其所不能，才能通達的人就會來集聚；能夠在冥默中做事，不為人知；施人恩惠，不求報答；那麼賢能和不肖之人就都會來歸服。人能有這三種行為，雖然遭遇大禍，天哪有不成全他的？

君子求利之心是很少的，遠避禍害是很早的，避免侮辱是很戒懼的，踐行道理是極其勇毅的。君子雖貧窮，而志氣廣大；雖富貴，而體履恭謹；生活安適而血氣不懈惰；勞苦疲倦而儀容不苟且；發怒時不會過分強奪，喜悅時也不會過分賜予。君子貧窮時而志氣愈加廣大，這就是尊仁；富貴時體履越加恭謹，這就是殺減威勢；安適而血氣不懈惰，這就是嫻習事理；勞苦疲倦而儀容不苟且，這就是好禮；發怒時不過分強奪，喜悅時不過分賜予，這就是法禮戰勝私意。《書經》裏說：「不要為私自偏好去做，要遵從聖王的正道；不要為私自厭惡去做，要遵從聖王的正路。」這就是講君子能以公義戰勝私欲。

不苟篇

君子行不貴苟難，說不貴苟察，名不貴苟傳，唯其當之為貴。故懷❶負石而赴河，是行之難為者也，而申徒狄❷能之；然而君子不貴者，非禮義之中也。山淵平❸，天地比❹，齊秦襲❺，入乎耳，出乎口❻，鉤有須❼，卵有毛❽，是說之難持者也，而惠施鄧析❾能之；然而君子不貴者，非禮義之中也。盜跖吟口❿，名聲若日月，與舜禹俱傳而不息；然而君子不貴者，非禮義之中也。故曰：君子行不貴苟難，說不貴苟察，名不貴苟傳，唯其當之為貴。《詩》曰：「物其有矣，唯其時矣。」⓫此之謂也。

君子易知⓬而難狎，易懼而難脅，畏患而不避義死，欲利而不為所非，交親而不比⑬，言辯而不辭，蕩蕩乎其有以殊於世也！

君子能亦好，不能亦好；小人能亦醜，不能亦醜。君子能則寬容易直以開道⑭人，不能則恭敬縛絀⑮以畏事人；小人能則倨傲僻違以驕溢⑯人，不能則妒嫉怨誹以傾覆人。故曰：君子能則人榮學焉，不能則人樂告之；小人能則人賤學焉，不能則人羞告之。是君子小人之分也。

君子寬而不僈⑰，廉而不劌⑱，辯而不爭，察而不激⑲，寡立而不勝⑳，堅彊而不暴，柔從而不流，恭敬謹慎而容㉑。夫是之謂至文。《詩》曰：「溫溫恭人，惟德之基。」㉒此之謂矣。

君子崇人之德，揚人之美，非諂諛也；正義㉓直指，舉人之過，非毀疵也；言己之光美，擬於舜禹，參於天地，非夸誕也；與時屈伸，柔從若蒲葦，非懾怯也；剛強猛毅，靡所不信㉔，非驕暴也；以義變應㉕，知當曲直故也。《詩》曰：「左之左之，君子宜之。右之右之，君子有之。」㉖此言君子能以義屈信變應故也。

君子小人之反也，君子大心則天而道㉗，小心則畏義而節；知則明通而類㉘，愚則端愨而法；見由則恭而止㉙，見閉則敬而齊㉚；喜則和而理，憂則靜而理㉛；通則文而明，窮則約而詳㉜。小人則不然，大心則慢而暴，小心則淫而傾；知則攫盜而漸㉝，愚則毒賊而亂；見由則兌而倨㉞，見閉則怨而險；喜則輕而翾㉟，憂則挫而懾；通則驕而偏㊱，窮則弃而儑㊲。傳曰：「君子兩進，小人兩廢。」此之謂也。

君子治治，非治亂也。曷謂邪？曰：禮義之謂治，非禮義之謂亂也。故君子者，治禮義者也，非治非禮義者也。然則國亂將弗治與？曰：國亂而治之者，非案㊳亂而治之之謂也，去亂而被之以治。人汙而修之者，非案汙而修之之謂也，去汙而易之以修。故去亂而非治亂也，去汙而非修汙也。治之為名，猶曰君子為治而不為亂，為修而不為汙也。

君子絜其辯㊴而同焉者合矣，善其言而類焉者應矣。故馬鳴而馬應之㊵，非知也，其埶然也。故新浴者振其衣，新沐者彈其冠，人之情也。

其誰能以己之潐潐受人之掝掝者哉[41]！

君子養心莫善於誠，致誠則無它事矣；唯仁之為守，唯義之為行。誠心守仁則形[42]，形則神，神則能化矣。誠心行義則理，理則明，明則能變矣。變化代興，謂之天德。天不言而人推高焉，地不言而人推厚焉，四時不言而百姓期焉，夫此有常以至其誠者也[43]。君子至德，嘿[44]然而喻，未施而親，不怒而威；夫此順命，以慎其獨者[45]也。善之為道者，不誠則不獨，不獨則不形，不形則雖作於心，見於色，出於言，民猶若未從也；雖從必疑。天地為大矣，不誠則不能化萬物；聖人為知矣，不誠則不能化萬民；父子為親矣，不誠則疏；君子為尊矣，不誠則卑。夫誠者，君子之所守也，而政事之本也；唯所居以其類至[46]。操之則得之，舍之則失之。操而得之則輕，輕則獨行，獨行而不舍，則濟矣。濟而材盡[47]，長遷而不反其初，則化矣。

君子位尊而志恭，心小而道大；所聽視者近，而所聞見者遠；是何邪？則操術然也。故千人萬人之情，一人之情也。天地始者，今日是也。百王之道，後王是也。君子審後王之道，而論於百王之前，若端拜而議[48]。推禮義之統，分是非之分，總天下之要，治海內之眾，若使一人。故操彌約，而事彌大。五寸之矩，盡天下之方也。故君子不下室堂，而海內之情舉積此者，則操術然也。

有通士者，有公士者，有直士者，有愨士者，有小人者。上則能尊君，下則能愛民，物至而應，事起而辨[49]，若是則可謂通士矣。不下比以闇上，不上同以疾下[50]，分爭於中，不以私害之，若是則可謂公士矣。身之所長，上雖不知，不以悖[51]君；身之所短，上雖不知，不以取賞；長短不飾，以情自竭[52]；若是則可謂直士矣。庸言必信之，庸行必慎之，畏法流俗，而不敢以其所獨甚[53]，若是則可謂愨士矣。言無常信，行無常貞，唯利所在，無所不傾，若是則可謂小人矣。

公生明，偏生闇，端愨生通，詐偽生塞，誠信生神，夸誕生惑，此六生者，君子慎之，而禹桀所以分也。

欲惡取舍之權，見其可欲也，則必前後慮其可惡也者；見其可利也，則必前後慮其可害也者；而兼權之，孰計之，然後定其欲惡取舍；如是則常不失陷矣。凡人之患，偏㊹傷之也，見其可欲也，則不慮其可惡也者；見其可利也，則不顧其可害也者。是以動則必陷，為則必辱，是偏傷之患也。

人之所惡者，吾亦惡之。夫㊺富貴者，則類傲㊻之；夫貧賤者，則求柔㊼之；是非仁㊽人之情也，是姦人將以盜名於晻㊾世者也，險莫大焉。故曰：盜名不如盜貨。田仲史鰌㊿不如盜也。

【注釋】❶懷　抱的意思。懷和負義重複。劉師培：「懷，疑後人旁注之字，以懷釋負。」❷申徒狄　《莊子音義》云殷時人，《韓詩外傳》云，申徒狄將自投於河，崔嘉聞而止之，不從。❸山淵平　謂山和淵齊平。《莊子．天下篇》：「山與澤平。」❹天地比　謂天和地齊高。《莊子．天下篇》：「天與地卑。」❺齊秦襲　襲，合的意思。齊在東，秦在西，相去很遠。但如以天地之大包之，則亦可合而為一。❻入乎耳出乎口　所言意義不明。有謂即山出口，言山有耳目。此二句見於〈勸學篇〉，或為衍文。❼鉤有須　須，鬚的本字。鉤，借為姁，老嫗。俞：「鉤，疑姁之叚字。《說文》女部：『姁，嫗也。』嫗無須，而謂之有須，故曰說之難持者也。」❽卵有毛　言卵中有毛羽之性在。〈天下篇〉：「卵有毛。」《釋文》引司馬彪注：「胎卵之生必有毛羽。毛氣成毛，羽氣成羽，雖胎卵未生，而毛羽之性已著矣。」❾惠施鄧析　惠施，戰國魏惠王時人，曾為魏相，與莊周為友。《漢書・藝文志》名家有《惠子》一篇，已亡佚。鄧析，春秋鄭國大夫，和子產同時。《漢書・藝文志》名家有《鄧子》二篇，已亡佚，今所見《鄧析子》係後人所偽託。❿吟口　貪凶之誤。郝：「案吟口《說苑》作凶貪，此本必本作貪凶，轉寫形誤，遂為吟口。」⓫詩曰句　所引為《詩經・小雅・魚麗》第六章。言物不但多有，而且又合時宜。⓬知　古時相交接叫做知。⓭交親而不比　親，謂仁親。比，謂比黨。⓮道　和導同。⓯繜絀　即撙節之意。劉師培：「繜絀者，即撙節之轉音也。絀與屈同，節屈雙聲，義亦相近。」⓰驕溢　驕侮之意。梁：「溢借為恤。《廣雅・釋詁》：『恤，駇也。』《說文》：『駇，侮也。』」⓱不僈　僈，和慢同，怠慢。不慢，對人不怠慢。⓲廉而不劌　言為人有棱隅，但並不刺傷人。廉，棱。劌，利傷。《說文》：「劌，利傷也。」⓳察而不激　但明察而不激切。⓴寡立而不勝　直立而不陵人。王念孫：「寡立當為直立，字之誤也。」㉑恭敬謹慎而容　言恭敬謹慎而不局促。容，容裕；寬裕。㉒詩曰句　所引為《詩經・大雅・抑》第九章。溫溫，寬柔的樣子。惟，今《毛詩》作維。㉓義　借為議，議論。㉔信　借為伸。㉕以義變應　以義來變通應事。㉖詩曰句　所引為《詩經・小雅・裳裳者華》第四章。㉗天而道　王念孫依《韓詩外傳》作「敬天而道」。言其能敬天而有道。㉘類　謂知統類。㉙見由則恭而止　由，用。止，容止。謂被用則恭敬而有容止。《詩經・鄘風・相鼠》鄭箋：「止，容止。」㉚見閉則敬而齊　言被閉塞道不得行則敬慎而莊重。閉，謂閉塞道不得行。齊，莊重。㉛喜則和而理憂則靜而理　上句劉台拱依《外傳》作喜則和而治，下句仍舊。㉜約而詳　隱約而詳明其道。㉝漸　詐欺。㉞見由則兌而倨　言被用則喜悅而倨傲。兌，借為悅。㉟翾　飛揚輕浮。《說文》：「翾，小飛也。」㊱偏　當作褊，局量褊淺。劉師培：「偏，當作褊。」㊲儑　和墕、隰通，謂卑下。㊳案　借為按，依的意思。㊴絜其辯　盧依《韓詩外傳》謂當作「絜其身」。絜，和潔同，修整。㊵馬鳴而馬應之　盧依《外傳》

此下補「牛鳴而牛應之」六字。㊶以己之潐潐受人之掝掝者哉　潐潐，和嚼嚼通，潔白。掝掝，和黬黬通，黑。㊷誠心守仁則形　誠心守於仁愛，則必形見於外。㊸夫此有常以至其誠者也　言天地四時所以如此有常，由於極其誠所致。至，極。㊹嘿　和默同。《廣韻》：「默，靜也，或作嘿。」㊺以慎其獨者　言能夠誠慎於人之所不見。慎，誠篤。獨，指人所不見之時。㊻唯所居以其類至　所居，所止。其所止至誠，則以類自至。㊼濟而材盡　既濟則材性自盡。㊽端拜而議　王念孫以為古無拜而議事之禮，當為端拱而議。拱，古作𠬞，誤作拜。㊾事起而辨　言事情發生即能理治。辨，治。㊿不下比以闇上不上同以疾下　下比，與在下之人比黨。闇上，欺掩在上之人。上同，苟合於在上之人。疾下，嫉害在下之人。51悖　怨懟。《方言》：「悖，懟也。」52長短不飾以情自竭　情，情實。竭，舉的意思。《說文》：「竭，負舉也。」又：「揭，高舉也。」竭揭都可釋為舉。言長短皆以實情稱說，不加文飾。53畏法流俗而不敢以其所獨甚　法，效。流俗，流移之俗。甚，王念孫以為當作「是」，不敢以其所獨是，謂不敢用其所獨是。54偏　謂見一隅。55夫　彼的意思。56類傲　暴戾傲慢。梁引孫：「類，與戾通。」57求柔　務求寬柔。俞：「《禮記·曲禮篇》曰：『君子行禮不求變俗。』鄭注曰：『求猶務也。』求柔之，猶言務柔之矣。」58仁　俞以為「仁」字衍。59晻　和暗同，不明。《說文》：「晻，不明也。」60田仲史鰌　田仲，齊人。處於陵，不食兄祿，辭富貴，為人灌園，號稱於陵仲子。梁以為即《孟子》之陳仲子。史鰌，衛大夫，字子魚。梁以為即《論語》之史魚。

【語　譯】君子行事不貴乎苟且難做，論說不貴乎苟且明察，聲名不貴乎苟且留傳，最重要的是貴乎正當。譬如抱著石頭去投河，這是難做的行為，而申徒狄竟能做出來；但是君子並不以為可貴，就因為這種行為不合於禮義。又如像名家的那些辯論，說山和淵一樣平，天和地一樣齊，齊同秦合在一處，山有耳目，老婦有鬚，卵生有毛，這些都是辯說很難持論的，而鄧析、惠施竟能論辯；但是君子並不以為可貴，就因為這些論說不合於禮義。盜跖是非常貪欲凶惡的，而名聲像日月一般，同舜禹一樣流傳久遠；但是君子不以為貴，就是因為他不合於禮義。所以說，君子行事不貴乎苟且難做，論說不貴乎苟且明察，聲名不貴乎苟且留傳，最重要的是貴乎正當。《詩經》裏說：「物有了很多，而且又合時宜。」說的就是這種道理。

君子容易交接，卻難以狎暱；容易使他恐懼，卻難以威脅；雖是畏怕禍患，卻不畏避正義之死；雖想得到福利，卻不做自己認為不對的；相交雖很親近，卻並不比黨；言論雖很辯捷，卻不費文辭；真是偉大！他是有不同於世俗之人的地方啊！

君子有才能固然好，沒有才能也是好；小人有才能固然醜惡，沒有才能也是醜惡。君子有才能，就寬容平易而正直的來開導人；沒有才能，就恭敬撙節的來畏事人。小人有才能，就倨傲邪僻而違戾的來驕侮人；沒有才能，就妒嫉怨恨而誹謗的來傾覆人。所以說，君子有才能，人們就榮幸的去學他；沒有才能，人們也樂意告知他；小人有才能，人們鄙賤不願學他；沒有才能，人們也羞於告知他。這就是君子和小人的分別。

君子寬厚而不怠慢，有廉隅而不傷人，辯白而不爭論，明察而不激切，特立獨行而不陵人，堅強而不狂暴，順從而不流靡，恭敬謹慎而寬裕有餘。這就叫做最有文飾，最有修養。《詩經》裏說：「寬柔恭敬之人，是道德的根本。」說的就是這種道理。

君子尊崇別人的德性，敬揚別人的美點，這並不是諂諛；公正議論正直指摘，舉發別人的過錯，這並不是毀疵；說自己的光榮美好，可比擬舜禹，可和天地相參，這並不算是誇誕；隨時勢屈伸，順從像蒲葦一樣，這並不算是畏怯；剛強猛毅，沒有不伸張的，這也並不算驕暴；主要是以義來變通應事，知道當曲當直的緣故。《詩經》裏說：「向左向左，君子無所不宜；向右向右，君子無所不有。」這就是說君子能夠以義來屈伸變通應事的道理。

君子和小人正相反，君子擴大心志，就敬天而順道，收小心志，就畏守禮義而有節度；明智就會明達而知統類，愚魯就會端正誠實而守法度；為世所用就恭敬而有容止，不為世用就敬慎而齊莊；喜悅時會平和而順治，憂患時也會平靜而順理；顯達時有文采而彰明，窮困時隱約而詳明其道。小人就不如此，擴大心志，就傲慢而狂暴；收小心志，就淫邪而傾覆；明智就會奪盜而詐欺，愚魯就會毒賊而暴亂；為世所用就沾沾自喜而倨傲，不為世用就怨恨而凶險；喜悅時會輕浮而飛揚，憂患時會挫頓而畏懼；顯達時驕狂而褊淺，窮困時自棄而卑下。古時傳說有言：「君子得志不得志都能上進，小人得志不得志都敗廢。」說的就是這種道理。

君子是治理安治的，不是治理混亂的。這話怎講呢？這就是說，合乎禮義的叫做治，不合禮義的叫做亂。所以君子是治禮義的國家，而不治非禮義的亂國。但是國家混亂就不去治理了嗎？我是說，國家混亂而去治理，並不是依據混亂加以治理，而是除去混亂而加之以治理。這正如人汙穢要去修潔他，並不是依據汙穢去修潔，而是除去汙穢而換之以修潔。所以除去混亂並不是治理混亂，除去汙穢並不是修潔汙穢。治之稱為治，就好像說君子治理是為安治不是為混亂，修潔身體是為修潔不是為汙穢。

君子修整其身，志意相同的人就會來相合；善其言談，同類的人就會來響應。所以馬一叫，別的馬就會響應；牛一叫，別的牛就會響應；這並不是牠的才智，而是情勢造成如此。新洗澡的人必定振抖他的衣服，新洗頭的人必定彈撢他的帽子，這是人之常情。誰能拿自己的潔白去受別人的汙黑呢？

君子修養心性沒有比用誠更好的，能夠至誠就不須從事其他的事；祇要守著仁，祇要去行義就可以了。能夠誠心守著仁必會形見於外，形見於外必會神明如神，神明如神就可以化育萬物了。能夠誠心去行義必會得理，事能得理必會明通，明通就可以變化自如了。變化交替興起，這就是所謂天德。天雖不自言而人卻推崇他的高，地雖不自言而人卻推崇他的厚，四時雖不自言而人卻能期知他的季候，天地四時所以有常如此者，就是由於極其誠所致。君子的至德，默然不去稱說別人也會知曉，不用施惠人都會去親近，不用發怒人都畏威；這就是因為能夠順從天地四時之命，而又誠慎於人之所不見的緣故。善的道理，不誠心就不能慎獨，不慎獨就不能形於外，不形之於外，那麼雖然起於內心，見於顏色，出於言辭，人們仍是不會隨從的，即是能隨從也不免有疑慮。天地固然是廣大，但是不誠就不能化育萬物；聖人固然是睿智，但是不誠就不能化育萬民；父子固然是親近，但是不誠就會疏遠；君主固然是尊高，但是不誠就會卑微。所以誠，是君子所當法守，是政事的根本；唯其所止是至誠的，那就會以類自至了。能去把握它就會得到，如若捨棄它就會失掉。能把握而得到它做事就會輕易，輕易就會專精沉默獨行，專精沉默地獨行不捨，就可以至誠了。至誠之後而材性自盡，長久遷流而不返回性惡之初，就自然大化了。

君子地位尊高而心仍恭謹，居心細謹而向道遠大；所聽所看雖是近的，而所聞見到的卻很廣遠；這是什麼道理？就是因為所操持的方術使它如此。所以千萬人的性情，可由一個人的性情推知。天地的原始形象，可由今日推知。古代百王所行之道，可由當今的後王推知。君子明審當今後王之道，而論議於百王之前，就好像端拱而議，是從容不勞的。推廣禮義的體統，分別是非的當否，總領天下的要道，治理海內的民眾，就如同支使一個人一樣簡便。所以操持得愈簡要，而所做的事愈繁大。五寸長的尺，可以度盡天下的方。因此，君子不下室堂，而四海之內的情形都能聚在眼前，就是所操持的方術使他如此。

有通達的士人，有公正的士人，有剛直的士人，有謹愨的士人，有不知禮義的小人。對上能尊君，對下能愛民，事物到來能夠應付，事故發生能夠治辨，像這樣可以稱得上是通士了。不和在下的人比黨以欺掩在上的人，不苟合於上來嫉害在下的人，事情有紛爭，不以私意來武斷，像這樣可以稱得上是公士了。自己的長處，在上的人雖不知道，也不用來背逆其上；自己的短處，在上的人雖不知道，也不用來討取嘉賞；長處短處都不加文飾，而以實情自舉，像這樣可以稱得上是直士了。一句平常的話必求信實，一件平常的行事必求謹慎，害怕效法流移之俗，同時也不敢擅用自己所獨是，像這樣可以稱得上是愨士了。說話常常不可信，行事常常不正當，祇要有利，就盡全力去做，像這樣可以稱得上是小人了。

公正就會生出聖明，偏頗就會生出昏闇，端謹就會生出通達，詐偽就會生出蔽塞，誠信就會生出神明，誇誕就會生出昏惑，這六種生事的因果，君子應該謹慎，這也就是禹和桀成聖成惡的區別。

所欲所惡所取所捨的權量：見到自己認為所欲的，必定要前後思慮到它的可惡的壞處；見到自己認為有利的，必定要前後思慮到它的有害的地方；要兼顧地來權量，詳熟地來計慮，然後來決定欲惡取捨；這樣就會常常沒有失陷了。大凡人的毛病，都是偏見一隅害了他；見到可欲的，就不考慮可惡的壞處；見到有利的，就不顧及有害的地方。所以一動就有失陷，一做就遭來侮辱，就是偏見一隅的毛病。

人所厭惡的，我也厭惡。見到他是富貴的，就暴戾傲慢他；見到他是貧賤的，就務求寬柔他；這不是人的本情，而是姦邪之人用來盜名於闇世的，這是再危險沒有的。所以說，盜名的人還不如盜貨的匪賊，田仲和史鰌這類盜名的人，還不如強盜啊！

榮辱篇

憍泄❶者，人之殃也。恭儉者，偋五兵❷也。雖有戈矛之刺，不如恭儉之利也。故與人善言，煖於布帛；傷人之❸言，深於矛戟。故薄薄❹之地，不得履之，非地不安也；危足無所履者，凡在言也❺。巨涂則讓，小涂則殆❻，雖欲不謹，若云不使。

快快❼而亡者怒也，察察而殘者忮也❽，博而窮者訾也❾，清之而俞濁者口也❿，豢之而俞瘠者交也⓫，辯而不說者爭也⓬，直立而不見知者勝⓭也，廉而不見貴者劌也⓮，勇而不見憚者貪也，信而不見敬者好剸⓯行也，此小人之所務，而君子之所不為也。

鬭者忘其身者也，忘其親者也，忘其君者也。行其少頃之怒，而喪終身之軀，然且為之，是忘其身也。室家立殘，親戚不免乎刑戮，然且為之，是忘其親也。君上之所惡也，刑法之所大禁也，然且為之，是忘其君也。憂忘其身⑯，內忘其親，上忘其君，是刑法之所不舍也，聖王之所不畜也。乳彘觸虎⑰，乳狗不遠遊，不忘其親也。人也，憂忘其身，內忘其親，上忘其君，則是人也，而曾狗彘之不若也。凡鬪者，必自以為是而以人為非也。己誠是也，人誠非也，則是己君子而人小人也；以君子與小人相賊害也，憂以忘其身，內以忘其親，上以忘其君，豈不過甚矣哉！是人也，所謂以狐父之戈鐲牛矢⑱也。將以為智邪？則愚莫大焉。將以為利邪？則害莫大焉。將以為榮邪？則辱莫大焉。將以為安邪？則危莫大焉。人之有鬪，何哉？我欲屬之狂惑疾病邪？則不可，聖王又誅之。我欲屬之鳥鼠禽獸邪？則不可，其形體又人，而好惡多同。人之有鬪，何哉？我甚醜之。

有狗彘之勇者，有賈盜之勇者，有小人之勇者，有士君子之勇者。爭飲食，無廉恥，不知是非，不辟⑲死傷，不畏眾彊，恈恈⑳然唯利飲食之見，是猶彘之勇也。為事利，爭貨財，無辭讓，果敢而振㉑，猛貪而戾，恈恈然唯利之見，是賈盜之勇也。輕死而暴，是小人之勇也。義之所在，不傾於權，不顧其利，舉國而與之不為改視，重死持義而不橈㉒，是士君子之勇也。

鯈䱁者，浮陽之魚也㉓，胠於沙而思水㉔，則無逮矣。挂於患而欲謹，則無益矣。自知者不怨人，知命者不怨天。怨人者窮，怨天者無志㉕。失之己，反之人，豈不迂乎哉！

榮辱之大分，安危利害之常體：先義而後利者榮，先利而後義者辱；榮者常通，辱者常窮；通者常制人，窮者常制於人；是榮辱之大分也。材㉖慤者常安利，蕩悍者常危害；安利者常樂易㉗，危害者常憂險㉘；樂易者常壽長，憂險者常夭折；是安危利害之常體也。

夫天生蒸民，有所以取之；志意致修，德行致厚，智慮致明，是天子之所以取天下也。政令法，舉措時，聽斷公，上則能順天子之命，下則能保百姓，是諸侯之所以取國家也。志行修，臨官治，上則能順上，下則能保其職，是士大夫之所以取田邑也。循法則度量刑辟圖籍，不知其義，謹守其數，慎不敢損益也；父子相傳，以持㉙王公，是故三代雖亡，治法猶存，是官人百吏之所以取祿秩也。孝弟原愨㉚，軥錄疾力㉛，以敦比㉜其事業，而不敢怠傲，是庶人之所以取煖衣飽食長生久視㉝以免於刑戮也。飾邪說，文姦言，為倚事㉞，陶誕突盜㉟，惕悍憍暴㊱，以偷生反側於亂世之間，是姦人之所以取危辱死刑也；其慮之不深，其擇之不謹，其定取舍楛僈㊲，是其所以危也。

材性知能，君子小人一也；好榮惡辱，好利惡害，是君子小人之所同也；若其所以求之之道則異矣。小人也者，疾為誕㊳而欲人之信己也，疾為詐而欲人之親己也，禽獸之行而欲人之善己也，慮之難知也，行之難安也，持之難立也，成㊴則必不得其所好，必遇其所惡焉。故君子者，信矣，而亦欲人之信己也；忠矣，而亦欲人之親己也；修正治辨矣，而亦欲人之善己也；慮之易知也，行之易安也，持之易立也，成則必得其所好，必不遇其所惡焉；是故窮則不隱，通則大明，身死而名彌白[40]；小人莫不延頸舉踵而願[41]曰：知慮才性，固有以賢人矣！夫不知其與己無以異也，則君子注錯之當，而小人注錯[42]之過也。故孰察小人之知能，足以知其有餘可以為君子之所為也；譬之越人安越，楚人安楚，君子安雅[43]。是非知能材性然也，是注錯習俗之節異[44]也。仁義德行，常安之術也，然而未必不危也。汙僈[45]突盜，常危之術也，然而未必不安也。故君子道其常，而小人道[46]其怪。

凡人有所一同，飢而欲食，寒而欲煖，勞而欲息，好利而惡害，是人之所生而有也，是無待而然者也，是禹桀之所同也。目辨白黑美惡，耳辨音聲清濁，口辨酸鹹甘苦，鼻辨芬芳腥臊，骨體膚理辨寒暑疾養[47]，是又人之所常生而有也，是無待而然者也，是禹桀之所同也。可以為堯禹，可以為桀跖，可以為工匠，可以為農賈，在埶注錯習俗之所積耳！

是又人之所生而有也，是無待而然者也，是禹桀之所同也。為堯禹則常安榮，為桀跖則常危辱，為堯禹則常愉佚，為工匠農賈則常煩勞。然而人力為此而寡為彼，何也？曰：陋也。堯禹者，非生而具者也，夫起於變故[48]，成乎修修之為[49]，待盡而後備者也。人之生固小人，無師無法則唯利之見耳！人之生固小人，又以遇亂世得亂俗，是以小重小也，以亂得亂也。君子非得埶以臨之，則無由得開內[50]焉。今是人之口腹，安知禮義？安知辭讓？安知廉恥隅積[51]？亦呥呥而噍[52]，鄉鄉[53]而飽已矣。人無師無法，則其心正其口腹也[54]。今使人生而未嘗睹芻豢稻粱也，惟菽藿糟糠之為睹，則以至足為在此也，俄而粲然[55]有秉芻豢稻粱而至者，則瞲然[56]視之曰：此何怪也？彼臭之而無嗛[57]於鼻，嘗之而甘於口，食之而安於體，則莫不棄此而取彼矣。今以夫先王之道，仁義之統，以相群居，以相持養，以相藩飾[58]，以相安固邪？以夫桀跖之道，是其為相縣也，幾直[59]夫芻豢稻粱之縣糟糠爾哉！然而人力為此而寡為彼，何也？

曰：陋也。陋也者，天下之公患也，人之大殃大害也。故曰：仁者好告示人。告之示之，靡之儇之[60]，鈆之重之[61]，則夫塞者俄且通也，陋者俄且僩[62]也，愚者俄且知也。是若不行，則湯武在上曷益？桀紂在上曷損？湯武存，則天下從而治，桀紂存，則天下從而亂；如是者，豈非人之情固可與如此可與如彼也哉！

人之情，食欲有芻豢，衣欲有文繡，行欲有輿馬，又欲夫餘財蓄積之富也；然而窮年累世不知不足[63]，是人之情也。今人之生也，方知畜雞狗豬彘，又畜牛羊，然而食不敢有酒肉；餘刀布[64]，有囷窌[65]，然而衣不敢有絲帛；約者有筐篋之藏[66]，然而行不敢有輿馬。是何也？非不欲也，幾不長慮顧後而恐無以繼之故也？於是又節用御[67]欲，收斂蓄藏以繼之也；是於己長慮顧後，幾不甚善矣哉！今夫偷生淺知之屬，曾此而不知也，糧食大[68]侈，不顧其後，俄則屈安窮矣[69]；是其所以不免於凍餓，操瓢囊為溝壑中瘠[70]者也；況夫先王之道，仁義之統，《詩》《書》

《禮》《樂》之分乎！彼固天下之大慮也，將為天下生民之屬長慮顧後而保萬世也。其汸[71]長矣，其溫[72]厚矣，其功盛姚遠[73]矣，非孰修為之君子[74]，莫之能知也。故曰：短綆不可以汲深井之泉，知不幾[75]者不可與及聖人之言。夫《詩》《書》《禮》《樂》之分，固非庸人之所知也。故曰：一之而可再也，有之而可久也，廣之而可通也，慮之而可安也，反鉛察之而俞可好也[76]。以治情則利，以為名則榮，以群則和[77]，以獨則足樂，意[78]者其是邪？

夫貴為天子，富有天下，是人情之所同欲也；然則從人之欲，則埶不能容，物不能贍也。故先王案為之制禮義以分之，使有貴賤之等，長幼之差，知愚能不能之分，皆使人載[79]其事而各得其宜，然後使愨祿[80]多少厚薄之稱，是夫群居和一之道也。故仁人在上，則農以力盡田，賈以察盡財，百工以巧盡械器，士大夫以上，至於公侯，莫不以仁厚知能盡官職，夫是之謂至平[81]。故或祿天下，而不自以為多；或監門御旅[82]，抱關擊柝，而不自以為寡。故曰：斬而齊83，枉而順84，不同而一，夫是之謂人倫。《詩》曰：「受小共大共，為下國駿蒙。」85此之謂也。

【注釋】❶憍泄　憍，俗作驕，驕恣。泄，和媟同，媟嬻，也作褻瀆。《說文》：「媟，嬻也。」《廣韻》：「憍，恣也，本亦作驕。」❷併五兵　併，當為屏，或作摒，摒卻。五兵，五種兵器。《周禮・司兵》注：「五兵，戈殳戟酋矛夷矛。」《國語・齊語》注：「五刃：刀劍矛戟矢。」《穀梁傳・莊公二十五年》注：「五兵：矛戟鉞楯弓矢。」❸之　依《藝文類聚》人部三，《太平御覽》兵部八十四引並作「以」。❹薄薄　借為溥溥，旁薄廣大的樣子。《說文》：「溥，大也。」梁引于：「薄薄讀溥溥。」❺危足無所履者凡在言也　危足，側足。凡，皆。❻巨涂則讓小涂則殆　言大路人多則擾攘，小路人少則危殆不安。俞：「讓，當讀為擾攘之攘。」讓，借為攘，擾攘。❼怏怏　當作快快。《說文》：「快，不服懟也。」不服而怨懟的意思。❽察察而殘者忮也　至明察而被殘傷，是由於有忮害之心的緣故。❾博而窮者訾也　言詞辯博而被窮蹙，是由於好毀訾的緣故。❿清之而俞濁者口也　俞，和愈通。口，當作句。劉師培：「口，當作句，《說文》：『句，曲也。』」此句言其人外託於清，實則暗裏行為卑鄙，近於曲意媚世。⓫豢之而俞瘠者交也　言人本來要養他的尊榮，可是結果卻適得其反，是由於驕傲的緣故。交，驕傲。⓬辯而不說者爭也　辯論而別人不加解說，是由於他好與人爭，而不能委曲曉人。⓭勝　謂好勝人。⓮廉而不見貴者劌也　廉而不被尊貴，是因為好傷人的緣故。⓯剸　和專同。⓰憂忘其身　當為「下忘其身」，下文「憂」亦當作下。楊注：「當為『下忘其身』，誤為夏，又『夏』轉誤為『憂』字耳。」⓱乳彘觸虎　乳彘，哺乳之母彘。觸虎，是為了保護其子。⓲以狐父之戈钃牛矢　狐父之戈，狐父地方所產的戈。钃，和斸同，本為器名，引申為斫。《說文》：「斪，斪斸，所以斫也。」牛矢，牛屎，牛糞。⓳辟　借為避。⓴恈恈　愛欲的樣子。《方言》：「牟，愛也。」牟和恈通。㉑果敢而振　當作「果敢而狠」，言果敢而又狠戾。王引之：「振，當為狠，字之誤也。」㉒橈　撓的本字，撓曲。《說文》：「橈，曲木也。」曲木引申為曲。㉓鯈魼者浮陽之魚也　鯈魼皆魚名。王念孫以為魼為魾字之誤，魾為魴之異名。浮陽，謂此二類魚好浮於水上就陽。㉔胠於沙而思水　胠，當作阹，攔遮。言被沙攔遮才思念水。俞：「胠，當作阹。」㉕怨天者無志　言怨天之人就是無所識。王念孫：「志，讀為知識之識。」志，借為識。㉖材　當作朴。汪中：「材，疑當作朴，字之誤也。」㉗樂易　歡樂平易。㉘憂險　憂愁危險。㉙持　奉；仕奉。㉚原慤　原，和愿同。愿慤，都是謹的意思。㉛軥錄疾力　劉師培以為軥錄即劬勞之異文，軥劬音同，勞錄雙聲，皆可通用。疾力，極其用力。㉜敦比　敦，敦勉。比，親近。㉝長生久視　即長生久活之意。《呂覽・重己》：「莫不欲長生久視。」注：「視，活也。」㉞倚事　偏倚之事。㉟陶誕突盜　陶，借為諂，諂和誕義同。陶誕，怪誕。突，淩突不順。㊱惕悍憍暴　惕，和蕩同，放蕩。憍，和驕同。㊲楛僈　楛，粗疏。僈，和慢通，不經心。㊳疾為誕　疾，疾力。言力為詐誕之事。㊴成　終的意思。㊵白　彰明。㊶願　思慕。㊷注錯　措置。錯，借為措。㊸雅　讀為夏，即指中國。王引之：「雅讀為夏，夏謂中國也。」㊹習俗之節異　言所習剛好不同。王念孫：「習俗雙聲字，俗即是習。」㊺汙僈　借為訏謾，詭譎欺謾。《說文》：「僈，欺也。」又：「訏，詭譎也。」㊻道　由的意思。㊼養　和癢同。㊽變故　改變他故舊的本性。㊾成乎修修之為　俞以為「修之」二字衍。修為，修身作為。㊿開內　開小人之心而納善道。內，和納同。(51)隅積　隅，指道的分見者。積，指道的貫通。(52)呥呥而噍　呥呥，嚼的樣子。噍，嚼。(53)鄉鄉　和饗饗通，飲食享用的樣子。(54)則其心正其口腹也　言人不學，則其心正如口腹只有貪欲而已。(55)粲然　精潔的樣子。(56)瞲然　驚視的樣子。(57)無嗛　王念孫以為「無」字衍。嗛，快意。(58)藩飾　藩蔽文飾。(59)幾直　幾，借為豈。直，但。(60)靡之儇之　靡，借為磨，磨切之。儇，慧利之。《說文》：「儇，慧也。」(61)鈆之重之　鈆，和鉛同，借為沿，撫循的意思。重，中重。(62)僩　寬大。和陋釋為陝隘正相對。(63)不知不足　依楊注當作「不知足」。(64)刀布　皆古時的錢。(65)囷窌　囷，圓形的倉廩。窌，窖。《說文》：「囷，廩之圜者。」「窌，窖也。」(66)約者有筐篋之藏　約，儉嗇。筐篋，藏布帛的器具。

67御　借為禦，禦止。68大　讀為太，甚的意思。69屈安窮矣　安，和焉通。屈焉，窮屈的樣子。70溝壑中瘠　瘠，借為胔，骨之尚有肉者。溝壑中瘠，言凍餓死於溝壑成為屍骨。王念孫：「瘠，讀為掩骼埋胔之胔。露骨曰骼，有肉曰胔。」71汙　流的古字。《廣韻》：「汙，流之古文。」72溫　借為蘊，蘊積。73姚遠　姚，借為遙。姚遠，言功業之盛甚為遙遠。74非孰修為之君子　王念孫以為「孰」下脫一「順」字，梁以為「順」當讀為慎。75知不幾　言知不能見微。幾，幾微。76反鉛察之而俞可好也　鉛，和鉛同，借為沿，循的意思。反，反覆。反鉛察之，即反覆沿循而察之。俞，和愈同。77以群則和　梁引陶：「和下當奪『一』字，以群則和一，以獨則足樂，相對為文。」78意　和抑通，抑或，疑問詞。79載　任的意思。80慤祿　俞以為「慤」當作「穀」，穀所以為祿，穀祿指俸祿。81至平　言各當其分，雖貴賤不同，然也謂之至平。82御旅　御，讀為迓。迓旅，逆旅，迎待賓客之人。83斬而齊　劉台拱以為「斬」讀為「儳」，《說文》：「儳，儳儳，互不齊也。」斬而齊，言多儳互不齊，乃其所以為齊。84枉而順　言枉曲不直而歸於順。85詩曰句　所引為《詩經・商頌・長發》第五章。共，法。駿，大。蒙，今《毛詩》作厖，釋為厚。馬瑞辰以為厖和蒙古聲近通用。蒙，蒙覆之意。為下國駿蒙，為下國大大的蒙覆。

【語譯】驕恣褻瀆，是人的禍殃。恭敬勤儉，可以摒卻五兵之災。雖然戈矛的鋒利刺入，也不如恭敬勤儉人人之深。所以給人善言，比布帛還要令人溫暖；傷人以言，比矛戟刺人還要深。所以廣大之地，而不能側足其間，並不是其地不安，而都是因為他出言不慎自害其身。大路人多而擾攘，小路少人而危殆，所以雖然想要不謹慎，事實也不能使他如此啊！

怨懟不服而致亡身的，是因為忿怒；至明察而被殘傷的，是因為有忮害之心；言詞辯博而受窮蹙的，是由於好毀訾；外表好像清廉，實質卻很汙濁的，是非常邪曲的；豢養尊榮，結果愈行瘠羸，是由於驕傲使然；辯論而別人不解說，是由於他好與人爭而不能委曲曉人；直立獨行而不為別人所知，是由於好陵人；有廉隅而不為人所貴，是由於好刺傷人；勇敢而不為人所畏，是由於好貪利；信實而不為人所敬，是由於好獨斷專行；這些都是小人所急務，而是君子所不做的。

爭鬥的人是忘記了自身，忘記了親屬，忘記了君上。為了發洩少頃的怒氣，而喪失了生命，然而尚且要去做，這就是忘記了自身。家室立即殘毀，親戚不免被殺戮，然而尚且要去做，這就是忘記了親屬。君上所恨惡，刑法所要大加禁止的，然而尚且要去做，這就是忘記了君上。下忘記自身，內忘記親屬，上忘記君上，這是刑法所不能寬捨的，是聖王所不能畜養的。母豬為保護小豬去觸抵老虎，母狗為撫養小狗而不肯遠遊，這都是不忘記牠的親屬。做為人，竟然下忘記自身，內忘記親屬，上忘記君上，這就成了人反而不如狗豬了。凡是爭鬥，必然認為自己對以為別人不對。自己誠然是對的，別人誠然是不對的，那麼自己就是君子別人就是小人，以自己的君子而和那些小人互相賊害，弄得下忘記自身，內忘記親屬，上忘記君上，豈不是太過了嗎？這種人，就好像用狐父的名戈去斫牛糞，認為他聰明嗎？實際是太愚笨了。以為是有利的嗎？實際是沒有比這害處更大的了。以為是安泰嗎？實際沒有比這更危險。可是人還是有爭鬥，是什麼道理？我想把他歸之於狂惑有病，但又不可以，聖王又要誅罰他。我想把他歸之於鳥鼠禽獸一類，但又不可以，他的形體又是人，而好惡也同常人一樣。人所以有爭鬥，是什麼道理？我真是認為醜惡。

有狗豬一般的勇，有奸商偷盜的勇，有小人的勇，有士君子的勇。為了爭奪飲食，沒有廉恥，不知是非，不避死傷，不怕眾強，祇是貪愛的看到飲食，這就是狗豬之勇。為了利益，爭奪貨財，毫不辭讓，果敢而險狠，猛貪而暴戾，祇是貪愛的看到利，這就是奸商偷盜之勇。輕易赴死而又暴虐，這是小人之勇。義之所在，不為權勢所傾移，不顧私利，將整個國家送給他也不會改變他的目視，慎重其死而操持正義，不為曲橈，這就是士君子之勇。

鯈魴這兩種魚，是喜浮於水上就陽的魚；一旦被岸上土沙所遮攔，再去思念水，已經來不及了。同樣的遭到了禍患，再想要謹慎，也沒有用處了。自知的人不責怨別人，知命的人不怪怨上天。責怨別人的人困窮，怪怨上天的人無所知識。失之於自己，反去責怨別人，豈不是太不通了嗎？

榮辱的大分別，安危利害的常理：先講義後求利的榮，先求利後講義的辱；榮的人常亨通，辱的人常困窮；亨通的人常去制人，困窮的人常被人所制；這就是榮辱的大分別。樸實謹慎的人常安逸多益，放蕩暴悍的人常危殆多害；安逸多益的人常歡樂平易，危殆多害的人常憂愁危險；歡樂平易的人常壽長，憂愁危險的人常夭折，這就是安危利害的常理。

上天生出眾民，都有取之之道；志意能夠修明，德行能夠厚美，智慮能夠明通，這就是天子所以取得天下之道。政令有法度，舉措合於時宜，聽斷能夠公正，上能順從天子之命，下能保護百姓，這就是諸侯所以取得國家之道。志意品行能夠修飭，為官臨民能夠理治，上能順從在上位之人，下能盡守職責，這就是士大夫所以取得封邑之道。遵循法則度量刑辟圖籍，雖不知其道理，但能謹守他的規度，不敢有所增損；父子相傳，來仕奉王公，所以夏商周三代雖已滅亡，但是治法仍然存留，這就是百官眾吏所以取得祿位之道。孝悌謹慤，劬勞勤力，來敦勉親近他的事業，而不敢怠傲，這就是平常百姓所以取得暖衣飽食長生久活而免掉刑罰誅戮之道。粉飾邪說，文飾姦言，做些偏倚的事，怪誕不順，蕩悍驕暴，來偷生反側在亂世之間，這就是姦人所以取得危辱死刑之道；因為他思慮不深，選擇不謹，決定取捨太粗疏不經心，所以才會危殆。

大凡人的材性智能，君子小人都是一樣的；好榮惡辱，好利惡害，也是君子小人所相同的；但是他們所以求得這些的方法卻不同了。小人疾力去做妄誕的事，而偏想要人相信自己；疾力去做詐偽的事，而偏想要人親近自己；做些禽獸的行為，而偏想要人善待自己；思慮事情難以曉知，行事難以安妥，持事難以成立，最終必不能得到自己所喜好的，必然遇到自己所厭惡的。而君子人自己是信實的，也想要別人相信自己；自己是忠誠的，也想要別人親近自己；自己已經修正治美了，也想要別人善待自己；思慮事情容易曉知，行事容易安妥，持事容易成立，最終必然得到自己所喜好的，必然遇不到自己所厭惡的；所以即使窮困也不致隱沒，如果亨通就會大大光顯，身死而聲名更加彰明；小人沒有不伸頸舉踵而思慕說：智慮才性，的確是有過人之處！小人不知道君子本來是和自己沒有不同的，祇是君子措置得當，小人措置不得當。所以熟察小人的智能，足可以知道是做君子所做的行為，足夠而有餘的；這就如同越人安於越地，楚人安於楚地，華夏之人安於華夏之地。這並不是智能材性使他如此，而是措置習染剛好不同。仁義德行，固然是常安之道，但是未必不危險。詭詐不順，固然是常危之道，但是未必不安靖。所以君子行由常道，小人行由怪路。

凡人都有所同的，餓了想吃，冷了想暖，累了想休息，喜歡利而厭惡害，這是人所生來就有的，不必等待後天才如此，也是禹桀都相同的。眼睛能分辨白黑美醜，耳朵能分辨聲音清濁，嘴能分辨酸鹹甜苦，鼻子能分辨芳香腥臊，身體皮膚能分辨寒暑痛癢，這又是人所生來常有的，不必等待後天才如此，也是禹桀都相同的。人可以成為堯禹一樣的聖人，可以成為桀跖一樣的惡人，可以成為工匠，可以成為農商，完全在於情勢措置習染之所積累罷了！這又是人所生來就有的，不必等待後天才如此，也是禹桀都相同的。成為堯禹那樣常會安逸榮耀，成為桀跖那樣常會危殆屈辱，成為堯禹那樣常會愉悅安逸，成為工匠農商常會煩惱勞苦。但是人疾力要做桀跖，而很少要成為堯禹，這是什麼道理？可以說就是因為愚陋。堯禹所以有聖德，並不是生而具有的，是起於改變他故舊的本性，成功於他的修身作為，能夠盡其所為才完備的。人性本來都是同小人一樣惡的，如果沒有老師沒有禮法，就唯有看到私利罷了。人性本來都是同小人一樣惡的，又遇到亂世逢到亂俗，那就小上加小，亂上加亂了。君子如不能取得其勢來面臨這些小人，就無從開導他們之心而納於善道。現在我們看人的口腹之欲，哪裏知道禮義？哪裏知道辭讓？哪裏知道廉恥以及道的分隅或積貫？也不過知道啍啍然而大嚼，饗饗然而享用求飽罷了。人沒有老師沒有禮法，他的心正如口腹之欲是一樣的。假使人生下來從來沒有見過牛羊豬狗的肉和稻粱，祇見到過豆葉糟糠，就會以為這些是最好的了。等一下有人拿著精美的牛羊豬狗的肉和稻粱來了，就會驚顧的看著說：這是什麼怪物啊？聞起來鼻子暢快，嚐起來嘴裏甘美，吃起來身上舒服，於是莫有不捨棄這些菽藿糟糠而取用那些芻豢稻粱了。現在拿先王的聖道，仁義的根本，來相互聚居，相互奉養，相互藩蔽文飾，相互安固，同桀跖的惡行相比較，其間的懸距，豈止是芻豢稻粱和糟糠的不同，但是人卻疾力做這種桀跖之行而少有行先王聖道的，那是什麼道理？這就是人的愚陋。愚陋是天下的公患，是人的大禍害。所以說，仁者樂意告導教示人。告導他教示他，磨切他慧利他，撫循他申重他，那麼蔽塞的一下也會變得通達了，陝陋的一下也會變得寬大了，愚笨的一下也會變得明智了。這些如果不能去做，就是湯武那樣聖王在上又有什麼益處？就是桀紂那樣暴君在上又有什麼害處？有湯武在上為君主，天下就會因之安治，有桀紂在上為君主，天下就會因之混亂，這豈不是人之情本來可以叫他這樣也可以叫他那樣嗎？

人的常情，吃的多喜歡有芻豢美味，穿的多喜歡有文采錦繡，乘的多喜歡有車馬，又想要有許多蓄積財富，而他仍然是窮年累世不知足，這就是人的一般常情。現在我們看一個人的生活，他知道畜養雞狗豬彘，又畜養牛羊，而平常食用仍是不敢有酒肉；餘下很多錢，有倉窖儲存，而平常衣著仍是不敢有絲綢；儉嗇的箱篋裏有許多財物積藏，而平常出行仍是不敢乘車馬。這是什麼道理？並不是不想要，豈不是長慮顧後唯恐無法常久繼續的緣故嗎？於是又節儉用度控制欲望，把財物收儲積藏起來以備日後常久繼續使用，這樣對自己能夠長慮顧後，豈不是很好嗎？現在再看一些苟且偷生淺見淺知之人，就連這些道理也不知道，日常食用太奢侈，不顧日後如何，不久就窮盡了；這也就是他所以不免於凍餓，拿著瓢囊去乞討而終於做了溝壑之中的棄屍；何況先王的聖道，仁義的根本，《詩》《書》《禮》《樂》的大分，那真是天下最能深慮的，那將是為天下人長慮顧後而永保萬代的。那流派真是長遠，那蘊積真是富厚，那功業之盛真是遙遠。不是精慎修為的君子，是不會知道的。所以說，短的繩子不可用來汲深井的泉水，智不能見微的人無法讓他了解聖人的話。《詩》《書》《禮》《樂》的大分，本來不是凡庸之人所能知道的。所以說，既知其一而可以再求知其二，既已經保有而可再持久下去，既知禮樂的廣博對處事就可通達，即常思慮禮樂就會安逸，反覆循察就愈加可以美好。用來治理人的情性會有益處，用來求取聲名會得榮顯，用來群居就會和一，用來獨處也會足樂，這該是對的吧？

貴為天子，富有天下，這是人情所共同期望的；然而如果順從人的欲望，那麼客觀情勢就不能容許，財物也不能供足了。所以先代聖王制定禮義來分別上下，使人有貴賤的等級，長幼的差別，智愚能不能的分別，都使人各任其事各得其宜，然後使穀祿多少厚薄都能相稱，這就是群居和一之道。所以仁人在上位，那農人就會以勞力來盡力耕種，商人就會以明察來盡力生財，各種工匠就會以巧技來盡力造器械，士大夫以上，以至於公侯，也沒有不用仁厚智能來盡官職的，這就叫做最大的公平。所以有人祿享天下，而不自己以為多，有人看門逆旅，守關打更，而不自己以為少。所以說，儳互不齊所以才要齊，枉曲不直終歸於順直，不同的終歸要同一，這便是人的常理。《詩經》裏說：「湯受有大法小法，用來做為下國諸侯的大大蒙覆庇蔭。」說的就是這種道理。

非相篇

相人❶，古之人無有也，學者不道也。古者有姑布子卿❷，今之世梁有唐舉❸，相人之形狀顏色，而知其吉凶妖祥，世俗稱之；古之人無有也，學者不道也。故相形不如論心，論心不如擇術。形不勝心，心不勝術。術正而心順之，則形相雖惡而心術善，無害為君子也。形相雖善而心術惡，無害為小人也。君子之謂吉，小人之謂凶。故長短小大善惡形相，非吉凶也；古之人無有也，學者不道也。

蓋帝堯長，帝舜短；文王長，周公短；仲尼長，子弓❹短。昔者衛靈公有臣曰公孫呂，身長七尺，面長三尺，焉❺廣三寸，鼻目耳具，而名動天下。楚之孫叔敖❻，期思之鄙人也❼，突禿長左❽，軒較❾之下，而以楚霸。葉公子高❿，微小短瘠⓫，行若將不勝其衣然；白公之亂⓬也，令尹子西⑬司馬子期⑭皆死焉，葉公子高入據楚，誅白公，定楚國，如反手爾，仁義功名善⑮於後世。故事不揣長，不挈⑯大，不權輕重⑰，亦將志乎爾⑱。長短大小，美惡形相，豈論也哉！且徐偃王⑲之狀，目可瞻馬⑳。仲尼之狀，面如蒙倛㉑。周公之狀，身如斷菑㉒。皋陶之狀，色如削瓜。閎夭㉓之狀，面無見膚㉔。傅說之狀，身如植鰭㉕。伊尹之狀，面無須麋㉖。禹跳㉗，湯偏㉘，堯舜參牟㉙子。從者㉚將論志意比類文學邪？直將差長短，辨美惡，而相欺傲邪？古者桀紂長巨姣美，天下之傑也；筋力越勁㉛，百人之敵也；然而身死國亡，為天下大僇㉜，後世言惡，則必稽㉝焉。是非容貌之患也，聞見之不眾，論議之卑爾！今世俗之亂君㉞，鄉曲之儇子㉟，莫不美麗姚冶㊱，奇衣婦飾，血氣態度，擬於女子；婦人莫不願得以為夫，處女莫不願得以為士，弃其親家而欲奔之者，比肩竝起，然而中君羞以為臣，中父羞以為子，中兄羞以為弟，中人羞以為友；俄則束乎有司而戮乎大市，莫不呼天啼哭，苦傷其今，而後悔其始。是非容貌之患也，聞見之不眾，論議之卑爾！然則從者將孰可也？

人有三不祥：幼而不肯事長，賤而不肯事貴，不肖而不肯事賢，是人之三不祥也。人有三必窮：為上則不能愛下，為下則好非其上，是人之一必窮也；鄉則不若㊲，偝則謾之㊳，是人之二必窮也；知行淺薄，曲直有以相縣矣，然而仁人不能推㊴，知士不能明㊵，是人之三必窮也。人有此三數行者，以為上則必危，為下則必滅。《詩》曰：「雨雪瀌瀌，宴然聿消。莫肯下隧，式居屢驕。」㊶此之謂也。

人之所以為人者何已㊷也？曰：以其有辨㊸也。飢而欲食，寒而欲煖，勞而欲息，好利而惡害，是人之所生而有也，是無待而然者也，是禹桀之所同也。然則人之所以為人者，非特以二足而無毛也，以其有辨也。今夫狌狌形笑亦二足而毛也㊹，然而君子啜其羹，食其胾㊺。故人之所以為人者，非特以其二足而無毛也，以其有辨也。夫禽獸有父子，而無父子之親；有牝牡，而無男女之別。故人道莫不有辨。

辨莫大於分[46]，分莫大於禮，禮莫大於聖王。聖王有百，吾孰法焉？故曰：文久而息[47]，節族[48]久而絕，守法數之有司，極禮而褫[49]。故曰：欲觀聖王之跡，則於其粲然者矣，後王[50]是也。彼後王者，天下之君也；舍後王而道上古，譬之是猶舍己之君而事人之君也。故曰：欲觀千歲，則數今日；欲知億萬，則審一二；欲知上世，則審周道；欲知周道，則審其人[51]所貴君子。故曰：以近知遠，以一知萬，以微知明，此之謂也。

夫妄人曰：「古今異情，其以治亂者異道[52]。」而眾人惑焉。彼眾人者，愚而無說，陋而無度者也[53]。其所見焉，猶可欺也，而況於千世之傳也！妄人者，門庭之間，猶可[54]誣欺也，而況於千世之上乎！聖人何以不欺[55]？曰：聖人者，以己度者[56]也。故以人度人，以情度情，以類度類[57]，以說度功[58]，以道觀盡[59]，古今一度[60]也。類不悖，雖久同理[61]，故鄉[62]乎邪曲而不迷，觀乎雜物而不惑，以此度之，五帝之外[63]無傳人，非無賢人也，久故也。五帝之中⑭無傳政，非無善政也，久故也。禹湯有傳政而不若周之察也，非無善政也，久故也。傳者久則論略，近則論詳；略則舉大，詳則舉小。愚者聞其略而不知其詳，聞其詳而不知其大也⑮，是以文久而滅，節族久而絕。

凡言不合先王，不順禮義，謂之姦言；雖辯，君子不聽。法先王，順禮義，黨⑯學者，然而不好言，不樂言，則必非誠士也。故君子之於言也，志好之，行安之，樂言之。故君子必辯：凡人莫不好言其所善，而君子為甚。故贈人以言，重於金石珠玉；觀人以言⑰，美於黼黻文章；聽人以言，樂於鍾鼓琴瑟。故君子之於言無厭。鄙夫反是：好其實不恤其文，是以終身不免埤⑱汙傭俗。故《易》曰：「括囊無咎無譽。」⑲腐儒之謂也。

凡說之難，以至高遇至卑，以至治接至亂。未可直至也，遠舉則病繆⑳，近世則病傭㉑。善者於是間也，亦必遠舉而不繆，近世而不傭，與時遷徙，與世偃仰，緩急嬴絀[72]，府然若渠匽檃栝[73]之於己也，曲得所謂焉，然而不折傷。故君子之度己則以繩，接人則用抴[74]。度己以繩，故足以為天下法則矣；接人用抴，故能寬容，因求以成天下之大事矣[75]。故君子賢而能容罷[76]，知而能容愚，博而能容淺，粹而能容雜，夫是之謂兼術[77]。《詩》曰：「徐方既同，天子之功。」[78]此之謂也。

談說之術：矜莊以莅之，端誠以處之，堅彊以持之，分別以喻之，譬稱以明之[79]，欣驩芬薌[80]以送之，寶之珍之，貴之神之；如是則說常無不受；雖不說人[81]，人莫不貴。夫是之謂為能貴其所貴。傳曰：「唯君子為能貴其所貴。」此之謂也。

君子必辯。凡人莫不好言其所善，而君子為甚焉。是以小人辯言險，而君子辯言仁也。言而非仁之中也，則其言不若其默也，其辯不若其吶[82]也。言而仁之中也，則好言者上矣，不好言者下也。故仁言大矣，起於上所以道[83]於下，政令是也；起於下所以忠於上，謀救[84]是也。故君子之行仁也無厭。志好之，行安之，樂言之，故言(85)君子必辯。小辯不如見端(86)，見端不如見本分(87)。小辯而察，見端而明，本分而理。聖人士君子之分具矣。有小人之辯者，有士君子之辯者，有聖人之辯者。不先慮，不早謀，發之而當，成文而類，居錯遷徙，應變不窮(88)，是聖人之辯者也。先慮之，早謀之，斯須之言而足聽，文而致(89)實，博而黨(90)正，是士君子之辯者也。聽其言則辭辯而無統，用其身則多詐而無功，上不足以順明王，下不足以和齊百姓；然而口舌之均，噡唯則節(91)，足以為奇偉偃卻(92)之屬；夫是之謂姦人之雄。聖王起，所以先誅也，然後盜賊次之。盜賊得變，此不得變也。

【注釋】❶相人　王念孫以為元刻及宋龔本「相」下無「人」字，王叔岷先生云類纂本亦無「人」字。❷姑布子卿　春秋時人，曾相趙簡子諸子。見《史記・趙世家》及《韓詩外傳》。❸唐舉　戰國時人，曾相李兌云：「百日之內持國秉政。」相蔡澤云：「先生之壽從今以往四十三歲。」皆驗。見《史記・蔡澤傳》。❹子弓　即仲弓。本名冉雍，字仲弓，春秋魯國人，孔子弟子，以德行著稱。❺焉　和頞通，鼻莖。梁引王紹蘭：「安焉古通，此焉則『頞』之借字也。」《說文》：「頞，鼻莖也。」❻孫叔敖　春秋楚國人，蔿賈之子，亦稱蔿敖，曾為楚相，有政績。❼期思之鄙人也　期思，地名。春秋楚邑，漢改為縣，梁以後廢，故城在今河南固始縣西北。鄙人，郊野之人。❽突秃長左　突，指髮短可凌突人。左，左手。❾軒較　軒，是曲輈有藩篷的車。較，車旁兩輢上的橫木。軒較，指大夫以上出行所乘的車，非武事所用者。❿葉公子高　楚大夫，沈尹戌之子，食邑於葉，名諸梁，字子高。⓫微小短瘠　細小短瘦。⓬白公之亂　見《左傳．哀公十六年》。白公，楚太子建之子，平王之孫。⓭子西　楚平王長庶子公子申。⓮子期　亦平王子，公子結。⓯善　俞以為「蓋」字之誤。⓰揳　和絜同，度量。⓱不權輕重　梁引陶以為「輕」字衍，「不權重」和上兩句句法一致。⓲亦將志乎爾　將，且。言亦且有志於彼數聖賢而已。⓳徐偃王　徐，國名，僭稱王。《史記．秦本紀》：「繆王西巡狩，樂而忘歸，徐偃王作亂，造父為繆王御，長驅歸周以救亂。」⓴馬　元刻「馬」作焉，王叔岷先生云類纂本、百子本亦作焉。焉借為顏，顏指額。㉑蒙倛　梁引高以為即彭蜞。《世說新語》：「蔡司徒渡江，見彭蜞大喜。」注：「彭蜞似蟹而小。」㉒菑　和椔同，立死之木。《爾雅．釋木》：「(木) 立死椔。」㉓閎夭　文王之臣，在十亂臣之中。㉔面無見膚　面部多鬢髯，遮蔽其肌膚。㉕植鰭　郝以為鰭在魚背，立即上見，駝背人似之，傅說或亦背部佝僂。㉖須麋　須，鬚的本字。麋，借為眉。㉗禹跳　足癱瘓，步行不利，因乃跳而行走。楊引《尸子》：「禹之勞，十年不窺其家，手不爪，脛不生毛，偏枯之病，步不相過，人曰禹跳。」㉘湯偏　偏，借為㾫，半身不遂症。《說文》：「㾫，半枯也。」《尚書．大傳》鄭注：「湯半體枯。」㉙牟　借為眸，目瞳。㉚從者　猶言學者。㉛越勁　越，過人之意。勁，強勁有力。㉜僇　和戮同。㉝稽　歸止。《說文》：「稽，留止也。」㉞亂君　俞疑本作「亂民」。㉟儇子　輕薄巧慧之人。《方言》：「儇，疾也，慧也。」㊱姚冶　美好。《說文》：「姚，美好貌。」㊲鄉則不若　鄉，借為嚮、向。若，順。㊳偝則謾之　偝，和背同。謾，欺毀。㊴推　推崇。㊵明　明揚。㊶詩曰句　所引為《詩經．小雅．角弓》第七章。《毛詩》下三句作「見晛曰消，莫肯下遺，式居婁驕」。荀子所引為〈魯詩〉。瀌瀌，雪盛的樣子。宴然，宴《韓詩》作曣，《毛詩》作見，陳奐以為皆謂日之初升天氣清明。聿，和吹通，詮詞。《說文》：「吹，詮詞也。」宴然聿消，言日氣一出雪都消融。遺，鄭箋讀為隨，屈萬里先生以為「不肯謙下隨人」之意。式、居，皆語詞。㊷已　和以同，依憑的意思。㊸辨　別的意思。㊹狌狌形笑亦二足而毛也　狌狌，即猩猩。笑，俞以為當作「狀」。而毛，俞以為「毛」上當有「無」字。猩猩面部如人無毛。㊺胾　大塊切肉。《說文》：「胾，大臠也。」㊻分　言有上下親疏之分。㊼故曰文久而息　王念孫以為「故」字衍。「息」當作滅，「滅」和「絕」押韻。㊽節族　即節奏。郝：「族者，聚也，湊也。湊與奏古今字，然則節族即節奏矣。」㊾極禮而褫　俞以為「禮」字衍。極，久。褫，弛。㊿後王　指近時之王。劉師培：「後后古通，后，繼體君也。蓋開創為君，守成為后。開創之君立法草創，而成文之法大抵定於守成之君。」(51)其人　指所尊貴的君子，即後王。(52)其以治亂者異道　王念孫以為本作「其所以治亂者異道」，言古今之所以治亂者，其道不同。(53)愚而無說陋而無度者也　言其愚陋而不能辯說不能測度。(54)可　俞以為衍文。(55)不欺　王念孫以為當作「不可欺」。(56)以己度者　以己意來度古人之意，所以別人無法欺騙他。(57)類　種類，如牛、馬即是。(58)以說度功　以言說來度其功業。(59)以道觀盡　以道去察盡物理。(60)古今一度　《外傳》無「度」字，王念孫以為當作「古今一也」。(61)類不悖雖久同理　言種類不乖悖，雖時久而理仍同。(62)鄉　借為嚮、向。(63)外謂以前。(64)五帝之中　中，間。五帝：少昊、顓頊、高辛、唐、虞。(65)聞其詳而不知其大也　聞其詳，王念孫以為當作「聞其小」，略和詳對，大和小對。《外傳》「詳」作「細」。(66)黨　親比。(67)觀人以言　觀，展示給人看。謂以言展示給人。(68)埤　借為卑，卑賤。《說文》：「卑，賤也。」(69)易曰句　所引為《易・坤卦》六四爻辭。括，閉結。括囊，言閉其知而不用。此喻不談說之人，既無過咎，也無可稱譽。(70)繆　借為謬，狂者妄言。《說文》：「謬，狂者之妄言也。」(71)近世則病傭　言下舉近世之事則患傭鄙。(72)贏絀　贏，借為贏。絀，借為黜，減損。(73)府然若渠匽檃栝　府，和俯同。俯然，就物的樣子。渠，王引之以為「梁」字之誤，梁，水堰。匽和堰通，用來制水的。檃栝，用來矯正曲木的。(74)接人則用抴　郝以為抴即枻字。枻，楫。言君子接引人則用舟楫。(75)因求以成天下之大事矣　王念孫以為「求」為「眾」字之誤。言因大眾的力量以成就天下的大事。(76)罷　弱不任事的人。(77)兼術　兼容之法。(78)詩曰句　所引為《詩經・大雅・常武》第六章。同，會同。引詩以喻君子之能容物，就如同天子之同徐方一樣。79分別以喻之譬稱以明之　王念孫以為「分別」當在下句，譬稱當在上句。譬稱所以曉喻人，分別所以明理。80芬薌　和氣的意思。81說人　說，借為悅。說人，令人喜悅。82吶　和訥同。《說文》：「訥，言難也。」83道　和導同。84誎救　王念孫以為當作「諫救」，諫止其過的意思。85言　王念孫以為「言」字涉上文而衍。86端　端首。87見端不如見本分　王引之以為「本分」上本無「見」字。本分，本其一定之分。88居錯遷徙應變不窮　言或措置或遷徙，都能隨變應之而不窮。居，釋為處。錯，借為措，措置。89致　借為質，信的意思。90黨　和讜同，謂直言。91口舌之均噡唯則節　劉師培以為「噡」即「應」字之訛。之，則的意思。言口舌則調均，應諾則中於節。92奇偉偃卻　言姦雄口辯，適足以自己誇大偃蹇而已。奇偉，誇大。偃卻，猶偃仰，偃蹇的意思。

【語　譯】相術古時人是沒有的，而學者也沒有人講述。古時有姑布子卿，現世梁國有唐舉，他們常相看人的形相面色，而知道吉凶妖祥，世俗之人都很稱道他們；可是古時人是沒有的，學者也沒有人講述。相看人的形貌，不如討論他的心性，討論心性不如選擇道術。形貌不能勝過心性，心性不能勝過道術。道術正而心性又能順從，那就是形貌雖惡而心性道術都善，不妨害他成為君子。形貌雖善而心性道術都惡，也不妨害他成為小人。君子稱之為吉祥，小人卻稱之為妖凶。所以人的長短大小善惡的形貌，並沒有吉凶之分；古時人是沒有這些說法的，學者也沒有人講述。

帝堯身材非常高，帝舜非常矮；文王非常高，周公非常矮；孔子非常高，仲弓非常矮。從前衛靈公有個臣子名叫公孫呂，身長七尺，面長三尺，鼻直莖三寸，鼻目耳具備而相疏遠，名聲卻振動整個天下。楚的孫叔敖，本是期思地方的郊野之人，短髮禿頂，左手特別長，結果乘大夫的曲輮篷車，做楚國宰相而稱霸於當世。葉公子高，人長的弱小短瘦，走起路來好像身體不能負荷衣服似的；但是在白公建作亂的時候，令尹子西和司馬子期都死了，而葉公子高卻能入據楚國，殺了白公，安定了楚國，如同翻手掌一樣容易，他的仁義和功名蓋於後世。所以事情不揣度長短，不絜度大小，不權量輕重，也祇是有志於學那幾位聖賢罷了。那麼長短大小，美惡形相，何必要去論它！況且徐偃王的樣子，眼睛可以看到額頭。孔子的樣子，臉好像彭蜞小蟹。周公的樣子，身體如同一棵死樹樁。皋陶的樣子，面色好像削皮的瓜。閎夭的樣子，臉多鬢鬚幾乎看不到皮膚。傅說的樣子，駝背像魚鰭豎立。伊尹的樣子，臉上沒有鬚眉。大禹癱瘓不捷跳著走路，湯半身偏枯不遂，堯舜眼睛生有三瞳。學者們將要論他們的志意比類他們的學問呢？還是祇比較他們的長短，辨他們的美醜，來互相欺傲呢？古時桀紂都長得高大美好，是天下最俊美的；筋力過人強勁，堪稱百人敵；然而身死國亡，成為天下大罪人而受戮，後代講到暴惡的，總要歸到他們頭上。這並不是容貌的毛病，祇是因為聞見不廣，論議卑下，所以才招致禍患。現今世俗的亂民、鄉里的輕薄巧慧的少年，沒有不自求美麗妖冶，著奇衣，做婦人的裝飾，血氣態度，也仿做女子；婦人見了沒有不願意得到他做丈夫，處女見了沒有不願意得到他為情侶，拋棄自己親人家庭而想奔投他的，接踵而起，但是即使是平庸的君主也羞於以他為臣，即使是平庸的父親也羞於以他為子，即使是平庸的兄長也羞於以他為弟，即使是一個平庸的人也羞於以他為友；不多時就會被縛官府而被殺在刑場，到那時沒有不呼天啼哭，苦傷眼前的受刑，而後悔當初的所為了。這也不是容貌的毛病，而是因為聞見的不廣，論議的卑下所招來的。這樣看來，學者們以為哪樣才可以呢？

人有三種不祥的事：年幼而不肯敬事長上，位卑而不肯事奉位顯的，不肖的不肯事奉賢能的，這是人的三種不祥。人有三種情況必然窮困：在上位不能愛護在下，在下位好非議在上，是人的第一種的必然窮困；當面既不順，背地又欺毀，是人的第二種的必然窮困；智行都很淺薄，曲直不明有很大的懸距，而仁人既不能推崇，智士也不會明揚，是第三種的必然窮困。人有這些三不祥、三必窮的行為，做為在上位的必然危身，做為在下位的必然敗滅。《詩經》裏說：「雨雪瀌瀌然下的很大，但是日氣一出雪都消融。小人不肯謙下隨人，常常是那樣驕狂，終必像雪的消融一樣滅亡。」說的就是這種道理。

人之所以為人是憑什麼呢？是因為人有辨別。餓了想吃，冷了想暖，累了想休息，喜歡利而厭惡害，這是人生來就有的，不必等待後天才如此，也是禹和桀所相同的。那麼人的所以成為人，並不是因為有兩隻腳而沒有毛。而是因為人有辨別。現在我們看猩猩的形狀，也是兩隻腳而臉上也沒有毛，但是人卻喝牠的肉湯，吃牠的肉。所以人之所以成為人，不僅是因為有兩隻腳而沒有毛，是因為人有辨別。禽獸也有父子，但沒有父子的親敬；也有牝牡，但沒有男女的禮別。所以人道是沒有無辨別的。

辨別沒有大於等分的，等分沒有大於禮法的，禮法沒有大於聖王的。古代的聖王百數之多，我究竟要取法誰呢？所以說，禮文制度時間一久就要消滅，節奏法度時間一久就要滅絕，守法理的官吏，時間一久也就廢弛了。所以說，想要看看聖王的治跡，能粲然齊備的，就祇有後王了。後王是現代的君主，我們捨去後王而道說上古，就好比捨去自己的君主而事奉別人的君主。所以說，想要看千年的事，就要看現在；想要知道億萬，就要審知一二；想要知道上世，就要審察周道；想要知道周道，就要審度我們所尊崇的君子。所以說，由近可以知遠，由一可以知萬，由微可以知明，就是這種道理。

昏妄的人說：「古今情況各異，所以治亂者其道不同。」眾人為之迷惑。那些平凡的眾人，愚陋而不能辨說測度。他們所親眼看見的，尚且可以欺騙他，何況是千代的傳聞呢！昏妄的人，在門庭裏面，尚且要欺騙人，更何況是千代之上呢！但是聖人何以不受欺騙？聖人是拿自己的意思去推度古人的意思。用現在的人去推度古代的人，用現在的人情去推度古代的人情，用這一類去推度他的同類，用言說去推度功業，用大道去察盡物理，古今是一樣的。其類祇要不相背謬，時間雖久道理還是相同的，所以即使趨向邪曲也不會迷惘，觀視雜物也不會惑亂，由此來推度，五帝之前，再沒有流傳下來的人，並不是沒有賢君，而是時間久遠的緣故。五帝之間，沒有什麼治政流傳下來，並不是沒有善政，而是時間久遠的緣故。禹湯雖然也有些治政流傳，但是不如周代的詳察，這並不是禹湯沒有善政，而是時代久遠的緣故。流傳時間久論說的就會簡略，近代的論說就會詳明；簡略祇能舉出大端，詳明就可以舉出細節。愚陋之人祇聽到簡略的而不能推知詳明的，祇聽到細節而不能推知大端，所以禮文制度時間一久就要消滅，節奏法度時間一久就要滅絕。

凡是言說不合乎先王，不順乎禮義的，叫做姦言；雖然很巧辯，君子也不聽受。法乎先王，順乎禮義，親比學者，而不喜歡言說，不樂於言說，也一定不是誠善之士。君子之於言說，內心喜好，行動安行，嘴裏樂意說。所以君子必定要辯說：凡人沒有不喜歡談說自己所善的，而君子為尤甚。所以贈送人家善言，比金石珠玉還要貴重；觀示給人善言，比黼黻文章還要美；使人聽受善言，比鐘鼓琴瑟的樂音還要令人喜樂。所以君子對於言說是沒有厭倦的。鄙陋之人正相反：僅好實質而不喜愛文飾，所以終身不免於卑汙庸俗。所以《易經》裏說：「囊中閉藏東西不用，既無過咎也沒功顯可加稱譽。好比不談說的人，既無惡可稱，也無善可紀。」說的就是這種腐儒。

談說的難處，是用最高的道理來同最卑陋之人說，用最好的治道來同最亂之君說。不可以直接同他們說，但是說得遠了又嫌妄謬，下舉近世之事又患傭鄙。善於談說的人在這中間，說遠的必不妄謬，說近世的必不傭鄙，隨時代變動，隨世俗俯仰，緩急餘損，都能斟酌俯就，好像堰隄所以制水，檃栝所以制木一樣。委曲談說都能得其意，而不折傷其道。所以君子人裁度己身以繩墨，接引他人則用舟楫。裁度己身用繩墨，所以足以做為天下的法則；接引別人用舟楫，所以能夠寬厚容眾，因眾人而成就天下的大事。所以君子自己賢能而能寬容罷劣，自己明智而能寬容愚陋，自己博深而能寬容隘淺，自己精粹而能寬容駁雜，這就叫做兼容之術。《詩經》裏說：「徐方既然已經同化於天子，這是天子的功業。」說的就是這種兼容並化的道理。

談說的技術：要莊重地蒞臨從事，端誠地來自處，堅強地來操持，要用譬稱來曉喻，用分別來明理，用歡欣和藹的態度去接近，要自寶自珍，自貴自神；這樣自己所說的絕不會不被接受；雖然不能令人喜悅，但是沒有人不貴重它的。這就叫能尊貴自己所該貴的。傳聞有說：「唯有君子能尊貴他所當貴的。」說的就是這種道理。

君子必定要辯說。凡人沒有不喜歡談說自己所善的，而君子為尤甚。不過小人的辯言險詐，君子的辯言是仁義。言辯如不合乎仁，那辯說就不如沉默，辯巧就不如遲訥。言辯如果合乎仁，那麼好言為最上，不好言就是最下了。所以合乎仁的辯言太偉大了，起之於在上位的人而用來導治在下的人，良好的政令就是；起之於在下位的人而用來盡忠於在上的人，諫止君過就是。所以君子對於行仁是沒有厭倦的。內心喜好，行動安行，嘴裏樂意說；所以說君子人必定要辯說。小辯不如見端首，見端首不如本其一定之分。小辯則明察，見端首則明達，本其一定之分則達理。那聖人和士君子的本分就具備了。有小人的辯說，有士君子的辯說，有聖人的辯說。不必事先思慮，也不必早做籌畫，發出來而能妥當，成文理而合於法，或措置或遷動，都能隨變應之而不窮，這是聖人的辯說。事先思慮，早做籌畫，斯須之間發言也可聽，有文理而信實，淵博而直正，這是士君子的辯說。聽他的話是言辭巧辯而沒有根本，用他來做事則多欺詐而沒有功效，對上不足以順事聖明之君，對下不足以和治齊一百姓；然而他口舌則調均，所承諾之事都能中節，適足以成為誇大偃蹇之類，這是姦人中的梟雄。要有聖王興起，必定要首先誅滅的，然後才來懲治盜賊。盜賊尚且可以改變他，這類人是不能改變的。

非十二子篇

假今之世❶，飾邪說，文姦言，以梟❷亂天下，矞宇嵬瑣❸，使天下混然不知是非治亂之所存者有人矣。縱情性，安恣睢❹，禽獸行，不足以合文通治；然而其持之有故，其言之成理，足以欺惑愚眾；是它囂魏牟❺也。忍情性，綦谿利跂，苟以分異人為高❻，不足以合大眾，明大分；然而其持之有故，其言之成理，足以欺惑愚眾；是陳仲史鰌❼也。不知壹天下建國家之權稱❽，上功用，大儉約，而僈差等❾，曾不足以容辨異，縣君臣❿；然而其持之有故，其言之成理，足以欺惑愚眾；是墨翟宋鈃⓫也。尚法而無法，下脩而好作⓬，上則取聽於上，下則取從於俗⓭，終日言成文典，反紃⓮察之，則倜然⓯無所歸宿，不可以經國定分；然而其持之有故，其言之成理，足以欺惑愚眾；是慎到田駢⓰也。

不法先王，不是禮義，而好治怪說，玩琦辭[17]，甚察而不惠[18]，辯而無用，多事而寡功，不可以為治綱紀；然而其持之有故，其言之成理，足以欺惑愚眾；是惠施鄧析[19]也。略法先王而不知其統，猶然[20]而材劇志大，聞見雜博。案往舊造說，謂之五行[21]，甚僻違而無類[22]，幽隱而無說，閉約而無解。案飾其辭，而祗敬之曰：此真先君子之言也。子思唱之，孟軻和之，世俗之溝猶瞀儒嚾嚾[23]然不知其所非也，遂受而傳之，以為仲尼子游為茲厚於後世[24]。是則子思孟軻之罪也。

若夫總方略，齊言行，壹統類，而群天下之英傑而告之以大古[25]，教之以至順，奧窔[26]之間，簟席[27]之上，斂然[28]聖王之文章具焉，佛然[29]平世之俗起焉；六說者不能入也，十二子者不能親[30]也；無置錐之地，而王公不能與之爭名；在一大夫之位，則一君不能獨畜，一國不能獨容；成名況乎[31]諸侯，莫不願以為臣；是聖人之不得埶者也，仲尼子弓是也。一天下，財[32]萬物，長養人民，兼利天下，通達之屬[33]，莫不從服，六說者立息，十二子者遷化，則聖人之得埶者，舜禹是也。今夫仁人也，將何務哉？上則法舜禹之制，下則法仲尼子弓之義，以務息十二子之說；如是則天下之害除，仁人之事畢，聖王之跡著矣。

信信，信也；疑疑，亦信也。貴賢，仁也；賤不肖，亦仁也。言而當，知也；默而當，亦知也；故知默猶知言也。故多言而類，聖人也；少言而法，君子也；多少無法，而流湎然㉞，雖辯，小人也。故勞力而不當民務，謂之姦事；勞知而不律㉟先王，謂之姦心；辯說譬諭，齊給便利㊱，而不順禮義，謂之姦說；此三姦者，聖王之所禁也。知而險，賊而神㊲，為詐而巧，言無用而辯，辯不惠而察，治之大殃也。行辟㊳而堅，飾非而好㊴，玩姦而澤㊵，言辯而逆㊶，古之大禁也。知而無法，勇而無憚，察辯而操僻，淫太而用之㊷，好姦而與眾㊸，利足而迷㊹，負石而墜㊺，是天下之所弃也。

兼服天下之心，高上尊貴不以驕人，聰明聖知不以窮人，齊給速通不爭先人[46]，剛毅勇敢不以傷人。不知則問，不能則學，雖能必讓，然後為德。遇君則修臣下之義，遇鄉則修長幼之義，遇長則修子弟之義，遇友則修禮節辭讓之義，遇賤而少者則修告導寬容之義。無不愛也，無不敬也，無與人爭也，恢然如天地之苞萬物。如是則賢者貴之，不肖者親之，如是而不服者，則可謂訞[47]怪狡猾之人矣；雖則子弟之中，刑及之而宜。《詩》云：「匪上帝不時，殷不用舊。雖無老成人，尚有典刑。曾是莫聽，大命以傾。」[48]此之謂也。

古之所謂士仕[49]者，厚敦者也，合群者也，樂富貴者也，樂分施[50]者也，遠罪過者也，務事理者也，羞獨富者也。今之所謂士仕者，汙漫者也，賊亂者也，恣睢者也，貪利者也，觸抵[51]者也，無禮義而唯權埶之嗜者也。古之所謂處士者，德盛者也，能靜者也，修正者也，知命者也，箸是[52]者也。今之所謂處士者，無能而云能者也，無知而云知者也，利心無足而佯無欲者也，行偽險穢[53]而彊高言謹愨者也，以不俗為俗離縱而跂訾[54]者也。

士君子之所能不能為[55]：君子能為可貴，不能使人必貴己；能為可信，不能使人必信己；能為可用，不能使人必用己。故君子恥不修，不恥見汙；恥不信，不恥不見信；恥不能，不恥不見用。是以不誘於譽，不恐於誹，率道而行，端然正己，不為物傾側，夫是之謂誠君子。《詩》云：「溫溫恭人，維德之基。」[56]此之謂也。

士君子之容：其冠進[57]，其衣逢[58]，其容良[59]；儼然壯然[60]，祺然蕼然[61]，恢恢然，廣廣然[62]，昭昭然[63]，蕩蕩然[64]，是父兄之容也。其冠進，其衣逢，其容愨[65]；儉然侈然[66]，輔然端然[67]，訾然洞然[68]，綴綴然[69]，瞀瞀然[70]，是子弟之容也。吾語汝學者之嵬容[71]：其冠絻[72]，其纓禁緩[73]，其容簡連[74]；填填然[75]，狄狄然[76]，莫莫然[77]，瞡瞡然[78]，瞿瞿然[79]，盡盡然[80]，盱盱然[81]；酒食聲色之中則瞞瞞然[82]，瞑瞑然[83]；禮節之中則疾疾然，訾訾然[84]；勞苦事業之中則儢儢然[85]，離離然[86]；偷儒而罔[87]，無廉恥而忍謑詢⑧⑧，是學者之嵬也。

弟佗⑧⑨其冠，神禫⑨⓪其辭，禹行而舜趨，是子張氏之賤儒也。正其衣冠，齊其顏色，嗛⑨①然而終日不言，是子夏氏之賤儒也。偷儒憚事，無廉恥而耆⑨②飲食，必曰君子固不用力，是子游氏之賤儒也。彼君子則不然，佚而不惰，勞而不優⑨③，宗原應變，曲得其宜⑨④，如是然後聖人也。

【注釋】❶假今之世　假，借。今之世，指戰國昏亂之世。❷梟　借為撓，擾的意思。《說文》：「撓，擾也。」❸矞宇嵬瑣　矞，和譎同，詭詐。宇，借為訏，詭譎。《說文》：「訏，詭譎也。」嵬瑣，猶委瑣，委曲瑣細。❹恣睢　矜放的樣子。❺它囂魏牟　它囂，不詳何代人。《世本》載楚平王孫，有田公它成，不知是否為其同族。魏牟，《韓詩外傳》作范魏牟。牟為魏公子，封於中山。《漢書・藝文志》道家有《公子牟》四篇，班固云先於莊子，莊子稱之。今《莊子・秋水篇》有公子牟稱莊子之言以折公孫龍，據此，則與莊子同時。❻綦谿利跂苟以分異人為高　綦，極。谿，深峭。利，和離同。跂，跂足獨立。利跂，離世獨立。苟以分異人為高，苟求分異不同於人，自以為高。❼陳仲史鰌　見〈不苟篇〉注。❽不知壹天下建國家之權稱　不知齊一天下，建立國家的權稱。言不知輕重。❾上功用大儉約而僈差等　上，和尚同。僈，讀為曼，無的意思。《廣雅》：「曼，無也。」❿縣君臣　縣，和懸同。懸隔君臣上下。⓫宋鈃　宋人，和孟子、尹文子、彭蒙、慎到同時。《孟子》

書中作宋牼，《莊子・逍遙遊》、《韓非子・顯學篇》作宋榮子。⓬尚法而無法下脩而好作　尚法，以法為上。脩，治。下脩，謂以脩治為下。言以法為上而沒有法，以脩治為下而好制作。梁啟超云：「《莊子・天下》述慎到說云『選則不徧，教則不至』，即『下脩』之義也。慎到為法家之祖，然『棄知去己』，而學『無知之物』，故曰『尚法而無法』。既尚法，必須立法，故曰『好作』。」⓭下則取從於俗　對下苟順眾俗之意。⓮紃　和循同。⓯倜然　疏遠的樣子。⓰慎到田駢　慎到，《漢書・藝文志》法家有《慎子》四十二篇，注云：「名到，先申韓。」慎子已佚，後人有輯本五篇。田駢，齊人，游稷下，著書十五篇。《漢書・藝文志》有《田子》二十五篇，在道家。注云：「名駢，齊人，游稷下，號天口駢。」⓱玩琦辭　玩，本字作翫。《說文》：「翫，習猒也。」琦，和奇同。奇辭，奇異之辭。⓲甚察而不惠　王念孫以為「惠」為「急」字之誤。甚察而不急，謂其言雖甚明察，但卻不急於用。⓳惠施鄧析　見〈不苟篇〉注。⓴猶然　舒遲的樣子。㉑五行　即五常，仁義禮智信。㉒僻違而無類　言邪僻而無法。僻違，都是邪的意思。類，法。㉓溝猶瞀儒嚾嚾　溝猶瞀儒，四字古疊韻，義皆愚蒙。嚾嚾，喧囂的樣子。㉔以為仲尼子游為茲厚於後世　郭以為「子游」為「子弓」之誤。厚，重。為茲厚於後世，茲，指子思、孟軻。後世俗人不知，以為仲尼、子弓之道，因子思、孟子才得重於後世。㉕大古　大讀為太。太古，遠古。㉖奧窔　屋室西南隅謂之奧，東南隅謂之窔。此處指室堂之內。㉗簟席　簟，竹席。簟席，指座席上。㉘斂然　聚集的樣子。㉙佛然　佛，讀為勃。勃然，興起的樣子。㉚親　親近。㉛成名況乎　成，和盛通，況，和皇通，美的意思。㉜財　和裁通，成的意思。㉝通達之屬　言舟車所至人力所通之處。㉞多少無法而流湎然　又見於〈大略篇〉。「多少」〈大略篇〉作「多言」，「少」字似為「言」字之訛。而，和如同。流湎，沉湎。㉟律　法的意思。㊱齊給便利　齊，疾；急快。給，急。便利，言辭敏捷。㊲知而險賊而神　知，巧。神，言其鬼詐莫測。㊳辟　借為僻，邪僻。㊴飾非而好　偽飾其非甚是好巧。㊵玩姦而澤　習姦而使有潤澤。㊶逆　違逆常理。㊷淫太而用之　太，借為汰。之，俞以為是「乏」的壞字。㊸好姦而與眾　自己好姦邪還想使別人也姦邪。㊹利足而迷　腳力捷利而迷於路徑。㊺負石而墜　力小卻要負荷重大，因而顛墜。此與上句皆譬況之詞。㊻不爭先人　王念孫以為當依下文作「不以先人」。㊼訞　和妖同。㊽詩云句　所引為《詩經・大雅・蕩》第七章。老成人，指伊尹、伊陟、臣扈之屬。舊，指舊法。典刑，指常事故法。聽，聽從。大命，國命。㊾士仕　王念孫以為當作「仕士」，和下文「處士」對文。㊿分施　〈君道篇〉云：「以禮分施，均偏而不偏。」均偏不偏，就是分施之義。(51)觸抵　謂觸罪過。(52)箸是　劉台拱疑當作「著定」，和「文」「盛」「靜」等字為韻。著定，言有定守而不流移。(53)行偽險穢　言所行所為都險穢。行偽，即行為。(54)離縱而跂訾　縱，和蹤同，本作𨋶，車跡，俗作蹤，假借作縱。離縱，謂離其尋常蹤跡而令人敬異。跂，借為企，舉踵。訾，借為跐，履的意思。《廣雅・釋詁》：「跐，履也。」企跐，謂舉踵而步，表示自異於眾人。(55)士君子之所能不能為　王念孫以為當作「士君子之所能為不能為」，此句為總冒下文之詞。(56)詩云句　所引為《詩經・大雅・抑》第九章。解見〈不苟篇〉注。(57)進　借為峻，高峻。俞：「進讀為峻，高也。言其冠高也。」(58)逢　大的意思。(59)良樂易。(60)儼然壯然　儼然，矜莊的樣子。壯然，不可犯的樣子。(61)祺然蕼然　祺，祥；吉。祺然，安泰不憂懼的樣子。蕼，當為棣。棣然，富威儀的樣子。(62)恢恢然廣廣然　都是寬廣容眾的樣子。(63)昭昭然　明顯的樣子。(64)蕩蕩然　恢夷的樣子。(65)愨　謹敬。(66)儉然恀然　儉然，自卑謙的樣子。恀然，美好的樣子。恀，借為姼。姼，美好的樣子。(67)輔然端然　輔然，相親附的樣子。端然，端正不傾倚的樣子。(68)訾然洞然　訾然，訾借為玼，《說文》：「玼，玉色鮮也。」則訾然當釋為鮮明的樣子。洞然，恭敬的樣子。(69)綴綴然　相連綴不乖離的樣子。(70)瞀瞀然　不敢正視的樣子。(71)嵬容　奇詭之容。(72)絻　當為俛，謂太向前而低俯。(73)其纓禁緩　纓，冠繫。禁，借為紟，腰帶。言冠繫和腰帶都鬆緩。(74)簡連　傲慢不前的樣子。(75)填填然　滿足的樣子。(76)狄狄然　狄，借為趯，跳躍的樣子。(77)莫莫然　矜大的樣子。莫，釋為大。(78)瞡瞡然　瞡和規同。小見的樣子。(79)瞿瞿然　瞿，借為䀠，《說文》：「䀠，左右視也。」瞿瞿然，左右顧望的樣子。(80)盡盡然　惡劣的樣子。俞：「盡盡猶津津也。」《莊子・庚桑楚》：「津津乎猶有忍也。」《釋文》：「津津，惡貌。」(81)盱盱然　張目直視的樣子。《說文》：「盱，張目也。」(82)瞞瞞然　劉師培以為瞞瞞即眸眸，亦即〈榮辱篇〉之侔侔，侔瞞雙聲可通用。瞞瞞然，即恈恈然，愛欲的樣子。❽❸瞑瞑然　劉師培以為瞑瞑即泯泯，泯泯或作湎湎，泯湎義同。沉溺的樣子。❽❹訾訾然　毀訾的樣子。❽❺儢儢然　不勉力的樣子。❽❻離離然　不親事的樣子。❽❼偷儒而罔　偷儒，謂偷惰苟避勞苦。罔，謂罔冒不畏人言。❽❽謨詢　詈辱。謨，又作謑。詢，又作詬。❽❾弟佗　劉師培以為弟當作弚。弚佗，即委蛇，形容帽子委曲高大的樣子。盧：「弟，本或作弚。」❾⓿神禫　當為沖澹，謂其言淡薄也。❾❶嗛　口有所銜而不開口說話。《說文》：「嗛，口有所銜也。」❾❷者　和嗜同。❾❸勞而不僈　雖勞而不弛慢。❾❹宗原應變曲得其宜　以本原為宗，應萬變而不離其宗，都能各得其宜。

【語　譯】假借現今戰國昏亂之世，美飾邪說，文飾姦言，來擾亂天下，詭詐委瑣，使天下昏亂一片不知道是非治亂的所在，正有這類的人。放縱情性，安於矜放，行為如同禽獸，不能合於文義通於治道；然而卻操之有故，言之成理，足以欺惑愚眾；這就是它囂、魏牟這般人。違矯人的真正情性，極其深峭，違俗自絜，苟求分異不同於人，自以為高，不能合齊大眾，明達理分；然而卻操之有故，言之成理，足以欺惑愚眾；這就是陳仲、史鰌這般人。不知道統一天下建設國家的權衡，崇尚功用，太過儉約，而無差等，不容分別，而懸隔君臣上下；然而卻操之有故，言之成理，足以欺惑愚眾；這就是墨翟、宋鈃這般人。說是崇尚法而實在是沒有法，以修治為下而好事創作，對上能聽取於上，對下能順從流俗，整日論說也能成文典，但若反覆循察一下，又疏遠無所歸指，不可以經理國家準定法度；然而卻持之有故，言之成理，足以欺惑愚眾；這就是慎到、田駢這般人。不法效先王，不贊同禮義，而好去弄怪說，玩奇辭，雖很察辨而不急於世用，雖很辯巧而沒有用處，好事而少功，不可以整治國家的綱紀；然而卻操之有故，言之成理，足以欺惑愚眾；這就是惠施、鄧析這般人。大略遵法先王而不知道體統，舒遲地材質繁多，志意高大，所聞所見非常雜博，案前古舊事自造其說，叫做仁義禮智信五行，非常邪僻而無法，幽隱閉結而不能自己解說。而又文飾其辭，自己敬重自己的學說，說這真正是先君子的言論。子思倡論，孟軻應和，世俗的一些愚蒙之人喧囂著不知道這些是不對的，於是就接受下來而互相傳授，以為孔子、子弓因此而得重於後世。這就是子思、孟軻的罪過。

如果若總領方略，齊整言行，統壹綱紀，而會合天下的英傑，告示他們太古的事情，教導他們至順的道理，就在堂隅之間，簟席之上，而聖王的禮法制度都已斂然集聚，太平之世的美俗也勃然興起；這是以上所稱的六種學說不能打入的，以上所說的十二子不能親近的；即使沒有立錐之地，而王公也不能同他爭名，雖居於一個大夫之位，但一君不能獨用，一國不能獨容，盛名美耀於諸侯之間，沒有不願意得到他做臣子的，這是聖人不得其時的情況，孔子、子弓就是。統一天下，裁成萬物，長養人民，兼利整個天下，舟車所至人力所通，沒有不從服的，那六種學說立刻息止，十二子也都遷移從化，這是聖人得其時的，舜禹就是。現在的一些仁人，應該做些什麼呢？最早應該法舜禹的制度，就近應該法孔子、子弓的道理，務求止息十二子的學說，這樣天下的禍害可以除去，仁人的天職才算完成，聖王的治跡也可彰明了。

信可信的，固然是信；疑可疑的，也是信。尊貴賢人，固然是仁；鄙賤不肖之人，也是仁。論說得當，固然是智，沉默得當，也是智；所以知道何時該沉默同知道怎樣論說是一樣重要的。所以言論多而合於理法，是聖人；言論少而合於理法，是君子；言論多而不合於理法，如同沉湎，雖然辯巧，也是小人。勞用力氣去做一件事而不合於民眾急求，叫做姦事；勞用智慧去想出一件事而不能遵法先王，叫做姦心；辯說譬喻，疾急敏捷，而不遵順禮義，叫做姦說；這三種姦邪之事，是聖王所禁絕的。智巧而險惡，賊害而鬼詐，行詐偽而詭巧，言說無實用而辯巧，辯說不急於用而明察，這是治政的大禍害。行為邪僻而堅定自是，偽飾過非而非常工好，習於姦邪而使有潤澤，言辭辯巧而乖逆常理，這是古時所嚴禁的。騁其智巧而無理法，勇敢而沒有忌憚，能察能辯而操持邪僻，淫侈奢汰而財用困乏，喜好姦邪而和眾人相共，腳力捷利而迷於路徑，力小卻要負荷重大，這都是天下所共棄的。

有兼服天下之心，祿位高上尊貴不用來驕於人，聰明聖智不用來窮窘人，疾急敏通不用來爭先迫人，剛毅勇敢不用來傷害人。不知道的就問，不會的就學習，雖然自己能也要謙讓，然後才能成聖賢之德。遇到君主就修臣下的道理，遇到鄉里就修長幼的道理，遇到長上就修子弟的道理，遇到朋友就修禮節辭讓的道理，遇到位卑而年少的就修告導寬容的道理。無論什麼人，沒有不愛護的，沒有不尊敬的，不同人家紛爭，恢然大度如同天地的包容萬物。這樣賢人就會尊重他，不肖之人也會親近他，假如這樣還是不順服的，就可以說是妖怪狡猾之人；縱然是自己家人子弟，也應該懲治他。《詩經》裏說：「並不是上帝的不是，是因為商紂不用舊度。雖說是沒有一些老成的大臣，但還有那些常事故法在。這些都不知聽從，國命自然傾覆了。」說的就是這種道理。

古時仕宦的士人，是敦厚朴質的，和合群眾的，喜於合於分際的、富貴的，樂於均徧的、分施的，遠離罪過的，務求事理的，羞於獨自富足的。現今仕宦的士人，是汙穢傲慢的，賊害暴亂的，縱恣矜放的，貪得務利的，觸抵罪過的，不講禮義祇嗜權勢的。古時隱處的士人，是道德隆盛的，能靜居處順的，修身正行的，樂天知命的，定守不移的。現今隱處的士人，沒有才能而自說有才能，沒有知識而自說有知識，好利不知足而假飾沒有嗜欲，行為險詐汙穢而高言謹誠，以不俗為俗，離尋常蹤跡而自異於眾人。

士君子之所能做和不能做的：君子能使自己可貴，但不能使人一定貴重自己；能使自己信實，但不能使人一定相信自己；能使自己可用，但不能使人一定任用自己。君子羞慚自身不修，不羞慚被人汙辱；羞慚自己不能信實，不羞慚不被信任；羞慚自己沒有才能，不羞慚不被任用。所以不被虛譽所引誘，不為誹毀所恐懼，遵循正道而行，端然正身，不為外物所傾側，這才叫做真誠的君子。《詩經》裏說：「寬柔恭敬的人，是道的根本。」說的就是這種道理。

士君子的容儀：帽子高高的，衣服大大的，態度和樂平易的；儼然矜莊的樣子，壯然不可犯的樣子，祺然安泰不懼的樣子，棣然富威儀的樣子，恢恢然廣廣然寬宏容眾的樣子，昭昭然明顯的樣子，蕩蕩然恢夷的樣子，這是做為父兄的容儀。帽子高高的，衣服大大的，態度謹愨的；儉然卑謙的樣子，姱然美好的樣子，輔然親附的樣子，端然不傾倚的樣子，玼然鮮明的樣子，洞然恭敬的樣子，綴綴然不乖離的樣子，瞀瞀然不敢正視的樣子，這是做為子弟的容儀。我再來告訴你學者的奇詭的容儀；帽子向前低俯，帽纓和腰帶都鬆緩，態度傲慢不前，填填然滿足的樣子，趯趯然跳躍的樣子，莫莫然矜大的樣子，規規然小見的樣子，瞿瞿然顧望的樣子，津津然惡劣的樣子，盱盱然張目直視的樣子；在酒食聲色之中，則恈恈然貪欲的樣子，泯泯然沉溺的樣子；在禮節之中，則疾疾然憎惡的樣子，訾訾然毀訾的樣子；在勞苦事業之中，則儢儢然不勉力的樣子，離離然不親事的樣子；偷避勞苦而罔冒不畏人言，沒有廉恥而屈忍詈辱，這是學者的奇詭的樣子。

帽子委曲高大，言辭沖虛淡薄，彷彿是禹舜的行為，這是子張氏的賤儒。正肅衣帽，莊重顏色，嗛然整日不語，這是子夏氏的賤儒。偷避畏懦怕事，沒有廉恥而嗜好飲食，常說君子是當然不要用氣力的，這是子游氏的賤儒。君子人是不這樣的，他們是雖安逸並不懈惰，雖勞苦並不弛慢，推宗本原，萬變不離，都能各得其當，這樣然後就成為聖人了。

仲尼篇

仲尼之門人❶，五尺之豎子，言羞稱乎五伯❷，是何也？曰：然，彼誠可羞稱也。齊桓五伯之盛者也，前事則殺兄而爭國，內行❸則姑姊妹之不嫁者七人，閨門之內，般樂奢汏❹，以齊之分奉之而不足；外事則詐邾襲莒❺，并國三十五❻；其事行也，若是其險汙淫汏也，彼固曷足稱乎大君子之門哉❼！若是而不亡，乃霸，何也？曰：於乎！夫齊桓公有天下之大節焉，夫孰能亡之！倓然❽見管仲之能足以託國也，是天下之大知也。安忘其怒，出忘其讎❾，遂立以為仲父，是天下之大決也。立以為仲父，而貴戚莫之敢妬也；與之高國之位❿，而本朝之臣⓫莫之敢惡也；與之書社⓬三百，而富人莫之敢距⓭也；貴賤長少，秩秩焉⓮，莫不從桓公而貴敬之，是天下之大節也。諸侯有一節如是，則莫之能亡也；桓公兼此數節者而盡有之，夫又何可亡也！其霸也宜哉！非幸也，數⑮也。然而仲尼之門，五尺之豎子，言羞稱乎五伯，是何也？曰：然，彼非本政教⑯也，非致⑰隆高也，非綦文理⑱也，非服人之心也。鄉⑲方略，審勞佚，畜積修鬬，而能顛倒其敵者也，詐心以勝矣，彼以讓飾爭，依乎仁而蹈利者也，小人之傑也，彼固曷足稱乎大君子之門哉！

彼王者則不然，致賢而能以救不肖，致彊而能以寬弱⑳，戰必能殆之㉑而羞與之鬬，委然㉒成文以示之天下，而暴國安自化矣，有災繆者然後誅之㉓。故聖王之誅也，綦省㉔矣。文王誅四㉕，武王誅二㉖，周公卒業，至於成王則安以無誅㉗矣。故道豈不行矣哉！文王載㉘百里地而天下一；桀紂舍之，厚於有天下之埶而不得以匹夫老。故善用之，則百里之國足以獨立矣；不善用之，則楚六千里而為讎人役㉙。故人主不務得道，而廣有其埶，是其所以危也。

持寵處位終身不厭之術：主尊貴之則恭敬而僔㉚，主信愛之則謹慎而嗛㉛，主專任之則拘守而詳㉜，主安近之則慎比而不邪㉝，主疏遠之則全一而不倍㉞，主損絀㉟之則恐懼而不怨。貴而不為夸㊱，信而不處謙㊲，任重而不敢專；財利至則善而不及也㊳，必將盡辭讓之義然後受。福事至則和而理，禍事至則靜而理；富則施廣，貧則用節；可貴可賤也，可富可貧也，可殺而不可使為姦也。是持寵處位終身不厭之術也。雖在貧窮徒處㊴之執，亦取象㊵於是矣；夫是之謂吉人。《詩》曰：「媚茲一人，應侯順德。永言孝思，昭哉嗣服。」㊶此之謂也。

求善處大重理任大事㊷，擅寵於萬乘之國，必無後患之術：莫若好同㊸之，援賢㊹博施，除怨而無妨害人。能耐任之，則慎行此道也；能而不耐任㊺，且恐失寵，則莫若早同之，推賢讓能，而安隨其後。如是，有寵則必榮，失寵則必無罪。是事君者之寶而必無後患之術也。故知者之舉事也，滿則慮嗛㊻，平則慮險，安則慮危，曲重其豫，猶恐及其旤㊼，是以百舉而不陷也。孔子曰：「巧而好度必節，勇而好同必勝，知而好謙必賢。」[48]此之謂也。愚者反是：處重擅權，則好事而妬賢能，抑有功而擠有罪，志驕盈而輕[49]舊怨；以吝[50]嗇而不行施，道乎上為重[51]，招權於下以妨害人；雖欲無危得乎哉！是以位尊則必危，任重則必廢，擅寵則必辱，可立而待也，可炊而僨[52]也。是何也？則墮之者眾而持之者寡矣。

天下之行術，以事君則必通，以為仁[53]則必聖，立隆而勿貳也[54]。然後恭敬以先之，忠信以統之，慎謹以行之，端愨以守之，頓窮則從之疾力以申重之[55]。君雖不知，無怨疾之心；功雖甚大，無伐德之色；省求多功，愛敬不勌[56]；如是則常無不順矣。以事君則必通，以為仁則必聖，夫是之謂天下之行術。

少事長，賤事貴，不肖事賢，是天下之通義也。有人也，埶[57]不在人上，而羞為人下，是姦人之心也。志不免乎姦心，行不免乎姦道，而求有君子聖人之名，辟之是猶伏而咶天[58]，救經而引其足也[59]；說必不行矣！俞務而俞遠。故君子時詘則詘[60]，時伸則伸也。

【注　釋】❶門人　王念孫以為「人」字後人所加。《文選》〈陳情事表〉注、〈解嘲〉注引《荀子》，皆無「人」字。❷五伯　古書亦作五霸。《說文》：「伯，長也。」據《荀子・王霸篇》五伯為齊桓、晉文、楚莊、吳闔閭、越句踐。❸內行　家室內所行所為之事。❹般樂奢汏　般，樂。汏，侈，俗作汰。❺詐邾襲莒　詐邾，不詳其事。襲莒，謂桓公與管仲謀伐莒，未發，為東郭牙先知之。❻并國三十五　謂滅譚滅遂滅項之類，亦不知其詳。❼其事行也三句　王念孫以為當依元刻作「其事行也若是其險汙淫汏也，彼固曷足稱乎大君子之門哉」。王叔岷先生云百子本與王校合。當從王校。❽倓然　安然不疑。《說文》：「倓，安也。」❾安忘其怒出忘其讎　安定則忘其危急之怒，出險則忘其困厄之難。❿與之高國之位　高子、國子世為齊國上卿，今以其位與之。⓫本朝之臣　指舊臣。⓬書社　以社之戶口書於版圖。周禮，二十五家為社。⓭距　和拒同。⓮秩秩焉　有次序的樣子。⓯數　理。⓰本政教　王引之以為「本」當為「平」字之誤。五伯尚未能平其政，所以說非平政教。〈王制篇〉有「平政教」不誤。⓱致　至極。⓲非綦文理　非極有文章條理。⓳鄉　借為向，趨向。⓴致賢而能以救不肖致彊而能以寬弱　劉師培以為二「致」字皆當作「至」，至和極意同。言己雖極賢復能救不肖，己雖極強復能寬容弱者。㉑殆之　使其危殆。㉒委然　有文采的樣子。委，和綏通。㉓有災繆者然後誅之　有災怪繆戾然後誅之。㉔綦省　極少。㉕誅四　謂密、阮、共、崇。㉖誅二　俞以為即孟子所稱誅紂伐奄。㉗安以無誅　王念孫以為「安」下本無「以」字。安，語詞。㉘載　顧以為「載」下當有「之」字，「載之」和「舍之」對文。載之，載道而行。㉙為讐人役　讐人，指秦。楚懷王死於秦，其子襄王又為秦所制而役使之。㉚僔　和撙同，卑退。㉛嗛　和謙同。㉜拘守而詳　詳，當作祥，善的意思。拘守而詳，拘謹守禮而祥善。㉝慎比而不邪　順比於君而並不諂諛。㉞倍　借為背，背離。㉟損絀　絀，借為黜。貶損罷黜。㊱夸　奢侈。㊲信而不處謙　謙，借為嫌。得信於主，不處於嫌疑之間。㊳財利至則善而不及也　而，如。自己的善寡好像不該當此財利似的。㊴徒處　獨處。㊵取象　取法。㊶詩曰句　所引為《詩經・大雅・下武》第四章。媚，愛。茲，此。一人，謂君成王。應，當。侯，維。順德，成王當自慎其德。昭，明。嗣服，指成王當繼承祖先之遺業。此處引詩說明臣子事君，也當如成王的承繼先業一般。㊷求善處大重理任大事　俞以為「理」字衍。處大重和任大事相對，都蒙上「善」字為義。㊸好同　謂好與人同。㊹援賢　援引賢人用之。㊺能而不耐任　能，為名詞，指能力和才能。耐，借為能，是動詞。上句義同。而，如。㊻滿則慮嗛　嗛，不足。當其盈滿，就要思及其後不足之時而先加預防。㊼猶恐及其⿰鬲旡　王叔岷先生以為本作「猶恐其及⿰鬲旡」。⿰鬲旡，和禍同。㊽孔子曰句　巧者多作淫靡，所以好法度則必可得到節制；勇者多喜陵物，所以好與人同則必可勝之；智者多易自滿，所以能謙恭則必會賢良。㊾輕　輕忽。㊿𠫤　吝的俗字。51道乎上為重　謂愚者喜歡處重擅權，他的言行都託稱「依上之旨」來自重。52炊而僨　僨，當作竟，終盡之義。炊而竟，猶言終食之間，言時間不久。53仁　俞以為當作「人」。54立隆而勿貳也　隆，中。言立中道而不要貳心。55頓窮則從之疾力以申重之　從之，之釋為而。言頓窮則從而疾力來申重之。56勌　即倦字。57埶　和勢同，指地位。58辟之是猶伏而咶天　言伏身而想舐天，難達目的。辟，借為譬，譬喻。咶，和舐同。59救經而引其足也　救自縊的人而拖他的腳，愈加危急。經，縊。60詘　和屈同。

【語　譯】仲尼的門下，就是五尺的童子，言談也羞於稱道五霸，這是為什麼？是的，他們實在令人羞於稱道。齊桓公是五霸之中功業最盛的，在前的事曾殺掉兄長子糾來爭國；家室內所做的事，姑姊妹不遣嫁出去的有七人；在閨門裏面，般樂奢侈，就拿齊的分際來奉給尚且不夠；外面的事曾欺詐邾國，襲擊莒國，併吞了三十五個國家；他所做的行為像這樣險汙淫侈，那怎樣能被大君子之門所稱道呢？像這樣竟能不滅亡，而又稱霸，是什麼道理？噢！齊桓公有天下的大節義，那誰能滅亡他！他能安然不疑地看出管仲的才能足以託付國家，這是天下最能知人的。平安時忘去危急時的怨怒，出困後忘去困厄時的災難，把管仲立為仲父，這是天下最大的決斷。把管仲立為仲父，那些貴戚沒有敢妒嫉的；給管仲像高氏、國氏一般的上卿之位，那些舊臣沒有敢厭惡的；給管仲戶口三百社，那些富人沒有敢敵拒的；所有貴賤長少的人，都很遵順的，沒有不隨從桓公來貴敬管仲，這是天下最大的節義。諸侯能有一種節義像這樣，就不會被滅亡，而桓公兼有了這幾種節義，那又怎麼能被滅亡呢！他的稱霸也是應該的！並不是僥倖，而是理所當然。但是仲尼的門下，五尺的童子，言談也羞於稱道五霸，這是為什麼？是的，他們沒有平治其政治教化，沒有達至極其隆盛高崇，沒有極有文章條理，不是能夠使人心服的。他們是趨向方略，審知勞佚，注意蓄積，修整戰備，而來傾覆敵人的。他們是以詐心取勝，假作謙讓來掩飾爭奪，假依行仁來求利，是小人之中的傑出者，他們怎足以被大君子之門所稱道呢！

王者卻不如此，自己雖極賢能，還能救助不肖的人；自己雖極強大，還能寬待弱小；如果爭戰一定能使別人危殆，但卻羞於和別人鬥；總是綏然成文地來展現於天下，而那些暴國就自己化從，那些有災怪繆戾的然後才誅伐他們。所以聖王的誅伐，是極其少的。文王曾誅伐四國，武王曾誅伐二國，周公終其王業，以至於成王的時候，都沒有誅伐。所以說道哪裏會不能行呢！文王載道而行，以百里之地統一天下；紂捨道而行，雖有天下厚重之勢，而最後都不得像庶人一樣終老。所以善於用道，就是百里之國也足可獨立天下；不善於用道，就像楚國以六千里之地，而終於為讎敵秦國所役使。所以人主不務求得道，而只想增廣權勢，這就是他所以危亡的原因。

能夠保持榮寵處於其位終身行之不厭的方法：君主尊貴自己，要更加恭敬而卑退；君主信愛自己，要更加謹慎而謙虛；君主專任自己，要更加拘謹守禮而祥善；君主親近自己，要更加順比而不諂諛，君主疏遠自己，要更加全一而不背叛；君主貶損罷黜自己，要更加恐懼而不怨尤。雖然貴顯並不奢侈，雖被信任而不處於嫌疑之間，肩負重大而不敢專橫；臨到財利好像自己的善行不當得到，必定要盡量辭讓然後才接受。福事來臨要順和而不失其道，禍事來臨要沉靜而不失其道；富足要廣行施捨，貧窮要節儉用度；可處尊貴也可處卑賤，可享富足也可安於貧窮，可以被殺但不可以使自己為姦。這就是保持榮寵處於其位終身行之不厭的方法。雖然在貧窮獨處的情勢下，也仍然取法於這些；這就叫做吉祥之人。《詩經》裏說：「天下人都愛戴君主，君主應當自慎其德。常常想到孝思，昭明地承繼祖先的遺業。」臣子事君也應該如此，《詩經》說的就是這種道理。

想要善於處大位擔當大事，能夠在萬乘之國裏專寵，必定沒有後患的方法：就不如好與人同，援引賢人廣博施捨，除去舊怨而不妨害於人。才能能被任用，就慎行其道；才能如不能被任用，恐怕失掉愛寵，就不如早些與人同之，推讓給賢能之人，而自己安隨其後。這樣，得寵就必然會榮耀，不得寵也必然會無罪。這就是事奉君主的至寶而必定沒有後患的法術。所以智者的處理事情，盈滿時就會想到不足，安逸時就會想到危險，委曲重多地加以豫備，尚且還怕遭到禍患，所以才會千百度行事而沒有失陷。孔子說：「工巧的人好法度必可得到節度，勇敢的人好與人同必定能夠勝任，明智的人好謙恭必定賢良。」說的就是這種道理。愚笨的人正和這些相反：他們是處於重要地位而擅專大權，就好專斷行事而妒嫉賢能，壓抑有功的人而推擠有罪的人，志意驕盈而輕忽舊怨；非常吝嗇而不施捨，言行都託稱依照在上人的意思用來自重，對在下的人盡力招攬權勢來妨害別人；雖想要不危殆能夠得到嗎！像他們是地位尊貴就必然危險，責任重大就必然被廢棄，專擅受寵就必然被侮辱，這是可立而待之，可終食之間就發生的。這是什麼道理呢？就是因為毀壞的人多而扶持的人少啊！

可以行於天下的方術，用它來事君必然通達，用它來為人必然聖智，立中道而無貳心，然後來去實行，這就是行於天下的方術。然後再以恭敬為先導，以忠信來統領，以謹慎來實行，以端謹來自守，頓躓困窮就從而勤力來再三申重加勉。君主雖然不知，也沒有怨恨嫉惡之心；功勞雖然很大，也沒有自伐德業的面色；少所求多立功勞，愛敬的態度永遠不倦；這樣就會常常沒有不順了。用這種態度來事君就必然會通達，用這種態度來為人就必然會聖智，這就叫做行於天下的方術。

年少的事奉長上，卑賤的事奉尊貴，不肖的事奉賢能，這是天下的通常道理。如果有一個人，他的地位不在別人之上，而又羞於居人之下，這就是姦邪之人的想法。志意不能免於姦邪之心，行為不能免於姦邪之道，而想求得君子聖人之名，這就好像伏身而想舐天，救自縊的人而拖他的腳；這種說法必然行不通，簡直是愈務求距離愈遠。所以君子處時該屈就屈，處時該伸就伸。

儒效篇

大儒之效：武王崩，成王幼，周公屏成王而及武王❶，以屬❷天下，惡天下之倍❸周也。履天子之籍❹，聽天下之斷，偃然如固有之❺，而天下不稱貪焉。殺管叔，虛殷國❻，而天下不稱戾焉。兼制天下，立七十一國，姬姓獨居五十三人❼，而天下不稱偏焉。教誨開導成王，使諭於道，而能揜❽迹於文武。周公歸周，反籍於成王❾，而天下不輟事周；然而周公北面而朝之。天子也者，不可以少❿當也，不可以假攝為也；能則天下歸之，不能則天下去之。是以周公屏成王而及武王，以屬天下，惡天下之離周也。成王冠成人，周公歸周反籍焉，明不滅主之義也。周公無天下矣；鄉⓫有天下，今無天下，非擅⓬也；成王鄉無天下，今有天下，非奪也；變埶次序節然⓭也。故以枝代主⓮而非越也，以弟誅兄而非暴也⑮，君臣易位而非不順也。因天下之和，遂文武之業，明枝主之義，抑亦變化矣，天下厭然⑯猶一也。非聖人莫之能為。夫是之謂大儒之效。

秦昭王問孫卿子曰：儒無益於人之國？孫卿子曰：儒者法先王，隆禮義，謹乎臣子而致⑰貴其上者也。人主用之，則埶⑱在本朝而宜；不用則退編百姓而愨⑲；必為順下矣。雖窮困凍餧，必不以邪道為貪；無置錐之地，而明於持社稷之大義。嗚呼而莫之能應⑳；然而通乎財㉑萬物養百姓之經紀。埶在人上，則王公之材也；在人下，則社稷之臣，國君之寶也。雖隱於窮閻漏屋㉒，人莫不貴之；道誠存也。仲尼將為司寇，沈猶氏不敢朝飲其羊，公慎氏出其妻，慎潰氏踰境而徙，魯之粥牛馬者不豫賈㉓，必蚤㉔正以待之也。居於闕黨，闕黨之子弟，罔不分㉕，有親者取多，孝弟以化之也。儒者在本朝則美政，在下位則美俗。儒之為人下如是矣。

王曰：然則其為人上何如？孫卿曰：其為人上也，廣大矣！志意定乎內，禮節脩乎朝，法則度量正乎官㉖，忠信愛利形乎下。行一不義，殺一無罪，而得天下，不為也。此君㉗義信乎人矣，通於四海，則天下應之如讙㉘。是何也？則貴名白而天下治也㉙。故近者歌謳而樂之，遠者竭蹶㉚而趨之。四海之內若一家，通達之屬，莫不從服。夫是之謂人師㉛。《詩》曰：「自西自東，自南自北，無思不服。」㉜此之謂也。夫其為人下也，如彼；其為人上也，如此；何謂其無益於人之國也！昭王曰：善！

先王之道，仁之隆也，比中而行之㉝。曷謂中？曰：禮義是也。道者，非天之道，非地之道，人之所以道也，君子之所道也。君子之所謂賢者，非能偏能人之所能之謂也；君子之所謂知者，非能偏知人之所知之謂也；君子之所謂辯者，非能偏辯人之所辯之謂也；君子之所謂察者，非能偏察人之所察之謂也；有所正㉞矣。相高下㉟，視墝肥㊱，序五種㊲，君子不如農人。通財貨，相美惡，辯貴賤，君子不如賈人。設規矩，陳繩墨，便備用㊳，君子不如工人。不卹㊴是非然不然之情，以相薦撙㊵，以相恥怍㊶，君子不若惠施鄧析。若夫譎德而定次㊷，量能而授官，使賢不肖皆得其位，能不能皆得其官，萬物得其宜，事變得其應，慎墨不得進其談，惠施鄧析不敢竄㊸其察。言必當理，事必當務；是，然後君子之所長也。

凡事行，有益於理者立之，無益於理者廢之，夫是之謂中事。凡知說，有益於理者為之，無益於理者舍之，夫是之謂中說。事行失中謂之姦事，知說失中謂之姦道；姦事姦道，治世之所棄而亂世之所從服也。若夫充虛之相施易㊹也，「堅白」「同異」之分隔也㊺，是聰耳之所不能聽也，明目之所不能見也，辯士之所不能言也；雖有聖人之知，未能僂指㊻也。不知無害為君子，知之無損為小人。工匠不知，無害為巧。君子不知，無害為治。王公好之則亂法，百姓好之則亂事。而狂惑戇陋㊼

之人，乃始率其群徒，辯其談說，明其辟稱，老身長子[48]，不知惡也。夫是之謂上愚；曾不如相雞狗之可以為名也[49]。《詩》曰：「為鬼為蜮，則不可得。有靦面目，視人罔極。作此好歌，以極反側。」[50]此之謂也。

我欲賤而貴，愚而智，貧而富，可乎？曰：其唯學乎！彼學者，行之，曰士也；敦慕[51]焉，君子也；知之，聖人也[52]。上為聖人，下為士君子，孰禁我哉！鄉也混然涂之人也[53]，俄而並[54]乎堯禹，豈不賤而貴矣哉！鄉也效[55]門室之辨，混然曾不能決也，俄而原[56]仁義，分是非，圖回天下於掌上[57]，而辯白黑，豈不愚而知矣哉！鄉也胥靡[58]之人，俄而治天下之大器舉[59]在此，豈不貧而富矣哉！今有人於此，屑然藏千溢之寶[60]，雖行貣[61]而食，人謂之富矣。彼寶也者，衣之不可衣也，食之不可食也，賣之不可僂[62]售也；然而人謂之富，何也？豈不大富之器誠在此也？是杅杅[63]亦富人已，豈不貧而富矣哉！

故君子無爵而貴，無祿而富，不言而信，不怒而威，窮處而榮，獨居而樂；豈不至尊至富至重至嚴之情舉積此[64]哉！故曰：貴名不可以比周[65]爭也，不可以夸誕[66]有也，不可以埶重脅也，必將誠此然後就也。爭之則失，讓之則至，遵道[67]則積，夸誕則虛。故君子務脩其內而讓之於外，務積德於身而處之以遵道；如是，則貴名起如日月，天下應之如雷霆。故曰：君子隱而顯，微而明，辭讓而勝。《詩》曰：「鶴鳴于九皐，聲聞于天。」[68]此之謂也。鄙夫反是：比周而譽俞[69]少，鄙爭而名俞辱，煩勞以求安利其身俞危。《詩》曰：「民之無良，相怨一方。受爵不讓，至于己斯亡。」[70]此之謂也。故能小而事大，辟之是猶力之少而任重也，舍粹折無適[71]也。身不肖而誣賢[72]，是猶傴伸[73]而好升高也，指其頂者愈眾。故明主譎德而序位，所以為不亂也；忠臣誠能然後敢受職，所以為不窮也。分不亂於上，能不窮於下，治辯[74]之極也。《詩》曰：

「平平左右，亦是率從。」[75]是言上下之交不相亂也。

以從俗為善，以貨財為寶，以養生[76]為己至道，是民德也。行法至堅[77]，不以私欲亂所聞，如是則可謂勁士矣。行法至堅，好脩正其所聞，以橋[78]飾其情性；其言多當矣，而未諭[79]也；其行多當矣，而未安也；其知慮多當矣，而未周密也；上則能大其所隆[80]，下則能開道[81]不若己者；如是，則可謂篤厚君子矣。脩百王之法若辨白黑，應當時之變若數一二[82]，行禮要節而安之若生四枝[83]，要時立功之巧若詔四時[84]，平正[85]和民之善，億萬之眾而博[86]若一人；如是，則可謂聖人矣。

井井兮其有理也[87]，嚴嚴[88]兮其能敬己也，分分兮其有終始也[89]，猒猒[90]兮其能長久也，樂樂[91]兮其執道不殆也，炤炤[92]兮其用知之明也，脩脩兮其用統類之行也[93]，綏綏[94]兮其有文章也，熙熙兮其樂人之臧也[95]，隱隱[96]兮其恐人之不當也；如是，則可謂聖人矣。此其道出乎一。曷謂一？曰：執神而固[97]。曷謂神？曰：盡善挾[98]治之謂神。萬物莫足以傾之之謂固[99]。神固之謂聖人。聖也者，道也管也。天下之道管是[100]矣，百王之道一是矣。故《詩》《書》《禮》《樂》之[101]歸是矣。《詩》言是其志也，《書》言是其事也，《禮》言是其行也，《樂》言是其和也，《春秋》言是其微[102]也。故〈風〉之所以為不逐[103]者，取是以節之也；〈小雅〉之所以為小雅者，取是而文[104]之也；〈大雅〉之所以為大雅者，取是而光[105]之也；〈頌〉之所以為至[106]者，取是而通之也。天下之道畢是矣。鄉是者臧，倍是者亡[107]。鄉是如[108]不臧，倍是如不亡者，自古及今，未嘗有也。

客有道曰：孔子曰：「周公其盛乎！身貴而愈恭，家富而愈儉，勝敵而愈戒。」應之曰：是殆非周公之行，非孔子之言也。武王崩，成王幼，周公屏成王而及武王，履天子之籍，負扆而坐[109]，諸侯趨走堂下；當是時也，夫又誰為恭矣哉！兼制天下，立七十一國，姬姓獨居五十三人焉；周之子孫，苟不狂惑者，莫不為天下之顯諸侯。孰謂周公儉哉！武王之誅紂也，行之日以兵忌[110]，東面而迎太歲[111]，至氾[112]而汎，至懷而壞[113]，至共頭而山隧[114]。霍叔[115]懼曰：出三日而五災至，無乃不可乎？周公曰：刳比干而囚箕子[116]，飛廉惡來[117]知政，夫又惡有不可焉！遂選馬而進[118]，朝食於戚，暮宿於百泉[119]，厭旦[120]於牧之野。鼓之而紂卒易鄉[121]，遂乘[122]殷人而誅紂。蓋殺者非周人，因殷人也。故無首虜之獲，無蹈難之賞，反而定三革，偃五兵[123]，合天下，立聲樂，於是〈武〉〈象〉起而〈韶〉〈護〉廢[124]矣。四海之內，莫不變心易慮以化順之；故外闔[125]不閉，跨天下而無蘄[126]。當是時也，夫又誰為戒矣哉！

造父[127]者，天下之善御者也，無輿馬，則無所見其能。羿[128]者，天下之善射者也，無弓矢，則無所見其巧。大儒者，善調一天下者也，無百里之地，則無所見其功。輿固馬選[129]矣，而不能以至遠，一日而千里，則非造父也。弓調矢直矣，而不能以射遠中微，則非羿也。用百里之地，而不能調一天下，制彊暴，則非大儒也。彼大儒者，雖隱於窮閻漏屋，無置錐之地，而王公不能與之爭名。在一大夫之位，則一君不能獨畜，一國不能獨容，成名況乎諸侯，莫不願得以為臣[130]。用百里之地，而千里之國，莫能與之爭勝。笞棰暴國，齊一天下，而莫能傾也。是大儒之徵[131]也。其言有類，其行有禮，其舉事無悔，其持險應變曲當[132]；與時遷徙，與世偃仰，千舉萬變，其道一也；是大儒之稽[133]也。其窮也，俗儒笑之；其通也，英傑化之[134]，嵬瑣逃之[135]，邪說畏之，眾人媿之[136]。通則一天下，窮則獨立貴名。天不能死，地不能埋，桀跖之世不能汙，非大儒莫之能立，仲尼子弓是也。

故有俗人者，有俗儒者，有雅儒者，有大儒者。不學問，無正義，以富利為隆，是俗人者也。逢衣淺帶，解果其冠[137]，略法先王而足亂世術，繆學雜舉，不知法後王而一制度，不知隆禮義而殺《詩》《書》[138]；其衣冠行偽已同於世俗矣，然而不知惡者[139]，其言議談說已無以異於墨子矣，然而明不能別[140]；呼先王以欺愚者而求衣食焉，得委積足以揜其口[141]，則揚揚[142]如也；隨其長子[143]，事其便辟，舉其上客[144]，億然[145]若終身之虜，而不敢有他志；是俗儒者也。法後王，一制度，隆禮義而殺《詩》

《書》；其言行已有大法矣，然而明不能齊，法教之所不及，聞見之所未至[146]，則知不能類也；知之曰知之，不知曰不知，內不自以誣，外不自以欺[147]，以是尊賢畏法而不敢怠傲，是雅儒者也。法先王[148]，統禮義，一制度，以淺持博[149]，以古持今[150]，以一持萬；苟仁義之類也，雖在鳥獸之中，若別白黑[151]；倚物怪變，所未嘗聞也，所未嘗見也，卒然起一方，則舉統類而應之，無所儗怍[152]；張法而度之，則晻然若合符節[153]，是大儒者也。故人主用俗人，則萬乘之國亡；用俗儒，則萬乘之國存；用雅儒，則千乘之國安；用大儒，則百里之地久而後三年[154]，天下為一，諸侯為臣；用萬乘之國，則舉錯[155]而定，一朝而伯[156]。

不聞不若聞之，聞之不若見之，見之不若知之，知之不若行之。學至於行之而止矣。行之，明也[157]。明之為聖人。聖人也者，本仁義，當是非，齊言行，不失豪釐；無它道焉，已乎行之矣[158]。故聞之而不見，雖博必謬；見之而不知，雖識[159]必妄；知之而不行，雖敦必困[160]。不聞不見，則雖當非仁也[161]；其道百舉而百陷也。

故人無師無法而知，則必為盜；勇，則必為賊；云能，則必為亂[162]；察，則必為怪；辯，則必為誕。人有師有法而知，則速通；勇，則速威；云能，則速成；察，則速盡；辯，則速論[163]。故有師法者，人之大寶也；無師法者，人之大殃也。人無師法，則隆性[164]矣；有師法，則隆積[165]矣；而師法者，所得乎情，非所受乎性；不足以獨立而治[166]。性也者，吾所不能為也，然而可化也。情[167]也者，非吾所有也，然而可為也。注錯習俗，所以化性也。并[168]一而不二，所以成積也。習俗移志，安久移質。并一而不二，則通於神明，參於天地矣。

故積土而為山，積水而為海，旦暮積謂之歲。至高謂之天，至下謂之地，宇中六指謂之極[169]。涂之人百姓，積善而全盡謂之聖人。彼求之而後得，為之而後成，積之而後高，盡之而後聖。故聖人也者，人之所積也。人積耨耕而為農夫，積斲削而為工匠，積反[170]貨而為商賈，積禮義而為君子。工匠之子莫不繼事，而都國之民安習其服[171]。居楚而楚，居越而越，居夏而夏。是非天性也，積靡[172]使然也。故人知謹注錯，慎習俗，大積靡，則為君子矣；縱性情而不足問學，則為小人矣。為君子則常安榮矣；為小人則常危辱矣。凡人莫不欲安榮而惡危辱，故唯君子為能得其所好，小人則日徼[173]其所惡。《詩》曰：「維此良人，弗求弗迪。維彼忍心，是顧是復。民之貪亂，寧為荼毒。」[174]此之謂也。

人論：志不免於曲私，而冀人之以己為公也；行不免於汙漫[175]，而冀人之以己為修也；其愚陋溝瞀[176]，而冀人之以己為知也；是眾人也。志忍[177]私然後能公，行忍情性然後能脩，知而好問然後能才；公脩而才，可謂小儒[178]矣。志安公，行安脩，知通統類，如是則可謂大儒矣。大儒者，天子三公也。小儒者，諸侯大夫士也。眾人者，工農商賈也。禮者人主之所以為群臣寸尺尋丈檢式也[179]。人倫盡矣。

君子言有壇宇[180]，行有防表[181]，道有一隆[182]。言道德之求[183]，不下於安存[184]。言志意之求，不下於士[185]。言道德之求，不二後王。道過三代謂之蕩[186]，法二後王謂之不雅[187]。高之下之，小之臣[188]之，不外是[189]矣。是君子之所以騁志意於壇宇宮庭也[190]。故諸侯問政，不及安存，則不告也。匹夫問學，不及為士，則不教也。百家之說，不及後王，則不聽也。夫是之謂君子言有壇宇，行有防表也。

【注釋】❶周公屏成王而及武王　屏，退。《公羊傳・莊公三十三年》：「兄死弟繼曰及。」❷屬　連繫；維繫。《說文》：「屬，連也。」❸倍　借為背。❹籍　位。天子之位。❺偃然如固有之　偃然，安然。固有之，如同本合有此帝位。❻虛殷國　虛，本作虗，俗作墟。《說文》：「虗，大丘也。」墟殷國，謂殺武庚，遷殷頑民於洛邑，使朝歌為墟。❼姬姓獨居五十三人　《左傳・昭公二十八年》成鱄言曰，其兄弟之國者十有五人，姬姓之國者四十人。《史記・漢興年表序》云，武王成康所封數百，而同姓五十五。《漢書・諸侯王表》作五十有餘。《韓詩外傳》四和《荀子・君道篇》均作五十三。此或傳聞各異，所記不同。❽揜　承襲。❾周公歸周反籍於成王　反，和返同，周公以周的天下歸之成王。❿少　幼少。⓫鄉　借為嚮、向。⓬擅　和禪同，禪讓。⓭節然　適然；恰好如此。⓮以枝代主　枝，枝子。周公為武王之弟所以叫枝。主，指成王。⓯以弟誅兄而非暴也　謂殺管叔。管叔為周公之兄。⓰厭然　安然。厭，本作懕，《說文》：「懕，安也。」⓱致　和至通，極的意思。⓲埶　勢位。⓳不用則退編百姓而愨　言不任用他退而編戶為百姓也很謹誠。編，編戶。⓴嗚呼而莫之能應　王念孫以為「嗚」為「鳴」字之誤，鳴和叫同。言儒者窮困之時人不聽其呼召。㉑財　借為裁，裁治。㉒窮閻漏屋　閻，里中門。《說文》：「閻，里中門也。」窮閻漏屋，窮陋里巷破漏屋室。㉓沈猶氏不敢四句　《孔子家語・相魯篇》：「初魯之販羊有沈猶氏者，常朝飲其羊以詐市人。有公慎氏者，妻淫不制。有慎潰氏，奢侈踰法。魯之鬻六畜者，飾之以儲價。及孔子之為政也，則沈猶氏不敢朝飲其羊，公慎氏出其妻，慎潰氏越境而徙。三月則鬻牛馬者不儲價，賣羊豚者不加飾。」豫，猶誑。賈，和價同。粥，借為鬻，賣。㉔必蚤　俞為以「必」字衍。「蚤」疑為「脩」字之誤。㉕罔不分　罔，網的古字。不，罘的省文，取獸之網。《說文》：「罟，兔罟也。」罟，隸書省作罘。罔不分，言所網得的魚和獸大家均分。㉖官　指官府，和朝相對。㉗君　王念孫以為當是「若」字之誤，若，也是此的意思。㉘如讙　讙，喧譁。《說文》：「讙，譁也。」如讙，言喧聲齊應之。㉙則貴名白而天下治也　白，明顯。治，顧以為當作「願」。願，思慕；仰慕。㉚竭蹶　顛倒，勉力趨事之意。㉛師　君長。㉜詩曰句　所引為《詩經・大雅・文王有聲》第六章。思，語助詞。引此詩以說明「天下沒有不歸服」的道理。㉝比中而行之　言順從中道而行。比，順服。㉞正　王念孫以為「正」當作「止」。《群書治要》引作「止」。㉟相高下　相，視。高下，高原和低溼之地。㊱視墝肥　墝，和磽同，薄田。肥，肥沃之田。㊲序五種　五種，黍稷豆麥麻。序，各當土宜不失次序。㊳便備用　謂精巧便於服用。㊴卹　和恤通，顧恤。㊵薦撙　劉師培以為當作「踐蹲」，踐薦義同，蹲訓為踞。踐蹲即驕倨以臨人之義。㊶怍　慚怍。㊷謫德而定次　謫，王念孫以為「譎」字之譌，譎決古字通。謂決其德之大小而定位次。㊸寬　容的意思。㊹充虛之相施易　充，實。施，借為移。移易，謂使實者虛、虛者實。㊺堅白同異之分隔也　以堅白同異之言相分別隔易。㊻僂指　僂，曲的意思。僂指，曲陳。㊼戇陋　愚陋。㊽老身長子　其身已老其子已長，言其終身。㊾曾不如相雞狗之可以為名也　有惠施、鄧析之名，尚不如相雞狗之名。㊿詩曰句　所引為《詩經・小雅・何人斯》第八章。蜮，短狐。《說文》：「蜮，短狐也。似鼈，三足，以气射害人。」有靦，姡然；慚然。視，示。罔極，不良。極反側，糾正反覆之人。極，正。引此詩以說明狂惑之人。(51)敦慕　敦勉。《爾雅》：「敦，勉也。」《說文》：「慔，勉也。」慔和慕同。(52)知之聖人也　於事理皆能明知通達，即為聖人。(53)鄉也混然涂之人也　鄉，借為歸。《說文》：「歸，不久也。」涂，借為途。(54)並　謂與堯禹齊並。(55)效　考驗。(56)原　本。謂知仁義之本。(57)圖回天下於掌上　圖，俞以為「圓」的誤字。圓回，猶圓轉。天下的事物可以圓轉在掌上。(58)胥靡　胥，疏，空的意思。靡，無。胥靡，空無所有，譬況其極貧。(59)舉　皆的意思。(60)屑然藏千溢之寶　屑，屑的本字。屑然，雜碎眾多的樣子。溢，借為鎰，衡名，二十四兩為鎰。(61)行貣　行乞。《說文》：「貣，從人求物也。」(62)僂　急快。《爾雅．釋詁》：「僂，疾。」(63)杅杅　和于于同，大的意思。《方言》：「于，大也。」(64)舉積此　舉，皆。此，指儒學。(65)比周　阿黨親私。(66)夸誕　矜夸妄誕。(67)遵道　王念孫以為「道」為「遁」字之誤。遵遁，即逡巡，卻退之意。(68)詩曰句　所引為《詩經．小雅．鶴鳴》第二章。皋，澤。九，加重形容其深遠。鶴雖鳴於深澤，但聲可遠聞於天；用來說明身雖隱而名顯著。(69)譽俞　譽，即與字。俞，借為愈。(70)詩曰句　所引為《詩經．小雅．角弓》第四章。《毛傳》：「爵祿不以相讓，故怨禍及之；比周而黨愈少，鄙爭而名愈辱，求安而身愈危。」荀子引詩明不責己而怨人。(71)舍粹折無適　粹，借為碎。適，之；往。(72)誣賢　自身不肖而自以為賢，這就是誣妄。(73)傴伸　傴，傴僂。伸，「身」字之誤。宋本作「身」，王叔岷先生云《喻林》五七引亦作「身」。(74)辯　仍是「治」的意思。(75)詩曰句　所引為《詩經．小雅．采菽》第四章。平平，辯治的意思。左右，指諸侯之臣。(76)養生　猶言治生。(77)行法至堅　《韓詩外傳》引作「行法而志堅」，王先謙以為《荀子》書「至」「志」通借。行法，謂行有法度。至，和志通。下文同。(78)橋　借為矯。(79)未諭　未盡曉其義。(80)所隆　其所尊奉的。(81)道　借為導。(82)若數一二　如數一二那樣容易。(83)行禮要節而安之若生四枝　言安於禮節，則如身體之生四肢。要，邀。節，節文。枝，借為肢。(84)要時立功之巧若詔四時　邀時立功之巧，謂不失機權，如天的詔告四時，使萬物成長。(85)平正　即平政，治平其政。(86)博　王念孫以為「摶」字之誤，摶又借為專，專壹的意思。(87)井井兮其有理也　井井，有條理的樣子。理，條理。(88)嚴嚴　有威重的樣子。(89)分分兮其有終始也　分分，王念孫以為「介介」之誤。介介，堅固的樣子。言固守不變，堅固如一。(90)猒猒　猶安安然。猒，本作厭。(91)樂樂　俞以為猶落落。落落，石堅固的樣子。以其執道堅固不殆，所以用落落來形容。(92)炤炤　炤和照同。炤炤，明見的樣子。(93)倏倏兮其用統類之行也　倏，王念孫以為當讀為「條」。條條，行貌。王引之云統類之上不當有「用」字。(94)綏綏　綏，當為緌。蕤，草木華垂的樣子，亦有釋為冠纓之散而下垂者。緌，本為冠纓之飾。蕤緌音同義近。綏綏，即緌緌之誤。緌緌，有文采的樣子，形容「其有文章」。(95)熙熙兮其樂人之臧也　熙熙，和樂的樣子。臧，善。(96)隱隱　隱，借為慇。《說文》：「慇，痛也。」隱隱，即慇慇，憂痛的樣子。(97)執神而固　謂堅執治道而又能牢固。(98)挾　借為浹。浹，周洽。(99)萬物莫足以傾之之謂固　王引之以為「萬物」上當有「曷謂固，曰」四字。「萬物莫足以傾之之謂固」，和「曷謂固」，上下正相呼應。(100)管是　管，樞要。是，此，指儒學。(101)之　劉台拱以為「之」下當有「道」字，和上兩「之道」對文。(102)微　微旨。《春秋》一字為褒貶，微其文，隱其義。(103)逐　流蕩。(104)文　文飾。(105)光　和廣字通。(106)至　謂盛德之極至。(107)鄉是者臧倍是者亡　鄉，借為嚮、向。臧，善。倍，借為背。(108)如　和「而」通，下句「如」同義。(109)負扆而坐　扆，戶和牖之間的地方。《說文》：「扆，戶牖之間謂之扆。」坐，盧以為當為「立」，王念孫亦云古無坐見諸侯之禮。(110)行之日以兵忌　言武王率兵出發，在兵家所忌之日。(111)迎太歲　謂逆太歲。《尸子》：「武王伐紂，魚辛諫曰，歲在北方不北征。武王不從。」(112)汜　盧及汪中皆以為當作氾。王叔岷先生云百子本改汜為氾為是。(113)至懷而壞　懷，地名。壞，指其城崩壞。(114)至共頭而山隧　共頭，共縣內之山名。隧，讀為墜，謂山石崩摧。(115)霍叔　武王之弟。(116)刳比干而囚箕子　刳，剖分。《說文》：「刳，判也。」比干，紂的賢臣。箕子，紂的叔父。箕，國名。子，爵位。(117)飛廉惡來　都是紂的嬖幸之臣。飛廉善走，惡來有力。(118)選馬而進　選，和僎通。《說文》：「僎，具也。」段注：「具，共置也。」共置引申為齊同。《詩經・齊風・猗嗟》：「舞則選兮。」《毛傳》：「選，齊也。」選馬而進，乃戎事齊力之義。(119)朝食於戚暮宿於百泉　《左傳・文公元年》言及戚，杜預注云衛邑，在頓丘衛縣西。百泉，楊注云近朝歌地名。(120)厭旦　黎明，天將亮。俞以為當作「旦厭」。厭，借為壓。(121)鄉　借為向。(122)乘　覆；覆駕其上。《說文》：「乘，覆也。」(123)定三革偃五兵　定，息。偃，仆。定、息都表示不用之義。三革，犀、兕、牛。《國語・齊語》言齊桓公定三革偃五刃，韋昭注云，三革，甲冑盾。

五刃，刀劍矛戟矢。124武象起而韶護廢　武、象，周武王樂名。韶，舜樂名。護，和濩同，湯樂名。125外闔　外門。《說文》：「闔，門扉也。」126蘄　借為圻，圻即垠字，邊界之意。《說文》：「圻，垠，或从斤。」127造父　周穆王的御車人，善於駕車。128羿　有窮之君，逐走夏太康而篡位。129輿固馬選　言車牢固馬齊力。選，和上文「選馬而進」的選同義。130在一大夫之位五句　盧以此三十二字為衍文，王念孫以為涉〈非十二子篇〉而衍。《韓詩外傳》卷五引無此數句。131徵　徵驗。132其持險應變曲當　曲，周徧。言扶持艱險，應付內外的事變，都能周徧適當。133稽　考；成的意思。134英傑化之　英傑之士則慕而化之。135嵬瑣逃之　狂怪之人則畏而逃之。136眾人媿之　眾人初時都非議其所為，待其成功之後，眾人都感到自媿。137解果其冠　帽子中間高突而四旁低下。劉師培：「蟹堁，今《說苑》作蟹螺，而《史記・滑稽傳》則作甌窶，《正義》以為高地狹小之區。蓋蟹螺倒文為螺蟹，與甌窶一聲之轉。又甌窶即岣嶁、痀僂。山顛為岣嶁，曲脊為痀僂，凡物之中高而旁下者，其音皆近于甌窶。則解果其冠，殆亦冠之中高旁下者歟。」138殺詩書　殺，差；省。言實踐禮義為首要，記誦《詩》《書》為次要。139然而不知惡者　王念孫以為此句與下「然而明不能別」對文，此句「惡」下不當有「者」字。140明不能別　明，明察。別，辨別。141得委積足以揜其口　委積，謂儲蓄。揜其口，即餬其口，填滿其口之意。142揚揚　得意的樣子。143隨其長子　順從貴顯之人。劉師培：「考長為崇貴之稱，周禮太宰建其長，鄭注云，長為公卿大夫食采邑者，是長為尊官之稱。長為尊官，而子亦為官吏之稱，何休《公羊解詁》云，古者士大夫通曰子，則隨其長子者，即順從貴顯之人。」144舉其上客　舉，和與通，相與。謂交接上客。145偲然　偲，王念孫以為「億」字之誤。億然，安然。《說文》：「億，安也。」146然而明三句　俞以為此三句十八字當作一句讀。齊，和濟通。言法教所及，聞見所至，則明足以及之；然而卻不能濟其法教所未及聞見所未至。其原因，就是由於知不能類。147內不自以誣外不自以欺　自，用的意思。言內不用以誣己，外不用以欺人。148先王　楊注以為當作「後王」。149以淺持博　見其淺的，就可以執持博的。150以古持今　楊注以為當作「以今持古」。151若別白黑　像白黑的有分別。152儗怎　儗，和疑通。怎，和怍同。153晻然若合符節　晻，和奄、弇通，同的意思。《爾雅・釋言》：「弇，同也。」言其如合符節一般脗合。(154)久而後三年　猶言久而至三年。(155)錯　借為措。(156)一朝而伯　伯，王念孫以為當讀為「白」，顯著之意。言一朝而聲名顯白於天下。(157)行之明也　行之則通明於事。(158)已乎行之矣　言聖人無他，在於止乎其所學而已。已，止。(159)識　和誌通，記的意思。(160)知之而不行雖敦必困　苟不能行，雖然所知厚多，也必至於困躓。敦，厚多。(161)雖當非仁也　雖然偶有所當，但也非是仁人君子的通明。(162)云能則必為亂　言無師無法而有能，一定為亂。云，和有通。(163)論　論決。(164)隆性　謂擴大其本然之性。(165)隆積　謂擴大其積習之學。(166)所得乎情三句　楊注以為「情」當為「積」。言所得乎積習，非受於天性，既非天性，則不可獨立而治，必要化之才行。(167)情　也當作「積」。(168)并　專的意思。(169)宇中六指謂之極　宇中，即指天下。六指，謂六種可以分別指示的方位，即上下四方。六指的極遠處就是六極。(170)反借為販。(171)服　指人所服習的習慣。(172)積靡　靡，順。《說文》：「靡，披靡也。」披靡引申為化順。積和靡二字並列，積習、化順的意思。(173)徼　和邀同，招的意思。(174)詩曰句　所引為《詩經・大雅・桑柔》第十一章。迪，進。忍，殘忍。顧，顧念。復，重複。言不求善人而進用之，他是那樣殘忍不仁之人，你卻顧念他重複而不已。所以天下人民都肆行貪亂，安然為荼毒。(175)汙漫　漫也是汙的意思。(176)其愚陋溝瞀　王念孫以為「其」為「甚」字之誤。溝，愚。溝瞀，愚而無知。(177)忍　強忍。謂矯其性。(178)小儒　矯其不及，所以為小儒。(179)禮者句　言治人用禮，就如同寸尺尋丈的有法度。《國語・周語》注：「八尺為尋。」檢式，法度的意思。(180)言有壇宇　言有壇宇，也就是言有界域，說話有分寸。壇，堂基。宇，屋邊。(181)行有防表　防，隄防。表，標表。行有防表，謂行有標準。(182)一隆　隆，尊崇專重。一隆，謂有所專重。(183)道德之求　楊注以為「道德」或當為「政治」。以下有「道德之求」，因而誤重。(184)不下於安存　謂以政治來求教的，則以安存國家以上的事相告。(185)不下於士　以脩志意來求教的，則以為士以上的事相告。(186)道過三代謂之蕩　道過三代以前，事已久遠，那就浩蕩難信了。(187)不雅　其治法不論說當時之事，而廣說遠古的事，那就是不正。雅，正。(188)臣　楊注以為「巨」字之誤。(189)不外是　雖高下小大，不出此壇宇防表。(190)是君子之所以騁志意於壇宇宮庭也　言君子雖騁志意論說，不出此壇宇宮庭之內。壇宇宮庭，指界域範圍。

【語 譯】大儒的功效：武王死了，成王年幼，周公摒退成王，繼武王來維繫天下，這是因為怕天下人背棄周朝的緣故。周公履天子之位，聽天下的斷事，安然如同固有其位一樣，而天下的人也不說他貪欲。後來殺了管叔，遷走頑民使朝歌為墟，而天下的人也不說他暴戾。周公兼制天下，立了七十一國，姬姓的獨佔了五十三人，而天下的人也不說他偏私。他又教誨和開導成王，使成王明白道理，而能承襲文王、武王的業跡。然後周公又把周的天下歸給周，把天子之位還給成王，而天下的人也不停止事奉周朝，周公又北面稱臣朝覲成王。像天子之位，是不能以幼少的人擔當，也不能長時攝代的；有能當位天下人就歸順，無能當位天下人就棄去。所以周公摒退成王，繼武王而維繫天下，就是怕天下人離棄周朝。成王既冠而成人，周公就歸還周的天下和天子之位，這是表明不滅主上的意思。周公已經沒有天下了；以前有天下，現在沒有天下，這不是禪讓；成王以前沒有天下，現在有了天下，也不是奪取；權變情勢他的次序正當如此。所以以枝子代替主上並不算僭越，以弟誅兄並不算暴虐，君臣互易其位也不算不順。因天下的和順，完成文王、武王的功業，表明枝子主上之間的道理，也可算是變化多端，而天下猶安然如一。像這樣不是聖人是做不到的。這也就是大儒的功效。

秦昭王問孫卿子說：儒者沒有裨益於人的國家嗎？孫卿子說：儒者取法先王，崇重禮義，謹守臣子之道而極尊貴他的長上。人主任用他，他位在本朝是極合宜的；不任用他，退而編戶為百姓，也很謹誠；必定不會悖亂犯上。雖然使他窮困凍餓，也必定不會以邪道來貪求；雖然沒有立錐之地，也會明曉維持社稷的大義。困窮時他叫呼都沒有人應他；然而他通曉裁成萬物長養百姓的大法。位在人上，就是王公之材；在人下，也是社稷之臣，國君的珍寶。雖然隱居窮里陋屋，人沒有不尊貴他的；這是因為他誠然有可貴之道在啊！孔子將要任司寇，沈猶氏聽得消息不敢早上給羊飲水來增多斤兩騙人，妻子淫亂的公慎氏趕忙休了他的妻子，好奢侈的慎潰氏趕快過了魯國國境遷到別國去，魯國賣牛馬的全不敢說誑價，這是因為孔子修正自身以待人，所以人們不敢邪曲。孔子住在闕黨，闕黨的子弟，漁獵所得全都大家均分，有父母的取得多些，這是因為孔子孝悌所感化的。儒者任職在本朝一定有美政，在下位一定有美俗。儒者位在人下就是這樣的。

昭王說：那麼儒者位在人上又怎樣呢？孫卿說：儒者位在人上，那是廣大極了。他有志意堅定他的內心，使禮節修正於朝廷，法則度量修正於官府，忠信愛利表現於下。做一件不義的事，殺一個無罪的人，因此而能得到天下，他也是不做的。這種德義被人們所信仰，通達整個天下，那麼天下人就會齊聲應和他。這是什麼緣故？就因為他的貴重名聲顯揚於天下，而天下人都仰慕他。近處的都歌謳他而非常歡樂，遠處的都顛倒的跑來趨就他。四海之內如同一家，舟車通達的地方，沒有不從服他的。這就叫做人民的真正君長。《詩經》裏說：「從西方，從東方，從南方，從北方，四方的人，沒有不歸服的。」說的就是這種道理。儒者位在人下，像前面所說那樣；位在人上，又像現在所說這樣；怎能說儒者沒有裨益於人的國家呢！昭王說：很好很對。

先王之道，是仁道的最隆高的，因為他是順從中道而行的。什麼叫中？禮義就是中。所謂道，不是天的道，不是地的道，而是人所行的道，君子所行的道。君子所以稱為賢者，不是徧能做別人所能做的；君子所以稱為有知識，不是徧能知道別人所知道的；君子所以稱為辯捷，不是徧能辯論別人所辯論的；君子所以稱為明察，不是偏能明察別人所明察的；是有所止定的。相度土地高下瘠沃，序次黍稷豆麥麻五種使各當土宜，君子不如農人。流通財貨，相度貨物的美惡，辨別價錢的貴賤，君子不如商人。設圓規長尺，陳施繩墨，製造器具以便服用，君子不如匠人。不顧是非然否的情理，來互相凌踐驕倨，互相羞辱，君子不如惠施、鄧析。如果要決斷德業的深淺來定位次，量度能力大小而授以官職，使賢能和不肖都得到位置，能和不能都得到官職，萬物全得其宜，事變全得其照應，那慎到、墨翟都不能進逞他的言談，惠施、鄧析也不敢容他的察辯。說話必當於理，做事必當於所求；這樣，然後才是君子所特長的。

凡事情，有益於理的就建立它，無益於理的就廢棄它，這就叫做事情得中。凡知識論說，有益於理的就去做，無益於理的就捨棄，這就叫做論說得中。事情失中叫做姦事，知識論說失中叫做姦道；姦事姦道，是治世所捨棄而亂世所從服的。好像虛實的互相移易，「堅白」「同異」的互相分別隔易，這是聰靈的耳朵所不能聽到的，明亮的眼睛所不能看見的，辯捷之士所不能言說的；雖然有聖人的智慧，也不能曲陳的。像這類學說，不知道也不妨害為君子，知道也不減損為小人。工匠不知道，不妨害他的技巧。君子不知道，不妨害他的治道。王公要是喜好它就會壞亂法紀，百姓要是喜好它就會壞亂事業。而那些狂惑愚陋的人，竟率領群眾，巧辯他們的誤說，詳明他們的譬稱，身老子長，終身不知道厭惡。這就叫做最大的愚昧；像惠施、鄧析這種名聲，尚且不如能相度雞狗的可以成名。《詩經》裏說：「假如你是鬼或是短狐，就不可得見你的面目。靦然愧慚，示給人不良的事情。做這首好歌，來糾正你這反覆之人。」說的就是這種道理。

我想要由賤成為貴，由愚成為智，由貧成為富，可以嗎？這只有為學了。為學，能夠去做的，就是士；能夠勤勉的，就是君子；能夠通於學的，就是聖人。上等可以成為聖人，下等可以成為士君子，有誰禁止我呢？從前是一個混然無知的市井之人，俄頃之間可以同堯禹齊並，豈不是由賤而變為貴了嗎！從前考驗門室的分別，都混然不能決斷，俄頃之間能知道仁義之本，分辨出是非，天下的事物可以圓轉在掌上，如同辨別白黑那麼容易，豈不是由愚而變為智了嗎！從前是空無所有的人，俄頃之間平治天下的大才都已在此，豈不是由貧而變為富了嗎！現在有一個人，雜多的藏有千鎰的寶物，雖然他就是向人行乞而求食，人總還說他是富有的。但是那些寶物，不能當衣服穿，也不能當食物吃，賣起來又不能很快賣掉，然而人稱他為富有，是什麼道理？豈不是因為他真的藏有大富的東西嗎？他就是大富的富人啊，這豈不是由貧而變為富了嗎！

所以君子沒有爵位卻極尊貴，沒有俸祿卻極富有，不用講話卻被人信任，不必發怒卻有威嚴，雖然窮困卻很尊榮，雖然獨居卻很快樂；這豈不是最尊貴、最富有、最崇重、最威嚴之情都在這裏了嗎！所以說，貴重的美名不可以阿黨親私來爭取，也不可以矜夸妄誕而得有，更不可以威勢來脅迫的，必將誠實修身然後貴名才能成就。爭奪反而失去，遜讓就會自至，卻退就會聚積，矜夸妄誕就會空虛。所以要內心修德外行遜讓，要積德於自身而處之以謙退；這樣，貴重的美名就會像日月一樣升起，天下人的應呼就會像雷霆一般振動。所以說，君子身藏隱而名聲愈顯揚，行為幽微而令譽愈光大，謙辭退讓反而能勝於人。《詩經》裏說：「鶴在深遠的皋澤鳴叫，聲音遠聞天際。」說的就是這種道理。鄙陋小人正同這個相反，他是阿黨親私而黨與愈少，卑鄙爭競而聲名愈辱，煩勞去求安利而其身愈加危險。《詩經》裏說：「人的不善良，各據一面來互相責怨。受爵祿不相謙讓，終至乎敗亡。」說的就是這種道理。所以才能小而要擔當大事，就好比力量小而要負重物，除了碎折之外沒有第二條路的。自身不肖而假稱賢良，就如同駝背的人而好登高，頭頂越低屈，指他頭頂取笑的人就愈多。賢明的君主，決斷人的德業來序次他的職位，所以才不致於亂雜；忠直之臣自己誠然有才能才敢受職，所以才不致於窮窘不通事。在上的不亂序職位，在下的才能不窮窘，這是治道的極至。《詩經》裏說：「辯治的諸侯左右之臣，都能相率從服。」這就是講君臣上下之間的不相亂。

以順從世俗為善，以貨財為至寶，以飲食養生為自己的要道，這是平常庶人的德性。行有法度志意堅定，不以私欲淆亂聽聞，這樣可以說是堅勁的士人。行有法度志意堅定，喜歡修正所聽聞的，來矯飾自己的情性；所講的話多半正當，但不能盡曉其義；所做的行為多半正當，但不能非常安妥；知識思慮多半正當，但不能非常周密；上者能光大自己所尊奉的要道，下者能開導不如自己的人；這樣，就可稱做篤厚的君子了。修治百王之法如同辨別白黑那樣便當，應付當時的動變如同數一二數目那樣容易，行事安於禮節如同人身生長四肢那樣自然，順時建功不失機權如同天告四時那樣順巧，平齊政事和合萬民，使億萬之眾專若一人；這樣，就可稱做聖人了。

井井然的有條理，嚴嚴然的威重能夠敬己，介介然的堅固有始有終，安安然的能夠長久，落落然的堅固執守正道不殆，照照然的用知精明，條條然的行事有綱紀，綏綏然的有文章，熙熙然和樂的希望別人善美，隱隱然憂戚的怕別人不當；像這樣，就可稱做聖人了。這種道理是出於專一。什麼叫做專一？就是堅執盡善周洽的治道而能牢固。什麼叫做神？盡善周洽叫做神。萬事萬物都不足以使他傾覆就叫做固。能神能固就叫做聖人。聖人是大道的樞紐。天下的大道就以儒學為樞要，百王的大道都一統在儒學上。所以《詩》《書》《禮》《樂》之道也歸在這裏。《詩》講的是儒者的心志，《書》講的是儒者的行事，《禮》講的是儒者的行為，《樂》講的是儒者的和樂，《春秋》講的是儒者的隱微褒貶。《詩經》的〈國風〉所以不流蕩，就是因為取儒者的大道節制它；〈小雅〉所以成為小雅，就是取儒者的大道文飾它；〈大雅〉所以成為大雅，就是因為取儒者的大道廣大它；〈頌〉所以成為盛德之極，是因為取儒者的大道通達它。天下的道理全都在這裏了。順著這個的就會佳善，違背這個的就要敗亡。順著這個如果不佳善，違背這個如果不敗亡，從古到今，是從來不曾有的。

有一個客人說道：孔子說：「周公是極有盛德的人了，身分貴顯而愈加恭敬，家室富有而愈加節儉，戰勝敵人而愈加戒備。」我回答說：這恐怕不是周公的行為，也不是孔子的話。武王死去，成王年幼，周公摒退成王而繼武王，即天子之位，背戶牖之間而立，諸侯趨走在堂下；當這個時候，誰又需要恭敬呢？兼制天下，立了七十一國，姬姓的獨佔五十三人；周朝的子孫，假如不是狂惑的，沒有不成為天下的貴顯諸侯。誰又說周公節儉呢！武王的誅伐紂王，以兵家所忌的日子出兵，向東面而逆著太歲，行軍到氾水而氾水汎濫，到懷城而懷城崩壞，到共頭山而山墜塌。霍叔就恐懼說：出兵三天而遭到五次災禍，這恐怕不可以吧？周公說：紂剖比干的心而囚拘箕子，用飛廉、惡來當政，這又怎麼不可以伐？於是就齊同戰車馬力進兵，早上在戚進食，晚上宿營在百泉，翌日天明就兵抵牧野。擊鼓進軍而紂的兵卒倒戈反向，於是就乘覆商軍而誅殺紂。殺紂的不是周朝人，而是因殷人倒戈反奔而自相誅殺的。所以沒有斬首俘虜的擄獲，沒有犯險蹈難的賞賜，返國就息甲冑盾不用，仆刀劍矛戟矢收藏，合集天下，建立聲樂，於是〈武〉〈象〉的樂歌出來而〈韶〉〈濩〉樂歌就廢止了。四海之內的人，沒有不改變心意想法為武王所化順；所以外門都不必關，走遍整個天下而沒有界域。當這個時候，誰又用得著戒備呢？

造父是天下最善於駕車的，但是要沒有車馬，就不能表現他的才能。羿是天下最善於射箭的，但是要沒有弓矢，就不能表現他的技巧。大儒是最善調一天下的，但是要沒有百里的地方，就不能表現出他的建樹。車子堅固馬齊力，而不能到達遠方，一天走千里，就不算是造父。弓調適矢端直，而不能射達極遠中到細微，就不算是羿。用百里的地方，而不能調一天下，制服彊暴，就不算是大儒。那大儒，雖隱處在窮里陋屋，沒有立錐之地，而王公之貴也不能同他爭名。（他雖是居於一個大夫之位，可是一個君主不能獨自祿養，一個國家不能獨自容納，盛名美耀於諸侯之間，沒有不願意得到他做臣子的。）用百里的地方，而千里的國家，都不能同他爭勝。他可以笞棰暴國，齊一天下，而沒有人能傾危他。這就是大儒的效驗。他的言論有理法，行為有禮節，做事沒有悔尤，持危應變都無往而不適當；隨時代遷徙，同世人動向，雖是千舉萬變，他的道理總是一歸於治；這就是大儒的成就。他窮困時，俗儒譏笑他；顯達時，英傑為他所化，狂怪之人畏而逃去，邪說的人畏懼他，一般眾人都感到自愧。顯達時就齊一天下，窮困時就獨自建立貴重的名聲。天不能使他死去，地不能使他埋沒，桀、跖的亂世也不能使他沾汙，非是大儒是不能這樣樹立的，這就是孔子同子弓。

有俗人，有俗儒，有雅儒，有大儒。不知道學習請問，沒有正大義行，只是崇重富利，這是俗人。穿極大的衣服繫極寬的帶子，戴中間高突的帽子，粗略的法效先王而足以淆亂世法，所學乖繆所舉雜博，不知道尊法後王而統一制度，不知道尊崇禮義而差省《詩》《書》；他的衣冠行為已經和世俗相同，然而他卻不知道厭惡，他的言論談說已經同墨子沒有分別，但是他的明察卻不足辨別；口裏稱說先王來欺騙愚人，以求得衣食，有了點積蓄足以餬口，就揚揚得意起來；隨從貴顯之人，事奉那些親信小臣，交接那些上客，安然好像終身為虜的樣子，不敢有其他的志向，這是俗儒。尊法後王，齊一制度，崇重禮義而差省《詩》《書》；他的言行已經有了大法，然而他的明察不能濟法教之所未及、聞見之所未至，所以會如此，是因為他的智不能比類而通；他知道就說知道，不知道就說不知道，內心不用來誣騙自己，對外不用來欺人，因此能夠尊賢畏法而不敢怠惰傲慢，這是雅儒。尊法後王，根本禮義，齊一制度，見到淺的就可以執持博的，見到現在的就可以執持古代的，見到一種就可以執持萬種；假若是仁義的善類，雖在鳥獸之中，也能像辨別白黑的有分別；奇物怪變，所沒有聽過的，所沒有見過的，猝然而起於一方，就能舉其統類來應付，毫無疑慚；用法來量度，同然有如符節的吻合，這是大儒。所以人主用俗人，萬乘的國家也會滅亡；用俗儒，萬乘的國家僅能保存；用雅儒，千乘的國家可以安治；用大儒，雖百里的地方，最久在三年之後，可以統一天下，使諸侯稱臣；使他治萬乘之國，舉措之間就可以定治，一旦之間就可以名顯天下。

未曾聽見不如聽見，聽見不如看見，看見不如確切知道，知道不如真實能行。學問到了能實行可算終止了。能行就可以通明於事，通明於事就是聖人。聖人是原本仁義，當於是非，齊一言行，沒有毫釐的差失；這沒有其他途徑，聖人也是止於行他的所學。所以僅聽見而沒見到，雖博聞必有謬誤；雖然看見而不能確切知道，雖能記識必有妄昧；知道而不去實行，雖然厚多必至於困躓。如果未曾聽聞，又不曾看見，雖然偶有所當，也非是仁人君子的通明；這一定是百次舉事百次崩陷的。

人沒有師沒有法而聰明，必然會做盜；有勇的，必然會做賊；有才能，必然會做亂；明察的，必然會作怪；辯捷的，必然會妄誕。人如果有師有法而又聰明，必然快速通達事理；有勇的，必然會快速有威嚴；有才能，必然會快速成事；明察的，必然快速盡物之理；辯捷的，必然會快速決斷。所以有師有法，是人生的大寶，無師無法，是人生的大殃。人沒有師法，就會擴大他的本然之性；有師法，就會擴大他的積習之學；而師法是得之於積習，不是受之於本然之性；所以不可以獨立而治。性不是我自己可以造成的，然而可以用師法積習去變化。積習不是我本有的，然而可以用師法造成。措置習俗，是所以變化本性的。專一而不二，是所以成就良善積習的。習俗可以移易人的心志，安之既久就可以移易人的氣質。專一而不二，就可以通於神明，和天地並參了。

積聚土粒可以成為大山，積聚水流可以成為大海，積聚一朝一晚，可以成為一歲。最高的叫做天，最低的叫做地，宇宙中上下四方叫做六極。市井的平常百姓，聚積善德而達到純全盡美的叫做聖人。追求然後可以得到，去做然後可以成功，累積然後可以成高，全純盡美然後可以為聖人。所以聖人是人累積善德而成的。一個人要累積耕種的行為而可以成為農夫，累積斲削的行為而可以成為工匠，累積販貨的行為而可以成為商賈，累積禮義的行為而可以成為君子。工匠的兒子沒有不繼續他父輩的事業的，都國的人民也全都安於都國的習俗。居住在楚國的人就成為楚人，居住在越國的人就成為越人，居住在華夏的人就成為華夏之人。這並不是天性，而是積習化順使他如此。所以人知道謹措置，慎習俗，大為積習化順，就可以成為君子了；如果放縱性情而不去學問，就成為小人了。做為君子可以常安逸尊榮，做為小人就要常危殆屈辱。凡是人沒有不想安逸尊榮而厭惡危殆屈辱的，所以祇有君子能夠得到他所喜好的，而小人就祇有天天招來他所厭惡的。《詩經》裏說：「有這良善之人，你不尋求他不進用他。而那些忍心不仁之人，你卻反覆顧念他。所以天下人民都肆行貪亂，安然為荼毒。」說的就是這種道理。

論人：心志不免於曲私，而期望人以為自己公正；行為不免於汙穢，而期望人以為自己修潔；愚陋無知，而期望人以為自己聰明；這是普通的常人。心志矯忍然後能夠公正，行為矯忍然後能夠修潔，聰明而常好問然後能夠多才；公正修潔而又多才，可以稱做小儒了。心志本來安於公正，行為本來安於修潔，聰明通達統類，這樣可以稱做大儒了。大儒可以做天子的三公，小儒可以做諸侯的大夫士，普通的常人可以做工農商賈。禮是君主測度人臣短長的法式。人的等類全盡於此了。

君子說話有分寸，行為有標準，守道有專重獨崇。人有以政治來問的，以不下於安存百姓之事告他；人有以志意來問的，以不下於為士的事告他；人有以道德來問的，以不外於後王的事告他。道過三代以上叫做浩蕩難信，治法外於後王的叫做不正。不管高下小大，不外乎這界域標準。君子雖騁其志意論說也不會出這界域範圍的。所以諸侯問政事，不及安存百姓的，就不告訴他；常人問學，不及為士的，就不教導他；百家的雜說，不及後王的，就不必聽受。這就叫做君子說話有分寸，行為有標準。

王制篇

請問為政？曰：賢能不待次而舉❶，罷不能不待須而廢❷，元惡不待教而誅❸，中庸民❹不待政而化。分未定也，則有昭繆❺。雖王公士大夫之子孫❻，不能屬❼於禮義，則歸之庶人。雖庶人之子孫也，積文學，正身行，能屬於禮義，則歸之卿相士大夫。故姦言姦說姦事姦能，遁逃反側之民，職❽而教之，須❾而待之。勉之以慶賞，懲之以刑罰。安職則畜，不安職則棄。五疾❿，上收而養之，材而事之，官施⓫而衣食之，兼覆無遺。才行反時者死無赦。夫是之謂天德，王者⓬之政也。

聽政之大分，以善至者待之以禮，以不善至者待之以刑。兩者分別，則賢不肖不雜，是非不亂。賢不肖不雜則英傑至，是非不亂則國家治。若是名聲日聞⓭，天下願⓮，令行禁止，王者之事畢矣。凡聽⓯：威嚴猛厲而不好假道人⑯，則下畏恐而不親，周閉而不竭⑰；若是，則大事殆乎弛，小事殆乎遂⑱。和解調通⑲，好假道人，而無所凝止之，則姦言竝至，嘗試之說鋒起⑳；若是，則聽大㉑事煩，是又傷之也。故法而不議，則法之所不至者必廢；職而不通，則職之所不及者必隊㉒。故法而議，職而通，無隱謀，無遺善，而百事無過，非君子莫能。故公平者，職之衡㉓也；中和者，聽之繩也㉔。其有法者以法行，無法者以類㉕舉，聽之盡也。偏黨而無經，聽之辟㉖也。故有良法而亂者，有之矣；有君子而亂者，自古及今，未嘗聞也。傳曰：「治生乎君子，亂生乎小人。」此之謂也。

分均則不偏㉗，埶齊則不壹，眾齊則不使㉘。有天有地，而上下有差；明王始立，而處國有制㉙。夫兩貴之不能相事，兩賤之不能相使，是天數㉚也。埶位齊，而欲惡同，物不能澹㉛則必爭。爭則必亂，亂則窮㉜矣。先王惡其亂也，故制禮義以分之，使有貧富貴賤之等，足以相兼臨者，是養天下之本也。《書》曰：「維齊非齊㉝。」此之謂也。

馬駭輿，則君子不安輿；庶人駭政㉞，則君子不安位。馬駭輿，則莫若靜之；庶人駭政，則莫若惠㉟之。選賢良，舉篤敬，興孝弟，收孤寡，補貧窮；如是，則庶人安政矣。庶人安政，然後君子安位。傳曰：「君者，舟也；庶人者，水也。水則載舟，水則覆舟㊱。」此之謂也。故君人者，欲安，則莫若平政愛民矣；欲榮，則莫若隆禮敬士矣；欲立功名，則莫若尚賢使能矣；是君人者之大節也。三節者當，則其餘莫不當矣。三節者不當，則其餘雖曲當，猶將無益也。孔子曰：「大節是也，小節是也，上君也。大節是也，小節一出焉，一入焉，中君也。大節非也，小節雖是也，吾無觀其餘矣。」成侯嗣公聚斂計數之君也㊲，未及取㊳民也。子產取民者也，未及為政也。管仲為政者也，未及修禮也。故修禮者王，為政者彊，取民者安，聚斂者亡。故王者富民，霸者富士，僅存之國富大夫，亡國富筐篋，實府庫。筐篋已富，府庫已實，而百姓貧；夫是之謂上溢而下漏[39]。入不可以守，出不可以戰，則傾覆滅亡可立而待也。故我聚之以亡，敵得之以彊。聚斂者，召寇肥敵亡國危身之道也，故明君不蹈也。

王奪之人[40]，霸奪之與[41]，彊奪之地。奪之人者臣諸侯，奪之與者友諸侯，奪之地者敵諸侯。臣諸侯者王，友諸侯者霸，敵諸侯者危。用彊者，人之城守，人之出戰，而我以力勝之也，則傷人之民必甚矣；傷人之民甚，則人之民惡我必甚矣；人之民惡我甚，則日欲與我鬭。人之城守，人之出戰，而我以力勝之，則傷吾民必甚矣；傷吾民甚，則吾民之惡我必甚矣；吾民之惡我甚，則日不欲為我鬭。人之民日欲與我鬭，吾民日不欲為我鬭，是彊者之所以反弱也。地來而民去，累[42]多而功少，雖守者益，所以守者損[43]，是以[44]大者之所以反削也。諸侯莫不懷交接怨[45]而不忘其敵，伺彊大之間，承彊大之敝[46]，此彊大之殆時也。知彊大[47]者不務彊也。慮[48]以王命，全其力，凝[49]其德。力全則諸侯不能弱也，德凝則諸侯不能削也，天下無王霸主，則常勝矣[50]；是知彊道者也。彼霸者不然，辟田野，實倉廩，便備用[51]，案謹募選閱材伎之士[52]，然後漸[53]慶賞以先之，嚴刑罰以糾之；存亡繼絕，衛弱禁暴，而無兼并之心，則諸侯親之矣。修友敵[54]之道，以敬接諸侯，則諸侯說[55]之矣。所以親之者，以不并也；并之見，則諸侯疏矣。所以說之者，以友敵也；臣之見，則諸侯離矣。故明其不并之行，信其友敵之道，天下無王霸主[56]，則常勝矣；是知霸道者也。閔王毀於五國[57]，桓公劫於魯莊[58]，無它故焉，非其道而慮之以王也[59]。彼王者不然，仁眇[60]天下，義眇天下，威眇天下。仁眇天下，故天下莫不親也。義眇天下，故天下莫不貴也。威眇天下，故天下莫敢敵也。以不敵之威，輔服人之道，故不戰而勝，不攻而得，甲兵不勞而天下服，是知王道者也。知此三具者，欲王而王，欲霸而霸，欲彊而彊矣。

王者之人，飾動以禮義[61]，聽斷以類，明振[62]毫末，舉措應變而不窮，夫是之謂有原[63]，是王者之人也。

王者之制，道不過三代[64]，法不貳後王；道過三代謂之蕩，法貳後王謂之不雅。衣服有制，宮室有度，人徒有數，喪祭械用，皆有等宜[65]。聲則凡非雅聲者舉廢，色則凡非舊文者舉息[66]，械用則凡非舊器者舉毀[67]，夫是之謂復古，是王者之制也。

王者之論，無德不貴，無能不官，無功不賞，無罪不罰。朝無幸[68]位，民無幸生。尚賢使能，而等位不遺[69]；析愿[70]禁悍，而刑罰不過。百姓曉然皆知夫為善於家而取賞於朝也，為不善於幽而蒙刑於顯也。夫是之謂定論，是王者之論也。

王者之等賦政事[71]，財[72]萬物，所以養萬民也。田野什一，關市幾[73]而不征，山林澤梁以時禁發而不稅。相地而衰政[74]，理道之遠近而致貢，通流財物粟米，無有滯留，使相歸移[75]也；四海之內若一家。故近者不隱其能，遠者不疾其勞。無幽閒隱僻之國，莫不趨使而安樂之。夫是之謂人師，是王者之法也。

北海[76]則有走馬吠犬焉，然而中國得而畜使之。南海則有羽翮齒革曾青丹干[77]焉，然而中國得而財之。東海則有紫紶魚鹽[78]焉，然而中國得而衣食之。西海則有皮革文旄焉，然而中國得而用之。故澤人足乎木，山人足乎魚，農夫不斲削不陶冶而足械用，工賈不耕田而足菽粟。故虎豹為猛矣，然君子剝而用之。故天之所覆，地之所載，莫不盡其美致其用，上以飾賢良，下以養百姓而安樂之。夫是之謂大神[79]。《詩》曰：「天作高山，大王荒之。彼作矣，文王康之。」[80]此之謂也。

以類行雜[81]，以一行萬；始則終，終則始，若環之無端也[82]，舍是而天下以衰矣。天地者，生之始也；禮義者，治之始也；君子者，禮義之始也。為之貫之，積重之，致好之者，君子之始也。故天地生君子，君子理天地；君子者，天地之參[83]也，萬物之總[84]也，民之父母也。無君子，則天地不理，禮義無統；上無君師，下無父子，夫是之謂至亂。

君臣父子兄弟夫婦，始則終，終則始，與天地同理，與萬世同久，夫是之謂大本[85]。故喪祭朝聘師旅一也，貴賤殺生與奪一也，君君臣臣父父子子兄兄弟弟一也，農農士士工工商商一也。

水火有氣而無生，草木有生而無知，禽獸有知而無義；人有氣有生有知亦且有義，故最為天下貴也。力不若牛，走不若馬，而牛馬為用，何也？曰：人能群，彼不能群也。人何以能群？曰：分。分何以能行？曰：義。故義以分則和[86]，和則一，一則多力，多力則彊，彊則勝物；故宮室可得而居也。故序四時，裁[87]萬物，兼利天下，無它故焉，得之分義也。故人生不能無群，群而無分則爭，爭則亂，亂則離，離則弱，弱則不能勝物。故宮室不可得而居也，不可少頃舍禮義之謂也。能以事親謂之孝，能以事兄謂之弟，能以事上謂之順，能以[88]使下謂之君。君者，善群[89]也。群道當則萬物皆得其宜，六畜皆得其長，群生皆得其命[90]。故養長時，則六畜育；殺生時，則草木殖；政令時，則百姓一，賢良服。

聖王之制也。草木榮華滋碩之時，則斧斤不入山林，不夭其生，不絕其長也；黿鼉魚鱉鰌鱣孕別之時[91]，罔罟毒藥不入澤，不夭其生，不絕其長也；春耕夏耘，秋收冬藏，四者不失時，故五穀不絕，而百姓有餘食也；汙池淵沼川澤，謹其時禁，故魚鱉優多而百姓有餘用也；斬伐養長不失其時，故山林不童[92]而百姓有餘材也。聖王之用[93]也。上察於天，下錯於地，塞備天地之間，加施萬物之上；微而明，短而長，狹而廣[94]，神明博大以至約。故曰：一與一是[95]為人者，謂之聖人。

序官[96]：宰爵知[97]賓客祭祀饗食犧牲之牢數，司徒知百宗城郭立器[98]之數，司馬知師旅甲兵乘白之數[99]。脩憲命[100]，審詩商[101]，禁淫聲，以時順脩[102]，使夷俗邪音不敢亂雅[103]，大師[104]之事也。脩隄梁，通溝澮[105]，行水潦[106]，安水臧[107]，以時決塞[108]，歲雖凶敗水旱，使民有所耘艾[109]，司空之事也。相高下，視肥墝[110]，序五種，省[111]農功，謹蓄藏，以時順脩，使農夫樸力而寡能[112]，治田[113]之事也。脩火憲[114]，養山林藪澤草木魚鱉百索[115]，以時禁發，使國家足用而財物不屈[116]，虞師[117]之事也。順[118]州里，定廛宅[119]，養六畜，閒樹藝[120]，勸教化，趨[121]孝弟，以時順修，使百姓順命，安樂處鄉，鄉師之事也。論百工[122]，審時事，辨功苦[123]，尚完利[124]，便備用，使彫琢文采不敢專造[125]於家，工師之事也。相陰陽，占祲兆[126]，鑽龜陳卦[127]，主攘擇五卜[128]，知其吉凶妖祥，傴巫跛擊之事[129]也。脩採清[130]，易[131]道路，謹盜賊，平室律[132]，以時順修，使賓[133]旅安而貨財通，治市[134]之事也。抃急[135]禁悍，防淫除邪，戮之以五刑，使暴悍以變，姦邪不作，司寇之事也。本[136]政教，正法則，兼聽而時稽之，度其功勞，論其慶賞，以時順脩，使百吏免盡[137]，而眾庶不偷，冢宰之事也。論禮樂，正身行，廣教化，美風俗，兼覆而調一之，辟公之事也。全道德，致隆高，綦文理，一天下，振毫末[138]，使天下莫不順比從服，天王之事也。故政事亂，則冢宰之罪也；國家失俗，則辟公之過也；天下不一，諸侯俗反，則天王非其人也。

具具[139]而王，具具而霸，具具而存，具具而亡。用萬乘之國者，威彊之所以立也，名聲之所以美也，敵人之所以屈也，國之所以安危臧否也，制與在此亡乎人[140]；王霸安存危殆滅亡，制與在我亡乎人。夫威彊未足以殆鄰敵[141]也，名聲未足以縣天下也[142]，則是國未能獨立也，豈渠[143]得免夫累乎！天下脅於暴國，而黨[144]為吾所不欲於是者，日與桀同事同行，無害為堯；是非功名之所就也，非存亡安危之所墮[145]也。功名之所就，存亡安危之所墮，必將於愉殷赤心[146]之所。誠以其國為王者之所[147]亦王，以其國為危殆滅亡之所亦危殆滅亡。殷之日[148]，案以中立無有所偏而為縱橫之事，偃然案兵無動，以觀夫暴國之相卒[149]也；案平政教，審節奏，砥礪百姓，為是之日，而兵剸天下勁[150]矣；案然[151]修仁義，伉[152]隆高，正法則，選賢良，養百姓，為是之日，而名聲剸天下之美矣。權者重之，兵者勁之，名聲者美之；夫堯舜者[153]一天下也，不能加毫末於是矣！

權謀傾覆之人退，則賢良知聖之士案自進矣。刑政平，百姓和，國俗節，則兵勁城固，敵國案自詘矣。務本事，積財物，而勿忘棲遲薛越[154]也，是使群臣百姓皆以制度行，則財物積，國家案自富矣。三者體此而天下服，暴國之君案自不能用其兵矣。何則？彼無與至也。彼其所與至者，必其民也；其民之親我也[155]，歡若父母，好我芳若芝蘭，反顧其上則若灼黥[156]，若仇讎；彼人之情性也雖桀跖，豈有肯為其所惡賊其所好者哉！彼以奪[157]矣。故古之人，有以一國取天下者，非往行之也；脩政其所莫不願，如是而[158]可以誅暴禁悍矣。故周公南征而北國怨，曰：何獨不來也！東征而西國怨，曰：何獨後我也！孰能有與是鬬者與！安以其國為是者王。殷之日，安以靜兵息民，慈愛百姓，辟田野，實倉廩，便備用，安謹募選閱材伎之士；然後漸慶賞以先之，嚴刑罰以防之，擇士之知事者使相率貫也，是以厭然畜積修飾而物用之足也[159]。兵革器械者，彼將日日暴露毀折之中原；我今將脩飾之，拊循之，掩蓋之於府庫。

貨財粟米者，彼將日日棲遲薛越之中野；我今將畜積并聚之於倉廩。材技股肱健勇爪牙之士，彼將日日挫頓竭之(160)於仇敵；我今將來致之，并閱(161)之，砥礪之於朝廷。如是，則彼日積敝，我日積完；彼日積貧，我日積富；彼日積勞，我日積佚。君臣上下之間者，彼將厲厲(162)焉日日相離疾(163)也，我今將頓頓(164)焉日日相親愛也，以是待其敝，安以其國為是者霸。立身則從傭俗，事行則遵傭故(165)，進退貴賤則舉傭士，之(166)所以接下之人百姓者則庸(167)寬惠，如是者，則安存。立身則輕楛(168)，事行則蠲(169)疑，進退貴賤則舉佞侻(170)，之所以接下之人百姓者則好取侵奪，如是者危殆。立身則憍暴，事行則傾覆，進退貴賤則舉幽險詐故(171)，之所以接下之人百姓者，則好用其死力矣，而慢其功勞，好用其籍斂(172)矣，而忘其本務(173)，如是者滅亡。此五等者，不可不善擇也，王霸安存危殆滅亡之具也。善擇者制人，不善擇者人制之；善擇之者王，不善擇之者亡。夫王者之與亡者，制人之與人制之也，是其為相縣也亦遠矣。

【注釋】❶賢能不待次而舉　賢能之人可不以官位次序來推舉，像傳說起於版築而為相。❷罷不能不待須而廢　罷，無能之人。須，盧云俗本作頊，王叔岷先生以為「待頊」又見於〈正論篇〉，作「頊」為是。❸元惡不待教而誅　元惡之人不待教誡即可誅殺。❹中庸民　王念孫以為「中庸」和「元惡」對文，中庸下不當有「民」字。《韓詩外傳》引無「民」字。❺分未定也則有昭繆　言為政當分，未定之時即為之分別，使賢者居上位，不肖者居下位，如昭穆的分別。繆，讀為穆。父昭子穆。❻子孫　王先謙云宋台州本句末有「也」字，與下文一律，此「也」字似當有。❼屬　連；合於。《說文》：「屬，連也。」❽職　事。《廣雅・釋詁》：「職，事也。」❾須　借為頊，待的意思。《說文》：「頊，待也。」❿五疾　指瘖聾跛躄斷者。⓫官施　即任用。⓬王者　王念孫以為「王者」上當有「是」字。⓭名聲日聞　王念孫以為本無「聞」字，「日」本作「白」。白，明；顯。名聲白，名聲顯著於天下。「名聲白」和「天下願」對文。⓮願　思慕；仰慕。⓯聽　論聽政之道。⓰威嚴猛厲而不好假道人　厲，剛烈。假道，謂以寬和假借誘導人。⓱竭　借為揭，舉發。《說文》：「揭，高舉也。」⓲遂　借為墜，毀敗。墜和上句弛義相近。⓳和解調通　調寬和而不拒下。⓴嘗試之說鋒起　嘗試之說，謂假借他事來試探的。鋒，借為蠭。蠭起，紛紛而起。㉑聽大　謂所聽之事多。㉒隊　和墜同。㉓職之衡　劉台拱以為當作「聽之衡」。㉔中和者聽之繩也　言君子用公平中和之道，所以能百事無過，這是聽政的準繩。中和，調寬猛得中。聽，聽政。㉕類　指依法推衍的律條。㉖辟　借為僻。㉗分均則不偏　分均，指身分相等。偏，王念孫以為當讀為「偏」。言身分既相等，所求者亦必相等，而物不足以供給，所以必然會不偏。㉘眾齊則不使　言名無差等，則不可以相使。㉙處國有制　處理國家政事有制度差等。㉚天數　自然的道理。㉛澹　借為贍，足的意思。㉜窮　指物窮竭。㉝維齊非齊　所引為《尚書・呂刑篇》文。言齊一者乃在於不齊。用此說明有差等然後可以為治。㉞駭政　不安於在上的施政。㉟惠　惠愛。《說文》：「惠，仁也。」㊱水則載舟水則覆舟　則，能。《記纂類海》一、六一、七四及《事文類聚》前集十七引此作「水能載舟，亦能覆舟」。㊲成侯嗣公聚歛計數之君也　成侯、嗣公，都是衛國之君。《史記・衛世家》云，衛聲公卒，子成侯立；成侯卒，子平侯立；

平侯卒，子嗣君立。《韓非子》云，衛嗣公重如耳，愛泄姬，而恐其皆因其愛重以雍己也，乃貴薄疑以敵如耳，尊魏妃以偶泄姬。曰，以是相參也。又使客過關市，賂之以金，後召關市，問其有客過與汝金，汝回遣之，關市大恐，以嗣公為明察。計數，言苛察。㊳取　治的意思。《老子》曰：「故取天下者常以無事。」河上公注：「取，治也。」㊴上溢而下漏　溢，滿。漏，漉；涸竭。漉或作盝、漉。《爾雅・釋詁》：「盝，涸，竭也。」㊵人　人民百姓。㊶與　與國。㊷累　憂累。㊸雖守者益所以守者損　守者，指土地。益，增加。所以守者，指人民。損，減少。㊹是以　俞以為「以」字衍。㊺懷交接怨　交，當作校。懷校，懷報復之心。接怨，搆怨。㊻承彊大之敝　承，借為乘。言乘彊國之敝。㊼彊大　王引之以為「大」當作道。彊道，所以致彊之道。㊽慮　計慮。㊾凝　凝定。㊿天下無王霸主則常勝矣　言天下如再無王霸的君主，則彊國就可以常勝了。(51)便備用　調器械便於服用。(52)案謹募選閱材伎之士　案，發語詞。謹，嚴。募，招。選閱，揀擇。材伎之士，武藝過人之士。(53)漸　浸染。(54)友敵　朋友匹敵，謂同等相交。(55)說　借為悅，下同。(56)天下無王霸主　王念孫以為當作「天下無王主」。上文說彊者之事，故云「天下無王霸主，則常勝矣」。言天下無王霸之主，則彊者可以常勝。此文說霸者之事，當作「天下無王主，則常勝矣」。言天下無王道君主，則霸者可以常勝。(57)閔王毀於五國　《史記・齊世家》云：「齊湣王四十年，樂毅以燕趙楚魏秦破齊。」(58)桓公劫於魯莊　齊桓公與魯莊公會於柯而訂盟，莊公之臣曹沫持劍劫桓公請盟。事見《公羊傳・莊公十三年》。(59)非其道而慮之以王也　不行其道，而以計慮為王，所以危亡。(60)眇　高遠之義。下同。(61)飾動以禮義　言動作必以禮義自飭。飾，借為飭。(62)振　舉。(63)原　本；為政之本。(64)道不過三代　論王道不過於夏商周之事，過則太久遠而難信。(65)皆有等宜　皆有等級，各當其宜。(66)舊文者舉息　舊文，指五色。舉，皆。(67)舊器者舉毀　粱引久保愛云，所毀者如《禮記》所謂「奇技」「奇器」之類。(68)幸　僥倖。(69)等位不遺　等位，等級之位。不遺，各當其材無有遺漏。(70)析愿　《韓詩外傳》作折暴。析，為「折」字之誤。愿，借為傆，《說文》：「傆，黠也。」折傆，折制狡黠之人。(71)王者之等賦政事　王念孫以為「之」下當有「法」字，王者之法，乃總冒下文之詞。等賦，賦稅有等。政事，政借為正，言正民事。(72)財　和裁通，裁成。(73)幾　借為稽，稽查。(74)相地而衰政　相，視。衰，等差。政，借為征。言察視土地的肥瘠而定徵賦的差等。(75)歸移　歸，借為饋。移，轉。(76)北海　指北方荒晦絕遠之地。(77)曾青丹干　曾青，銅之精，可繪畫和治化黃金。丹干，丹砂。干，借為矸。(78)紫紶魚鹽　下文言可得而衣食之，魚鹽為可食之物，則紫紶為可衣之物。王引之云，紫和茈通，純緇。紶當為綌。于以為紫為「絺」之假借字。紫紶即絺綌。(79)大神　大治。《爾雅．釋詁》：「神，治也。」(80)詩曰句　所引為《詩經．周頌．天作篇》文。荒，奄。荒之，奄有之。康之，安康之。(81)以類行雜　行，察。言得其統類可以察知雜博。(82)始則終終則始若環之無端也　則，即。《廣雅．釋言》：「則，即也。」謂始就是終，終就是始，好像圓環的沒有端。(83)參　謂與之相參共成化育。(84)總　統領。(85)大本　指天地人同理同久的偉大根本。(86)義以分則和　義，謂裁斷。用義來分別就會和諧。此言分和義是相待的。(87)裁　裁成。(88)能以　以，用。此皆指禮義。(89)善群　善能使人營群體生活。(90)得其命　安其性命。(91)黿鼉魚鱉鰌鱣孕別之時　黿，大鱉。鼉，一名鼉龍，似短吻鱷，皮可張鼓。孕別，謂生育，與母分別。(92)童　山無草木叫童。(93)用　財用。(94)微而明短而長狹而廣　言能用禮義，則所守者近，所及者遠。(95)一與一是　與，借為舉。是，此。一與一，即一舉一。上一指以一行萬。下一指喪祭朝聘師旅所以一民之事。以上之一舉下之一，所以說一舉一。(96)序官　謂王者序官之法。(97)宰爵知　宰爵，官名，即主爵之官。《周禮．天官．序官》鄭注：「宰，主也。」知，主掌；主理。(98)立器　梁引洪以為「任器」之譌。任器，指賦稅之事。《周禮．地官》：「載師掌任土之法以物地事。」(99)乘白之數　白，和伯同，百人為伯。乘，車乘。乘白之數，指車乘隊伍之數。(100)脩憲命　憲命，憲令；法令。脩，脩治。(101)商　借為章。(102)以時順脩　謂不失其時而順脩之。(103)使夷俗邪音不敢亂雅　夷俗邪音，指蠻夷之樂。雅，正聲。(104)大師　古時樂官之長。(105)澮　田間水道。字本作巜，《說文》：「巜，水流澮澮也，方百里為巜，廣二尋深二仞。」(106)行水潦　行，通之。潦，雨水。《說文》：「潦，雨水也。」(107)水臧　藏水的地方。(108)以時決塞　旱則決之，水則塞之，不使失時。(109)艾　借為刈。(110)墝　和磽同，土地瘠薄。《說文》：「磽，磬也。」(111)省　視察。(112)使農夫樸力而寡能　能，當作罷。言使農夫敦樸於力穡而少有罷劣。(113)治田　于以為即司田，管理耕作之官。(114)脩火憲　修火令，不使非時焚山澤。(115)百索　王引之以為「索」當為素。索和素通。百索，即百蔬。(116)屈　盡竭。(117)虞師　管理山澤之官。《周禮》有山虞澤虞。(118)順　使之和順。(119)廛宅　廛，謂市內百姓之居。宅，謂邑內之居。(120)閒樹藝　閒，和嫺同。謂嫺習種植之事。(121)趨　借為促。(122)論百工　論百工之巧拙。(123)辨功苦　功，和工通，精緻工巧。苦，和楛通，粗惡。辨別器物的精巧和粗惡。(124)完利　完，堅好。利，便於用。(125)專造　私自製造。(126)相陰陽占祲兆　相，視。占，占候。祲，陰陽相侵之氣。兆，萌兆。(127)鑽龜陳卦　鑽龜，謂以火爇荊菙灼之。陳卦，謂揲蓍布卦。(128)攘擇五卜　攘，借為禳。禳擇，禳除不祥擇取吉事。五卜，〈洪範〉所謂雨、霽、蒙、驛、剋。皆言兆之形。(129)傴巫跛擊之事　擊，借為覡，男巫。古時以廢疾之人主卜筮巫祝之事，故曰傴巫跛覡。(130)採清　採，俞以為「埰」字之誤。《方言》：「塚，秦晉之間謂之埰。」清，廁。《說文》：「廁，清也。」墟墓之間，清溷之處，皆穢惡所積，故須以時修治。(131)易　治的意思。(132)平室律　律，郝以為「肆」字之譌。室謂廬舍，如市樓候館之類。肆謂廛肆，如粟帛牛馬各為肆列。(133)賓　王引之以為是「𧶠」字之誤，𧶠即商字。《說文》：「𧶠，行賈也。」(134)治市　即司市，管理市肆的人。(135)抃急　抃，王先謙以為當作「折」。急，楊注以為當作「愿」。愿，借為傆，黠的意思。(136)本　王引之以為當作「平」，參見〈仲尼篇〉注。(137)免盡　王念孫以為當作「盡免」。免，借為勉。盡勉，都能勤勉。(138)振毫末　言雖毫末之微，也必要振而起之。(139)具具　言王霸存亡之具畢具。(140)制與在此亡乎人　言其制皆在此而不在乎人。與，借為舉，皆的意思。亡，不在。(141)殆鄰敵　使鄰敵危殆。(142)縣天下也　言能懸衡天下為四海持平。(143)渠　和詎通，豈的意思。(144)黨　和儻通。(145)墮　借為隨，隨從。(146)愉殷赤心　殷，借為慇。《說文》：「慇，痛也。」愉殷，猶言憂樂。赤心，衷心。(147)所　猶言所為，下句「所」義同。(148)殷之日　謂國勢殷盛之時。(149)卒　借為捽，交對。《國語‧晉語》：「戎夏交捽。」注：「捽，交對也。」(150)兵剸天下勁　王先謙以為「勁」上當有「之」字。剸，和專同。(151)案然　俞以為「然」字衍。案，語詞。(152)伉借為亢，極的意思。《廣雅‧釋詁》：「亢，極也。」(153)夫堯舜者　夫，彼。者，猶「之」。(154)薛越　即屑越，狼藉之意。155親我也　梁刪「也」字，王叔岷先生云元本百子本亦無「也」字，此「也」字涉上文而衍。156灼黥　灼之、黥之，加以刑罰。157彼以奪　承上文王奪之人言，彼所有之人已為我所奪。158而　猶則。159厭然畜積修飾而物用之足也　王先謙以為「之」字衍。厭，借為懕。懕然，安然。160竭之　王叔岷先生以為當作「竭乏」。161閱　容。《詩・邶風・谷風》毛傳：「閱，容也。」162厲厲　疾惡之意。《莊子・人間世》釋文：「厲，疾也。」163離疾　離散疾惡。164頓頓　借為敦敦，相親厚之意。165事行則遵傭故　謂行事則循平常的故事。166之猶其。167庸　用的意思。168輕楛　輕佻濫惡。169躝　惑的意思。170佞倪　倪，王先謙據〈修身篇〉以為當改作「兌」。兌，借為銳。佞銳，口才捷利。171詐故　故也是詐的意思。172籍斂　猶言稅斂。《詩・大雅・蕩》：「實畝實籍。」鄭箋：「籍，稅也。」173本務　謂農桑。

【語　譯】請問為政的道理？答說：賢能的人不必等待官職的位次來升舉，無能的人不必等待少頃就要廢去，大惡的人不必等待教化就可誅死，平常的人不必等待施以政事就可教化。名分沒定的時候，就該有昭穆上下的分別。雖然是王公士大夫的子孫，不能合於禮義，就要歸之於庶人。雖然是庶人的子孫，積累學問，正身而行，能合於禮義，就要歸之於卿相士大夫。所以姦言姦說姦事姦能，遁逃不安分的人，照他的職事教導他，待他改過遷善。用慶賞來勉勵，用刑罰來懲戒，安於職事就畜養，不安職事就棄去。瘖聾跛躄斷這五種殘疾的人，在上位者收養他們，就他們的材質而用，任用他們而給以衣食，使所有的人民都能得到遮庇沒有遺漏。才能行為反常的殺死不赦。這就叫做天德，是王者的治政。

聽斷政事的大要，以善來的要對待以禮，以不善來的要對待以刑。這兩者能有所分別，賢和不肖就會不雜，是非就會不淆亂。賢和不肖不雜英傑之士就會來，是非不淆亂國家就會安治。如此名聲就會顯著於天下，天下的人全都思慕，政令可得施行，禁絕的事可得止息，王者的政事也就完備了。凡是聽斷政事：威嚴剛猛而不好寬假誘導人，在下的人就會畏恐而不敢親近，也隱匿其情不肯舉發；如此，就要大事近於廢弛，小事近於毀敗。如果能夠寬和而不拒下，喜歡寬假誘導人，而無所定止，則姦言全來了，假借他事來試探的也紛紛而來；如此，所聽斷的事就要煩多，又要傷害政事。所以雖有法度而不議論其理，則不周密，法度所不到的必致於廢弛；安於職事而不通達，則不廣通，職事以外所不及的必致於毀墜。所以有法度而又能議論其理，安於職事而又能廣通，所有謀議沒有隱匿，所有善事沒有遺漏，一切事情沒有過差，不是君子是不能如此的。公平是聽政的準則，中和是聽政的準繩。有法的依據法度而行，沒有法的就用依法推衍的律條，這是聽政的最善之道。偏黨而沒有常法，這是聽政最邪僻的。所以有良好法而亂的是有的；有君子而亂的，從古到今，從來沒有聽到過。古代傳記說：「安治生於君子，敗亂生於小人。」說的就是這種道理。

貴賤身分相等所求於民的物資就會不遍，勢位齊等就不能一統，眾人齊等就不能相使。宇宙中有天有地，而上下有差異；明王初立，處理國家政事也有制度差等。兩貴不能互相事奉，兩賤不能互相役使，這是自然的道理。勢位齊等，而欲惡又相同，物資不足就必然要爭，爭就要亂，亂就要窮竭了。先王厭惡爭亂，所以制定禮義來分別，使有貧富貴賤的等級，足以普遍相兼臨，這是養治天下的根本。《書經》裏說：「齊一者乃在不齊。」說的就是這種道理。

馬駕車驚駭，則君子就不能安坐在車上；百姓驚駭政事，則君子就不能安於其位。馬駕車驚駭，最好是使牠安靜；百姓驚駭政事，最好是惠愛他們。選用賢良，推舉篤敬，倡興孝弟，收養孤寡，補助貧窮；這樣，百姓就會安於政事了。百姓安於政事，然後君子就會安於位。古時傳記說：「君主是舟，百姓是水，水能浮載舟，也能沉覆舟。」說的就是這種道理。所以君臨百姓的，想要安治，莫如平理政事愛護人民；想要榮耀，莫如尊崇禮義敬重士人；想要建立功名，莫如崇尚賢者任用能者；這是君臨百姓的大要，以上三種節要得當，那其餘的就沒有不得當的。那三種節要如不得當，那其餘的雖周備適當，還是沒有用的。孔子說：「大節對的，小節也對的，這是上等的君主。大節對的，小節稍有出入，這是中等的君主。大節全不對，小節雖是對的，我也不必看其他的了。」衛國的成侯、嗣公是聚斂苛察的君主，還達不到治民。子產是治民的，還達不到建樹政事。管仲是建樹政事的，還達不到修禮。能修禮的可以王，能建樹政事的可以彊，能治民的可以安，聚斂的就要敗亡。所以王者富足民眾，霸者富足士人，僅得存在之國富足大夫，亡國富滿筐篋，充實府庫。筐篋已富滿，府庫已充實，而百姓貧困；這叫做在上位的滿溢而在下的百姓涸竭。這樣國內不可以防守，國外不可以爭戰，則傾覆滅亡可以立而等待。所以我聚斂而敗亡，敵人得到而盛彊。聚斂是召來寇仇肥大敵人敗亡國家危殆自身之道，因而明君是不走這條路的。

王者奪取人民，霸者奪取與國，彊者奪取土地。奪取人民的可以臣服諸侯，奪取與國的可以友好諸侯，奪取土地的敵對諸侯。臣服諸侯的王天下，友好諸侯的霸天下，敵對諸侯的危亡。用彊力的，別人堅守城池，人民出而作戰，而我惟有以武力勝他，這樣傷害他的人民必多；傷害別人的人民多，那別人的人民就愈加憎惡我；別人人民憎惡我愈甚，就要天天想和我戰鬥。別人城池堅守，人民出而作戰，而我惟有以武力勝他，這樣就傷害我的人民必多；傷害我的人民多，那我的人民就愈加憎惡我；我的人民憎惡我愈甚，就要天天不想為我戰鬥。別人的人民天天想和我戰鬥，我的人民天天不想為我戰鬥，這不是彊的反要變為弱的了嗎！土地得來而人民棄去，憂累多而建功少，雖要守的土地增加了，而所以用來守土的人民卻減損了，所以本是強大的反而削小了。諸侯沒有不懷著報復之心搆結怨恨，而不忘記我這敵人，窺伺彊大國家的間隙，乘彊大國家的困敝，這正是彊大國家危殆的時期。知道致彊之道的不務求彊力。計慮常用王命，保全力量，凝定其德。力量全備則其他諸侯不能使弱，凝定其德則其他諸侯不能削損，天下如再沒有王霸的君主，就可以常勝了；這才是知道致彊之道的。彼霸者就不同，擴闢田野，充實倉廩，利便械用，謹嚴招募揀擇武藝過人之士，然後浸染慶賞來先導他，嚴厲刑罰來糾正他；滅亡的使他復存，絕斷的使他復續，衛護弱小，禁制彊暴，而沒有兼併他國之心，則諸侯就會來親近了。修朋友匹敵相交的道理，謹敬的交接諸侯，則諸侯就全高興了。諸侯所以願意來親近，是因為我不兼併他；兼併之意一出現，諸侯就疏遠了。諸侯所以高興的，是因為我能以朋友匹敵相交；臣服之意一出現，諸侯就要離散了。所以能表明不兼併的行為，使人相信匹敵相交之道，天下如沒有王道之主，就可以常勝了；這才是知道致霸之道的。齊閔王被燕趙楚魏秦五國所毀，齊桓公被魯莊公臣曹沫所劫持，這沒有其他緣故，就是因為他們不行其道而計慮為王。彼王者卻不同，仁高天下，義高天下，威高天下。仁高天下，所以天下沒有不親近他的；義高天下，所以天下沒有不尊崇他的；威高天下，所以天下沒有敢與他為敵的。以無敵之威，輔之以服人之道，所以可以不戰而勝，不攻而得，不必勞用甲兵而天下信服，這才是知道致王之道的。知道這三種彊霸王之具的，想要王就可以王，想要霸就可以霸，想要彊就可以彊了。

王者其為人，動作要以禮義自飭，聽斷要以法度，要能明舉秋毫，舉措應變隨遇而不窮，這就是所謂知為政之本原，這就是王者的為人。

王者的制度，論王道不過夏商周三代之事，論法度不貳於後王；論王道超過三代叫做遠蕩，論法度貳於後王叫做不正。衣服有定制，宮室有度數，人徒有定數，喪祭器用，都有等級各當其宜。聲音凡非是雅聲的都廢止，彩色凡非是五色舊文的都止息，器用凡非是舊有正當需用的都毀掉，這叫做復古，這就是王者的制度。

王者的定論，沒有德的不尊貴他，沒有才能的不給他官職，沒有功的不賞他，沒有罪的不罰他。朝廷裏沒有僥倖得職位的人，人民沒有僥倖苟生的。崇尚賢良任用有才能的，等級之位各當其材；折制狡黠的人禁止兇悍的人，而刑罰並不過苛。百姓很清楚的都知道行善在家而能得賞於朝廷，行不善在暗中也能公開受到刑罰。這叫做確切不易的定論，是王者的定論。

王者的法度，賦稅有等，民事得正，裁成萬物，來奉養萬民。田野的稅十分取一，關口街市稽查而不徵稅，山林澤梁按時禁用和開放而不徵稅。察視土地的肥瘠而定徵賦的差等，分別道路的遠近而令其進貢，流通財物粟米，不使有所滯積，使其互相饋轉；四海之廣有如一家。所以近處的人不隱藏他的才能，遠處的人不怕勞苦。不管怎樣深遠隱僻的國家，沒有不願意供王者的趨使而安樂王者的政教。這就叫做人民的長上，這就是王者的法度。

北方絕遠之地有善走的馬善吠的犬，然而中國可以得來畜養使用。南方絕遠之地有鳥羽象牙犀革銅精丹砂，然而中國可以得來作材料使用。東方絕遠之地有絺綌魚鹽，然而中國可以得來穿它吃它。西方絕遠之地有皮革牛尾，然而中國可以得來使用。所以水邊的人也有材木足用，山居的人也有魚類足食，農夫雖不斲削不陶冶而有器械足用，工匠商人不耕田而有菽粟足食。虎豹是極兇猛的，然而君子可以剝皮來用。所以天的所覆，地的所載，沒有不盡其美來供人所用，上可以供賢良之士的裝飾，下可以供養百姓而使其安樂。這就叫做大治。《詩經》裏說：「天作了高山，周太王奄有它。太王既已治理，文王又安康之。」說的就是這種道理。

以統類可以察知雜博，以一可以察知萬；始就是終，終就是始，好像圓環的沒有端，捨掉這種道理天下就要衰亡了。天地是生物之始，禮義是治事物之始，君子是行禮義之始。去做，去貫通，去積重，去喜好，這是君子之始。所以天地生君子，君子治理天地；君子是參助天地的，是萬物的總領，人民的父母。沒有君子，天地不能治理，禮義沒有法統；在上沒有君長，在下沒有父子，這叫做極亂。君臣父子兄弟夫婦的關係，始就是終，終就是始，和天地與人的聯結依賴是同理，和萬代是同久的，這就是偉大的根本。所以喪祭朝聘師旅之禮是這同一道理，貴賤殺生與奪是這同一道理，君君臣臣父父子子兄兄弟弟是這同一道理，農農士士工工商商也是這同一道理。

水火有氣而沒有生命，草木有生命而沒有知識，禽獸有知識而沒有禮義；人有氣有生命有知識也有禮義，所以是天下最貴的。力氣不如牛，奔走不如馬，而牛馬反為人所用，是什麼道理？是因為人能營群體生活，牛馬不能營群體生活。人為什麼能營群體生活，因為有分別。分別何以能行？因為有義。用義來分別就會和諧，和諧就齊一，齊一就多力，多力就彊，彊就能勝物；所以宮室可得而安居。順從四時，裁成萬物，兼利天下，沒有其他緣故，得之於分義。所以人生不能不營群居，群居沒有分別就要爭，爭就要亂，亂就要離散，離散就要寡弱，寡弱就不能勝物。這樣有宮室就不可得而安居，也就是人不能少頃捨掉禮義的道理。能以禮義事親叫做孝，能以禮義事兄叫做弟，能以禮義事上叫做順，能以禮義使下叫做君。君主是善能使人群居的。群居之道得當則萬物都各得其宜，六畜都各得長養，生物都各安性命。養長得時，則六畜滋育；殺生得時，則草木繁殖；政令得時，則百姓齊一，賢良順服。這是聖王的制度。草木榮花繁滋碩大的時期，就不用斧斤入山林砍伐，不夭折它的滋生，不斷絕它的成長；黿鼉魚鱉鰌鱣孕育的時候，網罟毒藥不入水澤捕殺，不夭折牠的滋生，不斷絕牠的成長；春耕種夏耘草，秋收穫冬蓄藏，四件事不失季節，所以五穀不斷絕，而百姓就會有餘糧；汙池淵沼川澤，謹嚴定時禁令，所以魚鱉繁多，而百姓就會有餘用；斬伐養長不失其時，所以山林不禿，而百姓就會有餘材。這是聖王的管理財用。上察知天時，下措用地宜，塞備天地之間，加施在萬物之上；雖細微而顯明，雖短促而長大，雖狹小而廣大，以禮義治國，是神明廣大而根本卻又極其簡約。所以說：以上之一舉下之一，以此為人的，就是聖人。

王者序官之法：宰爵主掌賓客祭祀宴饗犧牲的牢數，司徒主掌百族之事城郭之大小以及賦稅之事，司馬主掌師旅甲兵車乘隊伍之事。修整法令，審定詩章，禁止淫聲，順著時節修正，使夷俗邪音不敢淆亂正聲，這是太師的事。修建隄梁，濬通溝澮，通暢積水，安整水藏，按著旱潦來決塞，雖然年景凶敗水旱，使民眾仍有可以耕種收穫，這是司空的事。察看地勢高低，視察土地肥瘠，安排黍稷豆麻麥五種的播種，視察農事的情形，謹嚴蓄藏，按時修整，使農夫都能敦樸於力穡而少有罷劣，這是司田的事。修明火令，養殖山林藪澤草木魚鱉菜蔬，按時節禁止或開放，使國家資用富足而財物不缺，這是虞師的事。使州里和順，定市內邑內百姓居宅的分界，勸導他們畜養六畜，習樹藝之事，勸勉教化，促使孝悌，按時修教，使百姓順從，安樂居於鄉里，這是鄉師的事。論各種工匠的巧拙，審度天時地氣，辨別器械的精惡，注重堅好便用，使雕琢文采的器用，不敢私造於家，這是工師的事。察看陰陽，占候祲兆，以火灼龜甲來布卦，禳除不祥，擇取吉事，用五卜兆形來決定，得知吉凶妖祥，這是傴巫跛覡的事。修治墓地廁間，整治道路，謹防盜賊，平整廬舍廛肆，按時修治，使商旅安而貨財流通，這是司市的事。折制狡黠禁絕兇暴，防止淫惡除去邪僻，用五刑來戮罰，使暴亂兇悍的人改變，姦邪的人不敢興起，這是司寇的事。平政教，正法度，兼容廣聽而時常加以稽查，量度他的功勞，而定其慶賞，按時修治，使百吏都能勉力，而眾民也不偷惰，這是冢宰的事。論定禮樂，正人們的行為，推廣教化，修美風俗，覆育整個天下而使之和一，這是辟公的事。全善道德，達致隆高，極有文理，齊一天下，振發毫末之微，使天下沒有不順服的，這是天王的事。所以政事亂是冢宰之罪；國家風俗失正，是辟公之過；天下不齊一，諸侯各自異俗而反逆，這就是天王不得其人。

具有王者之具就可以王，具有霸者之具就可以霸，具有存在之具就可以存，具有滅亡之具就要亡。用萬乘的國家，威彊的所以建立，名聲的所以傳美，敵人的所以屈服，國家的所以安危善否，其制度都在此而不在乎人。王霸安存危殆滅亡，制度全在我而不在乎人。威彊不足以危殆鄰國，名聲不足以懸衡持平天下，那國家不能夠獨立，而又哪得免去禍累呢！天下被脅迫於暴國，而倘然這不是我所希望的，就是每天和桀同事同行，也無害於為堯；這不是功名所成就的，不是存亡安危所隨從的。功名所成就的，存亡安危所隨從的，必要在他衷心的所憂樂。誠然拿他的國家去做王者之事就可以王，拿他的國家去做危殆滅亡之事就會危殆滅亡。國勢殷盛的時候，中立無所偏倚而為縱橫之事，安然抑兵不動，來看暴國的相交對；自己則平政事，審定節奏，砥礪百姓，當這時期，兵可以專稱天下的強勁；修行仁義，極其崇高，定正法度，選用賢良，養育百姓，當這時期，名聲可以專稱天下之美。權勢增重，軍隊強勁，名聲稱美；堯舜的齊一天下，也不能比這更加多什麼了。

權謀傾覆的人斥退，則賢良知聖之士自然來了。刑法政事平正，百姓和一，國家風俗有節，則兵強城固，敵國自然屈服了。務農事，蓄積財物，而不要忘記棲息狼藉的時候，使群臣百姓都能依制度來做，則財物自可積聚，國家自然富足了。能行此三者，暴國之君自然不能用兵了。什麼緣故？他沒有人同他一道來。他所要一道來的，一定是他的人民；他的人民親近我們，歡愛如同自己父母，喜愛我們如同芝蘭，反過去看看他們的君上，卻像要灼他黥他，像仇敵；這樣那些人的性情即使像桀、跖一般，也不會為他們所厭惡的人來賊害他們所喜愛的人吧！他所有的人民都為我所奪得了。所以古人有以一國而取得整個天下的，不是跑去奪取，而是在那裏修明政教，使人沒有所不願的，這樣就可以誅暴禁悍了。所以周公南面征討而北國人愁怨，說：為什麼就不來我們這裏！東面征討而西國人愁怨，說：為什麼就不來我們這裏！誰能同這樣的人爭鬥呢？國家能做到這樣就可以王天下。殷盛的時候，靜兵息民，慈愛百姓，開闢田野，充實倉廩，利便械用，嚴謹招募揀擇才藝之士；然後浸染慶賞來先導，嚴加刑罰來防止，選擇知明事理的人使他率領統轄，所以可以安然蓄積修飾使物用富足。兵革器械，他們拿來天天毀折在原野；我們卻拿來修飾拊循掩藏在府庫裏。貨財粟米，他們拿來天天狼藉在郊野；我們卻拿來蓄積聚藏在倉廩裏。才藝股肱健勇爪牙之士，他們拿來天天挫折窮竭於仇敵；我們現在卻招來他們，容留他們，砥礪他們在朝廷裏。這樣，他們日變衰敝，我們卻日變完固；他們日變貧困，我們卻日變富足；他們日以勞困，我們卻日以安逸。君臣上下之間，他們將要互相嫉惡一天天離散仇怨，我們卻互相親厚一天天更加親愛，以這樣來等待他們的困敝，拿自己的國家來這樣做的就會稱霸。立身則從常俗，行事則循平常故事，進退升降則舉用士人，接待下面百姓則用寬惠，這樣子可以安然生存。立身則輕佻濫惡，行事則多疑惑，進退升降則舉用佞銳捷利之人，接待下面百姓則好侵奪，這樣子就要危殆。立身則驕暴，行事則傾覆，進退升降則舉用幽險姦詐之人，接待下面百姓則好用人的死力，而不注意人的功勞，好用人的稅斂，而不注意農事，這樣子就要滅亡。這五種行事，不可以不善加選擇，這是王霸安存危殆滅亡之具。善於選擇的可以制人，不善選擇的被人牽制；善選擇的可以王天下，不善選擇的就要滅亡。王天下和被滅亡，制人和被人所制，這中間的懸距是很大的。

富國篇

萬物同宇而異體，無宜而有用為人，數也❶。人倫竝處，同求而異道，同欲而異知，生❷也。皆有可也，知愚同；所可異也，知愚分❸。埶同而知異，行私而無禍，縱欲而不窮，則民心奮而不可說❹也。如是，則知者未得治也；知者未得治，則功名❺未成也；功名未成，則群眾未縣❻也；群眾未縣，則君臣未立也。無君以制臣，無上以制下，天下害生縱欲❼。欲惡同物，欲多而物寡，寡則必爭矣。故百技所成，所以養一人❽也；而能不能兼技❾，人不能兼官；離居不相待❿則窮，群而無分則爭。窮者患也，爭者禍也。救患除禍，則莫若明分使群矣。彊脅弱也，知懼愚⓫也，民下違上，少陵長；不以德為政；如是，則老弱有失養之憂，而壯者有分爭之禍矣。事業⓬所惡也，功利⓭所好也，職業無分；

如是，則人有樹事⑭之患，而有爭功之禍矣。男女之合，夫婦之分，婚姻娉內送逆⑮無禮；如是，則人有失合之憂，而有爭色之禍矣。故知者為之分也。

足國之道，節用裕民，而善臧⑯其餘。節用以禮，裕民以政。彼裕民故多餘；裕民則民富，民富則田肥以易⑰，田肥以易則出實百倍。上以法取焉，而下以禮節用之，餘若丘山，不時焚燒，無所臧之；夫君子奚患乎無餘！故知節用裕民，則必有仁義聖良之名，而且有富厚丘山之積矣。此無它故焉，生於節用裕民也。不知節用裕民則民貧，民貧則田瘠以穢，田瘠以穢則出實不半；上雖好取⑱侵奪，猶將寡獲⑲也。而或以無禮節用之，則必有貪利糾譑⑳之名，而且有空虛窮乏之實矣。此無它故焉，不知節用裕民也。〈康誥〉曰：「弘覆乎天，若德裕乃身。」㉑此之謂也。

禮者，貴賤有等，長幼有差，貧富輕重㉒皆有稱者也。故天子袾裷衣冕[23]，諸侯玄裷衣冕[24]，大夫裨冕[25]，士皮弁服[26]。德必稱位，位必稱祿，祿必稱用，由士以上則必以禮樂節之，眾庶百姓則必以法數制之。量地而立國，計利而畜民，度人力而授事；使民必勝事，事必出利，利足以生民，皆使衣食百用出入相揜[27]；必時臧餘，謂之稱數[28]。故自天子通於庶人，事無大小多少，由是推之。故曰：「朝無幸位，民無幸生[29]。」此之謂也。輕田野之稅，平關市之征，省商賈之數，罕興力役，無奪農時，如是則國富矣。夫是之謂以政裕民。

人之生，不能無群，群而無分則爭，爭則亂，亂則窮矣。故無分者，人之大害也；有分者，天下之本利[30]也。而人君者，所以管分之樞要也。故美之者，是美天下之本也；安之者，是安天下之本也；貴之[31]者，是貴天下之本也。古者先王分割而等異之也，致使或美或惡，或厚或薄，或佚或樂，或劬或勞[32]，非特以為淫泰夸麗之聲[33]，將以明仁之文，通仁之順[34]也。故為之雕琢刻鏤黼黻文章，使足以辨貴賤而已，不求其觀㉟；為之鐘鼓管磬琴瑟竽笙，使足以辨吉凶合歡定和而已，不求其餘；為之宮室臺榭，使足以避燥濕養德辨輕重而已，不求其外。《詩》曰：「雕琢其章，金玉其相。亹亹我王，綱紀四方。」㊱此之謂也。

若夫重色而衣之，重味而食之，重財物而制之，合天下而君之，非特以為淫泰也，固以為王天下㊲。治萬變，材㊳萬物，養萬民，兼制天下者，為莫若仁人之善也夫！故其知慮足以治之，其仁厚足以安之，其德音足以化之。得之則治，失之則亂。百姓誠賴其知也，故相率而為之勞苦，以務佚之，以養其知也。誠美其厚也，故為之出死斷亡㊴以覆救之，以養其厚㊵也。誠美其德也，故為之雕琢刻鏤黼黻文章，以藩飾之，以養其德也。故仁人在上，百姓貴之如帝㊶，親之如父母，為之出死斷亡而愉者，無它故焉；其所是焉誠美，其所得焉誠大，其所利焉誠多。《詩》曰：「我任我輦，我車我牛。我行既集，蓋云歸哉。」㊷此之謂也。

故曰：君子以德，小人以力。力者，德之役也。百姓之力，待之而後功；百姓之群，待之而後和；百姓之財，待之而後聚；百姓之埶，待之而後安；百姓之壽，待之而後長。父子不得不親，兄弟不得不順，男女不得不歡。少者以長，老者以養。故曰：「天地生之，聖人成之。」此之謂也。今之世而[43]不然，厚刀布之斂以奪之財[44]，重田野之稅以奪之食，苛關市之征以難其事。不然而已[45]矣，有掎挈伺詐[46]，權謀傾覆，以相顛倒，以靡敝[47]之，百姓曉然皆知其汙漫[48]暴亂而將大危亡也，是以臣或弒其君，下或殺其上，粥[49]其城，倍其節，而不死其事者，無它故焉，人主自取之[50]。《詩》曰：「無言不讎，無德不報。」[51]此之謂也。

兼足天下之道在明分，掩地表畝[52]，刺屮[53]殖穀，多糞肥田，是農夫眾庶之事也。守時力民，進事長功，和齊百姓，使人不偷，是將率之事[54]也。高者不旱，下者不水，寒暑和節，而五穀以時孰，是天下之事[55]也。若夫兼而覆之，兼而愛之，兼而制之，歲雖凶敗水旱，使百姓無凍餒之患，則是聖君賢相之事也。

墨子之言，昭昭(56)然為天下憂不足。夫不足，非天下之公患也，特墨子之私憂過計也。今是土之生五穀也，人善治之，則畝數盆(57)，一歲而再獲(58)之；然後瓜桃棗李一本數以盆鼓(59)，然後葷菜百疏以澤量(60)，然後六畜禽獸一而剸車(61)，黿鼉魚鱉鰌鱣以時別一而成群(62)，然後飛鳥鳧雁若煙海(63)，然後昆蟲萬物生其間，可以相食養者不可勝數也。夫天地之生萬物也，固有餘足以食人矣；麻葛繭絲鳥獸之羽毛齒革也，固有餘足以衣人矣。夫有餘不足(64)，非天下之公患也，特墨子之私憂過計也。

天下之公患，亂傷之也。胡不嘗試相與求亂之者誰也！我以墨子之「非樂」也，則使天下亂；墨子之「節用」也，則使天下貧；非將墮之也，說不免焉(65)。墨子大有天下，小有一國，將蹙然衣麤食惡，憂戚而非樂；若是則瘠(66)，瘠則不足欲，不足欲則賞不行。墨子大有天下，小有一國，將少人徒，省官職，上功勞苦(67)，與百姓均事業，齊功勞，若是則不威，不威則罰不行。賞不行，則賢者不可得而進也。罰不行，則不肖者不可得而退也。賢者不可得而進也，不肖者不可得而退也，則能不能不可得而官[68]也。若是，則萬物失宜，事變失應，上失天時，下失地利，中失人和，天下敖[69]然，若燒若焦。墨子雖為之衣褐帶索，嚽[70]菽飲水，惡能足之乎！既以[71]伐其本，竭其原，而焦天下矣。故先王聖人為之不然，知夫為人主上者不美不飾之不足以一民也，不富不厚之不足以管下也，不威不強之不足以禁暴勝悍也，故必將撞大鐘，擊鳴鼓，吹笙竽，彈琴瑟，以塞其耳；必將錭[72]琢刻鏤，黼黻文章，以塞其目；必將芻豢稻粱，五味芬芳，以塞其口；然後眾人徒[73]，備官職，漸慶賞，嚴刑罰，以戒其心；使天下生民之屬，皆知己之所願欲之舉在是于[74]也，故其賞行；皆知己之所畏恐之舉在是于也，故其罰威。賞行罰威，則賢者可得而進也，不肖者可得而退也，能不能可得而官也。若是，則萬物得宜，事變得應，上得天時，下得地利，中得人和，則財貨渾渾如泉源[75]，汸汸(76)如河海，暴暴(77)如丘山，不時焚燒，無所臧之，夫天下何患乎不足也。故儒術誠行，則天下大(78)而富，使而功(79)，撞鐘擊鼓而和。《詩》曰：「鐘鼓喤喤，管磬瑲瑲。降福穰穰，降福簡簡，威儀反反。既醉既飽，福祿來反。」(80)此之謂也。故墨術誠行，則天下尚儉而彌貧，非鬭而日爭，勞苦頓萃(81)而愈無功，愀然憂戚非樂而日不和。《詩》曰：「天方薦瘥，喪亂弘多。民言無嘉，憯莫懲嗟。」(82)此之謂也。

垂事養民(83)，拊循之(84)，呴嘔之(85)，冬日則為之饘粥(86)，夏日則與之瓜麮(87)，以偷取少頃之譽焉，是偷道也；可以少頃得姦民之譽，然而非長久之道也；事必不就，功必不立，是姦治者也。傮然要時務民(88)，進事長功(89)，輕非譽而恬失民(90)，事進矣而百姓疾之，是又不可(91)偷偏者也。徙壞墮落，必反無功，故垂事養譽不可，以遂功而忘民亦不可，皆姦道也。故古人為之不然，使民夏不宛暍(92)，冬不凍寒，急不傷力，緩不後時，事成功立，上下俱富；而百姓皆愛其上，人歸之如流水，親之歡如父母，為之出死斷亡而愉者，無它故焉，忠信調和均辨[93]之至也。故君國長民者，欲趨時遂功，則和調累解[94]，速乎急疾[95]；忠信均辨，說乎賞慶矣；必先脩正其在我者，然後徐責其在人者，威乎刑罰。三德者誠乎上，則下應之如景嚮[96]，雖欲無明達，得乎哉！《書》曰：「乃大明服，惟民其力懋，和而有疾。」[97]此之謂也。故不教而誅，則刑繁而邪不勝；教而不誅，則姦民不懲；誅而不賞，則勤屬[98]之民不勸；誅賞而不類，則下疑俗儉[99]而百姓不一。故先王明禮義以壹之，致忠信以愛之，尚賢使能以次之[100]，爵服慶賞以申重之。時其事，輕其任，以調齊之。潢然[101]兼覆之，養長之，如保赤子。若是故姦邪不作，盜賊不起，而化善者勸勉矣。是何邪？則其道易[102]，其塞固[103]，其政令一，其防表明[104]。故曰：上一則下一矣，上二則下二矣。辟之若屮木[105]枝葉必類本。此之謂也。

不利而利之，不如利而後利之之利也。不愛而用之，不如愛而後用之之功也。利而後利之，不如利而不利者之利也。愛而後用之，不如愛而不用者之功也。利而不利也，愛而不用也者，取天下矣。利而後利之，愛而後用之者，保社稷也。不利而利之，不愛而用之者，危國家也[106]。

觀國之治亂臧否，至於疆易[107]而端已見矣。其候徼支繚[108]，其竟關之政盡察[109]，是亂國已[110]。入其境，其田疇穢，都邑露[111]，是貪主已。觀其朝廷，則其貴者不賢；觀其官職，則其治者不能；觀其便嬖[112]，則其信者不愨；是闇主已。凡主相臣下百吏之俗[113]，其於貨財取與計數也，須孰[114]盡察；其禮義節奏也，芒軔僈楛[115]；是辱國已。其耕者樂田，其戰士安難，其百吏好法，其朝廷隆禮，其卿相調議；是治國已。觀其朝廷，則其貴者賢；觀其官職，則其治者能；觀其便嬖，則其信者愨；是明主已。凡主相臣下百吏之屬，其於貨財取與計數也，寬饒簡易[116]；其於禮義節奏也，陵[117]謹盡察；是榮國已。賢齊則其親者先貴，能齊則其故者先官；其臣下百吏，汙者皆化而脩，悍者皆化而愿，躁[118]者皆化而慤；是明主之功已。

觀國之強弱貧富有徵[119]，上不隆禮則兵弱，上不愛民則兵弱，已諾不信則兵弱，慶賞不漸則兵弱，將率不能則兵弱。上好功則國貧，上好利則國貧，士大夫眾則國貧，工商眾則國貧[120]，無制數度量則國貧。下貧則上貧，下富則上富。故田野縣鄙者，財之本也；垣窌[121]倉廩者，財之末也。百姓時和[122]，事業得敘[123]者，貨之源也；等賦[124]府庫者，貨[125]之流也。故明主必謹養其和，節其流，開其源，而時斟酌焉。潢然使天下必有餘，而上不憂不足；如是，則上下俱富，交無所藏之，是知國計之極也。故禹十年水，湯七年旱，而天下無菜色者，十年之後，年穀復熟，而陳積有餘，是無它故焉，知本末源流之謂也。故田野荒而倉廩實，百姓虛而府庫滿，夫是之謂國蹷[126]。伐其本，竭其源，而并之其末，然而主相不知惡也，則其傾覆滅亡可立而待也。以國持[127]之而不足以容其身，夫是之謂至貪[128]，是愚主之極也。將以求富而喪其國，將以求利而危其身，古有萬國，今有十數焉，是無它故焉，其所以失之一也。君人者亦可以覺矣！百里之國，足以獨立矣[129]。

凡攻人者，非以為名，則案以為利也，不然則忿之也。仁人之用國，將脩志意，正身行，伉[130]隆高，致忠信，期文理[131]，布衣紃屨[132]之士誠是，則雖在窮閻漏屋，而王公不能與之爭名，以國載[133]之，則天下莫之能隱匿也[134]；若是，則為名者不攻也。將辟[135]田野，實倉廩，便備用，上下一心，三軍同力，與之遠舉極戰則不可，境內之聚也保固[136]，視可午其軍[137]，取其將，若撥麷[138]，彼得之不足以藥[139]傷補敗，彼愛其爪牙，畏其仇敵，若是，則為利者不攻也。將脩小大強弱之義以持慎之，禮節將甚文，珪璧將甚碩，貨賂將甚厚，所以說之者必將雅文辯慧之君子也，彼苟有人意焉，夫誰能忿之，若是，則忿之[140]者不攻也。為名者否，為利者否，為忿者否，則國安於盤石[141]，壽於旗翼[142]。人皆亂，我獨治；人皆危，我獨安；人皆失喪之，我按起而治之。故仁人之用國，非特將持其有而已也。又將兼人。《詩》曰：「淑人君子，其儀不忒。其儀不忒，正是四國。」[143]此之謂也。

持國之難易，事強暴之國難，使強暴之國事我易；事之以貨寶，則貨寶單[144]而交不結；約信盟誓，則約定而畔無日[145]；割國之錙銖以賂之[146]，則割定而欲無猒。事之彌煩[147]，其侵人愈甚，必至於資單國舉然後已，雖左堯而右舜，未有能以此道得免焉者也；辟之是猶使處女嬰[148]寶珠佩寶玉，負戴黃金，而遇中山之盜也，雖為之逢蒙視[149]，詘要撓膕[150]，君盧屋妾[151]，由[152]將不足以免也。故非有一人之道也[153]，直將巧繁[154]拜請而畏事之，則不足以持國安身；故明君不道[155]也。必將脩禮以齊朝，正法以齊官，平政以齊民；然後節奏齊於朝[156]，百事齊於官[157]，眾庶齊於下。如是，則近者競親，遠方致願，上下一心，三軍同力；名聲足以暴炙之[158]，威強足以捶笞之，拱揖指揮，而強暴之國莫不趨使，譬之是猶烏獲與焦僥搏[159]也。故曰：「事強暴之國難，使強暴之國事我易。」此之謂也。

【注釋】❶無宜而有用為人數也　王念孫以為當如此斷句。為，和「于」義同。數，理。❷生　讀為性。❸皆有可也四句　人不論智愚，同有他們認為可的；但是他們所認為可的程度有異，於是就有了智愚的分別。❹民心奮而不可說　奮，起而爭競。說，曉諭說服。❺功名　功，功用。名，名分。❻群眾未縣　縣，和懸同，繫的意思。言群眾無所懸繫。❼天下害生縱欲　言天下之害生於各縱其欲。❽百技所成所以養一人　言百技所成都備於一人之身。❾能不能兼技　言人的能力不能兼通數技。❿不相待　不相依賴。⓫知懼愚　智者去恐嚇愚者。⓬事業　調勞役之事。⓭功利　功名權利。⓮樹事　樹立自己之事業。⓯娉內送逆　娉，俗作聘，問名。內，和納通，納幣。送，致女。逆，親迎。⓰臧　和藏同。⓱易　治的意思。⓲好取　喜歡貪取。⓳寡獲　所獲不多。⓴糾譑　糾，糾收。譑，借為撟，取的意思。糾撟，言貪利而收取之。㉑康誥曰句　所引為《尚書・康誥篇》文。若，順。弘覆如天，又順於德，此所以寬裕汝身。㉒輕重　指卑尊而言。㉓袾裷衣冕　袾，古朱字。裷，和袞同。畫龍於衣謂之袞。朱袞，以朱色為質。衣冕，猶服冕。㉔玄裷衣冕　謂上公之服。《周禮・春官・司服》：「公之服，自袞冕而下，如王之服。」㉕大夫裨冕　衣裨衣而服冕，謂祭服。袞衣以下均為裨衣。㉖皮弁服　皮弁，以白鹿皮為冠，取象於上古。服，服素積。素積為裳，用五十升布為之。積，猶辟，辟蹙其腰中，故謂之素積。㉗揜　同。《方言》：「揜，同也。」㉘稱數　相稱的道理。㉙朝無幸位民無幸生　幸，僥倖。言朝廷沒有僥倖居位的，人民沒有僥倖偷惰苟生的。㉚本利　根本之利。㉛貴之　之，指人君。上「安之」「美之」的「之」同。㉜或佚或樂或劬或勞　王念孫以為當作「或佚樂，或劬勞」。《群書治要》引如王說。㉝之聲　俞以為「聲」衍字。「之」為「也」字之誤。㉞順　順敘。㉟不求其觀　不求外觀之美。㊱詩曰句　所引為《詩經・大雅・棫樸》第五章。今《毛詩》「雕」作「追」。章，文采。相，質。亹亹，勉勉之意，今《毛詩》作「勉勉」，義同。綱紀，治理。(37)王天下　劉師培以為「王」當作「主」，言為天下之主。(38)材　和裁通，裁成。(39)出死斷亡　出死，謂出身致死。斷亡，決死。(40)厚　恩厚。(41)帝　天帝。(42)詩曰句　所引為《詩經・小雅・黍苗》第二章。任，載。輦，駕。言載我車駕我牛。集，成。蓋，和盍通。云，語詞。引此詩以明百姓不畏勤勞以奉其上。(43)而　猶則。(44)奪之財　之，當「其」字解，奪其財。下同。(45)不然而已　不唯如此而已。(46)有掎挈伺詐　有，和又通。倚摭其事，挈舉其過，伺候其罪，詐偽其辭。(47)靡敝　靡，損。敝，敗。(48)汙漫　汙穢之行。(49)粥　借為鬻，賣的意思。(50)取之　《群書治要》句末有「也」字，語氣較完整。(51)詩曰句　所引為《詩經・大雅・抑》第六章。讎，答對。(52)掩地表畝　掩，劉師培以為「揜」字之訛，揜猶度。表，明。謂明其經界使其有畔。(53)刺中　除草。《說文》：「刺，直傷也。」《說文》：「屮，艸木初生也。」(54)將率之事　指州里黨正所當管理之事。俞：「古之為將率者，其平時即州長黨正之官。此云將率即指州長黨正之屬，從其在軍之名，而稱之曰將率，正見內政軍令之可通。」(55)天下之事　王念孫以為當作「天之事」。不旱不水，寒暑和節，此皆出於天，非人力所能為，所以說是天之事。(56)昭昭　小的意思。(57)數盆　當時以盆為量來量物。(58)獲　和穫通。(59)一本數以盆鼓　一本，一株。鼓，量。(60)葷菜百蔬以澤量　葷菜，有辛味的菜，如蔥韭等。疏，和蔬通。以澤量，言滿澤。(61)一而剸車　言一獸滿一車。剸，和專通。(62)以時別一而成群　別，謂生育與母體分別。以時別，謂不夭其生使得育成。一而成群，每一類皆得成群。(63)若煙海　遠望如煙之覆海，言其多。(64)有餘不足　王先謙以為不當有「有餘」二字。(65)非將墮之也說不免焉　墮，和隳通，毀的意思。言墨子不是想要隳毀天下，然其說不善，不免如此。(66)瘠　奉養瘠薄。(67)上功勞苦　上，和尚通。謂崇尚事功而勞苦。(68)能不能不可得而官　此能不能，就一人的短長而言。官，任用。一個人不管有能無能都不可得被任用。(69)敖　借為熬。(70)嚽　和啜同。(71)以　和已通。(72)錭　和雕同。(73)眾人徒　召人徒使眾多。(74)舉在是于　舉，皆。是于，猶言「于是」，於此之意。(75)渾渾如泉源　渾渾，言盛多。《說文》：「渾，溷流聲也。」渾濁之水流聲大，引申為盛大。如泉源，言其不絕。(76)汸汸　和滂滂通，水多的樣子。《說文》：「滂，沛也。」(77)暴暴　卒起的樣子。言物多委積高起如丘山。78大　和泰通，優泰。79使而功　劉台拱以為當作「佚而功」，安佚而有功績。80詩曰句　所引為《詩經・周頌・執競》篇文。喤喤，瑲瑲，狀和諧的聲音。穰穰，眾多。簡簡，大。反反，順習的樣子。反，復。81頓萃　和頓卒、頓顇同，困苦的意思。82詩曰句　所引為《詩經・小雅・節南山》第二章。薦，重。瘥，病。弘，大。嘉，良善。憯，曾。懲，止。嗟，傷嗟。83垂事養民　垂，猶委。言委置其事以養民。84拊循之　循，和揗同。拊揗之，謂撫摩矜憐之。85呴嘔之　呴嘔，《玉篇》、《廣韻》皆釋為小兒語。為小兒語聲以慈愛之。86饘粥　《說文》：「饘，糜也。」糜，是以米和羹。《說文》：「鬻，鬻也。」鬻即粥字。《禮記・檀弓》：「饘粥之食。」疏：「厚曰饘，稀曰粥。」《說文》饘和鬻不同字，但實際古人用之已少分別。87麮　麥甘粥，食之止渴又祛暑。《說文》：「麮，麥甘鬻也。」88傮然要時務民　傮然，猶嘈然、嘈嘈，紛雜之意。要時，趨時。務，勉強。89進事長功　增進在上的事業功利。90輕非譽而恬失民　恬，安然。言不顧在下的毀譽而安然忘掉失民。91不可　王先謙以為衍文。92宛暍　宛，借為蘊，暑氣。暍，傷暑。93辨　和徧通。94累解　平正。俞：「累解與蟹螺一也。蟹螺倒為累解。則蟹螺之義，殆猶平正矣。」95速乎急疾　王念孫以為句末當有「矣」字。下文「威乎刑罰」句末也當有「矣」字。96三德者誠乎上則下應之如景嚮　三者，謂調和累解、忠信均辨、正己而後責人。景，和影同。嚮，借為響。如影響，言如影之隨形、響之應聲。97書曰句　所引為《尚書・康誥》篇文。懋，勉。言君大明以服下，則民勉力為和調而疾速，以明效上之急。98勸屬　楊注云：「屬」或作「厲」，《群書治要》引作「勵」。厲和勵通。99儉　楊注云當為險。100次之　次，行列。謂使之就列。101潢然　潢，借為洸，大的意思。《說文》：「洸，水涌光也。」水大則涌而有光，故引申為大。102易　平易可行。103其塞固　其充塞民心者牢固。104其防表明　其隄防標表明白易識。105辟之若中木　辟，借為譬。中，和艸義近通用。106危國家也　王念孫云，取天下也，保社稷也，危國家也，本作「取天下者也」、「保社稷者也」、「危國家者也」。當依《文選・五等諸侯論》注改正。107易　和埸通。108候徼支繚　言斥候巡查嚴密。候，斥候。徼，巡。支繚，支分繚繞。109其竟關之政盡察　言邊境設施無所不察。竟，和境通。110是亂國已　候徼支繚，多疑而煩苦，境關之政察，貪利而苛細，這就是亂國。(111)都邑露　露，敗露。言都邑敗露。《方言》：「露，敗也。」(112)便嬖　左右小臣受寵幸者。(113)俗　俞以為當作「屬」。(114)須孰　須，俞以為「順」字之誤。順，讀為慎。孰，精熟。(115)芒軔僈楛　芒，昧。軔，柔，怠惰之意。僈，和慢同。楛，濫惡。(116)寬饒簡易　言其對貨財不汲汲貪求。寬厚簡易。(117)陵　嚴明。(118)躁　借為剽，狡猾。《方言》：「剽，獪也。」獪，狡獪，即狡猾之義。(119)徵　言其徵驗先見。徵驗。(120)工商眾則國貧　從事農桑生產的人少，則物資寡少，所以國貧。(121)垣窌　垣，周圍築牆來藏穀。窌，窖。(122)時和　得天的和氣，謂歲豐。(123)事業得敘　耕稼得其次序，言在上者不奪農時。(124)等賦　以差等制賦。(125)貨　錢和穀通名都可稱為貨財。但如分別，則錢布龜貝稱為貨，粟米布帛稱為財。(126)蹷　傾倒。(127)持　持載。(128)至貪　貪，王先謙疑為「貧」。此段文字本來是論國之貧富。如伐本竭源，覆亡立見，雖倉廩府庫實滿，仍算是至貧。(129)足以獨立矣　國無道，雖大必至滅亡；國有道，雖小也足以獨立。(130)伉　和亢通，極的意思。《廣雅》：「亢，極也。」(131)期文理　期，借為綦，極的意思。極文理，謂其極有文理極有條貫。(132)紃屨　謂織麻為麤繩所編成之屨。紃，條。(133)載　任的意思。(134)天下莫之能隱匿也　言其國家聲譽光大天下無法加以隱匿。(135)辟　借為闢。(136)境內之聚也保固　保，安。言境內之聚也安固。(137)午其軍　午，和迕通。言與敵軍接觸。(138)若撥麷　《說文》：「麷，鬻麥也。」鬻，即煮字。段注：「程瑤田曰，荀卿子：『午其軍，取其將，若撥麷』，蓋麥乾煎則質輕，撥去之甚易。故以為易之況。」若撥麷，如同撥乾煎之麥，言其極輕易。(139)藥　借為𤻲，治的意思。《說文》：「𤻲，治也。」𤻲即療的或體字。(140)忿之　王引之以為當作「為忿」。上文「則為名者不攻也」，「則為利者不攻也」；下文「為名者否」，「為利者否」，「為忿者否」，句法均相同，當作「為忿」。(141)盤石　盤，借為磐。磐石，言其穩固。(142)旗翼　旗，借為箕。箕翼皆星名。(143)詩曰句　所引為《詩經‧曹風‧鳲鳩》第三章。忒，差。四國，四方之國，指天下。(144)單　借為殫，極盡。《說文》：「殫，極盡也。」下文「資單」的「單」義同。(145)畔無日　畔，借為叛。無日，不幾日之意。(146)割國之錙銖以賂之　十黍之重為銖，六銖為錙。謂割己國的土地以賄賂強國。割地一定不肯多給，所以用錙銖來形容。(147)煩　《韓詩外傳》引作「順」，其義較長。(148)嬰　佩繞。《說文》：「嬰，繞也。从女賏。賏，貝連也，頸飾。」賏是頸飾，嬰是佩繞。(149)逢蒙視　微視的意思。(150)詘要撓膕　詘，和屈同。要，腰的本字。撓，曲。膕，曲腳中。指膝後曲節處，俗稱膝彎。(151)君盧屋妾　君，劉台拱疑為「若」。盧，當為廬。王叔岷先生云類纂本、百子本作廬。若廬屋妾，言詘腰撓膕，有如廬屋之妾。(152)由　和猶通。(153)非有一人之道也　謂不能齊一其人，同力以拒大國。(154)繁　王引之以為當讀為「敏」。巧敏，謂便佞。(155)道　由的意思。(156)節奏齊於朝　節奏，禮的節文。齊，整。(157)百事齊於官　百事皆有法度而齊於官府。(158)名聲足以暴炙之　名聲如日暴火炙，非常顯赫。暴，和曝同。(159)烏獲與焦僥搏　烏獲，秦國大力士，能舉千斤。焦僥，短人，身長三尺。搏，鬥。

【語譯】萬物同生在天地中間，而形體相異，雖是沒有一定的常宜，但是卻有用於人，理本是這樣的。人類群居，同樣的去追求，而所行之道不同；同樣的欲求，而智慮不同；人的秉性本是如此。人不論智愚，同有他們認為可的；但是他們認為可的程度有異，智愚的分別就有了。眾人的勢力都相同，而認可的智不相同，倘在位者行私而沒有禍端，縱欲而沒有終極，那民心就要起而爭競不可以曉諭說服了。這樣，雖是智者也不能治理；智者不能治理，則功用名分都不能有所成就；功用名分不能有所成就，則群眾無所懸繫；群眾無所懸繫，則君臣的體制未能建立。沒有君主來管制臣下，沒有上位的管制下位的，則天下之害就生於縱欲了。人的所欲所惡相同，所欲太多，而物資寡少，寡少就必然要爭了。百技所成，都備於一身，而人的能力又不能兼通數技，人也不能兼任數官；這樣，人類離居不相依賴就要困窮，群居而沒有上下之分就要紛爭。困窮是禍患，紛爭也是禍患。救止除去禍患，則莫如使人明於上下之分而使其善於群居之道。彊的威脅弱的，智的恐嚇愚的，人民在下位的違抗在上位的，年少的凌侮年長的；不以德化來治政；這樣，則老的少的有失去奉養的憂慮，壯年有紛爭的禍患。勞役的事就厭惡，功名權利就喜好，職業沒有等差分別；這樣，人就有樹立己事之患，而有爭人之功之禍了。男女的配合，夫婦的分別，婚姻納聘嫁娶，都沒有禮節，那人就要有失去配偶的憂煩，有爭逐女色的禍患了。所以智者一定要來分。

富國之道，要節省用度富裕百姓，而妥善的蓄藏積餘。節省用度要按照禮制規定，富裕百姓要施以善政。能富裕百姓所以政府才能有積餘；富裕百姓則百姓富足，百姓富足則田地肥沃而耕治得好，田地肥沃耕治得好則所產穀實百倍加多。在上位的能依法取之於民，在下的又能按照禮制節省用度，那積餘就會像丘山般多，時常要去焚燒，而沒有地方儲藏它；這樣在位的君子怎會憂慮沒有積餘呢！所以知道節省用度富裕百姓，則必然有仁義聖良的名聲，而且有富厚丘山一般的積餘。這沒有其他緣故，完全出之於節用裕民。不知道節省用度富裕百姓則百姓貧苦，百姓貧苦則田地貧瘠而荒穢，田地貧瘠而荒穢則所產穀實減少，不及半數，這樣在上位的好斂取侵奪，也不會有多大收穫。再不以禮制來節省用度，則必定會有貪利收取的名聲，而且有空虛窮乏的實際。這沒有其他緣故，完全是因為不知道節用裕民。〈康誥〉裏說：「廣大庇覆如天一般，又順於德，所以能寬裕你自身。」說的就是這種道理。

禮的原則，是要貴賤有等分，長幼有差別，貧富卑尊都有稱量。所以天子朱袞服冕，諸侯玄袞服冕，大夫衣裨衣服冕，士服白鹿皮冠穿素積裳。才德必然和職位相稱，職位必然和俸祿相稱，俸祿必然和用度相稱，由士以上必須用禮樂來節制，一般民眾則必須用法律來裁制。量度土地大小來立國，計算地利多寡來養民，測度民力來授以職事；使人民必能勝任職事，凡事必能生出利益，利益足以生養人民，使他們的衣食各種用度，出入都能相敷，時時都有積餘藏存，這就是相稱的道理。所以從天子通到百姓，不論事情的大小多少，都是由這個道理推求。所以說：「朝廷上沒有僥倖得到祿位的，人民中沒有僥倖生存的。」說的就是這種道理。減輕田地的稅賦，除去關市的徵收，減少商人的數量，少興工役，不奪掉農時，這樣國家就會富足了。這就叫做以施政來富裕百姓。

人類的生存，不能沒有群居，群居而沒有分別就要紛爭，紛爭就要混亂，混亂就要窮困。所以沒有分別，是人的大禍害；有分別，是天下的根本之利。人君就是管制分別的樞要。所以使人君美好，是美好天下的大本；使人君安逸，是安逸天下的大本，使人君尊貴，是尊貴天下的大本。古代先王用分別來割制、用差等來別異，使有美的有惡的，有厚的有薄的，有佚樂的，有勞苦的，這不僅是求淫泰誇麗，是將要彰明仁的文采，通達仁的順敘。所以做出雕琢刻鏤黼黻文章，使足以辨別貴賤而已，不求美觀；做出鐘鼓管磬琴瑟竽笙，使足以辨別吉凶，聯合歡情，定安和諧而已，不求其餘；做出宮室臺榭，使足以防避燥濕，涵養仁德，辨別卑尊而已，不求其他。《詩經》裏說：「雕琢他的文章，使他的質如金玉一般。黽勉的君王，綱紀天下四方。」說的就是這種道理。

至於多種彩色的衣服給他穿，多種美味的食物給他吃，多種的財物給他管理，合一天下給他君臨治理，這不僅是為了淫泰，是要他為天下之主。治理萬變的政情，裁成萬物，養育萬民，管理整個天下，是沒有比仁人再好的。他的智慮足以治理天下，他的仁厚足以安定天下，他的德聞足以化成天下。得到他就安治，失掉他就敗亂。百姓誠然是要依賴他的智慮，所以相率而為他來勞苦，務必使他安逸，來安養他的智。百姓誠然稱美他的仁厚，所以為他出身致死決然犧牲衛救他，來養他的仁厚。百姓誠然稱美他的才德，所以為他做出雕琢刻鏤黼黻文章，以藩衛文飾，來養他的才德。所以仁人在上位，百姓尊他如天帝一般，親愛他如父母一般，為他出身致死決然犧牲而感到高興，沒有別的緣故；是他們認為是的誠然美好，所得到的誠然大，所獲利的誠然多。《詩經》裏說：「載著我的車，駕起我的牛。我的事既然已經完成，何不歸去呢！」說的就是這種道理。

所以說，君子用德來撫治百姓，百姓用力來事奉在上。用勞力的，是要受用德的役使。百姓的勞力，要待聖王才能有所建樹；百姓的群體，要待聖王才能和睦；百姓的財富，要待聖王才能生聚；百姓的勢位，要待聖王才能安定；百姓的年壽，要待聖王才能久長。父子因而不能不親愛，兄弟因而不能不和順，男女因而不能不歡洽。年少的得以成長，年老的得以奉養。所以說：「天地生萬民，聖人養成他。」說的就是這種道理。現代卻不這樣，加重徵收以奪取民財，加重田賦以奪取民食，繁苛關市的徵收以刁難民事。不唯如此而已，又掎摭事情，挈舉過失，伺候犯罪，詐偽其辭，用權謀來傾覆，來相互顛倒，以使他敗損，百姓清楚地都知道他的汙穢暴亂而將要危亡，所以臣殺君，下殺上，出賣城池，背叛節義，而不為君國之事決死，這沒有其他緣故，完全是人主自取其咎。《詩經》裏說：「沒有話語不答的，沒有仁德不還報的。」說的就是這種道理。

兼足天下之道，在於明職分，丈量土地表明經界，除去雜草生殖五穀，多來施糞肥沃之田，這是農夫百姓的事情。遵守時節勉力人民，推進事業助長功績，和睦齊一百姓，使人民不偷惰，這是州長黨正的事情。高的地方不旱，低的地方不淹水，寒暑調和適宜，五穀按時成熟，這是天的事情。至於兼而庇覆天下，兼而愛撫天下，兼而治理天下，年歲雖然凶敗水旱，使百姓沒有凍餓的憂患，這是聖君賢相的事情。

墨子的言論，耿耿然為天下憂慮不足。不足不是天下的公患，衹是墨子的私憂過慮罷了。現在土地的生長五穀，人善加耕治，就會一畝生產數盆，一歲而兩次收穫；而瓜桃棗李一株的果實也可以盆計量，辛菜百蔬以澤來計量，六畜禽獸一獸就滿一車，黿鼉魚鱉鰌鱣以時生育每類都能成群，飛鳥鳧雁像煙覆海一樣多，昆蟲萬物都生存其間，可以相食養的不可勝數。天地生長萬物，本來是有餘足以供人吃的；麻葛繭絲鳥獸的羽毛齒革，本來是有餘足以供人穿的。所以不足並不是天下的公患，衹是墨子的私憂過慮罷了。

天下的公患，是亂使天下傷害。何不嘗試去求使亂的人是誰呢！我以為墨子的「非樂」，使天下混亂；墨子的「節用」，使天下貧困；墨子並不是想要隳毀天下，他的學說不正不免如此。墨子大而有天下，小而有一國，必然要蹙然粗衣惡食，憂戚而非樂；這樣就奉養瘠薄，奉養瘠薄就不能滿足欲求，不能滿足欲求就不能施行獎賞了。墨子大而有天下，小而有一國，將要減少人徒，減省官職，崇尚事功而勞苦，和百姓一樣從事事業，齊一功勞，這樣就不威嚴，不威嚴就不能施行刑罰。獎賞不能施行，那賢人就不能得而進用。刑罰不能施行，那不肖之人就不能得而斥退。賢人不能得而進用，不肖之人不能得而斥退，那一個人不管有能無能都不可得被任用。像這樣，萬物就失去了常宜，事變也失去了應付，上失天時，下失地利，中失人和，天下被煎熬般的，好像被燒焦。墨子就是為之著粗布衣綦繩為帶，食菽飲水，又怎能豐足呢！已經是伐了他的根本，枯竭了他的本原，而熬焦了天下。先王聖人卻不如此，知道做人君主的不美不飾是不足以統一人民的；不富不厚是不足以管制在下的；不威不強是不足以禁止強暴勝制凶悍的；所以必須要撞大鐘，擊鳴鼓，吹笙竽，彈琴瑟，來滿足他的耳；必須要雕琢刻鏤，黼黻文章，來滿足他的眼睛；必須要牛羊豬狗稻粱，五味芳香，來滿足他的口；然後召多人徒，完備官職，浸染慶賞，嚴厲刑罰，來勸戒他的心；使天下的民眾，都知道自己所希望欲求的都在這裏，所以勸賞能行；都知道自己所畏恐的都在這裏，所以刑罰能威。勸賞能行刑罰能威，則賢人可得而進用，不肖之人可得而斥退，有才能沒有才能都可以任官。像這樣，萬物都各得其宜，事變也可得到應付，上得天時，下得地利，中得人和，財貨盛多像泉源一般，像河海一般，委積像丘山一般，不時的要去焚燒，無處可以儲藏，這樣天下還怎會憂慮不足呢！所以儒術真的能實行，則天下優泰而富足，安逸而有功，撞鐘擊鼓非常和樂。《詩經》裏說：「鐘鼓喤喤的響，管磬瑲瑲的鳴。上天降福那樣多，上天降福那樣大，我們的威儀是那樣順習。酒醉了，飯飽了，福祿都來降臨。」說的就是這種道理。墨術要真的實行，則天下崇尚節儉而越加貧窮，提倡非鬥而天天爭鬥，勞苦困敝而越加無功，愀然憂愁悲戚不快樂而天天不和。《詩經》裏說：「上天正在重病我們，禍亂非常的多。民眾沒有說好的，你曾不知懲止啊！」說的就是這種道理。

委施事業長養人民，撫摩矜憐他，慈愛他，冬天為他做饘粥，夏天給他瓜果和麥甘粥，以偷取一時的美譽，這是苟且偷薄之道；可以一時得到姦民的讚譽，然而並不是長久之道；事業必不能成就，功績必不能建立，這是姦人的治術。嘈然紛雜的趨時勉強使役人民，增進在上的事業功利，輕視毀譽而安然於失去民心，事業雖增進而百姓嫉惡，這又是苟且偏邪的事。雖然苟求功利，但隨即毀壞墮落，必然反而無功。所以委施事業培養美譽固是不可，勉力求功而忘卻人民也不可，這都是姦邪之道。所以古人不是如此，役使人民，夏天不傷於暑氣，冬天不受凍寒，急功而不傷力，緩待而不後時，事得成功得建，上下都富足；百姓都愛戴在上的人，人民歸從像流水一般，親近歡情如父母一般，為他出身致死決然犧牲而感到高興，這沒有其他緣故，是他的忠信調和均平使他如此的。所以君臨天下治理人民的，想要趨時立功，就應和調平正，這比急疾使民的要快；忠信均平，也比慶賞人民更要使他喜悅；一定要先修正在我本身的，然後再慢慢責求在別人的，這比刑罰還要有威嚴。上面所說的三德在上的都能真誠做到，則人民的應和就如同影之隨形響之應聲，雖想要不明達，可能嗎？《書經》裏說：「君主大明以服下，則人民勉力而為，和調而疾速。」說的就是這種道理。不施教化就加誅罰，則用刑雖繁而邪惡仍不能克制；施教化而不加誅罰，則姦民不能懲治；誅罰而不慶賞，則勤勵之民不能勸勉；誅罰慶賞要不得當，則在下之人疑慮，風俗險詐，而百姓不能齊一。所以先王彰明禮義來齊一，行忠信來愛護，崇用賢能來使就列，用爵祿慶賞來申重。任事得時，減輕責任，來調劑他們。潢然光大的兼覆他們，養長他們，像保愛小兒一樣。像這樣所以姦邪不興，盜賊不起，化而為善者就得到勸勉了。是什麼道理呢？是因為其道平易可行，所充塞民心的堅固，政令統一，隄防準則明白易識。所以說，在上的一其道，在下的就會齊一；在上的貳其道，在下的也就都二心。譬如像草木的枝葉必類同它的本根。說的就是這種道理。

不利民而取民之利，不如利民而後取利的好。不愛民而用民，不如愛民而後用民的有功效。利民而後取民利的，不如利民而不取民利的好。愛民而後用民，不如愛民而不用民的有功效。利民而不取民利，愛民而不用民的，是可以取得天下的。利民而後取民利，愛民而後用民，是可以保社稷的。不利民而取民利，不愛民而用民，是要危亡國家的。

觀察一個國家的治亂好壞，到了那個國家的邊界就可以看出端緒。他的斥候巡邏分支繚繞，他的關政無所不察，這是亂國。進了他的國境，看他的田野荒穢，都邑露敗，這是貪利的君主。觀察他的朝廷，貴顯的人不賢良；觀察他的官職，治政的人無能；觀察他的寵幸小臣，親信的都不謹慤；這是昏闇的君主。凡是君主宰相臣下百吏之屬，對貨財取與計算，都很仔細精熟苛察；而對禮義節奏，都茫昧怠惰慢忽濫惡，這是遭辱之國。耕種的人樂於治田，戰士安於危難，大小官吏都喜守法，朝廷崇重禮義，卿相都能調協；這是安治之國。觀察他的朝廷，他的貴顯的人都很賢良；觀察他的官職，他的治政的人都有才能；觀察他的寵幸小臣，親信的都很謹慤；這是聖明的君主。凡是君主宰相臣下百吏之屬，對貨財取與計算，都很寬饒簡易；而對禮義節奏，都嚴明謹慎而仔細；這是榮顯之國。賢良相等則親近的先貴，才能相等則故舊先官；他的臣下百吏，卑汙的都化而修正，凶悍的都化而愿厚，狡猾的都化而謹慤；這是聖明的君主的功績。

觀察一個國家的強弱貧富是有他的先驗的，君上不崇禮則兵弱，君上不愛民則兵弱，已經諾而不守信則兵弱，慶賞不浸染則兵弱，將率無能則兵弱。君上好功則國貧，君上好利則國貧，士大夫眾多則國貧，工人商人眾多則國貧，沒有制度數量則國貧。在下的人民貧困，在上的君主也必貧困；在下的人民富足，在上的君主也必富足。所以田野縣鄙是財源的根本，垣窖倉廩是財源的末節。百姓得天時的和氣，耕稼得其次序，是財貨的本源；以差等制賦府庫之藏，是財貨的支流。明主一定謹養和氣，節制他的支流，開發他的本源，而時時加以斟酌。光大的使天下一定都有足餘，在上的不憂慮不足；這樣，則上下都已富足，無處可以積藏，這是知道為國長計的最高的。所以禹經過十年水患，湯經過七年旱災，而天下人沒有餓色，十年之後，年穀又大熟，陳積而有餘，這沒有其他緣故，就是因為知道本末源流的道理。所以田野荒穢而倉廩充實，百姓虛乏而府庫滿盈，這就叫做國家的顛危。砍伐根本，絕竭本源，而併之於末節，然而人主宰相卻不知道不好，則他的國家傾覆滅亡可立而等待了。以一個國家持載他，都不足以容納他，這叫做極貧，是最愚闇的君主。想要求富而喪失了國家，想要求利而危殆了己身，古代有萬數的國家，現在只有十多個，這沒有其他緣故，他們失去國家的道理都是一樣的。為人君的也可以覺悟了！要知道這種道理，就是百里的國家，也足可以獨立了。

大凡攻伐別人的，不是為了名，就是為利，不然就是忿怨他。仁人的治國，要修他的志意，正他的行為，極其崇高，達致忠信，極有文理，布衣麻屨之士誠然能如此，則雖在窮里陋屋，王公大臣也不能同他爭名，以國家來任之，天下不能隱匿國聲的光大；這樣，那為名的人就不會來攻伐了。開闢田野，充實倉廩，利便械用，上下一心，三軍同力，暴國想要同我懸軍遠地苦戰則不可，而我的境內之聚安固，視觸敵之軍、取敵之將，像撥弄乾麥一樣輕易，敵人縱然有所得，也不足以療傷補敗，他愛他的爪牙，畏他的仇敵，這樣，則為利的就不會來攻伐了。修小大強弱的道理，謹慎從事，禮節很周到，珪璧很豐碩，貨賂很富厚，所使前往游說的人一定是雅文辯慧的君子，那麼對方要是有人意的，怎麼能夠忿怨呢？這樣，則忿怨的人就不會來攻伐了。為名的不來攻伐，為利的不來攻伐，為忿怨的不來攻伐，則國家安穩得像磐石，祚長像箕星翼星。人都亂，我獨安治；人都危殆，我獨安固；人都失喪，我卻起而理治。所以仁人的治國，不僅是掌握自己所有的，又能兼有別人的。《詩經》裏說：「賢人君子，威儀沒有差忒。威儀沒有差忒，可以正治四方。」說的就是這種道理。

掌理國家的難易，事奉強暴的國家難，使強暴的國家事奉我容易；用財貨寶物事奉強國，貨寶用盡而國交不能締結；用約信盟誓，約定了而不久又背叛；割讓國家土地賄賂，土地割定而他又貪欲無厭。事奉他越順從，他侵我愈甚，一定要財貨盡竭國家都交出來才算完，雖然左邊有堯右邊有舜，也不能用這方法免於危亡；譬如就像使一位處女戴著寶珠佩著寶玉，負戴著黃金，而遇到中山的大盜，雖謹畏微視，屈腰曲膝，像廬屋之妾一般，也仍然不能脫免的。所以並不是有齊一人力的道理，祇是巧敏拜請而畏事他，這樣是不足以立國安身的；所以明君是不由這條路的。明君一定要修禮來齊一朝廷，正法來齊一百官，平政來齊一人民；然後禮的節文整齊於朝廷，百事整齊於官府，眾庶整齊於下。這樣，則近處的競相親近，遠方的表達思慕，上下一心，三軍同力；名聲如同日曝光炙般顯赫，威強足以鞭韃天下，拱揖而指揮，而強暴之國莫不為他所趨使，譬如就像烏獲力士同焦僥矮人搏鬥一樣。所以說：「事奉強暴之國難，使強暴之國事奉我容易。」說的就是這種道理。

王霸篇

國者，天下之制利用也❶；人主者，天下之利埶❷也。得道以持之，則大安也，大榮也，積美之源也；不得道以持之，則大危也，大累也，有之不如無之；及其綦❸也，索為匹夫不可得也；齊湣宋獻❹是也。故人主天下之利埶也，然而不能自安也，安之者必將道❺也。

故用國者，義立而王，信立而霸，權謀立而亡；三者明主之所謹擇也，仁人之所務白也。挈國以呼禮義❻而無以害之，行一不義，殺一無罪，而得天下，仁者不為也；擽❼然扶持心國，且若是其固也。之所與為之者，之人則舉義士也；之所❽以為布陳於國家刑法者，則舉義法也；主之所極然❾帥群臣而首鄉之者，則舉義志也。如是，則下仰上以義矣，是綦❿定也；綦定而國定，國定而天下定。仲尼無置錐之地，誠義乎志意，加義乎身行⑪，箸之言語，濟之日，不隱乎天下，名垂乎後世。今亦以天下之顯諸侯誠義乎志意，加義乎法則度量，箸之以政事，案申重之以貴賤殺生，使襲然⑫終始猶一也；如是，則夫名聲之部發⑬於天地之間也，豈不如日月雷霆然矣哉！故曰，以國齊義，一日而白，湯武是也。湯以亳⑭，武王以鄗⑮，皆百里之地也，天下為一，諸侯為臣，通達之屬，莫不從服，無它故焉，以濟義矣，是所謂義立而王也。

德雖未至也，義雖未濟也，然而天下之理略奏⑯矣，刑賞已諾⑰信乎天下矣，臣下曉然皆知其可要也⑱。政令已陳，雖覩利敗，不欺其民；約結已定，雖覩利敗，不欺其與⑲；如是，則兵勁城固，敵國畏之；國一綦⑳明，與國信之；雖僻陋之國，威動天下，五伯㉑是也。非本㉒政教也，非致隆高也㉓，非綦文理也，非服人之心也，鄉方略㉔，審勞佚，謹畜積，脩戰備，齺然㉕上下相信，而天下莫之敢當。故齊桓晉文楚莊吳闔閭越句踐，是皆僻陋之國也，威動天下，彊殆中國㉖，無它故焉，略㉗

信也，是所謂信立而霸也。挈國以呼[28]功利，不務張其義，齊其信，唯利之求，內則不憚詐其民而求小利焉，外則不憚詐其與而求大利焉，內不脩正其所以有[29]，然常欲人之有[30]；如是，則臣下百姓莫不以詐心待其上矣。上詐其下，下詐其上，則是上下析也；如是，則敵國輕之，與國疑之，權謀日行，而國不免危削，綦之而亡，齊閔薛公[31]是也。故用彊齊，非以修禮義也，非以本政教也，非以一天下也，緜緜常以結引[32]馳外為務。故彊南足以破楚[33]，西足以詘秦[34]，北足以敗燕[35]，中足以舉宋[36]；及以燕趙起而攻之，若振槁然[37]，而身死國亡，為天下大戮，後世言惡，則必稽焉[38]；是無它故焉，唯其不由禮義而由權謀也。三者明主之所以謹擇也，而仁人之所以務白也。善擇者制人，不善擇者人制之。

國者，天下之大器也，重任也，不可不善為擇所而後錯[39]之，錯險則危；不可不善為擇道然後道之[40]，涂薉[41]則塞；危塞則亡。彼國錯[42]者，非封焉之謂也[43]，何法之道，誰子之與[44]也。故道王者之法，與王者之人為之，則亦王；道霸者之法，與霸者之人為之，則亦霸；道亡國之法，與亡國之人為之，則亦亡。三者，明主之所以謹擇也，而仁人之所以務白也。

故國者，重任也，不以積(45)持之則不立。故國者，世所以新者也，是憚憚非變也(46)，改王改行(47)也。故一朝之日也，一日之人也，然而厭焉有千歲之固(48)，何也？曰：援夫千歲之信法以持之也；安與夫千歲之信士為之(49)也。人無百歲之壽，而有千歲之信士，何也？曰：以夫千歲之法(50)自持者，是乃千歲之信士矣。故與積禮義之君子為之則王，與端誠信全之士為之則霸，與權謀傾覆之人為之則亡，三者，明主之所以謹擇也，而仁人之所以務白也。善擇之者制人，不善擇之者人制之。

彼持國者，必不可以獨也；然則彊固(51)榮辱在於取相矣。身能，相能，如是者王(52)。身不能，知恐懼而求能者，如是者彊(53)。身不能，不知恐懼而求能者，安唯便辟左右親比己者之用，如是者危削(54)。綦之而亡[55]。國者，巨用之則大，小用之則小；綦大而王，綦小而亡，小巨分流[56]者存。巨用之者，先義而後利，安不卹親疏，不卹貴賤，唯誠能之求，夫是之謂巨用之。小用之者，先利而後義，安不卹是非，不治曲直，唯便僻親比己者之用，夫是之謂小用之。巨用之者若彼，小用之者若此；小巨分流者，亦一若彼，一若此也。故曰：「粹而王，駁而霸，無一焉而亡。」[57]此之謂也。

國無禮則不正。禮之所以正國也，譬之猶衡之於輕重也，猶繩墨之於曲直也，猶規矩之於方圓也，既錯[58]之而人莫之能誣也。《詩》云：「如霜雪之將將，如日月之光明。為之則存，不為則亡。」[59]此之謂也。

國危則無樂君，國安則無憂民[60]。亂則國危，治則國安。今君人者，急逐樂而緩治國，豈不過甚矣哉！譬之是由[61]好聲色而恬[62]無耳目也，豈不哀哉！夫人之情，目欲綦色，耳欲綦聲，口欲綦味，鼻欲綦臭[63]，心欲綦佚，此五綦者，人情之所必不免也。養五綦者有具[64]，無其具，則五綦者不可得而致也。萬乘之國可謂廣大富厚矣，加有治辨彊固之道焉，若是則恬愉無患難矣，然後養五綦之具具也。故百樂者，生於治國者也；憂患者，生於亂國者也。急逐樂而緩治國者，非知樂者也。故明君者，必將先治其國然後百樂得其中；闇君必將急逐樂[65]而緩治國，故憂患不可勝校[66]也；必至於身死國亡然後止也，豈不哀哉！將以為樂，乃得憂焉；將以為安，乃得危焉；將以為福，乃得死亡焉；豈不哀哉！於乎！君人者，亦可以察若言[67]矣！故治國有道，人主有職。若夫貫日而治詳，一日而曲列[68]之，是所使夫百吏官人為也，不足以是傷游玩安燕之樂。若夫論一相以兼率之[69]，使臣下百吏莫不宿道鄉方而務[70]，是夫人主之職也，若是則一天下[71]，名配堯禹；之主[72]者，守至約而詳，事至佚而功，垂衣裳不下簟席之上而海內之人莫不願得以為帝王，夫是之謂至約，樂莫大焉。

人主者，以官[73]人為能者也；匹夫者，以自能為能者也。人主得使人為之，匹夫則無所移之。百畝一守[74]，事業窮[75]，無所移之也。今以一人兼聽天下，日有餘而治不足[76]者，使人為之也。大有天下，小有一國，必自為之然後可，則勞苦秏顇[77]莫甚焉；如是，則雖臧獲[78]不肯與天子易埶業[79]。以是縣天下[80]，一四海，何故必自為之？為之者，役夫之道也，墨子之說也。論德使能而官施之[81]者，聖王之道也，儒之所謹守也。傳曰：農分田而耕，賈分貨而販，百工分事而勸，士大夫分職而聽，建國諸侯之君分土而守，三公總方而議[82]；則天子共己而已[83]！出若入若[84]，天下莫不平均，莫不治辨，是百王之所同也，而禮法之大分也。

百里之地可以取天下，是不虛；其難者在人主之知之也。取天下者，非負其土地而從之之謂也，道足以壹人而已矣。彼其人苟壹，則其土地且奚去我而適它！故百里之地，其等位爵服，足以容天下之賢士矣；其官職事業，足以容天下之能士矣；循其舊法，擇其善者而明用之，足以順服好利之人矣[85]。賢士一[86]焉，能士官焉，好利之人服焉，三者具而天下盡[87]，無有是其外矣。故百里之地，足以竭埶[88]矣；致[89]忠信，箸[90]仁義，足以竭人矣[91]。兩者合而天下取，諸侯後同者先危。《詩》曰：

「自西自東，自南自北，無思不服。」[92]一人之謂也[93]。

羿蠭門[94]者，善服[95]射者也。王良造父[96]者，善服馭者也。聰明君子者，善服人者也。人服而埶從之，人不服而埶去之，故王者已於服人矣[97]。故人主欲得善射，射遠中微，則莫若羿蠭門矣；欲得善馭，及速致遠，則莫若王良造父矣；欲得調壹天下，制秦楚，則莫若聰明君子矣。其用知甚簡，其為事不勞而功名致大，甚易處而綦可樂也。故明君以為寶，而愚者以為難。夫貴為天子，富有天下，名為聖王，兼制人，人莫得而制也，是人情之所同欲也，而王者兼而有是者也。重[98]色而衣之，重味而食之，重財物而制之，合天下而君之；飲食甚厚，聲樂甚大，臺謝[99]甚高，園囿甚廣，臣使諸侯，一天下，是又人情之所同欲也，而天子之禮制如是者也。制度以陳，政令以挾[100]，官人失要[101]則死，公侯失禮則幽[102]，四方之國，有侈[103]離之德則必滅。名聲若日月，功績如天地，天下之人應之如景嚮[104]，是又人情之所同欲也，而王者兼而有是者也。故人之情，口好味而臭[105]味莫美焉，耳好聲而聲樂莫大焉，目好色而文章致繁婦女莫眾焉，形體好佚而安重閒靜莫愉焉，心好利而穀祿莫厚焉；合天下之所同願兼而有之，皋牢[106]天下而制之若制子孫，人苟不狂惑戇陋者，其誰能睹是而不樂也哉！欲是之主，竝肩而存；能建是之士，不世絕[107]；千歲而不合[108]，何也？曰：人主不公，人臣不忠也。人主則外賢而偏舉，人臣則爭職而妒賢，是其所以不合之故也。人主胡不廣焉無卹親疏無偏貴賤，唯誠能之求？若是，則人臣輕職業讓賢，而安隨其後；如是，則舜禹還至[109]，王業還起；功壹天下，名配舜禹，物由有可樂如是其美焉者乎！嗚呼！君人者亦可以察若言矣！楊朱哭衢涂[110]，曰：此夫過舉蹞步而覺跌千里[111]者夫！哀哭之。此亦榮辱安危存亡之衢已，此其為可哀甚於衢涂。嗚呼哀哉！君人者，千歲而不覺也。

無國而不有治法，無國而不有亂法；無國而不有賢士，無國而不有罷士[112]；無國而不有愿民，無國而不有悍民；無國而不有美俗，無國而不有惡俗；兩者竝行而國在，上偏[113]而國安，在下偏而國危；上一而王，下一而亡。故其法治，其佐賢，其民愿，其俗美，而四者齊，夫是之謂上一。如是，則不戰而勝，不攻而得，甲兵不勞而天下服。故湯以亳，武王以鄗，皆百里之地也，天下為一，諸侯為臣，通達之屬，莫不從服，無它故焉，四者齊也。桀紂即序[114]於有天下之埶，索為匹夫而不可得也，是無它故焉，四者竝亡也。故百王之法不同若是，所歸者一也。

上莫不致愛其下，而制之以禮，上之於下，如保赤子，政令制度，所以接下之人百姓有不理者如豪末，則雖孤獨鰥寡必不加焉；故下之親上，歡如父母，可殺而不可使不順，君臣上下，貴賤長幼，至于庶人，莫不以是為隆正；然後皆內自省以謹於分，是百王之所以[115]同也，而禮法之樞要也。然後農分田而耕，賈分貨而販，百工分事而勸，士大夫分職而聽，建國諸侯之君分土而守，三公總方而議，則天子共己而止矣。出若入若，天下莫不平均，莫不治辨，是百王之所同，而禮法之大分也。若夫貫日而治平[116]，權物而稱用，使衣服有制，宮室有度，人徒有數，喪祭械用皆有等宜，以是用挾[117]於萬物，尺寸尋丈，莫得不循乎制度數量然後行，則是官人使吏之事也，不足數於大君子[118]之前。故君人者，立隆政[119]本朝而當，所使要百事者[120]誠仁人也，則身佚而國治，功大而名美，上可以王，下可以霸。立隆正本朝而不當，所使要百事者非仁人也，則身勞而國亂，功廢而名辱，社稷必危，是人君[121]者之樞機也。故能當[122]一人而天下取，失當一人而社稷危，不能當一人而能當千人百人者，說無之有也。既能當一人，則身有何勞而為，垂衣裳而天下定。故湯用伊尹，文王用呂尚，武王用召公，成王用周公旦。卑者五伯，齊桓公閨門之內，縣樂奢泰游抗之脩[123]，於天下不見謂脩，然九合諸侯，一匡天下，為五伯長，是亦無它故焉，知一政於管仲也，是君人者之要守也；知者易為之興力，而功名綦大，舍是而孰足為也。故古之人，有大功名者，必道是[124]者也；喪其國，危其身者，必反是者也。故孔子曰：「知者之知，固以多矣，有以[125]守少，能無察乎！愚者之知，固以少矣，有以守多，能無狂乎！」此之謂也。

治國者分已定，則主相臣下百吏各謹其所聞，不務聽其所不聞；各謹其所見，不務視其所不見。所聞所見，誠以齊[126]矣，則雖幽閒隱辟，百姓莫敢不敬分安制[127]以化其上，是治國之徵也。

主道治近不治遠，治明不治幽，治一不治二。主能治近則遠者理，主能治明則幽者化，主能當一則百事正。夫兼聽天下，日有餘而治不足者，如此也，是治之極也。既能治近，又務治遠；既能治明，又務見幽；既能當一，又務正百；是過者也，過猶不及也；辟之是猶立直木而求其影之枉也。不能治近，又務治遠；不能察明，又務見幽；不能當一，又務正百；是悖者也，辟之是猶立枉木而求其影之直也。故明主好要[128]，而闇主好詳[129]。主好要則百事詳，主好詳則百事荒。君者，論一相，陳一法，明一指[130]，以兼覆之，兼炤之，以觀其盛者也[131]。相者，論列[132]百官之長，要百事之聽[133]，以飾[134]朝廷臣下百吏之分，度其功勞，論其慶賞，歲終奉其成功以效於君。當則可，不當則廢。故君人勞於索之，而休於使之[135]。

用國者，得百姓之力者富，得百姓之死者彊，得百姓之譽者榮。三得者具而天下歸之，三得者亡而天下去之。天下歸之之謂王，天下去之之謂亡。湯武者，循[136]其道，行其義，興天下同利，除天下同害，天下歸之。故厚德音以先之，明禮義以道之，致忠信以愛之，賞[137]賢使能以次之，爵服賞慶以申重之，時其事輕其任以調齊之，潢然兼覆之，養長之，如保赤子。生民[138]則致寬，使民則綦理，辯[139]政令制度，所以接天下[140]之人百姓，有非理者如豪末，則雖孤獨鰥寡，必不加焉。是故百姓貴之如帝，親之如父母，為之出死斷亡而不愉(141)者，無他故焉，道德誠明，利澤誠厚也。亂世不然，汙漫突盜以先之，權謀傾覆以示之，俳優侏儒婦女之請謁以悖之，使愚詔(142)知，使不肖臨賢，生民則致貧隘，使民則綦勞苦。是故百姓賤之如傴(143)，惡之如鬼，日欲司間而相與投藉之(144)，去逐之，卒有寇難之事，又望百姓之為己死，不可得也，說無以取之焉。孔子曰：「審吾所以適人，適人之所以來我也。」(145)此之謂也。

傷國者何也？曰：以小人尚民而威(146)，以非所取於民而巧，是傷國之大災也。大國之主也，而好見小利，是傷國。其於聲色臺榭園囿也，愈厭(147)而好新，是傷國。不好循正(148)其所以有，啖啖(149)常欲人之有，是傷國。三邪者在匈(150)中，而又好以權謀傾覆之人斷事其外，若是則權輕名辱，社稷必危，是傷國者也。大國之主也，不隆本行，不敬舊法，而好詐故(151)，若是，則夫朝廷群臣亦從而成俗於不隆禮義(152)，而好傾覆也。朝廷群臣之俗若是，則夫眾庶百姓亦從而成俗於不隆禮義，而好貪利矣。

君臣上下之俗莫不若是，則地雖廣，權必輕；人雖眾，兵必弱；刑罰雖繁，令下不通；夫是之謂危國，是傷國者也。儒者為之不然，必將曲辨[153]，朝廷必將隆禮義而審貴賤，若是則士大夫莫不敬節死制者矣。百官將齊其制度，重其官秩[154]，若是則百吏莫不畏法而遵繩矣。關市幾[155]而不征，質律禁止而不偏[156]，如是則商賈莫不敦慤而無詐矣。百工將時斬伐，佻[157]其期日，而利其巧任[158]，如是則百工莫不忠信而不楛[159]矣。縣鄙將輕田野之稅，省刀布之斂，罕舉力役，無奪農時，如是則農夫莫不朴力而寡能[160]矣。士大夫務節死制，然[161]而兵勁。百吏畏法循繩，然後國常不亂。商賈敦慤無詐，則商旅安，貨通財[162]，而國求給矣。百工忠信而不楛，則器用巧便而財不匱矣。農夫朴力而寡能，則上不失天時，下不失地利，中得人和，而百事不廢。是之謂政令行，風俗美。以守則固，以征則彊，居則有名，動則有功，此儒之所謂曲辨也。

【注釋】❶國者天下之制利用也　楊注云「制」字衍。言國家是天下用之最利的。❷利埶　勢之最利者。❸綦　借為極。❹齊湣宋獻　齊湣王為淖齒所殺。宋獻，宋君偃，為齊湣王所滅。《呂氏春秋》云宋康王，劉師培以為「獻」即「康」字之訛。❺將道　行道。《廣雅．釋詁》：「將，行也。」❻挈國以呼禮義　言挈國用乎禮義。挈，提舉。以，用。呼，和乎通，語助詞。❼擽　盧云元刻本從木作櫟。櫟，借為礫，小石。此處形容小石堅确的樣子，引申為堅确的樣子。❽之所　之，其的意思。上句之人的「之」同。❾主之所極然　王引之云「之所」上本無「主」字。極，和亟通，敏疾之意。❿綦　劉台拱云此綦亦訓為極，如皇極之極。極猶言標準。王念孫以為極是指義。⓫誠義乎志意加義乎身行　言志意和立身立行，都以義。⓬襲然　合一的樣子。⓭部發　部，楊注云當為「剖」。剖發，謂開發。⓮亳　湯的國都。⓯鄗　和鎬同，武王的都京。⓰奏　借為湊，聚的意思。⓱已諾　諾，許。已，不許。⓲皆知其可要也　皆知其可與要約而不欺。要，約。⓳不欺其與　不欺凌相親與的友邦。與，相親與之國。⓴綦　借為極。王念孫以為指信。㉑五伯　諸侯之長叫伯。即指春秋五霸。㉒本　當作「平」，下同。㉓非致隆高也　不如堯舜禹湯之極隆高。致，極。㉔鄉方略　所向唯在方略，不在用仁義。鄉，借為嚮、向。㉕齺然　齺，齒相應。《廣韻》：「齺，齒相近皃。」齺然，上下相向的樣子。㉖彊殆中國　其彊能危殆中國。㉗略　取。㉘以呼　以，用。呼，和乎通，語助詞。㉙內不脩正其所以有　顧以為「內」字不當有，「不」下當有「好」字。㉚然常欲人之有　王念孫據下文云「然」上當有「啖啖」二字。有，指土地貨財。㉛齊閔薛公　薛公，孟嘗君田文，為齊閔王之相。齊閔王為五國所伐，皆薛公使然，故同言之。㉜緜緜常以結引　緜緜，不絕的樣子。結引，謂結納與國。㉝南足以破楚　《史記》載齊閔王三十三年與秦敗楚於重丘，南割楚之淮北。㉞西足以詘秦　《史記》載齊閔王二十六年與韓魏共攻秦，至函谷而軍焉。㉟北足以敗燕　敗燕事未詳。梁云史遷在〈燕世家〉載閔王令章子將五都之兵伐燕，卻在〈田齊世家〉、〈六國表〉又並未互載這件事，《戰國策》及《孟子》均將這件事歸齊宣王，較《史記》為確。㊱中足以舉宋　舉，謂舉其國而滅之。閔王三十八年伐宋，宋王死於溫。所滅即宋康王。㊲及以燕趙起而攻之若振槁然　振，擊。槁，枯葉。

閔王四十年，燕秦楚三晉敗齊於濟西。言當權謀彊盛之時雖破敵滅國，但當樂毅率諸國兵攻之，若擊枯葉之易。㊳則必稽焉　稽，歸止。《說文》：「稽，留止也。」言後世言惡必歸止於閔王。㊴錯　借為措，措置，下同。㊵道之　行之。下文「何法之道」、「道王者之法」的道，都釋為行。㊶蔵　和穢同。㊷國錯　梁引王懋竑云當作「錯國」。錯借為措。㊸非封焉之謂也　封，疆界。言不僅是畫分疆界而已。㊹誰子之與　言求誰人付與之。㊺積　即〈儒效篇〉「積善全盡」的積。㊻是憚憚非變也　憚，和襌通，襌又和墠通。除地而祭謂之墠，古代以君位授人必築壇場，所以授位也稱禪位。劉師培云：「荀子此意，言國之政務當日即于新，即孟子所謂新子之國也，特今之各國雖有改姓受命之事，實則舊習未更，不過君臣易位而已。」㊼改王改行　楊注云或曰，玉，佩玉。王叔岷先生云元本、類纂本「王」亦作「玉」。劉師培云，改玉改行，指篡位言。臣佩君玉謂之改玉，臣行君步謂之改行。㊽厭焉有千歲之固　厭焉，安然。固，《群書治要》引作「國」為是。㊾千歲之信士為之　使千歲的信士來為政。㊿千歲之法　指禮義。(51)固　和楛通，破敗。和彊義正相反。(52)身能相能如是者王　像湯伊尹、文王太公即是。(53)身不能知恐懼而求能者如是者彊　像燕昭王樂毅即是。(54)身不能四句　像楚襄王左州侯右夏侯即是。(55)綦之而亡　綦，極。像宋康王即是。(56)小巨分流　小大各半，像水的分流。(57)故曰句　粹，全。駮，雜。三句又見〈彊國篇〉。(58)錯　借為措，置。(59)詩云句　所引為《詩經》的逸篇。將將，大的樣子。詩的原義不得詳知。依《荀子》上文之意，言禮之正國，則此詩亦當指禮而言。言禮廣大體備，如霜雪的無不周徧，如日月的無不照臨，為禮則禮存國存，不為禮則禮亡國亦亡。(60)民　顧以為當作「君」。(61)由　和猶通。(62)恬　安。(63)綦臭　綦，極。上同。臭，氣味。(64)有具　具謂廣大富厚、治辨彊固之道。(65)闇君必將急逐樂　《群書治要》引「闇君」下有「者」字，王叔岷先生云元本、類纂本、百子本並有「者」字。此亦當有。王念孫云元刻世德堂本「急」作「荒」，《群書治要》引亦作荒，類纂本亦作荒。《逸周書・謚法篇》：「好樂怠政曰荒。」《管子・戒篇》：「從樂而不反謂之荒。」(66)校　計。(67)若言　如此之言。(68)曲列　王念孫云〈君道篇〉作「一日而曲辨之」，辨和別古字通，此句「列」當為「別」之譌。言以累日之治而辨於一日。(69)論一相以兼率之論，討論，選擇。率，率領。[70]宿道鄉方而務　宿道，宿止於道。鄉，借為嚮、向。向方，不迷亂之意。[71]一天下　王引之云上當有「功」字，下文「功壹天下，名配舜禹」可證。[72]之主　之，是，此。之主，這個君主。[73]官　任用人為官。[74]百畝一守　百畝為一夫所守。[75]事業窮　言所有耕稼之事就窮於一身。[76]治不足　言所治之事少不足夠他來理治。[77]秏顇　秏，和耗同，謂精神耗竭。顇，顦顇。[78]臧獲　奴婢之類。[79]埶業　埶，指所居之位。業，指所埶之業。[80]縣天下　能懸衡天下為四海持平。[81]官施之　言官方任用之。施，用。[82]三公總方而議　總，領。議其所順總領之政。像自陝以東周公主之，自陝以西召公主之，一相處於內，即是。[83]共己而已　王叔岷先生云元本、類纂本、百子本並作「而已矣」。共，和恭通。[84]出若入若　謂內外皆如此。若，如此。[85]足以順服好利之人矣　謂擇務本厚生之法而用之，則人民衣食豐足，好利之人自然順服了。[86]一皆，言天下賢士都來仕。[87]盡　謂盡有之。[88]竭埶　竭，盡。埶，天下之勢。[89]致　極。[90]箸　彰明。[91]足以竭人矣　竭，盡。使天下之人盡都來歸。[92]詩曰句　所引為《詩經・大雅・文王有聲》第六章。見〈儒效篇〉注。[93]一人之謂也　其道足以齊一人，所以四方都歸順。[94]蠭門　即蠭蒙，學射於羿。[95]服　屈服。[96]王良造父　王良，趙簡子之御，《韓非子》云字伯樂。造父，周穆王之御。二人皆善御。[97]王者已於服人矣　已，止。言王者之功止於服人。[98]重　多，下同。[99]謝　借為榭。[100]挾　借為浹，洽的意思。[101]要　政令之要約。[102]幽囚。[103]侈　借為誃，離。《說文》：「誃，離別也。」[104]景嚮　景，即影字。嚮，和響通。[105]臭　香味。[106]罣牢　罣，當作皐，皐俗作皋。皋牢，牢籠之意。《後漢書・馬融傳》：「皋牢陵山。」注：「皋牢，猶牢籠也。」[107]世絕　言終世無其人。三十年為一世。[108]千歲而不合　千歲不得一遇合。[109]還至　即至。下句中「還起」，即起之意。[110]楊朱哭衢涂　楊朱，戰國時人，後於墨子，曾與墨子弟子禽滑釐辯論。其說主愛己，拔一毛而利天下不為。衢涂，歧路。楊朱遇歧路而哭。[111]過舉蹞步而覺跌千里　蹞步，半步。覺，知。跌，差。衢涂過舉半步，即覺知其差跌千里；喻人一念得失，可知畢生，不必果至千里，方覺其差。[112]罷士　無行之士。[113]上偏　偏行上事，謂治法多，亂法少；賢士多，罷士少；愿民多，悍民少之類。下偏則正相反。[114]序　王念孫以為「厚」

字之誤。(115)以　王念孫以為衍文。(116)若夫貫日而治平　上文有「若夫貫日而治詳」，〈君道篇〉有「併耳目之樂而親自貫日而治詳」，兩文相同，俞以為此文「平」字亦當作「詳」。本文假「羊」為「祥」，「羊」又誤為「平」。(117)用挾　用，王念孫以為「周」字之誤。挾，借為浹。(118)不足數於大君子　數，閱數。大君子，君子之中尤為賢能者。(119)隆政　郝以為「政」借為「正」。(120)所使要百事者　主百事之要約綱紀的即指相。(121)人君　楊注以為當作「君人」。(122)能當　謂能用人得當。(123)縣樂奢泰游抏之脩　言齊桓公唯此是修。縣，和懸通，簨簴，用來懸鐘磬的，橫的叫簨，直的叫簴。泰，和汰同。抏，和玩同。之，是。(124)必道是　道，行。是，此。言必行任賢之事。(125)有以　有，和又通。以，和已通。(126)齊　謂各當其事不相侵越。(127)敬分安制　謂安於國家的制度，不敢踰分。(128)好要　任一相而委之，即是好要。(129)好詳　不委人而自己理治百事，即是好詳。(130)陳一法明一指　指，指歸。一法一指，都指綱紀而言。(131)以觀其盛者也　盛，借為成。言觀其成功。(132)論列　論，選擇。列，置於列位。(133)要百事之聽　要取百事之治，以考得失。聽，治。(134)飾　刷飾。《說文》：「飾，㕞也。」㕞即刷字。(135)君人勞於索之而休於使之　言君得賢相使之，自己就可以息勞。索，求。休，息。(136)循　王先謙云虞王本作修，王叔岷先生云元本亦作修，百子本作脩。按作修或脩為是。(137)賞　楊注云當為「尚」。(138)生民　生養人民。(139)辯　借為辨，明辨。(140)天下　王念孫以為「天」字為後人所加，下是對上而言。(141)不愉　楊注云「不」字衍。愉，高興。(142)詔　告教。(143)佂　正字當作伍，曲脛殘廢之人。《說文》：「伍，曲脛之人也。」《正字通》：「伍，與佂同。」(144)司間而相與投藉之　司間，伺其間隙。投，擲。藉，踐踏。(145)孔子曰句　王念孫云下「適」字衍，《群書治要》引下無「適」字。言審慎我和別人相交之道，別人自然會來報我。(146)以小人尚民而威　尚，上。使小人在上位而作威。(147)厭　借為饜，滿足。(148)循正　盧以為作「修正」為是，梁據元本改「循」為「修」，王叔岷先生云百子本亦作「修」。(149)啖啖　王先謙以為下脫「然」字。啖啖然，欲食的樣子。(150)匈　和胷同，胷即胸字。(151)故　也是詐的意思。(152)成俗於不隆禮義　言以不隆禮義為成俗。(153)曲辨　曲，周。辨，治。(154)秩祿。(155)幾　借為稽，稽查。(156)質律禁止而不偏　質律，質劑，券書之類。因其可以為法故言質律。禁止而不偏，謂禁止姦人而不偏聽。《周禮・小宰》：「聽賣買以質劑。」鄭司農注：「質劑，平市價，今之月平是也。」鄭玄注：「兩書一札，同而別之，長曰質，短曰劑，皆今之券書也。」157佻　和傜同，緩。158巧任　猶巧能。159楛　指器物濫惡不牢固。160能　梁以為當讀為「態」，「態」讀為「姦慝」之「慝」。161然　如此。162貨通財　王念孫以為當作「貨財通」。

【語　譯】國家是天下用之最利的，人主是天下勢之最利的。得其正道來守持，則可以大安，可以大榮耀，而是積聚美善的本源；不得其正道來守持，則必大危殆，必大害累，有它還不如沒有；等到窮極的時候，想求做一個匹夫也不可得；像齊湣王、宋康王就是。所以人主是天下勢之最利的，然而不能自安，想要自安必須要行治道。

治理國家的，建立了義就可以王，建立了信就可以霸，建立權謀就要滅亡；這三類是明主所要謹慎選擇的，是仁人所要務求明揚顯白的。提舉一國來用禮義而不用它事來傷害，行一件不義的事，殺一個無罪的人，便可以得到天下，仁人是不做的；他的持心持國像石頭一般堅固。所與為政的人，都是一些正義之士；所布陳於國家的刑法，都是些正當的義法；所敏疾帥領群臣趨向的，都是正當的義志。這樣，則在下的都仰奉在上以義了，也就是國家的皇極已定，皇極定則國家安定，國家安定則天下安定。仲尼沒有置錐之地，而他能志意有義，立身立行有義，又能以義著之於言語，既成之後，天下不能隱蔽，名聲留傳後世。現在天下顯貴的諸侯如也能志意有義，法則度量有義，又能以義著之於政事，又申重賞罰貴賤，使襲然終始合一；這樣，則名聲的發揚於天地之間，豈不就像日月雷霆一般明揚響亮嗎！所以說，一國都來取濟於義，一朝便可顯白天下，湯武就是這樣。湯以亳，武王以鄗，都是百里的地方，而能統一天下，臣服諸侯，通達的地方，沒有不從服的，這沒有其他緣故，是因為取濟於義，也就是前面所說的義立而王。德雖然沒到極至，義雖然沒有成濟，然而天下的理大略湊聚，刑賞諾否已昭信於天下，臣下都知道可以同他要約。政令已經宣布，雖然看到利敗，也不更改欺民；約盟已定，雖然看到利敗，也不更改欺騙與國；這樣，則兵強城固，敵國畏懼；國內齊一信守彰明，與國就會信任；雖然是一個僻陋的國家，威名也可震動天下，五霸便是這樣。並不是平他的政教，並不是極其崇高，並不是極其有文理，並不是服人之心，而是所向在於方略，能審度勞佚，謹嚴蓄積，修具戰備，上下都能相應互信，而天下沒有敢於抵擋的。所以齊桓、晉文、楚莊、吳闔閭、越句踐，都是僻陋的國君，威名能震動天下，盛彊能危殆中國，這沒有其他緣故，是能夠取於信，也就是所謂信立而霸的道理。提舉一國用乎功利，不務求開張義法，取濟於信，祇知道求利，在國內不怕欺詐人民以求小利，對外不怕欺詐與國而求大利，在內不能修正自己所有的，然而常常貪欲別人所有的；這樣，則臣下百姓沒有不以詐心來對待君上了。君上欺詐臣下百姓，臣下百姓欺詐君上，則上下離析；這樣，則敵國輕視，與國猜疑，權謀機詐日行，而國家不免危殆割削，太甚的話就要滅亡，齊閔王、薛公便是這樣。齊閔王、薛公用事於齊國，並不修禮義，平政教，並不齊一天下，祇是不斷的結引與國向外擴展為務。彊盛向南足以破敗楚國，向西足以屈服秦國，向北足以擊敗燕國，中央足以滅亡宋國；但是等到燕趙之兵起而攻伐，像擊枯葉一般，自身死亡國家破滅，為天下的大刑戮，後世談到惡事，必歸到他們身上；這沒有其他緣故，就是因為他們不循禮義而祇用權謀機詐啊！這三類是明主要謹慎去選擇的，是仁人所要務求顯白明揚的。善於抉擇的可以制人，不善抉擇的要受制於人。

國家是天下的大器，是極重大的責任，不可不善加選擇處所來措置，措置在危險之處國家就危殆；不可不善為選擇正道來行，道途穢亂就阻塞不通；國家危殆或行道阻塞就要滅亡。措施國家政事的，並不是僅僅畫分疆界就算了，而是要用什麼治法來引導，要付與什麼人去做。所以引導用王者之法，付與王者之人去做，就可以王；引導用霸者之法，付與霸者之人去做，就可以霸；引導用亡國之法，付與亡國之人去做，就要敗亡。這三類，是明主要謹慎選擇的，是仁人所要務求顯白明揚的。

國家是一種重大的肩負，要沒有積善全盡的人格和才能來持守是不成的。國家是要當日就要新的，可是如今只是改姓受命，舊習未改，只是禪國，而沒有變易舊政，只是臣篡君位君臣易位。所以一朝的事，一日之人，然而安然有千歲的國家，是什麼道理？是因為用千歲的信法來持守；同時使千歲的信士來為政。人沒有百歲的長壽，而有千歲的信士，是什麼道理？能用千歲的法度禮義來持守的，就是千歲的信士。能付與禮義的君子來為政就可以王，付與端誠信全之士為政就可以霸，付與權謀傾覆之人為政就要敗亡，這三種，是明主要謹慎選擇的，而仁人務必要顯白明揚的。善於選擇的可以制人，不善選擇的要受制於別人。

持守國家的，必然不可以獨治；那麼國家的彊敗榮辱就在於選取宰相。自身有才能，宰相又有才能，這樣就可以王。自身沒有才能，但是知道恐懼而去尋求有才能的人，這樣就可以彊。自身沒有才能，又不知道恐懼而尋求有才能的人，祇知道用那些身邊邪僻親信的人，這樣就要危削。如果太甚就要滅亡。國家如大用之就大，小用之就小；極大就可以王，極小就要滅亡，小大各半像水的分流就可以安存。所謂大用之，就是先求義後言利，不問親疏，不問貴賤，就是尋求真正有才能的，這就叫做大用之。所謂小用之，就是先求利後言義，不問是非，不理曲直，衹是用那些邪僻親近自己的人，這就叫做小用之。大用之像那樣，小用之像這樣；小大各半如水分流的，也是一件像那樣，一件像這樣。所以說：「純全的可以王，駁雜的可以霸，無一可取的就要滅亡。」說的就是這種道理。

國家沒有禮就不能正國。禮的所以能正國，譬如就像秤的衡量輕重，就像繩墨的校正曲直，就像規矩的度量方圓，既然設置了人就不能誣妄。《詩經》裏說：「好像霜雪的廣大周徧，好像日月的光明照臨。為禮就會安存，不為禮就要敗亡。」說的就是這種道理。

國家危殆就沒有快樂的君主，國家安泰就沒有憂愁的君主。混亂則國家危殆，安治則國家安泰。現今的人君，急於追逐安樂而緩於治國家，豈不是太過了嗎！譬如就像好聲色，而卻安於沒有耳目，豈不是可悲嗎！大凡人情是眼睛喜好極好的美色，耳朵喜好極好的美聲，嘴喜好極好的美味，鼻子喜好極好的香氣，心喜好極其安逸的事，這五種極好的喜好，是人情所必不免的。養這五種極好的喜好，是有其道的，如果不得其道，這五種極好的喜好是不能得到的。萬乘的國家可說是廣大富厚了，再加以安治疆固之道，這樣就可以安樂沒有患難了，然後養這五種極好的喜好之道就具備了。所以各種安樂，都產生在治國；憂患的事，產生在亂國。急於追逐安樂而緩於治國的人，並不是懂得求樂的人。所以明君，必定要先治理國家，然後各種安樂自在其中；闇君必定要急於追逐安樂而緩於治國，所以憂患多得不可以計算；一定要等到身死國亡然後為止，豈不可悲嗎！將要尋求安樂，卻得來憂患；將要尋求安治，卻得來危亡；將要尋求幸福，卻得到死亡；豈不是可悲嗎！唉！為人君的，也可以審察一下這些話了。治理國家是有其正道的，君主是有其職守的。至於累日的治理詳情，而治辨之於一日，這是要使百吏官人去做的，不足以妨害君主的游玩燕樂。好像去選論一位宰相來統率，使臣下官吏都能止於道而向方，這是人主的職守，這樣就會功在統一天下，名聲匹配堯禹；這樣的君主，所守持的簡約而完成的詳備，所任的事少而安佚，功績卻大，垂衣裳不下榻席，而海內的人沒有不願尊為帝王的，這就叫做至約之道，安樂沒有比這更大的。

人君是以能任人為官為能的，匹夫是以自己所能為能的。人主可以使別人去做，匹夫就沒有可推移的。百畝田是一夫所守，所有耕稼的事就窮於一身，沒有可以推移的。今人君一人治理天下之事，而仍是日有餘暇事情不足以治理，就是因為人君使別人去做。大而有天下，小而有一國，事事必定要自己去做才行，那勞苦耗竭顛顇沒有更甚的了；像這樣，就是奴婢也不肯同天子交換地位和事情了。因此懸衡天下，統一四海，何必一定要自己去做呢？要去做，就是役夫之道，是墨子的學說。論評德行才能用人為官，是聖王之道，是儒家所謹守的。古傳裏說：農夫分田耕種，商賈分貨販賣，各種工匠分事勤奮去做，士大夫分職而聽政，建國諸侯的君主分土而守國，三公總領一方而議事；這樣天子只要恭己就行了！出入內外都如此，則天下沒有不均平，沒有不治理的，這是百王所同的，也是禮法的大分。

百里之地可以取天下，是不假的；難處是在人主能否知道；所謂取天下，並不是叫人負荷土地版籍來追隨，是他的道足以齊一人民。他如能齊一人民，那麼土地會到哪裏去呢！所以百里之地，他的等級爵位，足以容納天下的賢士了；他的官職事業，足以容納天下的能士了；遵循舊法，選擇好的來明用它，足以順服好利的人了。賢士都來仕，能士都來任官，好利之人都順服，三者齊備則盡有天下，沒有其他例外的。所以百里之地，可以竭盡天下之勢；極其忠信，明著仁義，足以盡天下之人了。兩者合備可以取天下，諸侯後歸附同的要先危殆。《詩經》裏說：「由西方由東方，由南方由北方，沒有不從服的。」說的就是能齊一眾人的道理。

羿和蠭門是善於服那些射箭的，王良、造父是善於服那些駕車的，聰明的君子是善於服人的。人從服而勢權就隨著來，人不從服權勢就失去，所以王者之功就止於服人了。人主想要得到善射的人，能夠射得遠中得微小目標，就沒有及得上羿、蠭門的了；想要得到善於駕車的人，能夠快速行達遠方，就沒有及得上王良、造父的了；想要得到調壹天下，制服秦楚，就沒有及得上聰明君子的了。他用的智慮很少，做的事並不勞繁而達致的功名卻很大，很容易處而極可樂。所以賢明的君主以他為寶，而昏愚的君主偏以為難。貴為天子，富有天下，名聲是聖王，能夠兼治人，而人不能制我，這是人情所共同期望的，而王者卻兼有了這些。多采的美衣給他穿，多味的美食給他吃，很多的財物給他管理，合天下之人給他君臨；飲食很豐厚，聲樂很廣大，臺榭很高，園囿很廣，臣使天下的諸侯，統一天下，這又是人情所共同期望的，而天子的禮法制度規定就是這樣。制度陳布了，政令和洽了，而官吏如再失守要約就要處死，公侯失守禮制就要幽囚，四方諸侯之國，有乖離之心的就要被滅。名聲如同日月，功績如同天地，天下人應和他如影之隨形響之應聲，這又是人情所共同期望的，而王者也兼有了這些。所以人情，口好味，而再沒有比香味更美的；耳好聲，再沒有比聲樂更美的；眼睛好美色，再沒有比文彩繁多以及婦女更美的；形體好安逸，再沒有比安適閒靜更愉快的；心好利，再沒有比穀祿更厚的；合天下所共同期望的而都兼有了，牢籠天下人來服制像服制子孫一般，人假如不是狂惑戇愚，誰能看到這些而不喜樂呢！想得到這些的君主，並肩而立到處都是；可是能建立這些的人，卻終世無其人；兩者千年不得一遇合，是什麼道理？就是因為人主不公，人臣不忠啊！人主疏外賢臣而偏舉親信，人臣爭奪職祿而妒嫉賢人，這就是不能遇合的緣故。人主為什麼不開廣的不問親疏不偏貴賤，祇求真正有才能的人，如果能這樣，則人臣就會輕他的職位而讓賢，而安然追隨其後；這樣，則如同舜禹的聖君即時到來，王業即時興起了；功壹天下，名聲匹配舜禹，天地間的事還有比這個更美更可樂的嗎！唉！為人君的也可以察度一下這個話了。楊朱見歧路而哭，說道：這歧路如錯走半步就知道要差跌千里了。於是悲哀痛哭起來。現在人君的抉擇也是榮辱安危存亡的歧途，這個可哀更甚於歧路。唉！為人君的，竟千年而不知覺悟啊！

沒有一個國家沒有治法的，沒有一個國家沒有亂法的；沒有一個國家沒有賢士的，沒有一個國家沒有無行之士的；沒有一個國家沒有謹愿的人民的，沒有一個國家沒有蠻悍的人民的；沒有一個國家沒有美好的風俗的，沒有一個國家沒有鄙惡的風俗的；好壞兩類並行國家可以存在，偏行上等的事國家可以安治，偏行下等的事國家就要危殆；能夠全是上等好的可以王天下，全是下等壞的就要滅亡。所以一個國家他的法是治法，他的臣佐是賢臣，他的人民是謹愿的，他的風俗是美好的，而這四者齊備，就叫做上一。像這樣，就可以不戰而勝，不攻而得，甲兵不用勞動就可以使天下順服。所以湯用亳，武王用鄗，都是百里的國土，而天下歸一，諸侯稱臣，四方通達之處，沒有不從服的，這沒有其他緣故，就是以上四者齊備啊！桀紂雖然已厚有天下的勢位，但是求做匹夫都不可得，這沒有其他緣故，以上四者都不具有啊！百王之法雖然像這樣不同，但最後的指歸是一樣的。

在上的沒有不極愛他的臣下的，而要用禮法去制理，上之對下，就如同保育幼兒，政令制度，是用來接遇在下百姓的，如有毫末之微的不好的地方，則雖是孤獨鰥寡之人也必不加在他身上；所以在下的親近在上的，歡愛如同父母一般，可以被殺而不能使他不順，君臣上下，貴賤長幼，以至於百姓，沒有不以這個為隆崇正道的；然後內自省度而謹守職分，這是百王所同一的大道，是禮法的樞要。然後農人分田而耕種，商賈分貨而販賣，各種工匠分事而勸勉，士大夫分職而聽政，建國諸侯的君主分土而守國，三公總領一方而議事，則天子祇要恭己就行了。內外出入都這樣，則天下沒有不均平，沒有不治理的，這是百王所同的，是禮法的大分。至於累日的治理詳情，權量事物以稱於用，使衣服有規制，宮室有度量，人徒有定數，喪祭械用都有等級之宜，以此周洽於萬物，尺寸尋丈沒有不遵循制度數量來做的，這是官人使吏之事，不足以數說在大君子的面前。所以為人君的，能立隆崇正道在朝廷而得當，所使主持百事要約綱紀的是仁人，則君主身安逸而國家平治，功績大而名聲美，上可以王天下，下也可以霸天下。立隆崇正道在朝廷而不得當，所使主持百事要約綱紀的不是仁人，則君主身勞煩而國家混亂，功業廢弛而名聲羞辱，社稷必然危殆，這是為人君的一個關鍵。能用一人而當則可以取天下，用一人而失當則社稷危殆，不能用一人而當卻能用千人百人而當，這是沒有這種說法的。既然能用一人而當，則君主又有什麼需要勞煩的，可以垂衣裳而天下自然安治了。所以湯用伊尹，文王用呂尚，武王用召公，成王用周公旦。功業較低的五霸，齊桓公閨門裏面，只是修做淫樂奢汰遊玩的事，天下並不說他是修正的人，然而他卻能九合諸侯，匡正天下，為五霸之首，這也沒有其他緣故，知道把國政歸一於管仲罷了，這是為人君的重要的持守。有智慧的人容易發動力量，而功名極大，捨掉這個還有什麼可為的呢？

所以古人，有大功名的，一定走這條路；而喪亡國家，危殆其身的，一定同這個相反。所以孔子說：「智人的所知，固然已經很多，卻又能守任賢恭己之道，能不明察嗎！愚人的所知，固然已經很少，又去守多煩而不任賢之道，能不狂惑嗎！」說的就是這種道理。

治國的禮分已定，則人主宰相臣下百吏，各自謹慎他所聽聞的，不求聽他所不能聽到的；各自謹慎他所見到的，不求看他所不能看見的。所聞所見，誠然已經齊整而不踰越，則雖幽閒隱僻的，百姓也沒有敢不安分守制受在上的化治，這是治國的徵驗。

人主之道治近不治遠，治明不治暗，治一不治二。人主能治近則遠者自理，人主能治明則暗的自化，人主能當一則百事皆正。兼聽天下之事，而日有餘暇事情像是不夠做，就是這個道理，這是治政的極致之道。既能治近的，又要去治遠的；既能治明的，又要去治暗的；既能當一，又要去正百；這是太過了，太過同不及是一樣的；譬如就像樹立一根直木，卻要它的影子邪曲。不能治近的，又要去治遠的；不能察明的，又要見暗的；不能當一，又要去正百；這是太背於理了，譬如就像立一根彎木，卻要它的影子正直。所以明主好守要約，昏主好自求詳備。人主好要約則百事詳備，人主好詳備則百事荒怠。君主，就是要論求一相，陳布一法，明示一指，來兼覆他們，來照臨他們，以靜觀其成。宰相要論列百官的高低，要取百事的治理，刷飾朝廷臣下百吏的職分，審度他的功勞，論詳他的慶賞，一年終了將這些功績奉獻給君主。得當的留用，不得當的廢棄。所以為人君的勞於求賢，用賢以後卻得休息。

用事於國家的，得百姓的勤力的可以富，得百姓的死命的可以彊，得百姓的稱譽的可以榮。三種都具備則天下歸服，三種都沒有則天下棄去。天下歸服叫做王，天下棄去叫做亡。湯武能修其道，行其義，興發天下共同的利益，除去天下共同的患害，天下都來歸服。所以厚德音來先導，明禮義來誘導，極忠信來愛護，尚賢使能來次列，爵服慶賞來申重，依時興事減輕負任來調劑，潢然廣大的被覆他們，養長他們，像保護幼兒一般。生養人民極其寬厚，役使人民極其合理，明辨政令制度，所用接遇在下百姓的，有不合於理的就是毫末之微，則雖然是孤獨鰥寡之人，也一定不加在他身上。所以百姓尊貴他如天帝，親敬他如父母，為他出身致死果決犧牲而感到高興，這沒有其他緣故，因他的道德真正明彰，利澤誠然廣厚啊！亂世卻不然，用汙漫突盜來先導，用權謀傾覆來昭示，用俳優侏儒婦女的請謁來悖亂，使愚的告教智的，使不肖的官臨賢能的，生養人民則極其貧乏，役使人民則極其勞苦。所以百姓輕賤他如同殘疾之人，厭惡他如同鬼魅，整天想伺他的間隙把他投擲踐踏，把他驅逐。一旦遇有寇侮禍難之事，又期望百姓能為自己出死力，那是不可得的，論說之中也沒有取這種說法的。孔子說：「審察我所以與人的，將來便是人來報我的。」說的就是這種道理。

傷國是什麼？是小人在百姓之上而作威，以不當取而取於民非常巧詐，這是傷國的大災害。大國的君主，而好見小利，這是傷國。對於聲色臺榭園囿，愈厭足而愈好新奇，這是傷國。不知道修正自己所有的，而貪欲不足的貪求別人所有的，這是傷國。以上三種邪想在胸中，而又好用權謀傾覆之人行事於外，這樣則權勢必輕名譽必辱，社稷必然危殆，這便是傷國。大國的君主，不崇重他的本務，不敬重舊的法度，而好詐偽，這樣，則朝廷的群臣也隨著以不尊崇禮義為成俗，而好傾覆了。朝廷群臣的成俗如此，則眾庶百姓也隨而以不尊崇禮義為成俗，而好貪利了。君臣上下的成俗沒有不如此的，則國土雖廣大，權勢也必然要減輕；人民雖眾多，兵力也必然要減弱；

刑罰雖繁密，政令下行必然不通達；這叫做危殆的國家，這也就是傷國。儒者是不如此的，必然要周徧求治，朝廷必然要尊崇禮義而審視貴賤，這樣則士大夫沒有不敬慎節義死於職分了。百官則要齊一制度，厚重他的官位秩祿，這樣則百吏沒有不畏法而遵守繩墨了。關市祇稽查而不徵稅，質劑用來禁止姦人不偏聽，這樣則商人沒有不敦厚謹慤而不欺詐的了。百工依時斬伐樹木，緩他的期限，使他利於巧能，這樣則百工沒有不忠信的，而器物也不會濫惡不牢了。對於縣鄙減輕田野稅賦，省去刀布的雜斂，少興工役，不奪取農時，這樣則農夫沒有不勤力的，而少有姦慝了。士大夫務守節義死其職分，這樣就會兵強。百吏畏法而遵守繩墨，國家就可以常時不亂。商人敦厚謹慤而不欺詐，則商旅安，貨財通流，而國家所需求就足以供給了。百工忠信而器物不濫惡，則器用美巧利便而財用就不會匱乏了。農夫勤力而少姦慝，則上不失天時，下不失地利，中得人和，各種事情就都不會荒廢。這就叫做政令下行，風俗敦美。用以守國則堅固，用以征伐則彊勝，居守則有美名，外動則有功績，這就是儒者的所謂周徧治理。

君道篇

有亂君，無亂國；有治人，無治法。羿之法非亡也，而羿不世中❶；禹之法猶存，而夏不世王。故法不能獨立，類不能自行；得其人則存，失其人則亡。法者，治之端也；君子者，法之原也。故有君子，則法雖省，足以偏矣；無君子，則法雖具，失先後之施，不能應事之變，足以亂矣。不知法之義而正法之數者❷，雖博臨事必亂。故明主急得其人，而闇主急得其埶。急得其人，則身佚而國治，功大而名美，上可以王，下可以霸；不急得其人，而急得其埶，則身勞而國亂，功廢而名辱，社稷必危。故君人者，勞於索之，而休於使之❸。《書》曰：「惟文王敬忌，一人以擇。」❹此之謂也。

合符節，別契券者，所以為信也；上好權謀，則臣下百吏誕詐之人乘是而後欺。探籌投鉤❺者，所以為公也；上好曲私，則臣下百吏乘是而後偏。衡石稱縣❻者，所以為平也；上好傾覆，則臣下百吏乘是而後險。斗斛敦槩❼者，所以為嘖❽也；上好貪利，則臣下百吏乘是而後豐取刻與以無度取於民。故械數者，治之流也，非治之原也。君子者，治之原也。官人守數，君子養原；原清則流清，原濁則流濁。故上好禮義，尚賢使能，無貪利之心，則下亦將綦辭讓，致忠信，而謹於臣子矣。如是則雖在小民，不待合符節別契券而信，不待探籌投鉤而公，不待衡石稱縣而平，不待斗斛敦槩而嘖。故賞不用而民勸，罰不用而民服，有司不勞而事治，政令不煩而俗美；百姓莫敢不順上之法，象上之志，而勸上之事，而安樂之矣。故藉斂忘費❾，事業忘勞，寇難忘死。城郭不待飾而固，兵刃不待陵❿而勁，敵國不待服而詘，四海之民不待令而一。夫是之謂至平。《詩》曰：「王猶允塞，徐方既來。」⓫此之謂也。

請問為人君？曰：以禮分施，均偏而不偏。請問為人臣？曰：以禮待君⑫，忠順而不懈。請問為人父？曰：寬惠而有禮。請問為人子？曰：敬愛而致文⑬。請問為人兄？曰：慈愛而見友。請問為人弟？曰：敬詘而不苟⑭。請問為人夫？曰：致功而不流⑮，致臨而有辨⑯。請問為人妻？曰：夫有禮則柔從聽侍，夫無禮則恐懼而自竦也。此道也，偏立而亂，俱立而治，其足以稽矣。請問兼能之奈何？曰：審之禮也，古者先王審禮以方皇周浹⑰於天下，動無不當也。故君子恭而不難⑱，敬而不鞏⑲，貧窮而不約，富貴而不驕，並遇變態而不窮，審之禮也。故君子之於禮，敬而安之；其於事也，徑而不失；其於人也，寡怨寬裕而無阿⑳；其所㉑為身也，謹修飾而不危㉒；其應變故也，齊給便捷而不惑；其於天地萬物也，不務說其所以然而致善用其材；其於百官之事技藝之人也，不與之爭能而致善用其功；其待上也，忠順而不懈；其使下也，均徧而不偏；其交遊也，緣義而有類㉓；其居鄉里也，容而不亂㉔。是故窮則必有名，達則必有功，仁厚兼覆天下而不閔㉕，明達用㉖天地理萬變而不疑㉗。血氣和平，志意廣大，行義塞於天地之間，仁知之極也，夫是之謂聖人，審之禮也。

請問為國？曰：聞脩身，未嘗聞為國也。君者儀也㉘，儀正而景正。君者槃也，槃圓而水圓。君者盂也，盂方而水方。君射則臣決㉙，楚莊王㉚好細腰，故朝有餓人。故曰：聞脩身，未嘗聞為國也。

君者，民之原也；原清則流清，原濁則流濁。故有社稷者而不能愛民不能利民，而求民之親愛己，不可得也。民不親不愛，而求其為己用為己死，不可得也。民不為己用不為己死，而求兵之勁城之固，不可得也。兵不勁城不固，而求敵之不至，不可得也。敵至而求無危削，不滅亡，不可得也。危削滅亡之情舉積此矣，而求安樂㉛，是狂生㉜者也。狂生者，不胥時而落㉝。故人主欲彊固安樂，則莫若反之民；欲附下一民，則莫若反㉞之政；欲脩政美國㉟，則莫若求其人。彼或蓄積而得之者不世絕，彼其人者，生乎今之世而志乎古之道。以天下之王公莫好之也，然而于是[36]獨好之；以天下之民莫欲之[37]也，然而于是獨為之。好之者貧，為之者窮，然而于是獨猶將為之[38]也，不為少頃輟焉。曉然獨明於先王之所以得之所以失之，知國之安危臧否若別白黑。是其人者也[39]，大用之，則天下為一，諸侯為臣；小用之，則威行鄰敵；縱不能用，使無去其疆域，則國終身無故。故君人者，愛民而安，好士而榮，兩者無一焉而亡。《詩》曰：「介人維藩，大師維垣。」[40]此之謂也。

道者何也？曰：君道也[41]。君者何也？曰：能群也。能群也者何也？曰：善生養人者也，善班治[42]人者也，善顯設人[43]者也，善藩飾[44]人者也。善生養人者人親之，善班治人者人安之，善顯設人者人樂之，善藩飾人者人榮之；四統者俱而天下歸之，夫是之謂能群。不能生養人者，人不親也；不能班治人者，人不安也；不能顯設人者，人不樂也；不能藩飾人者，人不榮也；四統[45]者亡而天下去之，夫是之謂匹夫。故曰：道存則國存，道亡則國亡。省工賈，眾農夫，禁盜賊，除姦邪，是所以生養之也。天子三公，諸侯一相，大夫擅官[46]，士保職[47]，莫不法度而公，是所以班治之也。論德而定次[48]，量能而授官，皆使其人載其事[49]而各得其所宜，上賢使之為三公，次賢使之為諸侯，下賢使之為士大夫，是所以顯設之也。修冠弁衣裳，黼黻文章，琱琢刻鏤，皆有等差，是所以藩飾之也。故由天子至於庶人也，莫不騁其能，得其志，安樂其事，是所同也；衣煖而食充，居安而游樂，事時制明而用足，是又所同也。若夫重色而成文章，重味而成珍備[50]，是所衍[51]也。聖王財[52]衍以明辨異，上以飾賢良而明貴賤，下以飾長幼而明親疏；上在王公之朝，下在百姓之家，天下曉然皆知其非以為異也，將以明分達治而保萬世也。故天子諸侯無靡費之用，士大夫無流淫之行，百吏官人無怠慢之事，眾庶百姓無姦怪之俗，無盜賊之罪，其能以稱義偏矣。故曰：治則衍及百姓，亂則不足及王公。此之謂也。

至道大形[53]，隆禮至法則國有常，尚賢使能則民知方[54]，纂論公察[55]

則民不疑，賞克罰偷[56]則民不怠，兼聽齊明則天下歸之；然後明分職，序事業，材技官能[57]，莫不治理，則公道達而私門塞矣，公義明而私事息矣。如是，則德厚者進而佞說者止，貪利者退而廉節者起。《書》曰：「先時者殺無赦，不逮時者殺無赦。」[58]人習其事而固[59]，人之百事，如耳目鼻口之不可以相借官也[60]；故職分而民不探[61]，次定而序不亂，兼聽齊明而百事不留。如是，則臣下百吏至於庶人莫不修己而後敢安正[62]，誠能而後敢受職；百姓易俗，小人變心，姦怪之屬莫不反愨，夫是之謂政教之極。故天子不視而見，不聽而聰，不慮而知，不動而功，塊然獨坐而天下從之如一體，如四胑[63]之從心，夫是之謂大形。《詩》曰：「溫溫恭人，維德之基。」[64]此之謂也。

為人主者，莫不欲彊而惡弱，欲安而惡危，欲榮而惡辱，是禹桀之所同也。要此三欲，辟[65]此三惡，果何道而便？曰：在慎取相，道莫徑[66]是矣。故知而不仁不可，仁而不知不可，既知且仁，是人主之寶也，而王霸之佐也。不急得不知[67]，得而不用不仁。無其人而幸有其功，愚莫大焉。今人主有六患[68]，使賢者為之，則與不肖者規之；使知者慮之，則與愚者論之；使脩士行之，則與汙邪之人疑之；雖欲成功得乎哉！譬之是猶立直木而恐其景之枉也，惑莫大焉。語曰：好女之色，惡者之孽也[69]。公正之士，眾人之痤[70]也。循乎[71]道之人，汙邪之賊也。今使汙邪之人論其怨賊而求其無偏，得乎哉！譬之是猶立枉木而求其景之直也，亂莫大焉。故古之人為之不然，其取人有道，其用人有法。取人之道，參[72]之以禮。用人之法，禁之以等[73]。行義[74]動靜，度之以禮；知慮取舍，稽之以成；日月積久，校之以功。故卑不得以臨尊，輕不得以縣重，愚不得以謀知，是以萬舉不過也。故校之以禮，而觀其能安敬也；與之舉錯遷移，而觀其能應變也；與之安燕，而觀其能無流慆[75]也；接之以聲色權利忿怒患險，而觀其能無離守也。彼誠有之者，與誠無之者，若白黑然，可詘[76]邪哉！故伯樂[77]不可欺以馬，而君子不可欺以人，此明王之道也。人主欲得善射射遠中微者，縣貴爵重賞以招致之。內不可以阿子弟，外不可以隱遠人，能中是者取之，是豈不[78]必得之之道也哉！雖聖人不能易也。欲得善馭速[79]致遠者，一日而千里，縣貴爵重賞以招致之。內不可以阿子弟，外不可以隱遠人，能致是者取之，是豈不必得之之道也哉！雖聖人不能易也。欲治國馭民，調壹上下，將內以固城，外以拒難，治則制人，人不能制也；亂則危辱滅亡可立而待也；然而求卿相輔佐則獨不若是其公也，案唯便嬖親比己者之用也，豈不過甚矣哉！故有社稷者莫不欲彊，俄則弱矣；莫不欲安，俄則危矣；莫不欲存，俄則亡矣。古有萬國，今有數十[80]焉，是無它故，莫不失之是也。故明主有私人以金石珠玉，無私人以官職事業，是何也？曰：本不利於所私也。彼不能而主使之，則是主闇也；臣不能而誣能，則是臣詐也。主闇於上，臣詐於下，滅亡無日，俱害之道也。夫文王非無貴戚也，非無子弟也，非無便嬖也，倜然乃舉太公於州人[81]而用之，豈私之也哉！以為親邪？

則周姬姓也，而彼姜姓也。以為故邪？則未嘗相識也。以為好麗邪？則夫人行年七十有二[82]，齫然[83]而齒墮矣。然而用之者，夫文王欲立貴道，欲白貴名，以惠天下，而不可以獨也，非于是子莫足以舉之，故舉是子而用之。於是乎貴道果立，貴名果明[84]，兼治天下，立七十一國，姬姓獨居五十三人，周之子孫，苟不狂惑者，莫不為天下之顯諸侯，如是者能愛人也。故舉天下之大道，立天下之大功，然後隱其所憐所愛[85]，其下猶足以為天下之顯諸侯。故曰：唯明主為能愛其所愛，闇主必危其所愛。此之謂也。

牆之外，目不見也；里之前，耳不聞也；而人主之守司[86]，遠者天下，近者境內，不可不略知也。天下之變，境內之事，有弛易齵差[87]者矣，而人主無由知之，則是拘脅蔽塞之端也。耳目之明，如是其狹也；人主之守司，如是其廣也；其中不可以不知也，如是其危也。然則人主將何以知之？曰：便嬖左右者，人主之所以窺遠收眾之門戶牖嚮[88]也，不可不早具也。故人主必將有便嬖左右足信者然後可，其知惠89足使規物，其端誠足使定物然後可，夫是之謂國具。人主不能不有遊觀安燕之時，則不得不有疾病物故之變焉。如是，國者，事物之至也如泉原，一物不應，亂之端也。故曰：人主不可以獨也。卿相輔佐，人主之基杖也，不可不早具也。故人主必將有卿相輔佐足任者然後可，其德音足以填90撫百姓，其知慮足以應待萬變然後可，夫是之謂國具。四鄰諸侯之相與，不可以不相接也，然而不必相親也，故人主必將有足使喻志決疑於遠方者然後可。其辯說足以解煩，其知慮足以決疑，其齊斷足以距91難，不還秩92，不反君93，然而應薄94扞患足以持社稷然後可，夫是之謂國具。故人主無便嬖左右足信者謂之闇，無卿相輔佐足任者謂之獨，所使於四鄰諸侯者非其人謂之孤，孤獨而晻95謂之危。國雖若存，古之人曰亡矣。

《詩》曰：「濟濟多士，文王以寧。」96此之謂也。

材人：願愨拘錄97，計數纖嗇98，而無敢遺喪，是官人使吏之材也。

修飭端正，尊法敬分，而無傾側之心，守職循[99]業，不敢損益，可傳世也，而不可使侵奪，是士大夫官師之材也。知隆禮義之為尊君也，知好士之為美名也，知愛民之為安國也，知有常法之為一俗也，知尚賢使能之為長功也，知務本禁末之為多材[100]也，知無與下爭小利之為便於事也，知明制度權物稱用之為不泥[101]也，是卿相輔佐之材也。未及君道也。能論官此三材者而無失其次，是謂人主之道也。若是則身佚而國治，功大而名美；上可以王，下可以霸，是人主之要守也。人主不能論此三材者，不知道此道[102]，安值[103]將卑埶出勞，併[104]耳目之樂，而親自貫日[105]而治詳，一內而曲辨之[106]，慮與臣下爭小察而綦偏能，自古及今，未有如此而不亂者也。是所謂視乎不可見，聽乎不可聞，為乎不可成，此之謂也。

【注釋】❶羿之法非亡也二句　言羿的射法並沒有亡，但不能世世得到羿那樣善射的人。世，繼世，世世接續之意。中，得。❷不知法之義而正法之數者　義，指法的意義。數，指法的條文。❸勞於索之而休於使之　索，求。休，息。見〈王霸篇〉注。❹書曰句　所引為《尚書・周書》逸文。敬忌，恭敬畏忌。❺探籌投鉤探籌，削竹為書，令人探取，如今之抽籤。《慎子》：「投鉤以分財」，由投鉤來分財，可能也是擲錢一類的方法。❻縣　和懸通，指衡而言。❼斗斛敦槩　斗斛都是量名。槩，即杚，用來平斗斛的。劉師培云：「《穆天子傳》云：『六敦壺尊四十。』注云：『敦似壺，音堆。』《廣雅》：『盩，盂也。』盩即敦字。又聶氏《三禮圖》引舊圖云：『敦受一斗二升。』《儀禮》鄭注云：『廢敦，敦無足者，所以盛米。』是敦亦可代盛米之用。此文之敦即音堆之敦矣。」于：「金文簋字通作段，然則此篇所謂斗斛敦槩者，敦亦本應作段。」敦當亦是量器。❽嘖　和賾通，情實。《易・繫辭》：「聖人有以見天下之賾。」疏：「謂幽深難見。」幽深難見即指其情實。❾藉斂忘費　言有稅斂同時也忘記糜費。❿陵　謂磨厲兵刃。⓫詩曰句　所引為《詩經・大雅・常武》第六章。猶，謀。塞，信實。言王所謀誠然信實，則徐等淮夷盡都來服。⓬以禮待君　郝以為「待」字誤，依《韓詩外傳》四作「事」為是。王叔岷先生云元本、百子本作「以勤侍君」。事侍義同。⓭致文　郝以為依《韓詩外傳》四「文」作「恭」，於義為長。⓮不苟　盧云元刻作「不悖」，王叔岷先生云百子本亦作「不悖」。⓯致功而不流　劉師培云「功」乃「和」字之誤。《禮記・中庸》有「故君子和而不流」。〈鄉飲酒〉有「和樂而不流」，本書〈樂論篇〉引之。此文亦當作「致和而不流」。言達其和樂而不流淫。⓰致臨而有辨　言達其親臨而夫婦有別。⓱方皇周浹　方，和旁通。旁薄唐皇都是大的意思。《說文》：「旁，溥也。」溥也是大的意思。周浹，周徧的意思。⓲恭而不難　難，借為戁，畏竦之意。《說文》：「戁，敬也。」言恭敬而不畏竦。⓳敬而不鞏　鞏，借為蛩，戰慄畏懼之意。《方言》：「蛩烘戰栗。」此句與上句義同。⓴阿　邪曲以從人謂之阿。㉑所　梁云元本無「所」字，王叔岷先生云百子本亦無「所」字。㉒不危　危，高危，即「危行危言」之危。修飾的人易於自高，所以誡之以不危。㉓緣義而有類　盧云元刻作「緣類而有義」，王叔岷先生云百子本亦同，《韓詩外傳》四引同。作「緣類而有義」，較長。㉔容而不亂　容，寬容。不亂，謂守禮。㉕閔　病困。㉖用　王念孫云當作「周」。㉗疑　借為凝。㉘君者儀也　盧云《帝範》注引「君者儀也」下有「民者景也」句，又「君者槃也」下有「民者水也」句。無「君者盂也」二句。《廣韻》君字注所引和《帝範》注同。二書所引於義為長。㉙決　鉤弦。㉚楚莊王梁引豬飼彥博云「莊」當從《國策》作「靈」。㉛而求安樂　王念孫以為當作「而求安樂是聞，不亦難乎」，下脫六字。㉜狂生　劉師培云古之所謂狂夫指方相氏言。《左傳・閔公二年》：「是服也狂夫阻之。」服注：「方相之士，蒙玄衣朱裳，主索室中毆疫，號之為狂夫。」《國語・晉語》：「狂夫阻之衣也。」韋注：「狂夫，方相氏之士也。」《周禮・夏官》：「方相氏掌蒙熊皮，黃金四目，玄衣朱裳，執戈揚盾。」由以上所引可知狂夫即方相氏，而本文狂生也即方相氏。方相氏以物蒙首，則對外物鮮所見，因之對外物多所蔽者古人亦稱為狂。此處言為人君者，危亂當前而不知，與方相氏以物蒙面對外物無所見略同。㉝不胥時而落　胥，須；待。落，缺落。王先謙云宋台州本「落」作「樂」，《爾雅・釋詁》：「毗，劉，暴，樂也。」《正義》：「郭云，謂樹葉缺落，蔭疏暴樂。」落和樂義相近。㉞反　反求之。㉟脩政美國　王念孫云《外傳》作「修政美俗」為是。㊱于是　王念孫云三「于是」皆義不可通，當依《外傳》作「是子」，是子二字對上文王公與民而言。㊲莫欲之　王念孫以為當依《外傳》作「莫為之」。㊳于是獨猶將為之　王念孫以為當作「是子猶將為之」。㊴是其人者也　王念孫云衍「者」字，《外傳》引無「者」字。㊵詩曰句　所引為《詩經・大雅・板》第七章。介人，《毛詩》作「价人」。介與价同，善的意思。藩，屏。垣，牆。此言善士為國家的藩屏，大眾是國家的牆垣。㊶君道也　王念孫以為當依《韓詩外傳》作「君之所道也」。即君之所行。㊷班治　班，讀為辨，也是治的意思。㊸顯設人　猶言顯用人。設，用。㊹藩飾　藩蔽文飾。㊺統　猶言總要。㊻擅官　得專其官事。《說文》：「擅，專也。」㊼士保職　士當謹保其職。㊽論德而定次　論，王先謙以為當作「譎」，譎和決通。謂決其德之大小而定其位次。㊾皆使其人載其事　王念孫云「使」下不當有「其」字。載，任。㊿重味而成珍備　俞以為本作「重味而備珍怪」。〈正論篇〉有「食飲則重大牢而備珍怪」可證。(51)衍　饒多有餘。(52)財　借為裁，裁制。(53)形　形儀。(54)知方　知其所向。(55)纂論公察　纂，集。公察，無私之意。(56)賞克罰偷　克，王念孫以為「免」字之誤，免和勉通，《韓詩外傳》引正作「勉」。言勉者賞之，偷者罰之。(57)材技官能　以技論材，以能任官。(58)書曰句　所引為《尚書》逸文，今偽〈胤征〉收之。(59)固　不移易之意。(60)如耳目鼻口之不可以相借官也　耳目鼻口各有所用，不能相借做他官之用。❻❶不探　王念孫以為當《外傳》作「不慢」。❻❷安正　梁據世德堂本及增注校改為「安止」。止，謂己所立之位。❻❸四胑　即四肢。盧云宋本作四支，王叔岷先生云百子本作四肢。❻❹詩曰句　所引為《詩經・大雅・抑》第九章。言有溫良恭謹之人，是德化的根本。❻❺辟　借為避。❻❻徑　言捷便。❻❼不急得不知　不急得，指不急求相。知，和智同。❻❽六患　俞以為「六」為「大」之誤，王叔岷先生云類纂本正作「大」。❻❾惡者之孽也　惡，醜惡。孽，害。❼⓪痤　癤腫。《說文》：「痤，小腫也。」《玉篇》：「痤，癤也。」❼❶循乎　盧云元刻「循」作「脩」，王叔岷先生云類纂本、百子本「循」亦並作「脩」。王念孫云「循」下不當有「乎」字。❼❷參　參驗。❼❸禁之以等　言限之以等級。❼❹行義　即行儀。義的本義就是威儀。《說文》：「義，己之威儀也。」❼❺流慆　盧云元刻作「陷」，無「流」字。王叔岷先生云類纂本、百子本並與元刻同。❼❻詘　和屈通，枉屈。❼❼伯樂　即孫陽，秦穆公時人。伯樂本星名，掌天馬。孫陽善相馬，所以用伯樂稱他。見《莊子・馬蹄篇》釋文和《淮南子・俶真訓》注。❼❽豈不　就是豈非的意思。❼❾善馭速　盧云俗間本「馭」下有「及」字，王念孫云元刻世德堂本亦有「及」字，王叔岷先生云百子本亦有「及」字，《喻林》六八引同。「及速」和「致遠」對文，有「及」字為是。❽⓪數十　王念孫以為當依〈富國篇〉作「十數」為是。❽❶倜然乃舉太公於州人　倜然，超遠的樣子。州人，俞以為當從《韓詩外傳》作「舟人」。太公身為漁父，釣於渭濱，故言舟人。州，借為舟。❽❷則夫人行年七十有二　夫，彼。有，借為又。❽❸齫然　郝以為當依《韓詩外傳》作「齳然」。齳然，無齒的樣子。《說文》：「齳，無齒也。」❽❹明　顧云疑當作「白」。❽❺隱其所憐所愛　隱，私的意思。于以為「所憐」二字涉旁注而衍，錢氏《考異》謂諸本無「所憐」二字為是。❽❻守司　所守所司。❽❼弛易齵差　弛慢參差。易，慢易。齵，齒不正。齵差，即參差。《說文》：「齱，齱齵，齒不正也。」❽❽嚮　和向同，北方之牖。《說文》：「向，北出牖也。」❽❾惠　盧云宋本作「慧」，王叔岷先生云元本、百子本亦並作「慧」。惠慧古通用。❾⓪填　盧云元刻作「鎮」，王叔岷先生云類纂本、百子本並作「鎮」。❾❶距　借為拒，抵拒。❾❷不還秩　王念孫云「秩」為「私」字之誤。還，借為營。言不營私。❾❸不反君　言不反叛其君。❾❹應薄　言能應付來逼迫的人。

薄，迫。❾❺晻　不明。《說文》：「晻，不明也。」❾❻詩曰句　所引為《詩經．大雅．文王》第三章。濟濟，眾多的樣子。❾❼拘錄　劉師培云為「劬勞」之異文。見〈榮辱篇〉注。❾❽纖嗇　細吝。❾❾循　盧云元刻作「脩」，王叔岷先生云百子本亦作「脩」。❶⓿⓿材　和財通。❶⓿❶不泥　不拘泥。❶⓿❷道此道　由此道。❶⓿❸值　和直通。❶⓿❹併和屏通，摒棄。❶⓿❺貫日　累日。見〈王霸篇〉注。❶⓿❻一內而曲辨之　〈王霸篇〉作「一日而曲辨之」，「內」為「日」字之誤。曲，周徧。

【語　譯】有造亂的君主，沒有造亂的國家；有治世的人，沒有治世的法。后羿的射法並沒有亡失，而不能世世得到像羿那樣善射的人；禹的法度尚且存在，而夏朝不能世世為王。所以法不能獨自存立，律例不能獨自推行；得到人的就可以存，失掉人的就要亡。法是治的開端，君子是法的根原。所以有君子，法雖然省簡，也足可徧治天下；沒有君子，法雖然具備，而失去先後的施用，不能應付事情的變動，也足以致亂了。不知法度的意義，祇去修正法度的條文，雖是繁博臨事也必定要亂。所以明主急務得賢人，而闇主急於得權勢。急務得賢人，則自身安佚國家安治，功大而名聲美，上可以稱王，下也可以稱霸；不急務得賢人，而急務得權勢，則自身勞苦國家混亂，功業廢荒而名聲沾辱，朝廷必然危殆。所以為人君的，勞於求賢，而安閒於用賢。《書經》裏說：「文王能夠恭敬畏忌，去慎擇一人。」說的就是這種道理。

驗合符節，辨別契券，就是為了信實；在上的喜好權謀，則臣下百吏鬼詐之人就會乘此而出來欺騙。探籌投鉤，是為了公平；在上的喜好邪曲自私，則臣下百吏就會乘此而做出偏私的事。衡石稱懸，是為了均平；在上的喜好傾覆，則臣下百吏就會乘此而兇險。斗斛敦槩，是為了情實；在上的喜好貪利，則臣下百吏就會乘此多取少給沒有度限的取於民。所以器物度數，祇是治國的末流，不是治國的本原。君子才是治國的本原。官吏們守著度數，而君子卻要培養本原；原清則支流也會清，原濁支流也會濁。所以在上的好禮義，尚賢才使能者，沒有貪利之心，則在下的也就會很辭讓，很忠信，去謹守臣子的本分。這樣，雖是小民，不必等待驗合符節辨別契券就會守信，不必等待探籌投鉤就會公平，不必等待衡石稱縣就會均平，不必等待斗斛敦槩就會情實。所以不用慶賞而人民已經勸善，不用刑罰而人民已經順服，官吏不勞苦而事情已經治辦，政令不煩雜而風俗已經美厚；百姓沒有敢不順從在上的法度，歸依在上的心志，勤勉在上的事情，而感到非常安樂。所以對在上的徵收忘記了糜費，對該做的事業忘記了勞苦，對赴寇難忘記死亡。城郭不必等待修整就已堅固，兵刃不必等待磨厲就已勁利，敵國不必等待征服就已屈順，四海之民不必等待號令就已齊一。這便是至平。《詩經》裏說：「王所謀畫誠然信實，徐等淮夷盡都來服。」說的就是這種道理。

　請問為人君的道理？答道：用禮來分施，均偏而不偏私。請問為人臣的道理？答道：用禮來侍君，忠順而不懈惰。請問為人父的道理？答道：寬惠而合於禮。請問為人子的道理？答道：敬愛而極恭順。請問為人兄的道理？答道：慈愛而能友善。請問為人弟的道理？答道：敬順而不悖逆。請問為人夫的道理？答道：達其和樂而不流淫，達其親臨而夫婦有別。請問為人妻的道理？答道：丈夫有禮則溫柔聽從奉侍，丈夫無禮則恐懼而自己敬竦。這些道理，偏立則混亂，全立則安治，也足以供人查考了。請問兼能又怎樣？答道：應當審之於禮，古時先王審之於禮而旁皇周普於天下，一舉一動無所不當。所以君子恭而不畏竦，敬而不恐懼，貧窮而不吝約，富貴而不驕奢，偏遇萬事變態而能應之不窮，就是能審之於禮的緣故。所以君子對於禮，恭敬而安之；對於事，徑易而不失；對於人，少怨恨寬厚待人而不阿從；對於自身，謹於修飾而不自高；對於應付變故，齊給便捷而不昏惑；對於天地萬物，不急務說出其所以然而能善用其材；對於百官之事技藝之人，不同他們爭能而善用他們的業績；對待在上的，忠順而不懈惰；使役在下的，均徧而不偏私；對於交遊，緣引志同善類而有道義；對於居於鄉里，寬容而不亂禮。所以窮困必能有美名，顯達必能有功績，仁厚德澤兼覆天下而不困窮，明達周於天地，治理萬變而不凝滯。血氣平和，志意遠大，行義充塞天地之間，這是仁智的極點，這也就是聖人，也就是因為能審於禮的緣故。

請問為國的道理？答道：祇聽到有修身，沒聽過有為國的。君主就像是晷儀，人民就像影，晷儀正影也就會正。君主就像是槃，人民就像水，槃圓水也就會圓。君主好射則臣子常袒決遂，楚靈王因喜愛細腰的女子，於是朝中常有餓腹的人。所以說：祇聽到有修身，沒聽過有為國。

君主是人民的本原，原清則支流也清，原濁則支流也濁。所以有國家的人，而不能愛民，不能利民，而希求人民能夠親愛自己，是不可能的。人民不親不愛，而求人民能為自己所用，為自己赴死，是不可能的。人民不為自己所用，不為自己赴死，而求兵強城固，是不可能的。兵不強城不固，而求敵人不來，是不可能的。敵人來而求不危削、不滅亡，是不可能的。危削滅亡的情事都聚積在此，而求安樂，這是如同方相氏的蒙蔽不清。蒙蔽不清，是不要待多久就會暴樂缺落。所以君主想要強固安樂，則莫如反求於民；想要附合齊一人民，則莫如反求於政；想要修政美俗，則莫如求得賢人。他或蓄積在那裏，得到的不世絕，那樣的人，生於現今之世，而有志於古道。天下的王公沒有喜好這類事的，而他卻獨自喜好；天下的人沒有喜好做這事的，而他卻獨自去做。喜好這類事就要貧乏，做這類事就要困窮，而他仍然要去做，一時也不稍停輟。曉然獨自明瞭先王的所以得到和所以失去的道理，知道國家的安危善否如同分別黑白一樣清楚。他這個人，大用他，則天下可以統一，諸侯都要臣服；小用他，則威強行於鄰敵；縱然不能用他，使他不要離開國境，則國家可以長遠沒事。所以為人君的，愛民可以安治，好士可以榮耀，兩者都沒有就要危亡。《詩經》裏說：「善士是國家的藩屏，大眾是國家的牆垣。」說的就是這種道理。

道是什麼？是君主所要行的。君是什麼？是能夠合群的。能夠合群是怎樣？是善於生養人，善於辨治人，善於顯用人，善於藩蔽文飾人。善於生養人的，人們親愛他；善於辨治人的，人們安順；善於顯用人的，人們喜樂；善於藩蔽文飾人的，人們榮耀；四類總要的事俱備而天下歸服，這就叫做能合群。不能生養人的，人們不親近他；不能辨治人的，人們不安順；不能顯用人的，人們不喜樂；不能藩蔽文飾人的，人們不榮耀；四類總要的事失掉而天下離散，這就叫做匹夫。所以說：道存則國家存，道亡則國家亡。減少工人商人，加多農夫，禁止盜賊，除去姦邪，這便是生養之道。天子有三公，諸侯有一相，大夫專其官事，士謹保其職，沒有不合法度而公正的，這便是辨治之道。決德大小而定位次，量才能高低而授給官職，都使他們任其事各得其當，上賢使他做三公，次賢使他做諸侯，下賢使他做士大夫，這便是顯用之道。修整冠弁衣裳，黼黻文章，彫琢刻鏤，使都有等別，這便是藩飾之道。所以由天子以至於庶民，沒有不騁其才能，得其心志，安樂其事業的，這是大家所同的。穿得暖，吃得飽，居住安適而遊玩快樂，事能依時制度能明，而用度富足，也是大家相同的。至於穿多色成文章的衣服，吃多味而珍怪的食物，這是君主所獨饒而有餘的。聖王要裁制其所餘以明上下之別，上以美飾賢良而辨明貴賤，下以美飾長幼而辨明親疏；上在王公的朝廷，下在百姓的家裏，天下曉然都知道這並不是為了求異，而是要明職分達到安治而永保萬世。所以天子諸侯沒有糜費的用度，士大夫沒有流淫的行為，百吏官人沒有怠慢的事，眾庶百姓沒有姦怪的習俗，沒有盜賊的罪犯，他的才能足以稱義而普徧。所以說：治就可以德澤流及百姓，亂則不足以及於王公。說的就是這種道理。

至道的大形，是隆禮極守法則國有常度，尚賢才使能者則人民知其所向，集眾論公察無私則人民不疑，獎賞勤勉懲罰偷惰則人民不懈怠，兼聽齊明則天下歸順；然後明別職分，次序事業，以技論材，以能任官，沒有不治理的，則公道通達私門杜塞，公義彰明而私事絕息。這樣，則德厚的人來而佞說的人止，貪利的人退而廉節的人興起。《書經》裏說：「先於約定之時的殺而不赦，不及時的也殺而不赦。」這樣人就會安習其事而不移，人的百事，就像耳目鼻口的不可以相借來用；所以職位已分則人民不會怠慢，位次已定而秩序就不會亂，兼聽齊明而一切百事都不會廢置。這樣，則臣下百吏以至於庶人沒有不修正自己而安於自己之位，真正有才能然後才敢受職；百姓也會改易風俗，小人也會改變心志，姦怪之類的人沒有不變誠愨的，這就叫做治政教化的極點。所以天子不用眼睛親自去看而可以見到一切，不用耳朵親自去聽而可以聽到一切，不用親自思慮而可以明知，不用親自行動而可以有功，塊然安坐而天下歸從他像一個形體，像四肢的隨從心，這就叫做大形。《詩經》裏說：「溫良恭謹的人，是德化的根本。」說的就是這種道理。

做為君主的，沒有不想富強而厭惡貧弱的，想安治而厭惡危亂的，想榮耀而厭惡卑辱的，這是禹桀都相同的。想要達到這三種期望，避免三種厭惡的事，應當用什麼方法才利便？答道：在於謹慎選取宰相，路途沒有比這更捷便的。有智慮而不仁愛不可以，仁愛而沒有智慮不可以，既有智慮又能仁愛，這是人主的至寶，是王霸的輔佐。不急得賢相就是不智，得到而不用就是不仁。

沒有適當人才而僥倖求有其功，這是再愚蠢不過的。現在人主有大患，就是使賢者去做，卻叫不肖之人去規正；使智者去謀慮，卻叫愚者去討論；使修正的人去實行，卻叫汙邪之人去疑惑；雖想要成功能得到嗎？這就好像立直的木而恐怕他的影子是曲的，迷惑沒有比這更大的了。古語說：美好女子的美色，是醜陋人的孽害。公正之士，是眾人的瘡病。修道之人，是汙邪之人的賊盜。現在讓汙邪之人來評論他的怨賊，而想要沒有偏邪，那可能嗎！這好比立曲木而想求直的影子，惑亂再大沒有了。古人卻不如此，他們取人有道，用人有法。取人之道，用禮法來參驗。用人之法，限之以等級。行儀動靜，都用禮來規度；智慮取捨，都用成效來稽考；積久時日，來計較他的功績。所以卑賤的不能居上來臨御尊貴的，輕的不能懸繫重的，愚的不能計謀智的，所以萬舉而沒有一失。用禮法來考校，來觀察他的能否安敬；試之以舉錯遷徙，來觀察他能否應付變故；使他安樂，來觀察他能否陷溺；使他接觸聲色權利忿怒患險，來觀察他能否違離所守。他所真有的，所真沒有的，就像白黑一樣分明，能夠枉屈嗎！伯樂不可用馬來騙他，君子不可用人來騙他，這是明王取人用人之道。君主想要得到善射能夠射遠而又中微的人，一定要懸貴爵重賞來招致。內不可以偏私子弟，外不可以隱沒遠方之人，能射中的就取他，這豈不是一定會求得之道嗎？雖是聖人也不能改變的道理。想要得到善駕車能夠迅速而又能行達遠方的，一天能行千里，一定要懸貴爵重賞來招致。內不可以偏私子弟，外不可以隱沒遠方之人，能達到的就取他，這豈不是一定會求得之道嗎？雖是聖人也不能改變的道理。想要治理國家統馭人民，調一上下，在內使城池完固，對外抵拒寇難，能整治則可以制人，人不能制我；要是昏亂則危辱滅亡可以立而待之；然而求取卿相輔佐，偏是不那樣的大公無私，而僅用那些便嬖邪曲親近自己的人，這豈不是過甚了嗎！所以有國家的，沒有不想強的，但不多久就弱了；沒有不想安定的，但不多久就危亂了；沒有不想存立的，但不多久就滅亡了。古時候有成萬的國，現今只有十多國，這沒其他緣故，是因為沒有一個不在這上面失掉的。所以明主有私愛人而給與金石珠玉，沒有私愛人而給與官職事業的，這是什麼道理？是官職事業本來不利於去給與私愛的人。他沒有才能而君主使他居位，這是君主昏闇；臣子沒有才能而誣妄說有才能，這是臣子欺詐。君主昏闇於上，臣子欺詐於下，滅亡不遠了，這是兩方都有害的。文王並不是沒有貴戚，並不是沒有同姓子弟，並不是沒有左右親信的人，而超然獨舉一個漁夫太公來用，這哪裏是私愛他！以為親嗎？周是姬姓，太公是姜姓。以為故舊嗎？而從來不曾相識。以為美好姣麗嗎？太公年已七十二歲，牙齒已經脫落了。然而所以要用他，是文王想要立貴道，想要顯白貴名，以施惠天下，而不能獨自來做，非推舉這個人不可，所以才推舉這個人來用。於是貴道果然建立，貴名果然顯白，兼治整個天下，建立七十一國，姬姓的獨佔了五十三，周朝的宗室子孫，如不是狂惑的，沒有不是天下的顯大諸侯的，這樣的才是真正能愛護人。顯舉天下的大道，建立天下的大功，然後再私其所愛的，最下也能做天下的貴顯諸侯。所以說：祇有明主能真正愛護他所私愛的，闇主必定會危害他所私愛的。說的就是這種道理。

牆外面的，是眼睛看不見的；里之外的，是耳朵聽不到的；而君主的所守所司，遠的整個天下，近的境內，不可以不知道的。天下的變故，境內的事情，有了弛慢不齊，而君主不知道，這是拘脅蔽塞的開端。耳目的聰明，像這樣狹窄，君主的所守所司，像這樣的廣大；其中之事不可以不知道，像那樣的危險。那麼君主要怎樣才能知道？答道：左右親信的人，是君主窺察遠方收得大眾的門戶牖向，不可以不早具備。所以君主一定要有左右親近足可依信的人才行，他的智慧足以使他規正事物，他的端誠足以使他安定事物才行，這就叫做國具。君主不能沒有遊觀安樂的時候，也就不能沒有疾病物變的情形。這樣，國家的事物的來臨像泉源一般，一物來了而不能應付，就是亂的開端。所以說：君主不可以獨自行事。卿相輔佐，是君主的基石拄杖，不可以不早具備。君主一定要有卿相輔佐足可任用的才行，他的德音足以鎮撫百姓，他的智慮足以應待一切變故才行，這就叫做國具。四鄰諸侯的相與往來，不可以不相結交，然而不必相親，所以君主必定要有足可使令到遠方去道明自己心志決斷疑難的人才行。他的辯說足以解除煩紛，他的智慮足以決斷疑難，他的齊斷足以排拒危難，不營私，不叛君，而應付急迫扞禦患難足以維持社稷才行，這就叫做國具。所以君主沒有左右親近足可依信的人叫做闇，沒有卿相輔佐足可任用的叫做獨，所派往四鄰諸侯的不得其人叫做孤，孤獨而不明叫做危。國家雖然好像還存在，古人也說這已是亡了。《詩經》裏說：「有眾多賢士，文王得以安寧。」說的就是這種道理。

任用人才之道：謹誠劬勞，計數細吝，而不敢遺棄喪失，這是官人使吏之材。修飭端正，尊法度重本分，而沒有傾側之心，守職修業，不敢增損，可以傳世，而不可使侵奪，這是士大夫官師之材。知道尊崇禮義就是尊君，知道好士就可以美名，知道愛民就可以安國，知道有常法就可以齊一風俗，知道尚賢才使能者就可以長大功業，知道務本禁末就會增多財富，知道不同下民爭取小利就會便於成事，知道彰明制度，權量事物以求稱用，就會不拘泥，這是卿相輔佐之材。尚沒有論及君道。能論定主宰這三種人材而不失其次序的，就是人君之道。像這樣則自身安佚而國家安治，功績大而名聲美；上則可以稱王，下則可以稱霸，這是人君的主要所守的。人君如不能論定這三種人材，不知由此道去做，必將卑下權位出而勞苦，摒去耳目的享樂，親自累日詳加治理，一日周徧的去治辨，思慮同臣下爭小智察而極為偏能，自古到今，沒有這樣做而不亂的。這就是所說的看他不能看見的，聽他不能聽聞的，做他不能成功的，說的就是這個道理。

臣道篇

人臣之論，有態臣者，有篡臣者，有功臣者，有聖臣者。內不足使一民，外不足使距❶難，百姓不親，諸侯不信；然而巧敏佞說❷，善取寵乎上；是態臣❸者也。上不忠乎君，下善取譽乎民；不卹公道通義，朋黨比周，以環❹主圖私為務；是篡臣❺者也。內足使以一民，外足使以距難；民親之，士信之，上忠乎君，下愛百姓而不倦；是功臣者也。上則能尊君，下則能愛民；政令教化，刑❻下如影；應卒遇變，齊給如響❼；推類接譽❽，以待無方❾，曲成制象❿；是聖臣者也。故用聖臣者王，用功臣者強，用篡臣者危，用態臣者亡。態臣用，則必死；篡臣用，則必危；功臣用，則必榮；聖臣用，則必尊。故齊之蘇秦⓫，楚之州侯⓬，秦之張儀，可謂態臣者也。韓之張去疾⓭，趙之奉陽⓮，齊之孟嘗⓯，可謂篡臣也。齊之管仲，晉之咎犯[16]，楚之孫叔敖[17]，可謂功臣矣。殷之伊尹[18]，周之太公[19]，可謂聖臣矣。是人臣之論也，吉凶賢不肖之極也，必謹志之而慎自為擇取焉，足以稽[20]矣。

從命而利君謂之順，從命而不利君謂之諂；逆命而利君謂之忠，逆命而不利君謂之篡；不卹君之榮辱，不卹國之臧否，偷合苟容以持祿養交[21]而已耳，謂之國賊。君有過謀過事，將危國家殞社稷之懼也，大臣父兄，有能進言於君，用則可，不用則去，謂之諫；有能進言於君，用則可，不用則死，謂之爭；有能比[22]知同力，率群臣百吏而相與彊君撟[23]君，君雖不安，不能不聽，遂以解國之大患，除國之大害，成於尊君安國，謂之輔；有能抗君之命，竊君之重，反君之事，以安國之危，除君之辱，功伐足以成國之大利，謂之拂[24]。故諫爭輔拂之人，社稷之臣也，國君之寶也，明君[25]所尊厚也，而闇主惑君以為己賊也。故明君之所賞，闇君之所罰也；闇君之所賞，明君之所殺也。伊尹箕子可謂諫矣，比干子胥可謂爭矣，平原君之於趙可謂輔矣，信陵君之於魏可謂拂矣。傳曰：「從道不從君。」此之謂也。故正義之臣設，則朝廷不頗㉖；諫爭輔拂之人信㉗，則君過不遠；爪牙之士施㉘，則仇讎不作；邊境之臣處，則疆垂㉙不喪。故明主好同，而闇主好獨㉚。明主尚賢使能而饗其盛㉛，闇主妒賢畏能而滅其功。罰其忠，賞其賊，夫是之謂至闇，桀紂所以滅也。

事聖君者，有聽從無諫爭；事中君者，有諫爭無諂諛；事暴君者，有補削無撟拂㉜。迫脅於亂時，窮居於暴國，而無所避之，則崇其美，揚其善，違㉝其惡，隱其敗，言其所長，不稱其所短，以為成俗㉞。詩曰：「國有大命，不可以告人，妨其躬身。」㉟此之謂也。

恭敬而遜，聽從而敏㊱，不敢有以私決擇也，不敢有以私取與也，以順上為志，是事聖君之義也。忠信而不諛，諫爭而不諂，撟然剛折㊲端志而無傾側之心，是案曰是，非案曰非，是事中君之義也。調而不流，柔而不屈，寬容而不亂，曉然以至道而無不調和也㊳，而能化易，時關內[39]之，是事暴君之義也。若馭樸馬[40]，若養赤子，若食餧人[41]。故因其懼也而改其過，因其憂也而辨其故[42]，因其喜也而入其道，因其怒也而除其怨，曲得所謂焉[43]。《書》曰：「從命而不拂，微諫而不倦；為上則明，為下則遜。」[44]此之謂也。

事人而不順者，不疾[45]者也；疾而不順者，不敬者也；敬而不順者，不忠者也；忠而不順者，無功者也；有功而不順者，無德者也；故無德之為道也，傷疾墮功滅苦[46]，故君子不為也。

有大忠者，有次忠者，有下忠者，有國賊者。以德復君而化之[47]，大忠也；以德調君而補之[48]，次忠也；以是諫非而怒之，下忠也；不卹君之榮辱，不卹國之臧否，偷合苟容以之[49]持祿養交而已耳，國賊也。若周公之於成王也，可謂大忠矣；若管仲之於桓公，可謂次忠矣；若子胥之於夫差，可謂下忠矣；若曹觸龍之於紂者[50]，可謂國賊矣。

仁者必敬人。凡人非賢，則案不肖也。人賢而不敬，則是禽獸也；

人不肖而不敬，則是狎虎[51]也。禽獸則亂，狎虎則危，災及其身矣。《詩》曰：「不敢暴虎，不敢馮河。人知其一，莫知其它。戰戰兢兢，如臨深淵，如履薄冰。」[52]此之謂也。故仁者必敬人。敬人有道，賢者則貴而敬之，不肖者則畏而敬之；賢者則親而敬之，不肖者則疏而敬之。其敬一也，其情二也。若夫忠信端愨而不害傷，則無接而不然，是仁人之質[53]也。忠信以為質，端愨以為統[54]，禮義以為文，倫類以為理，喘而言[55]，臑而動[56]，而一可以為法則[57]。《詩》曰：「不僭不賊，鮮不為則。」[58]此之謂也。

恭敬，禮也；調和，樂也；謹慎，利也；鬭怒，害也。故君子安禮樂利[59]，謹慎而無鬭怒，是以百舉不過也。小人反是。

通忠之順[60]，權險之平[61]，禍亂之從聲[62]，三者非明主莫之能知也。爭然後善，戾然後功[63]，出死無私，致忠而公，夫是之謂通忠之順；信陵君似之矣。奪然後義，殺然後仁，上下易位然後貞，功參天地，澤被生民，夫是之謂權險之平；湯武是也。過而通情64，和而無經，不卹是非，不論曲直，偷合苟容，迷亂狂生65，夫是之謂禍亂之從聲；飛廉惡來是也。傳曰：「斬而齊，枉而順，不同而壹。」66《詩》曰：「受小球大球，為下國綴旒。」67此之謂也。

【注釋】❶距　借為拒，抵拒。❷說　借為悅，取悅於人。❸態臣　善作容態之臣。❹環　借為營，營又借為謍，謍惑。《說文》：「謍，謍惑也。」❺篡臣　篡奪君政之臣。❻刑　和型通，典型。❼齊給如響　齊，疾速。給，供給。言對突然的事變能夠疾速應付。如響，如響之應聲。❽譽　和與通，相與。亦即類。❾無方　無常。❿曲成制象　委曲皆成制度法象。⓫齊之蘇秦　蘇秦初相趙，後仕燕，終死於齊，故曰齊之蘇秦。⓬楚之州侯　楚襄王的佞臣。《戰國策・楚策》：「莊辛諫襄王曰：『君王左州侯，右夏侯，輦從鄢陵君與壽陵君。載方府之金，與之馳騁乎雲夢之中，不知穰侯方受令乎秦王，填黽塞之內，而投己乎黽塞之外。』」⓭張去疾　楊注云蓋張良之祖。⓮趙之奉陽　趙肅侯之弟。《戰國策・趙策》：「蘇秦說趙王曰：『天下之卿相人臣，乃至布衣之士，莫不高大王之行義，皆願奉教陳忠於前之日久矣；雖然，奉陽君妬，大王不得任事，是以外賓客游談之士無敢盡忠於前。』」⓯孟嘗　名田文，戰國齊人。相齊，號孟嘗君，招致天下賢士，食客常數千。後歸老於薛，湣王欲去之，乃往魏國，魏昭王以為相，而合秦趙燕伐齊，破之，湣王走死。齊襄王立，孟嘗君中立於諸侯無所屬，王畏之，與之連和。及卒，諸子爭立，為齊魏所滅。⓰咎犯　咎和舅同。晉文公之舅狐偃，犯是其字。⓱孫叔敖　即蔿敖。楚相虞丘推薦給楚莊王，為相三月，施教導民，吏無姦邪，盜賊不起。⓲伊尹　一名摯，耕於莘野，湯以幣三聘之，乃起而相湯，伐桀，湯尊之為阿衡。⓳太公　呂尚，本姓姜，字子牙。文王出獵，遇於渭水之陽，立為師，武王尊之為師尚父，佐武王滅紂。⑳稽　稽考。㉑養交　劉師培云即養客。《管子・明法篇》：「小臣持祿養交。」《晏子春秋・問下篇》：「仕者持祿，游者養交。」養交屬於游者，則交即指賓客。㉒比　合的意思。㉓撟　和矯同。《群書治要》引作「矯」。㉔拂　拂逆。㉕明君　王叔岷先生以為下脫「之」字。㉖頗　偏邪。㉗信　借為伸。㉘施　施用。㉙垂　和陲通。㉚獨　謂自任其智。㉛盛　和成通。㉜有補削無撟拂　補削，謂彌縫其闕失。撟，謂撟屈其性。拂，違逆。㉝違　借為諱。㉞以為成俗　言如此而不變，好像舊俗一般。㉟詩曰句　所引為逸詩。言國家有大命，不可以告人，以免有害於自身。㊱聽從而敏　言聽命後即敏速去做。㊲撟然剛折　撟，借為驕。驕然，剛彊的樣子。折，斷。《說文》：「折，斷也。」㊳曉然以至道而無不調和也　俞以為「然」字衍。言事暴君而能以至道曉喻，則沒有不調和的。㊴關內　通言於上國曰關。內，和納通。㊵樸馬　未調習之馬，因其樸質野性尚在，故稱為樸馬。㊶餧人　饑餓的人。㊷辨其故　辨，借為變。變其故，謂去故而就新。㊸曲得所謂焉　言能委曲得其所謂。所謂，即指化易君性。㊹書曰句　所引為逸書。拂，違逆。㊺不疾　不疾速，言怠慢，不賣力。㊻滅苦　王念孫以為「苦」為「善」字之誤。善即指上文之忠敬。㊼以德復君而化之　復，俞以為當依《韓詩外傳》作「覆」。謂其德甚大，君德在其覆冒之中，故足以化之。㊽補之　郝以為當依《韓詩外傳》作「輔之」，於義為長。㊾以之　梁以為當依久保愛據《群書治要》刪去「之」字。㊿曹觸龍之於紂者　《說苑》言桀貴為天子，其左師觸龍。而本書〈議兵篇〉云：「微子開封於宋，曹觸龍斷於軍。」楊注以為此二事皆殷紂時事，則《說苑》誤謬。(51)狎虎　狎，輕侮。言輕侮猛虎，則必受害。(52)詩曰句　所引為《詩經・小雅・小旻》第六章。馮，借為淜，無舟徒涉而過河。《說文》：「淜，無舟渡河也。」暴虎，徒手搏虎。引詩以明小人之害甚於暴虎馮河。(53)質　體。(54)端愨以為統　統，綱紀。言以端愨為綱紀以自處。(55)喘而言　出息而言，即一開口說話之意。喘，出息。(56)臑而動　臑，當是「蠕」之誤，《記纂淵海》六五引作「蠕」。蠕而動，即一有舉動。此句與上句均見〈勸學篇〉注。(57)一可以為法則　言一開口講話一有舉動都可以為法則。一，皆。(58)詩曰句　所引為《詩經・大雅・抑》第八章。僭，差。賊，害。鮮，少。則，法。(59)樂利　王念孫以為當作「樂樂」，「樂樂」和「安禮」對文，安禮樂樂承上禮樂而言。(60)通忠之順　其行看來似逆，其實是順的。通，通達其義。忠，謂諫爭匡君。(61)權險之平　其行似險，其實卻歸於平正。權，稱量。(62)禍亂之從聲　為臣者如只知柔從君意而不諫爭，禍亂就要來了。從聲，指唯唯諾諾聽從君上的命令。(63)爭然後善戾然後功　諫爭君主然後能善，違戾君主然後可以有功。(64)通情　于以為錢氏《考異》云諸本作「同情」為是。王叔岷先生云元本、百子本「通」並作「同」。言既有過猶與之同情。(65)狂生　指有所蒙蔽。見〈君道篇〉注。(66)傳曰句　此言其初雖像似乖戾，然終歸於理順。斬，借為儳，不齊之意。(67)詩曰句　所引為《詩經・商頌・長發》第四章。球，共，都指法。下國，指畿外諸侯之國。綴，表。旒，章。為下國綴旒，言為諸侯之國的表率。

【語譯】論做人臣的道理，有態臣，有篡臣，有功臣，有聖臣。在國內不足以使他一統人民，對國外不足使他抵拒寇難；百姓不親近，諸侯不信任；然而偏能巧敏佞利善於取悅，善於取寵在上之人；這是態臣。對上不能忠於君，對下卻善取人民的稱譽；不顧一切公道通理，只知連合同黨，以營惑主上圖謀私利為急務；這是篡臣。對內足以使他一統人民，對外足以使他抵拒寇難；人民親近他，士人信服他；對上忠於君，對在下百姓愛護而不倦；這是功臣。對上能尊君，對下能愛民；政令教化，下之法上，如影隨形；應付卒然變故，疾速便給，如響之應聲；推其比類，接其所與，待之不滯一隅，委曲都成制度法象；這是聖臣。用聖臣的可以王，用功臣的可以彊，用篡臣的要危削，用態臣的要滅亡。態臣得用，則人主必死；篡臣得用，則人主必危殆；功臣得用，則人主必顯榮；聖臣得用，則人主必尊大。齊國的蘇秦，楚國的州侯，秦國的張儀，可說是態臣。韓國的張去疾，趙國的奉陽君，齊國的孟嘗君，可說是篡臣。齊國的管仲，晉國的咎犯，楚國的孫叔敖，可說是功臣。殷朝的伊尹，周朝的太公，可說是聖臣。這是論說人臣的道理，是吉凶賢不肖的極點，人君必須謹記它而慎自擇取，則足以稽考用臣之道了。

服從命令而有益於君主的，叫做順；服從命令而不利於君主的，叫做諂；違逆命令而有益於君主的，叫做忠；違逆命令而不利於君主的，叫做篡；不顧君主的榮辱，不顧國家的善否，祇知偷情求合苟且取容，取俸祿養賓客而已，這叫做國賊。君主有謀畫錯誤事情錯誤，將要危害國家殞墜社稷，大臣或同姓父兄，有能進言於君的，用他的話則可，不用就離去，這叫做諫；有能進言於君的，用他的話則可，不用就赴死，這叫做爭；有能夠合智同力，率群臣百吏一同彊逼君主矯正君主，君主雖感到不安，但不能不聽受，於是就可以解除國家大禍大害，而造成君主尊榮國家安治，這叫做輔；有能夠抗拒君主的命令，竊用君主的重器，一反君主的行事，來安定國家的危殆，除去君主的羞辱，功業足以成就國家的大利，這叫做拂。所以諫爭輔拂之人，才是社稷之臣，是國君之寶，是明君所尊厚的，而闇主惑君卻以為是自己的賊敵。所以明君所要賞的，正是闇君所要罰的，闇君所要賞的，正是明君所要殺的。伊尹、箕子可算是諫，比干、伍子胥可算是爭，平原君對趙國可算是輔，信陵君對魏國可算是拂。古傳裏說：「隨從正道不隨從君主。」說的就是這種道理。所以正義的臣子得用，則朝廷不偏邪；諫爭輔拂之人得伸，則君沒有多大過失；爪牙之士得用，則仇讐不起；守邊之臣留處，則疆陲不喪失。所以明主好與人同治，而闇君好獨任其智。明主崇尚賢才使役能者而饗有他的成功，闇主妒嫉賢才畏怕能者而淹滅他的功績。罰忠良，賞奸賊，這叫做至闇，桀紂就是這樣滅亡的。

事奉聖君，只有聽從，沒有諫爭；事奉中等之君，有諫爭，沒有諂諛；事奉暴君，有彌補其缺失，沒有矯正拂違。被迫脅處於亂時，窮困居於暴國，而無可逃避，則祇有推崇他的美點，頌揚他的善處，諱隱他的惡事，匿隱他的敗壞，說他的長處，不稱他的短處，以為是舊有成俗一般。古詩裏說：「國家有大命，不可以告人，以免有害於身。」說的就是這種道理。

恭敬而和遜，聽從而敏速，不敢私自決斷選擇，不敢私自取與，以順從在上為志，這是事奉聖君的道理。忠信而不阿諛，諫爭而不諂媚，剛彊決斷端正心志，而沒有傾側之心，是就說是，非就說非，這是事奉中等君主的道理。調和而不流淫，柔從而不屈曲，寬容而不惑亂，曉諭之以至道而無不調和，又能化易君主，時常闢說以通他的心，這是事奉暴君的道理。如同駕馭沒調習的馬，如同養育赤子，如同供食給餓餒的人。要乘他有所恐懼而改正他的過失，乘他有所憂慮而改變他的舊性，乘他有所喜悅而引他入於道，乘他忿怒而除去怨惡，委曲皆得化易君性。《書經》裏說：「順從命令而不拂逆，微言勸諫而不怠倦；在上則明達，在下則和遜。」說的就是這種道理。

事奉人而不恭順，是怠慢不力；疾力而不恭順，是不敬；敬而不恭順，是不忠；忠而不恭順，必沒有功績；有功績而不恭順，是沒有德，所以沒有德，就要傷害疾力，墮毀功績，滅沒善行，所以君子不這樣做。

有大忠的人，有次忠的人，有下忠的人，有做國賊的人。用德覆遮其君而化導他，這是大忠；用德來調和其君而輔佐他，這是次忠；用是的道理來勸諫人君的過失，是下忠；不顧君主的榮辱，不顧國家的善否，偷情求合苟且取容，祇知取俸祿養賓客而已，這是國賊。像周公的對成王，可說是大忠；像管仲的對桓公，可說是次忠；像子胥的對夫差，可說是下忠；像曹觸龍之對殷紂王，可說是國賊。

仁人必然恭敬別人。凡人如不是賢人，就是不肖的人。賢人不去恭敬他，則自己就是禽獸；不肖的人不去恭敬他，則如同輕侮猛虎。自己變成禽獸就要昏亂，輕侮猛虎就要危險，災害就要及身了。《詩經》裏說：「不敢徒手搏虎，不敢徒涉過河。人祇知道其一，不知其他。戰戰兢兢，如同臨著深淵，如同履著薄冰。」說的就是這種道理。所以仁人必然恭敬別人。恭敬人有他的道理，賢人就要尊貴而恭敬他，不肖的人就要畏懼而恭敬他；賢人就要親近而恭敬他，不肖的人就要疏遠而恭敬他。恭敬是一樣的，而內情卻不同。至於忠信端誠而不傷害，無論接遇什麼沒有不如此的，這是仁人的質體。忠信以為質體，端誠以為綱紀，禮義以為文飾，倫類以為條理，出息而言，一有舉動，都可以做為法則。《詩經》裏說：「不僭亂不賊害，沒有不是可以做為法則的。」說的就是這種道理。

恭敬是禮的表現，調和是樂的表現，謹慎是利益，鬥怒是禍害。所以君子安於禮樂於樂，謹慎而不鬥怒，因而所有舉動都沒有過失。小人恰和這相反。

通達忠逆終歸於順的道理，權量行似險而實歸於平的道理，知道柔從君意隨著就是禍亂的道理，這三種不是明君是不能知道的。諫爭君主然後能善，違戾君主然後可以有功，出死而沒有私心，盡忠而為公，這就叫做通達忠逆終歸於順；信陵君像是這樣的。奪取然後才能合於義，殺伐然後才算仁，上下易其位然後才能正，功業可以參配天地，恩澤被及生民，這就叫做權量行似險而實歸於平；湯武像是這樣的。雖有過而仍與之同情，和順上意，沒有原則，不顧是非，不論曲直，偷情求合苟且取容，迷亂蒙蔽，這就所謂柔從君意隨著就是禍亂；飛廉、惡來像是這樣的。

古傳裏說：「儳然不齊乃其所以為齊，枉曲不直而終歸於順，不同而終歸於一。」《詩經》裏說：「受大法小法，為下國的表率。」說的就是這種道理。

致士篇

衡聽❶、顯幽❷、重明❸、退姦、進良之術：朋黨比周之譽，君子不聽；殘賊加累之譖，君子不用；隱忌雍蔽❹之人，君子不近；貨財禽犢之請，君子不許。凡流言、流說、流事、流謀、流譽、流愬❺，不官而衡至者❻，君子慎之，聞聽而明譽之❼，定其當而當❽，然後士❾其刑賞而還與之；如是，則姦言、姦說、姦事、姦謀、姦譽、姦愬，莫之試也；忠言、忠說、忠事、忠謀、忠譽、忠愬，莫不明通，方起以尚盡矣❿。夫是之謂衡聽、顯幽、重明、退姦、進良之術。

川淵深而魚鼈歸之，山林茂而禽獸歸之，刑政平而百姓歸之，禮義備而君子歸之。故禮及身而行修，義及國而政明，能以禮挾⓫而貴名白，天下願⓬，令行禁止，王者之事畢矣。《詩》曰：「惠此中國，以綏四方。」⓭

此之謂也。川淵者，龍魚之居也；山林者，鳥獸之居也；國家者，士民之居也。川淵枯則龍魚去之，山林險⑭則鳥獸去之，國家失政則士民去之。

無土則人不安居，無人則土不守，無道法則人不至，無君子則道不舉。故土之與人也，道之與法也者，國家之本作⑮也；君子也者，道法之總要也；不可少頃曠也。得之則治，失之則亂；得之則安，失之則危；得之則存，失之則亡。故有良法而亂者有之矣，有君子而亂者，自古及今，未嘗聞也。傳曰：「治生乎君子，亂生乎小人。」此之謂也。

得眾動天，美意延年。誠信如神。夸誕逐魂⑯。

人主之患，不在乎不言用賢，而在乎誠⑰必用賢。夫言用賢者，口也；卻賢者，行也；口行相反，而欲賢者之至，不肖者之退也，不亦難乎！夫燿⑱蟬者務在明其火振其樹而已，火不明，雖振其樹，無益也。今人主有能明其德⑲，則天下歸之，若蟬之歸明火也。

臨事接民，而以義變應，寬裕而多容，恭敬以先之，政之始也；然後中和察斷以輔之，政之隆也；然後進退誅賞之，政之終也。故一年與之始，三年與之終⑳。用其終為始㉑，則政令不行而上下怨疾，亂所以自作也。《書》曰：「義刑義殺，勿庸以即，女惟曰未有順事。」㉒言先教也。

程㉓者，物之準也；禮者，節之準也。程以立數，禮以定倫；德以敘位，能以授官。凡節奏欲陵㉔，而生民欲寬；節奏陵而文，生民寬而安。上文下安，功名之極也，不可以加矣。

君者，國之隆也；父者，家之隆也。隆一而治，二而亂；自古及今，未有二隆爭重而能長久者。

師術有四，而博習㉕不與焉。尊嚴而憚㉖，可以為師；耆艾㉗而信，可以為師；誦說而不陵不犯㉘，可以為師；知微而論㉙，可以為師；故師術有四，而博習不與焉。水深而回㉚，樹落則糞本㉛，弟子通利則思師。《詩》曰：「無言不讎，無德不報。」㉜此之謂也。

賞不欲僭，刑不欲濫。賞僭則利及小人，刑濫則害及君子。若不幸而過，寧僭無濫；與其害善，不若利淫㉝。

【注釋】❶衡聽　謂不偏聽。衡，平。❷顯幽　謂使幽人明揚而不壅蔽。❸重明　謂明而又使之明。❹隱忌壅蔽　隱忌，王念孫云即意忌，謂妒賢。雍，和壅通，本當作邕，邕蔽。《說文》：「邕，邑四方有水自邕成池者也。」❺流慝　流，無根源之謂。慝，譖。❻不官而衡至者　不官，即不管。衡，借為橫。橫至，橫逆而至。❼聞聽而明譽之　聞聽，達聽之意。譽，梁疑當作督，明督，即明察。❽而當　劉師培以為「而」係「不」字之訛。❾士　王引之以為當是「出」字之誤。❿方起以尚盡矣　方起，並起。尚，和上通。上盡，謂竭盡忠言、忠說、忠事、忠謀、忠譽、忠愬於上。⓫能以禮挾　顧以為「禮」下當有「義」字。挾，借為浹。⓬願　思慕。⓭詩曰句　所引為《詩經．大雅．民勞》第一章。惠，愛。中國，指京師。綏，安。四方，諸夏。引此詩明自近及遠的道理。⓮險　郝以為當作「儉」。儉，如山之童，林木之濯濯皆是。⓯本作　作，始。本作，本始；根本。⓰得眾動天四句　郝云此四句一韻，文如箴銘，而與上下頗不相蒙，疑或他篇之誤脫。魂，神。夸奢誕謾所謂逐物意移，一定是心動神疲。⓱而在乎誠　王先謙云《群書治要》作「不在乎不言，而在乎不誠」。「誠」上有「不」字。⓲耀　俗耀字，照的意思。⓳今人主有能明其德　劉師培云《中論》引此文「德」下有「者」字，「歸」上有「其」字。「者」字似當補。⓴三年與之終　三年教化已成，然後進退誅賞。㉑用其終為始　言先用誅賞，後用教化。㉒書曰句　所引為《尚書．康誥》篇文。今〈康誥〉作「用其義刑義殺，勿庸以次汝封，乃汝盡遜曰：時敘惟曰未有遜事。」言雖義刑義殺，也不必即時行之，當先教然後用刑。雖先後不失，尚且謙虛說我未有順事故使民犯法。這就是所謂躬自厚而薄責於人。㉓程　度量之總名。《說文》：「程，程品也。」段注：「品者，眾庶也。因眾庶而立之法則斯謂之程品。」㉔陵　嚴密。㉕博習　劉師培以為《初學記》、《御覽》並引作「傳習」，其義較長。㉖憚　敬憚。㉗耆艾　五十曰艾，六十曰耆。《禮記・曲禮》：「五十曰艾。」疏：「髮蒼白色如艾也。」㉘不陵不犯　謂謹守師說。㉙論　和倫通，理的意思。㉚回　旋流。㉛樹落則糞本　王叔岷先生云類纂本、百子本作「樹落糞本」，《喻林》九一引同。本，根。㉜詩曰句　所引為《詩經・大雅・抑》第六章。讎，對。言沒有話不得答對，沒有德不得酬報的。言報施不爽。㉝賞不欲僭八句　此數語全本《左傳》。《左傳・襄公二十六年》：「善為國者，賞不僭而刑不濫，賞僭則懼及淫人，刑濫則懼及善人，若不幸而過，寧僭勿濫。與其失善，寧其利淫。」

【語譯】衡平其聽、顯揚幽隱之人、明揚聖明之人、退斥姦邪、進用忠良之術：朋黨比周的稱譽，君子不聽受；殘賊加累的毀譖，君子不採用；意忌壅蔽之人，君子不接近；貨財禽犢的賄賂請求，君子不允許。凡是流言、流說、流事、流謀、流譽、流愬，沒有主名而橫逆到來的，君子特別謹慎，一定要達其聽而明察之，定其當與不當，然後再出刑賞而反與之；這樣，則姦言、姦說、姦事、姦謀、姦譽、姦愬，都不能來試探；忠言、忠說、忠事、忠謀、忠譽、忠愬，沒有不明通的，都要並起而盡獻於上了。這就叫做衡平其聽、顯揚幽隱之人、明揚聖明之人、退斥姦邪、進用忠良之術。

川淵水深而魚鼈歸藏，山林茂密而禽獸歸藏，刑政平治而百姓歸向，禮義善備而君子歸向。所以禮能及其身則行為修潔，義能及其國則政治清明，能夠禮義浹洽則貴名顯白，天下思慕，令行禁止，王者的事都完畢了。《詩經》裏說：「惠愛京師，以安諸夏。」說的就是這種道理。川淵，是龍魚所居的地方；山林，是鳥獸所居的地方；國家，是士民所居的地方。川淵如枯涸則龍魚一定離去，山林如童儉則鳥獸一定離去，國家如失政則士民一定離去。

沒有國土則人民不能安居，沒有人民則國土不能衛守，沒有道法則人民不會來集，沒有君子則道法不能興作。所以國土與人民，道與法，是國家的本始；君子，是道法的總要；不可以少頃曠離；得到就會安治，失掉就要昏亂；得到就會安定，失掉就要危殆；得到就會存立，失掉就要滅亡。所以有良法而國家昏亂的有的，有君子而國家昏亂的，從古到今，從來就沒聽到過。古傳裏說：「安治產生於君子，昏亂產生於小人。」說的就是這種道理。

得到民眾就會感動上天，心意美樂就會延年，誠信就會如神明不可欺，夸奢誕謾就會心動神疲。

人主的憂患，不在乎不說用賢，而在乎不誠然用賢。說用賢，是用口；拒絕賢才，採之行動；口說和行動相反，而想要賢才到來，不肖之人斥退，不是太難了嗎？照蟬的人，一定要燃明火光搖動樹枝，如火光不燃明，雖然搖動樹枝，也是沒有用的。現在人主有能彰明其德的，則天下人的歸向，就像蟬的歸向明火一樣的。

臨對事故接遇人民，能以義來變通應付，寬裕而多容，恭敬來先導，這是治政的開始；然後用中和察斷來輔助，這是治政的隆盛；然後再施行進退誅賞，這是治政的終極。所以一年與人民以始教，三年就可以要求終成。如果用治政之終於開始，則政令不能推行而上下怨恨，這是亂爭所自然要興起的。《書經》裏說：「雖然是該當的義刑義殺，也不要立即施行，你尚且還說自己沒有順事致使人民犯法。」說的就是先教後刑的道理。

程量，是定物的標準；禮，是節度的標準。程量來決定數量，禮來決定倫理；用德來敘別位次，用才能來授以官職。大凡節奏要嚴密，對人民要寬容；節奏嚴密因而有文飾，對人民寬容因而安居。在上位的能文飾在下位的能安居，這是功業名聲的極點，不可以再加了。

君主，是國家最隆崇的；父親，是家庭最隆崇的。隆崇一個就會安治，隆崇兩個就要昏亂；從古到今，沒有隆崇兩個爭求尊重而能長久的。

為師之道有四，而傳習還不在其中。能夠有尊嚴而被敬憚，可以為人師；耆艾年高而有信用，可以為人師；誦說而不陵突不迕犯，可以為人師；知極精微而有倫理，可以為人師；所以為師之道有四，而傳習不在其中。水深則多旋流，樹木葉落則壅養其根，弟子通利則思念其師。《詩經》裏說：「沒有話不得答對的，沒有德不得酬報的。」說的就是這種道理。

賞不要過，刑不要濫。賞過則加利給小人，刑濫則傷害到君子。如果不幸而過，寧肯賞過不要刑濫；與其傷害善良，不如加利淫邪。

議兵篇

臨武君❶與孫卿子議兵於趙孝成王❷前。王曰：請問兵要？臨武君對曰：上得天時，下得地利，觀敵之變動，後之發，先之至❸，此用兵之要術也。孫卿子曰：不然，臣所聞古之道，凡用兵攻戰之本，在乎壹民。弓矢不調，則羿不能以中微；六馬不和，則造父不能以致遠；士民不親附，則湯武不能以必勝也。故善附民者，是乃善用兵者也。故兵要在乎善附民而已。臨武君曰：不然，兵之所貴者埶利也，所行者變詐也，善用兵者感忽悠闇❹，莫知其所從出；孫吳❺用之無敵於天下，豈必待附民哉！孫卿子曰：不然，臣之所道，仁人之兵，王者之志也。君之所貴，權謀埶利也；所行，攻奪變詐也；諸侯之事也。仁人之兵，不可詐也；彼可詐者，怠慢者也，路亶❻者也。君臣上下之間，滑然❼有離德者也。故以桀詐桀，猶巧拙有幸焉。以桀詐堯，譬之若以卵投石，以指撓沸❽；若赴水火，入焉❾焦沒耳。故仁人上下，百將一心，三軍同力；臣之於君也，下之於上也，若子之事父，弟之事兄，若手臂之扞頭目而覆胸腹也；詐而襲之與先驚而後擊之，一也。且仁人之用十里之國，則將有百里之聽；用百里之國，則將有千里之聽；用千里之國，則將有四海之聽；必將聰明警戒和傳而一❿。故仁人之兵，聚則成卒，散則成列⓫；延則若莫邪之長刃，嬰⓬之者斷；兌⓭則若莫邪之利鋒，當之者潰；圜居而方止⓮，則若盤石然，觸之者角摧；案角鹿埵⓯，隴種東籠⓰而退耳！且夫暴國之君，將誰與至哉！彼其所與至者，必其民也，而其民之親我歡若父母，其好我芬若椒蘭。彼反顧其上，則若灼黥⓱，若仇讎；人之情，雖桀跖，豈又⓲肯為其所惡賊其所好者哉！是猶使人之子孫自賊其父母也，彼必將來告之，夫又何可詐也！故仁人用國日明，諸侯先順者安，後順者危，慮敵之者削，反之者亡。《詩》曰：「武王載發，有虔秉鉞。如火烈烈，則莫我敢遏。」⑲此之謂也。

孝成王臨武君曰：善！請問王者之兵設何道⑳？何行而可？孫卿子曰：凡在大王，將率㉑末事也；臣請遂道王者諸侯彊弱存亡之效㉒，安危之埶；君賢者其國治，君不能者其國亂；隆禮貴義者其國治，簡禮賤義者其國亂；治者強，亂者弱，是強弱之本也。上足卬則下可用也，上不卬㉓則下不可用也。下可用則強，下不可用則弱；是強弱之常也。隆禮效功㉔，上也；重祿貴節，次也；上功賤節，下也；是強弱之凡也。好士者強，不好士者弱；愛民者強，不愛民者弱；政令信者強，政令不信者弱；民齊者強，民不齊者弱；賞重者強，賞輕者弱；刑威者強，刑侮者弱；械用兵革攻完㉕便利者強，械用兵革窳楛㉖不便利者弱；重用兵者強，輕用兵者弱；權出一者強，權出二者弱；是強弱之常也。

齊人隆技擊㉗，其技也，得一首者，則賜贖錙金，無本賞矣㉘。是事小敵毳㉙則偷可用㉚也，事大敵堅則渙焉㉛離耳！若飛鳥焉，傾側反覆無日，是亡國之兵也，兵莫弱是矣，是其去賃市傭而戰之幾矣㉜。魏氏之武卒，以度㉝取之，衣三屬㉞之甲，操十二石之弩，負服矢五十个㉟，置戈其上，冠軸㊱帶劍，贏㊲三日之糧，日中而趨百里㊳，中試則復其戶，利其田宅㊴，是數年而衰而未可奪也，改造則不易周也㊵，是故地雖大其稅必寡，是危國之兵也。秦人其生民也陿阸㊶，其使民也酷烈；劫之以埶，隱之以阸㊷；忸之以慶賞㊸，鰌之以刑罰㊹；使天下之民㊺所以要利於上者，非鬬無由也。阸而用之，得而後功之㊻，功賞相長㊼也；五甲首而隸五家㊽，是最為眾彊長久㊾，多地以正㊿，故四世(51)有勝，非幸也，數(52)也。故齊之技擊不可以遇魏氏之武卒，魏氏之武卒不可以遇秦之銳士，秦之銳士不可以當桓文之節制，桓文之節制不可以敵湯武之仁義；有遇之者，若以焦熬投石焉(53)。兼是數國者，皆干賞(54)蹈利之兵也，傭徒鬻賣之道也，未有貴上安制綦節之理也(55)，諸侯有能微妙之以節(56)，則作而兼殆之耳(57)！故招近(58)募選，隆埶詐，尚功利，是漸(59)之也；禮義教化，是齊之也。故以詐遇詐，猶有巧拙焉；以詐遇齊，辟之猶以錐刀墮[60]太山也，非天下之愚人莫敢試。故王者之兵不試，湯武之誅桀紂也，拱挹[61]指麾，而彊暴之國莫不趨使，誅桀紂若誅獨夫。故〈泰誓〉曰：「獨夫紂。」此之謂也。故兵大齊則制天下，小齊則治鄰敵[62]，若夫招近募選，隆埶詐，尚功利之兵，則勝不勝無常，代翕代張代存代亡[63]相為雌雄耳矣！夫是之謂盜兵，君子不由也。故齊之田單[64]，楚之莊蹻[65]，秦之衛鞅[66]，燕之繆蟣[67]，是皆世俗之所謂善用兵者也，是其巧拙強弱則未有以相君[68]也，若其道一也，未及和齊也；掎契司詐[69]，權謀傾覆，未免盜兵也。齊桓晉文楚莊吳闔閭越句踐是皆和齊之兵也，可謂入其域矣[70]，然而未有本統[71]也，故可以霸而不可以王，是強弱之效也。

孝成王臨武君曰：善！請問為將？孫卿子曰：知莫大乎棄疑，行莫大乎無過，事莫大乎無悔，事至無悔而止矣，成不可必也。故制號政令欲嚴以威；慶賞刑罰欲必以信；處舍收臧欲周以固[72]；徙舉進退，欲安以重，欲疾以速；窺敵觀變，欲潛以深，欲伍以參[73]；遇敵決戰，必道吾所明，無道[74]吾所疑：夫是之謂六術。無欲將而惡廢[75]，無急勝而忘敗，無威內而輕外，無見其利而不顧其害，凡慮事欲孰而用財欲泰[76]，夫是之謂五權[77]。所以不受命於主有三：可殺而不可使處不完[78]，可殺而不可使擊不勝，可殺而不可使欺百姓，夫是之謂三至[79]。凡受命於主而行三軍，三軍既定，百官得序，群物皆正，則主不能喜，敵不能怒[80]，夫是之謂至臣。慮必先事而申之以敬，慎終如始，終始如一，夫是之謂大吉。凡百事之成也必在敬之，其敗也必在慢之，故敬勝怠則吉，怠勝敬則滅，計勝欲則從[81]，欲勝計則凶。戰如守[82]，行如戰[83]，有功如幸[84]。敬謀無壙[85]，敬事無壙，敬吏無壙，敬眾無壙，敬敵無壙，夫是之謂五無壙。慎行此六術、五權、三至，而處之以恭敬無壙，夫是之謂天下之將，則通於神明矣。

臨武君曰：善！請問王者之軍制？孫卿子曰：將死鼓[86]，御死轡，百吏死職，士大夫死行列。聞鼓聲而進，聞金聲而退，順命為上，有功次之；令不進而進，猶令不退而退也，其罪惟均[87]。不殺老弱，不獵[88]禾稼，服者不禽，格者不舍[89]，犇命者不獲[90]。凡誅非誅其百姓也，誅其亂百姓者也；百姓有扞其賊，則是亦賊也。以故順刃者生，蘇刃者死[91]，犇命者貢[92]。微子開[93]封於宋，曹觸龍[94]斷於軍，殷之服民所以養生之者也無異周人；故近者歌謳而樂之，遠者竭蹶[95]而趨之，無幽閒辟陋之國，莫不趨使而安樂之，四海之內若一家，通達之屬莫不從服，夫是之謂人師。《詩》曰：「自西自東，自南自北，無思不服。」[96]此之謂也。王者有誅而無戰，城守不攻，兵格不擊[97]。上下相喜則慶之[98]。不屠城，不潛軍，不留眾[99]，師不越時[100]，故亂者樂其政，不安其上，欲其至也[101]。臨武君曰：善！

陳囂[102]問孫卿子曰：先生議兵，常以仁義為本；仁者愛人，義者循理，然則又何以兵為？凡所為有兵者，為爭奪也。孫卿子曰：非女所知也，彼仁者愛人，愛人故惡人之害之也；義者循理，循理故惡人之亂之也。彼兵者，所以禁暴除害也，非爭奪也。故仁人之兵，所存者神[103]，所過者化[104]，若時雨之降，莫不說喜。是以堯伐驩兜[105]，舜伐有苗[106]，禹伐共工[107]，湯伐有夏，文王伐崇，武王伐紂，此四帝兩王[108]，皆以仁義之兵行於天下也。故近者親其善，遠方慕其德[109]，兵不血刃，遠邇來服，德盛於此，施及四極。《詩》曰：「淑人君子，其儀不忒。」[110]此之謂也。

李斯問孫卿子曰：秦四世有勝，兵強海內，威行諸侯，非以仁義為之也，以便從事而已[111]！孫卿子曰：非女所知也，女所謂便者，不便之便也。吾所謂仁義者，大便之便也。彼仁義者，所以脩政者也；政脩則民親其上，樂其君，而輕為之死。故曰：凡在於軍[112]將率末事也。秦四世有勝，諰諰然[113]常恐天下之一合而軋[114]己也，此所謂末世之兵，未有本統也。故湯之放桀也，非其逐之鳴條之時也；武王之誅紂也，非以甲子之朝而後勝之也，皆前行素脩也，此所謂仁義之兵也。今女不求之於本而索之於末，此世之所以亂也。

禮者，治辨[115]之極也，強國[116]之本也，威行之道也，功名之總也，王公由之所以得天下也，不由所以隕社稷也；故堅甲利兵不足以為勝，高城深池不足以為固，嚴令繁刑不足以為威，由其道則行，不由其道則廢。楚人鮫革犀兕以為甲，鞈如金石[117]；宛鉅鐵釶[118]，慘如蠭蠆[119]，輕利僄遬[120]，卒如飄風；然而兵殆於垂沙[121]，唐蔑死[122]。莊蹻起，楚分而為三四[123]，是豈無堅甲利兵也哉！其所以統之者非其道故也。汝潁以為險，江漢以為池，限之以鄧林[124]，緣之以方城[125]，然而秦師至而鄢郢舉[126]，若振槁然[127]。是豈無固塞隘阻也哉！其所以統之者非其道故也。紂刳比干，囚箕子，為炮烙刑[128]，殺戮無時，臣下懍然莫必其命[129]，然而周師至而令不行乎下，不能用其民，是豈令不嚴，刑不繁也哉！其所以統之者非其道故也。古之兵，戈矛弓矢而已矣，然而敵國不待試而詘[130]，城郭不辨[131]，溝池不抇[132]，固塞不樹[133]，機變不張[134]，然而國晏然不畏外而明內者[135]，無它故焉，明道而分鈞之[136]，時使而誠愛之，下之和上也如影嚮[137]，有不由令者，然後誅之以刑[138]。故刑一人而天下服，罰人不郵[139]其上，知罪之在己也；是故刑罰省而威流[140]，無它故焉，由其道故也。古者帝堯之治天下也，蓋殺一人刑二人而天下治。傳曰：「威厲而不試，刑錯而不用。」[141]此之謂也。

凡人之動也，為賞慶為之，則見害傷焉止矣[142]。故賞慶刑罰埶詐不足以盡人之力，致人之死。為人主上者也，其所以接下之百姓者[143]，無禮義忠信，焉慮[144]率用賞慶刑罰埶詐除阸[145]其下，獲其功用而已矣，大寇則[146]至，使之持危城則必畔，遇敵處戰則必北，勞苦煩辱則必犇，霍焉[147]離耳，下反制其上。故賞慶刑罰埶詐之為道者，傭徒粥[148]賣之道也，不足以合大眾，美國家；故古之人羞而不道也。故厚德音以先之，明禮義以道之，致忠信以愛之，尚賢使能以次之，爵服慶賞以申[149]之，時其事輕其任以調齊之，長養之，如保赤子。政令以定，風俗以一，有離俗不順其上，則百姓莫不敦[150]惡，莫不毒孽[151]，若祓[152]不祥；然後刑於是起矣，是大刑之所加也，辱孰大焉。將以為利邪？則大刑加焉。身苟不狂惑戇陋，誰睹是而不改也哉！然後百姓曉然皆知脩[153]上之法，像上之志而安樂之，於是有能化善脩身正行，積禮義，尊道德，百姓莫不貴敬，莫不親譽，然後賞於是起矣，是高爵豐祿之所加也，榮孰大焉。將以為害邪？則高爵豐祿以持養[154]之。生民之屬，孰不願[155]也。雕雕[156]焉縣貴爵重賞於其前，縣明刑大辱於其後，雖欲無化，能乎哉！故民歸之如流水，所存者神，所為者化而順[157]，暴悍勇力之屬為之化而愿，旁辟[158]曲私之屬為之化而公，矜糾收繚[159]之屬為之化而調，夫是之謂大化至一。《詩》曰：「王猶允塞，徐方既來。」[160]此之謂也。

凡兼人者有三術：有以德兼人者，有以力兼人者，有以富兼人者。彼貴我名聲，美我德行，欲為我民，故辟門除涂[161]，以迎吾入，因其民[162]，襲[163]其處，而百姓皆安；立法施令莫不順比[164]；是故得地而權彌重，兼人而兵俞[165]強，是以德兼人者也。非貴我名聲也，非美我德行也，彼畏我威，劫我埶[166]，故民雖有離心，不敢有畔慮，若是則戎甲俞眾，奉養必費；是故得地而權彌輕，兼人而兵俞弱，是以力兼人者也。非貴我名聲也，非美我德行也，用貧求富，用飢求飽，虛腹張口，來歸我食；若是則必發夫掌窌[167]之粟以食之，委之財貨以富之，立良有司以接之，已朞三年[168]，然後民可信也；是故得地而權彌輕，兼人而國俞貧，是以富兼人者也。故曰：以德兼人者王，以力兼人者弱，以富兼人者貧。古今一也。

兼并易能也，唯堅凝[169]之難焉。齊能并宋，而不能凝也，故魏奪之。燕能并齊，而不能凝也，故田單奪之。韓之上地[170]，方數百里，完全富足[171]而趨趙，趙不能凝也，故秦奪之。故能并之而不能凝則必奪，不能并之又不能凝其有則必亡。能凝之則必能并之矣。得之則凝，兼并無強[172]。古者湯以薄，武王以滈[173]，皆百里之地也，天下為一，諸侯為臣，無它故焉，能凝之也。故凝士以禮，凝民以政；禮脩而士服，政平而民安；士服民安，夫是之謂大凝。以守則固，以征則強，令行禁止，王者之事畢矣。

【注釋】❶臨武君　楚將，未知姓名。《戰國策·楚策》：「天下合從，趙使魏加見楚春申君曰：君有將乎？春申君曰：有矣。僕欲將臨武君。魏加曰……今臨武君嘗為秦孽，不可以為距秦之將。」❷趙孝成王　晉大夫趙夙之後，趙簡子之十世孫，惠文王之子，名丹。在位二十一年。❸後之發先之至　敵發而後發，敵未至而先至。❹感忽悠闇　感忽，和奄忽義同，有隱蔽之義。悠，遠。闇，深闇。悠闇，即深遠之義。此言善用兵者，隱微而深遠。❺孫吳　孫，指吳王闔閭將孫武。吳，指魏武侯將吳起。❻路亶　路，和露、潞同，羸憊。《孟子·滕文公》：「是率天下而路也。」趙注：「是率道天下之人以羸路也。」亶，和癉、⿸疒亶通，病困。《說文》：「癉，勞病也。」病困和羸憊義相近。❼滑然　滑，王引之以為當作渙。《說文》：「渙，散流也。」渙然，離散的樣子。❽撓沸　撓，擾。《說文》：「撓，擾也。」沸，沸水。❾焉　猶「則」。❿和傳而一　傳，王先謙以為「摶」字之誤，摶和專通，專壹。而，和「如」通。⓫聚則成卒散則成列　卒，卒伍。列，行列。⓬嬰　即今攖字，攖觸。⓭兌　和銳通。⓮圜居而方止　居和止義同，言其停留不動之時。圜和方指卒伍隊形。⓯案角鹿埵　劉師培云，案角，即止鼓角而不鳴。鹿埵，鹿借為落，埵借為箠，箠即馬策。落箠，即棄鞭之意。案角鹿埵，言軍樂不及鳴，馬不及馳，以顯其畏葸之狀。⓰隴種東籠　郝云隴種、東籠，皆摧敗披靡之貌。顧炎武《日知錄》二十七引《舊唐書·竇軌傳》：「我隴種車騎未足給公。」《北史·李穆傳》：「籠凍軍士，爾曹主何在，爾獨住此。」可見周隋時尚有此語，蓋古時方俗之言。⓱若灼黥　畏懼如灼之黥之。⓲又　和有通。⓳詩曰句　所引為《詩經．商頌．長發》第六章。今《毛詩》「載發」作「載旆」，「敢遏」作「敢曷」。武王，指湯。載，設。發和旆通，旆謂旗。設旗，言將用兵。有虔，虔然；虔敬的樣子。秉，執。鉞，兵器。遏，止。⑳設何道 設，用。道，術。㉑率 和帥同。㉒效 效驗。㉓卬 和仰同。㉔效功 達致其功。㉕攻完 攻，堅。《廣雅．釋詁》：「攻，堅也。」完，完好。㉖窳楛 窳，器物有毛病。楛，濫惡。㉗齊人隆技擊 隆，盛。齊人以勇力擊斬敵人，號為技擊。㉘得一首者三句 錙，八兩。郭云：「此與秦首虜之法同，以得首為功賞，不問其戰事之勝敗，故曰無本賞。漢世軍法抵罪得贖免，當亦起於戰國之季。言苟得首者，有罪當贖，僅納錙金。以得首為重，取決一夫之勇也。」㉙毳 借為脆。㉚偷可用 偷，苟且。言苟且用之為可。㉛渙焉 離散的樣子。㉜是其去賃市傭而戰之幾矣 幾，相近。言和賃用那些在市中傭作的人而使之戰相去甚近。㉝度 程。㉞三屬 楊注引如淳曰，上身一，髀褌，脛繳一，凡三屬。㉟負服矢五十个 負，揹負。服，借為箙，箭袋。《說文》：「箙，弩矢箙也。」言盛矢五十个在箭袋之中揹負之。㊱䩜 和冑同，《說文》作韋。㊲贏 負擔。㊳日中而趨百里 自早上至日中，半日趨行百里。㊴中試則復其戶利其田宅 試之而中程合格，就復其戶不傜役，便利他的田宅不徵稅。㊵是數年而衰二句 中試者經數年而筋力衰疲，但也不能遽然奪其優復，再選擇也不容易周徧，必又如從前一樣。㊶生民也陿阸 生民，生養人民。陿阸，猶狹隘。㊷隱之以阸 隱，和殷、慇通，痛的意思。《說文》：「慇，痛也。」隱之以阸，承上狹隘而言。言以陝隘使之痛苦。㊸忸之以慶賞 忸，和狃同，慣習。戰勝則與之賞慶，使習以為常。㊹鰌之以刑罰 鰌，借為遒，迫的意思。《說文》：「遒，迫也。」言以刑罰遒迫之。㊺使天下之民 顧以為「天」字衍。此以「下之民」和「要利於上」相對為文。下之民，謂秦民。㊻得而後功之 得勝就賞其功。㊼功賞相長 謂功和賞相持而長。賞必因其有功，有功則必得賞，得賞之後又越加急於有功，這就是相長。㊽五甲首而隸五家 獲得五甲首就役隸鄉里的五家。㊾眾彊長久 眾彊，對齊之「賃市傭而戰」言之。長久，對「魏之數年而衰」言之。言最能使兵眾彊大維持長久。㊿多地以正 對「地大而稅寡」言之。正，借為征。言增多土地的徵收。既輸稅於公，又為私家之役隸，此即一地而兩徵。(51)四世 秦孝公、惠公、武王、昭王。52數　理。53若以焦熬投石焉　俞以為當作「以指焦熬，以卵投石」。焦，借為撨，拭。《廣雅．釋詁》：「撨，拭也。」熬，乾煎。《說文》：「熬，乾煎也。」以指撨熬，用手指來拭觸熱煎的東西，和以指撓沸意思相同。54干賞　求賞。55未有貴上安制綦節之理也　言未有愛貴其上為之致死、安於制度自不踰越、極於忠義心不為非的道理。56微妙之以節　微妙之，精盡之。節，指禮。57則作而兼殆之耳　作，起來。言能起來兼危這數國而擒滅之。58招近　楊注以為當作「招延」。招延，招納延引。59漸　詐欺。60墮　毀壞。61挹　和揖通。62治鄰敵　治，借為殆，危。謂危鄰敵。63代翕代張代存代亡　翕，斂。也就是說代彊代弱的意思。64田單　齊襄王之臣。燕昭王使樂毅伐齊，齊城盡降，惟莒、即墨不下，即墨人推田單為將軍拒燕。頃之燕以騎劫代樂毅，田單乃夜用火牛攻之，燕師大敗，盡復齊七十餘城，迎襄王於莒而立之，封單為安平君。65莊蹻　楚莊王的後裔，威王使之為將，將兵循江而上，略巴蜀黔中以西。蹻至滇池，以兵威定屬楚。欲歸報，會秦擊奪楚巴黔中郡，道塞不通，因還。以其部眾王滇，變服而從其俗。漢武帝時滇王始與漢通，後降漢。66衛鞅　秦孝公臣，封為商君。67繆蟣　生平不詳。68相君　猶言相長。盧云元刻作「相若」，王叔岷先生云類纂本、百子本並作「相若」。相若義亦通。69掎契司詐　契，借為挈。掎挈，猶言掎摭。司，借為伺。詐，欺詐。都是說因其危弱即偷襲之。70可謂入其域矣　謂入王兵之域。71本統　謂前行素修，若湯武即是。72處舍收臧欲周以固　處舍，指營壘。收臧，指財物。欲周以固，要周密牢固。73欲伍以參　伍參，猶言錯雜。使間諜錯雜於敵人之間，以探知其事。74道　行的意思。75無欲將而惡廢　為將之人，不要想使君任己為將，而卻厭惡君主廢棄自己。76凡慮事欲孰而用財欲泰　孰，和熟通，精審。泰，寬侈，謂不吝賞。77五權　五者是為將的機權。78完　堅好完全。79至　謂一守而不變者。80主不能喜敵不能怒　不苟徇上意，故主不能喜；不為變詐，故敵不能怒。81從　也是吉的意思。《儀禮．少牢饋食禮》注：「從者，求吉得吉之言。」82戰如守　交戰時如同防守，言不務求越逐。83行如戰　行軍如交戰，謂警戒嚴整。84有功如幸　有功好像幸而得之，言不驕矜。85無壙　壙，和曠通。言不敢須臾不敬。86將死鼓　將用鼓號令進軍，所以至死不棄。87均　相等。88獵　和躐通，踐踏。(89)格者不舍 格，借為挌，擊。《說文》：「挌，擊也。」謂拒捍者不捨棄之。(90)犇命者不獲 謂奔走來歸其命者不俘獲他。(91)順刃者生蘇刃者死 順刃，謂不戰背之而走的。蘇，借為傃，向的意思。蘇刃，謂相向格鬥的。(92)犇命者貢 貢，劉師培以為「置」字之訛。置，赦的意思。《說文》：「赦，置也。」言奔命者捨之而不俘獲。(93)微子開 紂之庶兄，名啟，此云開，為避漢景帝諱，為劉向所改。微子後歸周封於宋。(94)曹觸龍 殷紂之臣。見〈臣道篇〉注。(95)竭蹷 顛仆；匍匐。(96)詩曰句 所引為《詩經．大雅．文王有聲》第六章。言四方無有不服。(97)兵格不擊 格，謂挌擊抵拒者。德義未加，所以敵人不服，因之不加攻擊。(98)上下相喜則慶之 敵人上下相愛悅則慶賀之。(99)不留眾 不留兵眾鎮守。(100)師不越時 軍隊出征不踰時。(101)欲其至也 期望王者速來解救。(102)陳囂 荀卿弟子。(103)所存者神 神，治。言所存止之處都平治。(104)所過者化 所過往之國無不從化。(105)堯伐驩兜 伐，也是誅的意思。《尚書．舜典》：「放驩兜于崇山。」(106)舜伐有苗 舜命禹伐之。《尚書．大禹謨》：「帝曰咨！禹，惟時有苗弗率，汝徂征。」(107)禹伐共工 《尚書．舜典》：「流共工于幽州。」劉師培云：「禹誅共工臣相柳，見《山海經》，即禹伐共工事。又〈成相篇〉云：『禹有功，抑下鴻，辟除民害逐共工。』」亦指此事言。(108)四帝兩王 劉師培云本作「兩帝四王」，兩帝蒙上堯舜，四王即上文之禹湯文武。《書鈔》一百十三、《御覽》三百五並引作「兩帝四王」。王叔岷先生云元本、類纂本、百子本並作「兩帝四王」，亦可證成劉說。(109)德 王念孫云本作「義」，《文選》〈為袁紹檄豫州文〉注、〈石闕銘〉注、《太平御覽》兵部五十三引並作「義」。(110)詩曰句 所引為《詩經．曹風．鳲鳩》第三章。忒，差。陳奐云其下尚有「其儀不忒，正是四國」二句。(111)以便從事而已 言便於其所從之事而已。謂若劫之以埶，隱之以阸，忸之以慶賞，鰌之以刑罰之類。(112)軍 盧云當作「君」。(113)諰諰然 諰，和鰓、葸通。諰諰然，畏懼的樣子。(114)軏 踐轢。(115)辨 也是治的意思。(116)強國 《史記》作「強固」，義較長。(117)鞈如金石 《史記》及《韓詩外傳》均作「堅如金石」，《文選．三月三日曲水詩序》注引《荀子》亦作「堅如金石」。楊注訓鞈為堅貌，俞以為諸書無明文可據。俞以為鞈借為鼛，鼛本義為鼓聲，此文鞈如金石，謂扣之其聲鼛然如金石。俞說為是。(118)宛鉅鐵釶 宛，地名。春秋屬楚，秦昭王三十五年初置南陽郡，治宛。即今河南南陽縣治。鉅，剛鐵。鉇，和鍦同，矛。《方言》：「自關而西謂之矛，吳揚之間謂之鍦。」言宛地出產剛鐵做成矛。(119)慘如蠭蠆　蠆，毒蟲。《說文》：「蠆，毒蟲也。」言其中人，非常慘毒。(120)僄遬　僄，輕。遬，和速通。(121)兵殆於垂沙　殆，危亡。垂沙，地名，不詳所在。(122)唐蔑死　蔑和昧同。《史記・楚世家》載楚懷王二十八年，秦乃與齊韓魏共攻楚，殺楚將唐昧，取我重丘而去。(123)楚分而為三四　言楚將莊蹻起而為亂，後楚遂分為四。(124)鄧林　北界鄧地之山林。(125)緣之以方城　緣，繞。方城，楚北界山名。(126)鄢郢舉　鄢郢，楚都。舉，謂舉而取之。(127)若振槁然　振，擊。槁，枯葉。謂白起伐楚，一戰而取鄢郢，如同擊落枯葉一般。(128)炮烙刑　古書也作炮格。《史記・殷本紀》：「於是紂乃重辟刑，有炮格之法。」《集解》引《列女傳》曰：「炮烙，為膏銅柱，下加之炭，令有罪者行焉，輒墮炭中，妲己笑。名曰炮烙之刑。」(129)懔然莫必其命　懔然，悚慄的樣子。莫必其命，不能必然保全其性命。(130)詘　和屈通，屈服。(131)辨　治的意思。(132)拑　楊注引或說云「拑」當為「扣」，盧以「扣」為是。王叔岷先生云類纂本、百子本「拑」並改為「扣」。扣之正字作搰，掘的意思。《說文》：「搰，掘也。」(133)固塞不樹　固塞，邊城四方要塞。《說文》：「固，四塞也。」樹，建立。(134)機變不張　機詐巧變不張用。(135)晏然不畏外而明內者　楊注云「內」當為「固」，王念孫以為當依《史記》作「晏然不畏外而固」。晏然，安然。(136)分鈞之　盧云《史記》、《外傳》俱作「均分之」。鈞，和均通。(137)如影嚮　嚮，借為響。言如影之隨形、響之應聲。(138)誅之以刑　王念孫以為當依《韓詩外傳》、《史記》作「俟之以刑」。俟，待。(139)郵　《史記》作尤。王叔岷先生云元本、類纂本並作「尤」。按郵、尤都是訧的借字。訧，罪訧。《說文》：「訧，辠也。」(140)威流　《史記》、《韓詩外傳》均作「威行如流」。(141)傳曰句厲，猛厲。錯，借為措，設置的意思。(142)則見害傷焉止矣　則，猶「若」。焉，猶「乃」。(143)其所以接下之百姓者　王念孫以為當作「其所以接下之人百姓者」。(144)慮　大凡之意。(145)除阸　除，王念孫以為「險」字之誤。險和阸義同。(146)則　猶「若」，如果之意。(147)霍焉　猶渙焉，離散的樣子。(148)粥　和鬻通，賣的意思。(149)申　申重。(150)敦　借為憝，怨惡。《說文》：「憝，怨也。」(151)蘗　害的意思。(152)祓　以祭來除惡。《說文》：「祓，除惡祭也。」(153)脩　王念孫以為「循」字之誤。(154)持養　持也是養的意思。(155)願　思慕。(156)雕雕　猶昭昭，明顯的樣子。(157)而順　汪中云上疑脫九字。王念孫云此句與下三句一類，句末當是「為之化而順」。(158)旁辟　猶便僻。旁和便雙聲通用。(159)矜糾收繚　矜和糾都是急的意思。《廣雅》：「矜，急也。」《一切經音義》引《廣雅》：「糾，急也。」收和繚都是戾的意思。《楚辭．九章》王逸注：「糾，戾也。繚，謂繚戾也。」矜糾收繚，皆急戾之意。(160)詩曰句　所引為《詩經．大雅．常武》第六章。見〈君道篇〉注。(161)辟門除涂　辟，借為闢，開的意思。除涂，治其道途。(162)因其民　言因其民的愛悅。(163)襲　因襲。(164)比　親附。(165)俞　和愈通，下同。(166)劫我埶　言為我勢所劫。(167)掌窌　掌，王引之以為「稟」字之誤。稟，古廩字。窌，窖。(168)已朞三年　滿一周年叫朞。此言已滿三年。(169)凝　定的意思。(170)上地　謂上黨之地。(171)富足　王叔岷先生云元本、類纂本作「富具」。富具，言府庫富備。(172)兼并無強　言能安定，則沒有強而不可以兼併的。(173)湯以薄武王以滈　薄和亳同，滈和鎬同。

【語譯】臨武君同孫卿子在趙孝成王面前議論用兵的事。王說：請問用兵的要道？臨武君答說：上得天時，下得地利，觀察敵人的變動，後敵而發，先敵而至，這是用兵的要術。孫卿子說：不然，臣所聽知古代的用兵之道，凡是用兵攻戰的根本，在於齊一人民。弓矢不調利，則羿不能射中細微目標；六馬不和齊，則造父不能夠達致遠地；士民不能親附，則湯武不能夠必勝。所以善於親附人民的，就是善於用兵的。因之用兵的要道在於善親附人民罷了。臨武君說：不然，用兵所貴的，是乘勢爭利，所行的，是機變詭詐。善於用兵的，其術隱微而深遠，不知道是從何而來，孫武吳起用這方法無敵於天下，哪裏一定要等待親附人民呢！孫卿子說：不然，臣所說的是仁人的用兵，是王者的志向。君所貴的是權謀勢力，所行的是攻奪變詐；這是諸侯的事。仁人的用兵，不可以欺詐，那可以欺詐的，是怠慢的，是羸憊的。君臣上下之間，就要渙然而有離德了。所以桀來欺詐桀，還有巧拙僥倖；要是桀來欺詐堯，就好像用卵投向石頭，用手指來攪沸水；就好像去投水火，進去就要燒焦沉沒了。所以仁人上下之間，百將一心，三軍同力，臣的對待君，下的對待上，就如同兒子事奉父親，弟弟事奉兄長，如同手臂的保護頭眼遮覆胸腹；用機詐去偷襲他，和先驚動而後攻擊他，是一樣的。仁人用政於十里之國，就有百里的聽察；用政於百里之國，就有千里的聽察；用政於千里之國，就有四海的聽察；必然會聰明警戒和專如一。所以仁人的兵，聚集可以成卒伍，散開也成行列；長就像莫邪的長刃，觸到的就會斷折；銳就像莫邪的利鋒，當之的就要潰敗；圜居而方止，就像盤石一般，觸到的就要角摧；衹有案止鼓角棄落鞭箠，披靡而退。況且暴國的君主，是誰同他一起來呢？同他一起來的，一定是他的人民，而他的人民親近我歡情如同見了父母，喜歡我芬馨如同椒蘭。他們反望一下他們的君上，則如同要灼他黥他，如同仇讎；人情雖是桀跖，哪有肯為他所厭惡的人去賊害他所喜歡的呢！這就好像使人的子孫去賊害他的父母，他們一定會來告知，怎麼又會欺詐呢！所以仁人用政於國家日益明察，諸侯先順服的平安，後順服的危殆，想要為敵的被削，反背的就要滅亡。《詩經》裏說：「武王設旗將要用兵，虔敬地執起斧鉞。像火一般炎烈，沒有敢阻止的。」說的就是這種道理。

孝成王和臨武君都說：很好！請問王者的用兵將用何術？要怎樣去做才行？孫卿子說：凡在大王的將率都是末節之事，臣請說一說王者諸侯彊弱存亡的效驗，安危的情勢；君主賢明的他的國家安治，君主無能的他的國家混亂；崇禮貴義的他的國家安治，慢禮賤義的他的國家混亂；安治的強，混亂的弱，這是強弱的根本。在上位的足可仰賴，則臣下可以用；在上位的不足仰賴，則臣下不可用。臣下可用則國強，臣下不可用則國弱；這是強弱的常道。能隆崇禮義達致其功，是最上等；能重祿位貴節義，是次等；崇尚事功鄙賤節義，是最下等；這是強弱的大要。好士的強，不好士的弱；愛民的強，不愛民的弱；政令有信的強，政令無信的弱；人民齊一的強，人民不齊一的弱；賞重的強，賞輕的弱；刑嚴威的強，刑侮慢的弱；械用兵革堅好便利的強，械用兵革濫惡不便利的弱；慎重用兵的強，輕於用兵的弱；權出一人的強，權出二人的弱；這是強弱的常道。

齊人崇盛技擊，他們的技擊，凡是獲得敵人一顆首級的，有罪當贖僅納錙金，以得首為功賞，不問戰事的勝敗。對小的事、脆弱的敵人還苟且可以用，對大事、堅強的敵人就要渙然離散了。像飛鳥一般沒有憑依，傾側反覆就沒多久了，這是亡國之兵，沒有比這更弱的，這和賃用那些在市中傭作的人們而使之戰相去很近了。魏國的兵卒，以程度來取用，穿三屬的甲衣，操持十二石的弓，背負五十个矢的箭袋，置戈其上，戴著冑，帶著劍，擔負三日的食糧，自朝至午行走百里，試之中程的就復其戶不傜役，給他田宅便利，幾年以後筋力衰弱也不能奪去他的優復，再選擇也不容易周徧。所以地雖大而稅收必然很少，這是危殆國家的兵。秦國生養人民很狹隘窮蹙，但使役人民卻很酷烈，用威勢去劫迫，用窮蹙使痛苦；使人民習於得到慶賞，迫之以刑罰；使在下人民想要求利於在上的，除了戰鬥再沒有路子。窮蹙他而來用他，得勝然後賞功，使功賞互相增長；獲得五甲首就可役隸鄉里中的五家，這是最能使兵眾強大維持長久，增多土地的徵收，所以四世有功，並非僥倖，理當如此。所以齊國的技擊，不可以敵遇魏國的武卒，魏國的武卒不可以敵遇秦國的勇銳之士，秦國的勇銳之士不可以敵當齊桓、晉文的節制，齊桓、晉文的節制不可以匹敵湯武的仁義；有遭遇到的，就如同以指拭觸熱煎的東西，以卵投石。這幾個國，都是求賞貪利的兵，都是傭徒鬻賣之道，沒有愛貴其上安於制度極於節義的道理，諸侯有精盡節義的，則可以起而兼危這數國！所以招延募選，崇重勢詐，崇尚功利，是詐欺之道；禮義教化，是齊一之道。以詐遇詐，還有巧拙可分；以詐遇齊，就如同以錐刀去毀太山，不是天下的愚人是不敢去試的。所以王者之兵是不用試的，湯武的誅伐桀紂，拱揖指麾，而強暴的國家沒有不為他趨使的，誅伐桀紂如同誅殺一個獨夫。〈泰誓〉說：「獨夫紂。」說的就是這個。所以兵能大齊一可以制天下，能小齊一可以危殆鄰敵，至於招延募選，崇重勢詐，崇尚功利的兵，則勝或不勝就沒有一定，忽強忽弱忽存忽亡相互為雌雄了。這叫做盜兵，君子是不用的。齊國的田單，楚國的莊蹻，秦國的衛鞅，燕國的繆蟣，都是世俗所說的善用兵的人，他們的巧拙強弱沒有足以相長的，他們的方法都是一樣的，都不能夠和齊兵眾；掎摭伺詐，權謀傾覆，不免於是盜兵。齊桓、晉文、楚莊、吳闔閭、越句踐都是和齊之兵，可說已入王兵之域，然而還沒有本統，所以祇可以霸而不可以王，這是強弱的效驗。

孝成王和臨武君說：很好！請問為將的道理？孫卿子說：智沒有再大於棄掉疑惑，行沒有再大於沒有過錯，事沒有再大於沒有悔尤，事到了沒有悔尤是最好的了，成功是不可必得的。所以制號政令要嚴而威；慶賞刑罰要必行而有信；營壘財物要周全而堅固；徙舉進退，要安重，要疾速；窺伺敵人察觀變動，要潛隱深入，要使間諜錯雜在敵人中間；遭遇敵人進行決戰，必定要行我們所明察的，不要行我們所疑惑的；這叫做六術。為將之人不要因為想要做將領而厭惡被廢，不要急於求勝而忘記失敗，不要施威於內而輕於外，不要見其利而不顧其害，凡慮事要精審，用財行賞要寬侈。這叫做五種機權。為將的所以不接受主上命令的有三種，可殺而不可使他處於不堅完的地位，可殺而不可使他攻擊不能得勝的敵人，可殺而不可使他欺詐百姓，這叫做三種一守不變的至道。凡已受命於君主而行將令於三軍，三軍既定，百官得序，一切事物都得正，則不苟循上意使主喜，不為變詐使敵怒，這叫做至臣。謀慮必在事先，申重而敬懼，慎終如始，終始如一，這叫做大吉。凡一切事的成功都在於敬慎，失敗在於慢怠，所以敬慎勝於慢怠就吉祥，慢怠勝於敬慎就要毀滅，計慮勝過利欲就吉，利欲勝過計慮就凶。交戰時如同防守，不務越逐；行軍如同交戰，嚴加警戒；有功如同僥倖得之。敬謀不曠怠，敬事不曠怠，敬吏不曠怠，敬眾不曠怠，敬敵不曠怠，這叫做五不曠怠。能夠慎行這六術、五權、三至，而處之以恭敬不曠怠，這叫做天下的將才，可以通於神明了。

臨武君說：很好！請問王者的軍制？孫卿子說：為將至死不棄鼓，駕兵車的至死不棄轡，為吏至死不棄職，士大夫死於行列。聽見鼓聲就前進，聽見金聲就後退，順從命令為最上，有功尚在其次；命令不前進而自己去前進，同命令不後退而自己後退是一樣的，罪過是相等的。不殺老弱的人，不踐踏禾稼，已降服的不追擒，格拒的不捨他，奔走來聽命的不俘獲。凡誅伐不是要誅伐百姓，是要誅伐亂百姓的人；百姓有捍衛賊敵的，那也算是賊。所以不戰僨之而走的可以生，向刃格鬥的就要死，奔走來聽命的捨置他。微子啟封於宋，曹觸龍被斷於軍，殷朝歸服的人民周朝生養他們沒有不同於周人；所以近處的歌謳而安樂，遠處的匍匐而來歸，沒有一個幽閒僻陋的國家，不來供趨使而安樂的，四海之內如同一家，通達的地方沒有不從服的，這就叫做人師。《詩經》裏說：「從西方從東方，從南方從北方，沒有不從服的。」說的就是這種道理。王者有誅伐而沒有爭戰，城堅守的不攻，兵格鬥的不擊。敵人上下相愛悅的慶賀他。不屠毀城市，不潛軍偷襲，已克服不留兵眾駐守，行役不踰時，所以亂國的人民喜愛他的施政，不安於他們的君上，而想來歸服於他。臨武君說：很好！

陳囂問孫卿子說：先生談用兵，常以仁義為根本；仁就是愛人，義就是要循理法，那麼又何必用兵呢？大凡所以要用兵的，是為了爭奪。孫卿子說：這不是你所知道的，仁人愛人，因為愛人所以厭惡別人的害人；義者循守理法，因為循守理法，所以厭惡別人擾亂理法。他的用兵，是禁暴除害的，不是為了爭奪。所以仁人的兵，所存止之處都平治，所過往之國無不從化，像時雨的降下，沒有不喜悅的。所以堯伐驩兜，舜伐有苗，禹伐共工，湯伐有夏，文王伐崇，武王伐紂，這兩帝四王，都是以仁義之兵行於天下，所以近處的親愛他的善政，遠處的思慕他的美德；用兵不必血刃，遠近都來歸服，德業美盛於此，而能施及於四方。《詩經》裏說：「善人君子，他的儀法不差忒，儀法不差忒，來正四方之國。」說的就是這種道理。

李斯問孫卿子說：秦四世常有獲勝，兵稱強海內，威行於諸侯，並不是以仁義來從事，而是便其所從之事而已！孫卿子說：這不是你所知道的，你所說的便，是不便之便。我所說的仁義，是大便之便。那行仁義的，是要修明政事的，政事修明則人民親近其君上，樂愛其君上，而輕身願為他去死。所以說：凡在於君的，用將率這是末節的事。秦四世常有獲勝，而諰諰然常怕天下一合來踐踏自己，這是末世之兵，沒有本統的。所以湯的放逐桀，並不在於驅逐鳴條的時候；武王的伐紂，並不是因甲子之朝而後勝他的，都是在於他們以前的所行和修為，這就是所說的仁義之兵。現在你不求根本而求末節，這就是天下所以要亂的道理。

禮是治世的極至，是強固的根本，是威行之道，是功名的總要，王公由此所以得到天下，不由此所以隕墜社稷；所以堅甲利兵不足以稱勝，高城深池不足以稱固，嚴令繁刑不足以稱威，由此道去做就可行，不由此道去做就墮廢。楚國人用鮫革犀兕來做甲，扣之聲如金石；用宛地剛鐵做矛，擊人慘毒像蜂蠆，輕利急速，卒然如同飄風；然而兵危殆於垂沙，大將唐蔑戰死。莊蹻興起，使楚分裂為四，這豈是沒有堅甲利兵呢！是因他所以統制的不得其道的緣故啊！以汝水、潁水為險要，以長江、漢水為城池，以鄧地、山林為阻限，圍繞以方城山，然而秦軍一到而國都鄢郢被奪取，像擊枯葉一樣容易，這豈是因為沒有固塞隘阻呢，是因為統制的不得其道的緣故。紂剖比干的心，囚禁箕子，做炮烙的酷刑；殺戮沒有時期，臣下懍然恐懼沒有敢說必全其命的，然而周軍一到令不能行於其下，不能用其民，這豈是令不嚴、刑不繁嗎！是因為其所以統制的不得其道的緣故。古代的兵，只是用戈矛弓矢而已，然而敵國不等一試就已屈服，城郭不用治，溝池不用掘，固塞不用立，機變不用張，然而國家安然不畏外而強固，這沒有其他原因，就是因為能夠明於治道而均分之，以時使役而誠愛之，下的和上如同影的隨形響的應聲，有不依令而行的，然後用刑等待他，所以刑罰一個人而天下順服，罪人不怨恨在上的，知道罪由自取；所以刑罰輕省而威行如流，這沒有其他原因，是由其道而行的緣故。古時帝堯的治理天下，祇殺一個人刑罰兩個人，天下就已平治。古傳裏說：「威令嚴厲但沒有人去試，刑罰雖設置但不去用它。」說的就是這種道理。

凡人的行動，為賞慶而做，如見到害損就停止了。所以賞慶刑罰勢詐不足以盡人的力量，致人的死力。為人主上的，其所以接遇在下的眾百姓，沒有禮義忠信，大凡率用慶賞刑罰勢詐險阸他的在下，得到他的功用就是了，一旦大寇若來到，使他守危城則必然要背叛，叫他遭遇敵人來交戰則必然敗北，勞苦煩辱則必然奔潰，渙然而離散，在下的反而挾制其上，所以賞慶刑罰勢詐之道，是傭作之徒鬻賣之道，不足以合齊大眾，美厚國家；所以古時人以為羞恥而不稱說。厚他的德音來先引，明他的禮義來誘導，達致忠信來愛護，崇尚賢才使任能者來次序，用爵服慶賞來申重，以時使役減輕任負來調劑，來長養，像保愛嬰兒一般。政令因而安定，風俗齊一，有違俗而不順從在上的，百姓沒有不怨惡，沒有不毒害他的，好像要袚除不吉祥一樣要去掉他；然後刑罰於是動用，這大刑來加施，羞辱沒有再大的。要以這為有利，則有大刑加施。假使不是狂惑戇陋的人，誰看到這些而還不改呢！然後百姓都清楚知道遵循在上的法，法像在上的心志而能安樂，於是有能夠化善修身正行，積禮義，尊道德的，百姓沒有不貴敬的，沒有不親譽的，然後獎賞於是動用，這高的爵位豐厚俸祿的加施，榮耀沒有再大的。要以這為有害，則有高爵豐祿來奉養。所有人民，誰不思慕呢！昭昭然明懸貴爵重賞在他前面，懸明刑大辱在他後面，雖想要不順化能夠嗎！所以人民歸服他像流水，所存止之處都安治，所施為的人都順化。暴悍勇力的人都化為謹愿，便辟曲私的人都化為公正，急戾的人都化為調和，這叫做大化至一。《詩經》裏說：「王所謀畫的誠然信實，徐等淮夷都來歸服了。」說的就是這種道理。

凡兼人之術有三種：有用德來兼人的，有用力來兼人的，有用富來兼人的。他們尊貴我的名聲，讚美我的德行，想做我的人民，開門治道來迎接我，因他人民的愛悅，因他居處的土地，我來治理而百姓都安樂；立法施令沒有不順從親附的；所以得到土地而權更加重，兼有其人而兵愈強，這是用德來兼人。不是尊貴我的名聲，不是讚美我的德行，他們畏懼我的威力，迫於我的權勢，所以人民雖有離貳之心，但不敢有背叛的計慮，這樣則兵甲愈重，奉養也必糜費；所以得到土地而權更減輕，兼有其人而兵愈弱，這是用力來兼人。不是尊貴我的名聲，不是讚美我的德行，因為貧而想求富，因為飢而想求飽，空著肚子張著口，來歸到我這兒就食；這樣則必然要打開廩窖拿糧食給他們吃，給他們財貨使富足，立賢良的官司來接遇他們，已滿三年，然後那些人民才可信；所以得到土地而權更減輕，兼有其人而國愈貧，這是用富來兼人。所以說：用德兼人的王，用力兼人的弱，用富兼人的貧。古今是一樣的。

兼併別人容易做，但想要堅固安定卻很難。齊能併宋，而不能安定，所以被魏所奪。燕能併齊，而不能安定，所以被田單所奪。韓的上黨之地，方數百里，城邑完全府庫富備而趨歸於趙，趙又不能安定，所以被秦所奪。所以能兼併而不能安定則必然要被奪，不能兼併又不能安定他所有的則必然要滅亡。能安定的必然能兼併。得到就能安定他，則沒有強而不被兼併的。古時湯以亳，武王以鎬，都只有百里的疆域，而使天下合一，諸侯稱臣，這沒有其他緣故，就是因為能安定。安定士人以禮，安定人民以政；禮法修明則士人順服，政治平治則人民安樂；士人順服人民安樂，這叫做大凝定。用它來守則堅固，用它來征伐則強大，令能下行禁能止限，王者的事都完畢了。

彊國篇

刑范❶正，金錫美，工冶巧，火齊得❷，剖刑而莫邪已❸；然而不剝脫❹，不砥厲❺，則不可以斷繩；剝脫之，砥厲之，則劙盤盂刎牛馬❻忽然耳。彼國者，亦彊國之剖刑已；然而不教誨，不調一，則入不可以守，出不可以戰；教誨之，調一之，則兵勁城固，敵國不敢嬰❼也。彼國者亦有砥厲，禮義節奏是也。故人之命在天，國之命在禮。人君者，隆禮尊賢而王，重法愛民而霸，好利多詐而危，權謀傾覆幽險而亡。

威有三：有道德之威者，有暴察之威者，有狂妄之威者。此三威者，不可不孰察也。禮樂則脩，分義❽則明，舉錯則時，愛利則形❾；如是，百姓貴之如帝，高之如天，親之如父母，畏之如神明；故賞不用而民勸，罰不用而威行，夫是之謂道德之威。禮樂則不脩，分義則不明，舉錯則不時，愛利則不形；然而其禁暴也察，其誅不服也審，其刑罰重而信，其誅殺猛而必，黭然而⑩雷擊之，如牆厭⑪之；如是，百姓劫則致畏，嬴則敖上⑫，執拘則最⑬，得間則散，敵中則奪⑭；非劫之以形埶，非振之以誅殺，則無以有其下，夫是之謂暴察之威。無愛人之心，無利人之事，而日為亂人之道，百姓讙敖⑮，則從而執縛之，刑灼之，不和人心；如是，下比周賁潰⑯以離上矣，傾覆滅亡，可立而待也，夫是之謂狂妄之威。此三威者，不可不孰察也。道德之威成乎安彊，暴察之威成乎危弱，狂妄之威成乎滅亡也。

公孫子⑰曰：子發將西伐蔡⑱，克蔡，獲蔡侯⑲；歸致命曰：「蔡侯奉其社稷而歸之楚，舍屬⑳二三子而治其地。」既楚發其賞，子發辭曰：「發誡布令而敵退，是主威也；徙舉㉑相攻而敵退，是將威也；合戰用力而敵退，是眾威也。臣舍不宜以眾威受賞。」譏之曰：子發之致命也恭，其辭賞也固㉒。夫尚賢使能，賞有功，罰有罪，非獨一人為之也，彼先王之道也，一人之本也，善善惡惡之應也，治必由之，古今一也。古者明王之舉大事立大功也，大事已博㉓，大功已立，則君享其成，群臣享其功，士大夫益爵，官人益秩，庶人益祿；是以為善者勸，為不善者沮㉔，上下一心，三軍同力，是以百事成而功名大也。今子發獨不然，反先王之道，亂楚國之法，墮興功之臣，恥受賞之屬，無僇乎族黨㉕，而抑卑其後世，案獨以為私廉，豈不過甚矣哉！故曰：子發之致命也恭，其辭賞也固。

荀卿子說齊相曰：處勝人之埶，行勝人之道，天下莫忿，湯武是也。處勝人之埶，不以㉖勝人之道，厚於有天下之埶，索為匹夫不可得也，桀紂是也。然則得勝人之埶者，其不如勝人之道遠矣。夫主相者，勝人以埶也，是為是，非為非，能為能，不能為不能，併㉗己之私欲，必以道㉘夫公道通義之可以相兼容者，是勝人之道也。今相國上則得專主，下則得專國，相國之於勝人之埶，亶㉙有之矣。然則胡不敺㉚此勝人之埶，赴勝人之道，求仁厚明通之君子而託王焉㉛，與之參國政，正是非；如是，則國孰敢不為義矣！君臣上下，貴賤長少，至於庶人，莫不為義，則天下孰不欲合義矣㉜。賢士願相國之朝，能士願相國之官，好利之民莫不願以齊為歸，是一天下也。相國舍是而不為，案直為世俗之所以為㉝，則女主亂之宮，詐臣亂之朝，貪吏亂之官，眾庶百姓皆以貪利爭奪為俗，曷若是而可以持國乎！今巨楚縣吾前，大燕鰌㉞吾後，勁魏鉤吾右㉟，西壤之不絕若繩，楚人則乃有襄賁開陽㊱以臨吾左，是一國作謀，則三國必起而乘我；如是，則齊必斷而為四三㊲，國若假城㊳然耳！必為天下大笑，曷若兩者㊴孰足為也。夫桀紂，聖王之後子孫也，有天下者之世㊵也，埶籍㊶之所存，天下之宗室㊷也；土地之大，封內千里，人之眾數以億萬；俄而天下倜然㊸舉去桀紂而犇湯武，反然㊹舉惡桀紂而貴湯武。是何也？夫桀紂何失？而湯武何得也？曰：是無它故焉，桀紂者善為人所惡也，而湯武者善為人所好也。人之所惡何也？曰：汙漫[45]爭奪貪利是也。人之所好者何也？曰：禮義辭讓忠信是也。今君人者，辟[46]稱比方則欲自竝乎湯武，若其所以統之，則無以異於桀紂，而求有湯武之功名，可乎？故凡得勝者，必與人也；凡得人者，必與道也。道也者何也？曰：禮讓忠信是也[47]。故自四五萬而往[48]者，彊勝，非眾之力也，隆在信矣。自數百里而往者，安固，非大之力也，隆在脩政[49]矣。今已有數萬之眾者也，陶誕比周以爭與[50]；已有數百里之國者也，汙漫突[51]盜以爭地；然則是棄己之所安彊，而爭己之所以危弱也；損己之所不足[52]，以重己之所有餘[53]；若是其悖繆也，而求有湯武之功名，可乎？辟之是猶伏而咶天[54]，救經而引其足[55]也；說必不行矣，愈務而愈遠。為人臣者，不恤己行之不行，苟得利而已矣，是渠衝入穴而求利也[56]，是仁人之所羞而不為也。故人莫貴乎生，莫樂乎安；所以養生安樂者莫大乎禮義。人知貴生樂安而棄禮義，辟之是猶欲壽而歾[57]頸也，愚莫大焉。故君人者，愛民而安，好士而榮，兩者無一而亡。《詩》曰：

「介人維藩，大師維垣。」[58]此之謂也。

力術止，義術行[59]，曷謂也？曰：秦之謂也。威彊乎湯武，廣大乎舜禹，然而憂患不可勝校[60]也；諰諰然[61]常恐天下之一合而軋[62]己也，此所謂力術止也。曷謂乎威彊乎湯武？湯武也者，乃能使說己者使耳[63]！今楚父死焉[64]，國舉焉，負三王之廟而辟於陳蔡之間[65]，視可司間[66]，案欲剡其脛而以蹈秦之腹[67]，然而秦使左案[68]左，使右案右，是乃使讎人役也[69]；此所謂威彊乎湯武也。曷謂廣大乎舜禹也？曰：古者百王之一天下臣諸侯也，未有過封內千里者也，今秦南乃有沙羨[70]與俱，是乃江南也，北與胡貉為鄰，西有巴戎[71]，東在楚者乃界於齊，在韓者踰常山乃有臨慮[72]，在魏者乃據圉津[73]，即去大梁百有二十里耳！其在趙者剡然有苓而據松柏之塞[74]，負西海而固常山[75]，是地徧天下也，威動海內，彊殆中國[76]，然而憂患不可勝校也，諰諰然常恐天下之一合而軋己也。此所謂廣大乎舜禹也[77]。然則奈何？曰：節威反文[78]，案用夫端誠信全之君子治天下焉，因與之參國政，正是非，治曲直，聽咸陽[79]。順者錯[80]之，不順者而後誅之。若是則兵不復出於塞外而令行於天下矣。若是則雖為之築明堂於塞外[81]而朝諸侯，殆可矣。假今之世，益地不如益信之務也。

應侯[82]問孫卿子曰：入秦何見？孫卿子曰：其固塞險，形埶便，山林川谷美，天材之利多，是形勝也。入境，觀其風俗，其百姓樸，其聲樂不流汙[83]，其服不挑[84]，甚畏有司而順，古之民也。及都邑官府[85]，其百吏肅然，莫不恭儉敦敬忠信而不楛[86]，古之吏也。入其國，觀其士大夫，出於其門，入於公門；出於公門，歸於其家，無有私事也；不比周，不朋黨，倜然[87]莫不明通而公也，古之士大夫也。觀其朝廷，其閒聽決百事不留，恬然如無治者[88]，古之朝也。故四世有勝，非幸也，數也；是所見也。故曰：佚而治，約而詳，不煩而功，治之至也。秦類之矣。雖然，則有其諰矣[89]；兼是數具者而盡有之，然而縣之以王者之功名，則倜倜然[90]不及遠矣！是何也？則其殆無儒邪！故曰：粹[91]而王，駁而霸，無一焉而亡。此亦秦之所短也。

積微：月不勝日，時不勝月，歲不勝時[92]。凡人好敖慢小事，大事至然後興之務之，如是則常不勝夫敦比[93]於小事者矣。是何也？則小事之至也數[94]，其縣日也博[95]，其為積也大[96]。大事之至也希，其縣日也淺，其為積也小。故善日者王，善[97]時者霸，補漏[98]者危，大荒[99]者亡。故王者敬日，霸者敬[100]時，僅存之國危而後戚之。亡國至亡而後知亡，至死而後知死，亡國之禍敗不可勝悔也。霸者之善箸焉，可以時託也[101]；王者之功名，不可勝日志也[102]。財物貨寶以大為重，政教功名反是，能積微者速成。《詩》曰：「德輶如毛，民鮮克舉之。」[103]此之謂也。

凡姦人之所以起者，以上之不貴義不敬義也。夫義者，所以限禁人之為惡與姦者也。今上不貴義不敬義，如是，則下之人百姓皆有棄義之志而有趨姦之心矣，此姦人之所以起也。且上者下之師也，夫下之和上，譬之猶響之應聲，影之像形也。故為人上者，不可不順[104]也。夫義者，內節於人而外節[105]於萬物者也；上安於主而下調於民者也；內外上下節者，義之情也。然則凡為天下之要，義為本，而信次之。古者禹湯本義務信而天下治；桀紂棄義倍信而天下亂。故為人上者，必將慎禮義務忠信然後可。此君人者之大本也。

堂上不糞，則郊草不瞻曠芸[106]；白刃扞乎胸，則目不見流矢[107]！拔戟加乎首，則十指不辭斷；非不以此為務也，疾養緩急之有相先者也[108]。

【注釋】❶刑范　刑，和型通，模型。范，和笵同，法式模型。《說文》：「笵，法也。」段注：「玄應曰，以土曰型，以金曰鎔，以木曰模，以竹曰笵。」❷火齊得　謂生熟齊和得宜。❸剖刑而莫邪已　剖，開。刑，和型通。莫邪，古代的良劍。❹剝脫　謂刮去其生澀。❺砥厲　磨礪。砥和厲都是磨石，引申為磨礪。厲，和礪同。《說文》：「厎，柔石也。砥，厎或从石。」❻劙盤盂刎牛馬　劙，割。劙盤盂、刎牛馬，蓋古時用以試劍。《戰國策》云：「趙奢謂田單曰：吳干將之劍，肉試則斷牛馬，金試則截盤盂。」❼嬰　和攖通，攖，觸。❽分義　分，謂上下有分。義，謂各得其宜。❾愛利則形　言愛利人皆見之於行動。❿黭然而　黭，和奄同。奄然，奄忽之意。而，和「如」通。⓫厭　借為壓。⓬贏則敖上　言百姓被放縱寬舒，就會氣盈而傲上。贏，和盈通，氣盈。敖，借為傲。⓭最　即冣字，聚的意思。《說文》：「冣，積也。」⓮敵中則奪　言敵人如得間隙，則我方就要被奪了。中，得的意思。⑮讙敖　讙，喧譁。敖，借為嗸，喧噪。《說文》：「嗸，眾口愁也。」謂眾口愁叫，即喧噪之意。⑯賁潰　謂奔走潰散。賁，和奔通。⑰公孫子　齊相，未知其名。⑱子發將西伐蔡　楊注云子發為楚令尹，未知其姓名。劉師培以為子發即景舍。劉師培云：「《通典・職官二大司馬》注云：『楚大司馬景舍帥軍伐蔡，蔡侯奉社稷而歸之楚，楚發其賞。辭曰：發誡（本書作誡）布令而敵退，是主威也；相攻而敵退，是將威也；戰而敵退，是眾威也。臣不宜以眾威受賞。』杜氏所述，均據本書，則舍即景舍，楊氏偶未考及耳。」王叔岷先生以為劉氏謂子發即景舍甚是，惟《御覽》二百九引《史記》有此段記載，和《通典》注合，是杜佑所述乃本《史記》，非直據《荀子》。王念孫云蔡不在楚西，在楚北，「西」為「而」之誤。⑲克蔡獲蔡侯　劉師培云：「《左傳・昭十一年》，言使公子棄疾帥師圍蔡，又言楚師滅蔡，用隱太子于岡山。蓋滅蔡雖以棄疾為主帥，而子發亦統軍之官，所謂克蔡者，即楚師滅蔡之事。蔡侯即隱太子也。」⑳舍屬　舍，景舍，子發之名。屬，付託委致之意。㉑徙舉　徙軍舉兵。㉒固　固執堅持的意思，亦言其太拘執。㉓博　本應作尃，即今敷字，敷治的意思。于：「博，本應作尃，即今敷字，金文皆作尃。」㉔沮　借為阻，止的意思。㉕無僇乎族黨　梁引王懋竑云「僇」疑當作「禄」。言不受賞使族黨無禄可享。㉖以　用。㉗併　借為屏、摒，摒棄。㉘道　遵循。㉙亶　誠的意思。㉚敺　古文驅字。《說文》：「敺，古文驅从攴。」㉛求仁厚明通之君子而託王焉　求賢才而託之以王，使其來輔佐。㉜則天下孰不欲合義矣　言天下沒有不想來歸義的。㉝所以為　王先謙云「以」字衍。㉞鰌　迫的意思。㉟勁魏鉤吾右　勁，強。鉤，謂如鉤之取物。㊱楚人則乃有襄賁開陽　襄賁、開陽，《漢書・地理志》均屬東海郡，劉師培云楚人當作魯人，襄賁、開陽均在今海州北境，開陽即啟陽，本係魯邑。襄賁，故城在今山東臨沂縣西南百二十里。開陽，即啟陽，故城在臨沂縣北十五里，則二城當屬魯而不屬楚。㊲四三　劉師培以為「三」字衍。㊳國若假城　言齊的國家好像借他人之城，不久即當歸還他人。㊴曷若兩者　王念孫以為「曷若」二字衍。兩者二字，指上文勝人之道與勝人之埶而言。㊵世　謂繼世。㊶埶籍　勢位。㊷宗室　梁引高云「室」為「宔」字之誤。宔，宗廟的宔祏。《說文》：「宔，宗廟宔祏。」凡言宗主，都應作宗主。(43)倜然　高舉的樣子。(44)反然　反和翻通。翻然，改變的樣子。(45)汙漫　汙，汙濁。漫，欺慢；欺誑。(46)辟　借為譬。(47)禮讓忠信是也　梁據台州本作「禮義辭讓忠信是也」。(48)而往　猶以上。(49)脩政　政，和正通。脩正，言必自修自正。(50)陶誕比周以爭與　陶誕，即謟誕，謟也是誕的意思。與，謂與國。(51)突　謂相淩犯。(52)不足　指信和政。(53)以重己之所有餘　重，加多。有餘，指眾和地。(54)伏而咶天　咶，和舐同。言伏身向地而想舐天，是不可能的。(55)救經而引其足　經，縊。救縊死之人而拖其足，必愈加緊，而不得救。(56)是渠衝入穴而求利也　渠，渠荅，守城之器。衝，蒙衝，攻城之器。渠衝本是攻城守城之器，現在卻用它在巖穴之間來求山林之利，這是貴物賤施，仁人羞而不為的。(57)殉　和徇通。(58)詩曰句　所引為《詩經・大雅・板》第七章。价人，善人。言善士是國家的藩屏，大眾是國家的牆垣。(59)力術止義術行　彊力之術雖進，終於要止的；而仗義之術卻無往而不行的。(60)校　校計。(61)諰諰然　諰，和鰓、葸通。畏懼的樣子。(62)軏　踐轢。(63)乃能使說己者使耳　說，借為悅。言能使悅己者為己役使。(64)楚父死焉　謂楚頃襄王之父懷王，為秦所虜而死。(65)負三王之廟而辟於陳蔡之間　廟，廟王。辟，借為避。楚頃襄王二十一年，秦將白起拔楚都鄢郢，燒先王墓於夷陵，襄王兵散，東北保陳城，所言即其事。(66)視可司間　視可，視其可伐之時。司，借為伺。伺間，伺其間隙。(67)案欲剡其脛而以蹈秦之腹　剡，起的意思。《禮記・玉藻》：「弁行剡剡起屨。」剡剡為起屨的樣子，則剡亦可訓為起。言起其脛以蹈秦之腹。(68)案　和「則」意思相通。(69)是乃使讎人役也　秦使讎人為之役使，如楚襄王七年，迎婦於秦城。十五年楚與秦伐燕。二十七年復與秦平，而以太子為質。(70)沙羨　《漢書・地理志》屬江夏郡，故城在今湖北武昌縣西南。(71)巴戎　巴即今四川巴縣，當時屬秦，在西南。戎在西，亦屬秦。(72)臨慮　《漢書・地理志》作隆慮，避後漢殤帝諱改為林慮，屬河內。今河南臨縣治。(73)圉津　楊注云「圉」當為「圍」。《漢書》：「曹參下修武，度圍津。」顏師古注：「在東郡。」《史記・魏世家》：「無忌謂安釐王曰：秦固有懷茅邢丘，城垝津以臨河內，河內共汲必危。」楊以為垝圍聲近，或係一地。(74)剡然有苓而據松柏之塞　剡然，侵削的樣子。《說文》：「剡，銳利也。」銳利引申為侵削。苓，地名，未知所在。楊引或說云苓與靈同，《漢書．地理志》常山郡有靈壽縣，未知是否即苓。松柏之塞，趙樹松柏，與秦為界，今則為秦所據有。(75)負西海而固常山　負，背。常山本趙地之山，在今山東諸城縣南。秦據有常山，則背西海而東向以常山為固。(76)彊殆中國　秦之彊能危殆中國。(77)此所謂廣大乎舜禹也　俞以為當移在「是地徧天下也」句下。(78)節威反文　節減威彊，反用文理。(79)聽咸陽　使聽咸陽之政。(80)錯　借為措，置而不伐之意。(81)築明堂於塞外　楊注云「於塞外」三字衍。明堂，天子布政之宮。(82)應侯　秦相范睢，封於應。應故城在今河南寶豐縣西南。(83)不流汙　言其清雅。流，邪淫。汙，汙濁。(84)其服不挑　言不為奇異之服。挑，借為姚，姚冶。(85)及都邑官府　言至縣邑的官署。及，至。(86)楛　濫惡。(87)倜然　高遠的樣子。(88)恬然如無治者　恬然，安閒的樣子。如無治者，好像都沒有聽治之處。(89)則有其諰矣　盧云元刻作「則甚有其諰也」，王叔岷先生云類纂本、百子本與並元刻同。諰，和鰓、葸通，畏懼。(90)倜倜然　懸遠的樣子。(91)粹　謂全用儒道。(92)積微三句　事情的積微成著，與其以月計，不如以日計；與其以時計，不如以月計；與其以歲計，不如以時計。時，謂四時。(93)敦比　敦，敦勉。比，親近。(94)數　頻數。(95)博　多。(96)其為積也大　謂積小以成大。(97)善　謂愛惜不怠棄。(98)補漏　謂不能積功累業以至敝漏，然後再行補之。(99)大荒　謂一切荒廢不治。(100)敬　謂不敢怠慢。(101)可以時託也　俞以為「託」乃「記」字之譌。言霸者之善所以明著者，以其可以時記的緣故。(102)不可勝日志也　志，和誌通。言王者之功多，雖日誌之仍有餘。(103)詩曰句　所引為《詩經．大雅．烝民》第六章。輶，輕。引此詩以明積微至著之功。(104)順　楊注引或說以為當作「慎」。(105)節　猶「適」。(106)堂上不糞則郊草不瞻曠芸　王念孫以為不當有「瞻曠」二字。糞，掃除。芸，借為耘，除草。此言事當先急後緩。(107)白刃扞乎胸則目不見流矢　言白刃犯胸，則不暇顧及流矢了。扞，和干通，犯。(108)疾養緩急之有相先者也　言因痛癢緩急，而有必須先救的。明人君當先務禮義，然後才顧到其他事情。疾，痛。養，和癢通。

【語譯】鑄造的模型如果很正，金錫原料很美，工冶的技術很巧，火候齊和得宜，則打開模型莫邪寶劍就造出來了；然而不刮去其生澀，不加磨礪，則不能夠斬斷繩索；刮去其生澀，加以磨礪，則割盤盂、斬牛馬非常鋒快。一個國家，成為彊國也如同打開鑄造模型一樣；如對人民不加教誨，不使齊一，則入內不可以守保，向外不可以戰鬥；對人民加以教誨，使其齊一，則兵彊城固，敵國不敢來觸犯。一個國家也有要磨礪的，那就是禮義節奏。人的壽命在於自然，國家的壽命在於禮。人君能夠崇重禮尊尚賢能就可以王，能夠崇重法度愛護人民就可以霸，好利又多欺詐就要危殆，權謀傾覆而又幽險就要滅亡。

嚴威有三種：有道德的嚴威，有暴察的嚴威，有狂妄的嚴威。這三種嚴威，不可以不精思熟察。禮樂能修正，分義能顯明，舉措合時，愛利人都見於行動；這樣，百姓必尊貴他如同上帝，推高他好像上天，親愛他如同父母，敬畏他如同神明；所以不用慶賞而人民勸勉，不用刑罰而威令下行，這叫做道德之威。禮樂不修正，分義不顯明，舉措不合時，愛利人不見於行動；然而他禁絕暴亂非常苛察，誅伐不服的人非常嚴審，刑罰重而有信，誅殺烈而必行，奄忽如同雷擊一般，如同牆垣倒壓下來；這樣，百姓被劫脅而致畏懼，放縱寬舒則氣盈而傲上，受執拘則合聚，得間隙則散漫，敵人得到間隙則百姓為其所奪；如果不用形勢來劫脅，不用誅殺來威振，則不能有其下民，這叫做暴察之威。沒有愛人的心，沒有利人的事，而整天都做些亂人的事，百姓如喧叫，就把他執縛起來，用刑燒灼他，不順和人心；這樣，在下的人都要朋比奔潰而離開他的君上了，傾覆滅亡，可以立而等待，這叫做狂妄之威。這三種嚴威，不能不精思熟察。道德之威可以造成安彊，暴察之威可以造成危弱，狂妄之威可以造成滅亡。

公孫子說：子發帶兵去伐蔡，克服了蔡，擒獲蔡侯；回來報命說：「蔡侯奉了他的社稷來歸服楚國，我已付託兩三位臣下治理蔡地。」既而楚國行賞，子發辭讓說：「子發我能夠謹誡布令而使敵人退敗，這是主上的威力；徙軍舉兵交戰相攻而使敵人退敗，這是將帥的威力；合戰用力而使敵人退敗，這是兵眾的威力。臣我不宜以兵眾的威力得勝而受賞。」人譏笑他說：子發回來報命很恭謹，辭讓封賞卻太拘執。崇尚賢才任使能者，賞有功的人，罰有罪的人，不是祇有一個人做的，這是先王所行之道，是齊一人的根本，是揚善定惡的報應，治國必由此道，古今都是如此。古時明王創舉大事建立大功，大事已敷治，大功已建立，則君主就享其成，群臣就享其功，士大夫都增益官爵，官吏增益秩祿，庶人增益俸祿；所以為善的勸勉，為惡的阻止，這樣才會上下一心，三軍同力，所以各種事情都能成功而功名宏大。現在子發獨不這樣，違反先王之道，擾亂楚國的法紀，墮毀興功的臣子，使受賞之屬慚恥，使族黨無祿可享，抑卑他的後世，獨以這個視做私人的廉潔，豈不是太過了嗎！所以說：子發的報命很恭謹，辭讓封賞卻太拘執。

荀卿子勸說齊相說：處在勝人的形勢，行勝人之道，天下沒有忿怨的，湯武就是這樣。處在勝人的形勢，不用勝人之道，厚於有天下的威勢，最後想做匹夫都不可得，桀紂就是這樣。那麼得有勝人的形勢，不如有勝人之道，是相差很遠了。為君主宰相的，有勝人的形勢，應該是為是，非為非，能為能，不能為不能，摒棄自己的私欲，遵循公道通義而可以相兼容的，這才是勝人之道。現在相國上得以專主，下得以專國，相國對於勝人的形勢誠然已有了。那麼為什麼不驅駕這勝人的形勢，往赴勝人的大道，求仁厚明通的君子而託之於君主，同他共同參議國政，正定是非；這樣，則國內誰敢不行義呢！君臣上下，貴賤長少，以至於庶人，沒有不行義的，則天下誰不想要歸合於義呢！賢士願意居相國的朝廷，能士願意做相國的官，好利之民沒有不願意歸附齊國的，這就是齊一天下了。相國捨掉這些不做，但去做世俗所做的，則女主亂於宮，詐臣亂於朝，貪吏亂於官府，眾庶百姓都以貪利爭奪為習俗，像這樣怎麼可以守國呢！現在巨楚懸在前面，大燕迫在後面，強魏鉤取在右面，西界的疆域不絕如繩一般細微，魯人則有襄賁、開陽脅制在左面，一國興謀伐齊，其他三國必然起來乘齊的危機，這樣則齊國必要分割為四，齊國僅像借那三國之城，必然要為天下大笑，可見勝人之道和勝人之勢兩者哪個可以做呢！桀紂是聖王的後裔子孫，是有天下的人的繼世，勢位的所在，是天下的宗主，土地之大，封畿之內有千里，人民之多，數以億萬；但是不久天下都離去桀紂而奔投湯武，翻然都厭惡桀紂而尊貴湯武。這是什麼道理？桀紂有什麼錯失？湯武有什麼理得？這是沒有別的緣故，桀紂善於做人所厭惡的事，而湯武善於做人所喜好的事。人所厭惡的是什麼？是那些汙濁欺誑爭奪貪利。人所喜歡的是什麼？是那些禮義辭讓忠信。現在為人君的，譬稱比方總想自比湯武，但如看他所以統治的，則又和桀紂沒有兩樣，而想要求有湯武的功名，可以嗎？大凡能夠得勝的，必定要得人；大凡得人的，必定要得道。道是什麼？就是禮義辭讓忠信。所以有兵眾四五萬以上的，能夠彊勝，並不在於人眾的力量，而在於崇信。自數百里國土以上的，能夠安固，並不在於彊大的力量，而在於修正。現在已有了數萬兵眾，還是諂誕比周來爭與國；已是有了數百里土地的國家，還是汙漫淩犯賊盜來爭土地；這是放棄自己的所以安彊的，而爭取自己的所以危弱的；損折自己所不足的，加多自己所有餘的；像這樣的悖謬，而想求有湯武的功名，可以嗎？譬如就像伏在地上想去舐天，救自縊的人而拖他的腳；是必不可行的，是愈務愈遠了。為人臣的，不顧自己所行的能否行得通，祇求得利而已，這就如同用渠衝攻城之具在巖穴之間想來求山林之利，這是仁人認為羞恥而不做的。人沒有再貴於養生，沒有再樂於安樂的；而能夠養生和安樂的沒有比禮義更重要的。人知道貴養生樂安樂而棄掉禮義，譬如就像想長壽而卻用刀去刎頸，再愚笨沒有的了。所以為人君的，愛民則安定，好士則榮崇，兩者都沒有就要滅亡。《詩經》裏說：「善士是國家的藩屏，大眾是國家的牆垣。」說的就是這種道理。

彊力之術雖進，終於要止；仗義之術，無往而不行；這是講的什麼？這就是講的秦國。威彊甚於湯武，廣大甚於舜禹，然而憂患之多不可計數；諰諰然常恐懼天下合一來踐轢自己，這就是所謂力術終有止的道理。怎麼叫威彊甚於湯武？湯武是能使悅己的為自己役使。現在楚頃襄王之父一死，國也被攻拔，只有負著三王的廟主避到陳蔡之間去，覬待可伐的機會窺伺敵人的間隙，想要起其脛以蹈秦之腹，然而秦役楚使左則左，使右則右，這是使讎人為之徒役；這就是威彊甚於湯武。怎麼叫廣大甚於舜禹？古代百王的一統天下臣服諸侯，封畿之內沒有超過千里的，現在秦在南方俱有沙羨，是已有江南之地，北和胡貉為鄰，西有巴戎，東方在楚的同齊國為界，在韓的越過常山擁有臨慮，在魏的據有圍津，距魏都大梁也不過一百二十里而已，在趙的侵削有苓，而據有松柏要塞，背負四海，東向以常山為固，這可以說是土地徧天下，這就是所謂廣大甚於舜禹。威盛震動海內，彊大危殆中國，然而他的憂患不勝計數，諰諰然常恐懼天下一合而踐轢自己。那麼又要怎樣呢？應當節減威彊，復用文理，選用端誠信全的君子來治理天下，同他共同參議國政，正定是非，理治曲直，聽治咸陽之政。順服的置而不伐，不順服的然後誅伐。這樣則兵可以不再出於塞外而政令行於天下。像這樣，雖建立明堂而朝會諸侯，差不多也可以了。現今之世，務求增多土地，不如務求增益誠信要緊啊！

應侯問孫卿子說：進入秦國看見些什麼？孫卿子說：固塞險要，形勢利便，山林川谷富美，天然材利厚多，這是形勝。進入境內，觀察他的風俗，百姓敦樸，聲樂不流淫汙漫，服飾不姚冶，很畏懼官吏而順服，這是古代盛世的人民。到了都邑的廨署，官吏都肅然嚴謹，沒有不恭儉敦敬忠信而不濫惡的，這是古代盛世的官吏。到了國都，察觀他的士大夫，出於私門，入於公門；出於公門，歸返家裏，都沒有私事；不比周，不朋黨，倜然高遠沒有不明通而大公的，這是古代盛世的士大夫。察觀他的朝廷，聽決百事沒有積留，安然如同沒有事一樣，這是古代盛世的朝廷。所以秦能四世強勝，不是僥倖，是理所當然；這就是我所見到的。所以說：雖佚而治，雖守約而能詳，雖不煩而有功，這是治之極至。秦國像是這樣的。雖然，秦國很有些恐懼；兼有了以上幾種條件，然而用王者的功名去衡量，則相差就太懸遠了。這是什麼道理？就是因為沒有大儒。所以說：全用儒道的可以王，雜用儒道的可以霸，全或雜都沒有的就要滅亡。這也就是秦國的所短啊！

事的積微成著：月計不如日計，時計不如月計，歲計不如時計。大凡人喜歡傲慢細微之事的，大事來了然後再去料理，這樣就常常不能敦勉親近細微之事了。什麼道理？因為細微的小事常常來，所懸繫時日多，所累積的也大。大事來的少，所懸繫的時日少，所累積的也小。所以愛惜日的可以王，愛惜四時的可以霸，敝漏再去彌補的要危殆，都荒廢不治的就要滅亡。所以王者敬慎日，霸者敬慎四時，僅能存立之國危殆然後才來憂戚。亡國到了滅亡然後才知道要亡，到死然後才知道要死，亡國的禍敗是不可勝悔的。霸者之善所以明著，因為他可以時記；王者的功名之多，雖每天誌之猶有餘。財物貨寶以大為貴重，政教功名卻和這相反，能夠積累微細的可以速成。《詩經》裏說：「德輕如鴻毛，但人卻很少有能舉起來的。」說的就是這種道理。

大凡姦人的所以興起，因為在上的人不貴義不敬義。義是所以限禁人做惡和做姦的。現在在上的人不貴義不敬義，這樣，則在下的眾百姓就都有棄義而趨姦之心了，這就是姦人所以興起的道理。在上的是在下的師表，在下的附和在上，譬如就像響的應聲，影的像形。所以為人上的不可以不謹慎啊！義是內適於人而外適於萬物的，上可以安人主而下可以調一人民；內外上下都適，這就是義的本情。那麼凡治天下的要道，以義為根本，信為其次。古時禹湯都能本於義務守信而天下大治；桀紂棄義背信而天下大亂。所以為人君上的，一定要慎修禮義務行忠信然後才行。這是為人君的根本。

堂上不糞除，就不會有空暇去耘郊野的荒草；自刃干犯胸前，則眼睛沒空暇看到流矢；拔戟加在頭上，也就不顧斷掉十指了；並不是不管這些，而是疾癢緩急有先後啊！

天論篇

天行有常❶，不為堯存，不為桀亡。應❷之以治則吉，應之以亂則凶。彊本❸而節用，則天不能貧。養備而動時❹，則天不能病。脩道而不貳❺，則天不能禍。故水旱不能使之飢渴❻，寒暑不能使之疾，祆怪不能使之凶。本荒而用侈，則天不能使之富。養略而動罕❼，則天不能使之全。倍❽道而妄行，則天不能使之吉。故水旱未至而飢，寒暑未薄❾而疾，祆怪未至而凶❿。受時⓫與治世同，而殃禍與治世異，不可以怨天，其道然⓬也。故明於天人之分，則可謂至人⓭矣。

不為而成，不求而得，夫是之謂天職。如是者，雖深，其人不加慮焉；雖大，不加能焉；雖精，不加察焉⓮；夫是之謂不與天爭職。天有其時，地有其財，人有其治，夫是之謂能參⓯。舍其所以參，而願其所參[16]，則惑矣！列星隨旋[17]，日月遞炤[18]，四時代御，陰陽大化[19]，風雨博施，萬物各得其和以生，各得其養以成，不見其事而見其功，夫是之謂神。皆知其所以成，莫知其無形，夫是之謂天[20]。唯聖人為不求知天[21]。天職既立，天功既成，形具而神生[22]，好惡喜怒哀樂臧[23]焉，夫是之謂天情[24]。耳目鼻口形能各有接而不相能也[25]，夫是之謂天官。心居中虛[26]，以治五官，夫是之謂天君[27]。財非其類以養其類[28]，夫是之謂天養。順其類者謂之福，逆其類者謂之禍，夫是之謂天政。暗其天君[29]，亂其天官[30]，棄其天養[31]，逆其天政[32]，背其天情[33]，以喪天功[34]，夫是之謂大凶。聖人清其天君，正其天官，備其天養，順其天政，養其天情，以全其天功；如是則知其所為，知其所不為矣；則天地官而萬物役矣[35]。其行曲[36]治，其養曲適，其生不傷，夫是之謂知天。故大巧在所不為，大智在所不慮。所志於天者，已其見象之可以期者矣[37]。所志於地者，已其見宜之可以息者矣[38]。所志於四時者，已其見數之可以事者矣[39]。所志於陰陽者，已其見知之可以治者矣[40]。官人守天，而自為守道也。

治亂天邪？曰：日月星辰瑞厤[41]，是禹桀之所同也；禹以治，桀以亂；治亂非天也。時邪？曰：繁啟蕃長[42]於春夏，畜積收臧於秋冬，是又禹桀之所同也；禹以治，桀以亂；治亂非時也。地邪？曰：得地則生，失地則死，是又禹桀之所同也；禹以治，桀以亂；治亂非地也。《詩》曰：「天作高山，大王荒之。彼作矣，文王康之。」[43]此之謂也。

天不為人之惡寒也輟冬，地不為人之惡遼遠也輟廣，君子不為小人匈匈也輟行[44]。天有常道矣，地有常數[45]矣，君子有常體[46]矣。君子道[47]其常，而小人計其功。詩曰：「何恤人之言兮。」[48]此之謂也。

楚王後車千乘，非知也；君子啜菽飲水，非愚也；是節然[49]也。若夫心意[50]脩，德行厚，知慮明，生於今而志乎古，則是其在我者也。故君子敬[51]其在己者，而不慕[52]其在天者；小人錯其在己者，而慕其在天者。君子敬其在己者，而不慕其在天者，是以日進也；小人錯其在己者，而慕其在天者，是以日退也。故君子之所以日進，與小人之所以日退，一也[53]。君子小人之所以相縣[54]者在此耳！

星隊[55]木鳴，國人皆恐。曰：是何也？曰：無何也，是天地之變，陰陽之化，物之罕至者也。怪之可也，而畏之非也。夫日月之有蝕，風雨之不時，怪星之黨[56]見，是無世而不常有之。上明而政平，則是雖竝世起[57]，無傷也。上闇而政險，則是雖無一至者，無益也。夫星之隊，木之鳴，是天地之變，陰陽之化，物之罕至者也；怪之可也，而畏之非也。

物之已至者，人祅則可畏也[58]。楛耕[59]傷稼，耘耨失薉[60]，政險失民，田薉[61]稼惡，糴貴民飢，道路有死人，夫是之謂人祅。政令不明，舉錯不時，本事[62]不理，夫是之謂人祅。禮義不脩，內外無別，男女淫亂，則父子相疑[63]，上下乖離，寇難竝至，夫是之謂人祅。祅是生於亂，三者錯，無安國[64]。其說甚爾[65]，其菑甚慘。勉力不時[66]，則牛馬相生，六畜作祅，可怪也，而不可畏也[67]。傳曰：「萬物之怪書不說[68]。」無用之辯，不急之察，棄而不治。若夫君臣之義，父子之親，夫婦之別，則日切瑳而不舍也[69]。

雩[70]而雨，何也？曰：無何也，猶不雩而雨也。日月食而救之，天旱而雩，卜筮然後決大事，非以為得求也，以文之也[71]。故君子以為文，而百姓以為神。以為文則吉，以為神則凶也[72]。

在天者莫明於日月，在地者莫明於水火，在物者莫明於珠玉，在人者莫明於禮義。故日月不高，則光暉不赫[73]；水火不積，則暉潤不博；珠玉不睹[74]乎外，則王公不以為寶；禮義不加於國家，則功名不白[75]。故人之命在天，國之命在禮。君人者，隆禮尊賢而王，重法愛民而霸，好利多詐而危，權謀傾覆幽險而盡亡矣[76]。

大天而思之[77]，孰與物畜而制之[78]；從天而頌之[79]，孰與制天命而用之[80]；望時[81]而待之，孰與應時而使之[82]；因物而多之，孰與騁能而化之[83]；思物而物之[84]，孰與理物[85]而勿失之也；願[86]於物之所以生，孰與有物之所以成[87]。故錯[88]人而思天，則失萬物之情。

百王之無變，足以為道貫[89]。一廢一起，應之以貫，理貫[90]不亂。不知貫，不知應變，貫之大體未嘗亡也。亂生其差[91]，治盡其詳[92]，故道之所善，中則可從，畸[93]則不可為，匿[94]則大惑。水行者表深[95]，表不明則陷[96]。治民者表道，表不明則亂。禮者，表也；非禮，昏世也；昏世，大亂也。故道無不明，外內異表，隱顯有常，民陷乃去。

萬物為道一偏[97]，一物為萬物一偏，愚者為一物一偏，而自以為知道，無知也。慎子有見於後，無見於先[98]。老子有見於詘，無見於信[99]。墨子有見於齊，無見於畸[100]。宋子有見於少，無見於多[101]。有後而無先，則群眾無門[102]。有詘而無信，則貴賤不分[103]。有齊而無畸，則政令不施[104]。有少而無多，則群眾不化[105]。《書》曰：「無有作好，遵王之道。無有作惡，遵王之路。」[106]此之謂也。

【注　釋】❶天行有常　言自然的運行是有常的、有定的。❷應　同它相應。❸本　謂農桑。❹養備而動時　養備，指養生之道周備。動時，指行動適合時宜。❺脩道而不貳　脩道，修為道德。不貳，不二心。❻飢渴　劉云「渴」字衍，「飢」當作「饑」。王念孫云《群書治要》引無「渴」字。王叔岷先生云類纂本、百子本「飢」並作「饑」，下同。《治要》引「飢」亦作「饑」。《說文》：「饑，穀不熟為饑。」❼養略而動罕　略，減少。罕，希。❽倍　借為背，違背。❾薄　迫近。❿未至而凶　王念孫云「未至」二字與上文重複，當依《群書治要》引作「未生」為是。⓫時　天時。⓬然　如此。⓭至人　指深明於理的人。《莊子．天下篇》：「不離於真，謂之至人。」⓮雖深六句　言至人之慮雖深，能雖大，察雖精，也不能有加於天道。下文「大巧在所不為，大智在所不慮」，即證成此義。⓯參　指參天地之化育。⓰舍其所以參而願其所參　舍，借為捨。願，思慕。所以參，是人所該做的，用來參天地之化育的。所參，指天地。⓱隨旋　相隨旋轉。⓲遞炤　炤，和照同。遞炤，交替照耀。⓳陰陽大化　謂寒暑變化萬物。⓴夫是之謂天　楊注引或說以為「天」下脫「功」字，王念孫以此說為是。㉑唯聖人為不求知天　天道難測，聖人但修人事，不務求知天。㉒形具而神生　形，指形體，包括百骸九竅等。神，謂精神魂魄。㉓臧　和藏通。㉔天情　所受於天之情。㉕耳目鼻口形能各有接而不相能也　耳目鼻口形能的「能」，指官能。每種官能接物各有其用，不能兼代。㉖心居中虛　言心居於中空的胸腔。㉗天君　心居中來控制五官，是天使心為形體之君。㉘財非其類以養其類　財，和裁通。言人裁用異類來養自己的口腹形體。㉙暗其天君　昏亂其心。㉚亂其天官　言聲色臭味過度以亂五官。㉛棄其天養　棄掉飲食衣服等適度的奉養。㉜逆其天政　不能養其類。㉝背其天情　言好惡喜怒哀樂沒有節制。㉞以喪天功　喪其生成的天功。㉟則天地官而萬物役矣　天地官，即官天地，意即主宰天地。萬物役，即役使萬物。㊱曲　周偏。㊲所志於天者二句　言所記識於天的，是以它所顯現的天象可以為人所期待的。志，和誌通，記誌。已，和「以」通。㊳所志於地者二句　所記識於地的，是以它所顯現的地宜可以蕃息萬物的。㊴所志於四時者二句　言所記識於四時的，是以它所顯現的曆數可以從事各種事業的。數，指春作夏長秋斂冬藏必然之理。㊵所志於陰陽者二句　言所記識於陰陽的，是以它所顯現的和調可以理治萬物的。知，楊注及王念孫均以為當作「和」。(41)瑞麻　麻和曆同，瑞謂祥瑞。瑞曆，即曆象。(42)繁啟蕃長　繁，多。啟，開；始生。蕃，茂。(43)詩曰句　所引為《詩經・周頌・天作》篇文。高山，指岐山。大王，周太王。荒之，奄有之。康，安。(44)小人匈匈也輟行　王先謙以為當依《群書治要》引「小人」下有「之」字。匈，和詾、訩通。《說文》：「詾，訟也。訩，或省。」詾本是爭訟，引申為喧譁。(45)常數　數指地之理。地之理是恆常不變的。(46)體　指所履所行。(47)道　行的意思。(48)詩曰句　所引為逸詩。俞以為當依《文選・答客難篇》傳曰補「禮義之不愆」一句於上。引此詩以明守道不違，則不必畏人之言。(49)節然　適然。(50)心意　王念孫以為當是「志意」之誤。(51)敬　敬慎。(52)慕　期慕。(53)一也　言君子與小人同有所專壹。(54)縣　和懸通，懸距。(55)隊　和墜同。《說文》：「隊，從高隊也。」(56)黨　借為儻，或然之詞。《群書治要》引作「儻」，王叔岷先生云類纂本亦作「儻」。(57)竝世起　謂一世之中並起。(58)人祆則可畏也　劉師培云《外傳》二「則」作「最」，「也」下有「曰：何謂人妖？」五字，此疑脫。(59)楛耕　濫惡耕種。(60)耘耨失薉　盧以為當依《外傳》作「枯耘傷歲」，意謂濫惡耘田損失歲收。(61)薉　和穢同。(62)本事　農桑之事。(63)則父子相疑　王念孫以為不當有「則」字。《群書治要》及《韓詩外傳》引均無「則」字。(64)三者錯無安國　三者，指三人祆。言此三祆交錯則國家必不得安。(65)爾　和邇通，近。言其說淺近。(66)勉力不時　勉力，指力役。不時則人多怨曠。(67)而不可畏也　王念孫以為當作「亦可畏也」。(68)萬物之怪書不說　書，指六經。六經多教戒之辭，不務廣說萬物之怪。(69)則日切瑳而不舍也　瑳和磋同，舍，借為捨。(70)雩　求雨之禱。《說文》：「雩，夏祭樂於赤帝以祈甘雨也。」(71)以文之也　言行此事以表示關切災害，順從人意，以文飾政事而已。(72)以為神則凶也　以為淫祀必可得福則必凶災。(73)赫　大明。《說文》：「赫，大赤貌。」(74)睹　王念孫以為當作「睹」，明著之意。《說文》：「睹，旦明也。」(75)白　顯白。(76)而盡亡矣　王先謙以為「盡」字衍。〈彊國篇〉四語與此同，無「盡」字。(77)大天而思之　大天，尊大天。思，思慕。(78)物畜而制之　把天當作物看待而畜養和裁制。(79)頌之　歌頌天。(80)制天命而用之　言裁制天命而利用它。(81)時　四時。(82)應時而使之　言適應春夏秋冬四時而使用它。(83)騁能而化之　騁能，運用人的知能。化，變化。(84)物之　物是動詞，把物想做是物。(85)理物　理治物。(86)願　思慕。(87)有物之所以成　言不如致力助物之所以成。有，借為右，佑助。(88)錯　廢棄。(89)百王之無變足以為道貫　百王不易的即是禮，禮可以為道的條貫。(90)理貫　理的條貫。(91)亂生其差　亂生於條貫的差謬。(92)治盡其詳　所以治在於精詳。(93)畸　不偶，謂偏畸。(94)匿　和慝通，差慝。(95)水行者表深　水行，俞以為當作「行水」。表，標誌。(96)陷　陷溺。(97)一偏　一隅；一部分。(98)慎子有見於後無見於先　慎到本黃老之術，明不尚賢不使能之道，所以莊子說他「塊不失道，以其無爭先之意」。《漢書‧藝文志》有《慎子》四十二篇，班固云先於申韓。(99)老子有見於詘無見於信　詘和屈同，信借為伸。老子《道德經》多以屈為伸，以柔勝剛。(100)墨子有見於齊無見於畸　畸謂不齊。墨子主張兼愛尚同，即是見齊而不見不齊。(101)宋子有見於少無見於多　宋鈃主張「欲寡」，而不知人之情亦有欲多者。(102)有後而無先則群眾無門　在上之人開導，使群眾都處後而不爭先，則群眾無門戶。(103)有詘而無信則貴賤不分　只有屈而沒有伸，則大家都貴柔弱卑下，就沒有貴賤之別了。(104)有齊而無畸則政令不施　物之不齊是物之本情，施政令所以裁制萬物，如尚同，則政令就無所措了。(105)有少而無多則群眾不化　人欲多就可以激勵勸誘為善，如果都欲少，就不能施教化了。(106)書曰句　所引為《尚書‧洪範》篇文。引書以喻偏好就不是遵循王道。

【語譯】天的運行是有常的，不為堯而存，也不為桀而亡。同它相應而安治則吉祥，同它相應而昏亂則凶險。加彊農桑而節省用度，則天不能使人貧窮。養生之道周備，行動適合時宜，則天不能使人疾病。修為道德而不貳心，則天不能加以禍害。所以水旱不能使人饑饉，寒暑不能使人疾病，祆怪不能使人凶險。荒怠農桑而用度奢侈，則天不能使人富足。養生之道減略，行動稀少，則天不能使人健全。違背正道而荒妄行事，則天不能使人吉祥。所以水旱沒有來就已饑饉，寒暑沒有迫近就已疾病，祆怪沒有來就已凶險。所受的天時和治世相同，但禍殃卻和治世相異，這不可以怨天，所行之道使之如此。所以能夠明於天人之職分，可以說是至人了。

不去做就成功，不去求就獲得，這是天的職分。像這樣，人的思慮雖深，也不能加於天道；人的才能雖大，也不能加於天道，人的明察雖精，也不能加於天道；這叫做不同天爭職。天有天時，地有地利，人有人治，這叫做能參。捨掉人所該參的，而思慕人所參的，就昏惑了。列星相隨運轉，日月交替光照，四時相代御臨，陰陽寒暑變化萬物，風雨廣博施降，萬物各得和氣以生長，各得生養以長成，不見行事而只見到成功，這就叫做神。都知道它的所以成功，不知道它的無形，這就叫做天功。祇有聖人不求知道天道。天職既然已經建立，天功既然已經完成，人的形體具備而精魂也產生，好惡喜怒哀樂也都藏在裏面，這叫做天情。耳目鼻口形體等官能各與物接而不能相兼代，這叫做天官。心居胸中，來節制五官，這叫做天君。裁制異類的東西來養人，這叫做天養。順而能裁的叫做福，逆而不能裁的叫做禍，這叫做天政。昏亂天君，擾亂天官，棄掉天養，違逆天政，背反天情，喪失天功，這叫做大凶。聖人是要清靜天君，修正天官，完備天養，依順天政，涵養天情，成全天功；這樣則知道他所當做，知道他所不當做的；也就可以主宰天地役使萬物了。所行周徧善治，所養周徧適當，所生無所傷害，這就叫做知天。所以大巧在所不為，大知在所不慮。所記誌於天的，是以它的所顯現的天象可以為人所期待的。所記誌於地的，是以它的所顯現的地宜可以蕃息萬物的。所記誌於四時的，是以它的所顯現的曆數可以從事各種事業的。所記誌於陰陽的，是以它的所顯現的和調可以治理萬物的。有官守的人要守知天的自然變化，常人只要自己守一般常道就可以了。

治和亂是天所使然嗎？日月星辰瑞曆，是禹桀所同的；禹能治，桀卻亂；可見治亂並不在於天。那麼是時嗎？繁生蕃長在春夏，蓄積收藏在秋冬，也是禹桀所同的；禹能治，桀卻亂；可見治亂並不在於時。那麼是地嗎？得到地可以生養，失去地就要棄死，又是禹桀所同的；禹能治，桀卻亂；可見治亂並不在於地。《詩經》裏說：「天造高大的岐山，周太王奄有它。太王興作，文王來安康它。」說的就是這種道理。

天不因為人厭惡寒冷就停止冬天，地不因為人厭惡遼遠就停止廣大，君子不因為小人詾詾喧論就停止行事。天有它的常道，地有它的常理，君子有他的常履。君子行其常道，而小人計較一時的功利。古詩裏說：「禮義如果沒有差失，何必在乎別人說話呢！」說的就是這種道理。

楚王後車有千乘，並不算是智；君子食菽飲水，並不算是愚；是適得其然。至於志意修潔，德行美厚，知慮通明，生於今世而有志於古道，這是在於自己的。所以君子敬慎在於自己的，而不期慕在於天的；小人棄置在於自己的，而期慕在於天的。君子因為敬慎在於自己的，而不期慕在於天的，所以日益進步；小人因為棄置在於自己的，而期慕在於天的，所以日益退步。君子的所以日益進步，和小人的日益退步，是同有所專壹的。君子和小人的懸距也就在於此啊！

星的隕墜，樹木的鳴響，國人都會驚恐。說：這是什麼道理啊？其實是沒有什麼的，這祇是天地陰陽的變化，物類比較稀有的現象。奇怪它是可以的，而畏恐就不對了。日月的有虧蝕，風雨的不調，怪星的偶或出現，這是沒有一世不常有的。在上賢明而政事平治，則雖一世並起，也沒傷害。在上昏闇而政事險亂，則雖沒有一次發生，也沒益處。星的隕墜，樹木的鳴響，這是天地陰陽的變化，是物類比較稀有的現象；奇怪它是可以的，而畏恐就不對了。

物的已經來的，人祅最可畏，什麼叫做人祅？就像濫惡耕種傷於稼禾，濫惡耘田損失歲收，政治險惡失去民心，田地荒穢稼禾敗惡，米貴民飢，道路上有死人，這叫做人祆。政令不明，舉措不合時，農桑之事不加理治，這叫做人祆。禮義不修，內外沒有分別，男女淫亂，父子互相猜疑，上下乖離，寇盜禍難同時發生，這叫做人祆。祆是生於混亂的，以上三人祆交錯於國中，則必不能安治。這種論說非常淺近，而它的災害卻非常慘烈。力役不合時宜，則怨氣所感，牛馬相互而生，六畜作祆，非常可怪，也非常可怕。古傳裏說：「萬物的怪事，古書裏不論說。」沒有用的辯論，不急要的明察，都該棄去不理治。至於君臣之義，父子之親，夫婦之別，就該日日切瑳而不當捨棄。

祭禱而降雨，這是什麼道理？並沒有什麼道理，同沒有祭禱而降雨是一樣的。日月虧蝕而去救護，天旱而去祭禱祈雨，卜筮然後決斷大事，並不是以為可以得其所求，祇不過是文飾政事罷了。所以君子以為是文飾，而百姓以為是神明。以為是文飾則吉祥，以為是神明則凶險。

在天上的沒有明過日月的，在地上的沒有明過水火的，在物的沒有明過珠玉的，在人的沒有明過禮義的。所以日月如不高，則光輝不明赫；水火不積厚，則暉潤不博大；珠玉光采不著於外，則王公不以為寶貴；禮義不加於國家，則功業名聲不顯白。所以人的命在於自然，國的命在於禮。為人君的，隆崇禮義尊貴賢士就可以王，崇重法制愛護人民就可以霸，好貪利多欺詐就要危弱，權謀傾覆幽險就要滅亡。

尊大天而思慕它，哪裏如把天看待成物而蓄養和裁制它；順從天而歌頌它，哪裏如裁制天命而利用它；望著四時而期待它，哪裏如適應四時而使用它；因物的自多而讚它多，哪裏如騁人的智能而變化它；把物想做是物，哪裏如理治物而不失掉它；思慕物的所以生，哪裏如致力於物的所以成。所以廢棄人事不做而去思天，就失掉了萬物的本情。

百王的不易的禮，足可以為道的條貫。雖有廢有起，然隨時和道貫相應，所以理的條貫不亂。不知以禮為條貫，就不知應變，不過條貫的大體未嘗失掉。亂生於條貫的差謬，治在於條貫的精詳。所以道的所善，中正適當則可從，偏畸則不可為，差慝則大昏惑。行水的要看水的標誌深淺，標誌不顯明就要陷溺。治民的要以道為標誌，標誌不明就要混亂。禮就是標誌；不合於禮是昏世；昏世就要大亂。所以道沒有不明的，外內各有所表，隱顯都有常法，人民陷溺的禍患才能除去。

萬物是道的一部分，一物又是萬物的一部分，愚笨的又是一物的一部分，而他自己以為知道道，真是無知。慎子有見於退後，沒有見於先。老子有見於柔屈，沒有見於剛伸。墨子有見於齊同，沒有見於不齊。宋子有見於欲少，沒有見於欲多。有退後而沒有爭先，則群眾失去門戶。有柔屈而沒有剛伸，則貴賤沒有分別。有齊同而沒有不齊，則政令無所措施。有欲少而沒有欲多，則群眾不能勸化。《書經》裏說：「不要有偏好，遵循正大之道。不要有偏惡，遵循正大之路。」說的就是這種道理。

正論篇

世俗之為說者曰：「主道利周❶。」是不然：主者民之唱❷也。上者下之儀❸也；彼將聽唱而應，視儀而動；唱默則民無應也，儀隱則下無動也；不應不動，則上下無以相有❹也；若是，則與無上同也，不祥莫大焉。故上者下之本也，上宣明則下治辨矣，上端誠則下愿愨矣，上公正則下易直❺矣。治辨則易一，愿愨則易使，易直則易知；易一則彊，易使則功，易知則明；是治之所由生也。上周密則下疑玄❻矣，上幽險則下漸❼詐矣，上偏曲則下比周矣。疑玄則難一❽，漸詐則難使，比周則難知。難一則不彊，難使則不功，難知則不明；是亂之所由作也。故主道利明不利幽，利宣不利周。故主道明則下安，主道幽則下危。故下安則貴上，下危則賤上。故上易知則下親上矣，上難知則下畏上矣。下親上則上安，下畏上則上危。故主道莫惡乎難知，莫危乎使下畏己。傳曰：「惡之者眾則危。」《書》曰：「克明明德。」⑨《詩》曰：「明明在下。」⑩故先王明之，豈特玄⑪之耳哉！

世俗之為說者曰：「桀紂有天下，湯武篡而奪之。」是不然：以桀紂為常有天下之籍則然⑫，親有天下之籍則不然，天下謂在桀紂則不然。古者天子千官，諸侯百官。以是千官也，令行於諸夏之國，謂之王；以是百官也，令行於境內，國雖不安，不至於廢易遂亡⑬，謂之君。聖王之子也，有天下之後也，埶籍之所在也，天下之宗室⑭也，然而不材不中⑮，內則百姓疾之，外則諸侯叛之，近者境內不一，遙者諸侯不聽，令不行於境內，甚者諸侯侵削之，攻伐之；若是，則雖未亡，吾謂之無天下矣。聖王沒，有埶籍者罷不足以縣天下，天下無君；諸侯有能德明威積，海內之民莫不願得以為君師⑯；然而暴國獨侈安能誅之⑰，必不傷害無罪之民，誅暴國之君若誅獨夫；若是，則可謂能用天下矣。能用天下之謂王。湯武非取天下也，脩其道，行其義，興天下之同利，除天下之同害，而天下歸之也。桀紂非去天下也，反禹湯之德，亂禮義之分，禽獸之行，積其凶，全其惡，而天下去之也。天下歸之之謂王，天下去之之謂亡。故桀紂無天下，而湯武不弒君，由此效之也⑱。湯武者，民之父母也；桀紂者，民之怨賊也。今世俗之為說者，以桀紂為君，而以湯武為弒，然則是誅民之父母，而師⑲民之怨賊也，不祥莫大焉。以天下之合為君，則天下未嘗合於桀紂也，然則以湯武為弒，則天下未嘗有說也⑳，直墮之耳㉑，故天子唯其人。天子者，至重也，非至彊莫之能任；至大也，非至辨莫之能分；至眾也，非至明莫之能和；此三至者，非聖人莫之能盡。故非聖人莫之能王。聖人備道全美者也，是縣天下之權稱也。桀紂者，其知慮至險也，其至意㉒至闇也，其行之為㉓至亂也；親者疏之，賢者賤之，生民怨之；禹湯之後也，而不得一人之與㉔；刳比干，囚箕子，身死國亡，為天下之大僇，後世之言惡者必稽㉕焉；是不容妻子之數也[26]。故至賢疇[27]四海，湯武是也；至罷不容妻子，桀紂是也。今世俗之為說者，以桀紂為有天下而臣湯武，豈不過甚矣哉！譬之是猶傴巫跛匡大[28]自以為有知也。故可以有奪人國[29]，不可以有奪人天下；可以有竊國，不可以有竊天下也。可以奪之者[30]可以有國，而不可以有天下；竊可以得國，而不可以得天下，是何也？曰：國小具[31]也，可以小人有也，可以小道得也，可以小力持也；天下者大具也，不可以小人有也，不可以小道得也，不可以小力持也。國者小人可以有之，然而未必不亡也；天下者至大也，非聖人莫之能有也。

世俗之為說者曰：「治古無肉刑[32]，而有象刑[33]：墨黥[34]，慅嬰[35]，共艾畢[36]，菲對屨[37]，殺赭衣而不純[38]。治古如是。」是不然：以為治邪？則人固莫觸罪，非獨不用肉刑，亦不用象刑矣。以為人或觸罪矣，而直輕其刑，然則是殺人者不死，傷人者不刑也；罪至重而刑至輕，庸人不知惡矣，亂莫大焉。凡刑人之本，禁暴惡惡，且徵其未也[39]。殺人者不死，而傷人者不刑，是謂惠暴而寬賊也，非惡惡也。故象刑殆非生於治古，竝起於亂今也。治古不然，凡爵列官職賞慶刑罰皆報㊵也，以類相從㊶者也。一物失稱㊷，亂之端也。夫德不稱位，能不稱官，賞不當功，罰不當罪，不祥莫大焉。昔者武王伐有商，誅紂，斷其首，縣之赤旆㊸。夫征暴誅悍，治之盛也；殺人者死，傷人者刑，是百王之所同也；未有知其所由來者也。刑稱罪則治，不稱罪則亂。故治則刑重，亂則刑輕；犯治之罪固重，犯亂之罪固輕也。《書》曰：「刑罰世輕世重。」㊹此之謂也。

世俗之為說者曰：『湯武不能禁令。』是何也？曰：『楚越不受制。』是不然：湯武者，至㊺天下之善禁令者也，湯居亳，武王居鄗，皆百里之地也，天下為一，諸侯為臣，通達之屬，莫不振㊻動從服以化順之。曷為楚越獨不受制也！彼王者之制也，視形埶而制械用㊼，稱遠邇而等貢獻㊽，豈必齊哉！故魯人以糖㊾，衛人用柯㊿，齊人用一革(51)，土地刑制不同者，械用備飾不可不異也。故諸夏之國同服同儀[52]，蠻夷戎狄之國同服不同制[53]，封內甸服[54]，封外侯服[55]，侯衛賓服[56]，蠻夷要服[57]，戎狄荒服[58]。甸服者祭[59]，侯服者祀[60]，賓服者享[61]，要服者貢[62]，荒服者終王[63]。日祭月祀，時享歲貢[64]，夫是之謂視形埶而制械用，稱遠近而等貢獻，是王者之至[65]也。彼楚越者，且時享歲貢終王之屬也，必齊[66]之日祭月祀之屬然後曰受制邪？是規磨之說也[67]。溝中之瘠也[68]，則未足與及王者之制也。語曰：「淺不足與測深，愚不足與謀知，坎井之鼃[69]，不可與語東海之樂。」此之謂也。

世俗之為說者曰：「堯舜擅[70]讓。」是不然：天子者，埶位至尊，無敵於天下，夫有[71]誰與讓矣！道德純備，智惠[72]甚明，南面而聽天下，生民之屬，莫不振動從服以化順之，天下無隱士，無遺善，同焉者是也，異焉者非也，夫有惡擅天下矣[73]！曰：「死而擅之。」是又不然：聖王在上，圖德[74]而定次，量能而授官，皆使民載[75]其事而各得其宜；不能以義制利，不能以偽飾性，則兼以為民。聖王已沒，天下無聖，則固莫足以擅天下矣。天下有聖而在後者[76]，則天下不離；朝不易位，國不更制，天下厭然與鄉[77]無以異也；以堯繼堯，夫又何變之有矣！聖王不在後子而三公，則天下如歸，猶復而振[78]之矣，天下厭然與鄉無以異也；以堯繼堯，夫又何變之有矣[79]！唯其徙朝改制為難[80]。故天子生，則天下一隆[81]，致順[82]而治，論[83]德而定次，死則能任天下者必有之矣。夫禮義之分盡矣，擅讓惡用矣哉[84]！曰：「老衰而擅。」是又不然：血氣筋力則有衰，若夫智慮取舍則無衰。曰：「老者不堪其勞而休也。」是又畏事者之議也。天子者，埶至重而形至佚，心至愉而志無所詘，而形不為勞，尊無上矣。衣被則服五采[85]，雜間色[86]，重[87]文繡，加飾之以珠玉；食飲則重大牢而備珍怪，期臭味[88]，曼而饋[89]，代睪而食[90]，〈雍〉而徹乎五祀[91]，執薦[92]者百人侍西房；居則設張容[93]，負依而坐[94]，諸侯趨走乎堂下；出戶而巫覡有事[95]；出門而宗祀有事[96]；乘大路趨越席[97]以養安；側載睪芷[98]以養鼻；前有錯衡[99]以養目；和鸞[100]之聲，步中〈武〉〈象〉[101]，騶中〈韶〉〈護〉[102]以養耳；三公奉軶持納[103]，諸侯持輪挾輿先馬[104]，大侯[105]編後，大夫次之，小侯元士[106]次之，庶士介而夾道[107]，庶人隱竄莫敢視望。居如大神，動如天帝，持[108]老養衰，猶有善於是者與不[109]？老者，休也，休猶有安樂恬愉如是者乎！故曰：諸侯有老，天子無老[110]。有擅國，無擅天下[111]，古今一也。夫曰堯舜擅讓，是虛言也，是淺者之傳，陋者之說也，不知逆順之理，小大至不至之變者也[112]，未可與及天下之大理者也。

世俗之為說者曰：「堯舜不能教化，是何也？曰：朱象不化。」是不然也：堯舜，至天下之善教化者也，南面而聽，天下生民之屬，莫不振動從服以化順之；然而朱象獨不化，是非堯舜之過，朱象之罪[113]也。堯舜者，天下之英也；朱象者，天下之嵬，一時之瑣[114]也。今世俗之為說者，不怪朱象而非堯舜，豈不過甚矣哉！夫是之謂嵬說。羿逢蠭門[115]者，天下之善射者也，不能以撥弓曲矢中[116]；王梁[117]造父者，天下之善馭者也，不能以辟馬毀輿[118]致遠；堯舜者，天下之善教化者也，不能使嵬瑣化。何世而無嵬？何時而無瑣？自太皞燧人莫不有也。故作者不祥[119]，學者受其殃，非者有慶[120]。《詩》曰：「下民之孽，匪降自天，噂沓背憎，職競由人。」[121]此之謂也。

世俗之為說者曰：「太古薄葬，棺厚三寸，衣衾三領，葬田不妨田[122]，故不掘也。亂今[123]厚葬，飾棺，故抇[124]也。」是不及知治道，而不察於抇不抇者之所言也。凡人之盜也，必以有為，不以備不足，足則以重有餘也[125]；而聖王之生民也，皆使當厚優猶不知足[126]，而不得以有餘過度。故盜不竊，賊不刺[127]，狗豕吐菽粟[128]，而農賈皆能以貨財讓，風俗之美，男女自不取於涂，而百姓羞拾遺。故孔子曰：「天下有道，盜其先變乎！」雖珠玉滿體，文繡充棺，黃金充椁，加之以丹矸[129]，重之以曾青[130]，犀象以為樹，琅玕龍茲華覲[131]以為實，人猶且莫之抇也。是何也？則求利之詭緩[132]，而犯分之羞大也。夫亂今然後反是：上以無法使，下以無度行；知者不得慮，能者不得治，賢者不得使；若是，則上失天性，下失地利，中失人和；故百事廢，財物詘[133]，而禍亂起；王公則病不足於上，庶人則凍餧羸瘠於下；於是焉[134]桀紂群居，而盜賊擊奪以危上矣；安[135]禽獸行，虎狼貪，故脯巨人而炙嬰兒[136]矣；若是，則有[137]何尤扣人之墓抉人之口而求利[138]矣哉！雖此倮而薶之[139]，猶且必扣也，安得葬薶哉！彼乃將食其肉而齕[140]其骨也。夫曰：太古薄葬，故不扣也；亂今厚葬，故扣也。是特姦人之誤於亂說以欺愚者，而潮陷之[141]以偷取利焉，夫是之謂大姦。傳曰：「危人而自安，害人而自利。」此之謂也。

子宋子曰：「明見侮之不辱，使人不鬭[142]。人皆以見侮為辱，故鬭也；知見侮之為不辱，則不鬭矣。」應之曰：然則亦以人之情為不惡侮乎？曰：「惡而不辱也。」曰：若是則必不得所求焉[143]。凡人之鬭也，必以其惡之為說，非以其辱之為故也。今俳優侏儒狎徒詈侮[144]而不鬭者，是豈鉅知[145]見侮之為不辱哉！然而不鬪者，不惡故也。今人或入其央瀆[146]，竊其豬彘，則援劍戟而逐之，不避死傷，是豈以喪豬為辱也哉！然而不憚鬪者，惡之故也。雖以見侮為辱也，不惡則不鬪；雖知見侮為不辱，惡之則必鬪。然而鬪與不鬪邪，亡於[147]辱之與不辱也，乃在於惡之與不惡也。夫今子宋子不能解[148]人之惡侮，而務說人以勿辱也，豈不過甚矣哉！金舌弊口[149]，猶將無益也。不知其無益，則不知；知其無益也，直以欺人，則不仁。不仁不知，辱莫大焉。將以為有益於人，則與無益於人也[150]，則得大辱而退耳！說莫病是矣。

子宋子曰：「見侮不辱。」應之曰：凡議，必將立隆正然後可也，無隆正則是非不分而辨訟不決。故所聞曰：「天下之大隆，是非之封界，分職名象之所起，王制是也。」故凡言議期命[151]，是非以聖王[152]為師，而聖王之分，榮辱是也。是有兩端矣，有義榮者，有埶榮者；有義辱者，有埶辱者。志意脩，德行厚，知慮明，是榮之由中出者也，夫是之謂義榮。爵列尊，貢祿厚，形埶勝[153]，上為天子諸侯，下為卿相士大夫，是榮之從外至者也，夫是之謂埶榮。流淫汙僈[154]，犯分亂理，驕暴貪利，是辱之由中出者也，夫是之謂義辱。詈侮捽搏[155]，捶笞臏腳[156]，斬斷枯磔[157]，藉靡舌縪[158]，是辱之由外至者也，夫是之謂埶辱。是榮辱之兩端也。故君子可以有埶辱，而不可以有義辱；小人可以有埶榮，而不可以有義榮。有埶辱無害為堯，有埶榮無害為桀。義榮埶榮，唯君子然後兼有之；義辱埶辱，唯小人然後兼有之。是榮辱之分也。聖王以為法，士大夫以為道，官人以為守，百姓以為成俗[159]，萬世不能易也。今子宋子案[160]不然，獨詘容為己[161]，慮[162]一朝而改之，說必不行矣！譬之是猶以摶涂塞江海[163]也，以焦僥[164]而戴太山也，蹎[165]跌碎折不待頃矣。二三子之善於子宋子者，殆不若止[166]之，將恐得傷[167]其體也。

子宋子曰：「人之情，欲寡；而皆以己之情，為欲多；是過[168]也。故率其群徒，辨其談說，明其譬稱，將使人知情欲之寡也[169]。」應之曰：

然則亦以人之情為欲目不欲綦色[170],耳不欲綦聲,口不欲綦味,鼻不欲綦臭,形不欲綦佚,此五綦者,亦以人之情為不欲乎?曰:「人之情欲是已。」曰:若是則說必不行矣,以人之情為欲此五綦者而不欲多,譬之是猶以人之情為欲富貴而不欲貨也,好美而惡西施也。古之人為之不然:以人之情為欲多而不欲寡,故賞以富厚,而罰以殺損也,是百王之所同也。故上賢祿天下,次賢祿一國,下賢祿田邑,愿慤之民完衣食。今子宋子以是之情為欲寡而不欲多也。然則先王以人之所不欲者賞,而以人之所欲者罰邪!亂莫大焉。今子宋子嚴然[171]而好說,聚人徒,立師學,成文曲[172],然而說不免於以至治為至亂也,豈不過甚矣哉!

【注釋】❶主道利周　周,密。世俗以為主道利於周密。周密謂隱匿其情不使下知。❷唱　首唱。❸儀　準則。❹有　相親有;相親愛。❺易直　平易正直。❻玄　借為眩,惑的意思。下同。❼漸　也是詐的意思。❽疑玄則難一　疑惑不知所從,所以難一。❾書曰克明明德　所引為《尚書・多方》篇文。言能昭顯聖明之德。❿詩曰明明在下　所引為《詩經・大雅・大明》第一章。言文王武王之德昭顯在人間。⓫玄　梁引陶云「玄」為「宣」字之誤。宣,露。⓬以桀紂為常有天下之籍則然　常,劉師培云係「掌」字之誤。掌,主。桀紂雖掌天下之籍,但實際不能親有天下之籍，於是也就不能說天下在桀紂。⑬廢易遂亡　廢易，廢替。遂，借為墜。⑭宗室　當為宗宔，即宗主。見〈彊國篇〉注。⑮中　中正適當。⑯師　長也。指君。⑰安能誅之　安，猶「於是」。能，猶「乃」。於是乃誅之。⑱由此效之也　由，用。用此見其效驗。⑲師　長，指君。⑳則天下未嘗有說也　王念孫以為「天下」衍。言自古未嘗有此種論說。㉑直墮之耳　直，但；只是。墮，墮毀。言以湯武為弒，未有其說，只是妄言墮毀之罷了。㉒至意　楊注云當為「志意」。王叔岷先生云元本、百子本並作「志意」。㉓其行之為　王引之以為「行」下不當有「之」字。㉔與　助的意思。㉕稽　歸止。㉖是不容妻子之數也　容，衛，障蔽的意思。數，理。言這是不能衛蔽妻子之道。㉗幬　借為壔，保的意思。《說文》：「壔，保也。」㉘匡大　匡，借為尪，廢疾之人。大，俞云「而」之誤。㉙奪人國　俞云以下「竊國」、「竊天下」例之「人」字衍。下句「奪人天下」之「人」亦衍。㉚可以奪之者　王念孫云「奪之」上不當有「可以」二字。㉛具　猶「器」。㉜治古無肉刑　治古，古之治世。肉刑，墨劓剕宮等。㉝象刑　異其章服，恥辱其形象。㉞墨黥　王念孫以為「墨黥」二字語意未完。墨黥，謂以墨畫代黥，不加刻涅。郝引《慎子》云：「畫跪當黥。」㉟慅嬰　王念孫云，《慎子》「草纓當劓」，此句「慅嬰」上蓋脫劓字。慅，和草通。嬰，和纓通。言用草纓代替劓刑。㊱共艾畢　郝云「共」為「宮」之假借字，《慎子》謂「以艾畢當宮」是也。艾，和刈同。畢，借為韠。謂斬刈其韠以代宮刑。㊲菲對屨　劉台拱云「菲」當作「剕」。楊注云「對」當為「紂」。紂，枲。剕紂屨，謂以枲履當刖刑。按剕正字作䠊，《說文》：「䠊，跀也。」《慎子》：「以履紂當刖。」㊳殺赭衣而不純　殺，殺罪。赭衣，以赤土染衣。純，緣。言犯殺罪的，以赭衣不緣代殺刑。《尚書・大傳》：「唐虞之象刑，上刑赭衣不純。」㊴且徵其未也　徵，借為懲。未，謂將來。㊵報　謂報其善惡。㊶以類相從　謂善者得其善報，惡者得其惡報。㊷稱　稱宜。㊸縣之赤旆　〈解蔽篇〉云「紂縣於赤旆」和此句相同。《墨子・明鬼篇》：「折紂而繫之赤環。」《史記・殷本紀》：「武王斬紂頭縣之白旗。」亦與此略近。餘如〈離騷〉、《尸子》、《淮南子》、《新書》皆有記載，亦均不相同，此亦傳聞之不同。㊹書曰刑罰世輕世重　所引為《尚書・甫刑》篇文。引此以言世有治亂故法亦有輕重。[45]至　極的意思。[46]振　和震同，震恐。[47]視形埶而制械用　相視其形勢來制定不同的器械用物。[48]稱遠邇而等貢獻　依遠近的相稱來等差其所貢所獻。等，等差。[49]榶　盌。《方言》：「盌謂之榶。」[50]柯　盂。《方言》：「盂謂之柯。」[51]一革　郝氏引《史記・貨殖傳》云：「適齊為鴟夷子皮。」《索隱》引大顏云：「若盛酒者鴟夷也，用之則多所容納，不用則可卷而懷之。」據此知鴟夷以革為之。又《國語・吳語》：「盛以鴟夷而投之于江。」韋注：「鴟夷，革囊。」參以揚雄〈酒賦〉，則鴟夷乃酒器。范蠡適齊而為鴟夷子皮，正是齊人所用。郝以為一革，即指鴟夷一類盛酒之革囊。[52]儀　調制度。[53]蠻夷戎狄之國同服不同制　每五百里為一服，各代制度不同。《國語・周語》注：「商以前並畿內為五服，周除畿內，更制天下為九服。」[54]封內甸服　封內，指王畿之內。《尚書・禹貢》：「五百里甸服。」〈周語〉注：「甸，王田也。」[55]封外侯服　封外，王畿之外。〈禹貢〉：「五百里侯服。」孔注：「甸服之外五百里也。侯，候也，斥候而服事王也。」[56]侯衛賓服　《國語・周語》注：「侯，侯圻。衛，衛圻。自侯圻至衛圻，其間五圻，圻五百里，五五二千五百里，中國之界也，謂之賓服，常以服貢賓見於王。五圻者，侯圻之外甸圻，甸圻之外男圻，男圻之外采圻，采圻之外衛圻。」[57]蠻夷要服　《周禮・夏官・職方氏》：「又其（衛服）外方五百里曰蠻服，又其外五百里曰夷服。」《尚書・禹貢》：「五百里要服。」孔傳：「綏服外之五百里。要束以文教。」[58]戎狄荒服　《周禮・夏官・職方氏》：「又其（夷服）外方五百里曰鎮服，又其外方五百里曰藩服。」荒服即指職方氏之鎮服蕃服。《國語・周語》注：「戎狄去王城四千五百里至五千里也，四千五百里為鎮圻，五千里為蕃圻。在九州之外，荒夷之地，與戎翟同俗，故謂之荒，荒忽無常之言也。」[59]甸服者祭　《國語・周語》注：「供日祭也。」謂天子日祭之用品由甸服供給。[60]侯服者祀　〈周語〉注：「供月祀也。」侯服供月祀用品。[61]賓服者享　〈周語〉注：「供時享也。享，獻也。」賓服供時獻用品。[62]要服者貢　〈周語〉注：「供歲貢也。」要服供歲貢用品。[63]荒服者終王　顧以為不當有「終」字，梁據〈周語〉刪。王，謂王事天子。[64]日祭月祀時享歲貢　楊注以為下當有「終王」二字，梁據楊說及〈周語〉注補。〈周語〉注：「日祭，祭於祖考，謂上食也。月祀，月祀於曾高。時享，時享於二祧。歲貢，歲貢于壇墠。終王，終謂世終也，朝嗣王及即位而來見。」(65)至　王念孫以為當作「制」。(66)齊　齊等；齊比。(67)是規磨之說也　猶言差錯之說。規，本是正圓之器，磨久則偏盡而不圓，失於度程。楊注引韓子曰：「規有磨而水有波，我欲更之，無奈之何，此通權之言也。」(68)溝中之瘠也　謂行乞之人在溝壑中羸瘠者，以喻智慮淺陋。(69)坎井之鼃　事出《莊子・秋水篇》。言小者不足以知大。坎井，壞井。鼃，蝦蟆類。(70)擅　和禪、墠通。謂除地為墠告天而傳位。(71)有　借為又。(72)惠　借為慧。王叔岷先生云元本、百子本並作「慧」。(73)夫有惡擅天下矣　堯舜聖明，事無不理，又焉用禪位。(74)圖德　盧及王先謙皆以為當作「決德」，參見〈儒效篇〉注。(75)載　任的意思。(76)天下有聖而在後者　俞以為「後」下當有「子」字。下文有「聖不在後子而在三公」可證。後子，謂丹朱、商均。(77)厭然與鄉　厭然，安然。鄉，和嚮通，謂以前。(78)振　震動從服的意思。(79)夫又何變之有矣　荀子以為傳賢和傳子同。天下有聖而在後子，則傳之後子；聖不在後子，而在三公，則傳之賢者。(80)難　劉師培以為「離」字之誤。離，猶異。(81)一隆　言皆統於一尊。(82)致順　極順。(83)論　當作諭，和決通。(84)夫禮義之分盡矣擅讓惡用矣哉　讓本是禮義之名，今聖王但求能任天下事的就傳位，則是盡禮義之分了；豈必更求禪讓之名。(85)服五采　言備五色。(86)閒色　正色以外的，如綠紫之類。(87)重　多。(88)期臭味　期，和綦通，極。臭，氣味。(89)曼而饋　曼，楊注云當為「萬」。饋，進食。言列萬舞而進食。(90)代睪而食　劉台拱以為「代睪」當作「伐皋」。皋，借為鼛。《淮南子・主術訓》：「鼛鼓而食，奏雍而徹。」《周禮・春官・大司樂》：「王大食三侑，皆令奏鐘鼓。」伐皋而食，即伐鼓而進食。(91)雍而徹乎五祀　雍，《詩經・周頌》篇名。言奏〈雍〉的樂章而徹饌於灶。劉台拱：「徹乎五祀，謂徹於灶也。《周禮・膳夫職》云：『王卒食，以樂徹于造。』」造和灶通用。(92)薦　謂薦陳之物，籩豆之屬。(93)居則設張容　居，安居，謂聽朝之時。張，借為帳。容，小曲屏風，設於戶牖之間。《爾雅・釋宮》：「容謂之防。」注：「形如今牀頭小曲屏風。」(94)負依而坐　依，和扆通，戶牖之間叫扆。《說文》：「扆，戶牖之間也。」坐，王念孫以為「立」之誤，說見〈儒效篇〉注。(95)巫覡有事　女曰巫，男曰覡。有事，指祓除不祥。(96)出門而宗祀有事　出門，謂車駕出國門。宗，主祭祀之官。祀，楊注云當作祝。祝，太祝，官名，《周禮》屬春官，掌六祝之辭以祈福祥。有事，謂祭行神。(97)乘大路趨越席　大路，天子祭天所乘之車。趨，就。越席，結蒲為席。(98)側載睪芷　謂天子之側常置芳香之澤蘭和芷。側，邊側。載，置。睪，借為澤，謂澤蘭。(99)錯衡　錯，金塗，《說文》：「錯，金涂也。」謂以金塗衡使有文采。(100)和鸞　皆車上之鈴。(101)武象　武，周武王樂名。象，亦樂名。(102)騶中韶護　騶，借為趨，謂車速行。韶，舜樂名。護，湯樂名。(103)奉軛持納　軛，車轅前駕牛馬之木。納，借為軜，繫於軾前之驂馬內轡。(104)挾輿先馬　挾輿，謂在車之左右。先馬，在前導馬。(105)大侯　侯國稍大在五等之列者。(106)小侯元士　小侯，僻遠小國及附庸之君。元士，上士。(107)庶士介而夾道　庶士，軍士。介而夾道，被甲夾立道側。(108)持　養的意思。(109)猶有善於是者與不　王念孫云當作「猶有善於是者不與」，「不」讀為「否」，「不」字傳寫誤倒在「與」下。(110)諸侯有老天子無老　諸侯須供職貢朝聘，故有筋力衰疲而求告老致仕者，天子則不同。(111)有擅國無擅天下　一國事輕，有請於天子而讓賢者，天子則不然。(112)小大至不至之變者也　小謂一國，大謂天下。至，謂天子至重至佚至愉。不至，謂諸侯不至重不至佚不至愉。變，異。(113)罪　過錯。(114)天下之嵬一時之瑣　嵬瑣，猶委瑣，言委曲瑣細。見〈非十二子篇〉注。(115)逢門　即逢蒙。(116)撥弓曲矢中　陳奐云「中」下脫「微」字。撥弓，不正之弓。(117)王梁　即王良。(118)辟馬毀輿　辟，借為躄。躄馬，跛足的馬。毀輿，破毀的車。(119)作者不祥　謂作世俗之說的不祥。(120)非者有慶　能非而闢之，則必有慶。(121)詩曰句　所引為《詩經・小雅・十月之交》第七章。孽，罪過。匪，和非通。噂，《說文》及《左傳》引均作「僔」，聚的意思。沓，合。言小人聚則相合，背則相憎。此四句謂下民之遭罪孽，不是降自於天，實由於人專意競尚聚合背憎所使然。(122)葬田不妨田　言所葬之地不妨害農耕。(123)亂今　今之亂世。(124)扣　借為搰，掘。《說文》：「搰，掘也。」(125)足則以重有餘也　盧云「足」字衍。重，增多。(126)當厚優猶不知足　王念孫云「當厚」為「富厚」之誤。楊注云「不」字衍。優，寬泰。(127)刺　探取。(128)狗豕吐菽粟　菽粟多因而狗豕皆吐棄不食。(129)丹矸　丹砂，用以采繪。(130)曾青　銅之精，形如珠，其色極青，亦用為采繪。(131)琅玕龍茲華覲　琅玕，似珠。覲，楊注云當為「瑾」。華，謂有光華者。龍茲，郭慶藩以為即《列女傳》之龍疏，亦列於珠玉之間。132詭緩　詭，責的意思，言求利的責罰緩。133詘　和屈同，盡的意思。134焉猶「乎」。135安　猶「於是」。136脯巨人而炙嬰兒　脯，乾肉。《說文》：「脯，乾肉。」炙，烤肉。《說文》：「炙，炙肉也。」言以大人為乾肉脯而以嬰兒為烤肉。137有　借為又。138抉人之口而求利　挑開死人口取其珠。抉，挑。139倮而薶之　倮，和裸同。薶，葬埋。《說文》：「薶，瘞也。」140齕　本作齕，齧的意思，《說文》：「齕，齧也。」141潮陷之　潮，盧云當作「淖」。淖，泥淖。淖陷之，即泥陷之。142明見侮之不辱使人不鬭　宋鈃以為，如能明被侵侮而不以為辱的道理，就可使人不鬥。《莊子．天下篇》莊子說宋子曰：「見侮不辱，救民之鬭。」《尹文子．大道上篇》：「見侮不辱，見推不矜，禁暴息兵，救世之鬭，此人君之德，可以為王矣。」143必不得所求焉　求不鬥必不得。144狎徒詈侮　狎徒，狎戲之徒。詈侮，相互詈罵侮辱。145豈鉅知　鉅，和詎通，也是豈的意思。豈鉅知，即豈知。146央瀆　央，梁引高云當作「穴」。瀆，劉師培云當作「竇」，竇，即今牆穴。《說文》：「竇，空也。」147亡於　亡，和無通。無於，不在於。148解　釋去。149金舌弊口　俞云當作「金口弊舌」，「金」讀為「唫」，口急，亦即口吃澀之意。弊，借為敝。言雖說至口吃澀舌乾敝也沒有用。《說文》：「唫，口急也。」150將以為有益於人則與無益於人也　梁以為當作「將以為有益於人與？則無益於人也」。「與」「則」二字誤倒。151期命　期，期約。命，命物之名。152聖王　聖者和王者。153貢祿厚形埶勝　貢，謂所受貢賦，指天子諸侯而言。祿，謂受之於君的俸祿，指卿相大夫士而言。形埶，勢位。154汙優　汙，穢行。優，和漫通，也是汙穢的意思。155捽搏　持頭髮而搏鬥。《說文》：「捽，持頭髮也。」156捶笞臏腳　捶笞，都是杖擊。臏，膝骨。臏腳，謂刖其膝骨。157枯磔　刳胸腹張之，使乾枯不收。《說文》：「磔，辜也。」段注：「凡言磔者，開也，張也，刳其胸腹而張之，令其乾枯不收。」158藉靡舌縪　藉，繫。靡，和縻通，繫縛。舌縪，孫以為當作「后縛」，后縛猶反縛。159百姓以為成俗　王念孫云本作「百姓以成俗」，與上三句對文。以成俗，即以為俗。〈禮論篇〉：「官人以為守，百姓以成俗。」「成」上亦無「為」字。160案　猶「則」。161獨詘容為己　詘容，即降心相容。為己，猶「於己」。162慮　思的意思。163摶涂塞江海　摶，盧云本當作摶。言摶塗泥而塞江海，必然無用。164 焦僥　一種矮人。165 蹎　俗借顛字為之，僵仆的意思。《說文》：「蹎，跋也。」跋，跋躓之意。166 止　謂止息其說。167 得傷　中傷的意思。168 過　過誤。169 情欲之寡也　楊注云或為「情之欲寡也」。其說是。170 欲目不欲綦色　盧云「目」上之「欲」字衍。171 嚴然　即儼然。172 成文曲　曲，王念孫以為「典」字之誤。成文典，謂作《宋子》十八篇。〈非十二子篇〉云：「終日言成文典」，可以為證。

【語譯】世俗的論說的人道：「人主之道利於周密。」這是不對的：君主是人民的首唱，在上是在下的儀則；人民是要聽受首唱而應和的，是要看著儀則而行動的；如果首唱默然，則人民無可應和；儀則隱藏，則人民無所行動；不應和不行動，則上下無法相親有；這樣，是和沒有君上相同的，不祥沒有比這再大的。所以在上是在下的根本，在上的能夠宣露廣明則在下的理治，在上的能夠端誠則在下的謹誠，在上的能夠公正則在下的平易正直。人民能夠理治則容易齊一，能夠謹誠則容易使役，能夠平易正直則容易察知；容易齊一則彊盛，容易使役則有功，容易察知則明察；這是安治的所由生。在上的周密則在下的疑惑，在上的幽險則在下的欺詐，在上的偏曲則在下的比周。人民疑惑則難齊一，欺詐則難使役，比周則難察知。難齊一則不能彊盛，難使役則沒有功績，難察知則不明察；這是混亂所由興起。所以君主之道利於廣明不利於幽險，利於宣露不利於周密。主道廣明則在下安治，主道幽險則在下危亂。在下安治則尊貴在上，在下危亂則賤惡在上。在上的易為人知則在下的親近其上，在上的難為人知則在下的畏懼其上。在下的親近其上則在上的安佚，在下的畏懼其上則在上的危殆。所以君主之道沒有比難為人知再壞的，沒有比使在下的畏懼自己再危殆的。古傳裏說：「怨惡的人多就要危殆。」《書經》裏說：「能昭顯聖明之德。」《詩經》裏說：「文王武王之德昭顯在人間。」所以先王昭顯他的聖明之德，豈僅是宣露而已。

世俗的論說的人道：「桀紂有著天下，湯武篡奪去。」這是不對的：認為桀紂掌理天下之籍則是如此，認為桀紂親有天下之籍則就不然，說天下在桀紂也就不然。古時天子有千官，諸侯有百官。以這千官，而使政令行於諸夏之國的，叫做王；以這百官，使政令行於國境之內，國家雖不安治，還不至於廢易墜亡的，叫做君。聖王的子孫，是有天下的人的後裔，是勢位之所在，是天下的宗主，然而如果不成材不適當，在內則百姓疾惡，在外則諸侯叛離，近處境內不能齊一，遠處諸侯不加聽從，命令不能行於境內，甚至諸侯常來侵削攻伐，這樣，則雖說沒有亡國，我也說他已經沒有天下了。聖王已死，有勢位的罷弱不足以懸天下之衡，天下如同沒有君主一樣；諸侯有能德明威積的，海內的人民沒有不願意得到他做為君長的；然而暴國獨侈然自大，於是乃加以誅伐，一定不去傷害無罪的人民，誅殺暴國之君如同誅殺獨夫；這樣，則可說是能用天下了。能用天下的就叫做王。湯武並不是奪取天下，而是修正道，行仁義，興發天下的同利，除去天下的同害，而天下歸服他的。桀紂並不是失去天下，是他違反禹湯的聖德，壞亂禮義的大分，表現禽獸一般的行為，積累他的兇惡，而天下人離開了他。天下歸服的叫做王，天下離去的叫做亡。所以桀紂沒有天下，而湯武沒有弒君，由此可見致驗徵。湯武是人民的父母，桀紂是人民的怨賊。現在世俗的論說的人，以桀紂為君主，而以湯武為弒君，那麼這簡直是誅殺人民的父母，而尊人民的怨賊為君，不祥沒有比這再大的。如果以天下歸合的是君主，則天下從沒有歸合於桀紂，那麼以湯武是弒君，則自古從沒有這種論說，僅是妄言詆毀罷了，所以天子唯人是取。天下是最重的，不是最強是不能勝任的；是最大的，不是最通辨是不能分理的；是最眾多的，不是最明達是不能齊和的；這三種最高的條件，不是聖人是不能全盡的。所以不是聖人就不能為王。聖人是備道全美的，是懸天下的權稱的。桀紂他的智慮是最姦險的，他的志意是最昏闇的，他的行為是最昏亂的；親者疏遠他，賢者卑賤他，人民怨恨他；是禹湯的後裔，而竟沒有一個人黨助他；剖比干的心，囚禁箕子，最後自己身死國家滅亡，成為天下的最大刑辱，後代談論壞惡的一定歸止他們身上；這是不能衛蔽妻子之道啊！所以最賢明的可以保四海，湯武是這樣的；最罷劣的不能衛蔽妻子，桀紂是這樣的。現在世俗的論說的人，以為桀紂是有天下的，而湯武是他的臣下，豈不是太過誤了嗎！譬如就像傴巫跛尫而自以為有才智。所以可以有奪得一國，不可以有奪取天下；有可以竊得一國，不可以有竊取天下。奪取的可以有一國，而不可以有天下；竊取的可以得一國，而不可以得天下，這是什麼道理？因為國是小器，可以讓小人得有，可以用小道取得，可以依小力來持守；天下是大器，不可以讓小人得有，不可以用小道取得，不可以依小力來持守。一國小人可以得有，但是未必不會亡掉；天下是至大的，不是聖人是不能持有的。

世俗的論說的人道：「古代治世沒有肉刑，而有象刑；用墨畫代黥刑，用草纓代劓刑，斬刈其韠來代宮刑，用枲屨代刖刑，用赭衣不加緣來代殺刑。古代治世是如此。」這是不對的：要以為是安治，則人本來沒有犯罪的，非但不用肉刑，也用不到象刑了。要以為人或有犯罪的，而減輕刑罰，那麼殺人的不處死，傷人的不加刑；罪極重而刑罰極輕，那麼常人沒有知道惡懼的，禍亂沒有比這再大的了。大凡刑罰人的本旨，就是要禁暴止惡，而且要懲戒將來。如果殺人的不處死，傷人的不加刑，是加惠惡暴而寬容盜賊，這不是禁止橫惡了。所以象刑不是生於古代治世，而是起於今之亂世。古代治世不這樣，凡是爵位官職賞慶刑罰都善惡有所報應，而是各以其類相從的。一件事物失去稱宜，就是引發混亂的開端。道德不能稱於爵位，才能不能稱於官職，賞慶不能當於功績，刑罰不能當於罪過，不祥沒有比這再大的。古時武王伐商，誅紂，斬斷紂的頭，懸在赤旗上。所以征伐強暴，誅戮橫悍，是治的極盛；殺人的當處死，傷人的當加刑，這是百王所同的；沒有知道它的來由的。刑罰和罪過相稱就會安治，不和罪過相稱就會紊亂。所以安治就要刑重，混亂才會刑輕；犯治世的罪刑重，犯亂世的罪刑輕。《書經》裏說：「刑罰依當世的治亂有輕重。」說的就是這種道理。

世俗的論說的人道：「『湯武不能禁令』，這是什麼意思呢？是『楚越不受他的節制』。」這話是不對的：湯武是天下極善於施禁令的，湯居於亳，武王居於鄗，都只有百里的國土，而能使天下統一，諸侯稱臣，通達之處，沒有不震動從服而化順的。怎麼能說楚越獨不受節制呢！王者的制度，是看了地理形勢來制定械用，依遠近的相稱來等差貢物和獻物，哪裏一定要齊同呢！所以魯人用椀，衛人用柯，齊人用一革，土地形勢不同的，械用備飾當不能不異。所以諸夏的國家，在同一服內的同一制度；蠻夷戎狄的國家，雖在同一服內也不同制度。王畿之內的是甸服，王畿之外的是侯服，自侯圻至衛圻共五圻這是賓服，再外的蠻夷之地是要服，戎狄之地是荒服。甸服的供日祭，侯服的供月祀，賓服的供時享，要服的供歲貢，荒服的王事天子。供日祭，供月祀，供時享，供歲貢，世終朝王，這就叫做看地理形勢來制定械用，依遠近的相稱來等差貢物獻物，這是王者的制度。楚越是供時享歲貢以及終世朝王一類的國家，難道說一定要使他和供日祭月祀一類的國家齊等才算是受節制嗎？這簡直是差錯之說。溝中羸瘠之人，不足同他談王者的制度。古語說：「淺的不足同他來測深的，愚的不足同他來謀智的，壞井裏的蛙，不能同牠談東海中的樂趣。」說的就是這種道理。

世俗的論說的人道：「堯舜禪讓君位。」這是不對的：天子的勢位至尊，無敵於天下，又有誰可以讓呢！道德純備，智慧甚明，南面而聽治天下，所有人民，沒有不震動從服而化順的，天下沒有隱居的賢士，沒有遺漏的善人，同一的為是，相異的為非，事事理治，又哪裏還用禪讓天下呢！又有人說：「死了才禪讓。」這也是不對的：聖王在上位，決其德的大小來定位次，量其才能高低來授官職，都使人任其事而各得其宜；不能以義來控制利欲，不能以起偽矯飾惡性，則兼併使他為平民。聖王已死，天下沒有了聖王，則沒有足可禪讓天下的了。天下有聖王而在後子的，則天下不離叛；朝廷不易位，國家不改制，天下安然同以前沒有兩樣；以聖君之堯來繼堯，又有什麼可變的！聖王如不在後子而在三公，則天下如同歸家，還是震動而從服之，天下安然同以前沒有兩樣；還是以堯繼堯，又有什麼可變的！祇有從朝改制才有不同。所以天子在，則天下統於一尊，極順而治，決其德的大小來定位次，天子死去，則必然另有能任天下的人。這已盡了禮義之分，又哪裏還用擅讓之名呢！又有人說：「天子年老體衰而禪讓。」這又是不對的，人的血氣筋力是有衰老的，至於智慮取捨是沒有衰老的。又說：「老而不堪勞苦而要休息。」這又是怕事的人的議論。天子勢位極重而形體極其安佚，心情極愉快而志意無所屈折，形體不能算勞苦，可說是至尊無上的。衣被則備五色，雜以間色，重多文繡，加飾起珠玉；食飲則重多以太牢而備有珍異，極其美味，列萬舞而進食，奏鐘鼓而大食，奏〈雍〉然後徹饌於灶，執薦陳籩豆之屬的百人侍於西房；安居聽朝，則設容防和帳，負扆而立，諸侯趨走於堂下；出戶則巫覡祓除不祥，出國門則宗祝祓除不祥；乘大路之車，就越席，以養安佚；身邊常置澤蘭香芷，以養鼻嗅；在前有車衡上的金塗文采，以養目視；和鸞鈴聲，步行合於〈武〉〈象〉之節，趨行合於〈韶〉〈護〉之節，以養耳聽；三公奉軶持軜，諸侯持輪挾輿導馬，大國的君侯排列於後，大夫在其次，小國的君侯和元士又其次，軍士被甲夾於道側，庶人隱匿竄避不敢視望。居處如同大神，行動如同天帝，持養老衰，還有好過這個的嗎？年老，就要休息，休息還有比這個更安樂恬愉的嗎！所以說：諸侯有衰老告休，天子沒有衰老讓位。有禪讓一國的，沒有禪讓天下的，古今是一樣的。所以說堯舜禪讓，這是虛言，是淺陋的人的傳說，不知道逆順的道理，不知道小大至不至的不同，不可同他去論說天下的大理。

世俗的論說的人道：「堯舜不能教化，是怎麼一回事？是因為朱象沒有受化。」這是不對的：堯舜是天下最善教化的，南面而聽治天下，天下所有的人民，沒有不震動從服而化順的；然而朱象獨不化，這不是堯舜的過失，而是朱象的過錯。堯舜是天下的英傑；朱象是天下委曲之人，一時瑣細之材。現在世俗的論說的人，不責怪朱象而非毀堯舜，豈不是過甚了嗎！這是一種怪異之說。羿、逢門是天下善於射箭的，但不能以不正的弓彎曲的箭射中細微；王梁、造父是天下善於駕車的，但不能以躄馬壞車達致遠方；堯舜是天下善於教化的，但不能使委曲瑣細之人受化。何世沒有委曲之人？何時沒有瑣細之人？自太皞、燧人以來沒有不有的。所以倡說的不祥，學而傳述的受其禍殃，非而闢之的則有吉慶。《詩經》裏說：「下民的禍害，不是從天降下。小人聚則相合背則相憎，禍害完全由於人的專意競尚聚合背憎所使然。」說的就是這種道理。

世俗的論說的人道：「太古時代薄禮下葬，棺厚三寸，衣衾三領，所葬之地不妨農耕，所以沒有人去盜掘。今之亂世厚禮下葬，裝飾棺槨，所以被人盜掘。」這是不知道治道，而不察於盜掘不盜掘的理由的人所說的。凡人的所以偷盜，必定是有所為，不是想要補其不足，就是想要增多其所有；而聖王的生養人民，都使他們富厚寬泰而知足，但不得過度有餘。所以盜不偷竊，賊不探取，狗豕都吐棄菽粟，而農人商人都能以貨財推讓，風俗的淳美，男女不自行取路上的貨財，百姓羞於拾取路上的遺物。所以孔子說：「天下有道，盜賊首先改變。」雖然是珠玉滿身，文繡放在棺中，黃金放在槨中，加上用丹青來采畫，以犀角象牙為樹，以琅玕龍茲華瑾為果實，人尚且都不去盜掘。這是什麼道理？是因為求利的責罰緩，而犯分的羞恥大。今之亂世是和這相反的：上以無法使民，下以無度行事；智者不得思慮，能者不得理治，賢者不得使民；這樣，則上失天性，下失地利，中失人和；所以百事廢置，財物窮盡，而禍亂興起；王公患不足於上，庶人凍餒羸瘠於下；於是乎桀紂之類群居，而盜賊攻擊掠奪以危其上；於是像禽獸一般行為，像虎狼一般貪戾，以大人為肉脯而以嬰兒為炙肉；這樣，則又怎麼能責怪盜掘墳墓挑抉死人口而取珠玉求利呢！雖然就是裸屍埋葬，也還要盜掘，哪裏還能夠葬埋！人們將要吃死屍之肉而齧他的骨頭。所以說：太古時代薄禮下葬，所以不盜掘；今之亂世厚禮下葬，所以盜掘。這是姦人誤於狂亂的論說來欺妄愚者，使人泥陷然後來偷取私利，這叫做大姦。古傳裏說：「危害人以求自安，殘害人以求自利。」說的就是這種道理。

子宋子說：「若能明被侵侮而不以為辱之義，就可以使人不鬥。人都以被侵侮是羞辱，所以才要去鬥；如果知道被侵侮是不羞恥的，就不會去鬥了。」回答說：那麼也以為人情是不厭惡被侵侮的嗎？子宋子說：「厭惡但是並不以為是羞辱。」答說：像這樣必然得不到不鬥的願望。大凡人的爭鬥，必因為厭惡，而並不是為了羞辱的緣故。現在我們看俳優侏儒狎戲之徒，互相詈罵侮辱，而他們並不相鬥，他們豈是知道被侵侮是不羞辱的嗎！可是他們所以不相鬥，是因為他們不厭惡的緣故。現在有人進入人家的牆穴，偷人家的豬，那人家一定會拿起劍戟來追趕，不避死傷，這豈是以失掉豬為羞辱嗎！然而不怕爭鬥的，是厭惡的緣故。雖以為被侵侮是羞辱，如不厭惡也不會去鬥的；雖知道被侵侮是不羞辱，厭惡還是要去鬥的。所以鬥和不鬥，不在於羞辱不羞辱，而在於厭惡不厭惡。現在宋子不能釋去人的厭惡侵侮之心，而一定要說人不以為羞辱，豈不是太過誤了嗎！就是說得口澀舌敝，也沒有用處。不知道沒有用處，是不智；知道沒有用處，而還要來欺騙人，是不仁。不仁不智，羞辱再大沒有了。將以為有益於人嗎？其實是無益於人的。祇是得到大辱而慚退而已，論說沒有比這個更壞的了。

子宋子說：「被侵侮不是羞辱。」我答他說：凡是議論，必要立隆正的標準才行，沒有隆正則是非不分而辯爭不決。所聞見的說：「天下的大隆，是非的分界，分職名象的所由興起，都是王者的舊制。」凡是議論期約命物之名，是非都以聖者王者為師法，而聖者王者的大分，又在於榮辱的差別。榮辱各有兩類，有義榮，有勢榮；有義辱，有勢辱。志意修潔，德行美厚，智慮明達，這是榮由自己內在生出的，這叫做義榮。爵位尊崇，貢祿優厚，勢位勝重，上做為天子或諸侯，下做為卿相士大夫，這是榮由外來的，這叫做勢榮。流淫汙漫，犯分亂理，驕暴貪利，這是辱由自己內在生出的，這叫做義辱。罵侮捽搏，捶笞臏腳，斬斷辜磔，繫捆反縛，這是辱由外來的，這叫做勢辱。這是榮辱的兩類。君子可以有勢辱，而不可以有義辱；小人可以有勢榮，而不可以有義榮。有勢辱不害其為堯，有勢榮不害其為桀。義榮勢榮，祇有君子才能兼而有之；義辱勢辱，祇有小人才能兼而有之。這是榮辱的分別。聖王以此為法則，士大夫以此為正道，官人以此為信守，百姓以此為習俗，萬世不能改變的。現在宋子則不這樣，獨降心相容於自己，思一朝就能改變，其論說必不能行於世。譬如就像摶塗泥而塞江海，用焦僥矮人去揹太山，仆跌碎折不要多久了。你們幾位讚仰宋子的，不如止息其說，將恐怕中傷其體啊！

子宋子說：「人情是欲少，而一般人都以為自己之情是欲多，這是錯誤的。」於是率領他的信徒，論辯他的談說，詳明他的譬稱，想要使人知道人情是欲少的。我答他說：照宋子那樣，那麼也以為人的眼睛不想看極好的美色，耳朵不想聽極好的美聲，嘴不想嚐極好的美味，鼻不想嗅極好的氣味，形體不想享極好的安佚，這五種極好的，也以為人情是不想要的嗎？宋子說：「人情是要這些的。」我要說：這樣則宋子之說必不能行了，以人情想要這五種極好的，而認為不欲多，譬如就像以為人想要富貴而卻不要財貨，好美色而卻厭惡西施。古人不是這樣：以為人情是欲多而不是欲少，所以用富厚來賞，用減損來罰，這是百王所同的。所以上賢祿食天下，次賢祿食一國，下賢祿食田邑，謹誠的人民得完足衣食。現在宋子以這種人情是欲少不欲多，那麼先王是以人所不欲的去賞，而以人所欲的去罰，禍亂沒有比這再大的。現在宋子儼然好辯說，聚徒眾，立師學，成文典，然而所說不免以至亂為至治，豈不是太錯了嗎！

禮論篇

禮起於何也？曰：人生而有欲，欲而不得，則不能無求，求而無度量分界，則不能不爭。爭則亂，亂則窮。先王惡其亂也，故制禮義以分之，以養人之欲，給人之求。使欲必不窮乎物，物必不屈❶於欲，兩者相持而長❷，是禮之所起也。故禮者養也：芻豢稻粱，五味調香❸，所以養口也；椒蘭芬苾❹，所以養鼻也；雕琢刻鏤黼黻文章，所以養目也；鐘鼓管磬琴瑟竽笙，所以養耳也；疏房檖䫉越席牀笫几筵❺，所以養體也。故禮者養也。君子既得其養，又好其別。曷謂別？曰：貴賤有等，長幼有差，貧富輕重皆有稱❻者也。故天子大路越席，所以養體也；側載睪芷，所以養鼻也；前有錯衡，所以養目也；和鸞之聲，步中〈武〉〈象〉，趨中〈韶〉〈護〉，所以養耳也❼；龍旗九斿，所以養信也❽；寢兕，持虎⑨，蛟韅⑩，絲末⑪，彌龍⑫，所以養威也；故大路之馬必倍至⑬，教順然後乘之，所以養安也。孰知夫出死要節之所以養生也⑭，孰知夫出費用⑮，之所以養財也，孰知夫恭敬辭讓之所以養安也⑯，孰知夫禮義文理之所以養情也⑰。故人苟生之為見，若⑱者必死；苟利之為見，若者必害；苟怠惰偷懦之為安，若者必危；苟情說⑲之為樂，若者必滅。故人一之於禮義，則兩得之矣；一之於情性，則兩喪之矣⑳。故儒者將使人兩得之者也，墨者將使人兩喪之者也，是儒墨之分也。

禮有三本：天地者，生之本也；先祖者，類之本也；君師者，治之本也。無天地，惡生？無先祖，惡出？無君師，惡治？三者偏亡焉㉑無安人。故禮上事天，下事地，尊先祖而隆君師，是禮之三本也。故王者天太祖㉒，諸侯不敢壞㉓，大夫士有常宗㉔，所以別貴始；貴始得㉕之本也。郊㉖止乎天子，而社㉗止於諸侯，道及士大夫㉘，所以別尊者事尊，卑者事卑，宜大者巨，宜小者小也。故有天下者事十世㉙，有一國者事五世(30)，有五乘之地者事三世(31)，有三乘之地者事二世(32)，持(33)手而食者不得立宗廟，所以別積厚，積(34)厚者流澤廣，積薄者流澤狹也。

大饗尚玄尊(35)，俎生魚，先大羹(36)，貴飲食之本(37)也。饗尚玄尊而用酒醴(38)。先黍稷而飯稻粱。祭齊大羹而飽庶羞(39)，貴本而親用也(40)。貴本之謂文，親用之謂理，兩者合而成文，以歸大一，夫是之謂大隆(41)。故尊之尚玄酒也，俎之尚生魚也，俎(42)之先大羹也，一也(43)。利爵之不醮也(44)，成事之俎不嘗也(45)，三臭之不食也(46)，一也(47)。大昏之未發齊也(48)，太廟之未入尸也，始卒之未小斂也，一也(49)。大路之素未集(50)也，郊之麻絻(51)也，喪服之先散麻(52)也，一也(53)。三年之喪，哭之不文(54)也，〈清廟〉之歌，一唱而三歎也(55)，縣一鍾(56)，尚拊之膈(57)，朱絃而通越(58)也，一也。

凡禮，始乎梲(59)，成乎文，終乎悅校(60)。故至備，情文俱盡(61)；其次，情文代勝(62)；其下復情以歸大一也(63)。天地以合，日月以明，四時以序，星辰以行，江河以流，萬物以昌；好惡以節，喜怒以當；以為下則順，以為上則明，萬物變而不亂(64)，貳之則喪也，禮豈不至矣哉！立隆以為極(65)，而天下莫之能損益也。本末相順(66)，終始相應，至文以有別，至察以(67)有說，天下從之者治，不從者亂，從之者安，不從者危，從之者存，不從者亡。小人不能測也。

禮之理誠深矣，「堅白」「同異」之察，入焉而溺；其理誠大矣，擅作典制辟陋之說，入焉而喪；其理誠高矣，暴慢恣睢輕俗以為高之屬，入焉而隊(68)。故繩墨誠陳矣，則不可欺以曲直；衡誠縣矣(69)，則不可欺以輕重；規矩誠設矣，則不可欺以方圓；君子審於禮，則不可欺以詐偽。故繩者，直之至；衡者，平之至；規矩者，方圓之至；禮者，人道之極也。然而不法禮，不足禮，謂之無方之民；法禮，足禮，謂之有方之士(70)。禮之中焉能思索，謂之能慮；禮之中焉能勿易(71)，謂之能固。能慮能固，加好者焉(72)，斯聖人矣。故天者，高之極也；無窮者，廣之極也；聖人者，道之極也。故學者，固學為聖人也，非特學為無方之民也。

禮者，以財物為用[73]，以貴賤為文[74]，以多少為異[75]，以隆殺為要[76]。文理繁，情用省，是禮之隆也。文理省，情用繁，是禮之殺也。文理情用相為內外表裏，並行而雜[77]，是禮之中流[78]也。故君子上致其隆，下盡其殺，而中處其中。步驟馳騁厲騖[79]不外是矣，是君子之壇宇宮廷也。人有是[80]，士君子也；外是，民也；於是其中焉，方皇周挾[81]，曲得其次序，是聖人也。故厚者，禮之積也；大者，禮之廣也；高者，禮之隆也；明者，禮之盡也。《詩》曰：「禮儀卒度，笑語卒獲。」[82]此之謂也。

禮者，謹於治生死者也。生，人之始也；死，人之終也；終始俱善，人道畢矣。故君子敬始而慎終，終始如一，是君子之道，禮義之文也。夫厚其生而薄其死，是敬其有知而慢其無知也，是姦人之道而倍叛之心也。君子以倍叛之心接臧穀[83]，猶且羞之，而況以事其所隆親[84]乎！故死之為道也，一而不可得再復也，臣之所以致重其君，子之所以致重其親，於是盡矣。故事生不忠厚，不敬文，謂之野；送死不忠厚，不敬文，謂之瘠[85]。君子賤野而羞瘠，故天子棺槨十重[86]，諸侯五重，大夫三重，士再重，然後皆有衣衾多少厚薄之數，皆有翣菨[87]文章之等，以敬飾之，使生死終始若一；一足以為人願，是先王之道，忠臣孝子之極也。天子之喪動四海，屬[88]諸侯。諸侯之喪動通國[89]，屬大夫。大夫之喪動一國[90]，屬脩士[91]。脩士之喪動一鄉，屬朋友。庶人之喪，合族黨，動州里。刑餘罪人之喪，不得合族黨，獨屬妻子，棺槨三寸，衣衾三領，不得飾棺，不得晝行，以昏殣[92]，凡緣而往埋之[93]，反無哭泣之節，無衰麻之服，無親疏月數之等，各反其平，各復其始，已葬埋，若無喪者而止，夫是之謂至辱。禮者，謹於吉凶不相厭[94]者也。紸纊聽息之時[95]，則夫忠臣孝子亦知其閔已[96]，然而殯斂之具，未有求也；垂涕恐懼，然而幸生之心未已，持生[97]之事未輟也；卒矣，然後作具之。故雖備家[98]必踰日然後能殯，三日而成服。然後告遠者出矣，備物者作矣。故殯久不過七十日，速不損五十日。是何也？曰：遠者可以至矣，百求可以得矣，百事可以成矣；其忠至矣，其節大矣，其文備矣。然後月朝卜日，月夕卜宅[99]，然後葬也。當是時也，其義止，誰得行之！其義行，誰得止之！故三月之葬，其須以生設飾死者也[100]，殆非直留死者以安生也；是致隆思慕之義也。

喪禮之凡[101]：變而飾[102]，動而遠[103]，久而平[104]。故死之為道也，不飾則惡，惡則不哀；尒則翫[105]，翫則厭，厭則忘，忘[106]則不敬。一朝而喪其嚴親，而所以送葬之者不哀不敬，則嫌[107]於禽獸矣；君子恥之。故變而飾，所以滅惡也；動而遠，所以遂[108]敬也；久而平，所以優生也。禮者，斷長續短，損有餘，益不足，達愛敬之文，而滋成行義之美者也[109]。故文飾麤惡，聲樂哭泣，恬愉憂戚，是反也；然而禮兼而用之，時舉而代御[110]。故文飾聲樂恬愉，所以持平奉吉也；麤衰[111]哭泣憂戚，所以持險奉凶也。故其立文飾也，不至於窕冶[112]；其立麤惡也，不至於瘠弃[113]；其立聲樂恬愉也，不至於流淫惰慢；其立哭泣哀戚也，不至於隘懾[114]傷生，是禮之中流[115]也。故情貌之變，足以別吉凶，明貴賤親疏之節，期[116]止矣；外是，姦也；雖難，君子賤之。故量食而食之，量要[117]而帶之，相高以毀瘠，是姦人之道也，非禮義之文也，非孝子之情也，將以有為者也[118]。故說豫娩澤[119]，憂戚萃惡[120]，是吉凶憂愉之情發於顏色者也。歌謠謸笑[121]，哭泣諦[122]號，是吉凶憂愉之情發於聲音者也。芻豢稻粱酒醴餰鬻，魚肉菽藿酒漿[123]，是吉凶憂愉之情發於食飲者也，卑絻[124]黼黻文織，資麤衰絰菲繐菅屨[125]，是吉凶憂愉之情發於衣服者也。疏房檖䫉越席牀笫几筵，屬茨倚廬席薪枕塊[126]，是吉凶憂愉之情發於居處者也。兩情者，人生固有端焉[127]。若夫斷之繼之，博之淺之，益之損之，類之[128]盡之，盛之美之，使本末終始莫不順比，足以為萬世則，則是禮也。非順孰脩為[129]之君子，莫之能知也。故曰：性者，本始材朴也；偽者，文理隆盛也。無性則偽之無所加；無偽則性不能自美；性偽合，然後聖人之名一[130]，天下之功於是就也。故曰：天地合而萬物生，陰陽接而變化起，性偽合而天下治。天能生物，不能辨[131]物也；地能載人，不能治人也；宇中萬物，生人之屬，待聖人然後分也。《詩》曰：「懷柔百神，及河喬嶽。」[132]此之謂也。

喪禮者，以生者飾死者也，大象其生以送其死也。故如死如生，如亡如存[133]，終始一也。始卒，沐浴鬠體飯唅[134]，象生執也[135]。不沐則濡櫛三律[136]而止，不浴則濡巾三式[137]而止。充耳而設瑱[138]，飯以生稻，唅以槁骨[139]，反生術矣。說褻衣，襲三稱，縉紳而無鉤帶矣[140]。設掩面儇目，鬠而不冠笄矣[141]。書其名置於其重，則名不見而柩獨明矣[142]。薦器則冠有鍪而毋縰[143]，甕廡虛而不實[144]，有簟席而無牀笫，木器不成斲，陶器不成物，薄器不成內[145]。笙竽具而不和[146]，琴瑟張而不均[147]，輿藏而馬反，告不用也[148]。具生器以適墓，象徙道也[149]。略而不盡，貌而不功[150]，趨輿而藏之[151]，金革轡靷[152]而不入，明不用也。象徙道，又明不用也。是皆所以重哀也。故生器文而不功，明器[153]貌而不用。凡禮，事生，飾歡也；

送死，飾哀也；祭祀，飾敬也；師旅，飾威也；是百王之所同，古今之所一也，未有知其所由來者也。故壙壠其須象室屋也[154]；棺椁其須象版蓋斯象拂也[155]；無帾絲歶縷翣其須以象菲帷幬尉也[156]；抗折其須以象槾茨番閼也[157]。故喪禮者，無它焉，明死生之義，送以哀敬，而終周藏也。故葬埋，敬藏其形也；祭祀，敬事其神也；其銘誄繫世，敬傳其名也。事生，飾始也；送死，飾終也；終始具而孝子之事畢，聖人之道備矣。刻死而附生謂之墨[158]，刻生而附死謂之惑，殺生而送死謂之賊。大象其生以送其死，使死生終始莫不稱宜而好善，是禮義之法式也，儒者是矣。

三年之喪，何也？曰：稱情而立文[159]，因以飾群，別親疏貴賤之節，而不可益損也。故曰：無適不易之術也[160]。創巨者其日久，痛甚者其愈遲；三年之喪，稱情而立文，所以為至痛極也[161]。齊衰苴杖[162]，居廬食粥，席薪枕塊，所以為至痛飾也。三年之喪，二十五月而畢[163]，哀痛未盡，思慕未忘，然而禮以是斷之者，豈不以送死有已，復生[164]有節也哉！

凡生乎天地之間者，有血氣之屬必有知，有知之屬莫不愛其類。今夫大鳥獸則[165]失亡其群匹，越月踰時，則必反鉛[166]；過故鄉，則必徘徊焉，鳴號焉，躑躅[167]焉，踟躕[168]焉，然後能[169]去之也。小者是燕爵[170]猶有啁噍[171]之頃焉，然後能去之。故有血氣之屬莫知於人；故人之於其親也，至死無窮。將由夫愚陋淫邪之人與？則彼朝死而夕忘之；然而縱之[172]，則是曾[173]鳥獸之不若也，彼安能相與群居而無亂乎！將由夫脩飾之君子與？則三年之喪，二十五月而畢，若駟之過隙，然而遂之，則是無窮也。故先王聖人安為之立中制節，一[174]使足以成文理，則舍之矣。然則何以分之？曰：至親以期斷[175]，是何也？曰：天地則已易矣，四時則已偏矣，其在宇中者莫不更始矣，故先王案以此象之也。然則三年何也？曰：加隆焉，案使倍之，故再期也。由九月以下，何也？曰：案使不及也。故三年以為隆[176]，緦小功以為殺，期九月以為間[177]。上取象於天，下取象於地，中取則於人，人所以群居和一之理盡矣。故三年之喪，人道之至文者也，夫是之謂至隆；是百王之所同，古今之所一也。君之喪所以取三年，何也？曰：君者，治辨[178]之主也，文理之原也，情貌之盡也，相率而至隆也，不亦可乎！《詩》曰：「愷悌君子，民之父母。」[179]彼君子者[180]，固有為民父母之說焉。父能生之，不能養之[181]；母能食之，不能教誨之；君者，已能食之矣，又善教誨之者也，三年畢矣哉！乳母，飲食之者也，而三月；慈母，衣被之者也，而九月；君，曲備[182]之者也，三年畢乎哉！得之則治，失之則亂，文[183]之至也。得之則安，失之則危，情[184]之至也。兩至者俱積焉，以三年事之猶未足也，直無由進之耳！故社，祭社也；稷，祭稷也；郊者，并百王於上天而祭祀之者也[185]。三月之殯，何也？曰：大之也，重之也；所致隆也，所致親也，將舉錯[186]之，遷徙之，離宮室而歸丘陵也，先王恐其不文也，是以繇其期，足之日也[187]。故天子七月，諸侯五月，大夫三月，皆使其須足以容事[188]，事足以容成，成足以容文，文足以容備，曲容備物之謂道矣。

祭者，志意思慕之情也。愅詭唈僾[189]而不能無時至焉。故人之歡欣和合之時，則夫忠臣孝子亦愅詭而有所至矣[190]。彼其所至者，甚大動也[191]；案屈然[192]已，則其於志意之情者惆然不嗛[193]，其於禮節者闕然不具[194]。故先王案為之立文[195]，尊尊親親之義至矣。故曰：祭者，志意思慕之情也，忠信愛敬之至矣，禮節文貌之盛矣，苟非聖人，莫之能知也。聖人明知之，士君子安行之，官人以為守，百姓以成俗。其在君子，以為人道也；其在百姓，以為鬼事也。故鐘鼓管磬，琴瑟竽笙，〈韶〉〈夏〉〈護〉〈武〉〈汋〉〈桓〉〈箾〉簡〈象〉[196]，是君子之所以為愅詭其所喜樂之。文也齊衰苴杖，居廬食粥，席薪枕塊，是君子之所以為愅詭其所哀痛之文也。師旅有制，刑法有等，莫不稱罪，是君子之所以為愅詭其所敦[197]惡之文也。卜筮視日，齋戒脩涂[198]，几筵饋薦[199]告祝，如或饗之。物取而皆祭之，如或嘗之。毋利舉爵[200]，主人有尊，如或觴之。賓出，主人拜送，反易服[201]，即位而哭，如或去之[202]。哀夫！敬夫！事死如事生，事亡如事存，狀乎[203]無形影，然[204]而成文。

【注釋】❶屈　盡竭。❷兩者相持而長　謂欲和物兩者相俟而增長。持，借為待。❸香　王念孫以為當作「盉」，味調和，今通作和。《說文》：「盉，調味也。」❹芬苾　苾，馨香。《說文》：「苾，馨香也。」芬苾本意都是馨香，在此則釋為馨香之草。❺疏房檖䫉越席牀第几筵　疏房，通明之房。䫉，古貌字，借為廟，宮室尊嚴稱為廟。檖，借為邃。邃廟，深邃的宮室。劉師培：「古者清廟太室明堂合為一地，此即〈月令〉所言王居明堂也。」越席，結蒲為席。第，牀。《說文》：「第，牀簀也。」筵，竹席。《說文》：「筵，竹席也。」❻貧富輕重皆有稱　輕重，指尊卑。稱，謂各當其宜。❼故天子大路十句　數句見〈正論篇〉注。❽龍旗九斿所以養信也　斿，即游字，又作旒，是旌旗之流。《說文》：「游，旌旗之流也。」養信，謂使萬民見而信之，識其至尊。❾寢兕持虎　謂畫伏兕踞虎於輿以為飾。盧：「持，當為特字之誤也。寢兕特虎，謂畫輪為飾也。劉昭注〈輿服志〉引《古今注》：『武帝天漢四年，令諸侯王朱輪特虎居前，左兕右麋。小國朱輪畫特熊居前，寢麋居左右。』《白虎通》亦曰：『朱輪特熊居前，寢麋居左右。』此謂朱輪，每輪畫一虎居前，兕麋在兩旁，卻後而相並，故虎稱特。左右，謂每輪兩旁也。寢，伏也。大國畫特虎，兕麋不寢，小國則畫特熊二，寢麋無兕。天子乘輿，蓋畫二寢兕居輪左右，畫特虎居前歟！此段若膺（玉裁）說。」梁引高：「盧訓寢為伏是也，改持為特非也。持，讀為『跱』，《字林》：『跱，踞也。』跱虎，猶踞虎也。寢兕持虎，謂畫伏兕踞虎於輿以為飾也。其畫法，所謂持虎居前，左兕右麋者，謂畫踞虎於前轛，畫兕於左輢，畫麋於右輢也。所謂持熊居前，寢麋居左右者，謂畫踞熊於前轛，畫伏麋於左右輢也。盧云畫輪以為飾，亦非也。」《說文》：「輢，車旁也。」《說文》：「轛，車橫軨也。」段注：「謂車闌也。」❿蛟韅　鮫魚皮所做著於馬腋之革。韅，《說文》作韅，云：「箸亦鞥也。」段注：「亦，鍇作腋，俗字也。箸亦鞥，謂著於馬兩亦之革也。」亦，腋之本字。⓫絲末末，《禮記》作髀，正字當作幭，車覆笭。絲末，絲做的車覆笭。《禮記・玉藻》：「君羔髀虎犆。」鄭注：「髀，覆笭也。」《說文》：「髀，鬑布也。」段注：「車覆笭之字當是幭為正字。」《說文》：「幭，蓋幭也。」⑫彌龍　金飾車耳刻為交龍之形。彌，借為⿸广覃，金飾車耳。《廣韻》引《說文》云：「⿸广覃，乘輿金耳也。」⑬倍至　盧及王先謙均以為當依《史記》作「信至」。信至，謂馬極其調良。⑭孰知夫出死要節之所以養生也　誰知道志士出身赴死要立名節仍是養生安身之本。⑮出費用　《史記・禮書》作「輕費用」。龍宇純則認為「用」下脫「財」字，故應作「輕費用財」。⑯孰知夫恭敬辭讓之所以養安也　無恭敬辭讓則亂而不安。⑰孰知夫禮義文理之所以養情也　無禮義文理，則必縱情性而不知所歸。⑱若　如此。⑲說　借為悅。⑳故人一之於禮義四句　言專一於禮義，則禮義情性兩得；專一於情性，則禮義情性兩喪。㉑偏亡焉　偏亡，謂缺其一。焉，猶「則」。㉒王者天太祖　王者以太祖配天而祭。如周之太祖為后稷。㉓諸侯不敢壞　諸侯不敢壞始祖之廟，如魯即不敢壞周公之廟。㉔常宗　百世不遷之大宗。㉕得　和德通。《大戴禮》作「德」。㉖郊　祭天。《禮記・禮器》注：「郊，祭天也。」㉗社　祭地神。《禮記・中庸》注：「社，祭地神。」㉘道及士大夫　言士大夫皆有除服祭。道，借為禫，除服祭。《說文》：「禫，除服祭也。」劉師培云：「又（《說文》）西字宷字棪字下均云『讀若三年導服之導』，是導道二字均為禫字之古文。禫為除服之祭，雖與大祥小祥同屬於喪祭，然較他祭為尤重。觀天子三年喪終行禘于太廟之祭，其禮于古為最隆，四方皆來助祭，以彼例此，則知禫亦士大夫最崇之禮也，故荀子以禫祭該一切之祭名。」㉙十世　楊注云「十」當為七，《穀梁傳》作「天子七廟」。王叔岷先生云類纂本、百子本「十」並作「七」，蓋據注改。《禮記・王制》：「天子七廟，三昭三穆，與大祖之廟而七。」㉚有一國者事五世　諸侯五廟。《禮記・王制》：「諸侯五廟，二昭二穆，與大祖之廟而五。」㉛有五乘之地者事三世　古時十里為成，成出革車一乘。有五乘之地，指大夫有采地者，得立三廟。《禮記・王制》：「大夫三廟，一昭一穆，與大祖之廟而三。」㉜有三乘之地者事二世　有三乘之地，指適士，得立二廟。《禮記・祭法》：「適士二廟，一壇，曰考廟，曰王考廟。」㉝持　借為恃，依靠。㉞積　借為績，功績。㉟大饗尚玄尊　大饗，祫祭先王。

玄尊，玄酒；水。㊱大羹　肉汁無鹽梅之味者。㊲飲食之本　謂造飲食之初。㊳饗尚玄尊而用酒醴　以玄酒為上，而獻以酒醴。饗，和享同，謂四時享廟。用，指酌獻。㊴祭齊大羹而飽庶羞　祭，謂月祭。齊，借為躋。躋大羹，升大羹。庶羞，眾品美味。㊵貴本而親用也　《大戴禮記》補注：「玄酒、黍稷、大羹，是貴本。酒、稻粱，庶羞味美，故親用。」㊶以歸大一夫是之謂大隆　貴本親用兩者相合然後備成文理，雖備成文理，猶不忘本，而歸於大一，這就是大隆盛於禮。大一，謂太古時。㊷俎　王先謙云《大戴禮》、《史記》作「豆」。梁據台州本改為「豆」。王叔岷先生云元本、類纂本「豆」字並同。作「俎」涉上句而誤。㊸一也　一謂一於古，象太古時皆貴本之義，故云一。㊹利爵之不醮也　言利嚐其酒而奠，小飲不盡。《儀禮．有司徹》：「利洗爵，獻於尸，尸酢獻祝，祝受祭酒，啐酒奠之。」《廣雅．釋詁》：「啐，嘗也。」啐酒奠之，即嘗其酒而奠之，亦即小飲不盡隨即奠之。利，謂佐食之人。爵，酒器。醮，盡的意思。㊺成事之俎不嘗也　言卒哭之祭不嘗俎。《史記．禮書》《索隱》云：「成事，卒哭之祭。故記曰，卒哭曰成事。既是卒哭，始從吉祭，故受爵而不嘗俎。」㊻三臭之不食也　三侑勸尸食而不自食。《史記．禮書》作「三侑之不食」，《索隱》云：「禮祭必立侑，以勸尸食，至三飯而止，每飯有侑一人，故曰三侑。既是勸尸，故不自食也。」㊼一也　三者皆禮之終。㊽大昏之未發齊也　大昏，指婚禮。發，猶致。齊，俞云讀為「醮」。昏禮，父親醮子，而命之迎。未發醮，即未致醮。醮，酌酒而無酬酢曰醮。㊾一也　此三者皆禮之初始，質而未備。㊿素未集　未，俞云當作「末」，末為幦之假借字。集，俞云「幬」之假借字。素末為一事，素集為一事，蓋一本作末，一本作集，傳寫誤合之。《史記．禮書》作「素幬」。梁引豬飼彥博云「集」字衍。此句當作「素末」為是。(51)麻絻　緝麻為冕。(52)散麻　《大戴禮》作「散帶」。帶，指腰絰。喪禮，小斂主人始絰散垂之，既成服乃絞。(53)一也　三者皆從質。(54)不文　盧以為當依《大戴禮》及《史記》作「不反」。《禮記．間傳》：「斬衰之哭，若往而不反。」反，和返通。(55)清廟之歌一唱而三歎也　清廟，《詩經．周頌》篇名。謂工以樂歌〈清廟〉之篇，一人唱，三人歎，言和之者寡。(56)縣一鍾　比於編鐘為簡略。(57)尚拊之膈　《大戴禮》拊膈作拊搏，無「之」字，王先謙以為「之」字衍。〈樂論篇〉拊鞷與鞉柷椌楬相儷，則拊鞷亦為樂器。郝云拊以韋為之，實以糠。膈〈樂論〉作鞷，其字從革，疑亦拊之類。(58)朱絃而通越　朱絃，練朱絃，練則聲濁。越，瑟底孔，所以發越其聲，故謂之越。通，疏通之，使聲遲濁。(59)始乎棁　《史記》作「始乎脫」，《索隱》云：「脫，猶疏略也。」郝云此當作「稅」，稅脫古通用。言始於疏略。(60)終乎悅校　悅校，孫以為當讀為「娧姣」，《說文》釋娧姣都是「好」。言終於美好。(61)故至備情文俱盡　情謂禮意，如喪主哀祭主敬之類。文謂禮物威儀。情文俱盡，才是禮之至備。(62)情文代勝　或文勝於情，或情勝於文。(63)其下復情以歸大一也　雖無文飾，但復情以歸質素，這也是禮。(64)萬物變而不亂　顧據《大戴禮記・禮三本》以為不當有「物」字、「而」字。(65)立隆以為極　隆，豐大。《說文》：「隆，豐大也。」言立禮為事物行為的最高大準則。(66)順　借為巡。(67)以　猶「而」。(68)入焉而隊　以禮之理深、大、高，故能使堅白者溺、喪、墜。隊，和墜通。(69)衡誠縣矣　王叔岷先生引劉師培云：「《唐律疏議注》一引『衡誠縣』作『權衡』，是宋本或有權字。以〈大略篇〉證之，亦當有權字。」作「權衡」，與上「繩墨」、下「規矩」對言，於文為長。(70)有方之士　有道之士。(71)勿易　不變。(72)加好者焉　此句當作「加好之者焉」。《史記》「者」作「之」。王先謙云此書奪「之」字，《史記》引刪「者」字。(73)以財物為用　以貢獻問遺之類為行禮之用。(74)以貴賤為文　以車服旗章為貴賤文飾。(75)以多少為異　多少異制所以別上下。(76)以隆殺為要　隆，豐厚。殺，減降。要，當。禮或厚或薄，以當為貴。(77)竝行而雜　言文理情用並行而會集。雜，借為集，會的意思。(78)中流　猶中道。(79)厲鶩　疾鶩。(80)人有是　言人居於禮。有，借為域，居的意思。是，謂禮。(81)方皇周挾　方，和旁通。旁皇都是大的意思。挾，借為浹。周浹，周徧的意思。(82)詩曰句　所引為《詩經・小雅・楚茨》第三章。卒，盡。度，法度。卒度，言盡合法度。卒獲，言盡得時宜。引此以明有禮則動皆合宜。(83)臧穀　奴婢孺子。《方言》：「海岱之間罵奴曰臧。」《莊子・駢拇篇》：「臧與穀二人。」《音義》云：「孺子曰穀。」(84)所隆親　隆，尊。所隆，指君。所親，指父母。(85)瘠　瘠薄。(86)十重　王引之以為「十」當作「七」。禮自上以下降殺以兩。(87)翣菨　楊注以為當作「蔞翣」。蔞翣，為棺之牆飾。翣，以木為筐，衣以白布，畫為雲氣，如後世之攝。(88)屬　合的意思。《說文》：「屬，連也。」連合義相近。89通國　通好之國。90一國　謂同在朝之人。91脩士　士之進脩者，謂上士。92殣　覆埋。《說文》：「殣，道中死人，人所覆也。」93凡緣而往埋之　言其妻子如常日所服而往埋之，不加絰杖。凡，常。緣，因。94厭　掩的意思。95紸纊聽息之時　言附置新綿在口鼻之上，以察病者是否仍有氣息。紸，和注通，屬附。纊，新綿。聽息，聽其氣息。《禮記・喪大記》：「屬纊以俟絕氣。」注：「纊，今之新緜，易動搖，置口鼻之上以為候。」96閔已　閔，病危。已，和「矣」通用。97持生　養生。98備家　猶富家。《說文》：「富，備也。」99月朝卜日月夕卜宅　劉師培云月朝之「月」當作「日」。《曲禮》言卜筮，謂日而行事則必見之，是卜筮必於晝，故葬期之卜亦必以日朝。月夕卜宅，蓋古人葬親必以夕。卜宅，猶言擇墓地。此言晝卜葬期，夜卜葬地。100其須以生設飾死者也　言其象以生時所設器用來飾死者。須，貌之古文，象的意思。101凡　概括之詞，大指的意思。《說文》：「凡，冣括也。」102變而飾　變，指斂殯等禮每有變動；加飾，增其文飾。103動而遠　動，指喪禮之各種儀式進行。遠，漸遠離居處。《禮記・檀弓上》：「子游曰：飯於牖下，小斂於戶內，大斂於阼，殯於客位，祖於庭，葬於墓，所以即遠也。」104久而平　言久則哀殺如平常。105介則翫　介，和邇同。翫，戲狎。106忘　梁引久保愛云當作「怠」。107嫌　猶「近」。108遂　成的意思。109達愛敬之文而滋成行義之美者也　言使賢者達敬愛之文，不至於滅性；不肖者用此以成行義之美，不至於類同禽獸。110時舉而代御　時，更的意思。御，進用。111麤衰　王念孫云本作「麤惡」。112窕冶　窕，借為姚。姚冶，輕浮美蕩。113不至於瘠棄　不使羸瘠自棄。114隘懾　隘，窮蹙。懾，憂戚。115禮之中流　禮之中道。116期　楊注云當為「斯」。117要　腰的本字。118將以有為者也　言將有所作為以邀求名利。119說豫娩澤　說，借為悅。豫，樂。娩，媚。澤，顏色潤澤。120萃惡　萃，借為顇，顦顇。惡，顏色惡。121諴笑　諴，叫嚻。《說文》：「謷，不省人言也。」謷叫不省人言，正釋叫嚻之狀。謷和諴同。122諦　借為啼。123芻豢稻粱酒醴餰鬻二句　俞云「魚肉」二字當在「餰鬻」之上。王念孫云「酒漿」當作「水漿」。芻豢稻粱酒醴魚肉，吉事之飲食。餰鬻菽藿水漿，凶事之飲食。餰，也是鬻。鬻是粥的本字。藿，豆葉。124卑絻　絻，和冕同。卑，和裨通。衣裨衣而服冕。125資麤衰絰菲繐菅屨　資，和齋通，即齊衰。麤，麤布。絰，喪事頭上所戴孝帽。菲，薄。繐，凡布細而疏者謂之繐。繐衰為小功之縷，四升半之衰。菅，茅草。126屬茨倚廬席薪枕塊　茨，蓋屋用的茅草。屬茨，使茅草相連屬。倚廬，倚木為廬，一邊著地，如倚物者。席薪，以薪為墊而臥。枕塊，枕土塊。127兩情者人生固有端焉　言此兩情自有端緒，非出於禮。兩情，謂吉和凶，憂和愉。生，讀為性。128類之　謂觸類而長。129順孰脩為　順，讀為慎。孰，精熟。脩為，修行作為。130然後聖人之名一　言性偽合然後成就聖人之名，齊一天下之功才能完成。梁引久保愛據宋本作「然後成聖人之名，一天下之功於是就也」。131辨　治的意思。132詩曰句　所引為《詩經．周頌．時邁》篇文。懷柔，懷安柔慰。河，指黃河。喬，高。引此詩以明聖人能並治之。133如死如生如亡如存　俞據篇末訂正作「事死如生，事亡如存」。134鬠體飯唅　鬠，本作髻，潔髮。《說文》：「髻，絜髮也。」體，剪指甲之類。飯唅之禮，《儀禮．士喪禮》云：「主人左扱米，實於右，三實一貝，左中亦如之，凡實米唯盈。」鄭注：「于右，尸口之右。唯盈，取滿而已。」135象生執也　象生時所執持之事。136濡櫛三律　濡，沾濕。櫛，梳篦之類。律，梳理頭髮。137濡巾三式　濡巾，沾濕浴巾。式，借為拭。138充耳而設瑱　用白色新綿做充耳。《儀禮．士喪禮》：「瑱用白纊。」鄭注：「瑱，充耳。纊，新緜也。」139槁骨　劉師培云「骨」即「貝」字之訛，「槁」當作縞，縞者白色。縞貝，即白貝。140說褻衣襲三稱縉紳而無鉤帶矣　說，盧云當作「設」，王念孫云錢本作「設」，王先謙云宋本、台州本作「設」。褻衣，親身之衣。襲，小斂大斂之前衣死者曰襲。縉，和搢同，扱。紳，大帶。搢紳謂扱於帶，不再解脫，故不設鉤。〈士喪禮〉：「飯唅後，乃襲三稱，明衣不在算，設韐帶，搢笏。」141設掩面儇目二句　掩面，裹首用，如幞頭，後二腳結於頤下，與生人為異。〈士喪禮〉：「掩練帛，廣終幅，長五尺，析其末。」鄭注：「掩，裹首。析其末，為將結於頤下又還結於項中。」儇，借為幎。幎目，覆面所用之布。〈士喪禮〉：「幎目用緇，方尺二寸，赬裏，著組繫。」鄭注：「幎目，覆面者也。幎讀若詩『葛藟縈之』之『縈』。赬，赤也。著，充之以絮也。組繫，為可結也。」鬠而不冠笄，謂但鬠髮而已，不加冠和笄。142書其名置於其重二句　重，以木為之，長三尺。書其名於旌，置於重，則名僅見於柩前，不見於他處。獨明之「明」，梁以為當作「名」。柩獨名，謂其名僅見於柩前。143有甃而毋縰　甃，借為冃，即今帽子，頭衣。縰，韜髮者。144甕廡虛而不實　言陳鬼器皆虛而不實。〈士喪禮〉：「甕三，醯醢屑。廡二，醴酒，皆有冪。」廡，借為甒，瓦器，瓶一類東西。145薄器不成內　薄器，竹葦之器。《說文》：「薄，一曰蠶薄。」薄本為養蠶用的曲薄，在此泛指竹葦之器。內，楊注及王念孫均以為「用」字之誤。146和　指樂音調諧。147均　亦指樂音調均。148輿藏而馬反告不用也　輿，謂輁軸，國君謂之輴，支棺之具。《儀禮・士喪禮》：「升棺用軸。」注：「軸，輁軸也。輁狀如牀，軸其輪，輓而行。」藏，謂埋之。馬，謂駕輁軸之馬。告，示。149具生器以適墓象徙道也　生器，用器，如弓矢盤盂之類。象徙道，如將移居的樣子。150須而不功　須，即貌字。但有形貌而不精好。151趨輿而藏之　謂以輿趨於墓而藏之。152金革轡靷　金革，又作鋈革，轡首。《說文》：「鋈，轡首銅也。」靷，引軸所用。《說文》：「靷，所以引軸者也。」153明器　鬼器，今作冥器。《禮記・檀弓》：「其作明器，神明之也。」154故壙壠其須象室屋也　言其意象生時室屋。壙，墓穴。壠，冢。須，猶意。155棺椁其須象版蓋斯象拂也　楊注云「象拂」之「象」衍。版，和軓通，車轓，在車旁。《廣雅・釋器》：「轓謂之軓。」蓋，車蓋，在車上。斯，俞以為「靳」字之誤。靳借為韔，車革在前者。《說文》：「韔，車革前曰韔。」拂，即茀，車革在後者。《爾雅・釋器》：「輿革前謂之韔，後謂之茀。」156無帾絲歶縷翣其須句　無，借為幠，象幕，用來飾棺。帾，亦作褚，褚，象幄，亦用以飾棺。《禮記・喪服大記》：「飾棺……素錦褚。」絲歶，楊云未詳，蓋亦喪車之飾。又云絲讀為綏，以五采羽注於翣首。歶，讀為魚，謂以銅魚懸於池下。縷，「蔞」字之誤。蔞翣，棺之牆飾。菲，借為扉，戶扇。幬，也是帳一類。《說文》：「幬，禪帳也。」尉，借為罻。罻，網，帷帳如網。157抗折其須句　言設抗折以不使外物侵內，有象於槾茨藩闕。抗，禦。抗所以禦土。折，如牀，所以承抗者。〈士喪禮〉：「陳明器於乘車之西，折橫覆之。」鄭注：「折如牀，縮者三，橫者五，無簀，窆事畢，加之壙上，以承抗席。」縮者，即豎者。槾，杇。茨，蓋屋。槾茨，猶塈茨。番，借為藩，藩籬。闕，遮止用的門戶。158刻死而附生謂之墨　刻，損減。附，增益。墨，和漠通，漠然寡情的樣子。

(159)稱情而立文　稱人之情輕重而制其禮文。(160)無適不易之術也　適，往。無適不易，無往皆不可易。言所至皆不可易此術。(161)以為至痛極也　為其至痛之極，所以重喪要三年才除喪。(162)苴杖　謂以苴惡色竹為之杖。(163)三年之喪二十五月而畢　此據大祥為斷，古人服喪，大祥以後即曰喪畢。《大戴禮・喪服變除篇》：「二十五月大祥，二十七月而禫。」(164)復生　言除喪反生者之事。(165)則　猶「若」。(166)鉛　和沿同，循。(167)躑躅　行不進的樣子，和踟躕義近。躑，本作蹢，《說文》：「蹢，住足也。」(168)踟躕　本作峙𡶄，行不前的樣子。《說文》：「峙，峙𡶄不前也。」(169)能　猶「乃」。(170)爵　借為雀。(171)啁噍　小鳥鳴叫。(172)縱之　言如縱放其朝死夕忘之心，則鳥獸都不如。縱，放。(173)曾　猶「乃」。(174)一　皆。(175)至親以期斷　言雖至親也是期而除服。斷，決。(176)隆　厚。(177)緦小功以為殺期九月以為間　緦，以熟布為之，為五服中最輕者，三月即除服。小功五月，大功九月。殺，減損。間，間廁其中。(178)辨　也是治的意思。(179)詩曰句　所引為《詩經・大雅・泂酌》第一章。愷悌，樂易的樣子，《毛詩》作「豈弟」。(180)彼君子者　俞云「子」字衍。王叔岷先生云元本、百子本並無「子」字。(181)養之　楊注云「養」或為「食」，王念孫以為作「食」為是。食，餵食。(182)曲備　猶周備。(183)文　指禮文。(184)情　指人情。(185)郊者二句　言社稷只祭一神，而郊天則兼祭百神；以喻君兼父母之道。郊，祭天。百王，謂百神。(186)錯　借為措。(187)是以繇其期足之日也　繇，借為遙。繇其期，謂遠其葬期。之，和「其」義同。足其日，謂足其日數。(188)須足以容事　遲待其期使足以容事。須，遲待。(189)愅詭唈僾　愅，和革通，變。詭，異。變異感動的樣子。唈僾，氣不舒憤鬱的樣子。(190)則夫忠臣孝子亦愅詭而有所至矣　言歡欣之時，忠臣孝子也會變異感動而思君親之不得同樂。(191)甚大動也　言所至之情甚大感動。(192)屈然　空然。(193)惆然不嗛　惆然，悵然。不嗛，不快。(194)闕然不具　言缺而不備。(195)案為之立文　案，於是。文，謂祭祀節文。(196)韶夏護武汋桓箾簡象　武、汋、桓，皆《詩經・周頌》篇名。韶、夏、護，亦皆古樂名。箾，舞曲名。象，武王伐紂之樂。簡，王念孫云衍字。(197)敦　借為憝，惡的意思。(198)脩涂　即脩除，芟掃。《周禮・春官・典祀》：「若以時祭祀，則帥其屬而脩除。」鄭注：「脩除，芟掃之。」(199)饋薦　饋，指獻牲體。薦，謂進黍稷。(200)毋利舉爵　言以主人為重，不使利代舉爵。201 反易服　易祭服，反喪服。202 即位而哭如或去之　言賓已出，祭事完畢，即位而哭，如同神已離去。203 狀乎　類乎。204 然　如此。

【語　譯】禮因為什麼而起？因為人生而有欲，欲而不能得到，則不能沒有追求，追求而沒有度量分界，則不能不發生忿爭。有爭就要亂，有亂就要困窮。先王厭惡有亂，所以制禮義來分別，來和養人的欲望，供給人的所求。使欲必然不會窮於物，物必不盡於欲，兩者相倚而增長，這就是禮的所以興起。所以禮是用來長養人的；牛羊豬狗稻粱，五味調和，是用來養口的，椒蘭芬芳的香草，是用來養鼻的；雕琢刻鏤黼黻文章，是用來養目的；鐘鼓管磬琴瑟竽笙，是用來養耳的；通明的房子、深邃的明堂、結蒲之席、牀笫几筵，是用來養體的。所以禮是用來長養人的。君子既得到禮的長養，又喜歡禮的分別。什麼是別？就是貴賤有等，長幼有差，貧富尊卑都有稱宜。所以天子乘大路鋪結蒲之席，是用來養體的；身邊常置澤蘭香芷，是用來養鼻的；在前有車衡上的金塗文采，是用來養目的；和鸞鈴聲，步行合於〈武〉〈象〉之節，趨行合於〈韶〉〈護〉之節，是用來養耳的；龍旗九游，是用來養信的；輿上畫有伏兕踞虎，用鮫魚皮做馬腋之革，用絲做車覆等，金飾車耳上刻交龍，是用來養威的；所以大路車所駕的馬一定非常調良，馴教順適然後再駕車，這是要養安的。誰知道出身赴死要立名節就是所以養生，誰知道不捨財用就是所以養財，誰知道恭敬辭讓就是所以養安，誰知道禮義文理就是所以養情性。所以人苟以貪生為見，如此者必然敗死；苟唯利為見，如此者必受害；苟以怠惰偷懦為安，如此者必危殆；苟以情悅為樂，如此者必然滅亡。所以人專一於禮義，則禮義情性兩得；專一於情性，則禮義情性兩喪。儒者將使人兩得之，而墨者卻要使人兩喪之，這就是儒墨的分別。

禮有三本：天地是生命的根本，先祖是族類的根本，君師是治道的根本。沒有天地，哪有生命？沒有先祖，哪有我這一族？沒有君師，哪有安治？三者缺一則沒有安人。所以禮，上以事天，下以事地，尊敬先祖而隆崇君師，這就是禮的三本。王者以太祖配天，諸侯不敢壞始祖之廟，大夫士有百世不遷的大宗，這就是分別貴始的差等，貴始就是德的根本。祭天止於天子，祭社止於諸侯，禫祭及於士大夫，這就是分別尊者事尊、卑者事卑的，該大的大，該小的小。所以有天下的天子事七廟，有一國的諸侯事五廟，有五乘采地的大夫事三廟，有三乘采地的適士事二廟，靠雙手營生的不得立宗廟，這就是分別功績的厚薄，功績厚的流澤廣遠，功績薄的流澤狹小。

大饗祫祭先王用玄酒，用生魚為俎，用沒有鹽梅的大羹，這是貴飲食始造的本初。四時享廟以玄酒為上，而酌獻酒醴，先陳黍稷而後飯以稻粱。月祭升大羹而致飽庶羞，這是貴本，同時也是親用。貴本叫做文，親用叫做理，兩者合而成文，歸於太古，這是大隆於禮。所以尊的尚用玄酒，俎的尚用生魚，豆的先於大羹，都是一樣的貴本之義。利的爵不飲盡，卒哭之祭不嚐俎，侑三飯勸尸而不自食，都是一樣的禮的終結。大婚的未致醮，太廟的未入尸，始卒的未小斂，都是一樣的禮的初始。大路車的素幦，郊祭的麻冕，喪服的先散帶，都是一樣的從質。三年喪的哭若往而不反，歌〈清廟〉之篇的一人唱三人歎，懸一鐘，尚拊膈，練朱絃而疏通瑟越使聲遲濁，都是一樣的尚質。

大凡禮，總是始於疏略，成於文飾，終於美好。所以極備的是情文都能至盡；其次的是情文互相代勝；其下的是復情以歸質素。天地因之以合，日月因之以明，四時因之以序，星辰因之以運行，江河因之以流，萬物因之以昌；好惡因之有節制，喜怒因之得當；以之居下位則和順，以之居上位則明達，治萬變而不亂，違離它就要喪亡，禮豈不是最上的嗎！立禮為事物最豐大的準則，而天下沒有能再加減的。本末相巡，終始相應，至文而有分別，至察而有言說，天下隨從它的就平治，不隨從它的就混亂，隨從它的就安定，不隨從它的就危殆，隨從它的就存立，不隨從它的就敗亡。小人是不能測度的。

禮的理真是深，「堅白」「同異」的明察，踏入了禮就要陷溺；禮的理真是大，擅作典制僻陋的論說，踏入了禮就要喪亡；禮的理真是高，暴慢恣睢輕俗以為高的一類人，踏入了禮就要毀墜。所以繩墨陳施，則不可欺以曲直；權衡懸設，則不可欺人輕重；規矩置設，則不可欺人方圓；君子能審明於禮，則不可欺以詐偽。繩墨是直的極至，權衡是平的極至，規矩是方圓的極至，禮是人道的極至。因之不法禮，不重禮的，叫做無道之民；法禮重禮的，叫做有道之士。在禮之中能思索，叫做能慮；在禮之中能不變，叫做能固。能慮能固，再加好之，那就是聖人了。天是高的極至，無窮極邊是廣的極至，聖人是道的極至。所以學者，是要學做聖人，不祇是學做無道之民的。

禮是以財物為行用，以貴賤為文飾，以多少為別異，以隆厚殺減為要當。文理繁，情用省，這是禮的隆厚。文理省，情用繁，是禮的減殺。文理情用互相為內外表裏，並行而相會，是禮的中道。君子上盡致其豐厚，下盡致其減殺，而中處其中道。步驟馳騁疾鶩都不外於此，這就是君子的壇宇宮廷。人居於禮，就是士君子；外於禮，就是庶民；在禮之中，旁皇周徧，盡得其次序，就是聖人。厚是禮的深積，大是禮的博廣，高是禮的隆崇，明是禮的極盡。《詩經》裏說：「禮儀盡合法度，笑語盡得時宜。」說的就是這種道理。

禮是嚴謹的治辦人的生死的。生是人的生命開始，死是人的生命終了；終始都治辦美善，人道就畢盡了。所以君子敬始而慎終，終始如一，這是君子之道，也是禮義的至文。豐厚其生而薄減其死，是敬其有知而欺慢其無知，這是姦人之道，背叛的心理。君子用背叛的心理去接待奴婢孺子，尚且以為可羞，而況且用來事奉所尊所親的人呢！死喪之事，祇有一次而不可能有再的，臣的所以致重其君，子的所以致重其親，就盡於此了。所以事生不忠厚，不敬文，叫做鄙野；送死不忠厚，不敬文，叫做瘠薄。君子輕賤鄙野也羞恥瘠薄；所以天子葬禮用棺椁七重，諸侯五重，大夫三重，士二重，然後又都有衣衾多少厚薄的差數，都有蔞翣棺的牆飾以及文章的等別，用來敬崇文飾他們，使生死終始如一，都足以完成人願，這是先王之道，是忠臣孝子的極至。天子的喪哀驚動四海，聚合諸侯。諸侯的喪哀驚動通好之國，聚合大夫。大夫的喪哀驚動一國，聚合上士。上士的喪哀驚動一鄉，聚合朋友。庶人的喪哀，聚合族黨，驚動州里。刑餘罪人的喪哀，不得聚合族黨，只有聚合妻子，棺椁只能三寸，衣衾三領，不得文飾棺木，不得白日行葬，祇有昏時覆埋，妻子如常日所服而往埋葬，返來沒有哭泣的禮節，沒有衰麻的喪服，沒有親疏月數的等差，各恢復平常初始的樣子，已經葬埋，就像沒有喪事一樣，這叫做最大的羞辱。禮是謹於吉凶不使相侵掩的。屬新綿聽氣息的時候，則忠臣孝子也知道是病危了，然而殯斂的器物，還是不去求取；哭泣恐懼，然而幸望他復生之心尚沒停止，養生的事仍然不停；等已經死了，然後再去做斂葬的器物。所以雖是富家也必然要過一日才能殯，過三日才能成服。然後訃告遠方的出發了，備辦器物的製作了。所以殯久的不超過七十日，再快也不少過五十日。是什麼道理？因為遠方的人可以來了，一切要求的器物可以取得了，一切事都可以準備完成了；忠誠至極了，節義很大了，禮文齊備了。然後晝卜葬期，夜卜葬地，再行下葬。當這個時候，其義當止，誰能去做？其義當做，誰能去停止！所以三月而後下葬，其象是以生時所設器用裝飾死者，不僅是要留下死者來安慰生者；這是達其隆崇思慕之義啊！

喪禮的大指：殯斂變動每行加飾，儀式進行越進越遠，時間久則哀殺漸如平常。所以死喪之道，不飾則粗惡，粗惡則不哀戚；近則戲狎，戲狎則怠慢，怠慢則不恭敬。一旦而死喪了尊親，而所以送葬的不哀戚不恭敬，則近於禽獸了；君子以為羞恥。所以殯斂變動而加文飾，是所以要滅除粗惡的；儀式進行漸行漸遠，是所以要完成禮敬的；時間久哀殺如平常，是所以要優養生者的。禮是要截長補短，減損多餘的，增益不足的，達愛敬的禮文，而滋成行義之美的。所以文飾和粗惡，聲樂和哭泣，恬愉和憂戚，是相反的，然而禮卻兼而用之，交替代用。所以文飾聲樂恬愉，是所以持養平時吉事的；粗惡哭泣憂戚，是所以持養喪時凶事的。所以制立文飾，不至於姚冶美蕩；制立粗惡，不至於羸瘠自棄；制立聲樂恬愉，不至於流淫惰慢；制立哭泣哀戚，不至於窮戚傷生，這是禮的中道。所以情貌的改變，足以分別吉凶，表明貴賤親疏的節度，就可以了；超過這個的，就是姦邪；雖是難能，君子還是鄙賤的。所以量食而進食，量腰而繫帶，相度身高來毀瘠，是姦人之道，不是禮義的節文，不是孝子的真情，將有所為而想求名利啊！所以悅豫娟潤，憂戚顇惡，是吉凶憂愉之情的發於面色。歌謠叫笑，哭泣啼號，是吉凶憂愉之情的發於聲音。芻豢稻粱酒醴魚肉以及餰粥菽藿水漿，是吉凶憂愉之情的發於飲食。褌冕黼黻文織以及齊衰麤布衰絰菲繐菅屨，是吉凶憂愉之情的發於衣服。疏通之房深邃宮室蒲席牀第几筵，以及屬茨倚廬以薪為席以土塊為枕，是吉凶憂愉之情的發於居處。吉凶憂愉的兩情，人生固自有它的端緒。至於使它斷之繼之，博之淺之，增益減損，觸類而長而加全盡，盛大增美，使本末終始沒有不和順比附，足以做為萬世的準則的，就是禮。不是審謹精熟修行作為的君子，是不能知道的。所以說，性是本始質樸的，偽是文理隆盛的。沒有性則偽無處可加；沒有偽則性不能自然成美；性和偽相合，然後成聖人之名，齊一天下之功才能成就。所以說，天地相合而萬物化生，陰陽相接而變化發生，性偽相合而天下大治。天能生萬物，不能治萬物；地能載人，不能治人；天地中的萬物，生人之類，一定要等待聖人然後才能有分。《詩經》裏說：「懷安柔慰百神，以及於黃河喬嶽。」說的就是聖人能兼治的道理。

喪禮是以生者所用來飾死者，大象其生時以送其死。所以事死如事生，事亡如事存，終始如一。剛死的時候，沐浴潔髮剪指爪唅飯，象生時所執持的事。不洗髮則沾濕梳子三度梳理頭髮而止，不洗身則沾濕浴巾三度擦拭而止。充耳設瑱，飯以生稻，唅以皜貝，是反於生道了。設親身的褻衣，襲三稱，扱於帶而不用鉤。設掩面的幎目，潔髮而不用冠和笄。書寫其名置於重上，則名不見於他處而僅見於柩前了。陳明器則冠有頭衣而不韜髮，甕甒虛空而不實，有簟席而沒有牀第，木器不成斲，陶器不成物，竹葦之器不成用。笙竽雖具而不調音，琴瑟雖張而不均韻。輿軸埋葬而返回其馬，以表示不再使用。備具生時器物送往墓地，象移居之道。簡略而不盡備，但有形貌不加工精好，輿趨於墓而收藏，金革轡靷不入墓，表明不再使用了。一方面象其移居之道，一方面又表明不再使用。這都是重哀情的。所以生器文飾而不精好，明器只有形貌而不成用。大凡禮，事生的是要文飾歡情，事死的是要文飾哀情，祭祀是要文飾恭敬，師旅是要文飾嚴威；這是百王都相同，古今都一致的，沒有能知道它的所由來的。所以壙穴墳壠的形貌取象室屋，棺椁的形貌取象車的版蓋靳茀，幠楮絲歶蔞翣的形貌取象菲帷幬尉，抗折的形貌取象塈茨藩閼。所以喪禮沒有別的道理，就是彰明死生之義，以哀敬來送死者，以周藏來終結。所以葬埋，就是敬藏死者的形體，祭祀就是敬事死者的神靈，製作銘誄繫於世，就是敬傳其名。事生是飾其開始，事死是飾其終了，終始都完善，孝子的事情就都完畢，聖人的大道也善備了。損減死事而增益生事叫做漠然寡情，損減生事而增益死事叫做昏惑，殺害生靈而送死叫做賊害。大象其生時以送死喪，使死生終始沒有不稱宜而美善的，這是禮義的法式，儒者是這樣的。

三年的喪禮，是怎麼回事？是稱人情的輕重而立禮文，因而用它文飾人群，分別親疏貴賤的差等，而是不可以增減的。所以說，這是無往而不可改易之術。創傷愈大的日子愈久，痛苦愈甚的愈遲慢；三年的喪禮，是稱人情的輕重而立禮文，所以為至痛之極。齊衰苴杖，居廬食粥，席薪枕土塊，是所以為至痛而文飾的。三年的喪禮，二十五月大祥而完畢，哀痛並沒有盡，思慕並沒有忘，然而禮由此而斷分的，豈不是為了送死該有終了，除喪返生該有節度嗎！凡生於天地之間的，有血氣之類的必有知，有知之類的沒有不愛同類的。我們看大的鳥獸如亡失群伴，過了一月或一時，則一定返來循沿；經過故鄉，則必定徘徊、鳴號、躑躅、踟躕，然後才離去。小的就像燕雀尚且還有啁噍追念的一頃，然後才離去。有血氣的沒有比人更有知識；所以人對於他的雙親的追念，是至死不盡的。要是由那些愚陋淫邪之人嗎，則他們是會人朝晨死去晚上就會忘掉的；然而如果放縱它，是鳥獸都不如了，他們哪裏能相互群居而不亂呢！要是由那些修飾的君子嗎，則三年的喪禮，二十五月完畢，就像駟馬的馳過縫隙，感到非常快速，然後遂成它，則是沒有終止了。所以先王聖人於是為之立中道制節度，都使它足以成文理，就捨除了。那麼何以分親疏之別呢？雖是至親也都是一年即除服，是什麼道理？是因為一年的期日，天地已改易了，四時也周偏了，在天地之中的沒有不更新再始的，所以先王於是以此為取象。那麼三年喪禮又是什麼道理？是特加隆厚的，使它加倍，所以倍於期。由九月以下，又是什麼道理？這是使它恩情不及父母。所以三年為隆厚，緦麻小功以為降殺，期九月以為兩者之間。上取象於天，下取象於地，中取法於人，人所以群居和一的道理盡備了。所以三年的喪禮，是人道的至文的，這叫做至隆；是百王所同，古今一致的。君主的喪禮也取三年，又是什麼道理？因為君主是治人治世之主，是文理的根原，是情貌的極致，大家相率為他隆厚，不是也應該嗎！《詩經》裏說：「樂易的君子，是人民的父母。」可見君主本有為民父母之說。父親能生，不能食養；母親能食養，不能教誨；君主既能食養，又善於教誨，三年喪報答就算完了嗎？乳母，是給以飲食的，而為她服喪三月；慈母，是給予衣被照看的，而為她服喪九月；君主是飲食衣被都周備的，為他服喪三年能算完結了嗎？得到就會平治，失去就會混亂，是有法度之至。得到就安定，失去就危殆，是忠厚之至。兩者都積累，就是以三年喪禮事奉尚且還嫌不足，但是沒有辦法再加進了。社祇祭社神，稷祇祭后稷，郊天則併百神於上天同時祭祀。三月才殯，又是什麼道理？是要尊大，要崇重，所至厚至親的，將要舉措遷徙，離開宮室而歸於丘陵，先王唯恐不文，所以遠其葬期，足其日數。所以天子七月下葬，諸侯五月，大夫三月，都使遲其期足以容事，事足以容其完成，完成足以容其文飾，文飾足以容其備物，周偏能容備事物，就叫做道。

祭祀是發抒志意思慕之情的，變異感動悒僾憤鬱，不能無時而至。所以人在歡欣和合的時候，忠臣孝子也會感動而思君親的不得同樂，他所至之情，是很大感動的；如果沒有祭祀之禮，則空然而已，則忠臣孝子志意之情悵然不快，而禮節也闕然不備。所以先王於是為之立祭祀節文，尊尊親親之義就盡極了。所以說，祭祀是發抒志意思慕之情的，忠信愛敬表現至極，禮節文貌表現至盛，如不是聖人，是不能知道的。聖人明白顯知，士君子安意去行，官吏以此為法守，百姓以此為風俗。在君子，以為是人道；在百姓，以為是鬼事。所以鐘鼓管磬，琴瑟竽笙，〈韶〉〈夏〉〈護〉〈武〉，〈汋〉〈桓〉〈箾〉〈象〉，是君子的所以用為變異感動喜樂的文飾。齊衰苴杖，居廬食粥，席薪枕塊，是君子的所以用為變異感動哀痛的文飾。師旅有法制，刑法有等差，沒有不稱宜其罪的，是君子的所以用為變異感動憝惡的文飾。卜筮來看日子的吉凶，齋戒芟掃，几筵饋薦告祝，如同神來歆饗。每物都取而祭之，如同神來親嚐，不使利代舉爵，主人設尊酌而獻尸，如同神來親飲。賓出，主人拜送，易祭服，返喪服，就位而哭，如同神已離去。這樣的哀傷，這樣的恭敬，事死如事生，事亡如事存，雖然有類乎無形影，卻如此的成人道的節文。

樂論篇

夫樂者，樂也，人情之所必不免也。故人不能無樂；樂則必發於聲音，形於動靜；而人之道，聲音動靜，性術之變盡是矣❶。故人不能不樂；樂則不能無形；形而不為道❷，則不能無亂。先王惡其亂也，故制雅頌之聲以道之，使其聲足以樂而不流❸，使其文足以辨而不諰❹；使其曲直繁省廉肉❺節奏足以感動人之善心，使夫邪汙之氣無由得接焉；是先王立樂之方也，而墨子非之，奈何！

故樂在宗廟之中，君臣上下同聽之，則莫不和敬；閨門之內，父子兄弟同聽之，則莫不和親；鄉里族長❻之中，長少同聽之，則莫不和順。故樂者，審一❼以定和者也，比物以飾節者也❽，合奏以成文者也❾；足以率一道，足以治萬變；是先王立樂之方也，而墨子非之，奈何！

故聽其雅頌之聲，而志意得廣焉；執其干戚⑩，習其俯仰屈伸，而容貌得莊焉；行其綴兆⑪，要其節奏⑫，而行列得正焉，進退得齊焉。故樂者，出所以征誅也，入所以揖讓也。征誅揖讓，其義一也。出所以征誅，則莫不聽從；入所以揖讓，則莫不從服。故樂者，天下之大齊⑬也，中和之紀⑭也，人情之所必不免也；是先王立樂之術也，而墨子非之，奈何！

且樂者，先王之所以飾喜也；軍旅鈇鉞者，先王之所以飾怒也。先王喜怒皆得其齊⑮焉。是故喜而天下和之，怒而暴亂畏之。先王之道，禮樂正其盛者也，而墨子非之！故曰：墨子之於道也，猶瞽之於白黑也，猶聾之於清濁也，猶欲之楚而北求之也。

夫聲樂之入人也深，其化人也速，故先王謹為之文；樂中平則民和而不流⑯，樂肅莊則民齊而不亂⑰。民和齊則兵勁城固，敵國不敢嬰⑱也。如是，則百姓莫不安其處，樂其鄉，以至足其上矣。然後名聲於是白，光輝於是大；四海之民，莫不願得以為師[19]；是王者之始也。樂姚冶以險[20]，則民流僈鄙賤矣。流僈則亂，鄙賤則爭。亂爭則兵弱城犯[21]，敵國危之。如是，則百姓不安其處，不樂其鄉，不足其上矣。故禮樂廢而邪音起者，危削侮辱之本也。故先王貴禮樂而賤邪音。其在序官也，曰：「脩憲命，審誅賞[22]，禁淫聲，以時順脩，使夷俗邪音不敢亂雅，太師之事也。」

墨子曰：「樂者，聖王之所非也，而儒者為之，過也。」君子以為不然：樂者，聖人之所樂也，而可以善民心，其感人深，其移風易俗[23]，故先王導之以禮樂而民和睦。夫民有好惡之情，而無喜怒之應，則亂；先王惡其亂也，故修其行，正其樂，而天下順焉。故齊衰之服，哭泣之聲，使人之心悲；帶甲嬰軸[24]，歌於行伍，使人之心傷[25]；姚冶之容，鄭衛之音，使人之心淫；紳端章甫[26]，舞〈韶〉歌〈武〉，使人之心莊。故君子耳不聽淫聲，目不視女色[27]，口不出惡言，此三者君子慎之。凡姦聲感人而逆氣應之，逆氣成象[28]而亂生焉。正聲感人而順氣應之，順氣成象而治生焉。唱和有應，善惡相象[29]，故君子慎其所去就也。君子以鐘鼓道志，以琴瑟樂心；動以干戚，飾以羽旄；從以磬管；故其清明[30]象天，其廣大[31]象地，其俯仰周旋[32]有似於四時。故樂行而志清，禮脩而行成，耳目聰明，血氣和平，移風易俗，天下皆寧，美善相樂。故曰：樂者樂也；君子樂得其道，小人樂得其欲。以道制欲，則樂而不亂；以欲忘道，則惑而不樂。故樂者，所以道樂也。金石絲竹，所以道德也；樂行而民鄉方矣。故樂者，治人之盛者也；而墨子非之。且樂也者，和之不可變者也；禮也者，理之不可易者也。樂合同，禮別異；禮樂之統，管乎人心矣[33]。窮本極變，樂之情也；著誠去偽，禮之經也。墨子非之，幾遇刑也。明王已沒，莫之正也。愚者學之，危其身也。君子明樂，乃其德也[34]。亂世惡善，不此聽也。於乎哀哉！不得成也。弟子勉學，無所營也。

聲樂之象：鼓大麗㉟，鐘統實㊱，磬廉制㊲，竽笙簫和㊳，筦籥發猛㊴，塤篪翁博㊵，瑟易良㊶，琴婦好㊷，歌清盡㊸，舞意天道兼㊹，鼓其樂之君邪！故鼓似天，鐘似地，磬似水，竽笙簫和筦籥似星辰日月㊺，鞉柷拊鞷㊻椌楬似萬物。曷以知舞之意？曰：目不自見，耳不自聞也，然而治俯仰詘信進退遲速莫不廉制，盡筋骨之力以要鐘鼓俯會之節，而靡有悖逆者，眾積意謘謘乎㊼！

吾觀於鄉，而知王道之易易也㊽。主人親速賓及介㊾，而眾賓皆從之，至於門外；主人拜賓及介，而眾賓皆入；貴賤之義別矣㊿。三揖至於階，三讓以賓升，拜至(51)，獻酬，辭讓之節繁，及介省矣。至於眾賓，升受，坐祭，立飲，不酢而降，隆殺之義辨矣(52)。工(53)入，升歌三終，主人獻之；笙入三終，主人獻之；間歌三終(54)，合樂三終(55)，工告樂備，遂出。二人揚觶(56)，乃立司正(57)，焉(58)知其能和樂而不流也。賓酬主人，主人酬介，介酬眾賓，少長以齒，終於沃洗者(59)，焉知其能弟長而無遺也60。降，說61屨升坐，脩爵無數。飲酒之節，朝不廢朝，莫不廢夕62。賓出，主人拜送，節文終遂63，焉知其能安燕而不亂也。貴賤明，隆殺辨，和樂而不流，弟長而無遺，安燕而不亂，此五行者，是足以正身安國矣64。彼國安而天下安。故曰：吾觀於鄉而知王道之易易也。

亂世之徵，其服組65，其容婦66，其俗淫，其志利，其行雜，其聲樂險67，其文章匿68而采。其養生無度，其送死瘠墨69。賤禮義而貴勇力，貧則為盜，富則為賊；治世反是也。

【注釋】❶而人之道三句　言人之所以為人，外的聲音動靜，內的性術之變，都表現在這音樂上了。❷道　和導通，疏導。下文「以道之」的「道」義同。❸流　淫放，漫無檢束。❹諰　借為息。《禮記・樂記》作「論而不息」，《史記・樂書》作「綸而不息」。❺曲直繁省廉肉　曲，謂聲音迴曲。直，謂聲音放直。繁省，猶多少。廉肉，猶瘠肥。❻族長　鄉黨之屬。梁引《述聞》：「族長，皆鄉黨之屬。大司徒之職：『五家為比，五比為閭，四閭為族。』《管子・乘馬》：『五家而伍，十家而連，五連而暴，五暴而長。』是百家為族，二百五十家為長也。故與鄉里並言。」❼一　謂中聲之所止。❽比物以飾節者也　比合於樂器以飾其節奏。比，合。❾合奏以成文者也　《禮記・樂記》及《史記・樂書》均作「節奏合以成文」。王叔岷先生云元本、百子本並作「合奏以成文者也」。郝：「節以分析言之，奏以合聚言之，語甚明晰。」《禮記》及《史記》作「節奏」義較長。

❿執其干戚　干，盾。戚，大斧。執干戚，行武舞。⓫綴兆　綴，表，所以表行列。兆，域，舞者進退所至之域。⓬要其節奏　會合其節奏。⓭齊　同。⓮紀　總要之名。統同之義。⓯齊　調分齊，各得其分。⓰和而不流　和樂而不淫放。⓱齊而不亂　齊整而不紊亂。⓲嬰　借為攖，攖觸。⓳師　君長。⓴姚冶以險　姚冶，妖媚冶蕩。險，邪險。㉑城犯　城為敵人所犯。㉒審誅賞　王先謙以為「審詩商」之誤。詩商，即詩章。㉓其感人深其移風易俗　此二句相儷，當作「其感人深，其移風俗易」。㉔嬰軸　嬰本義為繞，引申為戴。軸，冑的或體字。㉕心傷　謂心悲壯。于：「傷，應讀為壯。《易・大壯》《釋文》引馬云：『壯，傷也。』郭璞云：『今淮南人呼壯為傷。』即其證也。」㉖紳端章甫　紳，大帶。端，玄端。章甫，禮冠。《禮記》孫希旦《集解》：「章甫，殷玄冠之名。」㉗女色　王叔岷先生云類纂本「女」作「邪」，於義為長。㉘成象　謂形於歌舞。㉙唱和有應善惡相象　聲感人即是倡，氣應之即是和。善倡則善和，惡倡則惡和，是倡和有應，善惡相象。相象，相做似。㉚清明　謂人聲。㉛廣大　謂鐘鼓之音。㉜俯仰周旋　都指舞的動作。㉝管乎人心矣　言禮樂貫鎖於人心。管，管鍵；貫鎖。㉞乃其德也　顧云「德」字疑當作「人」，與上下韻。俞云疑作「乃斯聽也」，與「不此聽也」反復相明。按以這段韻語來看，多數韻腳是古韻耕部字，「身」古韻屬真部，和耕部相鄰，可以看做是通押。「德」字古韻屬「之部」，和蒸部陰陽對轉，蒸部又和耕部相近。於此「德」字也可能是通押。既無明證，以不改字為是。㉟鼓大麗　麗，劉師培云當作「雚」。《禮記・樂記》云：「鼓鼙之聲讙。」雚是讙之省文。《說文》釋讙為譁，則鼓大雚，猶言鼓聲大而喧。㊱鐘統實　言鐘聲博而厚。統，劉師培云當作「充」，充即充實之義。㊲磬廉制　磬以明貴賤親疏長幼之節，所以有制。廉，棱。磬有隅棱，所以說廉。制，裁斷。㊳竽笙簫和　和，王叔岷先生云為小笙。竽笙簫和為四種樂器。㊴筦籥發猛　管籥亦樂器名。發猛，發揚猛起。㊵塤篪翁博　塤，和壎同，樂器，用土做成，有六孔。篪，和箎同，樂器，用竹做成。翁，泱的意思。《說文》：「泱，翁也。」泱泱，舒緩深遠的意思。《左傳・襄公二十九年》：「泱泱乎大風也哉。」服注：「泱泱，舒緩深遠，有大和之義。」博，大的意思。翁博，深遠博大。㊶瑟易良　易良同義，謂樂易。㊷琴婦好　婦好，和〈賦篇〉「女好」

同義，柔婉的意思。㊸清盡　清，清揚。盡，反復以盡之。㊹舞意天道兼　謂舞意合於天道，有尊卑大小的差別，有俯仰屈伸進退遲速的廉制。兼，同。㊺竽笙簫和筦籥似星辰日月　此從盧校，和上文「竽笙簫和筦籥發猛」相應。元本、百子本作「竽簫筦籥似星辰日月」，與上文不符，不可從。㊻拊鞷　即〈禮論篇〉的拊膈，解見〈禮論篇〉注。㊼眾積意謘謘乎　言眾習此而意諄厚。積，習的意思。謘，本作諄，語諄諄。謘謘，猶諄諄，厚的意思。《說文》：「謘，語諄謘也。」㊽吾觀於鄉二句　此指教化之本，在於尊賢尚齒而已。此為孔子之言，見於《禮記．鄉飲酒義》。鄉，鄉飲酒。易易，言甚易。㊾主人親速賓及介　主人親就其家召賓和介。《禮記．少儀注》：「介，賓之輔也。」介為輔佐賓的。〈鄉飲酒義〉注：「速，謂即家召之。」㊿貴賤之義別矣　言賓介貴於眾賓，貴賤有別。《禮記．鄉飲酒義》正義：「主人親自速賓，並往速介，而眾賓不須往速，自從賓介而來也。賓介至門，主人拜賓及介，而眾賓不須拜，自入門，是賓介貴於眾賓，貴賤之義別矣。」(51)拜至　謂始升時拜，拜賓至。(52)隆殺之義辨矣　辨，別。尊者禮隆，卑者禮殺，尊卑有別。(53)工　謂樂正。(54)間歌三終　間，間代。〈鄉飲酒義〉正義：「間，代也。謂笙歌已竟，而堂上與堂下更代而作也。」(55)合樂三終　〈鄉飲酒義〉正義：「謂堂上下歌瑟及笙並作也。」(56)二人揚觶　觶，酒器。《儀禮．鄉飲酒禮》：「使二人舉觶於賓介。」注：「二人，亦主人之吏。」《禮記．鄉飲酒義》作「二人揚觶。」《說文》：「觶，鄉飲酒觶，觶受四升。」(57)司正　監酒之人。〈鄉飲酒義〉正義：「樂既備，將留賓旅酬，為有懈惰，故主人使相禮者一人為司正以監之也。」(58)焉　當下屬為句，焉猶「乃」，於是的意思。(59)沃洗者　主人之群吏任沃洗之事者。(60)焉知其能弟長而無遺也　於是知道少長都沒有遺棄。〈鄉飲酒義〉正義：「言旅酬之時，賓主人之黨，各以少長為齒，以次相旅，至於執掌罍洗之人，以水沃盥洗爵者，皆豫酬酒之限。此經主人酬介，介酬眾賓，雖據旅酬之時，其少長以齒，終於沃洗，是無算爵之節也。但因其旅酬，遂連言無算爵，欲見無不周徧。」(61)說　借為挩，即脫字。(62)朝不廢朝莫不廢夕　言飲酒而不廢早晚聽事。莫即暮字。〈鄉飲酒義〉注：「朝夕，朝莫聽事也。不廢之者，既朝乃飲，先夕則罷，其正也。」(63)節文終遂　言節制文章都能終竟完成。遂，成。(64)是足以正身安國矣　盧云元刻無「是」字，與《禮記》同。王叔岷先生云百子本亦無「是」字。❻❺組 借為黼，後世多用楚字，華麗之意。《說文》：「黼，合五采鮮色。」❻❻其容婦 言其容飾美好擬於婦女。❻❼險 邪的意思。❻❽匿 借為慝，邪慝。❻❾其送死瘠墨 瘠，瘠薄。墨，借為漠，漠然寡情。〈禮論篇〉：「送死不忠厚，不敬文，謂之瘠。……刻死而附生謂之墨。」

【語譯】音樂就是表現人的喜樂的，是人情所必不能免的。人不能沒有喜樂；喜樂就必然要發之於聲音，形之於動靜；而人之所以為人，外的聲音動靜，內的性術之變，都表現在這音樂上了。所以人不能不喜樂，喜樂不能不表現，表現而不為之誘導，則不能不亂。先王厭惡混亂，所以制定雅頌之聲來誘導，使其聲音足以和樂而不淫放，使其篇辭完盡變化而不銷息；使其聲音的迴曲放直、多少、肥瘠、節奏足以感動人的善心，使那些邪汙之氣不得接近；這就是先王立樂的道理，而墨子偏要去非議，那又有什麼辦法！

音樂在宗廟之中，君臣上下一同來聽，則沒有不和敬的；在閨門之內，父子兄弟一同來聽，則沒有不和親的；在鄉里族長之中，長少一同來聽，則沒有不和順的。所以音樂是審於中聲而定其和調的，是比合於樂器來飾其節奏的，是聯合節奏以成文飾的；這足以率行大道，足以治理萬變的，這就是先王立樂的方術，而墨子偏要去非議，那又有什麼辦法！

聽到雅頌的音樂，志意可以廣大；執持干戚，習演俯仰屈伸的動作，容貌可以莊肅；行其行列兆域，會合節奏，而行列可以整齊，進退可以齊一。所以音樂，出外可用於征伐，入內可用於揖讓。征伐揖讓，道理都是一樣的。出外用來征伐，則沒有不聽從的；入內用來揖讓，則沒有不順從的。所以音樂是天下的大齊同，是中和的總紀，是人情所必不能免的；這就是先王立樂的方術，墨子偏要去非議，那又有什麼辦法！

況且音樂是先王用來文飾喜樂的，軍旅鈇鉞是先王用來文飾威怒的。先王對於喜怒的表達都各得其分。所以他喜樂而天下附合，他威怒而暴亂之人畏懼。先王之道，禮樂正是其盛美的，而墨子偏要去非議！所以說，墨子的對於道，就像瞎子的辨白黑，像聾子的辨聲音清濁，像想去楚國卻向北方去求一般。

聲樂感動人是很深的，感化人是很快的，所以先王謹慎地為之立節文，音樂中平則人民和樂而不淫放，音樂肅莊則人民齊整而不紊亂。人民和樂齊整則兵強城固，敵國不敢來觸犯。這樣，則百姓沒有不安於其居處，樂於其鄉里，而快意其在上的。然後名聲於是顯白，光輝於是赫大；四海之內的人，沒有不願意得到他為君長的，這是王者的開始。音樂妖媚冶蕩而邪險，則人民淫放暴慢而鄙賤。淫放暴慢則混亂，鄙賤則紛爭。混亂紛爭則兵弱城被犯，敵國來危削他。這樣，則百姓不安於其居處，不樂於其鄉里，不快意其在上了。所以禮樂廢棄而邪音興起，是危削侮辱的根本。因之先王尊貴禮樂而鄙賤邪音。對於序列官爵，說道：「修整法令，審察詩章，禁止淫聲，以時來順修，使夷俗邪音不敢變亂雅音，這是太師的職事。」

墨子說：「音樂是聖王所非的，而儒者偏要去制作，是過誤的。」君子以為不是如此：音樂是聖人所喜樂的，而可以改善民心，它感動人很深，改移風俗很容易，所以先王用禮樂來誘導而人民和睦。人都有好惡的情感，而沒有喜怒的順應，就要亂；先王厭惡混亂，所以修整行儀，修正音樂，而天下和順。齊衰的喪服，哭泣的聲音，使人心悲；帶甲戴冑，歌於行伍，使人心悲壯；妖媚的容飾，鄭衛的樂音，使人心淫亂；大帶玄端章甫，舞〈韶〉而歌〈武〉，使人心莊敬。所以君子耳不聽淫聲，目不看邪色，口不出惡言，這三者君子非常謹慎。凡姦邪的聲樂感動人而逆氣相應，逆氣形於歌舞則邪亂產生。雅正的聲樂感動人而順氣相應，順氣形於歌舞則安治產生。唱和都有相應，善惡都有相倣似，所以君子謹慎其所取捨。君子用鐘鼓來導發志意，用琴瑟來喜樂心情；動時以干戚，又裝飾羽旄；伴隨著管磬；所以歌聲清明象天，鐘鼓聲廣大象地，舞容的俯仰周旋象四時。所以樂教大行而志意清明，禮教修明而美行遂成，耳目聰明，血氣和平，移風易俗，天下都得安寧，而美善相樂。所以說，音樂是表達喜樂的，君子樂於得到其正道，小人樂於得到逞欲。用正道來節制欲望，則和樂而不淫亂；因欲望而忘記正道，則惑亂而不喜樂。所以音樂是引導喜樂的。金石絲竹，是用來引導美德的，聲樂能行則人民向道了。所以音樂是治人最盛美的，而墨子偏去非議。況且音樂是和調之不可改變的，禮是理法之不可改變的。樂要合同，禮要別異；禮樂的正統，已經貫鎖於人心了。窮根本極變化，是樂之情；明著忠誠棄去詐偽，是禮之經。墨子偏要非議，是該受刑罰的。但明王已死去，沒有人去糾正。愚者反去學它，是要危殆其身的。君子明白樂情，才是他的正德。亂世多討厭善事，不聽受這些。唉！真是可哀，不能有所成。弟子們要多加勤學，別的無所營求。

聲樂的象徵，鼓大喧，鐘充實，磬廉棱裁斷，竽笙簫和筦籥猛起發揚，塤篪泱泱博大，瑟樂易，琴柔婉，歌清盡，舞意合於天道，鼓是眾樂器的君主，所以鼓像天，鐘像地，磬像水，竽笙簫和筦籥像星辰日月，鞉柷拊鞷椌楬像萬物。怎樣知道舞意呢？眼睛雖不能自己看到，耳朵雖不能自己聽到，然而做俯仰屈伸進退遲速的動作沒有不廉棱裁斷的，盡筋骨的力量來會合鐘鼓俯會的節奏，而沒有悖逆的，眾人習此而意諄厚啊！

我觀於鄉飲酒之禮，而知道行王道是很容易的。主人親往其家召請賓和介，而眾賓都隨從賓介而來，至於主人門外；主人拜賓和介，而眾賓不待拜自行入門；貴賤的禮義有了分別。主人三揖而至於階，三讓然後請賓升階，再拜其來至，酌酒獻賓，賓酢主人，主人又酌而自飲以酬賓，是辭讓的節數繁多，至於介就都減免了。至於眾賓，主人獻於西階上，則受爵，坐祭，立飲，不酢主人而降西階東面，是隆厚減殺的禮義有了分別。樂正入，升堂歌詩三篇終了，主人獻樂，吹笙之人入於堂下，奏三篇終了，主人獻笙人；堂上和堂下歌笙間代而奏，各奏三篇終了；再堂上堂下歌笙並奏三篇終了，樂正告賓以樂備，然後遂下堂。主人之吏二人向賓舉觶，然後立一監酒的司正，於是知道能夠和樂而不淫放。至此然後賓酬主人，主人酬介，介酬眾賓，各以少長為齒，相次旅酬，以至於負責沃洗的主人的群吏，於是知道能夠少長都沒有遺棄。至此徹俎之後，降而脫屨，升堂而坐，行爵無數。飲酒的儀節，早上不廢朝事，晚上不廢夕時私事。賓出，主人拜送，飲酒的節文終竟完成，於是知道能夠安樂而不亂。貴賤得以明分，隆厚降殺得以辨別，和樂而不淫放，少長都沒有遺棄，安樂而不亂，這五種情形，足以正身安國了。國家能安治，天下就會安治。所以說，我觀於鄉飲酒之禮，而知道行王道是很容易的。

亂世的徵象，服飾是華麗的，容飾美好擬於婦人，風俗淫亂，志意趨利，行為雜汙，聲樂邪險，文飾邪慝而多采。養生沒有節度，送死瘠薄寡情。輕賤禮義而貴崇勇力，貧就要去做盜，富則去做賊；治世是同這相反的。

解蔽篇

凡人之患，蔽於一曲，而闇於大理❶。治則復經❷，兩疑則惑矣❸。天下無二道，聖人無兩心。今諸侯異政，百家異說，則必或是或非，或治或亂。亂國之君，亂家之人，此其誠心莫不求正而以自為也，妒繆於道而人誘其所迨也❹。私其所積❺，唯恐聞其惡也。倚❻其所私以觀異術，唯恐聞其美❼也。是以與治雖走而是己不輟也❽，豈不蔽於一曲而失正求也哉！心不使❾焉，則白黑在前而目不見，雷鼓在側而耳不聞，況於使者乎❿！德道⓫之人，亂國之君非之上，亂家之人非之下，豈不哀哉！

故為蔽⓬：欲為蔽，惡為蔽，始為蔽，終為蔽，遠為蔽，近為蔽，博為蔽，淺為蔽，古為蔽，今為蔽。凡萬物異則莫不相為蔽，此心術之公患也。

昔人君之蔽者，夏桀殷紂是也；桀蔽末喜斯觀⑬，而不知關龍逢⑭，以惑其心而亂其行；紂蔽於妲己飛廉⑮，而不知微子啟⑯，以惑其心而亂其行。故群臣去忠而事私⑰，百姓怨非⑱而不用，賢良退處而隱逃，此其所以喪九牧之地而虛宗廟之國也⑲。桀死於亭山⑳，紂縣於赤旆㉑；身不先知，人莫之諫，此蔽塞之禍也。成湯監㉒於夏桀，故主其心㉓而慎治之，是以能長用伊尹而身不失道，此其所以代夏王而受九有㉔也。文王監於殷紂，故主其心而慎治之，是以能長用呂望而身不失道，此其所以代殷王而受九牧也。遠方莫不致其珍，故目視備色，耳聽備聲，口食備味，形居備宮，名受備號，生則天下歌，死則四海哭，夫是之謂至盛。詩曰：「鳳凰秋秋，其翼若干，其聲若簫，有鳳有凰，樂帝之心。」㉕此不蔽之福也。

昔人臣之蔽者，唐鞅奚齊㉖是也；唐鞅蔽於欲權，而逐載子㉗；奚齊蔽於欲國，而罪申生㉘；唐鞅戮於宋，奚齊戮於晉。逐賢相而罪孝兄，身為刑戮，然而不知，此蔽塞之禍也。故以貪鄙背叛爭權，而不危辱滅亡者，自古及今，未嘗有之也。鮑叔甯戚隰朋仁知且不蔽，故能持㉙管仲，而名利福祿與管仲齊。召公呂望仁知且不蔽，故能持周公，而名利福祿與周公齊。傳曰：「知賢之謂明，輔賢之謂能。勉之彊之，其福必長。」此之謂也。

昔賓孟㉚之蔽者，亂家㉛是也。墨子蔽於用而不知文㉜，宋子蔽於欲而不知得㉝，慎子蔽於法而不知賢㉞，申子蔽於埶而不知知㉟，惠子蔽於辭而不知實㊱，莊子蔽於天而不知人㊲。故由用謂之道，盡利矣㊳；由俗謂之道，盡嗛矣㊴；由法謂之道，盡數矣㊵；由埶謂之道，盡便矣㊶；由辭謂之道，盡論矣㊷；由天謂之道，盡因矣㊸。此數具㊹者，皆道之一隅㊺也。夫道者，體常而盡變，一隅不足以舉之。曲知之人㊻，觀於道之一隅，而未之能識也，故以為足而飾之㊼，內以自亂，外以惑人，上以蔽下，下以蔽上，此蔽塞之禍也。孔子仁知且不蔽，故學亂術，足以為先王者也[48]。一家得周道，舉而用之[49]，不蔽於成積[50]也。故德與周公齊，名與三王竝；此不蔽之福也。

聖人知心術之患，見蔽塞之禍，故無欲無惡，無始無終，無近無遠，無博無淺，無古無今，兼陳萬物而中縣衡焉[51]。是故眾異不得相蔽以亂其倫[52]也。何謂衡？曰：道。故心不可以不知道；心不知道，則不可道而可非道[53]。人孰欲得恣而守其所不可以禁其所可！以其不可道之心取人，則必合於不道人而不知合於道人[54]。以其不可道之心與不道人論道人，亂之本也[55]。夫何以知？曰[56]：心知道然後可道。可道然後能守道以禁非道。以其可道之心取人，則合於道人而不合於不道之人矣。以其可道之心與道人論非道，治之要也。何患不知？

故治之要在於知道，人何以知道？曰心。心何以知？曰虛壹而靜。心未嘗不臧[57]也，然而有所謂虛；心未嘗不滿[58]也，然而有所謂一；心未嘗不動也，然而有所謂靜。人生而有知，知而有志[59]，志也者，臧也；

然而有所謂虛；不以所已藏害所將受，謂之虛[60]。心生而有知，知而有異，異也者，同時兼知之；同時兼知之，兩也；然而有所謂一，不以夫一害此一謂之壹[61]。心臥則夢[62]，偷則自行[63]，使之則謀[64]；故心未嘗不動也，然而有所謂靜；不以夢劇[65]亂知謂之靜。未得道而求道者，謂之虛壹而靜[66]。作之則將須道者之虛則入，將事道者之壹則盡，盡將思道者靜則察[67]。知道察，知道行，體道者也[68]。虛壹而靜，謂之大清明。萬物莫形而不見，莫見而不論，莫論而失位[69]。坐於室而見四海，處於今而論[70]久遠，疏[71]觀萬物而知其情，參稽治亂而通其度[72]，經緯天地，而材官萬物[73]，制割大理，而宇宙裏[74]矣。恢恢廣廣，孰知其極！睪睪廣廣[75]，孰知其德！涫涫[76]紛紛，孰知其形[77]！明參日月，大滿八極，夫是之謂大人。夫惡有蔽矣哉！

心者，形之君也，而神明之主也；出令而無所受令[78]。自禁也，自使也，自奪也，自取也，自行也，自止也。故口可劫而使墨云[79]，形可劫而使詘申[80]；心不可劫而使易意[81]，是之則受，非之則辭。故曰：心容，其擇也無禁[82]，必自見[83]，其物也雜博[84]，其情之至也不貳[85]。《詩》云：「采采卷耳，不盈頃筐。嗟我懷人，寘彼周行。」[86]頃筐易滿也，卷耳易得也，然而不可以貳周行[87]。故曰：心枝[88]則無知，傾則不精[89]，貳則疑惑。以贊稽之，萬物可兼知也[90]。身盡其故則美[91]。類不可兩也[92]，故知者擇一而壹焉。農精於田而不可以為田師，賈精於市而不可以為賈師[93]，工精於器而不可以為器師；有人也，不能此三技，而可使治三官[94]；曰：精於道者也，精於物者也[95]。精於物者以物物[96]，精於道者兼物物[97]。故君子壹於道，而以贊稽物。壹於道則正，以贊稽物則察；以正志行察論[98]，則萬物官矣[99]。昔者舜之治天下也，不以事詔而萬物成[100]。處一危[101]之，其榮滿側；養一之微[102]，榮矣而未知[103]。故《道經》曰：「人心之危，道心之微。」[104]危微之幾，惟明君子而後能知之。故人心譬如槃水，正錯[105]而勿動，則湛濁[106]在下，而清明在上，則足以見鬚眉而察理[107]矣。微風過之，湛濁動乎下，清明亂於上，則不可以得大形[108]之正也。心亦如是矣，故導之以理，養之以清[109]，物莫之傾，則足以定是非決嫌疑[110]矣。小物引之，則其正外易[111]，其心內傾，則不足以決庶理[112]矣。故好書者眾矣，而倉頡獨傳者，壹也[113]；好稼者眾矣，而后稷[114]獨傳者，壹也；好樂者眾矣，而夔[115]獨傳者，壹也；好義者眾矣，而舜獨傳者，壹也；倕[116]作弓，浮游作矢[117]，而羿精於射；奚仲[118]作車，乘杜作乘馬[119]，而造父精於御；自古及今，未嘗有兩能而精者也。曾子曰：「是其庭可以搏鼠，惡能與我歌矣[120]！」

空石之中有人焉，其名曰觙[121]。其為人也，善射[122]以好思。耳目之欲接，則敗其思；蚊虻之聲聞，則挫其精[123]。是以闢[124]耳目之欲，而遠蚊虻之聲，閑居靜思則通[125]。思仁若是，可謂微乎[126]？孟子惡敗而出妻，可謂能自彊矣；有子惡臥而焠掌[127]，可謂能自忍矣；未及好也。闢耳目之欲，可謂能自彊矣，未及思也。蚊虻之聲聞則挫其精，可謂危矣；未可謂微也[128]。夫微者至人[129]也。至人也，何彊何忍何危[130]？故濁明外景，清明內景[131]。聖人縱其欲，兼其情，而制焉者理矣[132]；夫何彊何忍何危？故仁者之行道也，無為也；聖人之行道也，無彊也[133]。仁者之思也恭，聖人之思也樂，此治心之道也。

凡觀物有疑[134]，中心不定，則外物不清；吾慮不清，則未可定然否也。冥冥而行者，見寢石以為伏虎也，見植林以為後人[135]也；冥冥蔽其明也。醉者越百步之溝，以為蹞步之澮也[136]；俯而出城門，以為小之閨[137]也；酒亂其神也。厭[138]目而視者，視一以為兩；掩耳而聽者，聽漠漠而以為哅哅[139]；埶亂其官也。故從山上望牛者若羊，而求羊者不下牽也；遠蔽其大也。從山下望木者，十仞之木若箸，而求箸者不上折也；高蔽其長也。水動而景搖，人不以定美惡；水埶玄[140]也。瞽者仰視而不見星，人不以定有無；用精[141]惑也。有人焉，以此時定物，則世之愚者也。彼愚者之定物，以疑決疑，決必不當。夫苟不當，安能無過乎！夏首[142]之南有人焉，曰涓蜀梁[143]，其為人也，愚而善畏。明月而宵行，俯見其影，以為伏鬼也；卬[144]視其髮，以為立魅[145]也；背而走，比至其家，失氣[146]而死。豈不哀哉！凡人之有鬼也，必以其感忽之間疑玄之時正之[147]。此人之所以無有而有無之時也[148]。而已以正事，故傷於溼而擊鼓鼓痺，則必有敝鼓喪豚之費矣，而未有俞疾之福也[149]。故雖不在夏首之南，則無以異矣。

凡以知人之性也[150]，可以知物之理也[151]。以可以[152]知人之性，求可以知物之理，而無所疑止[153]之，則沒世窮年不能徧也。其所以貫[154]理焉，雖億萬已不足以浹萬物之變[155]，與愚者若一；學，老身長子[156]，而與愚者若一；獨不知錯[157]，夫是之謂妄人[158]。故學也者，固學止之也。惡乎止之？曰：止諸至足。曷謂至足？曰：聖也[159]。聖也者，盡倫者也[160]；王也者，盡制者也[161]；兩盡者，足以為天下極矣。故學者以聖王為師，案以聖王之制為法，法其法，以求其統類，以務象[162]效其人。嚮是而務，士也；類是而幾[163]，君子也；知之，聖人也。故有知非以慮是，則謂之懼[164]；有勇非以持是，則謂之賊；察孰[165]非以分是，則謂之篡[166]；多能非以脩蕩是，則謂之知[167]；辯利非以言是，則謂之詍[168]。傳曰：「天下有二：非察是，是察非。」[169]謂合王制不合王制也[170]。天下有不以是為隆正也，然而猶有能分是非治曲直者耶？若夫非分是非，非治曲直，非辨治亂，非治人道；雖能之無益於人，不能無損於人；案直將治怪說，玩奇辭，以相撓滑[171]也；案彊鉗[172]而利口，厚顏而忍詬[173]，無正而恣睢，妄辨而幾利[174]；不好辭讓，不敬禮節，而好相推擠，此亂世姦人之說也，則[175]天下之治說者，方多然矣。傳曰：「析辭而為察，言物而為辨[176]，君子賤之。博聞彊志，不合王制，君子賤之。」此之謂也。為之無益於成也，求之無益於得也，憂戚之無益於幾也[177]。則廣焉能棄之矣[178]！不以自妨也，不少頃干[179]之胸中。不慕往，不閔來[180]，無邑憐之心[181]，當時則動，物至而應，事起而辨，治亂可否，昭然明矣！

周而成，泄而敗182，明君無之有也。宣而成，隱而敗183，闇君無之有也。故君人者，周則讒言至矣，直言反184矣；小人邇而君子遠矣！《詩》云：「墨以為明，狐狸而蒼。」185此言上幽而下險也。君人者，宣則直言至矣，而讒言反矣；君子邇而小人遠矣！《詩》曰：「明明在下，赫赫在上。」186此言上明而下化也。

【注釋】❶蔽於一曲二句　言人蔽於局部的一偏，而闇於周偏正大之理。一曲，一偏；一隅。大理，周偏正大之理。❷治則復經　言通過整理，局部的一偏便又回復到經常的正道。治，治理；整理。經，經常的正道。❸兩疑則惑矣　天下之正道祇有一個，如有相匹耦的，或有相擬比的，就要迷亂了。兩，匹耦之意。疑，和擬通，相擬比。❹妬繆於道而人誘其所迨也　言嫉妒迷謬於道，則人就會因其所好而誘之。迨，借為殆，近的意思。❺所積　積習，指繆於道的那些積惡。❻倚　偏倚。❼其美　指異術之美。異術，指與自己不同的學術。❽是以與治雖走而是己不輟也　言離去正道而走，而自以為是，不行輟止。楊注及郝均云「雖」當作「離」。與治離走，離去正道而走。❾使　役使。❿況於使者乎　言白黑之形，雷鼓之聲，尚且不見不聞，何況是有蔽呢！使，俞以為「蔽」字之誤。⓫德道　即得道。⓬故為蔽　故，俞云猶「胡」也。胡，何的意思，是設問之辭。故為蔽三字總冒下文。⓭末喜斯觀　末喜，又作末嬉、妹喜、妹嬉，桀伐有施，有施人進末喜以為妃。斯觀，無考，劉師培以為即《漢書》人表之干辛。⓮關龍逢　一作豢龍逢，夏桀的賢臣。桀為酒池，可以運舟，糟邱足以望十里，而牛飲者三千人，關龍逢進諫，立而不去朝，桀因而殺之。⓯妲己飛廉　妲己，紂妃。紂伐有蘇，有蘇氏以妲己女焉。飛廉，紂的佞臣，善走，是惡來之父，秦的先祖。⑯微子啟　微子，紂的庶兄，微國子爵，啟為其名。⑰事私　從事私利。⑱非　借為誹。⑲喪九牧之地而虛宗廟之國也　九牧之地，九州牧所轄之地。虛，本作虗，即今墟字。虛宗廟之國，使宗廟之國成為廢墟。⑳亭山　楊注云或作「鬲山」，王念孫以為作「鬲山」為是。鬲和歷音同，亦有作歷山者。《太平御覽》皇王部七引《尸子》曰：「桀放於歷山。」《淮南子・脩務訓》：「湯整兵鳴條，困夏南巢，譙以其過，放之歷山。」㉑紂縣於赤旆　縣，和懸同。此條見〈正論篇〉注。㉒監　借為鑑，下文同。王叔岷先生云元本、類纂本、百子本「鑒」字並同。㉓主其心　言專主其心，不為邪佞所惑。㉔九有　即九域，指九州之地。㉕詩曰句　所引為逸詩。秋秋，和啾啾通，狀鳳凰鳴叫聲。若干，如干，干即是楯。有鳳有凰，王念孫云本作「有凰有鳳」，鳳心為韻，秋簫為韻。帝，指堯。言堯能用賢而不蔽，故有鳳凰來儀之福。㉖唐鞅奚齊　唐鞅，宋康王之臣。奚齊，晉獻公驪姬之子。㉗載子　楊注云「載」讀為戴，戴不勝，使薛居州傅王者，見《孟子》。楊注又引或曰，戴子，戴驩，韓子曰：「戴驩為宋太宰。」㉘申生　晉獻公之太子，奚齊之兄，為驪姬所譖，獻公殺之。㉙持　扶翼。㉚賓孟　即賓萌，往來諸侯之間的遊士。俞：「孟，當讀為萌。《呂氏春秋・高義篇》載墨子之言曰：『若越王聽吾言，用吾道，翟度身而衣，量腹而食，比於賓萌，未敢求仕。』高注曰：『賓，客也。萌，民也。』所謂賓萌者，蓋當時有此稱，戰國時遊士往來諸侯之國謂之賓萌。若下文墨子宋子慎子申子惠子莊子皆其人矣。」㉛亂家　猶言雜家，謂雜家之說。㉜墨子蔽於用而不知文　墨子尚功用，對禮樂等節文備飾都加以非議。㉝宋子蔽於欲而不知得　宋子言人之情欲寡不欲多，不知人有貪得之情。㉞慎子蔽於法而不知賢　慎到崇尚法治，而不知人治之重要。賢，指賢人治政。㉟申子蔽於埶而不知知　申不害尚勢，但不知有勢也需才智方能治世。㊱惠子蔽於辭而不知實　惠施蔽於虛辭，而不知事物的實理。㊲莊子蔽於天而不知人　莊子徒尚自然，而不知人能制天用天。㊳故由用謂之道盡利矣　墨子尚用，如由用來衡量事物，這就叫做道，那天下一切盡歸於功利主義了。㊴由俗謂之道盡嗛矣　俗，楊注云當為「欲」。嗛，和慊同，快意。若從人所欲，這就叫做道，則道僅限於快意了。㊵由法謂之道盡數矣　若一切由法，這就叫做道，則道僅限於法條了。數，律條。㊶由埶謂之道盡便矣　若由勢來行，這就叫做道，則道盡歸於利便了。便，利便。㊷由辭謂之道盡論矣　徒逞虛辭，這就叫做道，則道盡歸於論辯了。㊸由天謂之道盡因矣　聽任自然，這就叫做道，則道盡歸於因任自然了。㊹數具　猶今言幾套。㊺一隅　一偏。㊻曲知之人　知一偏之人，不通於大道之人。㊼故以為足而飾之　自以為足而美言偽飾。㊽故學亂術足以為先王者也　王叔岷先生引劉師培云「亂」字涉上「自亂」而衍。「為」字疑「象」訛，《廣雅・釋詁三》：「象，效也。」又云類纂本無「亂」字，與劉說合。按「為」字本義為母猴，猴善模倣，故「為」字引申「模倣」、「取法」、「作為」等義。「為」於此可不必改字，「為」釋為取法。㊾一家得周道舉而用之　周道，周偏之道。舉，皆；總。㊿成積　既成的積習，指古代一切積累的政教學問。(51)兼陳萬物而中縣衡焉　言不滯於一隅，但當其中而懸衡，以揣其輕重。縣，和懸同。(52)倫　理。(53)則不可道而可非道　以道為不可，而以非道為可。(54)而不知合於道人　俞云「知」字衍。(55)以其不可道之心二句　盧云當作「與不道人論道」。王叔岷先生云：「案下文『以其可道之心，與道人論非道，治之要也。』與此文對言，則此文似當從盧說作『以其不可道之心，與不道人論道，亂之本也。』」(56)曰　俞以為衍文。「心知道然後可道」，和上文「心不知道則不可道而可非道」相對成文，皆承「故心不可以不知道」而言。(57)臧　和藏通，下同。(58)滿　楊注云當為「兩」。兩，謂同時兼知。(59)志　和誌、識通，記識。(60)不以所已藏害所將受謂之虛　言不會因為心識中已存藏有一些事物，而妨害將要學習新的事物，這就是心的虛。所已藏，謂現在存於心識中的事物。所將受，謂將學習的事物。(61)不以夫一害此一謂之壹　言知雖有兩，不以彼一妨害此一。夫，彼。(62)心臥則夢　心在睡時就做夢。(63)偷則自行　鬆懈時心就會自動胡思亂想。(64)使之則謀　使用時就會專壹思考。(65)夢劇　夢，夢幻不明。《說文》：「夢，不明也。」劇，煩劇；煩囂雜亂。(66)謂之虛壹而靜　以虛壹靜之法說給他聽。謂，說。(67)作之則將須三句　王引之云當以「作之」二字斷句，下文當作「則將須道者之虛，虛則入；將事道者之壹，壹則盡；將思道者之靜，靜則察」。王引之增「虛」「壹」「靜」三字，似無根據。梁本不增此三字，斷句與王同，今姑依梁氏。這幾句大義是：去做，則須道者之虛，才能入於道。

將要行事，則要道者之壹，才能盡理。將要思考，則要道者能靜，才能明察。「將事」、「將思」的「將」，都是將要的意思。(68)知道察知道行體道者也　知道道而能明察，知道道而能力行，才是真正能夠體道。(69)莫論而失位　沒有論列而失其位次的。(70)論　盧云元刻作「聞」，王叔岷先生云類纂本、百子本亦並作「聞」。(71)疏　通。(72)參稽治亂而通其度　參，驗。稽，考。度，制。(73)材官萬物　言裁制主宰萬物。材，借為裁。官，主宰。(74)宇宙裏　言宇宙都能理治。裏，借為理。(75)睪睪廣廣　睪，楊云讀為皞。皞皞，廣大貌。廣廣，顧云與上文「恢恢廣廣」重出，以睪讀為皞例之，「廣」應讀為「曠」。《說文》：「曠，明也。」段注：「廣大之明也。」按曠曠和皞皞，都是廣大之明的意思。(76)涫涫　沸騰的樣子。《說文》：「涫，鬵也。」段注：「今江蘇俗語鬵水曰滾水，滾水即涫，語之轉也。」鬵省作沸。(77)形　顧云不入韻，當作「則」。(78)出令而無所受令　心出令來支配四肢和各器官，不為四肢和各器官所使令。(79)口可劫而使墨云　人口可劫持使其或沉默或說話。墨，和默通。云，說話。(80)詘申　即屈伸。(81)心不可劫而使易意　心不可劫持使改變志意。(82)心容其擇也無禁　心容，心靈狀態。擇，抉擇。無禁，沒有禁限；沒有拘束。(83)必自見　自動表現其心容。(84)其物也雜博　物，指心容。心中所藏的，是非常雜博的。(85)其情之至也不貳　情，盧云元刻作「精」，王叔岷先生云類纂本、百子本並作「精」。作「情」為「精」之借字。不貳，不二心。(86)詩云句　所引為《詩經・周南・卷耳》第一章。采采，採摘之意。卷耳，苓耳。頃筐，畚屬，易滿，形如箕。周行，周的大路。(87)不可以貳周行　言不可以在路上一面採一面思念人。貳，指心兩用。(88)枝　旁引如樹枝。(89)傾則不精　心別有所傾向則不能專精。(90)以贊稽之萬物可兼知也　以一而不貳之道助考之，則可兼知萬物。贊，助。稽，考。(91)身盡其故則美　能盡不貳之事理則身美。故，事理。(92)類不可兩也　凡事類皆不可兩，言必專壹。(93)賈師　王念孫以為當據呂錢本作「市師」為是。市師，管理市場之官。(94)治三官　治，主理。三官，指田師、市師、器師。(95)精於物者也　俞云上當有「非」字。精於物，指耕田賈販製器等事。(96)以物物　言各物其所物，如農精於田，賈精於市。上物是動詞，下物是名詞。(97)兼物物　言能兼通萬事萬物之理，兼而治之。(98)以正志行察論　在心為志，發言為論。(99)則萬物官矣　謂各當其任而無差錯。(100)不以事詔而萬物成　詔，告。舜能一於道，但委任眾賢而已，未嘗躬親以事告人。(101)危　戒懼。(102)微　精微。(103)榮矣而未知　自臻光榮之境而不自知。(104)道經曰人心之危道心之微　偽《尚書．大禹謨》作「人心惟危，道心惟微」。言人心危，是以難安；道心微，是以難明，故戒以精一，信執其中。引此以明舜之治在於精一於道，不蔽於一隅。(105)錯　借為措，置。(106)湛濁　即沉濁，指泥滓。(107)理　肌膚的文理。(108)大形　指整個形體。(109)清　調沖和之氣。(110)嫌疑　疑似。(111)其正外易　其正在外改易。(112)庶理　盧云宋本作「麤理」，劉師培云作「麤」為是。(113)而倉頡獨傳者壹也　言古雖有許多喜好文字的，但不如倉頡能專壹其事，故能獨傳。倉頡，黃帝史官，造文字。(114)后稷　姬姓，名棄，堯命為稷。(115)夔　舜的樂正。(116)倕　舜的共工。(117)浮游作矢　《世本》：「夷牟作矢。」宋衷注：「黃帝臣也。」楊注云或者浮游為夷牟之別名，或聲相近而誤。梁引高氏云浮游當作游浮，游與夷，浮與牟，皆一聲之轉。(118)奚仲　任姓，又稱任仲，夏禹時為車正，封於薛。(119)乘杜作乘馬　《世本》：「相土作乘馬。」楊注云「杜」與「土」同，以其作乘馬之法，故曰乘杜。四馬駕車之法起於相土。(120)是其庭可以搏鼠惡能與我歌矣　言歌者視其手中所持草棍可以搏鼠，心思旁騖，就不能專心歌唱了。是，劉師培云「題」字之假。《廣雅．釋詁》：「題，視也。」庭，高云通作「莛」。《說文》：「莛，莖也。」莛即俗稱草棍。(121)空石之中有人焉其名曰觙　劉師培及梁均以為「空石」即「窮石」，窮空音近通借。《左傳．襄公四年》：「后羿自鉏遷于窮石。」觙，劉師培以為「羿」之異文，或為后羿之異名。然善射非指射箭，則觙亦不必指為羿。空石或即窮石，地名。觙則為人名。(122)善射　俞以為射為射策、射覆之射。《漢書．藝文志》著龜家有《隨曲射匿》五十卷，射匿疑即射覆。覆而匿之，人所不知，以意懸揣而期其中，此即射之義。(123)挫其精　挫，損。精，精誠。(124)闢　摒除。(125)閑居靜思則通　閑居靜思不接外物，故能通射覆之妙。(126)思仁若是可謂微乎　靜思仁如窮石人之思射，可謂之精微了嗎？(127)有子惡臥而焠掌　言有子惟恐自己睡去而自己焠其手掌，如同懸樑刺股之事。有子，有若。焠，燒而納於水。《說文》：「焠，堅刀刃也。」謂燒而納於水使刀刃堅利。(128)孟子惡敗十一句　郝云：「此文錯亂不可讀，當作『闢耳目之欲，而遠蚊蝱之聲，可謂能自危矣，未可謂微也。」如此訂正方可讀，餘皆涉上文而誤衍。」郭：「下兩句『何彊何忍何危』，則此七句正作三項言之，疑此『可謂能自彊矣』六字衍。『未及思也』句當在前『可謂能自彊』下。」姑依郝郭二氏之說，此段文句校為「孟子惡敗而出妻，可謂能自彊矣；未及思也。有子惡臥而焠掌，可謂能自忍矣；未及好也。闢耳目之欲，遠蚊蝱之聲，可謂危矣；未可謂微也」。129 至人　達於至上之境的人。130 至人也何彊何忍何危　既達於至上之境，所作所為自與理合，就不需自彊自忍自危了。131 濁明外景清明內景　景，和影同，光影。濁明是外明內濁，所以說「外景」；指的是自彊自忍自危者，徒彊於外，內心實未精微。清明是內外虛明，光影內涵，所以說「內景」；指的是至人，充實於中而光耀於外。132 而制焉者理矣　言聖人縱欲兼情，所制者都能得其理。133 無彊也　不需彊忍，指從心所欲不加檢束。134 疑　疑眩。135 後人　俞以為本作「立人」，立與植正相應。136 蹞步之澮也　蹞，和跬、趌同，半步叫蹞。澮，借為巜，田間水道，小溝。137 闈　小門。《說文》：「闈，特立之戶，上圜下方有似圭。」《爾雅．釋宮》：「宮中之門謂之闈，其小者謂之閨。」138 厭　借為擫、擪。《說文》：「擪，一指按也。」139 聽漠漠而以為哅哅　漠漠，無聲。哅哅，喧吵聲。140 玄　借為眩。141 精　目之明。142 夏首　夏水之口。《楚辭．九章．哀郢》：「過夏首而西浮兮。」王逸注：「夏首，夏水口也。」143 涓蜀梁　姓涓名蜀梁，不知何代人。《列仙傳》有涓子，齊人，隱於宕山，則涓為姓可知。144 卬　仰的古文。145 魅　物精。《說文》：「鬽，老物精也。魅，或从未。」146 失氣　謂困甚氣絕。147 必以其感忽之間疑玄之時正之　感忽，猶隱微。疑玄，即疑眩。正，王念孫以為「定」字之誤。148 無有而有無之時也　無有，謂以有為無。有無，謂以無為有。此皆人疑惑之時。149 故傷於溼三句　王念孫云自鼓痺以上脫誤不可讀，當作「故傷於溼而痺，痺而擊鼓烹豚，則必有敝鼓喪豚之費矣，而未有俞疾之福也」。痺，本作痹，溼病。《說文》：「痹，溼病也。」敝，破損。俞，借為瘉，今作愈。《說文》：「瘉，病瘳也。」150 凡以知人之性也　梁云「以」當為「可」。可知，猶云能知，這是人的本能。151 可以知物之理也　可以被人知，是物之理。152 可以　梁依元本刪「以」字，王叔岷先生云元本、百子本「可」下無「以」字。153 疑止　疑，定，和止同義。《詩經．大雅．桑柔》：「靡所止疑。」毛傳：

「疑，定也。」(154)貫　習的意思。(155)雖億萬已不足以浹萬物之變　已，終。浹，周徧。(156)老身長子　言身已老，子已長。(157)錯　借為措，置，廢捨。(158)妄人　愚妄之人。(159)聖也　梁引其伯兄云「也」當為「王」字之誤。(160)聖也者盡倫者也　聖是要盡人和事物之理的。(161)王也者盡制者也　王是要盡法度的。(162)象　取法。(163)幾　近。(164)懼　王引之云為「攫」字之誤。攫謂攫取之。(165)察孰　孰和熟通。明察精審。(166)篡　篡奪之人。(167)多能非以脩蕩是則謂之知　言人如多能，卻不用於修習和宣揚王制，就謂之巧詐。脩，習。蕩，借為盪，推盪，宣揚的意思。知，謂巧智，巧詐。(168)詌　多言。《說文》：「詌，多言也。」(169)天下有二非察是是察非　天下有是和非兩方面的道理，在非方面要分辨出是來，在是方面要分辨出非來。(170)謂合王制不合王制也　合王制為是，不合為非。(171)撓滑　撓，擾。滑，亂。(172)彊鉗　鉗，惡。《方言》：「鉗，惡也。」言既彊且惡。(173)詬　恥辱。(174)妄辨而幾利　妄為辯說，所近者惟有利。幾，近。(175)則　猶「而」。(176)析辭而為察言物而為辨　辯析言辭而以為明察，談論事物而以為辯捷。(177)憂戚之無益於幾也　言徒知憂戚，無益於事之危殆。幾，危。《爾雅．釋詁》：「幾，危也。」(178)則廣焉能棄之矣　廣，借為曠，遠。能，猶「而」。(179)干　犯。《說文》：「干，犯也。」(180)不慕往不閔來　不思慕過去，不憂慮將來。閔，憂慮。(181)無邑憐之心　沒有悒怏吝惜之心。邑，借為悒。(182)周而成泄而敗　以周密為成，以漏泄為敗。(183)宣而成隱而敗　以宣露為成，以隱蔽為敗。(184)反　借為返，返還。(185)詩云句　所引為逸詩。墨，幽闇。幽闇以為明，狐狸色黃而以為蒼，此言顛倒是非，正是上幽下險之事。(186)詩曰句　所引為《詩經．大雅．大明》第一章。引此詩以明人君赫赫在上，故臣民乃能明明在下。

【語譯】大凡人的毛病，總是蔽於局部的一偏，而闇於周徧正大之理。經過理治就會回復經常的正道，相匹兩或相擬比就會昏惑。天下沒有二道，聖人沒有兩心。現在諸侯各自異政，百家各自異說，這樣則一定有是有非，有治有亂。亂國的君主，亂家的人，本來他的真心誠意沒有不想求正道來把自己的國或家治好的，可是因他嫉妒迷謬於道，而有人就其所好誘之使惡。私喜其習慣積累，唯恐聽見自己的過惡。偏倚自己所私喜的來看與自己不同的學術，於是就唯恐聽到別人的美好。這樣就離去正道而走，又自以為是，不加停止，這豈不是蔽於局部的一偏而失去正當所求嗎！如不使役心，則白黑在前眼睛也看不到，雷鼓聲在旁耳朵也聽不到，何況是有蔽呢！得道的人，亂國的君主在上面說他不對，亂家的人在下面說他不對，豈不是可哀傷嗎！

什麼是蔽？欲是蔽，惡是蔽，始是蔽，終是蔽，遠是蔽，近是蔽，博是蔽，淺是蔽，古是蔽，今是蔽。凡是萬物相異則沒有不相為蔽的，這是人們心術共同的毛病。

古時人君的壅蔽，夏桀、殷紂就是的；桀為末喜、斯觀所壅蔽，而不知道有關龍逢的忠直，以致其心迷惑而行為乖亂。紂為妲己、飛廉所壅蔽，而不知道有微子啟的忠直，以致其心迷惑而行為乖亂。所以群臣要拋去忠心而從事私利，則百姓怨誹而不為用，賢良之人退處而隱逃，這就是所以要喪失九州之地而使宗廟為丘墟的道理。桀死於鬲山，紂的頭被懸在赤旗上；自身不能先覺知，也沒有人勸諫，這就是蔽塞的禍害。成湯有鑑於夏桀的失敗，所以專主其心而謹慎治理，所以能長久的重用伊尹而自身不失正道，這就是他所以取代夏桀王而受有九州之地的道理。文王有鑑於殷紂的失敗，所以專主其心而謹慎治理，所以能長久的重用呂望而自身不失正道，這就是他所以取代殷紂王而受有九州之地的道理。遠方沒有不致送他的珍異來的，所以眼睛所看的可以齊備各種美色，耳朵所聽的可以齊備各種美聲，口裏所吃的可以齊備各種美味，形體所居的可以齊備各種宮室，聲名所受的可以齊備各種美號，生時天下歌頌，死時四海哀哭，這就叫做至盛。古詩裏說：「鳳凰啾啾的叫，牠的羽翼如楯，聲音像簫，鳳凰鳳凰，使帝心快樂。」說的就是不蔽塞的福祉。

古時人臣的壅蔽，唐鞅、奚齊就是的；唐鞅為欲和權所壅蔽，而驅逐戴子；奚齊為想奪取國家的欲念所壅蔽，而加罪申生；唐鞅被戮於宋，奚齊被戮於晉。驅逐賢相和加罪於孝順的兄長，自身被戮，然而不能覺知，這就是蔽塞的禍害。所以貪鄙背叛爭權的人，不危辱滅亡的，從古到今，從來就沒有的。鮑叔、甯戚、隰朋仁智且不被壅蔽，所以能扶翼管仲，而名利福祿和管仲齊等。召公、呂望仁智且不被壅蔽，所以能扶翼周公，而名利福祿和周公齊等。古傳裏說：「能明知賢人叫做明，能輔佐賢人叫做能。能勤勉力行，他的福祉必然久長。」說的就是這種道理。

古時遊說之士的壅蔽，雜家之說就是。墨子蔽塞於功用而不知道有禮文，宋子蔽塞於欲寡而不知道人的貪得，慎子蔽塞於法而不知道賢才之治，申子蔽塞於勢而不知道才智的治世，惠子蔽於虛辭而不知道實理，莊子蔽於自然而不知道人能制天用天。所以由用來衡量事物，這就叫做道，那天下一切盡歸於功利了；從人所欲，這就叫做道，那道僅限於快意了；一切由法，這就叫做道，那道僅限於法條了；由勢來行，這就叫做道，那道就盡歸於利便了；徒逞虛辭，這就叫做道，那道就盡歸於論辯了；聽任自然，這就叫做道，那道就盡歸於因任自然了。這幾套東西，都是道的一偏。道是以常為體而極盡其變化的，一偏是不足以包舉的。只知一偏的人，衹看到道的一偏，而沒有能認識道，所以自以為足而美言偽飾，內裏惑亂自己，對外惑亂他人，上以蔽下，下以蔽上，這是蔽塞的禍害。孔子仁智且不被壅蔽，所以他的才學術藝，足以法效先王。一家得到周徧之道，總而用之，不蔽於既成的積習。所以他的德和周公相齊，名和三王相並；這就是不蔽塞的福祉。

聖人知道心術的患害，見到蔽塞的禍害，所以沒有欲沒有惡，沒有始沒有終，沒有近沒有遠，沒有博沒有淺，沒有古沒有今，這十種蔽塞都沒有，而是兼列萬物而當其中而懸衡，來揣度其輕重。所以眾類雖異不得互相蔽塞而亂其理。什麼是衡？就是道。所以心不可以不知道道，心不知道道，就會不以道為可而以非道為可了。人得縱恣，則誰想守其所不可而禁其所可！以其不認可道的心來取人，那一定合於不道人而不合於道人。以其不認可道的心同不道人論道，這是亂的本原。又怎能算做智？心知道道然後才會以道為可。以道為可然後才能守道而禁絕非道。以其認可道之心來取人，那一定合於道人而不合於不道人。以其認可道的心同道人論非道，這是治的樞要。又何患於不智呢？

治世之要在於知道，人怎麼能夠知道？因為心。心怎麼能夠知？因為虛壹而靜。心未嘗不苞藏，然而有所謂虛；心未嘗不同時兼知，然而有所謂一；心未嘗不動，然而有所謂靜。人生而有知識，有知識因而就有記憶，記憶就是收藏；然而有所謂虛；不以心識所已藏的事物妨害所將接受的事物，這就叫做虛。人心是生來就有知識的，所知識的有所相異，相異的，可以同時兼知；同時兼知，這就是兩；然而有所謂一，也就是不以彼一害此一，這就叫做壹。心在睡時就做夢，鬆懈時就自動胡思亂想，使用時就專壹思考；所以心未嘗不動，然而有所謂靜；不以夢幻煩劇來擾亂知識，這就叫做靜。沒有得道而正在求道的人，以虛壹而靜說給他聽。去做，則須道者之虛，才能入於道。將要行事，則要道者之壹，才能盡理。將要思考，則要道者能靜，才能明察。知道道而能明察，知道道而能力行，才是真正能夠體道的。虛壹而靜，叫做大清明。這樣，萬物沒有有形體而不能明見的，沒有明見而不能論列的，沒有論列而失其位次的。坐在室中可以明見四海之內的事物，處於今世可以聞知久遠的事物，通觀萬物而能知道它的情理，驗考治亂而能通曉它的制度，經緯天地，而裁制主宰萬物，裁制大理，而宇宙都理治了。恢恢廣廣，誰知道他的止極；睪睪曠曠，誰知道他的德美；涫涫紛紛，誰知道他的法則。明和日月相參，大充滿八極，這就叫做大人。又怎能有蔽塞呢！

心是形體的君主，是神明的主宰；發出命令而無所接受命令。心能自禁，自使，自奪，自取，自行，自止。所以口可力劫使它默然或言語，形體可力劫使它屈伸；心卻不可力劫使它改變意志，是的就接受，非的就拒辭。所以說，心靈狀態，它的抉擇沒有禁限，必然自動表現，心中所藏的非常雜多，而它的精專之至卻不貳心。《詩經》裏說：「採摘卷耳，沒有裝滿傾筐。我感傷地懷念遠方之人，把傾筐放在路上。」傾筐是很容易裝滿的，卷耳是很容易採到的，然而貳心思人而把筐擺在路上也是不行的。心分歧則無所知，心別有傾向則不能專精，心兩用則疑惑。以一而不貳之道助考，則可以兼知萬物。身能盡其事理則美。凡事類都不可以兩，所以智者慎擇壹道而專一。農夫精於耕田而不可以為田師，商人精於販賣而不可以為市師，工匠精於造器而不可以為器師；有人，雖不能通這三種技能，卻可以使他主理田師、市師、器師三官；他是精於道理的，不是精於技事的。精於技事的，各治其一種事物；精於道理的，可以兼治各種事物。所以君子專壹於道，來助考萬物。專壹於道則方正，助考萬物則明察；意志方正，言論明察，則萬物各當其任無差錯了。古時舜的治理天下，不曾以事親自告人而萬事都能成就。舜能處以專壹而且戒懼，所以光榮充滿身邊；修養專壹的精微，所以自臻光榮之境而不自知。所以《道經》說：「人心顛危難安，道心精微難明。人必常懷戒懼。」危懼精微的機兆，祇有聖明君子才能知道。人的心好像槃中的水，放正而不搖動，則泥滓在下面，清明在上面，足可以辨察人的鬚眉和肌膚的文理。微風吹過，泥滓在下面浮動，清明在上面也就混濁了，也就不可以照得人整個形體的正影了。心也是如此，所以開導以理，涵養以沖和之氣，外物不能傾側，則足以正定是非決斷疑似了。小物一引誘，則其正在外改易，其心在內傾側，則不足以決斷麤理了。所以愛好文字的很多，而倉頡獨能流傳後世，是他壹於此道的緣故；愛好稼穡的很多，而后稷獨能流傳後世，是他壹於此道的緣故；愛好音樂的很多，而夔獨能流傳後世，是他壹於此道的緣故；愛好義的很多，而舜獨能流傳後世，是他壹於此道的緣故；倕作弓，浮游作矢，而后羿卻能精於射法；奚仲作車，乘杜創四馬駕車之法，而造父卻能精於駕車；從古到今，從來沒有並能兩事而精的。曾子說：「有人同我唱歌，他卻看著手中草棍以為可以搏擊老鼠，這怎麼能專心同我唱歌呢！」

窮石地方有一個人，名字叫觙，他這個人，善於射覆而又好思考，但因耳目常和外界的引誘相接，則破壞了他的思考；聽見蚊蝱的聲音，又損害了他的精專。所以闢除耳目之欲，遠離蚊蝱之聲，閑居靜思不同外物接觸，就可以通射覆之妙。思考仁也能如此，可算是精微了嗎？孟子怕敗德而休了妻子，可算是能自彊了；但還不夠深思。有子怕讀書時瞌睡而燒灼手掌，可算是能自忍了；但還不夠好。闢除耳目之欲，遠離蚊蝱之聲，可算是戒懼了，但還不夠精微。能精微的就是至人。既是達於精妙之境的至人，所作所為自然和理相合，哪裏還用自彊自忍自危呢？所以外明內濁的光影外現，內外虛明的光影內涵。聖人縱心所欲，兼盡其情，而所制都能得理；這樣又哪裏用自彊自忍自危呢？所以仁者的行道，是無為的；聖人的行道，是不需彊忍的。仁者所思考的非常恭謹，聖人所思考的非常樂易，這就是治心之道。

凡是觀察事物有疑眩，心中不定，則對外物不清楚。自己的思慮不清楚，就不能決定是或否。

在黑暗中行走的人，見到橫臥的石塊以為是伏臥的老虎，見到植立的林木以為是站立的人；這是黑暗壅蔽了明見。醉酒的人越過百步寬的溝，以為只是半步寬的小溝；俯身走出城門，以為是很小的宮中之門；這是酒亂了他的神志。按著眼睛來看的人，看一件東西以為是兩件；掩住耳朵來聽的人，聽著漠漠然無聲卻以為㘅㘅然喧吵；這是情勢亂了他的官能。所以從山上看下面的牛像羊一般小，而求羊的人不會下來牽牠去的；這是遠壅蔽了牠的大。從山下看上面的樹木，十仞高的樹看像一根筷子，而求筷子的人不會上去折它；這是高壅蔽了它的長。水一動影子就搖動，人不會以這搖動的影子來決定美惡；這是因為水勢令人目眩。瞎子仰視看不到星辰，人不會以這個來決定星辰的有無；這是因為瞎子目明有問題。如果有人以這時候來決定事物，就是世上最愚笨的人。愚笨的人決定事物，是以疑惑來決斷疑惑，所決斷的一定是不得當的。假如是不得當，怎能沒有過誤呢！夏水口的南邊有一個人，名叫涓蜀梁，他這個人，愚笨而又多畏懼。在明月下夜行，俯首見到自己的影子，以為是伏地上的鬼；仰頭看到自己的頭髮，以為是立著的精魅，反身背向而跑，等到了家，氣絕而死。豈不是可哀嗎！凡人以為有鬼，必定是在隱微之間疑眩的時候而決定的。這正是人以有為無、以無為有的時候。而自己以這個時候來決定事情，就如同傷於風濕而患風濕病，卻要擊鼓烹豚，只有破了鼓損失了豚的浪費，而沒有治好病的益處。所以雖不在夏水口之南，也和涓蜀梁沒有兩樣。

大凡可知是人的本性，可以知是物之理。以可知的本性，去求可以知的物之理，而沒有定止界限，那沒世窮年也不能徧及。他所習的事理，雖達億萬，終不足以周浹萬物之變，同愚者還是一樣；這樣去學，就是到身老子長，還是同愚者一樣；而還不知道廢捨，這就叫做愚妄的人。所以學，就是要學有所止限。怎樣才是止限？要止限於至足。怎樣才是至足？就是聖和王。聖是要盡人和事之理的，王是要盡法度的；兩者都能盡，足以為天下的至極了。所以學者以聖和王為師，以聖和王的制度為法，效法他的法度，求他的統紀類例，務必取法其人。向這方面而務求的，就是士；類似這方面而相近的，就是君子；明知其理的，就是聖人。所以有才智不用來想這個，就叫做攫取；有勇氣而不用來持守這個，就叫做賊；明察精審而不用來分辨這個，就叫做篡奪；多才能而不用來修習和宣揚這個，就叫做巧詐；口辯巧利而不用來論說這個，就叫做多言。古傳裏說：「天下有是和非兩方面的道理，在非方面要察辨出是來，在是方面要察辨出非來。」說的就是合王制與不合王制。天下有不以這個為隆正的，然而還能分辨是非理治曲直嗎？如果是不能分辨是非，不能理治曲直，不能辨明治亂，不能理治人道；雖能做也對人沒有益處，雖不能做也對人沒有損害；那些治怪說，玩奇辭，來相擾亂的；那些彊惡而利口的，厚顏而忍恥的；那些不正而矜放的，妄為辯說而企近於利的；那些不好辭讓，不敬禮節，而好互相推擠的，這些都是亂世姦人之說，而天下的攻治學說的，正是很多的。古傳裏說：「辯析言辭而以為明察，談論事物而以為辯捷，君子是賤惡的。博聞彊記，不合於王制，君子是賤惡的。」說的就是這種道理。去做也無益於成功，去求也無益於獲得，憂戚也無益於危殆。就要遠棄它了，不要使它妨害自己，不使它片刻干犯於胸中。不思慕過去，不憂慮將來，沒有悒怏吝惜之心，當其時就動，事物到來就相應，事情發生就去治理，治亂可否，就會昭然清楚了。

以周密為成，以漏泄為敗，明君沒有此事。以宣露為成，以隱蔽為敗，闇君沒有此事。所以為人君的，周密則讒言來了，直言去了；小人接近而君子遠離了。古詩裏說：「以闇為明，以黃為蒼。」這就是說在上幽闇則在下險邪。為人君的，宣露則直言來了，讒言去了；君子接近而小人遠離了。《詩經》裏說：「人君赫赫在上，臣民就會明明在下。」說的就是在上聖明在下自然受化的道理。

正名篇

後王之成名[1]，刑名從商[2]，爵名從周[3]，文名從禮[4]。散名[5]之加於萬物者，則從諸夏之成俗曲期[6]。遠方異俗之鄉，則因之而為通[7]。散名之在人者，生之所以然者謂之性[8]。性之和所生，精合感應，不事而自然謂之性[9]。性之好惡喜怒哀樂謂之情。情然而心為之擇謂之慮[10]。心慮而能為之動謂之偽[11]。慮積焉，能習焉，而後成謂之偽[12]。正利而為謂之事[13]。正義而為謂之行[14]。所以知之在人者謂之知[15]。知有所合謂之智[16]。智所以能之在人者謂之能[17]。能有所合謂之能[18]。性傷[19]謂之病。節遇[20]謂之命。是散名之在人者也，是後王之成名也。

故王者之制名，名定而實辨，道行而志通[21]，則慎率民而一焉。故析辭擅作名以亂正名[22]，使民疑惑，人多辨訟，則謂之大姦；其罪猶為符節度量之罪也㉓。故其民莫敢託為奇辭㉔以亂正名，故其民愨；愨則易使，易使則公㉕。其民莫敢託為奇辭以亂正名；故壹於道㉖法而謹於循令矣，如是則其迹㉗長矣。迹長功成，治之極也，是謹於守名約㉘之功也。

今聖王沒，名守慢，奇辭起，名實亂，是非之形不明，則雖守法之吏，誦數之儒㉙，亦皆亂也。若有王者起，必將有循於舊名，有作於新名㉚。然則所為有名，與所緣以同異，與制名之樞要，不可不察也。

異形離心交喻㉛，異物名實玄紐㉜，貴賤不明㉝，同異不別㉞；如是，則志必有不喻之患，而事必有困廢之禍。故知者為之分別制名以指實；上以明貴賤，下以辨同異。貴賤明，同異別；如是，則志無不喻之患，事無困廢之禍，此所為有名也㉟。

然則何緣以同異？曰：緣天官㊱。凡同類同情者，其天官之意㊲物也同；故比方之疑似而通㊳。是所以共其約名以相期也㊴。形體色理以目異，聲音清濁調竽[40]奇聲以耳異；甘苦鹹淡辛酸奇味[41]以口異，香臭芬鬱腥臊洒酸奇臭[42]以鼻異，疾養滄熱滑鈹[43]輕重以形體異，說故[44]喜怒哀樂愛惡欲以心異。心有徵知[45]。徵知，則緣耳而知聲可也，緣目而知形可也，然而徵知必將待天官之當簿其類然後可也[46]；五官簿之而不知，心徵之而無說，則人莫不然[47]謂之不知，此所緣而以同異也。然後隨而命之，同則同之，異則異之；單足以喻則單，單不足以喻則兼[48]；單與兼無所相避，則共[49]；雖共，不為害矣。知異實者之異名也，故使異實者莫不異名也，不可亂也，猶使異實[50]者莫不同名也。故萬物雖眾，有時而欲偏舉之，故謂之物。物也者，大共名也。推而共之，共則有共，至於無共然後止[51]。有時而欲偏[52]舉之，故謂之鳥獸。鳥獸也者，大別名也。推而別之，別則有別，至於無別然後止[53]。名無固宜，約之以命[54]，約定俗成謂之宜，異於約則謂之不宜。名無固實，約之以命實，約定俗成謂之實名[55]。名有固善，徑易而不拂[56]，謂之善名。物有同狀而異所者[57]，有異狀而同所者[58]，可別也。狀同而為異所者，雖可合，謂之二實[59]。狀變而實無別而為異者，謂之化；有化而無別，謂之一實[60]。此事之所以稽實定數[61]也。此制名之樞要也；後王之成名，不可不察也。

「見侮不辱」[62]，「聖人不愛己」[63]，「殺盜非殺人也」[64]，此惑於用名以亂名者也。驗之所以為有名[65]而觀其孰行，則能禁之矣。「山淵平」[66]，「情欲寡」[67]，「芻豢不加甘，大鍾不加樂」[68]，此惑於用實以亂名者也。驗之所緣無以同異而觀其孰調[69]，則能禁之矣。「非而謁，楹有牛，馬非馬也」[70]，此惑於用名以亂實者也。驗之名約，以其所受，悖其所辭[71]，則能禁之矣。凡邪說辟[72]言之離正道而擅作者，無不類於三惑者矣。故明君知其分而不與辨也[73]。

夫民易一以道而不可與共故[74]；故明君臨之以埶，道之以道，申之[75]以命，章之[76]以論，禁之以刑；故其民之化道也如神，辨埶[77]惡用矣哉！

今聖王沒，天下亂，姦言起，君子無埶以臨之，無刑以禁之，故辨說也。實不喻然後命，命不喻然後期[78]，期不喻然後說，說不喻然後辨[79]。故期命辨說也者，用之大文[80]也，而王業之始也。名聞而實喻，名之用也。累而成文，名之麗也[81]。用麗俱得，謂之知名。名也者，所以期累實也[82]。辭[83]也者，兼異實之名以論[84]一意也。辨說也者，不異實名以喻動靜之道也[85]。期命也者，辨說之用也。辨說也者，心之象道[86]也。心也者，道之工宰[87]也。道也者，治之經理也[88]。心合於道，說合於心，辭合於說，正名而期，質請而喻[89]，辨異而不過[90]，推類而不悖[91]；聽則合文[92]；辨則盡故[93]。以正道而辨姦，猶引繩以持曲直；是故邪說不能亂，百家無所竄。有兼聽之明，而無奮矜之容；有兼覆之厚，而無伐德之色。說行則天下正，說不行則白道而冥窮[94]，是聖人之辨說也。《詩》曰：「顒顒卬卬，如珪如璋，令聞令望，豈弟君子，四方為綱。」[95]此之謂也。

辭讓之節得矣，長少之理順矣；忌諱不稱，祅辭不出。以仁心說，以學心聽，以公心辨。不動乎眾人之非譽，不治[96]觀者之耳目，不賂貴者之權埶[97]，不利傳辟者之辭[98]；故能處道而不貳，吐而不奪[99]，利而不流，貴公正而賤鄙爭，是士君子之辨說也。詩曰：「長夜漫兮，永思騫兮。大古之不慢兮，禮義之不愆兮，何恤人之言兮。」[100]此之謂也。

君子之言，涉然[101]而精，俛然[102]而類，差差然而齊[103]。彼正其名，當其辭，以務白[104]其志義者也。彼名辭也者，志義之使也，足以相通則舍之矣；苟之[105]，姦也。故名足以指實，辭足以見極[106]，則舍之矣。外是者謂之訒[107]，是君子之所弃，而愚者拾以為己寶。故愚者之言，芴然而粗[108]，嘖然而不類[109]，諸諸然而沸[110]。彼誘其名，眩其辭，而無深於其志義者也。故窮藉而無極[111]，甚勞而無功，貪而無名，故知者之言也，慮之易知也，行之易安也，持之易立也；成[112]則必得其所好而不遇其所惡焉。而愚者反是。《詩》曰：「為鬼為蜮，則不可得。有靦面目，視人罔極。作此好歌，以極反側。」[113]此之謂也。

凡語治而待去欲者，無以道欲而困於有欲者也[114]。凡語治而待寡欲者，無以節欲而困於多欲者也[115]。有欲無欲，異類也，生死也，非治亂也[116]。欲之多寡，異類也，情之數也，非治亂也[117]。欲不待可得，而求者從所可[118]。欲不待可得，所受乎天也；求者從所可，受乎心也[119]。所受乎天之一，欲制於所受乎心之多，固難類所受乎天也[120]。人之所欲生甚矣，人之所惡死甚矣，然而人有從生成死[121]者，非不欲生而欲死也，不可以生而可以死也。故欲過之而動不及，心止之也[122]，心之所可中理，則欲雖多，奚傷於治！欲不及而動過之，心使之也，心之所可失理，則欲雖寡，奚止於亂！故治亂在於心之所可，亡於[123]情之所欲。不求之其所在而求之其所亡，雖曰我得之，失之矣。

性者，天之就也；情者，性之質也；欲者，情之應也。以所欲為可得而求之；情之所必不免也。以為可而道之，知所必出也[124]。故雖為守門，欲不可去；性之具也[125]。雖為天子，欲不可盡。欲雖不可盡，可以近盡也；欲雖不可去，求可節也[126]。所欲雖不可盡，求者猶近盡，欲雖不可去，所求不得，慮者欲節求也[127]。道者[128]，進則近盡，退則節求，天下莫之若也。

凡人莫不從其所可，而去其所不可，知道之莫之若也，而不從道者，無之有也。假之[129]有人而欲南[130]，無多[131]，而惡北[132]，無寡[133]，豈為夫南者之不可盡也，離南行而北走也哉！今人所欲，無多，所惡，無寡，豈為夫所欲之不可盡也，離得欲之道而取所惡也哉！故可道而從之，奚以損之而亂[134]！不可道而離之，奚以益之而治[135]！故知者論道而已矣，小家珍說之所願[136]皆衰矣。

凡人之取也，所欲未嘗粹而來也；其去也，所惡未嘗粹[137]而往也。故人無動而不可以不與權俱[138]。衡不正，則重縣於仰，而人以為輕[139]；輕縣於俛，而人以為重[140]；此人所以惑於輕重也。權不正，則禍託於欲，而人以為福，福託於惡，而人以為禍；此亦人所以惑於禍福也。道者，古今之正權也；離道而內自擇，則不知禍福之所託。易[141]者，以一易一，人曰無得亦無喪[142]也。以一易兩，人曰無喪而有得也。以兩易一，人曰無得而有喪也。計者取所多，謀者從所可。以兩易一，人莫之為，明其數也。從道而出，猶以一易兩也，奚喪！離道而內自擇，是猶以兩易一也，奚得！其累百年之欲，易一時之嫌[143]，然且為之，不明其數[144]也。

有嘗試深觀其隱而難其察者[145]，志輕理而不重物者[146]，無之有也；外重物而不內憂者，無之有也。行離理而不外危者，無之有也；外危而不內恐者，無之有也。心憂恐則口銜芻豢而不知其味，耳聽鐘鼓而不知其聲，目視黼黻而不知其狀，輕煖平簟[147]而體不知其安。故嚮[148]萬物之美而不能嗛[149]也，假而得問而嗛之，則不能離也[150]。故嚮萬物之美而盛憂，兼萬物之利而盛害，如此者，其求物也，養生也？粥壽也[151]？故欲養其欲而縱其情，欲養其性[152]而危其形，欲養其樂而攻其心，欲養其名而亂其行；如此者，雖封侯稱君，其與夫盜無以異；乘軒戴絻，其與無足無以異[153]；夫是之謂以己為物役矣！心平愉，則色不及傭[154]而可以養目，聲不及傭而可以養耳，蔬食[155]菜羹而可以養口，麤布之衣麤紃之履[156]而可以養體，屋室廬庾葭稾蓐尚机筵[157]而可以養形。故無萬物之美而可以養樂，無埶列之位而可以養名，如是而加天下焉，其為天下多，其和樂少矣[158]，夫是之謂重己役物。

無稽之言[159]，不見之行[160]，不聞之謀[161]，君子慎之。

【注　釋】❶成名　既定之名。❷刑名從商　刑法之名隨從商代。《左傳・昭公六年》：「叔向曰：商有亂政而作湯刑。」《竹書紀年》：「祖甲二十四年重作湯刑。」《呂覽・孝行覽》：「〈商書〉曰：刑三百罪莫重于不孝。」《墨子・非樂上》：「湯之官刑有之。」以上所載，皆商有刑書之證。❸爵名從周　爵位之名隨從周代，謂五等諸侯及三百六十官。❹文名從禮　文名，謂節文威儀之名。禮，周《儀禮》。❺散名　猶言雜名。❻從諸夏之成俗曲期　成俗，習俗之既成者。曲，周徧。期，要約。雜名要隨華夏諸地的既成習俗而要約周徧者。❼遠方異俗之鄉二句　以諸夏之成俗曲期立為一種標準，遠方異俗之地，取則於此，則可以互通。❽生之所以然者謂之性　指天賦的本質，生理學上的性，像食色等就是。❾性之和所生三句　這是指天賦的本能，心理學上的性。和，調和。精合感應，即心對外來刺激發生主觀的反應。事，從事；學習。❿情然而心為之擇謂之慮　情然，即遇到可欲的刺激而發生愛好的反應。心為之擇，心對可欲之刺激加以抉擇。⓫心慮而能為之動謂之偽心經過抉擇之後，由「能」為之發動，成為現實的行為。這個偽指作用而言。⑫慮積焉三句　慮積焉，經過無數次的思慮抉擇。能習焉，由「能」所發動的行經過無數次的習練。此言經過無數次的抉擇，經過無數次的實行，逐漸所養成的行為也叫偽。這是指偽的結果而言。⑬正利而為謂之事　凡行為當於利的叫事。事指業。⑭正義而為謂之行　凡行為當於義的叫行。行指德。⑮所以知之在人者謂之知　指知的作用而言，是本能的知。⑯知有所合謂之智　指知的結果而言，是知識的智。⑰智所以能之在人者謂之能　盧云句首「智」字衍。此指能的作用而言，是本能的能。⑱能有所合謂之能　指能的結果而言，是才能的能。⑲性傷　性也是指生理上的性。⑳節遇　節，適。節遇，偶遇。㉑道行而志通　道，制名之道。志，意。通，達。㉒析辭擅作名以亂正名　辯析其辭擅自作名來擾亂正名。㉓其罪猶為符節度量之罪也　為，製作。言罪同私造符節度量是一樣的。《禮記・王制》：「析言破律，亂名改作，執左道以亂政，殺。」意思同荀子所言相近。㉔奇辭　詭奇之辭。㉕公　借為功。㉖道　由；從。㉗迹　借為績，業績。㉘名約　約，要約。名是由約定俗成而定的，故謂之名約。㉙誦數之儒　誦習術藝的儒者。㉚有作於新名　有，和又通。王者除循用舊名以外，也創作新名。㉛異形離心交喻　異形，指不同的事物。離心，指不同的人的心。不同的事物，不同的人的心，交互來相喻，沒有共同的名是無法表達和了解的。㉜異物名實玄紐　玄，借為眩。紐，纏結。不同的事物，名和實相互眩亂紐結，就非要正名不可了。㉝貴賤不明　貴和賤的差等不明。㉞同異不別　同和異的界限不清，無從分別。㉟此所為有名也　言有名之意即在此。㊱緣天官　緣，依據。天官，指目耳口鼻心體。㊲意　和億同，測度。㊳故比方之疑似而通　疑，借為擬。互相比方，互相擬似，自然可以通曉。㊴共其約名以相期也　通過共同約定的名使各人的認識共相期會。㊵調竽　即窕槬，調聲音的寬狹。《左傳・昭公二十一年》：「小者不窕，大者不槬。」《廣雅》窕槬二字均訓寬，王念孫《疏證》云：「窕為不滿之寬，槬為橫大之寬。」窕槬表樂器之寬狹大小，樂器寬狹大小不同，則聲音亦不同，此處言聲音之寬狹不同。㊶奇味　奇異之味。㊷香臭芬鬱腥臊洒酸奇臭　香臭，指穀食的餿饐，即穀食的香味和臭味。芬鬱，指草木的芳香和鬱腐。豕臭叫腥，犬臭叫臊。洒，楊云或曰當為漏，馬臭叫漏。酸，王念孫云當為「庮」字之誤，牛臭叫庮。《周禮・天官・內饔》：「牛夜鳴則庮。」鄭司農云：「庮，朽木臭也。」言牛之氣味似朽木。㊸疾養滄熱滑鈹　疾，痛。養，借為癢。滄，寒。鈹，當為鈒，音與澀同，借為澀。㊹說故　說，借為悅，喜悅，心開釋。《說文》：「說，釋也。」故，借為錮，心鬱結。㊺心有徵知　有，借為又。徵，驗。心能驗知外物。㊻徵知必將待天官之當簿其類然後可也　言心的驗知外物，必要人的官能正和其類相接觸才可以。當，正。簿，借為薄，接觸。㊼然　如此。㊽單不足以喻則兼　單，單名。兼，兼名；複名。喻，說明。㊾單與兼無所相避則共　避，違異。共，共名。單名和兼名都有共名。單名馬，獸是馬的共名。兼名白馬，動物是白馬的共名。馬不能代表牛，所以馬和牛的名相違異。白馬不能代表黃馬，所以白馬和黃馬之名相違異。但如舉其共名則不會違異，如獸或動物之名，可以代表馬，也可以代表牛。這樣雖用共名，也不為害了。㊿異實　楊注引或曰當為同實。(51)共則有共二句　有，借為又。馬是白馬黑馬的共名，牛是黃牛黑牛的共名；動物又是馬牛的共名；物是「共而又共至於無共」的大共名。(52)徧　俞以為「偏」字之誤。(53)鳥獸也者五句　鳥獸是大別名；推下去「鷹」是鳥的別名，「虎」是獸的別名；「黑鷹」是鷹的別名，「白虎」是虎的別名。一直可推到無別然後為止。(54)名無固宜約之以命　名本來是沒有定宜的，大家相約來命定的。(55)約定俗成謂之實名　名本來沒有指定固定的實，大家相約來命這個實，約定俗成之後，就成了一定之實的名。(56)徑易而不拂　徑直平易而不違拂，即是易曉之名。(57)物有同狀而異所者　如兩馬同狀而各在一處。(58)有異狀而同所者　如老幼異狀而同是一身。(59)狀同而為異所者三句　如兩馬雖狀同而實際為兩體，名雖可合，同謂之馬，其實則為二。(60)有化而無別謂之一實　如人由幼變化為老，實際還是一個身體，所以叫一實。(61)稽實定數　稽考其實而定「一」「二」之數。(62)見侮不辱　謂被侮不以為辱。〈正論篇〉：「宋子曰：明見侮之不辱，使人不鬬。」(63)聖人不愛己　聖人不愛人，己也屬於人之中，所以是聖人不愛己。《墨子・大取》：「愛人不外己，己在所愛之中。」(64)殺盜非殺人也　愛盜非愛人，故殺盜非殺人。《墨子・小取》：「愛盜非愛人也，不愛盜非不愛人也，殺盜非殺人也。」(65)驗之所以為有名　王引之云「以」字衍，下文「驗之所緣」下之「無」字亦衍文。

言用所為有名驗證之。66山淵平　〈不苟篇〉述惠施、鄧析之說云：「山淵平。」《莊子・天下篇》述惠施之說云：「山與澤平。」67情欲寡　〈正論篇〉述宋子之說云：「人之情欲寡。」《莊子・天下篇》述宋鈃之說云：「以情欲寡淺為內。」68芻豢不加甘大鍾不加樂　為墨子之說。69驗之所緣無以同異而觀其孰調　「無」字衍。驗證一下所依據的五官的感受的同異，看看是否調適。70非而謁楹有牛馬非馬也　非而謁，楹有牛，不知其出處。馬非馬，為公孫龍白馬之說。〈白馬論〉云：「言白所以命色也，馬所以命形也。色非形，形非色，故曰白馬非馬也。」71驗之名約以其所受悖其所辭　言驗證一下名約，看所代表的實和所操的言辭，是否沒有違謬。以，用。所受，名約所接受的實。悖，違。所辭，所操的言辭。72辟　借為僻，邪僻。73明君知其分而不與辨也　分，分別。辨，辯說。74夫民易一以道而不可與共故　一以道，用道來齊一。故，所以然的理由。民愚難曉，可使由之不可使知之。75申之　申重之。76章之　章明之。77辨埶　辨，借為辯。埶，梁引王懋竑云當作「說」。78命不喻然後期　命，以名命之。喻，曉。期，會。用幾個名聯合來期會。79辨　借為辯。80文　指美飾。81累而成文名之麗也　文，指聯合兩字以上的詞。麗，借為儷，配偶。82所以期累實也　累名正是所以期會累實。83辭　指語句。84論　王念孫云「諭」字之誤。諭，明。85不異實名以喻動靜之道也　不異實名，不違異約定俗成的名實關係。動靜之道，指世間動態及靜態的一切事理。86象道　象，法效。象道，法效於道，符合於道。87工宰　工，官。官宰，猶言主宰。88治之經理也　經，常法。理，條貫。治，指理國。89質請而喻　質，本。請，借為情，情實。言本其情實而曉喻之。90辨異而不過　辯論只要明同異不必過多其辭。91推類而不悖　推論事類要得其理而不相違謬。92聽則合文　聽別人辯說要合文理。93辨則盡故　自己辯說要說盡理由。94白道而冥窮　窮，借為躬。言明揚其道而幽隱其躬。95詩曰句　所引為《詩經・大雅・卷阿》第六章。顒顒，溫和的樣子。卬卬，志氣高昂的樣子。如圭如璋，說他的志意高潔。令，美。聞和望，都指聲譽。豈弟，樂易。引此以明君子溫文高潔，和樂平易，雖辯說而不矜伐。96治　飾。97不賂貴者之權埶　言不賄賂權貴之人。98不利傳辟者之辭　言不利用行為邪僻自是的人的言辭來增強自己的聲勢。利，自己取利。傳，劉師培云讀如「專」，自是的意思。辟，借為僻。[99]吐而不奪　言雖困屈而不可劫奪。吐，俞云當為咄，咄為詘之假借字。[100]詩曰句　所引為逸詩。漫，謂漫漫，夜長的樣子。騫，咎。引此詩以明辯說得其正，何憂人之言。[101]涉然　深入的樣子。[102]俛然　俯就的樣子。[103]差差然而齊　謂論列是非，似若不齊，然終歸於齊一。差差，不齊的樣子。[104]白　明。[105]苟之　委曲之意。[106]極　中，中正。[107]訒　難。[108]芴然而粗　芴，和忽同。忽然而粗，言其語輕浮而粗疏。[109]嘖然而不類　言爭議而沒有統類。嘖，爭言。[110]諮諮然而沸　雜亂多言而喧騰。諮諮，多言。[111]故窮藉而無極　言窮極紛煩而沒有止境。藉，劉師培云當作「籍」。籍籍猶紛紛，窮藉亦紛煩之義。[112]成　終。[113]詩曰句　所引為《詩經・小雅・何人斯》第八章。解釋見〈儒效篇〉注。[114]無以道欲而困於有欲者也　言其沒有導欲之術，反為有欲者所困。[115]無以節欲而困於多欲者也　言其沒有節欲之術，反為多欲者所困。[116]有欲無欲四句　「生死也」，王念孫云當作「性之具也」，下文「性之具也」即此句之衍文。異類，如生物、無生物之不同類。有欲和無欲的區別，是因為不同類，是生來性之所具有的，和治亂沒有關係。[117]欲之多寡四句　欲的多寡，是因為不同類，好像人多欲而禽獸寡欲，這是情的本理，和治亂沒有關係。情，七情的情，喜怒哀樂愛惡欲都是情。數，理。[118]欲不待可得二句　欲不必等待可以得到才欲它，但所求必定要可求才去進行。[119]欲不待可得四句　俞云「受乎心也」上當有「所」字。欲不待可得就欲，這欲是情之受於天的。所求一定要可求才去進行，是受之於自己的心的選擇。[120]所受乎天之一三句　楊注云此節或恐脫誤。梁以為原文當作「所受乎天之一欲，制於所受乎心之多計，固難類所受乎天也」。所受乎天之一欲，謂出於情之自然的純一欲望，可謂「天性欲」。制於所受乎心之多計，謂被從所可棄所不可的多方計度所制節著。今欲望既被多方審計的理性所管制，就成了「理性欲」。因此，理性欲就難與天性欲相類了。[121]從生成死　從，和縱通，捨去。成，就。[122]故欲過之而動不及二句　過之，謂過於心的「所可」。動不及，謂動作不隨伴著欲。心止之，謂心制止其行動。[123]亡於　不在於。[124]以為可而道之二句　心以欲為可得而道達之，智慮必出於此。[125]性之具也　王念孫以為此句衍。[126]求可節也　所求可以節制。[127]慮者欲節求也　言欲雖不能去掉，但是所求不可得的時候，圖謀的人就要節制所求了。慮，圖謀。128道者　即道人。129假之　假若。130欲南　謂欲往南行。131無多　想走的路程無論多麼的多。132惡北　厭惡向北行。133無寡　不想走的路程無論多麼的少。134可道而從之奚以損之而亂　心中以為這個道為可而從之，怎麼會再損它而使亂呢？135不可道而離之二句　心中以為這個道為不可而離開它，怎麼會再增益它而使治呢？136小家珍說之所願　珍說，奇異之說。小家珍說指宋鈃、墨翟之類的學說。願，思。137粹　如萃通，聚集。138故人無動而不可以不與權俱　言人無論任何動作都不可不和權量相俱。權，權量，對欲惡取捨的權量。139重縣於仰而人以為輕　重物所縣的一邊仰起來，人就以為「重物」是輕的。140輕縣於俛而人以為重　輕物所縣的一邊俯下去，人就以為「輕物」是重的。141易　交換。142喪　損失。143一時之嫌　嫌，不平於心。《說文》：「嫌，不平於心也。」一時之嫌，謂心理一時的衝動，致使心地不平，思慮不清。144數　理。145有嘗試深觀其隱而難其察者　有，借為又。「隱而難其察」的「其」，王念孫以為衍字。146志輕理而不重物者　顧云不下當有「外」字。有「外」字與下文句法一律。志，心志。147平簟　平，席名。《說文》：「蒻，蒲子可以為平席。」《釋名．釋牀帳》：「蒲平，以蒲作之，其體平也。」簟，竹席。148嚮　借為享。149嗛　快意。150假而得問而嗛之二句　得問，王念孫云當為「得間」之誤。言憂恐在心，則雖享萬物之美而心並不快意，即使暫時得間而快意，而不快意仍不能離開。151養生也粥壽也　粥，鬻的省文，賣。也，猶「耶」。言是用物質來養生呢？還是為享受而出賣了性命呢？152性　和生通。153乘軒戴絻二句　言雖是乘軒戴冕那樣富貴，同不足的人也沒有什麼不同。絻，和冕同。無足，不足。154傭　和庸通，平常。155蔬食　盧云當作「疏食」。疏食，即粗食。156麤紃之屨　麤麻編成之屨。157屋室廬庾葭稾蓐尚机筵　《初學記．器物部》引作「局室蘆簾稾蓐」，王念孫以為於義為長。局室，促狹之室。蘆簾，蘆葦編成之簾。稾蓐，稾草為蓐。尚，梁引高云為「㡀」字之譌。㡀，即敝字。㡀机筵，破敝的机筵。158其和樂少矣　和，王念孫以為「私」字之誤。言以是不貪之心治天下，則其為天下必多，而為己之私樂必少。159無稽之言　沒有驗證的話。160不見之行　不常見的行為。161不聞之謀　不常聽到的謀議。以上三種都是奇嵬不經的言行。

【語　譯】後王的既定之名，是刑法之名隨從商朝，爵位之名隨從周朝，節文威儀之名隨從周的儀禮。那些加於萬物的雜名，則隨從華夏諸地的既成習俗而要約周偏的。遠方習俗不同的地方，可以因諸夏所約定的立為標準，使互相溝通。雜名的在人這方面的，生來天賦就所以如此的叫做性，這是生理上的性。生理本質得到調和，同外來的刺激發生主觀的反應，不待習學而就如此的，這叫做性，這是心理上的性。天賦的好惡喜怒哀樂叫做情。遇到可欲的刺激發生愛好的反應，再經過心的抉擇，這叫做慮。心抉擇之後，由能為之發動，這叫做偽。積累無數次的思慮抉擇，能所發動的行經過無數次的習練，逐漸所養成的行為也叫做偽。當利而行的叫做事。當義而行的叫做行。所以知之在人的叫做知，這是本能的知。本能的知覺和外物相接，所得到的叫做智，這是知識的智。所以能之在人的叫做能，這是本能的能，本能和外物相接，所得到的叫做能，這是才能的能。生理上的性有所損傷叫做病。偶然所遇叫做命。這是雜名的在人的，也是後王的既成之名。

王者的制名，名一定實就可以分辨，制名之道一行意就可通達，於是就謹慎率領人民統一遵守。所以辯析其辭擅自作名來亂正名，使民眾疑惑，人民增多辯訟，這就叫做大姦；他的罪同私造符節度量是一樣的。所以人民不敢託那些奇詭之辭來亂正名，因之人民也就誠謹，誠謹就容易役使，容易役使也就有功績。人民不敢託奇詭之辭來亂正名，所以也就齊一於從法而謹慎於遵令了，這樣則業績一定可以增長。業績增長大功告成，是安治之極，這也就是謹慎於守名約的功效。

現在聖王已沒，名守也慢弛了，奇詭之辭出來，名和實相亂，是非不明，雖然是守法的官吏，誦習術藝的儒者，也都要亂的。如果有王者興起，必然要一面遵循著舊名，一面創作新名。但是所以要有名的意義，所依據的有同有異，和制作名的樞要，不能不察考清楚。

不同的事物，不同的人的心，交互來相喻；不同的事物，名和實相互眩亂紐結；貴賤差等不明，同異界限不清；這樣，則志意一定有表達不清的毛病，而事情也有困廢的禍害。所以智士才為之分別來作名以指其實；對上辨明貴賤，對下辨別同異。貴賤辨明，同異辨別；這樣，志意就沒有表達不清楚的毛病，事情沒有困廢的禍患，這就是所以要有名的用意。

依據什麼而有同異？是依據人的官能。凡事物同一類同一情形的，人的官能對它的測度是相同的；所以互相比方互相擬似，自然互相通曉。也就是通過共同約定的名使各人的認識互相期會。形體色理用眼睛來區別，聲音的清濁寬狹以及奇異之聲用耳朵來區別，甘苦鹹淡辛酸以及奇異之味用口來區別，香臭芬鬱腥臊漏庮以及奇異之氣用鼻子來區別，痛癢冷熱滑澀輕重用體膚來區別，悅錮喜怒哀樂愛惡欲用心來區別。心又能驗知外物。心的驗知外物，則依據耳朵可以知道聲音，依據眼睛可以知道形體，然而驗知外物必定要人的官能正和其類相接觸才可以；五官接觸了而不知道它的情形，心驗知了而沒有解說，那人沒有不叫他是不知的，這就是因人所依據的官能而有同異的道理。

然後隨著來命之以名，相同的就給它同一的名，不同的就給它不同的名；單名足以說明的就給它單名，單名不足以說明的就給它兼名；單名和兼名都沒有相違異的，就可以給它共名；雖給它共名，也不相為害。知道不同之實應該有不同之名，所以使不同之實的沒有不給以不同之名的，不可以使它相亂，這就如同使相同之實的沒有不給以相同之名是一樣的道理。所以萬物雖然眾多，有時候想要偏舉它，於是叫它為物。物是大共名。依類相推給它以共名，共名之上又有大一級的共名，一直推到再沒有共名然後為止。有時對於事物想要偏舉一類，所以有的叫它做鳥獸。鳥獸是大別名，依類相推再來細別，就有小一級的別名，別之再別，一直到沒有別名而後止。名本來是沒有定宜的，是人相約來命名的，約定俗成就是定宜，違異相約就是不定宜。名本來是沒有固定的實，大家相約來命這個實，約定俗成就成了有一定之實的名了。名是有本來的善的，徑直平易而不違拂，就叫做善名。物有同一形狀而在不同處所的，有不同形狀而在同一處所的，可以加以區別。形狀相同而在不同處所的，名雖可以合，它的實體還是兩個。形狀雖變化了而它的實體並沒有兩個，雖有相異，這祇叫做化；有化而沒有別體，仍叫做一實。這就是所以稽考其實而定「一」「二」之數的道理。這也就是制作名的樞要；後王的創作既成之名，不可以不察考清楚。

「被侮不認為羞辱」，「聖人不愛自己」，「殺盜不是殺人」，這是惑於用名來亂名。驗證一下所以要有名的道理，看看是否行得通，就能禁止這種弊病。「山和淵一樣平」，「人之情欲少不欲多」，「芻豢不算甘美，鐘聲不算悅人」，這是惑於用實來亂名。驗證一下所依據的五官的感受的同異，看看是否調適，就能禁止這種弊病。「非而謁（？）楹有牛（？），白馬非馬」，這是惑於用名來亂實，驗證一下名約，看所代表的實和所操的言辭，是否沒有違謬，就能禁止這種弊病。凡是邪說僻言離開正道而擅自創作的，沒有不和這三惑相類似的。所以明君知道它的分別而不去同人辯說這些的。

人民可以用道來齊一而不可同他共知所以然的理由；所以明君用威勢來駁臨，用道來引導，用命令來申重，用言論來章明，用刑罰來禁限；所以人民的化於道非常神速，又哪裏用得到辯說呢！現在聖王已沒，天下混亂，姦言興起，君子沒有威勢來駁臨，沒有刑罰來禁限，所以才要辯說。實不能曉喻然後命之以名，命之以名不能曉喻然後用幾個名聯合來期會，期會不能曉喻然後解說，解說不能曉喻然後再來辯論。所以期會命名辯論說解，是用的最大美飾，是王業的開始。聽到名就可以曉知實，這是名的用途。將名累積起來以成詞，這是名的配合作用。名的實用和配合都能得宜，叫做真正知道了名。累名正是所以期會累實。辭是兼用不同實的名來曉喻一個意思的。辯說是不違異名實的關係來說明世間動靜的一切事理的。期會命名是辯說的應用。辯說是心的符合於道。心是道的主宰。道是治世的常法條貫。心要符合於道，說要符合於心，辭要符合於說，正名而期會其義，本其實而曉喻，辯論要明同異而不過多其辭，推論事類要得其理而不相違謬；聽別人辯說要合文理；自己辯說要說盡理由。用正名之道來辨別姦邪，就如同拿繩墨來正曲直；所以邪說不能亂，百家雜說都無所隱竄。有兼聽的明察，而沒有奮競自矜的面容；有兼覆的盛德，而沒有自誇其德的顏色。其說能行可以使天下正，其說不能行則明揚其道而幽隱其身，這是聖人的辯說。《詩經》裏說：「顒顒然溫和，卬卬然高昂，像圭璋一般志意高潔，有美善的聲譽，和樂平易的君子，是四方的綱紀。」說的就是雖辯說而不矜伐的道理。

辭讓的禮節得當了，長少的道理順適了；忌諱的話不去說，邪僻的言辭不出口。用仁心來辯說，用學習的心情來聽取，用公正的心情來辯論。不因眾人的非議或讚譽而動心，不飾觀者的耳目來取悅，不賄賂貴人的權勢去討好，不利用邪僻自是的人的言辭來增強自己；所以能處正道而不貳心，雖困詘而不可劫奪，雖通利而不流蕩，重視公正而輕賤鄙爭，這是士君子的辯說。古詩裏說：「長夜漫漫，長思自己的過咎。不違背古人之德，禮義沒有缺失，哪裏憂慮別人的話呢！」說的就是這種道理。

君子的言論，深入而精到，俯近於人而有統類，論列是非參差而歸於齊一。他是能正其名，得當其辭，以務求明白其志意的。名和辭，是志意所用的，足以通達志義就夠了；委曲歧異其說，這是邪姦之道。所以名足以指其實，辭足以見其中正，也就夠了；過於這個以外的就是務為難說了，是君子所揚棄的，而愚人卻拿來當做自己的至寶。所以愚人的言論，輕忽而粗疏，爭議而沒有統類，雜亂多言而喧騰。他誘惑其名，眩亂其辭，而不能深於其志義。所以窮極紛煩而沒有止境，非常勞繁而沒有建樹，貪於立名而實際是無名。所以智者的言辭，處之容易明知，行之容易安妥，持之容易守立；最終必然得到所好的而不會遇到所惡的。而愚者和這正相反。《詩經》裏說：「假如你是鬼或短狐，就不可得見你的面目。靦然愧慚，示給人不良的事情。做這首好歌，來糾正你這反覆之人。」說的就是這種小人的道理。

凡是談到治而想等待去掉人的欲望，是沒有導欲之術，而反為有欲所困。凡是談到治而想等待人的寡欲，是沒有節欲之術，而反為多欲所困。有欲和無欲的區別，是因為不同類，是生來性之所具有的，和治亂沒有關係。欲的多或少，是因為不同類，是生來情的本理，和治亂沒有關係。欲不必等待可以得到才欲它，但所求必定要可求才去進行。欲不必等待可以得到才欲它，這欲是情之受於天的；所求必定要可求才去進行，是受之於自己的心的選擇。所受於天的純一欲望，被所受於心的多方計度所制節，所以就很難和所受於天的純一欲望相類了。人的所欲的沒有比生更甚的，人的所厭惡的沒有比死更甚的，然而人有捨生就死的，這不是不欲生而欲死，是因為不可以生而可以死的緣故。所以欲過於心的所可，而動作不隨伴著，是因為心來制止，心的認為可而中於理，則欲雖然多，對於治又有什麼損傷，欲尚不及而動作已經超過，是因為心的驅使，心的認為可而有失於理，則欲雖然少，對於亂又有什麼制止！所以治或亂在於心的認為可，不在於情的所欲。不求之其所在而求之其所不在，雖然說是我得到了，其實是失掉了。

性是天所成就的，情是性的本質，欲是情的反應。認為所欲可以得到去求它，這是情的所必不能免的。心以為可得而行達，這是智慮所必出於此的。所以雖然賤為守門的人，欲也不能去掉。雖然貴為天子，欲也不能盡。不過欲雖然不能盡，但是可以近於盡；欲雖然不能去掉，但是所求可以節制。欲雖然不能盡，但是求的人可以近於盡；欲雖然不能去掉，但是所求不可得的時候，圖謀的人就要節制所求了。道人進則可以近於盡，退則可以節制所求，天下沒有人及得上他的。

大凡人沒有不隨從其所認為可的，而捨去其所認為不可的，知道道的沒有可以及得上，而不隨從道的，是沒有的。假如有人想要向南走路程無論多麼的多，而厭惡向北走路程無論多麼的少，豈能為了向南不能走盡，而就離去南方而向北走！現在人所欲的無論多麼的多，所厭惡的無論多麼的少，豈能為了所欲的不能盡，而就離捨得欲之道而取自己所厭惡的！所以心中以這個道為可而從之，怎麼會再損它而使亂呢！心中以這個道為不可而離開它，怎麼會再增益它而使治呢！所以智者衹論說正道而已，小家異說之所思的都要衰息了。

大凡人的所取，所欲的未嘗聚集而來；人的所去，所厭惡的未嘗聚集而去。所以人無論任何動作不可以不同權量相俱。衡如果不正，則重物所懸的一邊仰起來，人就以為重物是輕的；輕物所懸的一邊俯下去，人就以為輕物是重的；這樣就使人對輕重迷惑了。權量不當，則禍患寄託在欲上，而人卻以為是福祿，福祿寄託在惡上，而人卻以為是禍患；這也是人所以迷惑於禍福的道理。道是古今的正權，離開道而在內心自己選擇，則不知道禍福的所寄託。譬如交換，用一來交換一，人家一定說沒有多得也沒有損失。用一來交換兩，人家一定說沒有損失而有所得。用兩來交換一，人家一定說沒有所得而有損失。計慮的人一定取多的，圖謀的人一定隨從認為可的。用兩來交換一，人沒有肯做的，是因為誰都清楚那些數目。隨從道來做，就如同用一來交換兩，有什麼損失呢！離開道而內心自己選擇，就如同用兩來交換一，有什麼可得呢！累積百年的欲望，交換一時的心理衝動，尚且要去做，這是不明其理的緣故。

又曾試著深觀那些隱而難察的，好像心志輕於理而不在外重物的，是沒有的；在外重物而內心不憂恐的，是沒有的。行為離開理而不在外危殆的，是沒有的；在外危殆而不內心憂恐的，是沒有的。內心憂恐，則口裏銜著芻豢也不知道它的美味，耳裏聽到鐘鼓之聲也不知道它的美音，眼睛看到黼黻也不知道它的美采，輕煖的衣物、平簟的席子穿用著身體也不知道安適。所以享用萬物的美而不能快意，假如暫時得間而快意，那不快意仍然不能完全離去。所以享用萬物的美而有很大的憂愁，兼得萬物之利而有很大的患害，像這樣，人的追求物，是為了養生呢？還是為享受而出賣了壽命？所以本來是想要養欲而放縱他的情，本來是想要養生而危害了他的形體，本來是想要養樂而攻害了他的心，本來是想要養名而敗亂了他的行為；像這樣，雖然是封了侯稱了君，他同盜賊是沒有什麼不同的；雖然是乘軒戴冕，他同不足的人也沒有什麼不同；這就叫做以自己為物所役。內心如果平靜愉悅，則色雖不及平常也可以養目，聲音雖不及平常也可以養耳，粗食菜羹也可以養口，粗布之衣、粗麻之屨也可以養體，促狹的屋室、蘆葦的簾子、稾草的蓐、敝壞的几筵也可以養體。所以雖然沒有萬物之美而可以養樂，沒有勢列之位而可以養名，像這樣把天下加之於他，則他為天下的必多，而為自己的私樂必少，這就叫做貴重自己而役使萬物。

沒有驗證的話，不常見的行為，不常聞聽的謀議，君子一定非常謹慎注意。

性惡篇

人之性惡，其善者偽❶也。今人之性，生而有好利焉，順是，故爭奪生而辭讓亡焉；生而有疾惡❷焉，順是，故殘賊生而忠信亡焉；生而有耳目之欲，有❸好聲色焉，順是，故淫亂生而禮義文理❹亡焉。然則從人之性，順人之情，必出於爭奪，合於犯分❺亂理而歸於暴。故必將有師法之化，禮義之道❻，然後出於辭讓，合於文理而歸於治。用此觀之，然則人之性惡明矣，其善者偽也。故枸木必將待檃栝烝矯然後直❼；鈍金必將待礱厲❽然後利；今人之性惡，必將待師法然後正，得禮義然後治。今人無師法，則偏險❾而不正，無禮義，則悖亂而不治。古者聖王以人之性惡，以為偏險而不正，悖亂而不治，是以為之起禮義，制法度，以矯飾人之情性而正之，以擾❿化人之情性而導之也，始皆出於治⓫，合於道者也。今之人，化師法，積文學，道禮義者，為君子；縱性情，安恣睢⑫，而違禮義者，為小人。用此觀之，然則人之性惡明矣，其善者偽也。

孟子曰：「人之學者，其性善⑬。」曰：是不然，是不及知人之性，而不察乎人之性偽之分者也。凡性者，天之就也，不可學，不可事。禮義者，聖人之所生也，人之所學而能，所事而成者也。不可學，不可事，而在人者⑭，謂之性；可學而能，可事而成，之在人者，謂之偽；是性偽之分也。今人之性，目可以見，耳可以聽。夫可以見之明不離目，可以聽之聰不離耳；目明而耳聰，不可學明矣。孟子曰：「今人之性善，將皆失喪其性故也。」曰：若是則過矣；今人之性，生而離其朴，離其資⑮，必失而喪之。用此觀之，然則人之性惡明矣。所謂性善者，不離其朴而美之，不離其資而利之也；使夫資朴之於美，心意之於善，若夫可以見之明不離目，可以聽之聰不離耳⑯，故曰目明而耳聰也⑰。今人之性，飢而欲飽，寒而欲煖，勞而欲休，此人之情性也。今人飢，見長而不敢先食者，將有所讓也；勞而不敢求息者，將有所代也[18]。夫子之讓乎父，弟之讓乎兄；子之代乎父，弟之代乎兄；此二行者，皆反於性而悖於情也；然而孝子之道，禮義之文理也。故順情性則不辭讓矣，辭讓則悖於情性矣。用此觀之，然則人之性惡明矣，其善者偽也。

問者曰：「人之性惡，則禮義惡生？」應之曰：凡禮義者，是生於聖人之偽，非故[19]生於人之性也。故陶人埏埴而為器[20]，然則器生於工人[21]之偽，非故生於人之性也。故工人斲木而成器，然則器生於工人之偽，非故生於人之性也。聖人積思慮，習偽故[22]，以生禮義而起法度，然則禮義法度者，是生於聖人之偽，非故生於人之性也。若夫目好色，耳好聲，口好味，心好利，骨體膚理好愉佚[23]，是皆生於人之情性者也；感而自然，不待事而後生之者也[24]。夫感而不能然，必且待事而後然者，謂之生於偽。是性偽之所生，其不同之徵[25]也。故聖人化性而起偽，偽起而生禮義，禮義生而制法度；然則禮義法度者，是聖人之所生也。故聖人之所以同於眾其不異於眾者，性也㉖；所以異而過眾者，偽也㉗。夫好利而欲得者，此人之情性也。假之人有弟兄資財而分者㉘，且順情性，好利而欲得，若是則兄弟相拂奪㉙矣；且化禮義之文理㉚，若是則讓乎國人矣。故順情性則弟兄爭矣，化禮義則讓乎國人矣。

凡人之欲為善者，為性惡也。夫薄願厚，惡願美，狹願廣，貧願富，賤願貴，苟無之中者，必求於外。故富而不願財，貴而不願埶，苟有之中者，必不及於外。用此觀之，人之欲為善者，為性惡也。今人之性，固無禮義，故彊學而求有之也；性不知禮義，故思慮而求知之也。然則生而已㉛，則人無禮義，不知禮義。人無禮義則亂，不知禮義則悖。然則生而已，則悖亂在己。用此觀之，人之性惡明矣，其善者偽也。

孟子曰：「人之性善。」曰：是不然：凡古今天下之所謂善者，正理平治也；所謂惡者，偏險悖亂也；是善惡之分也已。今誠以人之性固正理平治邪？則有[32]惡用聖王，惡用禮義矣哉！雖有聖王禮義，將曷加於正理平治也哉！今不然：人之性惡；故古者聖人以人之性惡，以為偏險而不正，悖亂而不治，故為之立君上之埶以臨之，明禮義以化之，起法正以治之，重刑罰以禁之，使天下皆出於治，合於善也；是聖王之治而禮義之化也。今當[33]試去君上之埶，無禮義之化，去法正之治，無刑罰之禁，倚[34]而觀天下民人之相與也，若是，則夫彊者害弱而奪之，眾者暴寡而譁之[35]，天下之悖亂而相亡不待頃[36]矣。用此觀之，然則人之性惡明矣，其善者偽也。故善言古者必有節[37]於今，善言天者必有徵於人。凡論者，貴其有辨合，有符驗。故坐而言之，起而設張而可施行。今孟子曰人之性善，無辨合符驗，坐而言之，起而不可設張而不可施行；豈不過甚矣哉！故性善則去聖王，息禮義矣；性惡則與[38]聖王，貴禮義矣。故檃栝之生，為枸木也；繩墨之起，為不直也；立君上，明禮義，為性惡也。用此觀之，然則人之性惡明矣，其善者偽也。直木不待檃栝而直者，其性直也。枸木必將待檃栝烝矯然後直者，以其性不直也。今人之性惡，必將待聖王之治，禮義之化，然後皆出於治，合於善也。用此觀之，然則人之性惡明矣，其善者偽也。

問者曰：「禮義積偽㊴者，是人之性，故聖人能生之也。」應之曰：是不然：夫陶人埏埴而生瓦㊵，然則瓦埴豈陶人之性也哉！工人斲木而生器，然則器木豈工人之性也哉！夫聖人之於禮義也，辟㊶則陶埏而生之也；然則禮義積偽者，豈人之本性也哉！凡人之性者，堯舜之與桀跖，其性一也；君子之與小人，其性一也。今將以禮義積偽為人之性邪？然則有㊷曷貴堯禹，曷貴君子矣哉！凡所貴堯禹君子者，能化性，能起偽，偽起而生禮義；然則聖人之於禮義積偽也，亦猶陶埏而生之也。用此觀之，然則禮義積偽者，豈人之性也哉！所賤於桀跖小人者，從其性，順其情，安恣睢，以出乎貪利爭奪。故人之性惡明矣，其善者偽也。天非私曾騫孝己㊸而外眾人也；然而曾騫孝己獨厚於孝之實，而全於孝之名者，何也？以綦於禮義故也。天非私齊魯之民而外秦人也，然而於父子之義，夫婦之別，不如齊魯之孝具敬父[44]者，何也？以秦人之從情性，安恣睢，慢於禮義故也，豈其性異矣哉！

「塗之人可以為禹」，曷謂也[45]？曰：凡禹之所以為禹者，以其為仁義法正也。然則仁義法正有可知可能之理，然而塗之人也，皆有可以知仁義法正之質，皆有可以能仁義法正之具；然則其可以為禹明矣。今以仁義法正為固無可知可能之理邪？然則唯[46]禹不知仁義法正不能仁義法正也。將使塗之人固無可以知仁義法正之質，而固無可以能仁義法正之具邪？然則塗之人也，且內不可以知父子之義，外不可以知君臣之正。不然[47]，今塗之人者，皆內可以知父子之義，外可以知君臣之正，然則其可以知之質，可以能之具，其在塗之人明矣。今使塗之人者，以其可以知之質，可以能之具，本夫仁義之可知之理，可能之具，然則其可以為禹明矣。今使塗之人伏術[48]為學，專心一志，思索孰察，加日縣久，積善而不息，則通於神明，參於天地矣。故聖人者，人之所積而致也49。曰：「聖可積而致，然而皆不可積，何也？」曰：可以而不可使也。故小人可以為君子，而不肯為君子；君子可以為小人，而不肯為小人。小人君子者，未嘗不可以相為也；然而不相為者，可以而不可使也。故塗之人可以為禹，則然；塗之人能為禹，未必然也。雖不能為禹，無害可以為禹。足可以偏行天下，然而未嘗有能偏行天下者也。夫工匠農賈，未嘗不可以相為事50也，然而未嘗能相為事也。用此觀之，然則可以為，未必能也；雖不能，無害可以為。然則能不能之與可不可，其不同遠矣，其不可以相為明矣。

堯問於舜曰：「人情何如？」舜對曰：「人情甚不美，又何問焉！妻子具而孝衰於親，嗜欲得而信衰於友，爵祿盈而忠衰於君。人之情乎！人之情乎！甚不美，又何問焉！」唯賢者為不然。有聖人之知者，有士君子之知者，有小人之知者，有役夫之知者。多言則文而類51，終日議其所以，言之千舉萬變，其統類一也，是聖人之知也。少言則徑而省[52]，論而法[53]，若佚之以繩[54]，是士君子之知也。其言也謟[55]，其行也悖，其舉事多悔[56]，是小人之知也。齊給便敏而無類[57]，雜能旁魄[58]而無用，析速粹孰而不急[59]，不恤[60]是非，不論曲直，以期勝人為意，是役夫之知也。

有上勇者，有中勇者，有下勇者。天下有中[61]，敢直其身[62]；先王有道，敢行其意[63]；上不循於亂世之君，下不俗於亂世之民[64]；仁之所在無貧窮，仁之所亡無富貴[65]；天下知之，則欲與天下同苦樂之[66]，天下不知之，則傀然[67]獨立天地之間而不畏；是上勇也。禮恭而意儉[68]，大齊信焉而輕貨財[69]；賢者敢推而尚之，不肖者敢援而廢之；是中勇也。輕身而重貨，恬禍而廣解苟免[70]；不恤是非然不然之情，以期勝人為意；是下勇也。

繁弱鉅黍[71]，古之良弓也；然而不得排檠[72]，則不能自正。桓公之蔥，太公之闕，文王之錄，莊君之曶73，闔閭之干將莫邪鉅闕辟閭74，此皆古之良劍也；然而不加砥厲，則不能利；不得人力，則不能斷。驊騮騹驥纖離綠耳75，此皆古之良馬也；然而前必有銜轡之制76，後有鞭策之威，加之以造父之馭，然後一日而致千里也。夫人雖有性質美而心辯知77，必將求賢師而事之，擇良友而友之。得賢師而事之，則所聞者堯舜禹湯之道也；得良友而友之，則所見者忠信敬讓之行也。身日進於仁義而不自知也者，靡使然也78。今與不善人處，則所聞者欺誣詐偽也，所見者汙漫淫邪貪利之行也，身且加於刑戮而不自知者，靡使然也。傳曰：「不知其子視其友，不知其君視其左右。」靡而已矣！靡而已矣！

【注　釋】❶偽　和為通。凡非天性而由人所作為的謂之偽。❷疾惡　疾，和嫉同。惡，厭惡。❸有　借為又。❹文理　調節文條理。❺分　指社會上各種分際。❻道　和導通。❼枸木必將待檃栝烝矯然後直　枸，借為鉤，曲，下同。檃栝，正曲木之木。烝，調烝之使柔。矯，調矯之使直。❽礱厲　礱厲本都是磨石，在此為動詞磨的意思。《說文》：「礱，䃺也。」䃺即今磨字。《說文》：「厲，旱石也。厲，或不省。」❾險　邪。❿擾　馴擾。⓫始皆出於治　梁云集解本「使」譌作「始」。⓬恣睢　矜放的樣子。⓭人之學者其性善　言人之有學，適所以成其天性之善。⓮而在人者　而，顧云疑當作「之」，「之」與「其」同義。「人」疑當作「天」。⓯生而離其朴離其資　朴，質朴。資，資材。⓰使夫資朴四句　使質朴資材自善，如聞見之聰明常不離於耳目，此乃天性。⓱故曰目明而耳聰也　如目明耳聰，此乃是天性，不然，則是矯偽使之。⓲將有所代也　所以代其尊長。⓳故　本來。⓴埏埴而為器　埏，擊。埴，黏土。擊黏土而成器。㉑工人　楊注引或曰以為當是「陶人」。王叔岷先生云《喻林》一二一引正作「陶人」。㉒故　指事理。㉓骨體膚理好愉佚　膚理，皮膚文理。佚，和逸同。㉔感而自然不待事而後生之者也　受感而能自然如此，不必等待從事造作才能如此。㉕徵　徵驗。㉖故聖人之所以同於眾其不異於眾者性也　俞云「同於眾」即「不異於眾」，於文重複。據下文，此當作「所以同於眾而不過於眾者，性也」。㉗所以異而過眾者偽也　聖人異而過眾，在能起偽。㉘假之人有弟兄資財而分者　梁云增注無「人」字，王叔岷先生云元本、百子本並無「人」字，《喻林》三引同。假之，猶假若。㉙拂奪　過擊而搶奪。《說文》：「拂，過擊也。」㉚化禮義之文理　言化於禮義的文理。㉛然則生而已　生而已，盧云元刻作「性而已」，下同。王叔岷先生云百子本亦作「性而已」，下同。性而已，謂祇求之天性。㉜有　借為又。㉝當　借為嘗。㉞倚　立的意思。㉟眾者暴寡而譁之　眾者陵暴於寡而喧譁之，使不得發言。㊱頃　少頃。㊲節　驗證。㊳與　參與隨從。㊴積偽　積，後天的積習。偽，後天的作為。㊵陶人埏埴而生瓦　陶人擊黏土而造出瓦。㊶辟借為譬。㊷有　借為又。㊸曾騫孝己　曾，指曾參。騫，閔子騫。孝己，殷高宗之太子。三人皆事親至孝。㊹孝具敬父　孝具，孝道備具。敬父，楊注云當為「敬文」。敬文，敬恭有文理。㊺塗之人可以為禹曷謂也　言如人性惡，則道途之人皆可以成為禹一般的聖人，又是什麼道理？㊻唯　借為雖。㊼不然　俞以為當在「今」字下，「今不然」三字為句。㊽伏術　伏，和服通。服術，服事於道。㊾故聖人者人之所積而致也　聖人是由人積累善德而達致。㊿事　指業，行事。(51)文而類　有文理而條貫通達。(52)徑而省　直捷而簡明。(53)論而法　論，借為倫。倫而法，有條理合乎法則。(54)佚之以繩　佚，俞云當作「秩」。秩謂次序，和程量義同。言程量之以準繩。(55)諂　荒誕。(56)多悔　多過咎。(57)齊給便敏而無類　齊給便速而沒有統類。(58)雜能旁魄　言所能博雜。旁魄，即旁薄，大的意思。59析速粹孰而不急　析，謂析辭，若堅白之論者。速，謂發辭捷速。粹孰，所論甚精熟。不急，謂不急於用。60恤　顧恤。61中　謂中道。62敢直其身　敢，果敢。直其身，謂中立不倚正直而行。63敢行其意　敢於行其志意而不疑惑。64下不俗於亂世之民　對下不隨俗於亂世之民。俗，隨俗。65仁之所在無貧窮仁之所亡無富貴　言仁之所在，雖貧窮猶甘之；仁之所無，雖富貴猶必去之。66則欲與天下同苦樂之　王念孫以為當依《太平御覽》人事部七十六引作「欲與天下共樂之」。67傀然　傀，和塊通。塊然，獨居的樣子。68禮恭而意儉　禮，梁引久保愛云當作「體」。意儉，心意自斂。69大齊信焉而輕貨財　謂大中信而輕賤貨財。齊，中。70恬禍而廣解苟免　謂既安於禍的到來，又多方廣為解脫企圖苟免於難。71繁弱鉅黍　皆古代大弓名。《左傳·定公四年》：「封父之繁弱。」注：「繁弱，大弓名。」《史記·蘇秦列傳》：「距黍，射六百步之外。」《藝文類聚》引《廣雅》云：「繁弱、鉅黍，弓也。」72排檄　輔正弓弩之器。檄，也作檠。73桓公之蔥四句　蔥、闕、錄、曶，分別為齊桓公、齊太公、周文王、楚莊王之劍名，未詳所出。74干將莫邪鉅闕辟閭　皆吳王闔閭之劍名。辟閭，亦未詳所出。75驊騮騹驥纖離綠耳　騹，楊注云讀為「騏」，王叔岷先生云類纂本、百子本並作「騏」。纖離，即《列子》中之盜驪。綠耳，《廣雅·釋獸》作「騄駬」。76前必有銜轡之制　前必有，王念孫以為當依《群書治要》、《初學記》人部中、《太平御覽》人事部四十五引作「必前有」。銜轡之制，銜和轡的控制。77辯知　捷慧明智。78靡使然也　言受感染而傾向使其如此。靡，披靡。《說文》：「靡，披靡也。」

【語譯】人的本性是惡的，其所以善者，是由於作為。人的本性，生來就有好利之心，順著這個下去，於是就生出爭奪而辭讓亡失了；生來就有嫉惡之心，順著這個下去，於是就生出殘賊而忠信亡失了；生來就有耳目之欲，又愛好聲色，順著這個下去，於是就生出淫亂而禮義文理亡失了。那麼順從人的本性，順從人的情欲，必然要出於爭奪，合於犯分亂理而歸之於暴亂。所以一定要有師法的教化，禮義的誘導，然後才會出於辭讓，合於文理而歸之於安治。由此看來，那麼人的本性是惡的很明顯的了，其所以善者是由於後天的作為。彎曲的樹木一定要等檃栝烝矯來矯治然後才能直，鈍的金屬刀類一定要等礱厲來磨然後才能鋒利；人的本性之惡，一定要等師法來教化然後才能正，得到禮義來誘導然後才能安治。人如果沒有師法的教化，就偏邪而不正；沒有禮義的誘導，就悖亂而不安治。古代聖王以人性本惡，以為人偏邪而不正，悖亂而不安治；所以為人興起禮義，制定法度，來矯飾人的情性使之端正，來馴化人的情性而誘導之；使全出於安治，合於正道。現在有人能化於師法，積累文學，踐行禮義的，就是君子；放縱性情，安於矜放，而違背禮義的，就是小人。由此來看，那麼人的本性是惡的很明顯的了，其所以善者是由於後天的作為。

孟子說：「人之有學，適所以成其天性之善。」其實不然，這是不能夠知道人的本性，而又沒有察明人的本性和作為的分別。大凡本性，是天生成就的，不能學得，也不能從事造作。禮義是聖人所造出來的，是人能夠學得，能夠從事成功的。不能學得，不能從事造作，它原本在天的，這就是性；可以學得，可以從事成功，它在於人的，這就是偽；這就是性偽的分別。人的本性，眼睛可以看，耳朵可以聽。可以看的精明不能離開眼睛，可以聽的聽靈不能離開耳朵；這種眼睛的精明，耳朵的聽靈，是不能學得的是很明顯的。孟子說：「人的本性是善的，是喪失了本性所以才變為惡。」照他這樣說是不對的；人的情性，是生來就已離其質朴，離其資材，其失喪是必然的。由此看來，那麼人的本性是惡的是很明顯的了。所謂人性本善，應該是不離其質朴而自然美善，不離其資材而自然美利；使資材質朴的對於美，心意的對於善，就好像可以看的精明不離開眼睛，可以聽的聽靈不離開耳朵，這樣所以才叫做目明而耳聰。現在我們看人的本性，是飢餓就想求飽，寒冷就想求暖，勞累就想求休息，這是人的情性。但是人飢餓了，見到長者卻不敢先去吃，是因為將要禮讓長者；勞累了卻不敢求休息，是因為想代替長者服勞役。兒子的禮讓父親，弟弟的禮讓兄長；兒子的代勞父親，弟弟的代勞兄長；這兩種行為，都是違反本性而背違本情的；然而這是孝子之道，是禮義的文理。所以順情性就不會辭讓，辭讓就違背於情性。由此看來，那麼人的本性是惡的是很明顯的了，其所以善者是後天的作為。

有人問道：「人的本性是惡的，那麼禮義怎樣生出來的？」答說：凡禮義，是生於聖人的造作，不是本來生於人的本性。陶人擊黏土而做成器物，那麼器物是生於陶人的造作，不是本來生於陶人的本性。工人斲削木材而做成器物，那麼器物是生於工人的造作，不是本來生於工人的本性。聖人積累思慮，習於作為和事理，才產生禮義興起法度，那麼禮義法度是生於聖人的造作，不是本來生於人的本性。至於像眼睛的愛好美色，耳朵的愛好美聲，口的愛好美味，心的愛好利，骨體膚理的愛好愉快安逸，這都是生於人的情性的；受感而自然能如此，不必等待從事造作然後才產生的。受感而不能如此，一定要等待從事造作才能如此，這叫做生於作為。這是生於本性和生於作為，它們不同的徵驗。所以聖人變化人的本性興起作為，作為興起而產生禮義，禮義產生而制定法度；那麼禮義法度是聖人所產生的了。所以聖人之所以同於眾人而不超過眾人的，是本性，所以不同於眾人而超過眾人的，是後天的作為。愛好利而想獲得，這是人的本來情性。假如有弟兄們有資財大家來分配，如果順著人的情性，都是好利而想獲得，像這樣就要兄弟互相過擊搶奪了；如果要化於禮義的文理，像這樣就是連同國的人也會相讓了。所以順著人的情性則兄弟都要爭奪，化於禮義則同國之人都會相讓。

凡是人的想要為善的，是因為本來性惡的緣故。好像薄就想厚，惡就想美，狹就想廣，貧就想富，賤就想貴，假使在內沒有的，一定會向外去求得。已經富了就不想要財貨，已經貴了就不想要勢位，假使在內已經有的，就不會再向外去求了。由此看來，人的想要為善的，是因為本性惡的緣故。人的本性，本來沒有禮義，所以才彊勉去學而求有禮義；本性本來不知道禮義，所以才思慮而求知道禮義。那麼衹是看人的本性，則人是沒有禮義，不知道禮義的。人沒有禮義就要亂，不知道禮義就要悖逆。那麼衹是看人的本性，則悖亂是存在的了。由此看來，人的本性是惡的是很明顯的了，其所以善者是後天的作為。

孟子說：「人的本性是善的。」其實不然：凡是古今天下的所謂善的，是正理平治；所謂惡的，是偏邪悖亂；這就是善惡的分別。現在如真的以為人性本來就是正理平治的，那又哪裏用得到聖王？哪裏用得到禮義呢？雖然有了聖王和禮義，對本來的正理平治又有什麼可以增加的呢！其實是不然的：人的本性是惡的，所以古代聖人以為人性是惡的，以為是偏邪而不正的，悖亂而不治的，於是才為人立君上的勢位來馭臨，彰明禮義來教化，興起法正來治理，加重刑罰來嚴禁，使天下都出於治，合於善；這是聖王的平治和禮義的化育。現在試著去掉君上的勢位，沒有禮義的教化，去掉法正的治理，沒有刑罰的嚴禁，立而傍觀天下人的相互對待，像這樣，一定是彊的殘害弱的而奪取，眾的陵暴寡的而諠譁，天下的悖亂而相互滅亡不必等待少頃了。由此看來，那麼人的本性是惡的是很明顯的了，其所以善者是後天的作為。善於論說古事的必然有驗於今世，善於論說天事的必然有驗於人事。大凡論說，貴於像別的能相合，符的能相驗。所以坐而言論，起來張設而可以施行。現在孟子說人性本來是善的，沒有辨合符驗，坐而言論，起來不能張設不能施行；豈不是太錯了嗎！所以認為人性是善的，就要去掉聖王，止息禮義；認為人性是惡的，就要隨從聖王，尊崇禮義。所以檃栝的產生，是為了彎曲的樹木；繩墨的出來，是為了不直；立君上，明禮義，是為了人性惡。由此看來，那麼人的本性是惡的是很明顯的了，其所以善者是後天人為的。直的樹木不必等待檃栝而就已經直，是因為它本性是直的。彎曲的樹木一定要等待檃栝烝矯然後才成為直的，是因為它本性是不直的。現在人的本性是惡的，一定要等待聖王的治理，禮義的教化，然後才都出於安治，合於善。由此看來，那麼人的本性是惡的是很明顯的了，其所以善者是後天的作為。

有人問道：「禮義積習作為，是人的本性，所以聖人能生出它來。」答說：其實不然：陶人擊黏土而產生瓦，然則使黏土成瓦豈是陶人的本性！工人斲削木材而產生器物，然則使木成器豈是工人的本性！聖人的對於禮義，譬如也就像陶人擊黏土而產生瓦一樣的道理；那麼禮義積習作為，豈是人的本性呢！大凡人的本性，堯舜和桀跖，他們的本性是一樣的；君子和小人，他們的本性是一樣的。如果以禮義積習作為是人的本性，那麼又何必尊貴堯禹，何必尊貴君子呢！大凡人的尊貴堯禹君子，是因為他們能化人的本性，能興起作為，作為興起而產生禮義；那麼聖人的對於禮義積習作為，也就如同陶人擊黏土而產生瓦一樣的。由此看來，那麼禮義積習作為，豈是人的本性！人所以輕賤桀跖小人，是因為他們順從本性，順從本情，安於矜放，而出之於貪利爭奪。所以人的本性是惡的是很明顯的了，其所以善者是後天的作為。天並不是私愛曾參、閔子騫和孝己，而疏外眾人；然而曾參、閔子騫和孝己獨厚於孝的事實，而全於孝的名聲，是什麼道理？是因為他們能極為禮義的緣故。天並不是私愛齊魯的人民而疏外秦國人，然而對於父子之義，夫婦之別，秦國人不如齊魯的孝道備具敬恭有文禮，是什麼道理？是因為秦國人順從本來的性情，安於矜放，悖慢禮義的緣故，豈是他們的本性不同呢！

「市途的人可以成為禹」，這是什麼意思？就是說：禹的所以成為禹，是因為他行仁義法正。那麼仁義法正有可以知道可以行之的道理，而市途的人，都有可以知道仁義法正的本質，都有可以行仁義法正的材具；那麼他可以成為禹是很明顯的了。如果以為仁義法正本來沒有可以知道可以行之的道理，那麼雖然是大禹也不能知道仁義法正不能行仁義法正了。如果以市途之人本來沒有可以知道仁義法正的本質，而本來沒有可以行仁義法正的材具，那麼市途之人，對內就不可能知道父子之義，對外就不可能知道君臣之正了。其實是不然，市途之人，都對內可以知道父子之義，對外知道君臣之正，那麼可以知道的本質，可以行之的材具，本就存在於市途之人是很明顯的了。現在使市途之人，拿他可以知道的本質，可以行之的材具，本著仁義可以為人所知的道理，可以行的材具，那麼他可以成為大禹是很明顯的了。現在使市途之人事道為學，專心一志，思索熟察，加以許多時日，積累善行而不停止，則可以通於神明，參於天地了。所以聖人，是人所積累善德而達致的。又問：「聖人可以積累善行而達致，然而人都不能積善成聖，是什麼道理？」答說：可以成聖人而不可使他必然成為聖人。所以小人可以成為君子，而不肯成為君子；君子可以成為小人，而不肯成為小人。小人君子，未嘗不可以相為，然而不相為者，是可以為而不可以使他為的緣故。所以市途之人可以成為禹，是如此；市途之人能夠成為禹，就未必如此。雖然不能成為禹，不妨害他可以成為禹。人的足可以徧行天下，然而未嘗有人能夠徧行天下的。工匠農商，未嘗不可以相互做他們的行業，然而未嘗能夠相互做他們的行業。由此來看，那麼可以做，未必能做；雖不能做，不妨害可以做。然則能不能和可以不可以，相差是很遠的，不可以相為是很明顯的。

堯問於舜說：「人情怎麼樣？」舜答說：「人情很不美！又何必問呢！有了妻子孝親之心就衰了，得到嗜欲對朋友的信就衰了，爵祿滿盈對於君的忠就衰了。人情啊！人情啊！是很不美的，又何必問呢？」祇有賢者不是如此。有聖人的智，有士君子的智，有小人的智，有役夫的智。多言有文理而條貫通達，終日議其所以，然其言千舉萬變，始終條貫如一，這是聖人的才智。少言直捷而簡明，有條理合乎法則，好像程量之以準繩，這是士君子的才智。其言荒誕，行為悖亂，所做的事多過咎，這是小人的才智。齊給便速而沒有統類，雜能博大而沒有用，析辭快速所論精熟而不急於用，不顧是非，不論曲直，以期望能勝人為意，這是役夫之智。

有上等的勇，有中等的勇，有下等的勇。天下有中道，敢於中立而不倚；先王有道，敢於行其意而不疑；對上不遵循亂世之君，對下不隨俗於亂世之民；仁之所在雖貧窮也甘之，仁之所無雖富貴也去之；天下人知道，則想同天下人共同來享安樂，天下人不知道，則塊然獨立在天地之間而不畏懼；這是上等的勇。體恭敬而心意自斂，大中信而輕貨財；對於賢者敢於推而在上位，對於不肖者敢於引而廢棄；這是中等的勇。輕賤其身而重視財貨，安於禍患的到來而又廣為解脫企圖苟免於難，不顧是非然否的情形，以期望勝人為意；這是下等的勇。

繁弱、鉅黍，是古代的良弓；然而沒有排檄正弓之器，也不能自己就平正。齊桓公的蔥，齊太公的闕，周文王的錄，楚莊王的曶，吳王闔閭的干將、莫邪、鉅闕、辟閭，都是古代的良劍；然而不加以磨厲，就不能鋒利；不得人的力量，就不能斷物。驊騮、騏驥、纖離、綠耳，都是古代的良馬；然而一定要前面有銜轡的控制，後面有鞭策的威督，再加上造父的善馭，然後才能一日而行千里。人雖然有性質美好而心捷慧明智的，一定要求得賢師來事奉，選擇良友來交往。求得賢師來事奉，則所聽聞的都是堯舜禹湯之道；得到良友而交往，則所見到的都是忠信敬讓的行為。其身一天天進於仁義之境而不自覺的，披靡感染使之如此。如果同不善之人相處，則所聽聞的都是欺誣詐偽，所見到的都是汙漫淫邪貪利的行為，其身遭到刑戮而不自覺的，披靡感染使之如此。古傳裏說：「不知道兒子可以看看他的朋友，不知道君主可以看看他的左右的人。」這就是披靡感染的道理啊！這就是披靡感染的道理啊！

君子篇

天子無妻，告人無匹也❶。四海之內無客禮，告無適也❷。足能行，待相❸者然後進；口能言，待官人然後詔❹，不視而見，不聽而聰，不言而信，不慮而知，不動而功，告至備也❺。天子也者，埶至重，形至佚，心至愈❻，志無所詘，形無所勞，尊無上矣。《詩》曰：「普天之下，莫非王土；率土之濱，莫非王臣。」❼此之謂也。

聖王在上，分義行乎下，則士大夫無流淫之行，百吏官人無怠慢之事，眾庶百姓無姦怪之俗，無盜賊之罪，莫取犯大上之禁❽，天下曉然皆知夫盜竊之人❾不可以為富也，皆知夫賊害之人❿不可以為壽也，皆知夫犯上之禁不可以為安也。由其道則人得其所好焉，不由其道則必遇其所惡焉。是故刑罰綦省而威行如流，世曉然皆知夫為姦則雖隱竄逃亡之由不足以免也⑪，故莫不服罪而請⑫。《書》曰：「凡人自得罪。」⑬此之謂也。故刑當罪則威，不當罪則侮；爵當賢則貴，不當賢則賤。古者刑不過罪，爵不踰德。故殺其父而臣其子，殺其兄而臣其弟。刑罰不怒罪⑭，爵賞不踰德，分然各以其誠通⑮。是以為善者勸，為不善者沮；刑罰綦省而威行如流，政令致明而化易⑯如神。傳曰：「一人有慶，兆民賴之。」⑰此之謂也。亂世則不然：刑罰怒罪，爵賞踰德，以族論罪，以世舉賢⑱。故一人有罪而三族皆夷，德雖如舜，不免刑均⑲，是以族論罪也。先祖當⑳賢，後子孫必顯，行雖如桀紂，列從㉑必尊，此以世舉賢也。以族論罪，以世舉賢，雖欲無亂，得乎哉！《詩》曰：「百川沸騰，山冢崒崩。高岸為谷，深谷為陵。哀今之人，胡憯莫懲。」㉒此之謂也。

論法聖王㉓，則知所貴矣；以義制事，則知所利矣；論知所貴，則知所養矣㉔；事知所利，則動知所出矣㉕；二者，是非之本，得失之原也。故成王之於周公也，無所往而不聽，知所貴也。桓公之於管仲也，國事無所往而不用，知所利也。吳有伍子胥而不能用，國至於亡，倍道失賢也。故尊聖者王，貴賢者霸，敬賢者存，慢賢者亡，古今一也。故尚賢使能，等貴賤，分親疏，序長幼，此先王之道也。故尚賢使能，則主尊下安；貴賤有等，則令行而不流㉖；親疏有分，則施行而不悖；長幼有序，則事業捷成而有所休㉗。故仁者，仁此者也；義者，分此者也；節者，死生此㉘者也；忠者，惇慎此者也㉙；兼此而能之備矣㉚；備而不矜，一自善也，謂之聖㉛。不矜矣，夫故天下不與爭能而致善用其功㉜。有而不有也㉝，夫故為天下貴矣。《詩》曰：「淑人君子，其儀不忒。其儀不忒，正是四國。」㉞此之謂也。

【注釋】❶天子無妻告人無匹也　告，告知。匹，匹敵。劉師培云：「此即左氏之說也。《五經異義》曰：『禮戴說天子親迎，春秋公羊說自天子至於庶人皆親迎。左氏說天子至尊無敵，故無親迎之禮。慎案：高祖時皇太子納妃，叔孫通制禮，以為天子無親迎禮，從左氏義』。今據《荀子》之文觀之，言天子無妻，即天子至尊，無親迎禮之證也。此蓋叔孫通制禮所由本。」❷四海之內無客禮告無適也　適，往。天子無客禮，無人敢為其主人。天子以天下為一家，所往之處均不得謂之適。劉師培：「《左傳・成十二年》：『周公出奔晉。』又言：『凡自周無出。』〈僖二十四年傳〉：『天王出居于鄭。』杜注云：『天子以天下為家，故天子無外。』蓋天子無外，故其臣出奔者亦不書國境，以彼證此，則此文之無適，適即訓往，然天子以天下為一家，所經之境，所往之國，均不得謂之適，故曰告無適也。又《禮記・郊特牲》云：『天子無客禮，莫敢為主也，君適其臣，升自阼階，不敢有其室也。』所謂不敢有其室者，即表明天子無適之義。」❸相　贊禮的人。《周禮・秋官・司儀》注：「出接賓曰儐，入贊禮曰相。」❹待官人然後詔　官人，掌喉舌之官。詔，告。❺告至備也　一切盡委於群下，故能至備。❻愈　借為愉。王叔岷先生云百子本正作「愉」。❼詩曰句　所引為《詩經・小雅・北山》第二章。率，循。濱，涯。❽莫取犯大上之禁　俞云當作「莫敢犯上之大禁」。《群書治要》作「莫敢犯上之禁」。❾盜竊之人　王念孫云「人」字衍。《群書治要》無「人」字。❿賊害之人　王念孫云「人」字衍。《群書治要》無「人」字。⓫逃亡之由不足以免也　梁引王懋竑云「之」字衍。由，和猶通。⓬莫不服罪而請　言莫不服罪而得其情實。請，借為情，情實。⓭書曰句　所引為《尚書・康誥》篇文。於此其義為：凡人自服其罪而不敢隱匿。⓮不怒罪　怒，過，言不超過其罪。《方言》：「凡人語而過，東齊謂之弩。」弩和怒通。⓯分然各以其誠通　善惡分然，其忠誠皆得通達而無屈滯。⓰易　讀為施。⓱傳曰句　所引為《尚書・甫刑》篇文。⓲以族論罪以世舉賢　言以全族論罪，以世位來論舉賢才。劉師培云：「《五經異義》引左氏說曰：『卿大夫得世祿，不得世位。父為大夫死，子得食其故采，而有賢才則復升故父位，故傳曰官有世功，則有官族。』是《左傳》之誼亦以世位為譏。惟賢才之人，乃得世位，仍以賢舉，非以世族舉也，故荀子述其義。」⓳故一人有罪三句　三族，古人說法不一。《禮記・士昏禮》：「惟是三族之不虞。」鄭注：「三族，謂父昆弟、己昆弟、子昆弟也。」《周禮・小宗伯》注及《禮記・仲尼燕居》注皆云：「三族，父子孫。」夷，滅。均，梁引王紹蘭云謂商均，此蓋衰世連坐之法，雖德如舜，不免坐罪於商均，謂因商均而連及舜。⓴當　借為嘗。㉑列從　行列相從，指位列。㉒詩曰句　所引為《詩經・小雅・十月之交》第三章。冢，山頂。崒，借為猝，急的意思。憯，曾。懲，戒止。㉓論法聖王　論議法效聖王。㉔則知所養矣　言知所取法。養，取。㉕則動知所出矣　俞以為「動」字衍。所出，謂所從。㉖流　借為留。《群書治要》引正作「留」。㉗則事業捷成而有所休　言長幼各在其本分而出力，則事業速成而亦有所休息之時。捷，速。㉘死生此　死生都為此。㉙忠者惇慎此者也　言能惇厚誠信於此五者，謂之忠。慎，誠。㉚兼此而能之備矣　兼此仁義忠節而能之，則為德備。㉛備而不矜一自善也謂之聖　一，皆。德備而不矜伐，德都用來自善，這樣的人可以稱之為聖人。㉜不矜矣夫故天下不與爭能而致善用其功　因他不矜伐，所以天下沒有人同他爭能，以至於可以善用眾功。㉝有而不有也　有能而不自有。㉞詩曰句　此言善人君子，其威儀不差，故能正天下。以喻正身待物，則天下皆化；恃才矜能，則所得者小。所引為《詩經・曹風・鳲鳩》第三章。忒，差。四國，四方之國，指天下。

【語　譯】天子沒有親迎之禮，因為天子至尊，沒有匹敵。天子在四海之內沒有客禮，沒有人敢做天子的主人；天子以天下為一家，所往之處，均不能叫做適。天子的足雖能自己走，但一定要等贊禮的人引導才能行進；口雖能說，一定要等掌喉舌之官傳言然後才能詔告。不必看就能明見，不必聽就能聰靈，不必講話就能有信，不必思慮就能知道，不必行動就有功績，因為都委之於群下，所以能夠至備。天子是勢位最尊重，形體最安逸，心最愉快，志意無所曲屈，形體無所勞苦，是再尊貴沒有的了。《詩經》裏說：「整個的天下，沒有不是天子的國土的；循著國土的境內，沒有不是天子的人民的。」說的就是這種道理。

聖明的君主在上，分義行之於在下，那麼士大夫就會沒有流淫的行為，百吏官人沒有怠慢的情事，眾庶百姓沒有姦怪的習俗，沒有盜賊的罪行，沒有人敢於觸犯在上的禁令，天下很清楚的都知道盜竊不可以致富，都知道賊害不可以長壽，都知道觸犯在上的禁令不可以得安。由正道來做就可以得到他所好的，不由正道來做一定會遇到他所厭惡的。因此刑罰極省簡而威行如流水，世人很清楚的都知道行姦邪之事，則雖然隱竄逃亡還是無法免禍，所以沒有不服罪而敢於虛誕的。《書經》裏說：「凡人都自得其罪。」說的就是不敢隱罪的道理。刑罰正當於所犯的罪就會有威，刑罰不當於其所犯的罪就會輕侮；爵賞正當於其賢才就會貴尊，不當於其賢才就會輕賤。古時刑罰不超過其罪，爵賞不踰越其德。所以殺了父親而使他兒子為臣，殺了哥哥而使他弟弟為臣。刑罰不超過其罪，爵賞不踰越其德，善惡分然各以其忠誠得以通達。所以為善的可以勸勉，為不善的為之沮止；刑罰極省簡而威行如流水，政令極明而化施如神。《書經》裏說：「君主一人有值得慶賀的，億兆的人民都有所仰賴。」說的就是這種道理。亂世則不如此：刑罰超過其罪，爵賞踰越其德，以全族來論罪，以世位來論舉賢才。因此一人有罪而三族都遭殺戮，德雖像大舜，也不免坐罪於商均，這就是以全族來論罪。先祖嘗是賢才，後代子孫必然顯貴，行為雖然如同桀紂，位列也一定尊高，這就是以世位論舉賢才。以全族論罪，以世位論舉賢才，雖想要不亂，能得到嗎！《詩經》裏說：「百川在沸騰，山冢急遽崩塌。高的崖岸變成了淵谷，深的淵谷變成了山陵。可憐現今的人，為什麼不曾有所懲戒呢！」說的就是這種道理。

論議法效聖王，則知道所當尊貴的了；用義來把握事情，則知道所當求利的了；論議知道所當尊貴的，則知道所該取法的；行事知道所當求利的，則知道所該隨從的；二者，是是非的根本，是得失的本原。所以成王的對周公，沒有事情不聽從的，這就是知道所當尊貴的。齊桓公的對管仲，國事沒有不採用管仲的，這就是知道所當求利的。吳國有伍子胥而不能聽用，以至於國家敗亡，這就是違背正道失用賢才的緣故。所以尊崇聖人的可以王，貴顯賢人的可以霸，敬重賢人的可以生存，輕慢賢人的就要敗亡，古今是一樣的。崇尚賢人任使能者，等別貴賤，分別親疏，次序長幼，這是先王之道。所以崇尚賢人任使能者，則君主尊榮而下民安治；貴賤有等差，則令行而不留止；親疏有分別，則恩惠施行而不悖逆；長幼有次序，則事業速成而得有休息。所以仁就是要愛悅這些，義就是要分辨這些，節就是要為這些而死生，忠就是要惇厚誠信這些，兼這仁義節忠而都能就是德備了；德備而不矜伐，都用來自善，這就叫做聖。不矜伐，所以天下不敢同他爭能，以至於可以善用眾功。有能而不自有，所以為天下所最尊貴。《詩經》裏說：「善人君子，他的儀度不差。他的儀度不差，可以正四方之國。」說的就是這種道理。

成相篇

請成相[1]，世之殃，愚闇愚闇墮賢良[2]，人主無賢，如瞽無相，何倀倀[3]。請布基[4]，慎聖人[5]，愚而自專事不治，主忌苟勝，群臣莫諫，必逢災。論臣過，反其施[6]，尊主安國尚賢義[7]，拒諫飾非，愚而上同，國必禍。曷謂罷[8]？國多私[9]，比周還主[10]黨與施，遠賢近讒，忠臣蔽塞，主埶移。曷謂賢？明君臣，上能尊主愛下民[11]，主誠聽之，天下為一，海內賓[12]。主之孽[13]，讒人達，賢能遁逃國乃蹷[14]，愚以重愚，闇以重闇，成為桀。世之災，妒賢能，飛廉知政任惡來，卑其志意，大其園囿，高其臺。武王怒，師牧野[15]，紂卒易鄉啟乃下[16]，武王善之，封之於宋，立其祖[17]。世之衰，讒人歸，比干見刳箕子累[18]，武王誅之，呂尚招麾[19]，殷民懷[20]。世之禍，惡賢士，子胥見殺百里徙[21]，穆公[22]任之，強配五伯[23]，六卿施㉔。世之愚，惡大儒，逆斥不通孔子拘㉕，展禽三絀㉖，春申道綴，基畢輸㉗。請牧㉘基，賢者思，堯在萬世如見之，讒人罔極，險陵傾側，此之疑㉙。基必施，辨賢罷，文武之道同伏戲㉚，由之者治，不由者亂，何疑為！凡成相，辨法方㉛，至治之極復後王，慎墨季惠㉜，百家之說誠不詳㉝。治復一，脩之吉，君子執之心如結㉞，眾人貳之，讒夫棄之，形是詰㉟。水至平，端不傾㊱，心術如此象聖人，而有埶㊲，直而用抴，必參天㊳。世無王，窮賢良，暴人芻豢，仁人糟糠㊴，禮樂滅息，聖人隱伏，墨術㊵行。治之經，禮與刑，君子以脩百姓寧，明德慎罰，國家既治，四海平。治之志，後埶富㊶，君子誠之好以待，處之敦固㊷，有㊸深藏之，能遠思。思乃精，志之榮㊹，好而壹之神以成，精神相反㊺，一而不貳，為聖人。治之道，美不老，君子由之佼㊻以好，下以教誨子弟，上以事祖考。成相竭㊼，辭不蹷㊽，君子道之順以達㊾，宗其賢良，辨其殃孽㊿。

請成相，道聖王[51]，堯舜尚賢身辭讓，許由善卷[52]，重義輕利，行顯明。堯讓賢，以為民，氾利[53]兼愛德施均，辨治[54]上下，貴賤有等，明君臣。堯授能，舜遇時，尚賢推德天下治，雖有賢聖，適不遇世，孰知之。堯不德，舜不辭，妻以二女任以事，大人哉舜，南面而立，萬物備[55]。舜授禹，以天下，尚得[56]推賢不失序，外不避仇，內不阿[57]親，賢者予[58]。禹勞心力[59]，堯有德，干戈不用三苗服，舉舜甽畝[60]，任之天下，身休息。得后稷，五穀殖，夔為樂正鳥獸服[61]，契為司徒，民知孝弟，尊有德。禹有功，抑下鴻[62]，辟[63]除民害逐共工[64]，北決九河，通十二渚，疏三江[65]。禹傅土[66]，平天下，躬親為民行勞苦，得益皋陶橫革直成為輔[67]。契玄王，生昭明[68]，居於砥石遷於商[69]，十有四世，乃有天乙是成湯[70]。天乙湯，論舉當，身讓卞隨舉牟光[71]，道古賢聖，基必張[72]。

願陳辭[73]，世亂惡善不此治，隱諱疾賢，良由姦詐[74]，鮮無災。患難哉，阪為先[75]，聖知不用愚者謀，前車已覆，後未知更，何覺時。不覺悟，不知苦，迷惑失指易上下，中[76]不上達，蒙揜耳目，塞門戶。門戶塞，大迷惑，悖亂昏莫不終極[77]，是非反易，比周欺上，惡正直。正直惡，心無度，邪枉辟回[78]失道途，己無郵人[79]、我獨自美，豈獨無故[80]。

不知戒，後必有[81]，恨後遂過不肯悔[82]，讒夫多進，反覆言語，生詐態[83]。

人之態，不如備[84]，爭寵嫉賢利惡忌[85]，妬功毀賢，下斂黨與，上蔽匿[86]。

上壅蔽，失輔埶，任用讒夫不能制，孰公長父[87]之難，厲王流于彘[88]。

周幽厲，所以敗，不聽規諫忠是害，嗟我何人，獨不遇時，當亂世。欲衷對[89]，言不從，恐為子胥身離[90]凶，進諫不聽，剄而獨鹿[91]，棄之江。

觀往事，以自戒，治亂是非亦可識，託於成相以喻意[92]。

請成相，言治方，君論有五約以明[93]，君謹守之，下皆平正，國乃昌。臣下職，莫游食[94]，務本節用財無極，事業聽上，莫得相使，一民力。守其職，足衣食，厚薄有等明爵服，利往卬上，莫得擅與，孰私得[95]。

君法明，論有常，表儀既設民知方，進退有律，莫得貴賤，孰私王[96]。

君法儀，禁不為，莫不說[97]教名不移，脩之者榮，離之者辱，孰它師[98]。

刑稱陳，守其銀[99]，下不得用輕私門[100]，罪禍有律，莫得輕重[101]，威不分。

請牧祺，明有基[102]，主好論議必善謀，五聽脩領，莫不理續，主執持[103]。

聽之經，明其請[104]，參伍[105]明謹施賞刑，顯者必得，隱者復顯，民反[106]誠。

言有節，稽[107]其實，信誕[108]以分賞罰必，下不欺上，皆以情言，明若日[109]。

上通利[110]，隱遠至，觀法不法見不視[111]，耳目既顯，吏敬法令，莫敢恣[112]。

君教出，行有律，吏謹將之無鈹滑[113]，下不私請[114]，各以宜，舍巧拙[115]。

臣謹脩[116]，君制變[117]，公察善思論不亂，以治天下，後世法之，成律貫[118]。

【注釋】❶請成相　相本是樂器，配合舂米送杵之聲而奏，於是就成為一種樂曲。荀子即採成相曲的體製來寫這篇勸諭治政的文章。一開頭是套語，一方說請成此曲，一方喻意成就相治國家的事。盧：「相乃樂器，所謂舂牘。」俞：「此相字即舂不相之相，《禮記・曲禮》：『鄰有喪，舂不相。』鄭注曰：『相謂送杵聲。』蓋古人於勞役之事，必為歌謳以相勸勉，亦舉大木者呼邪許之比，其樂曲即謂之相。請成相者，請成此曲也。」王引之：「竊謂相者，治也，成相者，成此治也。請成相者，請言成治之方也。」❷愚闇愚闇墮賢良　愚闇重言是為了加強語氣。言世人的禍殃，是由於君主愚闇而墮毀賢良。❸如瞽無相何倀倀　相，扶持瞽者之人。《周禮・春官・眡瞭》：「相瞽。」注：「相謂扶工。」疏：「相者，以瞽人無目，須人扶持故也。」倀倀，無所往的樣子。❹請布基　請陳布治國的基本。❺慎聖人　俞云「人」字不入韻，疑當作「慎聽之」。❻論臣過反其施　論人臣之過，當反其所施行，即下所云「拒諫飾非，愚而上同」。❼尚賢義　義，即儀字，儀亦指賢人。《廣雅・釋言》：「儀，賢也。」尚賢儀，即崇尚賢者。❽罷　罷劣不能。❾私　本作厶，姦邪。《說文》：「厶，姦衺也。」❿比周還主　還，讀為營，營借為瞀，瞀惑。《說文》：「瞀，瞀惑也。」比周瞀主，謂朋黨比周以瞀惑其主。⓫愛下民　王念孫云當作「下愛民」，與「上能尊主」對文。⓬賓　賓服。《爾雅・釋詁》：「賓，協，服也。」⓭孽　災禍。⓮蹷　顛覆。⓯師牧野　軍隊列於牧野。⓰紂卒易鄉啟乃下　易鄉，即易向，謂前徒倒戈攻於後。啟，微子之名。下，降。⓱祖　始祖廟。《說文》：「祖，始廟也。」⓲累　和纍、縲同，被囚縲。⓳招麾　指揮。⓴懷　懷歸。㉑子胥見殺百里徙　子胥，春秋吳大夫伍員之字，為吳王夫差所殺。百里，百里奚，虞公之臣。徙，遷。百里奚之謀不被用，虞被晉所滅，百里奚被虜遷徙於秦。《史記・秦本紀》：「晉滅虞，虜虞君與百里奚，以為秦繆公媵於秦。」㉒穆公　秦穆公，名任好。㉓五伯　即指春秋五霸。㉔六卿施　言施六卿，春秋時大國亦僭置六卿。㉕逆斥不通孔子拘　逆斥不通，逆拒斥逐不使通達。拘，拘留。謂畏於匡戹於陳。㉖展禽三絀　絀，和黜通，罷黜。展禽，魯大夫無駭之後，名獲，字子禽，謚曰惠，居於柳下。三黜，謂其三度為士師三次被罷黜。㉗春申道綴基畢輸　綴，和輟通，止。輸，墮。春申，劉師培以為當作「魯申」，即魯僖公。劉氏云：「此句承上文展禽言，展禽與魯僖公同時。荀子此意，蓋言魯為周公之後，又為儒術之所及，魯不用展禽，故道綴而基輸。道綴者，綴當從楊訓止，言儒術至僖公而止也。基畢輸者，輸當從郝王訓墮，言周公之基業至僖公而竟墮也。故曰『魯申道綴基畢輸』。昔孔子以臧孫下展禽為不仁，蓋儒家所持之論，以展禽之用舍判儒術之廢興，故荀卿以展禽三絀刺僖公也。」㉘牧　由牧民引申為治的意思。㉙讒人罔極險陂傾側此之疑　言讒人無良，險邪傾側，雖聞吾言，猶疑而不信。罔極，無良之意。陂，傾邪。㉚文武之道同伏戲　文，文王。武，武王。伏戲，即伏羲。㉛辨法方　言成就相治的總要，在於辨別道術的優劣。法方，即方術、道術。㉜慎墨季惠　慎，慎到。墨，墨翟。惠，惠施。季，楊注引或曰，季即莊子曰：「季真之莫為者也。」又曰：「季子聞而笑之」，為梁惠王犀首惠施同時人。楊注又引韓侍郎說，或為季梁，列子曰：「季梁楊朱之友。」㉝詳　借為祥，善的意思。㉞君子執之心如結　言堅執不放。㉟形是詰　形，借為刑。詰，治。㊱端不傾　王叔岷先生云元本「端」作「滿」，有注云「滿不溢而无傾」。㊲而有埶　上脫一字，郝云疑脫「人」字。㊳直而用抴必參天　抴，和曳音義相同。俗作拽，引的意思。《說文》：「抴，捈也。」又：「捈，臥引也。」此言既得權勢，則度己以繩，接人用抴，功業必能參天。接人用抴，即拖引人前進之意。㊴暴人芻豢仁人糟糠　此二句當合為七字句。王引之云下「人」字涉上「人」字而衍。㊵墨術　墨翟之術。㊶後埶富　言治國當把權勢和富利擺在後面。㊷敦固　厚固。㊸有　借為又。㊹思乃精志之榮　思想能夠專精，就是心志的光明表現。㊺相反　王引之以為「反」為「及」字之誤。㊻佼　美好。㊼竭　盡。㊽饜　短缺。㊾君子道之順以達　言君子能行此言，則可順利達成。道，行。㊿宗其賢良辨其殃孽　此當為十一字，尚少三字，無可補。宗，尊的意思。尊其賢良，使賢良之人居尊顯之位。殃孽，為禍造孽之人。51道聖王　道，隨從。言隨從聖王。52許由善卷二人皆不受天下。《莊子・讓王篇》：「堯讓天下於許由，許由不受。又讓於子州支父，子州支父曰：予適有幽憂之病，方且治之，未暇治天下也。遂不受。舜讓天下於善卷，善卷不受，遂入深山。不知其處也。」53氾利普利。54辨治　辨也是治的意思。55萬物備　言萬事萬物都備齊而理治。56得　和德通。王叔岷先生云百子本正作「德」。57阿　阿私。58予　給予。59禹勞心力　劉師培以為「禹」字衍。或當作「堯有德，勞心力」，和下「禹有功，抑下鴻」對文。60甽畝　甽，和畎同。61夔為樂正鳥獸服　《呂覽・古樂篇》：「堯命質（即夔）為樂，質乃效山林谿谷之音以歌，乃以麋𩊠置缶而鼓之，乃拊石擊石以象上帝玉磬之音，以致舞百獸。」62鴻借為洪，洪水。63辟　借為闢。64逐共工　《戰國策・秦策》：「禹伐共工。」65北決九河通十二渚疏三江渚，水中小州。疏，通。所言九河三江十二渚，未必是實數，概括言其多數而已。66禹傅土　言禹布治九州之土。傅，借為敷，布治。67得益皋陶橫革直成為輔　盧：「《困學紀聞》曰：『《呂氏春秋》：「得陶、化益、真窺、橫革、之交五人佐禹。」陶即皋陶也。化益，即伯益也。真窺，即直成也。併橫革、之交二人，皆禹輔佐之名。』案竀與成音同，與窺形似，《呂氏春秋》蓋本作竀，傳寫誤為窺耳。直與真亦形似。呂氏語見〈求人篇〉。」(68)契玄王生昭明　契又稱玄王。《詩經・商頌・玄鳥》：「天命玄鳥，降而生商。」又〈長發〉：「玄王桓撥。」《史記・殷本紀》：「契卒，子昭明立。」(69)居於砥石遷於商　砥石，地名，未詳所在。梁：「《史記・殷本紀》：『自契至湯八遷。』此語謂昭明始居砥石，後遷於商丘。」(70)乃有天乙是成湯　梁以為湯名乙，殷人尊湯而稱天乙。梁氏云：「湯名乙，亦名履，乙履古音同。（或曰：乙，湯之號。殷以甲乙為號。）《史記・殷本紀》《索隱》：『湯名履，書「予小子履」是也。又稱天乙者，譙周云：「夏殷之禮，生稱王，死稱廟，皆以帝名配之。」天亦帝也。殷人尊湯故曰天乙。』又按：《史記志疑》一：『湯非名也，以地為號，故稱成湯、武湯。』《路史發揮》注：『湯特商國中一邑名，成湯猶成周然。』」(71)身讓卞隨舉牟光　舉，借為與。牟光，即務光。《莊子・讓王篇》：「湯讓天下於卞隨務光，二人不受，皆投水死。」(72)基必張　上當有一四字句。此指當時之君而言，非指古之聖賢。(73)願陳辭　王引之云下脫一三字句。(74)隱諱疾賢良由姦詐　諱，梁據陶據注改為「過」。良，王念孫據楊注以為當作「長」。由，用。此言隱諱過惡，疾害賢良，長用姦詐。(75)阪為先　阪，邪的意思，此指邪術。《廣雅・釋詁》：「阪，衺也。」(76)中　俞云讀為「忠」。(77)悖亂昏莫不終極　昏莫，即昏暮，昏闇之意。不終極，無已時。(78)辟回　辟借為僻。僻回，邪僻。(79)郵人　郵，借為訧，俗作尤，罪訧。《說文》：「訧，罪也。」(80)豈獨無故　楊注引或曰下無「獨」字。無「獨」字句法同全篇合。故，事故。(81)有借為又。(82)恨後遂過不肯悔　恨，和很通。後，王念孫以為「復」字之誤。復和愎通。言很愎不從諫以遂其過。(83)詐態　姦邪作態取媚於人。(84)不如備　如，楊注云當為「知」。言人為詐態，在上之人不知備。(85)利惡忌　利於憎惡妒嫉。(86)下斂黨與上蔽匿　言在下如聚集黨與，則對上就要隱蔽其姦慝。斂，聚。匿，借為慝。(87)孰公長父　楊注云「孰」或為「郭」。盧云古郭虢字通，郭公長父即《呂氏春秋・當染篇》之虢公長父。(88)彘　地名。漢置縣，今山西霍縣東北有彘城，即周厲王所奔之地。(89)欲衷對　俞云「對」字當在「衷」字上，對讀為遂。王叔岷先生云：「《楚辭後語》云：『衷對當為對衷，乃與韻叶。』」欲遂衷，言想遂其衷忱。[90]離　借為罹，遭遇。[91]到而獨鹿　到，斷頭。《說文》：「到，刑也。」段注：「到謂斷頭也。」獨鹿，即屬鏤，吳王夫差賜子胥之劍名。[92]託於成相以喻意　依上文句例當十一字，少四字。[93]君論有五約以明　君論有五，即下文所述的「臣下職，守其職，君法明，君法儀，刑稱陳」。以，和「而」義同。[94]臣下職莫游食　臣下職，謂臣下專守其職事。游食，謂不勤於事，而游手素飡。[95]利往卬上莫得擅與孰私得　往，王引之云當為「隹」，「隹」即古「唯」字。卬，和仰同。私得之「得」，劉師培以為當作「德」。言爵祿之利唯有仰賴在上，群臣不得擅自賜與，誰會有施恩的私德？[96]私王　私自瞽惑君王。[97]說　借為悅。[98]孰它師　誰敢以其他為師法，言皆歸王道而不敢離貳。[99]銀　和垠通。王叔岷先生云百子本正作「垠」。垠，指分限。[100]下不得用輕私門　下不得專用刑法則私門自輕。[101]罪禍有律莫得輕重　禍，和過通。罪，指重罪。過，指輕過。言罪過各按律定刑，不得任意使輕使重。[102]請牧祺明有基　俞云當作「請牧基，明有祺」。祺，祥。明有祺，言能明必有吉祥。[103]五聽脩領莫不理續主執持　五聽，聽治獄訟的五種方法。《周禮．小司寇》：「以五聲聽訟求民情，一辭聽，二色聽，三氣聽，四耳聽，五目聽。」脩領，領猶治。脩領，脩治理治。理續，王念孫云「續」當為「績」。績訓為事。主執持，言五聽都由君上自己來執持。[104]聽之經明其請　聽之經，謂聽政之道。請，借為情。[105]參伍　猶錯雜。[106]反　借為返。[107]稽　考察。[108]信誕　信，信實。誕，詐誕。[109]明若日　坦明如日。[110]通利　通達犀利。[111]觀法不法見不視　言觀法於法所不及之地，見視於視所不達之鄉。[112]恣　放縱。[113]吏謹將之無鈹滑　將，奉持。鈹，借為頗，邪的意思。滑，借為猾，黠惡。[114]私請　私自請謁。[115]各以宜舍巧拙　盧云當作「各以所宜、舍巧拙」。[116]脩　修習。[117]制變　制法和變革法。[118]律貫　法律的條貫。

【語　譯】請成就相治國家，世人的禍殃，是由於君主愚闇而墮毀賢良，人主沒有賢良，就像瞎子沒有扶持的人，是要無所適從的。請陳布治國的基本，謹慎的聽著，愚而好自己專擅，事情一定不能理治，人主猜忌而好苟勝，群臣又不勸諫，一定會逢到災禍。論人臣的過失，應當反其所施行的，尊崇君主安定國家崇尚賢良，如果拒絕諫言文飾過非，愚闇而又苟合在上，國家必多災禍。什麼叫做罷劣不能？就是國內多有姦宄，朋黨比周營惑其主黨與施張，疏遠賢人接近讒賊，忠臣被蔽塞，那君主的勢位自然就要傾移。什麼叫做賢良？就是能明君臣之道，上能尊崇君主下能愛民，君主誠然能夠聽從，天下統一，海內賓服。君主的災禍，是讒賊顯達，賢能逃遁，國家就要顛覆，愚的更加愚，闇的更加闇，終必變成夏桀一般。世的禍災，是妒嫉賢能，飛廉參知政事任用惡來，志意卑而園囿大、臺榭高。武王發怒，軍隊列於牧野，紂的兵卒回向倒戈微子啟投降，武王嘉許，封他在宋，建立始祖之廟。世的衰微，是讒賊來歸，比干被刳箕子被囚，武王誅伐，呂尚來指揮，殷朝人民都來歸服。世的災禍，是厭惡賢士，子胥被殺百里奚被虜遷徙，秦穆公重用百里奚，強盛匹配五霸，國內設置六卿比於天子。世人的愚闇，厭惡大儒，逆拒斥逐不使通達，孔子被拘，展禽三次被罷黜士師，魯僖公儒道輟止，基業墮毀。請說治世的基本，賢者應當深思，堯雖在萬世猶可見之，若讒人無良，險邪傾側，雖聞我言，仍是疑而不信。必要張大基本，辨別賢良和罷劣，周文王、武王之道同伏羲是一樣的，由此道的就可以治，不由此道的就要亂，又有什麼可疑惑的！大凡成就相治之道，在於辨別道術的優劣，修治極至就歸到了後王，慎墨季惠百家的學說都是不善的。治能歸於專心壹志，是修治的大吉，君子執持專堅如結，一般眾人則貳心，讒夫則棄掉它，只有用刑法來詰治。水如果最平，雖滿不傾也不溢，聖人的心術便是這樣，人如果有勢位，而度己以繩，接人用拙，功業必定參天。世無王者，則賢良窮困，暴人吃芻豢，仁人吃糟糠，禮樂滅息，聖人隱伏，墨術盛行。治世的常道，是禮和刑，君子能修明禮和刑百姓就會安寧，修明德業慎行刑罰，國家就會安治，四海就會昇平。為治的意思，要把權勢和富利擺在後面，君子誠此意好好的待用，處之厚固，又能深藏遠慮。思想若能專精，就是心志的光明表現，喜好這個而能專壹則通於神明，精神相及，一而不貳，就是聖人。為治之道，是日日美新而不老息，君子由此道而能佼好，下以教誨子弟，上以奉事祖考。成相曲雖然完盡，但辭意卻沒有短缺完盡，君子能行此言則必順達，賢良應該尊顯，殃孽要辨認清楚。

請成就相治國家，應該隨從聖王，堯舜崇尚賢能自身辭讓，許由、善卷重義輕利，德行顯明。堯讓位賢人，完全是為人民，普利兼愛德施均遍，辨治上下，使貴賤有等，明君臣之分。堯授位能者，舜逢遇時際，崇尚賢人推尊有德天下安治，雖然有賢聖之人，如不遇時際，誰又能知道呢！堯讓位不以為是恩德，舜得位也不加推辭，堯妻舜以二女任之以大事，舜真是偉大之人，南面而立，萬事萬物都備齊而理治。舜授給大禹天下，崇尚有德推尊賢人不失其秩序，外不避仇怨，內不阿私親黨，祇知推予賢者。堯有聖德，勞其心力，不用干戈而三苗順服，舉舜於甽畝之中，任之以天下，自身得以休息。得到后稷，而五穀蕃殖，夔做樂正使鳥獸致舞而馴服，契做司徒人民知道孝弟，能夠尊崇有德之人。大禹有功，抑平洪水，闢除人民的患害，逐去共工，向北開決九河，暢通十二渚，疏導三江。大禹分布治九州之土，平定天下，躬親為人民操行勞苦，又得到益、皋陶、橫革、直成做他的輔佐。契為玄王，生昭明，始居砥石後又遷於商丘，十四代而有天乙成湯。天乙商湯，論舉得當，讓位給卞隨和牟光，道說古代的賢聖，基業必然張大。

我願意陳述，世間混亂厭惡賢善，不知道治理，隱諱過惡，嫉害賢良，長用姦詐，很少會沒有災禍的。世有患難，是因為以邪術為首要，聖智的人不用而使愚者來謀事，前車已經傾覆，後來還不知道更改，哪有覺悟之時！不覺悟，不知道苦處，迷惑失去指示上下倒易，忠誠不能上達，蒙蔽耳目，如同塞住了門戶。門戶蔽塞，使人大為迷惑，悖亂昏闇沒有已時，是非反易，朋黨比周欺蒙在上，厭惡正直之人。厭惡正直之人，內心沒有法度，邪僻枉曲失卻正途，自己不可責怨他人，而自美其身，自己豈能沒有事？不知戒懼，下次必然要再犯過，很愎遂成其過不肯悔改，讒賊之人多來進言，反覆蠱說，生出姦邪作態。人的作態，如不知防備，必然是爭寵嫉賢利於憎惡妒嫉，妒嫉有功毀殘賢人，在下斂聚黨與，對上隱蔽其姦慝。在上的被壅蔽，失去輔佐，任用讒賊不能控制，所以郭公長父的禍難，使周厲王流竄到彘的地方。周朝的幽王、厲王，所以失敗，是因為他們不聽規諫而殘害忠良，可歎我是什麼人，偏不能遭遇良時，逢到這個亂世。我雖想遂其衷忱，可是說話沒有人聽從，恐怕自己變成伍子胥一般身遭禍凶，子胥進諫言吳王不聽，賜給獨鹿寶劍使他自刭，屍體被拋棄到江裏。察觀往事，用來自己警戒，治亂是非的原則應該可以認識了，我託於成相曲來寄喻心意。

請成就相治國家，談到為治的方術，君論有五，簡約而明白，君主如能謹慎遵守，則在下的人都會平正，國家也一定昌隆。臣下都專守其職事，不要游手閒食，務本節用則財物不盡，事業聽從在上的，群臣不得互相役使，則民力集中。謹守職分，衣食豐足，厚薄各有等差，爵祿分明，爵祿之利唯有仰賴在上，群臣不得擅自賜與，誰會有施恩的私德？君法明確，政論有常規，標準儀則已經設了，人民就知道向方，進退有法，不得任意使貴使賤，誰能夠私自營惑於王？君法做為儀則，禁止人民不去遵行，沒有不喜悅君師之教而使自己不轉移，修習的就尊榮，離棄的就屈辱，誰敢以其他的為師法？刑法已經相稱於罪行而陳設，就該守其分限，下不得專用刑法則私門自輕，罪過各按律定刑，不得任意使輕使重，以致威嚴不分。請言治國的根本，能聖明必有吉祥，主上好議論必善謀畫，五聽都能修治，百官莫不各理其事，這五聽都在於君主的自己執持。聽政的常道，在於明察情實，錯雜明謹來施以賞罰，顯明的事固然必得其情實，就是隱匿的事也必然顯明了，這樣人民就會返回誠實了！言語有法度，考察實情，這樣信實和詐誕就分別出來，而賞罰也分明而必行，於是在下之人不欺蒙在上，都以情實來說，坦明像白日一般。在上的通達犀利，幽隱遠隔的都會明察得到，可以觀察法在法所不及之地，可以見到那些所看不到之處，耳目既然這樣明達，於是官吏敬守法令，不敢放縱。君主的教令頒出，民行有法，官吏謹慎奉持不敢衺僻黠惡，群下不私自謁請，各以所宜，捨棄巧拙。臣下謹慎修習法令，君主來制定法和變革法，公正觀察善加思考使政法的理論不亂，用它來治理天下，後世又效法它，積累起來就成為有體統的法律的條貫了。

賦篇

爰有大物❶，非絲非帛，文理成章❷；非日非月，為天下明；生者以壽，死者以葬；城郭以固，三軍以強；粹而王，駁而伯❸，無一焉而亡。臣愚不識，敢請之王。王曰：此夫文而不采者與❹？簡然易知而致有理者與？君子所敬而小人所不者與？性不得則若禽獸，性得之則甚雅似❺者與？匹夫隆之則為聖人，諸侯隆之則一四海者與？致明而約❻，甚順而體❼，請歸之禮。——禮。

皇天隆❽物，以示下民；或厚或薄，帝❾不齊均；桀紂以亂，湯武以賢。涽涽淑淑❿，皇皇穆穆⓫；周流四海，曾不崇日⓬；君子以脩，跖以穿室⓭。大參乎天，精微而無形；行義⓮以正，事業以成；可以禁暴足窮⓯，百姓待之而後寧泰⓰。臣愚不識，願問其名。曰：此夫安寬平而危險隘者邪⑰？脩潔之為親而雜汙之為狄者邪⑱？甚深藏而外勝敵者邪？法禹舜而能弇迹⑲者邪？行為動靜待之而後適者邪？血氣之精也，志意之榮⑳也，百姓待之而後寧也，天下待之而後平也，明達純粹而無疵也㉑，夫是之謂君子之知。——知。

有物於此，居則周靜致下㉒，動則綦高以鉅㉓；圓者中規，方者中矩；大參天地，德厚堯舜；精微乎毫毛，而大盈乎大寓㉔。忽乎其極之遠也㉕，攭兮其相逐而反也㉖，卬卬兮天下之咸蹇也㉗。德厚而不捐，五采備而成文；往來惛憊㉘，通于大神㉙；出入甚極㉚，莫知其門；天下失之則滅，得之則存。弟子不敏，此之願陳。君子設辭，請測意㉛之。曰：此夫大而不塞㉜者與？充盈大宇而不窕㉝，入郄穴而不偪者與㉞？行遠疾速而不可託訊者與？往來惛憊而不可為固塞者與？暴至殺傷而不億㉟忌者與？功被天下而不私置㊱者與？託地而游宇，友風而子雨㊲；冬日作寒，夏日作暑。廣大精神，請歸之雲㊳。——雲。

有物於此，⿰亻蟓⿰亻蟓㊴兮其狀，屢化如神㊵；功被天下，為萬世文㊶；禮樂以成，貴賤以分；養老長幼，待之而後存；名號不美，與暴為鄰㊷。功立而身廢，事成而家敗；棄其耆老㊸，收其後世㊹；人屬所利㊺，飛鳥所害㊻。臣愚不識，請占之五泰㊼。五泰占之曰：此夫身女好而頭馬首者與㊽？屢化而不壽者與？善壯而拙老者與㊾？有父母而無牝牡㊿者與？冬伏而夏游51，食桑而吐絲，前亂而後治52，夏生而惡暑53，喜溼而惡雨54，蛹以為母，蛾以為父55。三俯三起，事乃大已56，夫是之謂蠶理。

——蠶。

有物於此，生於山阜57，處於室堂；無知無巧，善治衣裳；不盜不竊，穿窬而行58；日夜合離59，以成文章60；以61能合從，又善連衡；下覆百姓，上飾帝王；功業甚博，不見62賢良；時用則存，不用則亡。臣愚不識，敢請之王。王曰：此夫始生鉅其成功小者邪63？長其尾而銳其剽者邪64？頭銛達而尾趙繚者邪65？一往一來，結尾以為事；無羽無翼，反覆甚極[66]；尾生[67]而事起，尾邅而事已[68]；簪以為父，管以為母[69]；既以縫表，又以連裏：夫是之謂箴理。——箴。

天下不治，請陳佹詩[70]：天地易位，四時易鄉[71]；列星殞墜，旦暮晦盲[72]；幽晦登昭[73]，日月下藏[74]；公正無私，反見從橫[75]；志愛公利，重樓疏堂[76]；無私罪人，憼革貳兵[77]；道德純備，讒口將將[78]。仁人絀約[79]，敖暴擅彊[80]；天下幽險，恐失世英；螭龍為蝘蜓[81]，鴟梟[82]為鳳皇；比干見刳，孔子拘匡。昭昭乎其知之明也，郁郁乎其遇時之不祥也，拂乎其欲禮義之大行也[83]，闇乎天下之晦盲也。皓天不復[84]，憂無疆也；千歲必反，古之常也；弟子勉學，天不忘也；聖人共手，時幾將矣[85]。與愚以疑，願聞反辭[86]。

其小歌曰：念彼遠方[87]，何其塞[88]矣；仁人絀約，暴人衍[89]矣；忠臣危殆，讒人服[90]矣。

琁玉瑤珠[91]，不知佩也；雜布與錦，不知異也[92]；閭娵子奢，莫之媒也[93]；嫫母力父[94]，是之喜也。以盲為明，以聾為聰，以危為安，以吉為凶。嗚呼上天，曷維其同[95]。

【注　釋】❶爰有大物　爰，猶「曰」、「欥」，發語詞。《爾雅．釋詁》：「爰，曰也。」《說文》：「欥，詮詞也。」大物，指禮。❷文理成章　絲帛成黼黻文章，禮也如此。❸粹而王駁而伯　粹，指禮純全。駁，指禮雜駁。伯，諸侯之長。❹此夫文而不采者與　言有文理而沒有采色。❺雅似　猶雅如。❻致明而約　極明而簡約，言其易知。❼甚順而體　言甚順而易行。體，行。❽隆　和降通。❾帝　王念孫以為「常」字之誤。❿湣湣淑淑　湣湣，水濁。《集韻》：「湣，湣湣，濁水。」《說文》未收湣字，有「溷」字釋為水濁貌，湣溷聲同通用。淑淑，水清湛。《說文》：「淑，清湛也。」此言智有濁有清。⓫皇皇穆穆　此言智有大有細。皇皇，大的樣子。穆借為㣊。㣊㣊，細小的樣子。《說文》：「㣊，細文也。」⓬曾不崇日　曾，猶「乃」。崇日，猶終日。⓭跖以穿室　言跖用智來穿人屋室偷竊。⓮義　儀的本字，威儀。《說文》：「義，己之威義也。」⓯足窮　謂使窮者豐足。⓰寧泰　當作泰寧，方與上文叶韻。⓱此夫安寬平而危險隘者邪　言智可以安習於寬平，而危懼於險隘。安危都是動詞。⓲脩潔之為親而雜汙之為狄者邪　親，近。狄，借為逖，遠。⓳弇迹　重蹈其腳印。《說文》：「弇，蓋也。」⓴榮　榮華。㉑無疵也　王引之云「疵」「知」為韻，疵下「也」字涉上文而衍，《藝文類聚》無。㉒居則周靜致下　居，停聚。周，密。致下，趨下。㉓動則綦高以鉅　動，浮動。綦，極。鉅，大。㉔大盈乎大寓　王念孫云「大盈」當作「充盈」，下文「充盈大宇而不窕」即其證。王叔岷先生云元本、百子本並作「充盈乎大寓」，《山堂考索》引同。㉕忽乎其極之遠也　忽乎，遠的樣子。極，至。㉖攭兮其相逐而反也　攭，雲氣旋轉的樣子。反，也是旋的意思。王念孫：「蠡與螺通，螺小者謂之蜁螺，是凡言蠡者皆取旋轉之義。」蠡和攭同。㉗卬卬兮天下之咸蹇也　言雲行雨施，澤被天下，天下皆有取。卬卬，高的樣子。咸，皆。蹇，借為攓，取。《方言》：「攓，取也。」㉘惛憊　猶晦暝。憊，困。人困目即昏暗，故惛憊為晦暝。㉙通于大神　言變化莫測。㉚極　和亟通，急的意思。㉛意　也作億，猜度。㉜不塞　雲氣沒有實體，所以說不塞。㉝充盈大宇而不窕　言充盈大宇而無間隙。窕，間隙。㉞入郄穴而不偪者與　郄，和隙同。偪，謂不容。㉟億和意通，疑的意思。《廣雅》：「意，疑也。」㊱置　王念孫云讀為「德」。㊲友風而子雨　風和雲並行，故曰友。雨因雲而生，故曰子。㊳廣大精神請歸之雲　至精至神，通於變化，只有雲可以當之。㊴儢儢　和倮倮通，無毛羽的樣子。㊵屢化如神　屢化，指三俯三起成蛾蛹之類。如神，言其神奇。㊶為萬世文　蠶可吐絲製衣，為萬世衣冠文飾。㊷與暴為鄰　蠶和慘聲相近，慘訓為毒，訓為殺，所以說和暴為鄰。《說文》：「慘，毒也。」《方言》：「慘，殺也。」㊸耆老　指蛾。㊹後世　指蠶種。㊺所利　所賴以為利。㊻飛鳥所害　飛鳥則害而食之。㊼五泰　神巫之名。劉師培：「五泰，蓋神巫之名，與巫咸巫陽同。」㊽此夫身女好而頭馬首者與　言蠶身柔婉有似女子之美好，蠶頭則有似馬首。女好，柔婉。㊾善壯而拙老者與　壯得其養，老則被殺。㊿無牝牡　為蠶之時未有牝牡。(51)游　俞云不入韻，疑「滋」字之誤。滋，長。(52)前亂而後治　在前的繭亂，在後的絲理。(53)夏生而惡暑　生長於夏，先於暑季即已化。(54)喜溼而惡雨　蠶種須用水洗浴，喜溼指此。王叔岷先生云元本「溼」作「溫」，注同。《山堂考索》、《喻林》引亦並作「溫」。喜溫義亦通。(55)蛹以為母蛾以為父　二者互言。(56)三俯三起事乃大已　俯，謂臥而不食。已，止。三起之後事乃畢，謂化而成繭。(57)生於山阜　言鐵產於山阜。(58)穿窬而行　窬，洞隙，指針所穿洞隙。《說文》：「窬，空中也。」(59)合離　使離者縫合。(60)以成文章　指縫成的文理繡采。(61)以　和已通，既已。(62)見　猶顯。(63)此夫始生鉅其成功小者邪　初用製針的鐵粗大，成針之後細小。(64)長其尾而銳其剽者邪　長其尾，謂線。剽，末，謂針的鋒尖。(65)頭銛達而尾趙繚者邪　銛，利。銛達，指針尖利達容易刺入。趙，借為掉，掉繚，長的樣子，指拖著的線。(66)極　借為亟，急的意思。(67)尾生　指針已穿上線。(68)尾邅而事已　尾邅，尾線邅迴盤結，縫紉已完畢。(69)簪以為父管以為母　簪形似針而較粗大，故曰為父。管用來盛針，故曰為母。(70)佹詩　佹，借為恑，變。《說文》：「恑，變也。」變詩，如同變風變雅。71鄉　借為向，指方位。72晦盲　即晦冥。73幽晦登昭　幽晦，王念孫云元刻作「幽闇」，王叔岷先生云《楚辭後語》、《山堂考索》引「晦」亦並作「闇」。言幽闇之人登昭明之位。74日月下藏　言君子明如日月反而下藏。75反見從橫　王念孫云本作「見謂從橫」，《藝文類聚》人部八引正作「見謂從橫」。謂公正無私之人反以從橫見謂於世。76志愛公利重樓疏堂　好人本是心愛公利的，反被壞人說成重疊樓房通暢堂室，指其營建私宅。77無私罪人憼革貳兵　言絕沒因私怨而得罪人，可是卻被壞人說成戒備和增益兵革，指其防禦私仇。憼，和儆同，戒備。貳，增益。《廣雅・釋詁》：「貳，增益也。」78將將　和鏘鏘通，本指鐘鼓的聲音，此處謂讒口交鳴。79絀約　絀退窮約。80敖暴擅彊　敖，借為傲。擅，專。81螭龍為蝘蜓　螭，像龍而黃色。《說文》：「螭，若龍而黃。」蝘蜓，守宮，俗稱壁虎。《說文》：「蝘蜓，守宮。」82鴟梟　鴟，鴞鷹。梟，不孝鳥。二者都是惡鳥。83郁郁乎二句　楊注云當作「拂乎其遇時之不祥也，郁郁乎其欲禮義之大行」。拂，違。郁郁，有文采的樣子。84皓天不復　言天下不再是光大的世界。皓和昊通，大。85聖人共手時幾將矣　此望之之辭。言聖人於此亦拱手而待之，所謂千歲必反，此時殆將如此。86與愚以疑願聞反辭　言弟子同愚人一樣仍有疑惑，願意再聽聽反辭。反辭，反覆敘說之辭，如《楚辭》的「亂曰」，此指下面的小歌。87念彼遠方　俞以為此章乃遺春申君者，實譏楚國，不敢直斥，故託遠方言之。88塞　盧云或「蹇」字之誤。89衍　饒衍，多的意思。90服　盧云本有作「般」者。「般」與「衍」「蹇」為韻。王叔岷先生云：「《楚辭後語》云：『塞字音義皆未詳，或恐是蹇字也。』盧說與之暗合。又《楚辭後語》服作般，云『一作服』，作般者是。」般，樂的意思。91琁玉瑤珠　琁又作璿，美玉。《說文》：「璿，美玉也。琁，璿或从旋省。」瑤，石之美者。《說文》：「瑤，石之美者。」92雜布與錦不知異也　布和錦雜陳於前而不知別異，言其美惡不分。93閭娵子奢莫之媒也　閭娵，古之美女。子奢，楊注云當為子都，《韓詩外傳》四作子都。子都為古之美男子，見《詩經・鄭風・山有扶蘇》篇。媒，媒合。言無人推賢進能。94嫫母力父　嫫母，醜女。力父，未詳。95嗚呼上天曷維其同　言上天怎麼能同意楚國這樣混亂呢！由「琁玉瑤珠」以下至末尾，又見《戰國策》和《韓詩外傳》所載荀卿遺春申君書中，文字小有異同而已。

【語 譯】這裏有一件大的東西，不是絲也不是帛，但卻能成文章；不是日也不是月，但卻為天下而明耀；生者得以長壽，死者得以殯葬；城郭得以堅固，三軍得以威強；純全就可以王，駁雜也可為諸侯之長，兩者都沒有就要敗亡。臣我愚魯不知，敢請教於君上。君上說：這個是有文理而沒有采色的吧？簡明易知而極有文理的吧？是君子所敬重而小人所輕賤的吧？其本性如果得不到它就如同禽獸，本性如能得到它就會雅如的吧？匹夫尊崇它就可以成為聖人，諸侯尊崇它就會統一四海的吧？極顯明而簡約，很順達而有體，請歸之於禮。——禮。

上天降物，昭示給下民的，有厚有薄，常不齊均；桀紂因之而亂暴，湯武因之而賢明。有清的有濁的，有大的有細的；周流四海，都用不到一天；君子用來修身，跖用來穿人屋室偷竊。大可以參天，精微而不見形迹；行儀得以正，事業得以成；可以禁止暴亂富足窮者，百姓等待它而後才能太平。臣我愚魯不知，願意請問它的名稱。答說：這個是安習於寬平而危懼於險隘的吧？其德是於修潔為近而於雜汙為遠的吧？很深藏而在外卻能勝敵的吧？法效禹舜而能重蹈其迹的吧？行為動靜要等待它才會適當的吧？是血氣的精靈，是志意的榮華，百姓等待它才會安寧，天下等待它才會太平，它是明達純粹而沒有瑕疵的，這就叫做君子的知。——知。

有物在此，停聚則周密靜止而趨下，游動則極高而溥大；圓的可以中規，方的可以中矩；大可以參天地，德澤和堯舜一樣厚；精微時如同毫毛，廣大充盈乎大宇。飀忽遠蕩則非常的遠，旋轉游動則相追逐而旋反，卬卬高懸天下都有所取。德厚澤被萬物而都沒有捐棄，五采齊備而又成文章；往來晦暝，變化不測，通於大神；出入很急，沒有人知道他的門戶；天下失掉它就要亡滅，得到它就可以生存。弟子不夠聰敏，願意陳述此事。君子請設為言辭，測度一下。答說：這個是溥大而沒有阻塞的吧？是充盈大宇而沒有間隙的吧？入隙穴而不會不容的吧？能夠行遠又很快速而不可以託寄音訊的吧？往來晦暝而不可使牢固蔽塞的吧？忽然暴至多有殺傷而無所疑忌的吧？功被天下而無私德的吧？寄託於地而浮游於空中，與風為友以雨為子；冬天使生寒冷，夏天使生暑熱。至精至神，通於變化，請歸之於雲。——雲。

有物在此，它的樣子沒有毛羽，三俯三起變化如神；功被天下，為萬世衣冠文飾；禮樂得以完成，貴賤得以明分；奉養老年長育幼少，待它而後才能存有；名號不大美，它和暴字相近。功績建立而自身棄廢，事已完成而其家毀敗；棄去他們的耆老，收養他們的後代；人類所賴以為利，飛鳥則害而吃他。臣我愚魯不知，請五泰來占驗一下。五泰占驗說：這個是身體柔婉有似女子的美好，而頭則有似馬首的吧？屢次蛻化而不能長壽的吧？善待壯者而惡待老者的吧？有父母而沒有牝牡的吧？冬天蟄伏而夏天滋長，吃桑葉而能吐絲，在前的繭是亂的而在後的絲是理的，生長在夏天而卻厭惡暑熱，先暑而化，喜歡水溼浴種，生出以後卻厭惡雨，蛹是他的父親，蛾是他的母親。經過三俯三起，事情才算完畢，這就是蠶的生長道理。——蠶。

有物在此，產生在山阜，居處在室堂；沒有知也沒有巧，善於製作衣裳；不盜也不竊，卻穿洞而行；日夜不停的使離者相合，連綴成文章；既能合縱，又善連橫；下則遮覆百姓，上則裝飾帝王；功業很博大，不自顯其賢良；遭時而用則存，不被用則藏。臣我愚魯不知，敢請教於君上。君上說：這個是初時很大待成功就很小的吧？尾很長而末梢很尖銳的吧？頭銛利易入而尾掉繚很長的吧？一往一來，結其尾綫然後行事；沒有羽翼，來往反覆的很急；生了尾事情就開始了，尾邅迴盤結事情就完畢了；簪是他的父親，管是他的母親；既用來縫衣表，又用來縫衣裏；這就是箴的道理。——箴。

天下不安治，請讓我來陳說變詩：天地改易了位置，四時改易了方位；列星隕墜，旦暮晦冥；幽暗的登上昭明，日月反倒下藏；公正無私的，反被說成縱橫反覆；心愛公利的，反被說成營建私宅，重疊樓房，通暢堂室；絕無私怨得罪別人，反被說成戒備和增益兵革；道德純真全備，讒言反而交鳴。仁人絀退窮約，傲慢強暴的人反倒專彊；天下幽闇險巇，恐怕失掉世之英傑；螭龍被說成壁虎，鴟梟被說成鳳凰；比干被剜心，孔子拘於匡。他的智慧昭昭然明達，卻拂違不順遭遇時際不善，而想要使禮義郁郁然大行，可惜天下昏闇沒有人識得啊！世界不再是光大的，令人憂心無邊；千年必周而復返，這是古之常道；弟子們勉力向學，天不會忘記善良的人；聖人也可以拱手而待，殆將是去亂返治的時候了。弟子自感甚愚仍有疑惑，願意再聽聽反辭。

小歌道：思念到遠方之國，為什麼君主那樣的蹇劣；仁人絀退窮約，暴人卻那樣的多；忠臣都危殆，讒賊卻般樂。

有琁玉瑤珠的美貴珠玉，不知道佩戴；布和錦雜陳於前，不知道別異；有閭娵美女和子都美男子，卻沒有人媒合；嫫母的醜女和力父的惡男子，卻去喜悅。以盲的當精明，以聾的當聰靈，以危殆為安平，以吉祥為凶險。唉唉，上天啊！怎麼能同意這些呢！

大略篇

大略：君人者，隆禮尊賢而王，重法愛民而霸，好利多詐而危。欲近四旁，莫如中央❶；故王者必居天下之中，禮也❷。

天子外屏，諸侯內屏❸，禮也。外屏，不欲見外也；內屏，不欲見內也。

諸侯召其臣，臣不俟駕，顛倒衣裳而走，禮也。《詩》曰：「顛之倒之，自公召之。」❹天子召諸侯，諸侯輦輿就馬❺，禮也。《詩》曰：「我出我輿，于彼牧矣。自天子所，謂我來矣。」❻

天子山冕❼，諸侯玄冠，大夫裨冕，士韋弁❽，禮也。

天子御珽❾，諸侯御荼❿，大夫服笏，禮也。

天子彫弓⓫，諸侯彤弓⓬，大夫黑弓，禮也。

諸侯相見，卿為介，以其教出畢行⑬，使仁居守⑭。

聘人以珪，問士以璧，召人以瑗，絕人以玦，反絕以環⑮。

人主仁心設焉，知其役也，禮其盡也，故王者先仁而後禮，天施然也⑯。

《聘禮志》曰：「幣厚則傷德，財侈則殄禮。」⑰禮云禮云，玉帛云乎哉⑱！《詩》曰：「物其指矣，唯其偕矣。」⑲不時宜⑳，不敬交㉑，不驩欣，雖指非禮也。

水行者表深，使人無陷；治民者表亂，使人無失。禮者，其表也，先王以禮表天下之亂，今廢禮者，是去表㉒也。故民迷惑而陷禍患，此刑罰之所以繁也。

舜曰：「維予從欲而治。」㉓故禮之生，為賢人之下至庶民也，非為成聖㉔也；然而亦所以成聖也；不學不成。堯學於君疇㉕，舜學於務成昭㉖，禹學於西王國㉗。

五十不成喪，七十唯衰存㉘。

親迎之禮，父南鄉而立，子北面而跪，醮而命之：「往迎爾相㉙，成我宗事㉚，隆率以敬先妣之嗣，若則有常㉛。」子曰：「諾！唯恐不能，敢忘命矣！」

夫行也者，行禮之謂也。禮也者，貴者敬焉，老者孝焉，長者弟焉，幼者慈焉，賤者惠焉。

賜予其宮室，猶用慶賞於國家也；忿怒其臣妾，猶用刑罰於萬民也。

君子之於子，愛之而勿面，使之而勿貌，導之以道而勿彊㉜。

禮以順人心為本，故亡於《禮經》㉝而順人心者，皆禮也。

禮之大凡，事生飾驩也，送死飾哀也，軍旅飾威也。

親親故故庸庸勞勞，仁之殺也㉞。貴貴尊尊賢賢老老長長，義之倫也。行之得其節，禮之序也。仁，愛也，故親；義，理也，故行；禮，節也，故成。仁有里，義有門。仁非其里而虛㉟之，非禮也㊱。義非其門而由之，非義也。推恩而不理，不成仁㊲；遂理而不敢，不成義㊳；審節而不知，不成禮㊴；和而不發，不成樂。故曰：仁義禮樂，其致一也㊵。君子處仁以義，然後仁也；行義以禮，然後義也；制禮反本成末，然後禮也㊶；三者皆通，然後道也。

貨財曰賻，輿馬曰賵，衣服曰襚，玩好曰贈，玉貝曰唅㊷。賻賵所以佐生也，贈襚所以送死也。送死不及柩尸，弔生不及悲哀，非禮也。故吉行五十，犇喪百里，賵贈及事，禮之大也。

禮者，政之輓㊸也；為政不以禮，政不行矣。

天子即位，上卿進曰：「如之何憂之長也？能除患則為福，不能除患則為賊。」授天子一策。中卿進曰：「配天而有下土者，先事慮事，先患慮患。先事慮事謂之接㊹，接則事優成。先患慮患謂之豫，豫則禍不生。事至而後慮者謂之後，後則事不舉。患至而後慮者謂之困，困則禍不可禦。」授天子二策。下卿進曰：「敬戒無怠。慶者在堂，弔者在閭(45)。禍與福鄰，莫知其門。豫哉豫哉！萬民望之。」授天子三策。

禹見耕者耦(46)立而式，過十室之邑必下。

殺大蚤(47)，朝大晚，非禮也。治民不以禮，動斯陷矣。

平衡曰拜(48)，下衡曰稽首(49)，至地曰稽顙(50)。大夫之臣拜不稽首，非尊家臣也，所以辟(51)君也。

一命齒於鄉，再命齒於族，三命，族人雖七十，不敢先(52)。

上大夫，中大夫，下大夫(53)。

吉事尚尊(54)，喪事尚親。

君臣不得不尊，父子不得不親，兄弟不得不順，夫婦不得不驩；少者以長，老者以養。故天地生之，聖人成之(55)。

聘，問也。享，獻也。私覿，私見也(56)。

言語之美，穆穆皇皇(57)。朝廷之美，濟濟鎗鎗(58)。

為人臣下者，有諫而無訕(59)，有亡而無疾(60)，有怨而無怒。

君於大夫，三問其疾，三臨其喪；於士，一問，一臨。諸侯非問疾弔喪，不之臣之家。

既葬，君若[61]父之友食之，則食矣，不辟粱肉，有酒醴則辭。

寢不踰廟，設衣不踰祭服[62]，禮也。

《易》之咸，見夫婦[63]。夫婦之道，不可不正也，君臣父子之本也。咸，感也，以高下下，以男下女，柔上而剛下[64]。

聘士之義，親迎之道，重始也。

禮者，人之所履也，失所履，必顛蹷陷溺，所失微而其為亂大者，禮也。

禮之於正國家也，如權衡之於輕重也，如繩墨之於曲直也。故人無禮不生，事無禮不成，國家無禮不寧[65]。

和樂之聲[66]，步中〈武〉〈象〉，趨中〈韶〉〈護〉，君子聽律習容而後士[67]。

霜降逆女，冰泮殺[68]，內十日一御[69]。

坐視膝，立視足，應對言語視面。立視前六尺而大之[70]，六六三十六，三丈六尺。

文貌情用，相為內外表裏[71]。禮之中焉，能思索謂之能慮。

禮者，本末相順，終始相應。

禮者，以財物為用，以貴賤為文，以多少為異。

下臣事君以貨[72]，中臣事君以身[73]，上臣事君以人[74]。

《易》曰：「復自道，何其咎？」[75]《春秋》賢穆公，以為能變也[76]。

士有妒友，則賢交不親；君有妒臣，則賢人不至。蔽公者謂之昧，隱良者謂之妒，奉妒昧者謂之交譎[77]。交譎之人，妒昧之臣，國之薉孽[78]也。

口能言之，身能行之，國寶也。口不能言，身能行之，國器也。口能言之，身不能行，國用也。口言善，身行惡，國妖也。治國者敬其寶，愛其器，任其用，除其妖。

不富無以養民情，不教無以養民性。故家，五畝宅，百畝田，務其業而勿奪其時，所以富之也。立大學，設庠序，脩六禮，明十教[79]，所以道之也。《詩》曰：「飲之食之，教之誨之。」[80]王事具矣。

武王始入殷，表商容[81]之閭，釋箕子之囚，哭比干之墓，天下鄉善矣。

天下國有俊士，世有賢人。迷者不問路，溺者不問遂[82]，亡人我獨。《詩》曰：「我言維服，勿用為笑。先民有言，詢于芻蕘。」[83]言博問也。

有法者以法行，無法者以類舉[84]。以其本知其末，以其左知其右，凡百事異理而相守也。慶賞刑罰，通類而後應[85]。政教習俗，相順而後行[86]。

八十者一子不事；九十者舉家不事；廢疾非人不養者，一人不事；

父母之喪，三年不事；齊衰大功，三月不事；從諸侯不與新有昏，朞不事[87]。

子謂子家駒續然大夫，不如晏子[88]；晏子，功用之臣也，不如子產[89]；子產，惠人也，不如管仲[90]；管仲之為人，力功不力義，力知不力仁，野人也，不可以為天子大夫。

孟子三見宣王不言事，門人曰：「曷為三遇齊王而不言事？」孟子曰：「我先攻其邪心。」

公行子之[91]之燕，遇曾元[92]於塗，曰：「燕君何如？」曾元曰：「志卑。志卑者輕物，輕物者不求助；苟不求助，何能舉！氐羌之虜[93]也，不憂其係壘也，而憂其不焚也[94]。利夫秋豪，害靡國家[95]，然且為之，幾[96]為知計哉！」

今夫亡箴者，終日求之而不得；其得之，非目益明也，眸[97]而見之也。心之於慮亦然。

義與利者，人之所兩有也。雖堯舜不能去民之欲利，然而能使其欲利不克其好義也。雖桀紂亦不能去民之好義，然而能使其好義不勝其欲利也。故義勝利者為治世，利克義者為亂世。上重義則義克利，上重利則利克義。故天子不言多少，諸侯不言利害，大夫不言得喪，士不通貨財(98)。有國之君不息(99)牛羊，錯質(100)之臣不息雞豚，冢卿不脩幣(101)，大夫不為場園(102)，從士以上皆羞利而不與民爭業，樂分施而恥積臧；然故民不困財，貧窶者有所竄其手(103)。

文王誅四，武王誅二，周公卒業，至成康則案無誅已(104)。多積財而羞無有，重民任而誅不能(105)，此邪行之所以起，刑罰之所以多也。

上好羞則民闇飾矣(106)。上好富則民死利矣，二者亂之衢也(107)。民語曰：「欲富乎？忍恥矣，傾絕(108)矣，絕故舊矣，與義分背矣。」上好富，則人民之行如此，安得不亂。

湯旱而禱曰：「政不節[109]與？使民疾與？何以不雨至斯極也！宮室榮[110]與？婦謁盛[111]與？何以不雨至斯極也！苞苴行[112]與？讒夫興與？何以不雨至斯極也！」

天之生民，非為君也。天之立君，以為民也。故古者，列地建國，非以貴諸侯而已；列官職，差爵祿，非以尊大夫而已。

主道知人，臣道知事。故舜之治天下，不以事詔而萬物成。農精於田而不可以為田師，工賈亦然。

以賢易不肖，不待卜而後知吉。以治伐亂，不待戰而後知克。

齊人欲伐魯，忌卞莊子，不敢過卞[113]。晉人欲伐衛，畏子路，不敢過蒲[114]。

不知而問堯舜，無有而求天府。曰：先王之道，則堯舜已；六貳[115]之博，則天府已。

君子之學如蛻，幡[116]然遷之。故其行效，其立效，其坐效，其置顏色出辭氣效[117]。無留善，無宿問[118]。

善學者盡其理，善行者究其難。

君子立志如窮[119]，雖天子三公問，正[120]以是非對。

君子隘窮[121]而不失，勞倦而不苟，臨患難而不忘細席之言[122]。歲不寒，無以知松柏；事不難，無以知君子無日不在是[123]。

雨小，漢故潛[124]。夫盡小者大，積微者箸，德至者色澤洽[125]，行盡而聲問[126]遠。小人不誠於內，而求之於外。

言而不稱師謂之畔[127]，教而不稱師謂之倍[128]。倍畔之人，明君不內[129]，朝士大夫遇諸塗不與言。

不足於行者，說過[130]；不足於信者，誠言[131]；故《春秋》善胥命[132]，而《詩》非屢盟[133]，其心一也。

善為《詩》者不說，善為《易》者不占，善為《禮》者不相[134]，其心同也。

曾子曰：「孝子言為可聞，行為可見。言為可聞，所以說遠也；行為可見，所以說近也。近者說則親，遠者說則附。親近而附遠，孝子之道也。」

曾子行，晏子從於郊[135]。曰：「嬰聞之，君子贈人以言，庶人贈人以財。嬰貧無財，請假於君子，贈吾子以言。乘輿之輪，太山之木也，示諸檃栝[136]，三月五月，為幬菜，敝而不反其常[137]。君子之檃栝不可不謹也。慎之！蘭茝稾本，漸於蜜醴，一佩易之[138]，正君漸於香酒可讒而得也[139]，君子之所漸不可不慎也。」

人之於文學也，猶玉之於琢磨也。《詩》曰：「如切如瑳，如琢如磨。」[140]謂學問也。和之璧，井里之厥[141]也，玉人琢之，為天子寶。子贛季路，故鄙人也，被文學，服禮義，為天下列士。

學問不厭，好士不倦，是天府也[142]。

君子疑則不言，未問則不立[143]。道遠日益矣[144]。

多知而無親[145]，博學而無方[146]，好多而無定[147]者，君子不與[148]。

少不諷[149]，壯不論議；雖可，未成也。

君子壹[150]教，弟子壹學，亟[151]成。

君子進則能益上之譽，而損下之憂，不能而居之，誣也；無益而厚受之，竊也。學者非必為仕，而仕者必如學[152]。

子貢問於孔子曰：「賜倦於學矣，願息事君。」孔子曰：「《詩》云：『溫恭朝夕，執事有恪。』[153]事君難，事君焉可息哉！」「然則賜願息事親。」孔子曰：「《詩》云：『孝子不匱，永錫爾類。』[154]事親難，事親焉可息哉！」「然則賜願息於妻子。」孔子曰：「《詩》云：『刑于寡妻，至于兄弟，以御于家邦。』[155]妻子難，妻子焉可息哉！」「然則賜願息於朋友。」孔子曰：「《詩》云：『朋友攸攝，攝以威儀。』[156]朋友難，朋友焉可息哉！」「然則賜願息耕。」孔子曰：「《詩》云：『晝爾于茅，宵爾索綯。亟其乘屋，其始播百穀。』[157]耕難，耕焉可息哉！」

「然則賜無息者乎？」孔子曰：「望其壙，皋如也，嵮如也，鬲如也，此則知所息矣。」[158]子貢曰：「大哉死乎！君子息焉，小人休焉。」

〈國風〉之好色也，傳曰：「盈其欲而不愆其止[159]。其誠可比於金石，其聲可內[160]於宗廟。」〈小雅〉不以於汙上，自引而居下[161]，疾今之政以思往者，其言有文焉，其聲有哀焉[162]。

國將興，必貴師而重傅；貴師而重傅則法度存。國將衰，必賤師而輕傅；賤師而輕傅則人有快[163]；人有快則法度壞。

古者匹夫五十而士[164]。天子諸侯子十九而冠[165]，冠而聽治，其教至也。

君子也者而好之，其人；其人也而不教，不祥[166]。非君子而好之，非其人也；非其人而教之，齎盜糧，借賊兵也[167]。

不自嗛[168]其行者言濫過。古之賢人，賤為布衣，貧為匹夫；食則饘粥不足，衣則豎褐[169]不完；然而非禮不進，非義不受，安取此。

子夏貧，衣若縣鶉[170]。人曰：「子何不仕？」曰：「諸侯之驕我者，吾不為臣；大夫之驕我者，吾不復見。柳下惠與後門者同衣而不見疑，非一日之聞也。爭利如蚤[171]甲而喪其掌。」

君人者不可以不慎取臣，匹夫不可以不慎取友。友者，所以相有[172]也。道不同，何以相有也？均薪施火，火就燥；平地注水，水流溼；夫類之相從也如此之著也，以友觀人焉[173]所疑！取友善人，不可不慎，是德之基也。《詩》曰：「無將大車，維塵冥冥。」[174]言無與小人處也。

藍苴路作，似知而非[175]。偄[176]弱易奪，似仁而非。悍戇好鬬，似勇而非。

仁義禮善之於人也，辟[177]之若貨財粟米之於家也，多有之者富，少有之者貧，至無有者窮。故大者不能，小者不為，是棄國捐身之道也。

凡物有乘而來，乘其出者，是其反者也[178]。

流言滅之，貨色遠之。禍之所由生也，生自纖纖[179]也。是故君子蚤[180]

絕之。

言之信者，在乎區蓋之間[181]。疑則不言，未問則不立[182]。知者明於事，達於數，不可以不誠事也。故曰：「君子難說[183]，說之不以道，不說也。」

語曰：「流丸止於甌臾[184]，流言止於知者。」此家言[185]邪學之所以惡儒者也。是非疑則度之以遠事，驗之以近物，參之以平心；流言止焉，惡言死焉[186]。

曾子食魚，有餘，曰：「泔之[187]。」門人曰：「泔之傷人，不若奧之[188]。」曾子泣涕曰：「有異心乎哉！」傷其聞之晚也。

無用吾之所短遇人之所長。故塞[189]而避所短，移[190]而從所仕[191]。疏[192]知而不法，察辨而操辟[193]，勇果而亡禮，君子之所憎惡也。

多言而類，聖人也；少言而法，君子也；多言無法，而流喆然[194]，雖辯，小人也。

國法禁拾遺，惡民之串[195]以無分得也。有夫[196]分義，則容[197]天下而治；無分義，則一妻一妾而亂。

天下之人，唯各特意哉[198]，然而有所共予[199]也。言味者予易牙，言音者予師曠，言治者予三王。三王既已定法度，制禮樂而傳之，有不用而改自作，何以異於變易牙之和[200]，更師曠之律。無三王之法，天下不待亡，國不待死。

飲而不食者，蟬也；不飲不食者，浮蝣也。

虞舜孝己孝而親不愛，比干子胥忠而君不用，仲尼顏淵知而窮於世。劫迫於暴國而無所辟[201]之，則崇其善，揚其美，言其所長，而不稱其所短也。

惟惟而亡者，誹也[202]；博而窮者，訾也[203]；清之而俞濁者，口也[204]。君子能為可貴，不能使人必貴己；能為可用，不能使人必用己。

誥誓[205]不及五帝，盟詛[206]不及三王，交質子[207]不及五伯。

【注釋】❶欲近四旁莫如中央　此明都邑居國之中央的道理，其用意在取朝貢道里平均。❷禮也　言其禮制如此。❸天子外屏諸侯內屏　外屏，屏在門外。內屏，屏在門內。❹詩曰句　言因公召喚，匆促而著衣，以致衣裳顛倒。所引為《詩經・齊風・東方未明》第一章。❺輦輿就馬　言不暇等待馬至，由人輓車以就馬。輦，人輓車。❻詩曰句　所引為《詩經・小雅・出車》第一章。今《毛詩》「輿」作車，王叔岷先生云元本、百子本並作「車」。牧，牧地。謂，使。《廣雅・釋詁》：「謂，使也。」引詩以明諸侯奉上之禮。❼山冕　畫山於衣而服冕，即袞冕。取其龍則謂之袞冕，取其山則謂之山冕。❽韋弁　以爵韋為韠而戴弁。❾御珽　御，服用。珽，大珪，長三尺。❿荼　玉上圓下方者。⓫彫弓　弓上彫畫文飾。⓬彤弓　朱弓。⓭以其教出畢行　教出，王念孫依《大戴禮・虞戴德篇》云當作「教士」，謂常所教習之士。⓮使仁居守　使仁厚者主後事。⓯問士以璧四句　問士之「士」，和事通，謂問人以事則以璧為贄。瑗，孔大之璧。玦，玉佩，如環，而缺。環，璧之孔和邊同樣大小者。《說文》：「玦，玉佩也。」《爾雅・釋器》：「好倍肉謂之瑗，肉倍好謂之璧，璧肉好若一謂之環。」好，璧孔。肉，璧邊。⓰天施然也　謂天道之所施設是如此。⓱聘禮志曰句　《儀禮・聘禮》：「多貨則傷于德，幣美則沒禮。」和《荀子》所引文小異而義同。殄，傷。⓲禮云禮云玉帛云乎哉　見於《論語・陽貨篇》。⓳詩曰句　所引為《詩經・小雅・魚麗》第五章。指，和旨通，美。偕，齊等。⓴不時宜　謂不得時、不合宜。㉑不敬交　俞以為是「不敬文」之誤。敬文謂恭敬有文飾。㉒表　標誌。明為國不可以廢禮。㉓舜曰維予從欲而治　言可從心所欲來治理天下。今《尚書・大禹皋陶謨》作「帝曰，俾予從欲以治」。㉔成聖　梁引豬飼彥博云當作「聖人」。㉕君疇　《漢書・古今人表》作尹壽。㉖務成昭　《漢書・藝文志》小說家有《務成子》十一篇。則務成為姓，昭為名。《尸子》：「務成昭之教舜曰：避天下之逆，從天下之順，天下不足取也。避天下之順，從天下之逆，天下不足失也。」㉗西王國　未詳所說。楊注引或曰，大舜生於西羌，西王國，西羌之賢人也。㉘五十不成喪七十唯衰存　不成喪，不備哭踊之節。唯衰存，但服衰麻而已，其他禮皆可省略。㉙相　助。妻為內助。㉚宗事　宗廟之事。㉛隆率以敬先妣之嗣若則有常　言敬循婦道來做為先妣之嗣，你的行為當有常道。隆率，敬循。今《儀禮》作「勛率」。若，汝。㉜君子之於子四句　勿面，不表現在面上。勿貌，不優以辭色。勿彊，不彊脅。㉝亡於禮經　不在《禮經》之內。㉞親親故故庸庸勞勞仁之殺也　庸庸勞勞，謂稱其功勞而酬報之。殺，差等。㉟虛　王念孫云當為「處」字之誤。㊱非禮也　王念孫云當作「非仁也」。㊲推恩而不理不成仁　仁雖在於推恩，但如不得其理，則不成為仁。㊳遂理而不敢不成義　雖得其理，而不能果敢完成，也不成為義。㊴審節而不知不成禮　知，楊注及王念孫均云當作「和」。禮以和為貴。審節而不和則不成為禮。㊵其致一也　四者同歸於得中。㊶反本成末然後禮也　反，復。謂以仁義為本，終成於禮節。㊷唅　王叔岷先生云元本、類纂本、百子本並作「含」，唅俗字。㊸輓　言如輓車一般。㊹接　借為捷，捷速。㊺慶者在堂弔者在閭　慶者雖在堂，而弔者已在里門，言二者相襲之速。㊻耦　兩人共耕叫耦。㊼殺大蚤　蚤，借為早。殺，謂田獵禽獸。㊽平衡曰拜　拜者必跪，拜手，頭至手，不至地，故曰平衡。㊾下衡曰稽首　稽首也頭至手，而手至地，故曰下衡。㊿至地曰稽顙　稽顙則頭觸地，故曰至地。(51)辟　借為避。(52)一命齒於鄉五句　此鄉飲酒時之禮。一命，公侯之士。再命，大夫。三命，卿。齒，謂以年齒坐立。三命不齒，故老者亦不敢先之。(53)上大夫中大夫下大夫　此為錯簡。(54)吉事尚尊　吉事，謂祭祀。尚尊，尊崇官爵。(55)君臣不得不尊八句　汪中以此四十一字為錯簡，當在下文「國家無禮不寧」之下。(56)聘問也享獻也私覿私見也　使大夫出，以圭璋聘，所以相問。聘享奉束帛加璧，享所以有獻。享畢，賓奉束錦以請覿，所以私見。聘享以賓禮見，私覿以臣禮見，故曰私見。(57)穆穆皇皇　穆穆，謹敬肅穆的樣子。皇皇，正大的樣子。(58)濟濟鎗鎗　濟濟，多士的樣子。鎗，和蹌同。鎗鎗，有行列的樣子；有次序的樣子。(59)訕　謗。《說文》：「訕，謗也。」(60)有亡而無疾　亡，亡去。疾，和嫉同，嫉惡。(61)若　與；和。(62)設衣不踰祭服　設，王念孫云當為「讌」字之誤。《禮記．王制》：「燕衣不踰祭服，寢不踰廟。」燕和讌同。(63)易之咸見夫婦　《易．咸卦》是艮下兌上，艮為少男，兌為少女，故曰見夫婦。(64)咸感也五句　艮剛為少男而居於下，兌柔為少女而處於上。二氣感應，以相授與。親迎之禮，御輪三周，皆是男先下於女，然後女應於男，如此方得吉。(65)國家無禮不寧　前文「君臣不得不尊」以下四十一字，依汪中之說，當在此句之下。66和樂之聲　此和樂，謂車之和鸞之聲、步驟之節。〈正論篇〉、〈禮論篇〉「樂」皆作「鸞」。67士　王先謙云當為「出」。68霜降逆女冰泮殺　王引之以為當作「冰泮殺止」。謂霜降始逆女，至冰泮而殺止。泮，冰融。69內十日一御　御，凡天子所至所行皆曰御，此指御內妾房事。70六尺而大之　大之，王引之云當為「六之」。言以六尺而六之，則為三丈六尺。71文貌情用相為內外表裏　文貌在外，情用在內，故曰相為內外表裏。72以貨　謂聚斂財物和搜尋珍異獻君。73以身　謂以身死來保衛社稷。74以人　謂推舉賢人。75易曰句　言本雖有失，但如返而從道，又怎會有過咎？所引為《易經・小畜》初九爻辭。復，返。自，從。76春秋賢穆公以為能變也　謂秦穆公不用蹇叔百里之言而敗於殽函，而自己變悔，作〈秦誓〉以詢及黃髮之人。《公羊傳・文公十二年》：「秦伯使遂來聘。遂者何？秦大夫也。秦無大夫，此何以書？賢穆公也。何賢乎穆公？以為能變也。」77交譎　交，借為狡。狡猾譎詐。78蔑孽　蔑，和穢同。孽，妖孽。79脩六禮明十教　六禮，冠、昏、喪、祭、鄉飲酒、相見禮。十教，王念孫云當作七教，即父子、兄弟、夫婦、君臣、長幼、朋友、賓客。《禮記・王制》：「司徒脩六禮以節民性，明七教以興民德。」80詩曰句　所引為《詩經・小雅・緜蠻》第一章。81商容　殷代賢人，為紂所貶退。82溺者不問遂　遂，和隧通，謂徑隧，水中可涉之徑。人所以溺由於不問隧徑。83詩曰句　所引為《詩經・大雅・板》第三章。今《毛詩》「用」作「以」，王叔岷先生云元本、百子本並作「以」。服，用。我言維服，即我言可用。芻蕘，採薪之人。84以類舉　類，律例。以類舉，依律例來做。85通類而後應　通明於類，然後百姓才會應之。86相順而後行　順人心然後才可行。87從諸侯不與新有昏朞不事　從諸侯不，楊注云「不」當為「來」，謂從他國來，或君之人入采地者。新有昏，新婚的人。朞不事，一年不事力役。88子謂子家駒續然大夫不如晏子　子，謂孔子。子家駒，魯公子慶之孫，公孫歸父之後，名羈，駒是其字。續，郝云古作賡，賡和庚通。庚然，剛強不屈的樣子。言其不阿諛。晏子，齊相晏嬰。89晏子功用之臣也不如子產　晏子雖有功用，但不如子產之有恩惠。90子產惠人也不如管仲　子產雖有恩惠，但不如管仲之有才略。91公行子之　《孟子・離婁下》：「公行子有子之喪。」趙岐注云：「齊大夫也。」

子之或即其先祖。(92)曾元　曾參之子。(93)氏羌之虜　虜為譏貶之辭。謂燕君如氏羌野蠻之人。(94)不憂其係壘也而憂其不焚也　壘，借為纍。氏羌之俗死則焚其屍。今不憂被擄獲，而憂不焚，可見其愚。(95)利夫秋豪害靡國家　靡，累。言所利在秋毫之微，而其害卻累及國家。(96)幾　和豈通。(97)眸　借為瞀，低目視。《說文》：「瞀，低目視也。」(98)士不通貨財　梁引劉師培據《外傳》「不」下補一「言」字。(99)息　繁育。(100)錯質　錯，借為措，置。質，借為贄。置贄，謂執贄而置於君。(101)冢卿不脩幣　冢卿，上卿。不脩幣，謂不脩財幣販息。(102)場園　治稼穡的叫場，種菜蔬的叫園。(103)竄其手　竄，入。竄其手，入其手。(104)文王誅四四句　見〈仲尼篇〉注。(105)重民任而誅不能　加重其肩負而誅罰他的做不到。(106)上好羞則民闇飾矣　羞，王念孫云當為「義」。言上好義，則人民雖處隱闇之中，亦自修飾不敢放於利而行。(107)二者亂之衢也　劉台拱云二者承上而言，則「亂」上當有「治」字。衢，歧途，此言分途。(108)傾絕　傾身絕命而求之。(109)不節　節猶適，調政不調適。(110)榮　盛。(111)婦謁盛　婦人謁請之事盛多。(112)苞苴行　貨賄必用包裹，所以總稱貨賄叫苞苴。苞苴行，即賄賂公行。(113)齊人欲伐魯三句　卞，春秋魯邑。莊子，卞邑大夫，有勇名，故齊人畏之。(114)畏子路不敢過蒲　蒲，春秋衛邑。子路曾為蒲邑大夫。(115)六貳　貳，盧云當作「蓺」，六藝即六經。(116)幡　和翻通。(117)其置顏色出辭氣效　置，措。效，倣。措表顏色口出辭氣時倣效。(118)無留善無宿問　不留善行立刻即行，不俟經宿立刻即問。(119)君子立志如窮　言如窮困時不變其志。(120)正　梁讀正為「政」，「政」連上句，言天子三公問政。(121)隘窮　阨窮；困阨窮困。(122)細席之言　細席，郝云為「茵席」之誤。茵席之言，謂昔日之言、平生之言。(123)無日不在是　言無一日不懷道。(124)漢故潛　潛，深。言雨雖小，可是積少成多，還是能使漢水深。(125)色澤洽　色澤洽渥。(126)聲問　問，借為聞。聲聞，即聲譽。(127)畔　借為叛。(128)倍　借為背。(129)內　借為納。(130)不足於行者說過　行為不足，而言說太過，是行不副言。(131)不足於信者誠言　誠信不足，而表面說起來像很誠信，是誠信不副其言。(132)春秋善胥命　胥，相。其時盟不歃血，但以命相誓，故《春秋經》加以稱美。《春秋．桓公三年》：「夏齊侯衛侯胥命于蒲。」《公羊傳》曰：「胥命者何？相命也。何言乎相命？近正也。此其為近正奈何？古者不盟，結言而退。」(133)詩

非屢盟　《詩經》對多次盟約加以非議。《詩經・小雅・巧言》：「君子屢盟，亂是用長。」134善為禮者不相此皆言和理冥會的，不表示在形跡上。相，為人贊禮。135曾子行晏子從於郊　晏子早於孔子，曾子之父及其本身皆曾為孔子弟子，此云送曾子，實後世人妄言。136示諸檃栝　示，借為寘。檃栝，正曲木之器。137為幬菜敝而不反其常　幬菜，不詳何物。楊注引或說，菜讀為菑，謂轂與輻。言矯煣直木為牙，直到轂輻皆敝舊，而規曲不變。《周禮・考工記》：「望其轂欲其眼也，進而眡之欲其幬之廉也。」鄭注：「幬，冒轂之革也。」138蘭茝槀本漸於蜜醴一佩易之　蘭茝槀本，浸於蜜醴之中，雖一佩可輕易為之，可是庶人也不去佩它。139正君漸於香酒可讒而得也　言正直之君如受浸染，也可進讒而取得他的信任。140詩曰句　所引為《詩經・衛風・淇奧》第一章。今《毛詩》「瑳」作「磋」。言為學當精益求精，如同治骨角玉石，須經過切磋琢磨。治骨角，以刀斧切，以錯刀磋。治玉石，以槌鑿琢，以沙石磨。141井里之厥　井里，里名。厥，石。《說文》：「厥，發石也。」發石為厥，所發之石也可稱厥。142是天府也　天然府庫所藏者多，取之不盡。143立　王念孫云當為「言」。144道遠日益矣　言為道久遠，日有進益，終可達成目標。145無親　不親近其師。146無方　不講求方法。147無定　沒有定向。148不與　不讚許。149少不諷　王念孫云當從《大戴禮》作「少不諷誦」。言少不諷誦詩書。150壹　專壹。151亟　快速。152仕者必如學　言仕者必不負其所學。如，肖似。153詩云句　所引為《詩經・商頌・那》篇文。有恪，即恪然，敬恭有禮的樣子。恪本作愙。《說文》：「愙，敬也。」154詩云句　言孝子之養無有竭盡之時，天長賜之以善。所引為《詩經・大雅・既醉》第五章。匱，竭。類，善。155詩云句　言文王先立典型於其嫡妻，以至於兄弟，然後至於家邦。所引為《詩經・大雅・思齊》第二章。刑，借為型，典型。御，治。156詩云句　言朋友相攝佐以威儀。所引為《詩經・大雅・既醉》第四章。157詩云句　所引為《詩經・豳風・七月》第七章。于，為。于茅，整理茅草。宵，夜。索，搓製。綯，繩。亟，急。乘屋，以茅草覆屋頂。《說文》：「乘，覆也。」158孔子曰句　今本《孔子家語・困誓篇》與此小異，今本《列子・天瑞篇》亦有此段文字，亦小異大同。壙，本為墓穴，此處指墳墓。皋，高。嵮，即顛字。鬲，鼎屬，圓而弇上。此處皆言墳壠之形狀。159盈其

欲而不愆其止　欲雖盈滿而不敢使行止過禮以求。愆，過。止，行止。(160)內　借為納。(161)小雅不以於汙上自引而居下　言作〈小雅〉之人，不為驕君所用，自引而疏遠。以，用。(162)其聲有哀焉　〈小雅〉多刺幽王、厲王，聲哀而思。(163)快　輕肆。(164)士　和仕通。謂五十始仕宦。(165)天子諸侯子十九而冠　天子諸侯子十九而冠，先於臣下一年，因其生質本異，其教導又至善至備的緣故。(166)其人也而不教不祥　王念孫云「也」字當在上句「其人」下。祥，善。(167)齎盜糧借賊兵也　齎盜糧，送給盜賊糧食。借賊兵，借給賊敵兵器。(168)嗛　和歉通，不足。(169)豎褐　童豎所穿之褐，即短褐。(170)縣鶉　破敝之衣。《正字通》：「鶉尾特禿，若衣之短結，故凡敝衣曰衣若縣鶉。」(171)蚤　和爪通。(172)有　借為右，佑助。(173)焉　和「安」同義，何的意思。(174)詩曰句　所引為《詩經・小雅・無將大車》第二章。將，奉持。將車本是賤者之事。塵冥冥蔽人目明，令無所見。和小人相處，也是如此。(175)藍苴路作似知而非　劉師培云，藍當作濫，盜竊之義。《論語・衛靈公》：「小人窮斯濫矣。」鄭注：「濫，竊也。」苴，當作狙，暗伺掩取之義。《方言》：「狙，掩索取也。」路，當作略，強取。作，當作詐，欺偽；譎詭。盜竊、掩取、強奪、譎詭，其行為看起來像是智巧，其實全是錯的。(176)偄　和懦同。(177)辟　借為譬。(178)凡物有乘而來三句　王念孫云下「乘」字衍。乘，因。言凡物必有所因而來。返乎我的，本來就是出於我的。(179)纖纖　微細的樣子。(180)蚤　借為早。(181)言之信者在乎區蓋之間　區，決其不然之謂。蓋，疑其可信之謂。劉師培云：「凡人當聞言不信時，音出于口在于『區』『期』二音之間，故象其音以造『區』字，又由『區』而轉為『丘』。凡人當聞言將信時，音發于喉在『掩』『改』二音之間，故象其音以造『蓋』字。此二字者，均象人聲以定字聲者也。〈非十二子篇〉曰：『信信，信也。疑疑，亦信也。』『區』即疑疑，『蓋』即信信，故荀言『言之信者在乎區蓋之間也』。」(182)立　郝云當作「言」。此二句已見上文。(183)說　借為悅。(184)甌臾　本為瓦器，此言地之坳坎如甌臾者。《方言》：「陳魏楚宋之間，謂罃為臾。」(185)家言　即〈解蔽篇〉所言「亂家」之言，亦即雜家之言。(186)惡言死焉　謂惡言盡消。死，謂盡消。(187)泔之　王念孫以為當作「洎之」，添水為汁。《周禮・秋官・士師》：「洎鑊水。」鄭注：「洎，謂增其沃汁。」《左傳・襄公二十八年》：「去其肉，而以其洎饋。」《正義》：

「添水以為肉汁，遂名肉汁為湆。」添水為魚汁亦可謂之湆。188奧之　奧，和鬱通。謂放於罌中醃起來。《說文》：「奧，宛也。」奧、宛和鬱音義皆相近。189塞　掩蓋。190移　相就。191仕　俞以為「任」字之誤。任，能勝任。192疏　通達。193察辨而操辟　辨，和辯通，辯慧。辟，借為僻，邪僻。王叔岷先生云元本、百子本並作「察辯而操僻」。194而流詰然　詰，楊注云當為「湎」。〈非十二子篇〉有此語。而，和「如」同義。流湎，沉湎。195串和慣通，習慣。196夫　梁據元本刪去「夫」字，王叔岷先生云百子本亦無「夫」字。197容　容受。198唯各特意哉　唯，盧云元刻作「雖」。特意，謂人人殊意。199共予　予，和「與」義同，讚許。共予，共同所讚許。200和借為盉，味調。《說文》：「盉，調味也。」201辟　借為避。202惟惟而亡者誹也　常聽從人而不免於敗亡者，由於退後就又誹謗人。惟惟，借為唯唯，聽從的樣子。203博而窮者訾也　言詞辯博而仍見窮蹙，是由於他好毀訾。訾，毀訾。204清之而俞濁者口也　俞，和愈通。口，當作句，曲的意思。外託於清，而暗中行為愈加汙濁，是非常邪曲的。見〈解蔽篇〉注。205詰誓　以言辭相誡約。206盟詛　謂殺牲歃血告神以盟約。涖牲叫盟。詛，祝詛。以言告神叫祝，請神加殃叫詛。207交質子　交換質子。

【語譯】略舉其要：為人君的，崇禮尊貴就可以王，重法愛民就可以霸，好利多詐就要危殆。

想和四方都接近，沒有比中央再好的；所以王者都邑必定居國土的中央，這是合於禮制的。

天子屏障在門外，諸侯屏障在門內，這是合於禮制的。屏障在門外，不想看到門外的；屏障在門內，不想看到門內的。

諸侯召見他的臣子，臣子不待駕車，衣裳穿得顛倒的就趕快走，這是合於禮的。《詩經》裏說：「衣裳穿得顛顛倒倒，因為公事宮中在召喚。」天子召見諸侯，諸侯輓著車去就馬，這也是合於禮的。《詩經》裏說：「我出我的車，就馬於牧地。自天子所來，奉王命使我來此為將率。」

天子服山冕，諸侯服玄冠，大夫服裨冕，士韋弁。

天子用珽，諸侯用荼，大夫用笏，這是合於禮的。

天子用彫弓，諸侯用彤弓，大夫用黑弓，這是合於禮的。

諸侯相見，卿做介，以他的教習之士隨行，使仁厚者居守。

使人聘他國用珪，問人以事用璧，召人用瑗，絕斷人用玦，返還將要絕斷的人用環。

君主既設了仁心，那智就為之役使，禮就為之盡了。所以王者先仁而後禮，天道所施設的就是如此。

〈聘禮志〉說：「幣帛太厚有傷於德，財貨太多有傷於禮。」所說的禮啊禮啊，難道是指的玉帛嗎！《詩經》裏說：「物已經很美了，就祇求它能齊等了。」不合時宜，不恭敬有文飾，不歡欣，雖美也不合於禮。

行水的要標明深度，使人不致陷溺；治民的要標明其為亂者，使人不致失錯。禮就是治國的標表，先王用禮來標表天下的亂象，現在廢棄禮，就等於去掉標表。所以人民迷惑而陷於禍患，這也就是刑罰所以繁多的原因。

大舜說：「我可以從心所欲而治理。」所以禮的產生，是為賢人以下至於庶民而備的，不是為了聖人；然而禮也是所以成為聖人的工具；人不學是不會有成就的。堯曾經學於君疇，舜曾學於務成昭，禹曾學於西王國。

五十不備哭踊的節儀，七十祇有服縗麻而已。

親迎的禮儀，父親南向而立，子面向北而跪，酌酒而命子說：「去迎接你的內助，完成我們宗廟之事，敬循婦道來做為先妣之嗣，你的行為當有常道。」子答說：「是！我惟恐不能，怎敢忘記所命示的。」

所謂行，就是說的行禮。禮是要敬重貴者，孝敬老者，弟敬長者，慈愛幼者，惠愛賤者。能賜予自己的家人，就如同行慶賞於國家是一樣的；能忿怒於臣妾，就如同用刑罰於萬民是一樣的。

君子的對待其子，愛他而不形見於面，使令他而不優以辭色，用正道教導他而不彊脅，使他自己悟得。

禮以順從人心為本，所以雖不在於《禮經》而能順於人心的，都是禮所要取的。

禮的大要，奉事生者是要美飾歡情，送葬死者是要美飾哀情，軍旅之事是要美飾嚴威。

親愛他的親故之人，稱舉而報酬有功勞之人，這是仁的差等。尊貴身分貴尊之人，崇敬賢人，敬重老人和長者，這是義的道理。行仁義而得到節度，這是禮有次序。仁就是愛，所以要親；義就是理，所以要行；禮就是有節度，所以能完成仁義。仁有里居，義有門路。仁非其里居而居處，就不是仁。義非其門路而經由，就不是義。推恩而不得其理，不成為仁；得其理而不能果敢完成，不成為義；審於節度而不和，不成為禮；和諧而不外發，不成為樂。所以說：仁義禮樂，其歸極是一樣的。君子處於仁而行義，然後才成為仁；行義遵循禮，然後才成為義；制禮能返於以仁義為本，終成於禮節，然後才成為禮；仁義禮三者都通明，然後才成為道。

助生送死之禮，送貨財的叫賻，送輿馬的叫賵，送衣服的叫襚，送玩好的叫贈，送玉貝的叫唅。賻賵是用來幫助生者的，贈襚是用來送死的。送死不及柩尸，弔生不及悲哀，都是不合於禮的。所以吉事日行五十里，奔喪日行百里，賵贈及事，是禮的較重大者。

禮是輓引治政的，治政不用禮，施政是行不通的。

天子即位的時候，上卿進言說：「為什麼憂慮的那麼長遠？能除去禍患就是福祉，不能除去禍患就是賊害。」授給天子一支簡策。中卿進言說：「德配上天而得有下土的，要在事情沒發生之前計慮，要在禍患沒發生之前計慮。在事情沒發生之前計慮叫做捷速，捷速事情就容易成功。在禍患沒發生之前計慮叫做備豫，備豫禍患就不會發生。事情到來然後才計慮的叫做遲後，遲後則事情不能成功。禍患到來然後才計慮的叫做困擾，困擾則禍患不可抵禦。」授給天子兩支簡策。下卿進言說：「敬慎戒懼不要怠惰。慶賀的人雖在堂上，而弔問的人已在門口。禍患和福祉是相鄰的，誰也不知道它的門徑。豫作戒備啊豫作戒備啊！萬民都在仰望。」授給天子三支簡策。

大禹見到兩人共耕的，在車上一定站起扶軾而立，經過十戶人家的村邑也一定要下車。

田獵禽獸太早，朝會太晚，都是不合乎禮的。治民不用禮，一舉動就要有所失陷。

拜時頭至手平於衡的叫做拜，頭至手而手至地下於衡的叫做稽首，頭直接觸到地的叫做稽顙。大夫的家臣，拜而不稽首，這並不是尊貴家臣，而是為了避讓君主。

一命的公侯之士，鄉飲酒時同鄉里之人論年次而坐立；再命的公侯之大夫，同族人論年次而坐立；三命的公侯之卿，族人雖年已七十歲，不敢先於他。

上大夫，中大夫，下大夫。

吉事尊崇官爵，喪事尊崇親屬關係。

聘是所以相問候的；享是奉束帛加璧，所以是有獻的；私覿是以臣禮私下相見的。

言語的美雅，使容儀也修正謹敬。朝廷的美雅，多士而有次序。

為人臣下的，有勸諫而沒有訕謗，有亡去而沒有嫉惡，有怨懟而沒有憤怒。

君主對於大夫，對疾病三度去問候，對死喪三度親臨；對於士，問候疾病一度，親臨喪事也祇一度。諸侯如不是問候疾病弔問喪事，不到臣子的家去。

已經下葬，君主和父親的朋友已經吃了的，自己也跟著吃，不必避忌稻粱肉食，如有酒就要推辭不吃了。

寢居不超過宗廟，燕居之衣不超過祭服，這是合於禮的。

《易》的咸卦，見夫婦之道。夫婦之道，不可以不正，這是君臣和父子之道的根本。咸，是感的意思，艮為少男而居於下，兌為少女而居於上，是以高下於下，以男下於女，是柔在上剛在下。

聘士的意義，親迎的道理，都是重於初始的意思。

禮是人所要履踐的，失錯所履踐的，一定要顛蹷陷溺，所失錯的雖很小而為亂卻很大，這就是禮。

禮的對於正國家，如同權衡的對於輕重，如同繩墨的對於曲直。所以人沒有禮不能生存，事沒有禮不能成功，國家沒有禮不能安寧。君臣不得禮法不能尊崇，父子不得禮法不能親敬，兄弟不得禮法不能和順，夫婦不得禮法不能歡愛；有禮法則年少的得以成長，年老的得以奉養。所以天地生人，而聖人成就人。

霜降開始逆女成婚，至冰融時殺止。對妾十日一御。

兒子見到父親，坐著衹看到膝部，站著衹看到腳，應對言語才看面部。臣子在君主之前，站著向前看六尺的六倍，六六三十六，是三丈六尺。

文貌在外，情用在內，相為內外表裏。在禮之中而能思索的，叫做能慮。

禮是本末相順，終始相應的。

禮是以財物為行禮之用，以貴賤等差為文飾，以多少異制為別上下。

下等臣子事君用財貨，中等臣子事君用生命，上等臣子事君用賢人。

《易經》裏說：「本雖有所失錯，如能返而從道，哪裏還會有咎過呢？」《春秋》之所以尊賢秦穆公，就認為他能悔變。

士有妒嫉之友，則賢交不來親近；君有妒嫉之臣，則賢人不來。蔽公叫做昧，隱賢叫做妒，奉妒昧的，叫做狡譎。狡譎之人、妒昧之臣，是國家的汙穢妖孽。

口能言，身也能行，這種人是國家之寶。口雖不能言，身卻能行，這種人是國家的大器。口能言，身卻不能行，這種人是國家的可用之人。口裏說的好，身卻行的惡，這種人是國家的妖孽。治國的敬其寶，愛其器，任其用，除掉其妖孽。

不富無法培養人民的本情，不教無法培養人民的本性。所以每家，五畝宅地，百畝田地，務其本業不奪害其時節，這就是所以富之。立大學，設庠序，修六禮，明七教，這就是所以教導之。《詩經》裏說：「給他飲食，又教誨他。」這樣王事就畢具了。

武王始入商，表賢人商容的閭門，釋箕子的囚繫，哭弔比干的墳墓，於是天下從化而向善了。

天下之國都有俊士，每世代都有賢人。迷途的人因為不問路，被溺的人因為不問徑隧，敗亡由於好孤獨。《詩經》裏說：「我言可用，不要以為笑談。先民有言，要向芻蕘之人詢問。」這就是說廣博問詢的道理。

有法的依法而行，沒有法就依律例來做。因其本而知道其末，因其左而知道其右，大凡百事道理雖異其守則相同。慶賞刑罰，通明於類然後百姓應之。政教習俗，順人心然後可行。

八十歲的一子不事力役，九十歲的全家不事力役；廢疾非有人奉養不可的，一人不事力役；父母之喪，三年不事力役；齊衰大功的喪事，三月不事力役；從他國來，或君之人入采地，以及有新婚的，一年不事力役。

孔子說魯國的子家駒庚然剛強不屈做為大夫，不如齊國晏嬰；晏子是有功用之臣，但不如鄭國子產的有恩惠；子產雖有恩惠，但不如齊國管仲的有才略；管仲的為人，力求功而不力行義，力用智而不力行仁，是郊野之人，不可以做為天子的大夫。

孟子三度見齊宣王而不言事，門人說：「為什麼三度見到齊王而不言事？」孟子說：「我先攻治他的邪心。」

公行子之往燕國去，路上遇到曾元，問說：「燕君怎麼樣？」曾元說：「志意卑陋。志意卑陋的人輕慢事物，輕慢事物的人不求輔助；假如不求輔助，怎麼能成事！是氐羌的囚虜一類的，他不憂被繫纍，卻怕死後被焚屍。所利在秋毫之微，而其害卻累及國家，然而尚且去做，哪裏是知道計謀呢！」

有人丟失針的，整天找它都找不到；其後找到它，不是因為眼睛更加明亮了，而是因為低目看到了它。心的對於思慮也應該反覆細察。

義和利是人所兩有的。雖是堯舜不能去掉人的欲利，然而能夠使他的欲利不致克勝他的好義。雖是桀紂也不能去掉人的好義，然而能夠使他的好義不能克勝他的欲利。所以義勝利的是治世，利勝義的是亂世。在上的重義則義可以勝利，在上的重利則利就要勝義。所以天子不講多少，諸侯不談利害，大夫不談得失，士不談通貨財。有國的君主不繁育牛羊，執贄置於君前的大臣不繁育雞豚，上卿不修財幣販息，大夫不營場圃，從士以上都羞於談利而不和庶民爭事業，樂於分施而恥於積藏，如此所以人民不困乏財物，貧窮的人也有可以入手的。

文王誅伐四惡，武王誅伐二惡，周公終王業，以至於成王，就沒有誅伐了。

多積財貨而羞於無有，加重人民的肩負而誅罰他的做不到，這就是邪行的所以興起，刑罰的所以增多啊！

在上如果好義，則人民雖在隱闇之中也知道修飾；在上如果好富，則人民將要為利而死；這兩者是治亂的分途。人民說：「想要富嗎？那麼不顧廉恥，傾身絕命去求，棄絕故舊之人，和義分背而行。」在上好富，則人民的行為就是這樣，這怎會不亂呢！

湯在天旱時禱告說：「施政不調適嗎？使人民疾苦嗎？何以不落雨到這種情形！宮室太盛了嗎？婦人謁請的事太多了嗎？何以不落雨到這種情形！貨賄公行嗎？讒夫興起了嗎？何以不落雨到這種情形！」

天的生人民，不是為了君主。天的建立君主，是為了人民。所以古時裂地建國，並不祇是為了尊貴諸侯而已；列官職，等差爵祿，不祇是為了尊崇大夫而已。

君主之道在於知道人，臣子之道在於知道事情。所以舜的治理天下，不以事情詔告而萬事都做成。農人精於耕田而不可以做田師，工人商賈也是如此。

用賢人來換不肖的人，不等待卜筮就知道是吉的。用治來伐亂，不等待交戰就知道會克勝。

齊人想要伐魯國，畏忌卞莊子，不敢經過卞邑。晉人想要伐衛國，畏怕子路，不敢經過蒲邑。

不知道就問之於堯舜，無有就求之於天府。解釋說：先王之道，就是所謂堯舜；六經之博，就是所謂天府。

君子的學習如同蟬蛻，翻然遷化。所以他行時傚效，他立時傚效，他坐時傚效，他措表顏色口出辭氣時傚效。不留善行立刻即行，不俟經宿立刻即問。

善於學習的窮盡其理，善於踐行的究求其難的。

君子立志要一如貧窮時不變易，雖天子三公問政，也要是非分明來對答。

君子阨窮而不墮失，勞倦而不苟免，臨患難而不忘記平生之言。歲時不寒冷，不知道松柏的強韌；事情不難，不知道君子沒有一天不懷道的。

雨雖小，但積少成多，也可使漢水深。累盡小者可以成大，積累微細可以成著，德至高的色澤洽渥，行為盡到則名譽遠聞。小人在內不自誠，卻要求之於外。

言談不稱其師的叫做叛，傳授不稱其師的叫做背。背叛之人，明君不接納，朝士大夫遇之於路不同他講話。

行為不足的，而言說卻太過；誠信不足的，而表面言說卻像很誠信；所以《春秋》稱善相命，而《詩》非議屢盟而無信，其用意是一樣的。

善講《詩》的人不講說，善講《易》的人不占卜，善講《禮》的人不為人贊相，其用意是相同的。

曾子說：「孝子所言使人可聞，行為使人可見。所言使人可聞，所以取悅遠者；行為使人可見，所以取悅近者；近者喜悅則親近他，遠者喜悅則親附他。使近者親近遠者親附，這就是孝子之道。」

曾子外出，晏子跟隨到郊外。問說：「嬰我聽說，君子贈給人以言辭，庶人贈給人以財物。嬰我家貧沒有財物，請也假借做為君子，贈給你言辭。乘輿的輪子，是太山的樹木造的，把樹木置在檃栝，經過三個月、五個月，為轂輻至於都敝壞，而規曲不再反其當初。君子的檃栝不可以不謹慎。蘭茝槀本，浸於蜜醴之中，雖一佩可輕易為之，可是庶人也不去佩它；正直之君如受浸染，也可進讒而取得他的信任；所以君子對於所浸染的不可以不謹慎。」

人的對於學問，就如同玉的對於琢磨。《詩經》裏說：「好像治骨角的切磋，好像治玉石的琢磨。」說的就是學問。和氏的璧，井里的厥石，經過玉人琢磨，成為天子之寶。子贛、季路，本是鄙野之人，被受學問，服習禮義，成為天下列士。

學習請問不厭怠，好士不倦煩，這是天然的府庫。

君子疑惑則不言，未問則不言。為道久遠，自是日有所益。

多知而不親師，博學而沒有方法，好多而沒有定向，君子是不讚許的。

年少時不諷誦，年壯時不議論；雖有善質，也不能算是成全之人。

君子專壹去教導，弟子專壹去學習，必然快速成功。

君子進仕則能增益在上的聲譽，而損減在下的憂苦，如果不能而居其位，這是誣欺；沒有任何補益而豐厚接受祿賜，這是盜竊。學的人不一定是為了進仕，而進仕的人一定要不負他所學的。

子貢向孔子問道：「賜我已經倦於為學，願意休息事君的事。」孔子說：「《詩經》裏說：『朝夕溫文恭敬，執行事情恪然有禮。』事君很難，事君的事怎麼可以休息呢！」「那麼我願意休息事親的事。」孔子說：「《詩經》裏說：『孝子之養沒有竭盡之時，天長賜以善。』事親很難，事親的事怎麼可以休息呢！」「那麼我願意休息對待妻子的事。」孔子說：「《詩經》裏說：『先立典型於其嫡妻，以至於兄弟，然後至於家邦。』對待妻子的事很難，對待妻子的事怎麼可以休息呢！」「那麼我願意休息對待朋友的事。」孔子說：「《詩經》裏說：『朋友要互相佐助，佐助以威儀。』對待朋友很難，對待朋友的事怎麼可以休息呢！」「那麼我願意休息耕種的事。」孔子說：「《詩經》裏說：『白天你治理茅草，晚上你搓製繩索。急快用茅草來覆屋，就要開始播種百穀了。』耕種的事很難，耕種的事怎麼可以休息呢！」「那麼我就沒有可以休息的了嗎？」孔子說：「望到墳墓，高高的，顛起的，圓而上尖的，到這時就知道可以休息了。」子貢說：「死真是重大啊！君子可以休息，小人也可以休息了！」

〈國風〉的好色，古傳裏說：「欲雖盈滿而行止卻無過失。其誠意可以比於金石，其聲樂可以納於宗廟。」作〈小雅〉的人不為汙君所用，自引而疏遠居下位，嫉惡現今的政治而思慕往昔，其文辭有文采，其聲樂有哀思。

國家將要興盛，必然尊重師傅；尊重師傅則法度得存。國家將要衰微，必定輕賤師傅，輕賤師傅則人有輕肆之意；人有輕肆之意則法度敗壞。

古時匹夫五十而仕宦。天子諸侯之子，十九歲就行冠禮，冠禮之後聽治政事。君侯之子所以異於常人，因其生質本異，而其教導又至善至備的緣故。

能喜好君子的，就是可教之人，可教之人而不去教他，這是不祥的。所喜好的不是君子，就是不可教之人，不可教之人而去教他，這如同送給盜賊糧食，借給賊敵兵器。

不知道自歉他的行為的，他的話容易濫過而難副其實。古時的賢人，貧賤為布衣匹夫，吃的連稀粥都不充足，穿的連童豎的短褐都不完好；然而他仍是非禮不肯進身，非義不肯接受，怎麼能取此言過而行為不副之事呢！

子夏很貧窮，穿的衣服是破衣短結。有人同他說：「你為什麼不去仕宦？」答說：「諸侯中驕於我的，我不願意做他的臣下；大夫之中驕於我的，我不願再見到他。過去柳下惠穿破衣同守門的一樣，而沒有人疑怪，這也不是聽知一天的了。事驕君去爭得小利，而最後要喪亡其身的。」

為人君的不可不謹慎取用臣下，匹夫不可不謹慎取交朋友。朋友就是要互相佑助的。如果道不同，怎麼能互相佑助呢？一樣的薪柴來引火，火一定向乾燥的地方燒；同樣平的地來注水，水一定向溼的地方流；同類的相隨從像這樣明著，由朋友來觀察其為人，有什麼可疑問的！取交朋友使人向善，這事是不能不謹慎的，這是修德的根基。《詩經》裏說：「不要駕御大車，塵埃昏暗蔽人眼目。」說的就是叫人不要同小人相處。

盜竊暗伺掩取強奪詐詭，看起來像是智，其實不是。懦弱易於被人劫奪，看起來像是仁，其實不是。兇悍愚戇而好爭鬥，看起來像是勇，其實不是。

仁義禮善的對於人，譬如就像貨財粟米的對於家，多有的就富足，少有的就貧乏，一點也沒有的就窮困。所以大的不能做，小的不肯去做，這是棄國捐身之道。

凡事物必有所因而來，返於我的，本就是出於我的。

流言止滅它，貨財女色疏遠它。禍患的所由發生，是生於微細。所以君子要早些斷絕禍根。

言辭的可信的，在於「區」「蓋」之間。有疑惑則不說，未問則不說。

智者明於事，通達於理，不可以用不誠實來事奉他。所以說：「君子難以取悅，取悅不得正道，是不會喜悅的。」

俗語說：「流丸停止於坳坎之處，流言止息於智者之口。」這就是雜家邪學之所以為儒者所厭惡的道理。是非有疑惑就要用遠事來度量，用近事來驗證，用平心來參互；流言自然止息，惡言自然盡消。

曾子吃魚，有剩餘的，說道：「添水做魚汁好了。」門人說：「添水做魚汁易於腐爛吃了會傷人，不如醃起來。」曾子泣涕說道：「難道我有異心嗎！」自傷他聽到這種道理太晚了。

不要用我的所短去當別人的所長。要掩蓋避開所短的，移而從所能的。通達有智而沒有法守，察慧而操行邪僻，勇敢果決而無禮，這是君子所憎惡的。

言論多而合於理法，是聖人；言論少而合於理法，是君子；言論多而不合於理法，如同沉湎，雖然辯巧，也是小人。

國家的法律禁止拾取遺落的財物，是因為厭惡人的習於不該得而取得。有分有義，就是受天下也可以治好；沒有分沒有義，就是對一妻一妾也是要亂的。

天下的人，雖然各自殊意，然而也有共同讚許的。談到善於治美味都讚許易牙，談到善於知音都讚許師曠，談到善於治國都讚許三王。三王既然已經定了法度，制作禮樂傳之後世，如果有不用它而改變自己再做，這和變易牙的調味有什麼不同，和變師曠的音律有什麼不同！如果沒有三王之法，天下不必等待就要滅亡，人不必等待就要死去。

飲而不吃的是蟬，不飲不吃的是浮蝣。

虞舜和孝己雖然孝親，可是雙親並不愛他們；比干、伍子胥雖然忠君，可是君主並不重用他們；仲尼、顏淵雖有才智，可是卻窮困於世。被暴國所劫迫而無可逃避，那祇有崇揚他的美善，說他的長處，而不稱道他的短處。

常唯唯聽從人卻又敗亡的，由於他退後就又誹謗人；言辭辯博而仍見窮蹙的，是由於他好毀訾；外託於清而暗中行為愈加汙濁的，是非常邪曲的。

君子能做到使自己可貴，卻不能使人一定尊貴自己；能做到使自己可用，卻不能使人一定重用自己。

言辭相誡的誥誓在五帝時都沒有，盟詛在三王時也沒有，交換質子在五霸也沒有。

宥坐篇

孔子觀於魯桓公之廟，有欹器❶焉。孔子問於守廟者曰：「此為何器？」守廟者曰：「此蓋為宥坐之器❷。」孔子曰：「吾聞宥坐之器者，虛則欹❸，中則正❹，滿則覆❺。」孔子顧謂弟子曰：「注水焉。」弟子挹水而注之，中而正，滿而覆，虛而欹。孔子喟然而歎曰：「吁！惡有滿而不覆者哉！」子路曰：「敢問持滿有道乎？」孔子曰：「聰明聖知，守之以愚；功被天下，守之以讓；勇力撫世❻，守之以怯；富有四海，守之以謙；此所謂挹而損之之道也。」

孔子為魯攝相❼，朝七日而誅少正卯❽。門人進問曰：「夫少正卯魯之聞人也，夫子為政而始誅之❾，得無失乎？」孔子曰：「居❿！吾語女其故。人有惡者五，而盜竊不與焉；一曰心達而險⓫，二曰行辟而堅⑫，三曰言偽而辯，四曰記醜而博⑬，五曰順非而澤⑭，此五者，有一於人，則不得免於君子之誅，而少正卯兼有之：故居處足以聚徒成群，言談足以飾邪營眾⑮，強足以反是獨立⑯，此小人之桀⑰雄也，不可不誅也。是以湯誅尹諧，文王誅潘止，周公誅管叔，太公誅華仕，管仲誅付里乙，子產誅鄧析史付⑱，此七子者，皆異世同心，不可不誅也。《詩》曰：『憂心悄悄，慍于群小。』⑲小人成群，斯足憂矣。」

孔子為魯司寇，有父子訟者，孔子拘之，三月不別⑳。其父請止，孔子舍之。季孫聞之，不說，曰：「是老㉑也欺予，語予曰：為國家必以孝。今殺一人以戮不孝，又舍之。」冉子以告。孔子慨然歎曰：「嗚呼！上失之，下殺之，其可乎！不教其民而聽其獄，殺不幸也。三軍大敗，不可斬也；獄犴不治㉒，不可刑也；罪不在民故也。嫚令謹誅㉓，賊也；今生也有時，斂也無時，暴也㉔；不教而責成功，虐也；已㉕此三者，然後刑可即㉖也。《書》曰：『義刑義殺，勿庸以即，予維曰未有順事。』㉗言先教也。故先王既陳之以道，上先服之㉘；若不可，尚賢以綦㉙之；若不可，廢不能以單㉚之；綦三年而百姓往㉛矣，邪民不從，然後俟之以刑，則民知罪矣。《詩》曰：『尹氏大師，維周之氐。秉國之均，四方是維。天子是庳，卑民不迷。』㉜是以威厲而不試㉝，刑錯㉞而不用，此之謂也。今之世則不然，亂其教，繁其刑，其民迷惑而墮焉，則從而制之，是以刑彌繁而邪不勝。三尺之岸而虛車不能登也，百仞之山任負㉟車登焉，何則？陵遲㊱故也。數仞之牆而民不踰也，百仞之山而豎子馮㊲而游焉，陵遲故也。今夫世之陵遲亦久矣，而能使民勿踰乎！《詩》曰：『周道如砥，其直如矢。君子所履，小人所視。眷焉顧之，潸焉出涕。』㊳豈不哀哉！」

《詩》曰：「瞻彼日月，悠悠我思。道之云遠，曷云能來。」㊴子曰：「伊稽首不其有來乎㊵！」

孔子觀於東流之水，子貢問於孔子曰：「君子之所以見大水必觀焉者，是何？」孔子曰：「夫水，大偏與諸生(41)而無為也，似德。其流也埤下裾拘(42)，必循其理，似義。其洸洸乎不淈盡(43)，似道(44)。若有決行之，其應佚若聲響(45)，其赴百仞之谷不懼，似勇。主量必平(46)，似法。盈不求概，似正(47)。淖約微達，似察(48)。以出以入以就鮮絜，似善化(49)。其萬折也必東，似志。是故君子見大水必觀焉。」

孔子曰：「吾有恥也，吾有鄙也，吾有殆也。幼不能彊學，老無以教之，吾恥之。去其故鄉，事君而達，卒遇故人，曾無舊言，吾鄙之。與小人處者，吾殆之也。」

孔子曰：「如垤而進，吾與之；如丘而止，吾已矣。」今學曾未如肬贅(50)，則具然(51)欲為人師。

孔子南適楚，戹於陳蔡之間，七日不火食，藜羹不糂(52)，弟子皆有飢色。子路進問之曰：「由聞之，為善者天報之以福，為不善者天報之以禍，今夫子累德積義懷美，行之日久矣，奚居之隱(53)也？」孔子曰：

「由不識，吾語女。女以知者為必用邪？王子比干不見剖心乎！女以忠者為必用邪？關龍逢不見刑乎！女以諫者為必用邪？吳子胥不磔姑蘇東門外乎(54)！夫遇不遇者，時也；賢不肖者，材也；君子博學深謀不遇時者多矣！由是觀之，不遇世者眾矣(55)！何獨丘也哉！且夫芷蘭生於深林，非以無人而不芳。君子之學，非為通也(56)，為窮而不困，憂而意不衰也，知禍福終始而心不惑也。夫賢不肖者，材也；為不為者，人也；遇不遇者，時也；死生者，命也。今有其人不遇其時，雖賢，其能行乎？苟遇其時，何難之有！故君子博學深謀修身端行以俟其時。」孔子曰：「由！居！吾語女。昔晉公子重耳霸心生於曹(57)，越王句踐霸心生於會稽(58)，齊桓公小白霸心生於莒(59)。故居不隱者思不遠，身不佚(60)者志不廣；女庸安知吾不得之桑落(61)之下！」

子貢觀於魯廟之北堂，出而問於孔子曰：「鄉者賜觀於太廟之北堂，吾亦未輟，還復瞻被九蓋皆繼，被有說邪(62)？匠過絕邪？」孔子曰：「太廟之堂亦嘗有說，官致良工63，因麗節文64，非無良材也，蓋曰貴文也。」

【注釋】❶欹器　傾倚易覆之器。欹，借為倚。❷宥坐之器　人君置於座右以為戒之器。宥，和右通。❸虛則欹　空則傾倚。❹中則正　適中則端正。❺滿則覆　器滿則傾覆。❻撫世　撫，掩；蓋。撫世，蓋世。❼孔子為魯攝相　孔子為魯司寇而攝相。❽朝七日而誅少正卯　朝，聽朝。少正卯，魯國大夫，為人甚邪僻險惡。❾始誅之　謂先誅之。❿居　坐下。⓫心達而險　謂心通達於事而凶險。⓬行辟而堅　行為邪僻而堅持頑固。⓭記醜而博　所記都是怪異之事而又很博。醜，謂怪異之事。⓮順非而澤　謂順其非而為之解釋。澤，借為釋。⓯言談足以飾邪營眾　其言談足以飾邪惑眾。營，借為營，惑。⓰強足以反是獨立　強，剛愎。反是，以非為是。獨立，謂人不能傾之。⓱桀　即傑字。⓲是以湯誅尹諧六句　《孔子家語・始誅篇》作「管仲誅付乙，子產誅史何」。王叔岷先生云《說苑・指武篇》作「湯誅蠋沐，太公誅潘阯」。太公蓋文王之誤。尹諧、潘止、付里乙、史付等人的事跡不詳。⓳詩曰句　所引為《詩經・邶風・柏舟》第四章。悄悄，憂心的樣子。慍，怒。慍于群小，為群小所怒。⓴三月不別　謂三月不辨別其子之罪。㉑老　大夫的尊稱。㉒獄犴不治　此言獄訟之事皆不得其治。犴，亦獄。《詩經・小雅・小宛》釋文：「鄉亭之繫曰犴，朝廷曰獄。」㉓嫚令謹誅　嫚，和慢同，弛慢。謹，嚴謹。㉔今生也有時斂也無時暴也　不管物是否生產時節，一味收取賦斂，就是陵暴。㉕已　止。㉖即　就。㉗書曰句　所引為《書經・康誥》篇文。義，宜。義刑義殺，刑殺皆得其宜。庸，用。即，就。順事，可順守之事。周公命康叔，使以義刑義殺，勿用以就汝之心，不使任其喜怒。刑殺皆以義，猶自稱未有使人可順守之事，故有犯罪者，自責其教不至。㉘上先服之　謂先自行之。服，行。㉙綦　借為誋，教誡。《說文》：「誋，誡也。」㉚單　借為憚，畏憚。㉛往　盧云「從」字之誤。王念孫云「從」下當有「風」字。㉜詩曰句　所引為《詩經・小雅・節南山》第三章。尹氏、大師，都是官名。氏，本作柢，柢柱。均，平。維，維持。庳，今《毛詩》作毗，輔佐。卑，借為俾，使。㉝威厲而不試　威厲，威嚴猛厲。試，用。㉞錯　借為措，設置。㉟任負　負荷。㊱陵遲　逶迤斜傾。山坡斜傾曰陵遲，世道由盛而衰日趨傾頹亦曰陵遲。㊲馮　登。㊳詩曰句　所引為《詩經・小雅・大東》第一章。砥，礪石。如砥，言其平。如矢，言其直。君子，指在位之人。小人，指下民。眷，今《毛詩》作睠，同。眷焉，反顧的樣子。潸焉，流涕的樣子。㊴詩曰句　所引為《詩經・邶風・雄雉》第三章。云，句中語助詞。曷，何時。㊵伊稽首不其有來乎　若施德化，使下民稽首歸向，雖道遠能不來嗎？伊，語詞。㊶大偏與諸生　王念孫云「偏與」上不當有「大」字。《初學記・地部》中引無「大」字。偏與諸生，謂水能徧生萬物。㊷埤下裾拘　埤，和卑通。裾，借為踞，本作居。《說文》：「居，蹲也。」蹲踞，體必逞曲形，故踞亦訓為曲。拘，也有曲的意思。裾拘，言水流回曲。㊸其洸洸乎不淈盡　洸洸，水涌光耀的樣子。《說文》：「洸，水涌光也。」淈，借為屈，竭。㊹似道　言似道之無窮。㊺其應佚若聲響　佚，和逸同，奔逸。若聲響，如響之應聲。㊻主量必平　以水為準來量，必能取平。㊼盈不求概似正　概，平斗斛之木。言水盈滿則不待概來平而自己就自然平。似正，言其自然平正。㊽淖約微達似察　言水雖柔弱，然浸淫通達於物，有如明察的可以見到微細。淖，當為綽。綽約，柔弱。㊾以出以入以就鮮絜似善化　言萬物出入於水，則必鮮潔，有如善化者之使人去惡而就美。㊿肬贅　肉結。(51)具然　自滿足的樣子。(52)藜羹不糂　藜，野生草本植物，新葉可以吃。糂，又作糝，以米和羹。《說文》：「糂，以米和羹也。糝，古文糂。」藜羹不糂，祇有以藜葉作羹，不和之以米。(53)隱　隱沒窮困。(54)吳子胥不磔姑蘇東門外乎　言將伍子胥的屍體張之於姑蘇東門外。磔，剖胸腹張屍不收。《說文》：「磔，辜也。」段注：「凡言磔者，開也，張也，剖其胸腹而張之，令其乾枯不收。」姑蘇，吳都名。(55)由是觀之不遇世者眾矣　俞云「由是觀之」當在「君子博學深謀」句上。劉師培云「不遇世者眾矣」句疑涉上文而衍。《說苑・家語》上「多」字作「眾」，無「由是」二句。「由是觀之」惟本書有之，非衍文，此或二本不同，一本作「時」作「多」，一本作「世」作「眾」，校者兩存其文，遂不可通。王叔岷先生云此文本作「由是觀之，君子博學深謀，不遇時者多矣，何獨丘也哉」。(56)非為通也　不是為了求通達。57晉公子重耳霸心生於曹　重耳，晉文公之名。出亡在外，經過曹國，曹共公聞其駢脅，使其浴，薄而觀之，文公因此被激怒而生霸心。58越王句踐霸心生於會稽　謂以甲兵五千棲於會稽時。59齊桓公小白霸心生於莒　小白，齊桓公之名。齊亂奔莒，亦為人所不禮，於是生出霸心。60佚　被遺佚。61桑落　劉師培以為地名，其地多桑，故曰桑落。其地不可考。62鄉者賜觀於太廟之北堂四句　北堂，神主所在之處。輟，止。九，楊注云為「北」之誤。蓋，和盍通，戶扇。繼，王念孫云「繼」與「輟」「說」「絕」不叶韻，當為「𢇍」字之誤。𢇍為古文絕字。被，楊注云皆當為「彼」字之誤。此言子貢回來看到北面的戶扇都已斷絕，以為它是有說法的呢，還是匠人過誤才如此。63官致良工　由官招致良匠。64因麗節文　言因良材而施之節文。麗，施。《廣雅》：「麗，施也。」

【語譯】孔子參觀魯桓公的廟，看到有一個傾倚的器物。孔子問守廟的人說：「這是什麼器物？」守廟的人說：「這是放置在座右做為警戒的器物。」孔子說：「我聽說放置座右戒人的器物，空時就會傾倚，適中就平正，裝滿就會傾覆。」孔子望著弟子說：「注水下去。」弟子酌水注入，適中時很平正，水滿了就傾覆，水空了就傾倚。孔子喟然歎氣說：「咳！哪有滿而不傾覆的呢！」子路說：「敢請問持滿是否也有方法？」孔子說：「聰明聖智，要守之以愚；功被天下，要守之以謙讓；勇力蓋世，要守之以柔怯；富有四海，要守之以謙遜；這就是所謂退而損之的道理。」

孔子為魯國司寇攝行相事，聽朝七天而誅殺了少正卯。門弟子就向孔子進言問說：「少正卯是魯國有名的聞人，夫子你治政就先誅殺他，難道沒有失錯嗎？」孔子說：「坐下來，我同你說明它的緣故。人有惡行五種，盜竊還不算數；一是心通達於事而凶險，二是行為邪僻而堅持頑固，三是言辭偽詐而巧辯，四是所記都是怪異之事而又博，五是順其非而為之解釋，這五種，有一種就不能免於被君子所誅殺，而少正卯五種兼而有之；所以居處足以聚徒成群，言談足以偽飾邪惡營惑大眾，剛愎足以反非為是而人不能傾移，這是小人之中的傑雄，不可以不誅殺。因此湯誅殺尹諧，文王誅殺潘止，周公誅殺管叔，太公誅殺華仕，管仲誅殺付里乙，子產誅殺鄧析、史付，這七個人，都是不同時而邪心相同，不可以不誅殺。《詩經》裏說：『憂心悄悄然，為群小所怒。』小人成群，那就足以令人憂慮了。」

孔子做魯國司寇，有父子二人爭訟的，孔子拘囚了兒子，經過三個月仍沒有斷決。那位父親請求，孔子就放了他的兒子。季孫氏聽到，就很不高興，說：「這位大夫欺騙我，他同我說：治國家的必要講孝道。現在殺掉一個人來戮懲不孝，他又放掉了他。」冉子把這話告訴了孔子。孔子感慨的歎說：「唉咳！在上的失錯，而去誅殺在下，這怎麼可以呢！不教導人民而聽治獄訟，這是誅殺無辜。三軍整個大敗，就不能再斬罰，獄訟不理法令不當，就不能處刑；因為罪過不在人民的緣故。弛慢法令而嚴謹誅罰，這是賊害；現在看物的生產有一定時節，而收取斂賦卻沒有定時，這就是陵暴；不去教導而就要責求成功，這就是暴虐；停止這三者，然後才可以用刑罰。《書經》裏說：『要用合理的義刑義殺，不要就你心的喜怒，我尚且還自己說沒有使人可以順守的事。』這就是先教後誅的道理。所以先王既然陳列了道，在上的先來實行；如果不可以，就崇尚賢人而教誡之；如果還不可以，就廢退不能的人來畏憚之；教誡三年，百姓一定從風受化了，姦邪之民如再不從服，然後再待之以刑罰，這樣人民就知罪了。《詩經》裏說：『尹氏太師，是周朝的柢柱。執掌國家的均平，來維持四方。輔佐天子，使人民不迷惑。』所以威嚴猛厲而不用，刑雖設置而不用，說的就是這種道理。現在卻不這樣，教化紊亂，刑罰繁重，人民迷惑而墮陷，於是就拿來制裁，因之刑罰越繁重而越不能克勝邪惡。三尺的崖岸，空車不能登上去，百仞的高山，負重的車可以登上去；是什麼道理？是因為山坡逶迤斜傾的緣故。幾仞的牆而人不能踰越，百仞的高山而童子可以登上去游息，是因為山坡逶迤斜傾的緣故。現在的世道逶迤斜傾已經很久了，能夠使人民不去踰越嗎！《詩經》裏說：『周的大道平坦像礪石，直的像箭矢。是君子所行的，是小人所看到的。如果失去砥石之道，人們眷焉反顧，不禁要潸然涕下了。』這豈不是可哀的嗎！」

《詩經》裏說：「看那歲月，我的思念非常深長。道途這樣遠，什麼時候才能來呢！」孔子說：「如施德化，使人稽首歸向，雖是道遠能夠不來歸嗎！」

孔子觀賞東流的水，子貢問孔子說：「君子看到大水一定要觀賞，這是什麼道理？」孔子說：「水能徧生萬物而卻不居其功，有似上德的不自以為德。它的流動趨下回曲，必定循著脈理，有似義的得宜。它的洸洸乎不竭盡，有似道的無窮。如果決通使行，它的相應奔逸就像響的應聲，它的奔赴百仞山谷不稍畏懼，有似勇的果敢。用它為準來主量必能取平，有似法的公平。它盈滿不需概就會自平，有似正的自然平正。它的柔弱而浸淫通達，有似察的明微。萬物出入於水就必然鮮潔，有似善化者的使人去惡就美。它雖千折萬曲必然向東流，有似志的定向不移。所以君子見到大水一定要觀賞。」

孔子說：「我有感到羞恥的，我有感到鄙陋的，我有感到危殆的。幼時不能彊勉求學，年老沒有可以拿來教人的，我感到羞恥。離開故鄉，事奉君主而顯達了，忽然遇到故人，而竟沒有舊話歡敘，我感到鄙陋。和小人相處，我感到危殆。」

孔子說：「堆山雖如蟻蛭，能繼續進行，我是贊成的；堆積雖已如丘，如果停止下來，我是不贊成的。」現在學習得並沒有像肬贅那樣餘多，就自己滿足想要為人師，那怎麼可以呢！

孔子南往楚國，受困在陳國、蔡國之間，七天沒有升火煮食，祇有用藜葉作羹不能和之以米，弟子都有饑餓的顏色。子路進前問孔子說：「由我聽說，為善的人天報答以福祿，為不善的人天報答以禍殃，現在夫子累德積義懷著美善，行之已經很久，為什麼生活得這樣隱沒窮困呢？」孔子說：「由你不知道，吾來告訴你。你以為智者一定會被重用嗎？王子比干不是被剖心了嗎！你以為忠者一定會被重用嗎？關龍逢不是被刑誅了嗎！你以為諫者一定會被重用嗎？吳的伍子胥不是被張屍在姑蘇東門外了嗎！逢遇或不逢遇，這是時運；賢或不肖，這是材質；由此來看，君子學問淵博謀識深遠而不遭逢時運的很多啊！豈獨是孔丘我一個人呢！況且芷蘭生在深林之中，不會因為沒有人欣賞就不芬芳。君子的為學，不是為了求通達，為了是要窮而不困頓，憂而志意不衰，知道禍福終始而內心不迷惑。賢或不肖，這是材質；為或不為，這是人事；逢遇或不逢遇，這是時運；死或生，這是天命。現在如果有一個人沒有逢遇好的時運，雖很賢良，他能行得通嗎？如果逢遇到好的時運，那又有什麼難行的呢！所以君子博學深謀修身端行來等待時運。」孔子說：「由！坐下來！我來告訴你。昔日晉國公子重耳稱霸之心就生在困辱於曹國的時候，越王句踐的稱霸之心就生在被困會稽的時候，齊桓公小白稱霸之心就生在奔亡莒國的時候。所以生活不隱沒窮困的謀思就不會遠大，身不被遺佚的志意就不夠廣闊；你怎麼知道我不會得之於桑落之下呢！」

子貢在魯廟的北堂參觀，出來以後問孔子說：「剛才賜我參觀太廟的北堂，我沒有停止，回來看那北面的戶扇都是斷絕的，以為它是有說法的呢，還是匠人過誤使然？」孔子說：「太廟的堂本來是有說法的，由官招致良匠，因良材而施之節文，並不是沒有良材而用斷絕的，而是因為崇尚文飾啊！」

子道篇

入孝出弟，人之小行也。上順下篤，人之中行也。從道不從君，從義不從父，人之大行也。若夫志以禮安❶，言以類使❷，則儒道畢矣；雖舜不能加毫末於是矣。

孝子所以不從命有三：從命則親危，不從命則親安，孝子不從命乃衷❸；從命則親辱，不從命則親榮，孝子不從命乃義；從命則禽獸，不從命則修飾，孝子不從命乃敬。故可以從而不從，是不子也；未可以從而從，是不衷也；明於從不從之義而能致恭敬忠信端愨以慎行之，則可謂大孝矣。傳曰：「從道不從君，從義不從父。」此之謂也。故勞苦彫萃❹而能無失其敬，災禍患難而能無失其義，則不幸不順見惡❺而能無失其愛，非仁人莫能行。《詩》曰：「孝子不匱。」❻此之謂也。

魯哀公問於孔子曰：「子從父命，孝乎？臣從君命，貞乎？」三問，孔子不對。孔子趨出，以語子貢曰：「鄉者，君問丘也，曰，子從父命，孝乎？臣從君命，貞乎？三問而丘不對；賜以為何如？」子貢曰：「子從父命，孝矣；臣從君命，貞矣；夫子有❼奚對焉。」孔子曰：「小人哉！賜不識也。昔萬乘之國有爭臣四人，則封疆不削；千乘之國有爭臣三人，則社稷不危；百乘之家有爭臣二人，則宗廟不毀。父有爭子，不行無禮；士有爭友，不為不義。故子從父，奚子孝？臣從君，奚臣貞？審其所以從之之謂孝之謂貞也。」

子路問於孔子曰：「有人於此，夙興夜寐，耕耘樹藝，手足胼胝❽以養其親，然而無孝之名，何也？」孔子曰：「意者身不敬與？辭不遜與？色不順與？古之人有言曰：『衣與繆與不女聊❾。』今夙興夜寐，耕耘樹藝，手足胼胝以養其親，無此三者，則何以為而無孝之名也❿？」

孔子曰：「由志之，吾語女。雖有國士之力不能自舉其身；非無力也，勢不可也。故入而行不脩，身之罪也；出而名不章，友之過也。故君子入則篤行，出則友賢，何為而無孝之名也！」

子路問於孔子曰：「魯大夫練而牀⑪，禮邪？」孔子曰：「吾不知也。」子路出，謂子貢曰：「吾以夫子為無所不知，夫子徒⑫有所不知。」子貢曰：「女何問哉？」子路曰：「由問魯大夫練而牀禮邪？夫子曰，吾不知也。」子貢曰：「吾將為女問之。」子貢問曰：「練而牀，禮邪？」孔子曰：「非禮也。」子貢出，謂子路曰：「女謂夫子為有所不知乎？夫子徒無所不知；女問非也。禮，居是邑不非其大夫。」

子路盛服見孔子，孔子曰：「由，是裾裾⑬何也？昔者江出於崏山，其始出也，其源可以濫觴⑭，及其至江之津也，不放⑮舟，不避風，則不可涉也，非維下流水多邪⑯？今女衣服既盛，顏色充盈，天下且孰肯諫女矣！由⑰！」子路趨而出，改服而入，蓋猶若⑱也。孔子曰：「志之，吾語女，奮於言者華，奮於行者伐⑲，色知而有能者小人也⑳。故君子知之曰知之，不知曰不知，言之要也；能之曰能之，不能曰不能，行之至也。言要則知，行至則仁；既知且仁，夫惡有不足矣哉！」

子路入，子曰：「由，知者若何？仁者若何？」子路對曰：「知者使人知己，仁者使人愛己。」子曰：「可謂士矣。」子貢入，子曰：「賜，知者若何？仁者若何？」子貢對曰：「知者知人，仁者愛人。」子曰：「可謂士君子矣。」顏淵入，子曰：「回，知者若何？仁者若何？」顏淵對曰：「知者自知，仁者自愛。」子曰：「可謂明君子矣。」

子路問於孔子曰：「君子亦有憂乎？」孔子曰：「君子其未得也則樂其意㉑；既已得之，又樂其治㉒。是以有終身之樂，無一日之憂。小人者，其未得也，則憂不得；既已得之，又恐失之。是以有終身之憂，無一日之樂也。」

【注釋】❶志以禮安　志安於禮，言其不妄動。❷言以類使　盧云元刻作「言以類接」。類，理。發言以理，言其不怪說。❸衷　借為忠。下文「是不衷也」的「衷」，也借為忠。❹彫萃　彫，傷。萃，借為顇。❺不幸

不順見惡　不幸以不順於親而被厭惡。❻詩曰孝子不匱　所引為《詩經・大雅・既醉》第五章。❼有　借為又。❽胼胝　謂手足勞而皮堅厚。❾衣與繆與不女聊　繆，劉師培云或為「醪」字之訛。與，和歟通。女，和汝通。聊，賴。此言衣和食飲都不依賴於你。今《外傳》作「衣與食與，曾不爾即」。❿則何以為而無孝之名也　王念孫云「以」字衍。《韓詩外傳》無「以」字。王氏又以為當依《韓詩外傳》此下補「意者所友非仁人邪」一句。⓫練而牀　言小祥之後即寢而有牀。練，小祥。《禮記・間傳》：「期而小祥，居堊室，寢有席。又期而大祥，居復寢。中月而禫。禫而牀。」堊室，不加塗飾之室。⓬徒　乃。《經傳釋詞》六：「徒，乃也。」⓭裾裾　衣服盛的樣子。⓮濫觴　言其始源微小。⓯放　借為方，併船。《說文》：「方，併船也。」⓰非維下流水多邪　言豈不以下流水多。故人畏之邪？言盛服色厲也是如此。維，和唯通。⓱由　俞云此「由」字當在「孔子曰」下，《韓詩外傳》正作「孔子曰，由志之，吾語汝」。⓲猶若　和猶然意思相同，亦作油然，新生美好的樣子。〈哀公篇〉郝云：「猶然，即油然，《家語》作油是也。」《禮記・樂記》：「易直子諒之心油然生矣。」《正義》：「油然，新生好貌也。」⓳奮於言者華奮於行者伐　王叔岷先生云《說苑・雜言篇》「奮」作「賁」。「奮」乃「賁」之借字。賁，飾。言飾於言者華而無實，飾於行者自伐而無成。⓴色知而有能者小人也　色知，謂所知見於顏色。有能，謂自有其能。皆矜伐之意。㉑其未得也則樂其意　得，謂得位。樂其意，自樂其心意。㉒治　謂所事皆理治。

【語　譯】人家孝順父母出外悌敬長上，這是人的小行。上順從君父下篤愛卑幼，這是人的中行。服從道而不服從君，服從義而不服從父，這是人的大行。至如能使自己心志安於禮，發言合於理，那儒者之道就畢備了；雖然就是大舜也一點都不能再增加了。

孝子所以不從命的有三種：從命雙親就危殆，不從命雙親就平安，那麼孝子不從命就是忠；從命雙親就屈辱，不從命雙親就榮耀，那麼孝子不從命就是義；從命就如同禽獸，不從命就修飾，那麼孝子不從命就是敬。所以可以從命而不服從，是不孝；不可以從命而去服從，是不忠；能夠明分從不從的道理，而能恭敬忠信端誠來謹慎去做，就可以說是大孝了。古傳裏說：「服從道不服從君，服從義不服從父。」說的就是這種道理。所以勞苦彫傷憔顇而能夠不失其敬，災禍患難而能夠不失其義，就是不幸以不順於親而被厭惡，也能夠不失其愛，如不是仁人是做不到的。《詩經》裏說：「孝子的孝親永不竭盡。」說的就是這種道理。

魯哀公問孔子說：「兒子服從父命，這是孝嗎？臣子服從君命，這是貞嗎？」三度發問，孔子不答。孔子走出來，告訴子貢說：「剛才君主問我說：兒子服從父命，是孝嗎？臣子服從君命，是貞嗎？三度發問而我不答，賜你以為怎麼樣？」子貢說：「兒子服從父命，這是孝了；臣子服從君命，這是貞了；夫子你又有什麼可答的呢！」孔子說：「真是小人啊！賜你是不知道的。古時萬乘之國有爭諫之臣四人，則封疆就不會被侵削；千乘之國有爭諫之臣三人，則社稷就不會危亡；百乘之家有爭諫之臣二人，則宗廟就不會被滅毀。父親有爭諫之子，就不會做無禮的事；士有爭諫之友，就不會做不義的事。所以兒子服從父命，怎麼能算是子孝？臣子服從君命，怎麼能算是臣貞？要審度他所服從的當否才叫做孝叫做貞啊！」

子路問孔子說：「有人在此，早起晚睡，耕耘樹藝，手足胼胝來奉養雙親，然而並沒有孝順之名，這是什麼道理？」孔子說：「我猜想或者是其身不恭敬吧？其言辭不恭遜吧？其顏色不和順吧？古時人有句話：『衣和食飲都不依賴於你。』如今為人子的早起晚睡，耕耘樹藝，手足胼胝來奉養雙親，如果沒有這三種不敬的行為，怎麼會沒有孝順之名呢？我猜想或是所交朋友不是仁人的緣故吧！」孔子說：「由你記著，我告訴你。雖然有國士的大力也不能自己舉起自己的身體，這並不是沒有力氣，而是形勢不可能。所以入家而行為不修潔，這是自身的罪過；出外而名聲不彰顯，這是朋友的過失。因之君子入家能夠篤行，出外能夠友賢，怎麼會沒有孝順之名呢！」

子路問孔子說：「魯國大夫小祥之後就寢而有床，這是合於禮的嗎？」孔子說：「我不知道。」子路走出來，對子貢說：「我以為夫子是無所不知的，夫子也有不知道的。」子貢說：「你問的什麼？」子路說：「我問魯國大夫小祥之後就寢而有床是合於禮的嗎？夫子說：我不知道。」子貢說：「我去給你問一聲。」子貢問說：「小祥之後就寢而有床，這是合於禮的嗎？」孔子說：「這是不合於禮的。」子貢出來，對子路說：「你說夫子有不知道的嗎？夫子是無所不知的；你問的不對。依禮來說，居留在這個國家裏不能非議這國的大夫。」

子路盛服拜見孔子，孔子說：「由，為什麼衣飾這樣盛美啊？古時江出於岷山，當它剛剛流出的時候，它的源頭地方非常微小，等到江的津口處，不用併船，不避大風，都沒辦法渡過，這不是因為下流水多嗎？現在你衣服穿得這樣美盛，顏色又這樣充盈，天下還有誰肯來勸諫你呢！」子路很快的走出來，換了衣服再進去，油然美好。孔子說：「由你記住，我告訴你，美飾其言的華而不實，美飾其行的自伐而無成，所知表現於顏色而自以為有能的，這是小人。所以君子知道就說知道，不知道就說不知道，這是說話的關要；能的就說能，不能的就說不能，這是行事的至要。說話能把握這關要就是智，行事能把握這至要就是仁；一個人既智又仁，哪還有不足的呢！」

子路走進來，孔子說：「由，智者怎麼樣？仁者怎麼樣？」子路答說：「智者使別人知道自己，仁者使別人愛自己。」孔子說：「可以說是士了。」子貢走進來，孔子說：「賜，智者怎麼樣？仁者怎麼樣？」子貢答說：「智者知道人，仁者愛人。」孔子說：「可說是士君子了。」顏淵走進來，孔子說：「回，智者怎麼樣？仁者怎麼樣？」顏淵答說：「智者知道自己，仁者愛護自己。」孔子說：「可說是明君子了。」

子路問孔子說：「君子也有憂慮嗎？」孔子說：「君子在沒得位時自樂其心意；已經得位，又樂其所事都理治。所以他有終身之樂，沒有一日之憂。小人在沒得位時，則憂慮得不到；已經得位，又恐懼失掉。所以他有終身之憂，沒有一日之樂。」

法行篇

公輸不能加於繩❶，聖人莫能加於禮。禮者，眾人法而不知，聖人法而知之。

曾子曰：「無內人之❷疏而外人之親，無身不善而怨人，無刑已至而呼天。內人之疏而外人之親，不亦遠乎！身不善而怨人，不亦反乎❸！刑已至而呼天，不亦晚乎！詩曰：『涓涓源水，不雝不塞。轂已破碎，乃大其輻。事已敗矣，乃重大息。』❹其云益乎！」

曾子病，曾元❺持足。曾子曰：「元志之，吾語汝。夫魚鱉黿鼉猶以淵為淺而堀❻其中，鷹鳶猶以山為卑而增❼巢其上，及其得也必以餌。故君子苟能無以利害義，則恥辱亦無由至矣。」

子貢問於孔子曰：「君子之所以貴玉而賤珉❽者，何也？為夫玉之少而珉之多邪？」孔子曰：「惡！賜！是何言也！夫君子豈多而賤之少而貴之哉！夫玉者，君子比德焉。溫潤而澤，仁也[9]。栗而理，知也[10]。堅剛而不屈，義也。廉而不劌，行也[11]。折而不撓，勇也。瑕適並見，情也[12]。扣之，其聲清揚而遠聞，其止輟然[13]，辭也。故雖有珉之雕雕，不若玉之章章[14]。《詩》曰：『言念君子，溫其如玉。』[15]此之謂也。」

曾子曰：「同游而不見愛者，吾必不仁也；交而不見敬者，吾必不長[16]也；臨財而不見信者，吾必不信也。三者在身曷怨人！怨人者窮，怨天者無識[17]。失之己而反諸人，豈不亦迂哉！」

南郭惠子[18]問於子貢曰：「夫子之門何其雜也[19]？」子貢曰：「君子正身以俟，欲來者不距[20]，欲去者不止。且夫良醫之門多病人，檃栝之側多枉木，是以雜也。」

孔子曰：「君子有三恕：有君不能事，有臣而求其使，非恕也；有親不能報，有子而求其孝，非恕也；有兄不能敬，有弟而求其聽令，非恕也。士明於此三恕，則可以端身矣！」

孔子曰：「君子有三思，而不可不思也。少而不學，長無能也；老而不教，死無思也㉑；有而不施，窮無與㉒也。是故君子少思長，則學；老思死，則教；有思窮，則施也。」

【注釋】❶公輸不能加於繩　顧云「繩」下疑當有「墨」字。公輸，名班，魯之巧匠。言其雖至巧，繩墨之外亦不能有所加。❷之　「之疏」「之親」的「之」，「是」的意思。❸不亦遠乎三句　王念孫云「遠」當為「反」，「反」當為「遠」。《韓詩外傳》不誤。❹詩曰句　所引為逸詩。涓涓，水流細小。源水，水的泉源。雝，和壅通。大其輻，謂壯大其輻。重大息，太息之甚。三者皆言不慎其初，則追悔莫及。❺曾元　曾參之子。❻堀　和窟通。俞云「堀」下當有「穴」字。「堀穴其中」和「增巢其上」相對成文。窟穴義相近。謂作穴以居其中。❼增　借為橧。橧和巢義相近。謂聚薪柴做巢而居其上。❽珉　石之美者。《說文》：「珉，石之美者。」❾溫潤而澤仁也　玉色柔潤光澤，有似仁。❿栗而理知也　栗，和秩通。秩然有條理，有似智。⓫廉而不劌行也　雖有廉棱而不傷物，似有德行者不傷害人。劌，利傷。《說文》：「劌，利傷也。」⓬瑕適竝見情也　適，借當讁，玉病。瑕讁病缺竝見，有似情實。⓭輟然　忽然停止的樣子。⓮珉之雕雕不若玉之章章　雕雕，猶昭昭，明著的樣子。章章，文采宣著的樣子。⓯詩曰句　所引為《詩經・秦風・小戎》第一章。溫其，猶溫然。引詩喻君子以玉比德。⓰長　良善。《廣雅・釋詁》：「長，善也。」《說文》：「良，善也。」長和良同義。⓱無識　謂不知天命。⓲南郭惠子　未詳其姓名，或因其居南郭，因以為號。⓳夫子之門何其雜也　夫子，指孔子。雜，指各類各等之人品類很雜。⑳距　借為拒。㉑死無思也　死後無門人思念其德。㉒無與　沒有相與的；沒有相親近的。

【語　譯】公輸子那樣巧也不能在繩墨之外有所加，聖人不能在禮之外有所加。對於禮是一般眾人法守而不知其道理，聖人是法守而又知其道理的。

曾子說：「不要疏遠自己人而親近外人，不要自身不善而責怨別人，不要刑已加身而再呼天。疏遠自己人而親近外人，這豈不是弄反了嗎！自身不善而責怨別人，這豈不是捨近求遠嗎！刑已加身而再呼天，這豈不是太晚了嗎！古詩裏說：『涓涓微細的源水，不壅也不會塞。車轂已經破碎，才來壯大車輻。事情已經敗壞，才來重重太息。』這能有益處嗎！」

曾子生病，曾元握著他的腳。曾子說：「元你記住，我告訴你。魚鱉黿鼉尚且因為淵水淺而穴居其中，鷹鳶尚且以為山低而巢居其上，等到牠們被捕得一定是因為貪食餌。所以君子假如能夠不因利而害義，那麼恥辱也就無從來到了。」

子貢問孔子說：「君子所以貴重玉而輕賤珉，是什麼道理？是因為玉少而珉太多嗎？」孔子說：「怎麼會呢！賜！這是什麼話呢！君子怎麼會因為多就輕賤少就尊貴呢！玉是君子用來比象德操的。溫潤而光澤，像是仁。秩然而有文理，像是智。堅剛而不屈，像是義。廉棱而不傷物，像是行為。寧折而不曲，像是勇。瑕瓋並見，有似情實。扣擊它，聲音清揚而遠聞，它的停止是忽然而止，像是言辭。所以雖然珉是那樣昭昭明潔，也不如玉的章章鮮采。《詩經》裏說：『思念君子，他的溫善像玉一樣。』說的就是這種道理。」

曾子說：「同人交遊而不被愛慕，一定是我不仁；相交而不被尊敬，一定是我不良；臨到錢財不被信任，一定是我沒有信用。有這三者在身，又何必責怨別人！責怨別人的窮困，怨尤上天的不知天命。自己失錯而反去責求別人，豈不是太迂遠了嗎！」

南郭惠子問子貢說：「夫子的門下為什麼品類這樣雜？」子貢說：「君子自正其身以等待別人來，想要來的都不拒絕，想要去的也不留止。況且良醫之門必然病人很多，檃栝旁邊必然曲木很多，所以夫子的門下這樣雜啊！」

孔子說：「君子有三恕：有君主不能事奉，有臣子而求他為我任使，這是不恕；有雙親不能孝養，有兒子而求他盡孝，這是不恕；有兄長不能恭敬，有弟弟而求他聽從命令，這是不恕。士人能明瞭這三恕，就可以端正其身了！」

孔子說：「君子有三思，而不可以不去思慮。少小不向學，長大沒有才能；年老不教誨人，死後沒有門人思念；富有而不施捨，窮了是沒有人親近的。所以君子幼少時想到長大之後，就會向學；年老時想到死後，就會教誨別人；富有時想到窮困，就會去施捨。」

哀公篇

魯哀公問於孔子曰：「吾欲論吾國之士與之治國，敢問何如取之邪？」孔子對曰：「生今之世，志古之道；居今之俗，服古之服；舍此❶而為非者，不亦鮮乎！」哀公曰：「然則夫章甫絇屨紳而搢笏者此賢乎❷？」孔子對曰：「不必然，夫端衣玄裳，絻而乘路❸者，志不在於食葷；斬衰菅屨杖而啜粥者，志不在於酒肉。生今之世，志古之道；居今之俗，服古之服；舍此而為非者，雖有不亦鮮乎！」哀公曰：「善！」

孔子曰：「人有五儀❹：有庸人，有士，有君子，有賢人，有大聖。」哀公曰：「敢問何如斯可謂庸人矣？」孔子對曰：「所謂庸人者，口不能道善言，心不知色色❺，不知選賢人善士託其身焉以為己憂❻，勤行不知所務，止交不知所定❼，日選擇於物，不知所貴，從物如流，不知所歸，五鑿為正❽，心從而壞，如此則可謂庸人矣。」哀公曰：「善！敢問何如斯可謂士矣？」孔子對曰：「所謂士者，雖不能盡道術，必有率❾也；雖不能偏美善，必有處也。是故知不務多，務審其所知；言不務多，務審其所謂❿；行不務多，務審其所由⓫。故知既已知之矣，言既已謂之矣，行既已由之矣，則若性命肌膚之不可易也。故富貴不足以益也，卑賤不足以損也，如此則可謂士矣。」哀公曰：「善！敢問何如斯可謂之君子矣⓬？」孔子對曰：「所謂君子者，言忠信而心不德⓭，仁義在身而色不伐，思慮明通而辭不爭，故猶然⓮如將可及者，君子也。」哀公曰：「善！敢問何如斯可謂賢人矣？」孔子對曰：「所謂賢人者，行中規繩而不傷於本⓯，言足法於天下而不傷於身，富有天下而無怨財⓰，布施天下而不病貧，如此則可謂賢人矣。」哀公曰：「善！敢問何如斯可謂大聖矣？」孔子對曰：「所謂大聖者，知通乎大道，應變而不窮，辨乎萬物之情性者也。大道者，所以變化遂成萬物也；情性者，所以理然不⑰取舍也。是故其事大辨⑱乎天地，明察乎日月，總要萬物於風雨⑲，繆繆肫肫⑳，其事不可循，若天之嗣㉑，其事不可識，百姓淺然不識其鄰，若此則可謂大聖矣。」哀公曰：「善！」

魯哀公問舜冠於孔子，孔子不對。三問，不對。哀公曰：「寡人問舜冠於子，何以不言也？」孔子對曰：「古之王者有務而拘領者矣㉒，其政好生而惡殺焉。是以鳳在列樹，麟在郊野，烏鵲之巢可俯而窺也。君不此問，而問舜冠，所以不對也。」

魯哀公問於孔子曰：「寡人生於深宮之中，長於婦人之手，寡人㉓未嘗知哀也，未嘗知憂也，未嘗知勞也，未嘗知懼也，未嘗知危也。」孔子曰：「君之所問，聖君之問也，丘小人也，何足以知之。」曰：「非吾子無所聞之也。」孔子曰：「君入廟門而右，登自胙階，仰視榱棟，俛見几筵，其器存，其人亡，君以此思哀，則哀將焉而不至矣？君昧爽而櫛冠㉔，平明而聽朝，一物不應，亂之端也，君以此思憂，則憂將焉而㉕不至矣？君平明而聽朝，日昃而退，諸侯之子孫必有在君之末庭者，君以此思勞，則勞將焉而不至矣？君出魯之四門以望魯之四郊，亡國之虛則必有數蓋焉㉖，君以此思懼，則懼將焉而不至矣？且丘聞之，君者，舟也；庶人者，水也；水則㉗載舟，水則覆舟。君以此思危，則危將焉而不至矣？」

魯哀公問於孔子曰：「紳委章甫㉘有益於仁乎？」孔子蹴然曰：「君號然也㉙！資衰苴杖㉚者不聽樂，非耳不能聞也，服使然也。黼衣黻裳者不茹葷，非口不能味也，服使然也。且丘聞之，好肆不守折㉛，長者不為市㉜，竊㉝其有益與其無益，君其知之矣。」

魯哀公問於孔子曰：「請問取人。」孔子對曰：「無取健㉞，無取詌㉟，無取口啍㊱。健，貪也；詌，亂也；口啍，誕也。故弓調而後求勁焉，馬服而後求良焉，士信愨而後求知能焉。士不信愨而有㊲多知能，譬之其豺狼也，不可以身尒㊳也。語曰：『桓公用其賊㊴，文公用其盜㊵。』

故明主任計不信怒，闇主信怒不任計。計勝怒則彊，怒勝計則亡。」

定公問於顏淵曰：「東野子之善馭乎㊶？」顏淵對曰：「善則善矣，雖然，其馬將失㊷。」定公不悅，入謂左右曰：「君子固讒人乎！」三日而校㊸來謁，曰：「東野畢之馬失。兩驂列㊹，兩服㊺入廄。」定公越席而起曰：「趨駕召顏淵！」顏淵至，定公曰：「前日寡人問吾子，吾子曰：『東野畢之馭善則善矣，雖然，其馬將失。』不識吾子何以知之？」顏淵對曰：「臣以政知之。昔舜巧於使民，而造父巧於使馬；舜不窮其民，造父不窮其馬；是舜無失民㊻，造父無失馬也。今東野畢之馭，上車執轡銜，體正矣；步驟馳騁，朝㊼禮畢矣；歷險致遠，馬力盡矣。然猶求馬不已，是以知之也。」定公曰：「善！可得少進乎㊽！」顏淵對曰：「臣聞之，鳥窮則啄，獸窮則攫，人窮則詐。自古及今，未有窮其下而能無危者也。」

【注釋】❶舍此　處於這種情形。❷章甫絇屨紳而搢笏者此賢乎　章甫，殷冠名。絇，履頭的拘飾，狀如刀衣鼻，以為行戒。絇屨，有拘飾的屨。王念孫云當依《大戴記・哀公問五義》、《家語・五儀》「紳」下有「帶」字，「賢」上有「皆」字。紳帶，大帶。俞云此當作比，比訓為皆。依俞說，則「賢」上不當再有「皆」字。❸絻而乘路　絻，和冕同。路，路車。❹五儀　猶言五等。❺色色　盧、郝皆以為當依《大戴禮》作「邑邑」。邑和挹通，挹挹，謙退的樣子。❻憂　憂慮。❼勤行不知所務二句　《大戴記》與《韓詩外傳》「勤」作「動」，「交」作「立」。「動行」和「止立」相對，皆為形誤。❽五鑿為正　鑿，竅。謂耳目口五竅。正，和政通。《大戴禮》作「政」。❾率　遵循。❿謂　猶「言」。⓫由　道；行。⓬可謂之君子矣　王叔岷先生云元本、百子本並無「之」字，與上文下文句法一律。《大戴禮》亦無「之」字。⓭不德　不自以為德。⓮猶然　亦作油然，美好的樣子。⓯行中規繩而不傷於本　此言行中規矩準繩，皆暗與理合，不需斲削而傷其本質。本，謂性的本質。⓰無怨財　言無蘊蓄私財。怨，借為蘊，蓄積。⓱然不　猶然否。⓲辨　借為徧，徧及。⓳總要萬物於風雨　言統領萬物如風雨之生成。總要，猶統領。於，如。⓴繆繆肫肫　《大戴禮》作「穆穆純純」。繆，和穆通。肫，和純通。穆穆，和美的樣子。純純，精密的樣子。㉑嗣　借為司，主司。《大戴禮》作「司」。㉒古之王者有務而拘領者矣　務，梁云讀為鍪。《淮南子・氾論訓》：「古者有鍪而綣領以王天下者矣。」亦作「鍪」。拘，和句同，曲的意思。言衣拙朴之衣。㉓寡人　王叔岷先生云元本、百子本並無「寡人」二字，《御覽》四五九引同，涉上文而衍。㉔君昧爽而櫛冠　昧，闇。爽，明。昧爽，謂初曉尚暗之時。櫛冠，梳髮而戴冠。㉕而　猶「能」。上句「則哀將焉而不至矣」，下句「勞將焉而不至矣」、「則懼將焉而不至矣」，句中「而」皆訓「能」。㉖亡國之虛則必有數蓋焉　虛，當作虗，即墟字。數蓋，猶言數區。㉗則　能的意思，下句同。㉘紳委章甫　紳，大帶。委，委貌，周冠。章甫，殷冠。㉙君號然也　號，和胡通。《家語》作「君胡然也」。君胡然也，謂君怎麼會這樣呢！㉚資衰苴杖　資，和齊同。齊衰，喪服。苴杖，竹杖。苴，謂蒼白色自死之竹。㉛好肆不守折　喜好市肆之人，不使所守貨財折耗。㉜長者不為市　長者不能做市井買賣之事。㉝竊　楊注云當為「察」。㉞健　貪羨之人。

㉟詌　借為鉗，殘惡之人。《廣雅・釋詁》：「鉗，惡也。」㊱口啍　啍，和諄同。謂出言圓熟。《說文》：「諄，告曉之熟也。」㊲有　借為又。㊳介　和邇同。㊴桓公用其賊　指用管仲。㊵文公用其盜　指用里鳧須。㊶東野子之善馭乎　《家語・顏回篇》作「子亦聞東野畢之善御乎」。盧云此脫「子亦聞」三字，王念孫云東野子亦當作東野畢。㊷失　借為佚，奔逸。《家語》作「馬將佚也」。㊸校　掌養馬之官。㊹驂列　驂，駕車在兩旁的馬。列，和裂同。㊺服　駕車在中間夾轅的馬。㊻是舜無失民　《新序》、《家語》、《韓詩外傳》及《太平御覽》工藝部三引「是」下均有「以」字，當補。失，借為佚，奔逸。㊼朝　借為調，調理。㊽可得少進乎　定公更請少進其說。

【語譯】魯哀公問孔子說：「我想討論一下我國的士人同他一道來治理國家，請問怎樣來取士？」孔子答說：「生在現今的時代，所記都是古昔之道；居在現今的社會習俗之中，穿戴古時的衣冠，處於這種情形而為非的，豈不是太少了嗎！」哀公說：「那麼戴章甫，穿頭有拘飾之屨，搢笏於紳帶的，都是賢者嗎？」孔子答說：「不一定如此，端衣玄裳，冕而乘路車的，是為了祭祀，所以志不在於食葷；斬衰草屨杖而食粥的，志不在於酒肉。生在現今的時代，所記都是古昔之道；居在現今的社會習俗之中，穿戴古時的衣冠；處於這種情形而為非的，雖有也是很少吧！」哀公說：「好！」

孔子說：「人有五等：有庸人，有士，有君子，有賢人，有大聖。」哀公說：「請問怎樣的可算是庸人？」孔子答說：「所謂庸人，口裏不能講出善言，心不知道謙退，不知道選擇賢人善士託庇其身以為自己的憂慮，動行不知道所要做的，止立不知道所要定止的，每天選擇於事物，而不知所貴重的，隨從事物如流，不知道歸趨，耳目口五竅當政，心隨從而變壞，這樣就可算是庸人了。」哀公說：「好！請問怎樣的可算是士？」孔子答說：「所謂士，雖然不能盡備道術，但是也必然有所遵循；雖然不能徧有美善，但是也必然有所處守。所以知不務求多，務求審其所知；言不務求多，務求審其所言；行不務求多，務求審其所行。因之知既然已經知道了，言既然已經說了，行既然已經行了，就像他的性命和肌膚一樣的不可移易。富貴不足以有所增，卑賤不足以有所損，這樣就可以算是士了。」哀公說：「好！請問怎樣的可以算是君子？」孔子答說：「所謂君子，言忠信而心不自以為德，仁義在身而顏色不自伐，思慮明通而言辭不爭，美好像是可以相及的，這就是君子。」哀公說：「好！請問怎樣的可算是賢人？」孔子答說：「所謂賢人，行為合於規矩繩墨而不傷損本質，所言足可為法於天下而不傷其身，富有天下而沒有蘊蓄私財，布施天下而不患貧，這樣就可以算是賢人了。」哀公說：「好！請問怎樣的可以算是大聖？」孔子答說：「所謂大聖，知通於大道，應變而不窮，能辨別萬物的情性。所謂大道，是所以變化和完成萬物的；所謂情性，是所以理然否取捨的。所以其事大則徧乎天地，明則察乎日月，統領萬物如同風雨的生成，穆穆和美，純純精密，其事使人不能追循，像天的主理，其事使人不能知，百姓浮淺不知其所近，像這樣就可算是聖人了。」哀公說：「好！」

魯哀公問孔子有關舜冠的事，孔子不答，三度發問，都不答話。哀公說：「我問你舜冠的事，為什麼不答話呢？」孔子答說：「古時王者鍪而曲領的，他的治政卻是好生而惡殺。所以鳳在樹上，麟在郊野，烏鵲的巢可俯身而窺視。君王不問這些，而竟問舜冠的事，所以我才不答。」

魯哀公問孔子說：「寡人我生在深宮之中，長在婦人之手，從來不知道哀傷，從來不知道憂愁，從來不知道勞苦，從來不知道恐懼，從來不知道危險。」孔子說：「君王所問的，是聖君的問言，丘我是小人，怎麼能夠知道呢！」哀公說：「不是你我就無從聞知這道理了。」孔子說：「君王進入宗廟的門向右，從胙階升登，仰視榱棟，俯見几筵，看到器物存在，而人已經死去，君王如果以這個來思念哀悼，那哀傷怎麼會不來呢！君王初曉尚暗之時梳髮戴冠，平明就去聽朝，有一件事物不相應，就是亂的開端，君王以這個來思念憂愁，那憂愁怎麼會不來呢！君王平明就去聽朝，日已斜才退朝，諸侯的子孫必有奔亡至魯而仕，在末庭修臣禮的，君王能思念到這種勞苦，那勞苦怎麼會不來呢！君王走出魯國京城的四門，來遙望一下魯國的四郊，亡國的舊墟一定可以看到幾區，君王拿這個來思念戒懼，那恐懼怎麼會不來呢！況且丘我聽說，君主如同是舟，庶人如同是水；水能載浮起舟，水也能翻覆舟。君王拿這個來思念危險，危險怎麼會不來呢！」

魯哀公問孔子說：「大帶委貌章甫，有益於仁嗎？」孔子蹴然變色說：「君怎麼會這樣呢！穿齊衰用苴杖不聽音樂，不是耳朵不能聽，而是服制使人這樣。穿黼衣黻裳的祭服而不吃葷食，不是口不能吃美味，而是服制使人這樣。況且丘我聽說，喜好市肆的人不使所守貨財折耗，而長者也不做市井買賣之事，察其有益和無益，君王是知道的。」

魯哀公問孔子說：「請問取人之道。」孔子答說：「不要取健羨之人，不要取殘惡之人，不要取出言圓熟之人。健羨的多貪，殘惡的多亂，出言圓熟的多虛誕。所以弓調順然後才要求強勁，馬馴服然後才要求善駕車，士信誠然後才要求多智多能。士不信誠而又多智能，譬如就像豺狼一樣，不可以身來接近他。俗語說：『桓公用其賊，文公用其盜。』所以明主任計不任怒，闇主任怒不任計。計勝於怒就會彊，怒勝於計就要亡。」

魯定公問顏淵說：「你聽到過東野畢是個善於駕車的良御嗎？」顏淵答說：「駕車駕得好是

好，不過，他的馬將要奔逸。」定公聽了不高興，進去以後對人說：「君子也會讒毀人嗎？」三天後養馬的校人來報告說：「東野畢的馬奔逸。兩驂外馬擘裂，兩服內馬進了馬廄。」定公忙站起來說：「快點駕車召顏淵來。」顏淵到來，定公說：「前天我問你，你說：『東野畢的駕車好是好，但是他的馬將要奔逸。』不知你怎麼會知道的？」顏淵答說：「臣我以政事知道的。古時舜巧於使民，而造父巧於使馬；舜不窮逼其民，造父不窮逼其馬；所以舜沒有奔放不羈的人民，造父沒有奔逸不勒的馬。現今東野畢的駕車，上車後執著轡銜，身體坐正了；馬行的步驟馳騁，都調理合於規矩了；但是經歷險阻奔達遠路，馬的力量已經用盡了。然而還是要求馬奔馳不停，所以我知道馬一定會奔逸不聽羈勒。」定公說：「好！能夠再進一步解說一下嗎？」顏淵答說：「臣我聽說，鳥被窮逼就要啄咬，獸被窮逼就要攫搏，人被窮逼就要詭詐。從古到今，沒有窮逼其在下而能夠不危殆的。」

堯問篇

堯問於舜曰：「我欲致天下，為之奈何？」對曰：「執一無失，行微無怠，忠信無勸，而天下自來。執一如天地，行微如日月，忠誠盛於內，賁❶於外，形於四海，天下其在一隅邪！夫有❷何足致也！」

魏武侯❸謀事而當，群臣莫能逮，退朝而有喜色。吳起進曰：「亦嘗有以楚莊王之語聞於左右者乎？」武侯曰：「楚莊王之語何如？」吳起對曰：「楚莊王謀事而當，群臣莫逮，退朝而有憂色。申公巫臣❹進問曰：『王朝而有憂色，何也？』莊王曰：『不穀❺謀事而當，群臣莫能逮，是以憂也。其在中蘬❻之言也，曰：「諸侯自為得師者王，得友者霸，得疑者存❼，自為謀而莫己若者亡。」今以不穀之不肖，而群臣莫吾逮，吾國幾❽於亡乎！是以憂也。』楚莊王以憂，而君以憙！」武侯逡巡再拜曰：「天使夫子振⑨寡人之過也。」

伯禽將歸於魯⑩，周公謂伯禽之傅曰：「汝將行，盍志而子美德乎⑪？」對曰：「其為人寬，好自用⑫，以⑬慎。此三者，其美德已。」周公曰：「嗚呼！以人惡為美德乎？君子好以⑭道德，故其民歸道。彼其寬也，出無辨⑮矣，女又美之，彼其好自用也，是所以窶⑯小也。君子力如牛，不與牛爭力；走如馬，不與馬爭走；知如士，不與士爭知。彼爭者均者之氣也⑰，女又美之！彼其慎也，是其所以淺也。聞之曰：無越踰不見士⑱，見士問曰：『無乃不察乎？』不聞⑲即物少至，少至則淺。彼淺者，賤人之道也，女又美之！吾語女：我文王之為子，武王之為弟，成王之⑳為叔父，吾於天下不賤矣，然而吾所執贄而見者十人㉑，還贄而相見者三十人㉒，貌執之士者百有餘人㉓，欲言而請畢事者千有餘人㉔，於是吾僅得三士焉，以正吾身，以定天下。吾所以得三士者，亡於㉕十人與三十人中，乃在百人與千人之中。故上士吾薄為之貌，下士吾厚為之貌。人人皆以我為越踰好士，然故㉖士至，士至而後見物㉗，見物然後知其是非之所在。戒之哉！女以魯國驕人，幾矣㉘！夫仰祿之士猶可驕也，正身之士不可驕也。彼正身之士，舍貴而為賤，舍富而為貧，舍佚而為勞，顏色黎黑而不失其所㉙，是以天下之紀不息，文章不廢也。」

語曰：繒丘之封人見楚相孫叔敖㉚曰：「吾聞之也，處官久者士妒之，祿厚者民怨之，位尊者君恨之。今相國有此三者而不得罪楚之士民，何也？」孫叔敖曰：「吾三相楚而心瘉㉛卑，每益祿而施瘉博，位滋尊而禮瘉恭，是以不得罪於楚之士民也。」

子貢問於孔子曰：「賜為人下而未知也。」孔子曰：「為人下者乎？其猶土也，深抇㉜之而得甘泉焉，樹之而五穀蕃焉，草木殖焉，禽獸育焉；生則立焉，死則入焉；多其功而不息㉝。為人下者其猶土也。」

昔虞不用宮之奇㉞而晉并之，萊不用子馬㉟而齊并之，紂刳王子比干而武王得之。不親賢用知，故身死國亡也。

為說者曰：「孫卿不及孔子。」是不然，孫卿迫於亂世，鰌㊱於嚴刑，上無賢主，下遇暴秦，禮義不行，教化不成，仁者絀約，天下冥冥，行全刺之㊲，諸侯大傾。當是時也，知者不得慮，能者不得治，賢者不得使。故君上蔽而無覩，賢人距而不受。然則孫卿懷將聖㊳之心，蒙佯狂之色，視㊴天下以愚。《詩》曰：「既明且哲，以保其身。」㊵此之謂也。是其所以名聲不白，徒與㊶不眾，光輝不博也。今之學者，得孫卿之遺言餘教，足以為天下法式表儀。所存者神㊷，所過者化。觀其善行，孔子弗過，世不詳察，云非聖人，奈何！天下不治，孫卿不遇時也。德若堯禹，世少知之；方術不用，為人所疑；其知至明，循道正行，足以為紀綱。嗚呼！賢哉！宜為帝王。天地㊸不知，善桀紂，殺賢良。比干剖心，孔子拘匡，接輿避世，箕子佯狂，田常為亂，闔閭擅強。為惡得福，善者有殃。今為說者又不察其實，乃信其名；時世不同，譽何由生；

不得為政，功安能成。志修德厚，孰謂不賢乎㊹！

【注釋】❶賁　和僨、奮通，發的意思。❷有　借為又。❸魏武侯　文侯之子，晉大夫畢萬的後代。❹中公巫臣　楚中邑大夫。❺不穀　王侯自稱的謙辭，猶言不善。❻中蘬　與仲虺同，湯的左相。❼得疑者存　諸侯能得到和自己相擬相等之人，可以得存。疑，和擬通。❽幾　相近。❾振　救。《說文》：「振，舉救也。」❿伯禽將歸於魯　伯禽，周公之子，成王封為魯侯。將歸，謂初歸其封地魯國。⓫盍志而子美德乎　而子，猶言汝君。《廣雅・釋詁》：「子，君也。」言何不誌記你所傳之君的美德告訴我。⓬好自用　好自以為是以身先人。⓭以　猶「而」。⓮以　用。⓯辨　治的意思。⓰窶　小的意思。《釋名》：「窶數猶局縮。」皆言狹小。⓱彼爭者均者之氣也　爭者乃均敵之人尚氣之事，非大君之量。⓲無越踰不見士　梁引久保愛謂「不」當在「無」字下。越踰，謂越等位而見至賤。言賢君沒有不越等位而見士的。⓳聞　借為問。⓴之　和「以」義同。㉑吾所執贄而見者十人　依禮見其所尊敬之人，雖君主亦執贄。十人，謂公卿之中。㉒還贄而相見者三十人　依禮臣見君則不還贄，身分相等者不敢當則還其贄。三十人，謂群大夫之中。㉓貌執之士者百有餘人　執，奉持。以禮貌奉持的百有餘人。百有餘人，指群士之中。王先謙云依文義不當有「者」字。㉔欲言而請畢事者千有餘人　言卑賤之士，恐其言之不盡，周公先請其言畢其事的千有餘人。㉕亡於　不在於。㉖然故　即是故。㉗物　調事。㉘女以魯國驕人幾矣　言以魯國之小而驕於人，一定要危殆了。幾，危殆。㉙顏色黎黑而不失其所　黎，借為黧。其所，其處身；其立場。㉚繒丘之封人見楚相孫叔敖　繒丘，即寢丘，孫叔敖的封地，故城在今河南沈丘縣東南。封人，掌封疆之人。㉛瘉　和愈同。㉜抇　正字作搰，掘。《說文》：「搰，掘也。」㉝息　王引之云當依《太平御覽》地部二引作「悳」，即德字。㉞宮之奇　春秋時虞國賢臣，因諫虞君不要借道給晉國以伐虢，虞君不從，乃攜族人去國。㉟子馬　不詳其姓名，事蹟亦不詳。㊱鰌　借為遒，迫。《說文》：「遒，迫也。」㊲行全刺之　行為純全，反受譏刺。㊳將聖　即大聖。㊴視　借為示。㊵詩曰句　所引為《詩經・大雅・烝民》第四章。㊶徒與　相與的徒眾。㊷神　治的意思。《爾雅・釋詁》：「神，治也。」㊸天地　梁云「地」當作「下」。㊹孰謂不賢乎　自「為說者曰」以下至此，楊注云荀卿弟子之辭。

【語譯】堯問舜說：「我想要招致天下人來歸，怎樣做才行？」答說：「專意執一沒有差失，所行隱微而仍不怠；忠信不倦懈，天下人自然來歸。專意執一像天地一樣沒有變易，所行隱微像日月一般細微而不怠，忠誠盛於內，而發舒之於外，形之於四海，天下有如居室內的一隅，那天下人又何足以被招致來呢！」

魏武侯謀議事情如很妥當，群臣沒有趕得上他的，退朝下來就面有喜色。吳起進言說：「也曾經有人把楚莊王的事報告給君上嗎？」武侯說：「楚莊王的事怎麼樣？」吳起答說：「楚莊王謀議事情如很妥當，群臣沒有趕得上他的，退朝下來就面有憂色。申公巫臣進問說：『君王會朝以後面有憂色，是什麼緣故？』莊王說：『我謀議事情很妥當，群臣沒有趕得上我的，所以我憂慮。湯左相中蘬說過：「諸侯自己能得到老師的可以稱王，能得到朋友的可以稱霸，能得到和自己相擬的可以生存，自己謀議而沒有人趕得上自己的就要敗亡。」現在以我的不肖，而群臣竟沒有人趕得上我，那我國就近於敗亡了，因此我很憂慮。』楚莊王因此事而憂慮，君王你卻因此事而欣喜！」武侯逡巡再拜說：「天使你來舉救我的過失啊！」

伯禽將歸封地魯國，周公對伯禽的師傅說：「你將要走了，何不記一些你的君上的美德呢？」答說：「他的為人寬厚，好以身先人，很謹慎。這三種就是他的美德了。」周公說：「啊！以人來說怎能算是美德呢？君子好以道德教人，所以人民歸道的多。他內務寬仁，出則沒有致治之法，你又稱美他，他因為好以身先人，所以他的器局狹小。君子就是力大像牛，也不同牛比爭力氣；快走像馬，也不同馬比爭快走；才智像士，也不同士爭才智。那些比爭的是均敵的人尚氣之事，你又稱美他！他謹慎而不廣博接近士眾，所以他很淺薄。我聽說：賢君沒有不越踰等位而見士人的，見士人問說：『有不察的事嗎？』不問則所知的事就少，少就淺薄。淺薄是賤人之道，而你又稱美他！我告訴你：我是文王的兒子，武王的弟弟，成王的叔父，我在天下來說不算卑賤了，然而我所執贄拜見的有十人，還贄而相見的有三十人，以禮貌奉持之士有百餘人，卑賤之士請其先畢盡其言的有千餘人，這樣我才祇獲得三個賢士，他們不在那十人或三十人之中，而是在那百人或千人之中，所以上士我稍為對他有些禮貌，下士我就厚為之禮貌。人人都以我是越踰等第而好士，所以士就自然來了，賢士來了然後可以看到事物，看到事物然後才知道是非的所在。要戒慎啊！你以魯國來驕人，就危險了！那些為了俸祿的士人還可以驕他，那些正身而行的士人是不可以驕他的。那些正身而行的士人，捨棄貴而就賤，捨棄富而就貧，捨棄安逸而就勞苦，顏色黧黑而不失其立場，所以天下的綱紀才會不滅息，文章才會不廢弛。」

俗語說：繒丘的封人見到楚國宰相孫叔敖說：「我聽說，居官太久的人士人妒嫉他，俸祿優厚的人人民怨恨他，地位尊高的人君主忌恨他。現在相國你有三者而能夠不得罪楚國的士民，是什麼道理？」孫叔敖說：「我三度相楚而心愈加卑謙，每加俸祿而施捨愈博，位愈尊而禮愈恭謹，所以不得罪楚國的士民。」

子貢問孔子說：「賜我願意謙下而不知道它的益處。」孔子說：「為人下的嗎？就如同土，深掘下去而可以得到甘泉，種上五穀就會蕃茂，草木就會繁殖，禽獸就會繁育；生則可以立身，死則得以入息；功多而不居德。為人下的就如同土一樣。」

昔時虞國不用宮之奇而被晉國吞併，萊不用子馬而被齊國吞併，紂刳王子比干而被武王取得天下。不親近賢人而好用智，所以弄得身死國亡。

為說的人道：「孫卿不如孔子。」其實不然，孫卿被亂世所迫，被嚴刑所逼，上沒有賢主，下遇到暴秦，禮義不得行，教化不能成，仁者屈約，天下冥暗，行為純全的遭譏刺，諸侯大為傾陂。當這個時候，智者不得思慮，能者不得治理，賢者不得任使。所以君上蒙蔽而無所見，賢人被排拒而不接受。而孫卿懷著大聖之心，蒙被佯狂之色，示給天下以愚的樣子。《詩經》裏說：「既清明又賢哲，來保其身。」說的就是這種道理。所以他的名聲不顯白，相與的徒眾不多，光輝不廣博。現在的學者，得到孫卿的遺言餘教，足以做為天下的法式表儀。所存的治理，所過的化育。看他的善行，就是孔子也不會超過，世人不加詳察，說他不是聖人，那又奈何！天下不能治理，孫卿沒有遭遇良時啊！他的德如同堯禹，而世人卻少知道；方術不被用，為世人所疑；他的智非常清明，遵循正道而行，足以為世人紀綱。啊！真是賢良啊！應該做帝王的。天下人不知，以桀紂為善，而殺害賢良。比干被剖心，孔子拘於匡，接輿避世，箕子佯狂，田常造亂，闔閭擅強。為惡的得福，行善的遭殃。現在說者又不察明其實，而竟相信名聲；時世不同，聲譽怎麼會產生；不得治政，功績怎麼能成。志意修明賢德純厚，誰說他是不賢呢！

古籍今注新譯叢書

【哲學類】

新譯四書讀本　謝冰瑩、邱燮友等編譯
新譯學庸讀本　王澤應注譯
新譯論語新編解義　胡楚生編著
新譯孝經讀本　賴炎元、黃俊郎注譯
新譯易經讀本　郭建勳注譯　黃俊郎校閱
新譯周易六十四卦經傳通釋　黃慶萱注譯
新譯乾坤經傳通釋　黃慶萱注譯
新譯易經繫辭傳解義　吳　怡著
新譯禮記讀本　姜義華注譯　黃俊郎校閱
新譯儀禮讀本　顧寶田、鄭淑媛注譯　黃俊郎校閱
新譯孔子家語　羊春秋注譯　周鳳五校閱
新譯老子讀本　余培林注譯
新譯帛書老子　趙　鋒注譯
新譯老子解義　吳　怡著
新譯莊子讀本　黃錦鋐注譯
新譯莊子讀本　張松輝注譯
新譯莊子本義　水渭松注譯
新譯莊子內篇解義　吳　怡著
新譯列子讀本　莊萬壽注譯

新譯管子讀本　湯孝純注譯　李振興校閱
新譯墨子讀本　李生龍注譯　李振興校閱
新譯公孫龍子　丁成泉注譯　黃志民校閱
新譯晏子春秋　陶梅生注譯　葉國良校閱
新譯鄧析子　徐忠良注譯　劉福增校閱
新譯荀子讀本　王忠林注譯
新譯尹文子　徐忠良注譯　黃俊郎校閱
新譯尸子讀本　水渭松注譯　陳滿銘校閱
新譯鶡冠子　趙鵬團注譯
新譯鬼谷子　王德華等注譯
新譯韓非子　賴炎元、傅武光注譯
新譯呂氏春秋　朱永嘉、蕭　木注譯　黃志民校閱
新譯韓詩外傳　孫立堯注譯
新譯淮南子　熊禮匯注譯　侯迺慧校閱
新譯春秋繁露　朱永嘉、王知常注譯
新譯新書讀本　饒東原注譯　黃沛榮校閱
新譯新語讀本　王　毅注譯　黃俊郎校閱
新譯潛夫論　彭丙成注譯　陳滿銘校閱
新譯論衡讀本　蔡鎮楚注譯　周鳳五校閱
新譯申鑒讀本　林家驪、周明初注譯　周鳳五校閱
新譯人物志　吳家駒注譯　黃志民校閱
新譯張載文選　張金泉注譯
新譯近思錄　張京華注譯
新譯傳習錄　李生龍注譯
新譯呻吟語摘　鄧子勉注譯

新譯明夷待訪錄　李廣柏注譯　李振興校閱

【文學類】

新譯詩經讀本　滕志賢注譯
新譯楚辭讀本　林家驪注譯
新譯楚辭讀本　傅錫壬注譯
新譯文心雕龍　羅立乾注譯
新譯六朝文絜　蔣遠橋注譯
新譯世說新語　劉正浩、邱燮友等注譯
新譯昭明文選　周啟成等注譯
新譯古文觀止　謝冰瑩、邱燮友等注譯
新譯古文辭類纂　黃　鈞、葉幼明等注譯
新譯樂府詩選　溫洪隆、溫　強注譯
新譯古詩源　馮保善注譯
新譯千家詩　邱燮友、劉正浩注譯
新譯詩品讀本　程章燦、成　林注譯
新譯花間集　朱恒夫注譯
新譯南唐詞　劉慶雲注譯
新譯絕妙好詞　聶安福注譯
新譯唐詩三百首　邱燮友注譯
新譯宋詩三百首　陶文鵬注譯
新譯宋詞三百首　汪　中注譯
新譯宋詞三百首　劉慶雲注譯
新譯元曲三百首　賴橋本、林玫儀注譯
新譯明詩三百首　趙伯陶注譯
新譯清詩三百首　王英志注譯
新譯清詞三百首　陳水雲等注譯
新譯唐人絕句選　卞孝萱、朱崇才注譯　齊益壽校閱
新譯唐才子傳　戴揚本注譯
新譯拾遺記　石　磊注譯
新譯搜神記　黃　鈞注譯
新譯唐傳奇選　束　忱、張宏生注譯　侯迺慧校閱
新譯宋傳奇小說選　束　忱注譯
新譯明傳奇小說選　陳美林、皋于厚注譯
新譯容齋隨筆選　朱永嘉等注譯
新譯明散文選　周明初注譯
新譯明清小品文選　鄭　婷注譯
新譯人間詞話　馬自毅注譯
新譯白香詞譜　劉慶雲注譯
新譯幽夢影　馮保善注譯
新譯菜根譚　吳家駒注譯
新譯小窗幽記　馬美信注譯
新譯圍爐夜話　馬美信注譯
新譯郁離子　吳家駒注譯
新譯歷代寓言選　黃瑞雲注譯
新譯賈長沙集　林家驪注譯
新譯揚子雲集　葉幼明注譯
新譯曹子建集　曹海東注譯　蕭麗華校閱
新譯建安七子詩文集　韓格平注譯
新譯阮籍詩文集　林家驪注譯　簡宗梧、李清筠校閱

新譯嵇中散集	崔富章注譯	莊耀郎校閱
新譯陸機詩文集	王德華注譯	
新譯陶淵明集	溫洪隆注譯	齊益壽校閱
新譯江淹集	羅立乾、李開金注譯	
新譯庾信詩文選	歸　青注譯	
新譯初唐四傑詩集	李福標注譯	
新譯駱賓王文集	黃清泉注譯	陳全得校閱
新譯王維詩文集	陳鐵民注譯	
新譯孟浩然詩集	楊　軍注譯	
新譯李白詩全集	郁賢皓注譯	
新譯李白文集	郁賢皓注譯	
新譯杜甫詩選	張忠綱、趙睿才、綦　維注譯	
新譯杜詩菁華	林繼中注譯	
新譯高適岑參詩選	孫欽善、陳鐵民注譯	
新譯昌黎先生文集	周啟成等注譯	陳滿銘等校閱
新譯劉禹錫詩文選	閻　琦注譯	
新譯柳宗元文選	卞孝萱、朱崇才注譯	
新譯白居易詩文選	陶　敏、魯　茜注譯	
新譯元稹詩文選	郭自虎注譯	
新譯李賀詩集	彭國忠注譯	
新譯杜牧詩文集	張松輝注譯	陳全得校閱
新譯李商隱詩選	朱恒夫、姚　蓉等注譯	
新譯范文正公選集	沈松勤、王興華注譯	葉國良校閱
新譯蘇洵文選	羅立剛注譯	
新譯蘇軾文選	滕志賢注譯	
新譯蘇軾詞選	鄧子勉注譯	
新譯蘇轍文選	朱　剛注譯	
新譯曾鞏文選	高克勤注譯	
新譯王安石文選	沈松勤注譯	
新譯唐宋八大家文選	鄧子勉注譯	
新譯柳永詞集	侯孝瓊注譯	
新譯李清照集	姜漢椿等注譯	
新譯陸游詩文集	韓立平注譯	彭國忠校閱
新譯辛棄疾詞選	聶安福注譯	
新譯歸有光文選	鄔國平注譯	
新譯唐順之詩文選	馬美信注譯	
新譯徐渭詩文選	周　群等注譯	
新譯薑齋文集	平慧善注譯	周鳳五校閱
新譯顧亭林文集	劉九洲注譯	黃俊郎校閱
新譯納蘭性德詞	馮　乾注譯	
新譯方苞文選	鄔國平等注譯	
新譯鄭板橋集	朱崇才注譯	
新譯袁枚詩文選	王英志注譯	
新譯李慈銘詩文選	潘靜如注譯	
新譯聊齋誌異選	任篤行等注譯	袁世碩校閱
新譯閱微草堂筆記	嚴文儒注譯	
新譯浮生六記	馬美信注譯	
新譯弘一大師詩詞全編	徐正綸編著	

【歷史類】

新譯史記　韓兆琦注譯
新譯漢書　吳榮曾等注譯
新譯後漢書　魏連科等注譯
新譯三國志　吳樹平等注譯
新譯資治通鑑　張大可、韓兆琦等注譯
新譯史記—名篇精選　韓兆琦注譯
新譯尚書讀本　吳　璵注譯
新譯尚書讀本　郭建勳注譯
新譯周禮讀本　賀友齡注譯
新譯逸周書　牛鴻恩注譯
新譯左傳讀本　郁賢皓等注譯　傅武光校閱
新譯公羊傳　雪　克注譯　周鳳五校閱
新譯穀梁傳　顧寶田注譯　葉國良校閱
新譯春秋穀梁傳　周　何注譯
新譯戰國策　溫洪隆注譯　陳滿銘校閱
新譯國語讀本　易中天注譯　侯迺慧校閱
新譯說苑讀本　左松超注譯
新譯說苑讀本　羅少卿注譯　周鳳五校閱
新譯新序讀本　葉幼明注譯　黃沛榮校閱
新譯吳越春秋　黃仁生注譯　李振興校閱
新譯西京雜記　曹海東注譯　李振興校閱
新譯列女傳　黃清泉注譯　陳滿銘校閱
新譯越絕書　劉建國注譯　黃俊郎校閱
新譯燕丹子　曹海東注譯　李振興校閱
新譯東萊博議　李振興、簡宗梧注譯
新譯唐六典　朱永嘉、蕭　木注譯
新譯唐摭言　姜漢椿注譯

【宗教類】

新譯金剛經　徐興無注譯　侯迺慧校閱
新譯高僧傳　朱恒夫、王學均等注譯　潘栢世校閱
新譯碧巖集　吳　平注譯
新譯百喻經　顧寶田注譯
新譯楞嚴經　賴永海、楊維中注譯
新譯梵網經　王建光注譯
新譯圓覺經　商海鋒注譯
新譯法句經　劉學軍注譯
新譯六祖壇經　李中華注譯　丁　敏校閱
新譯禪林寶訓　李中華注譯　潘栢世校閱
新譯維摩詰經　陳引馳、林曉光注譯
新譯經律異相　顏洽茂注譯
新譯阿彌陀經　蘇樹華注譯
新譯無量壽經　邱高興注譯
新譯無量壽經　蘇樹華注譯
新譯妙法蓮華經　張松輝注譯　丁　敏校閱
新譯景德傳燈錄　顧宏義注譯
新譯大乘起信論　韓廷傑注譯　潘栢世校閱
新譯釋禪波羅蜜　蘇樹華注譯
新譯八識規矩頌　倪梁康注譯
新譯永嘉大師證道歌　蔣九愚注譯
新譯華嚴經入法界品　楊維中注譯
新譯地藏菩薩本願經　李承貴注譯

新譯悟真篇　劉國樑、連　遙注譯
新譯无能子　張松輝注譯
新譯坐忘論　張松輝注譯
新譯列仙傳　張金嶺注譯　陳滿銘校閱
新譯抱朴子　李中華注譯　黃志民校閱
新譯神仙傳　周啟成注譯
新譯性命圭旨　傅鳳英注譯
新譯老子想爾注　顧寶田、張忠利注譯　傅武光校閱
新譯周易參同契　劉國樑注譯　黃沛榮校閱
新譯道門觀心經　王　卡注譯　黃志民校閱
新譯養性延命錄　曾召南注譯　劉正浩校閱
新譯樂育堂語錄　戈國龍注譯
新譯沖虛至德真經　張松輝注譯　周鳳五校閱
新譯長春真人西遊記　顧寶田等注譯
新譯黃庭經・陰符經　劉連朋等注譯

軍事類

新譯司馬法　王雲路注譯
新譯尉繚子　張金泉注譯
新譯三略讀本　傅　傑注譯
新譯六韜讀本　鄔錫非注譯
新譯吳子讀本　王雲路注譯
新譯孫子讀本　吳仁傑注譯
新譯李衛公問對　鄔錫非注譯

教育類

新譯爾雅讀本　陳建初等注譯
新譯顏氏家訓　李振興、黃沛榮等注譯
新譯聰訓齋語　馮保善注譯
新譯曾文正公家書　湯孝純注譯　李振興校閱
新譯三字經　黃沛榮注譯
新譯百家姓　馬自毅、顧宏義注譯
新譯幼學瓊林　馬自毅注譯　陳滿銘校閱
新譯增廣賢文・千字文　馬自毅注譯　李清筠校閱
新譯格言聯璧　馬自毅注譯

政事類

新譯商君書　貝遠辰注譯　陳滿銘校閱
新譯鹽鐵論　盧烈紅注譯　黃志民校閱
新譯貞觀政要　許道勳注譯　陳滿銘校閱

地志類

新譯山海經　楊錫彭注譯
新譯水經注　陳橋驛、葉光庭注譯
新譯佛國記　楊維中注譯
新譯大唐西域記　陳　飛、凡　評注譯　黃俊郎校閱
新譯洛陽伽藍記　劉九洲注譯　侯迺慧校閱
新譯徐霞客遊記　黃　珅注譯　黃志民校閱
新譯東京夢華錄　嚴文儒注譯　侯迺慧校閱

◎新譯管子讀本

湯孝純／注譯　李振興／校閱

《管子》乃是依春秋時代齊國著名的政治家管仲之名成書，可謂先秦時期一部百科全書式的學術著作，舉凡政治、經濟、軍事、哲學、教育和自然科學等思想無不包容。但因此書內容紛繁複雜，加之詞義古奧，簡篇錯亂，因而歷來號稱難讀之書。本書集歷代學者研究之精華，加以近代學者之成就，淺明注釋，白話翻譯，讓一般讀者也能輕鬆閱讀這部難得的好書。